U0610593

国家社会科学基金西部项目
"儒家价值观及其当代意义研究"（15XZX007）最终成果

儒家传统价值观的当代意义

郭明俊 著

人民出版社

目　　录

下编　儒家价值观的当代意义发掘

前　　言

习近平总书记指出:"孔子创立的儒家学说以及在此基础上发展起来的儒家思想,对中华文明产生了深刻影响","包括儒家思想在内的中国传统思想文化中的优秀成分,对中华文明形成并延续发展几千年而从未中断,对形成和维护中国团结统一的政治局面,对形成和巩固中国多民族和合一体的大家庭,对形成和丰富中华民族精神,对激励中华儿女维护民族独立、反抗外来侵略,对推动中国社会发展进步、促进中国社会利益和社会关系平衡,都发挥了十分重要的作用。"进入 21 世纪以来,人类虽然在物质文明和精神文明方面都取得了巨大进步,尤其是物质的极大丰富是古代人完全不能想象的。但是,"当代人类也面临着许多突出的难题,比如,贫富差距持续扩大,物欲追求奢华无度,个人主义恶性膨胀,社会诚信不断消减,伦理道德每况愈下,人与自然关系日趋紧张,等等"。而要解决这些问题,除了发挥当代人的聪明才智之外,还"需要运用人类历史上积累和储存的智慧和力量"①。在这一点上,包括儒家思想在内的中华优秀传统文化对解决当代人类面临的上述难题能够提供重要启示和智慧资源。因此,在当前,深入挖掘和阐发中华优秀传统文化尤其是儒家思想文化的精神实质,大力弘扬以儒家思想为核心的中华优秀传统文化的时代价值,是时代赋予我们这些人文学者的重大使命。

从文化自信的角度讲,弘扬中华优秀传统文化是增强文化自信的基石。党的十八大以来,习近平总书记提出道路自信、理论自信、制度自信、文化自信"四个自信",并强调文化自信是其他三个自信的根基。他说:"我们说要坚定中国

---

① 《习近平著作选读》第一卷,人民出版社 2023 年版,第 276—277 页。

特色社会主义道路自信、理论自信、制度自信,说到底是要坚定文化自信"①,"文化自信,是更基础、更广泛、更深厚的自信,是更基本、更深沉、更持久的力量,坚定文化自信,是事关国运兴衰、事关文化安全、事关民族精神独立性的大问题"②。那么,究竟什么是文化自信? 文化自信实质上就是"文化主体在对自己民族文化的正确认识的基础上,所确立的对自己民族文化优势的坚定信任,对自己民族文化生命力的坚实信念,以及对自己民族文化生存和发展的光明前景的坚强信心"③。就此而论,要做到"文化自信",必须像习近平总书记所说的那样,"要讲清楚中华优秀传统文化的历史渊源、发展脉络、基本走向,讲清楚中华文化的独特创造、价值理念、鲜明特色,增强文化自信和价值观自信。"④党的二十大报告进一步指出:"我们必须坚定历史自信、文化自信,坚持古为今用、推陈出新,把马克思主义思想精髓同中华优秀传统文化精华贯通起来、同人民群众日用而不觉的共同价值观念融通起来。"⑤由于中华传统文化的核心和主干是儒家文化,因此,我们必须首先讲清楚儒家思想的历史渊源、发展脉络、基本走向,讲清楚儒家思想的独特创造、价值理念和突出优势。如果没有对儒家文化及其价值观的正确认识以及在此基础上对儒家文化优势的坚定信任,就不可能有当代中国的"文化自信"。

从增强文化软实力的角度讲,弘扬中华优秀传统文化是增强我国文化软实力的重要途径。当今世界文化软实力日益成为国家竞争力的重要标志和强大引擎,世界各国越来越把提升文化软实力摆在重要位置,中国要在空前激烈的国际竞争中立于不败之地,拥有更多的话语权,就必须加快中华文化软实力建设步伐,而"中华优秀传统文化是中华民族的突出优势,是我们最深厚的文化软实力"⑥,因此,通过努力展示以儒家文化为核心的中华文化独特魅力,使中华民族

---

① 《习近平著作选读》第一卷,人民出版社2023年版,第479页。

② 《习近平著作选读》第一卷,人民出版社2023年版,第536页。

③ 赵馥洁:《文化自信的传统根基》,《陕西日报》2017年1月10日第13版。

④ 《习近平谈治国理政》,外文出版社2014年版,第164页。

⑤ 习近平:《高举中国特色社会主义伟大旗帜 为全面建设社会主义现代化国家而团结奋斗——在中国共产党第二十次全国代表大会上的报告》,人民出版社2022年版,第18页。

⑥ 《习近平著作选读》第一卷,人民出版社2023年版,第150页。

最基本的文化基因与当代文化相适应、与现代社会相协调，把跨越时空、超越国度、富有永恒魅力、具有当代价值的文化精神弘扬起来①，就能更加有效地提高国家文化软实力，为促进中国式现代化建设和中华民族伟大复兴中国梦的实现奠定坚实的基础。

进而言之，如果说文化是一个国家、一个民族的灵魂，那么，价值观又是整个文化中最根本、最核心的东西，它支配着一个国家、民族的价值选择和价值导向，因此抓住价值观就抓住了一个民族发展之实质和力量之所在。同理，如果说儒家文化是整个中华民族文化的核心和主干，那么，儒家价值观又是儒家文化的核心和灵魂。缘此，本书主要从价值观而非泛论的角度来挖掘和阐发儒家思想的当代价值。

本书分上下两编：上编主要是对儒家价值观的整体把握，从价值观结构入手，运用领域划分和结构分析的方法，对儒家传统的道德价值观、政治价值观、人生价值观、社会价值观、自然价值观的具体内容以及整个儒家价值观的鲜明特色、主要特点进行较为全面系统的梳理和阐释；下编主要立足于当前中国乃至世界发展的客观情势和现实问题，有针对性地发掘儒家传统价值观之于当今个人、社会、国家乃至世界所具有的时代价值。在此基础上，进一步探寻儒家价值观之当代意义有效落实的途径和方法。

本书的研究和写作并不追求历史线索的完整、面面俱到的周详，甚至不那么理会叙述逻辑上的严密和自洽，而是以示例的形式展示以儒家思想为核心的中华文化价值智慧的当代意义和恒久魅力，旨在进一步增强人们的文化自信和历史自信，激发人们对中华优秀传统文化的敬畏、热爱、传承和弘扬，推动中华优秀文化走向世界、造福人类。

本书紧紧围绕和贯彻习近平总书记关于弘扬中华优秀传统文化、加强儒学研究与传播的系列重要讲话精神，体现了将马克思主义基本原理与中华优秀传统文化相结合，彰显了创新精神，富有时代气息。

---

① 参见《习近平谈治国理政》，外文出版社 2014 年版，第 161 页。

上　编

儒家价值观念的整体把握

研究儒家价值观及其当代意义,其逻辑起点首先在于要讲清楚儒家价值观的总体面貌和基本理念。关于儒家价值观的总体面貌和基本内容,前修时贤已多有论及。业师赵馥洁先生在其代表作《中国传统哲学价值论》一书中提出儒家价值观不同于墨家的功利价值论、法家的权利价值论和道家的自然价值论,从本质上讲是一种"道德价值论",其基本内容可概括为"天命、人性"的价值根据论、"义以为上"的价值取向论、"义然后取"的价值选择论、"君子人格和德化社会"的价值理想论、"人能弘道"的价值实现论。① 已故的刘文英先生认为儒家文明价值论的主题是"义利之辨",如何理解和把握义利关系决定着儒家文明的价值选择和价值导向。在此基础上,他将儒家文明的价值观念区分为世界的价值与人的价值、道德的价值与知识的价值、群体的价值与个体的价值等方面。② 于铭松则从价值指涉的领域上,把儒家价值系统归结为天人合一的自然价值观、尊君重民的政治价值观、重义轻利的经济价值观、舍生取义的人生价值观。③ 姜广辉先生从"哲学"—"政治"—"家庭、社会"—"国家、邦族、天下(世界)"四个层面,将儒家价值观体系归结为"天人合一""人性本善""以义制利""民本""修身""德治""五伦""孝道""仁爱""大一统""协和万邦""大同"("太平")十二大价值观念。④ 凡此种种,不乏独到的见地和鞭辟入里的分析,对本书启发良多、助益匪浅!

笔者以为,要对儒家价值观体系有一个整体的把握、全面的观照,须找到一种合理的解读模式、诠释方法或曰分析框架。本书拟运用价值论(或曰价值哲

---

① 参见赵馥洁:《中国传统哲学价值论》(增订版),人民出版社 2009 年版,第 61—86 页。

② 参见刘文英:《儒家文明——传统与传统的超越》,南开大学出版社 1999 年版,第 118—139 页。

③ 参见于铭松:《理想与现实——儒家价值观与东亚经济发展》,开明出版社 2000 年版。

④ 参见姜广辉:《儒家经学中的十二大价值观念——中国经典文化价值观念的现代解读》,《哲学研究》2009 年第 7 期。

学)关于价值观念结构的理论,对儒家传统价值观念给予全面的分析和把握。

遵循学术研究的理路,我们在讨论儒家价值观体系之前,首先应该考察"价值观"概念,只有弄清楚价值观的含义,才能进一步把握儒家价值观及其体系。

就一般而言,"价值观"有两种含义:其一可谓是观"价值",即对"价值"的总的看法和根本观点,其核心问题是回答"价值是什么",包括对价值的本质、基础、特点以及价值的主客体关系等问题的看法和观点。此种意义上的价值观,如同自然观、真理观、历史观等一样,是哲学的一个理论分支。其二是指"价值观念",即人们关于某个或某类事物价值的稳定的观念和思维模式。具体而言,是指人们(主体)对某一事物或某类事物(客体)有无价值、价值大小以及人们根据什么标准评价、选择和实现价值的一种稳定的看法和态度。此种意义上的价值观实际上是"价值观念"的简称,或如李德顺先生所言,它是观念形态的价值意识,"并不是指一套理论或学说,而是指人们内心深处的价值取向或情感态度"①;又或如赵馥洁先生所言,它是"人们从自身需要出发而确立的关于价值追求、价值目标和价值标准、价值选择的观念,其核心是价值标准"②。我们不难看出,第一种意义上的"价值观"形成的是关于价值本身的描述性知识,第二种意义上的"价值观"形成的是人在对象性活动中该如何选择、如何行动的价值性知识。③ 人们平时所说的"价值观"实际上就是第二种意义上的价值观,即价值观念。本书所指的"价值观"也是这种意义上的价值观。就此而论,一个人、一个学派、一个民族、一个国家或者是一种文明、一种文化传统,它们的价值观念不是一种单一的,而是由多种价值观念组成的一个体系。当然,在个人那里,这种价值观念体系常常是不完整的、不清晰的,但在一个共同体中,在一种文明或文化传统中,价值观念体系往往是比较完整和系统的。

既然价值观念是一个系统,那么它的一般结构和组成要素有哪些? 对此,学者们见仁见智,形成许多不同的看法。

---

① 李德顺:《价值论》,中国人民大学出版社 2007 年版,第 199 页。
② 赵馥洁:《价值的历程——中国传统价值观的历史演变》,中国社会科学出版社 2006 年版,第 1 页。
③ 参见韩东屏:《价值观念本体论》,《中原文化研究》2015 年第 6 期。

由我国当代著名的伦理学家罗国杰先生主编的《马克思主义价值观研究》一书认为,由于"价值观总是一定的主体对于具有某种属性的客体有无价值及价值大小的基本看法和态度"①,因此,根据主体范围的不同,大体可以将价值观的一般结构划分为社会价值观和个人价值观两个层次。以人类群体为主体的价值观就是社会价值观,以每一个具体的社会成员为主体的价值观即为个体价值观。

当代中国价值论研究的杰出代表李德顺先生在其代表作《价值论》一书中提出价值观念的基本结构包括五大方面:一是主体的定位和自我意识,简称主体意识,它是构成任何一种价值观念的第一个基础;二是理想和信念,包括个人的人生理想信念和人们关于社会的理想信念;三是规范意识,即关于社会规范的立场和选择;四是实践意识,即关于实践行为的心理模式;五是首位价值或本位价值认定,简称本位意识。此五者密切关联,形成一个完整的坐标系。②

由陈章龙和周莉合著的《价值观研究》一书则对价值观类型进行了细致的爬梳。他们将价值观从主体上划分为个人价值观、群体价值观、类价值观;从地位和作用上划分为主导价值观(又称核心价值观)和非主导价值观(又称边沿价值观);从领域上划分为人生价值观、道德价值观、政治价值观、经济价值观、生态价值观、审美价值观、宗教价值观;从性质上划分为积极价值观(科学的、合理的、正确的)和消极价值观(庸俗的、不合理的、错误的);从与时代的适应性和时间的角度划分为超前价值观、适时价值观、落后价值观以及传统价值观和当代价值观,并认为价值观的集中表现形态是信念、信仰和理想。③

韩东屏教授则认为价值观念与狭义的"价值观"不同,它是关于某个对象或事物有何价值以及应对之如何的看法,它回答的是各种事物是好是坏以及人应该追求它还是拒斥它等问题。由于在人的对象性活动中能够成为人的对象性存在者有三种形态,即物、事和人本身,由此决定了价值观念也有三种类型,即关于物的价值观念、关于事的价值观念和关于人的价值观念。除此之外,他认为价值

---

① 罗国杰主编:《马克思主义价值观研究》,人民出版社 2013 年版,第 151—152 页。
② 参见李德顺:《价值论》,中国人民大学出版社 2007 年版,第 211—215 页。
③ 参见陈章龙、周莉:《价值观研究》,南京师范大学出版社 2004 年版,第 25—36 页。

观念还可以划分为其他类型。如按人的活动领域来分,可分为经济性价值观念、政治性价值观念、文化性价值观念和日常生活性价值观念;从时间维度看,可分为传统价值观念和当代价值观念;从空间维度说,又有本土价值观念和外埠价值观念之分;按价值观念内含的价值词的归属可分为以"善恶"为基本价值词的道德观念、以"美丑"为基本价值词的审美观念和以"利害"为基本价值词的功利观念;从表述形式来看,价值观念可分为由评价句构成的评价性价值观念、由含有指令信息的句子构成的指令性价值观念、由价值性因果关系陈述句构成的因果性价值观念三种形式。不仅如此,在众多价值观念中还存在着价值观念合理与否以及价值观念层级结构的问题,比如就价值观念的层级结构而言,有大小之分、高低之别,所谓"最大的价值观念",就是关于什么是"至善"的定型看法,而距离至善越近,与至善关系越直接、越密切的存在者的价值越大。反之,距离至善越远,与至善关系越间接、越不密切的存在者的价值越小。①

马俊峰教授对价值观念结构的阐述更具学理性。在他看来,作为一种"理智—观念"层面的价值意识,价值观念具有较为确定的形式,而这些形式实际上就是各种评价标准,这些标准往往按照一定的结构形成一个体系或系统。因此,任何人的价值观念、任何社会的价值观念都是以系统、体系的方式存在着,而"一种价值观念体系与另一种价值观念体系的差别,往往不在于其构成要素的不同,而在于这些要素的结构不同,即它们的排列顺序或优先顺序不同"②。具体而言,一个时代、一个社会的价值观念结构大致可分为:(1)社会价值观和个人价值观。社会价值观念即社会主体的价值观念,它是以社会自身的存在、发展为基础而形成的种种价值观念;个人价值观念则是个人主体在自己的生活实践中形成的各种评价标准的总和。(2)主导性价值观念和非主导性价值观念。任何一个社会的各种价值观念之地位是有所不同的,有的占主导地位,有的则居于非主导地位。主导性价值观念总是为社会上占统治地位的阶级所支持和信奉的价值观念,除此之外皆属于非主导性价值观念。(3)深层的价值观念和表层的

---

① 参见韩东屏:《价值观念本体论》,《中原文化研究》2015年第6期。
② 马俊峰:《马克思主义价值理论研究》,北京师范大学出版社2012年版,第213页。

价值观念。无论是社会价值观念还是个人价值观念、主导性价值观念还是非主导性价值观念，它们都有深层结构与表层结构的区分。所谓"深层结构"主要是由最基本价值和最高价值组成的，表现为一定的理想、信念和原则，是价值观念的硬核；而表层结构则是由这些基本价值和最高价值派生出来的或辐射于社会与人生各个方面的价值观念，作为具体的评价标准，形成一定价值观念的外围保护带。① 显然，马俊峰关于价值观念结构的划分理论并不完全适合于对儒家价值观的分析和研究，因为这种划分方法适用于对一个社会、一个国家或一个时代的价值观念结构体系进行梳理和分析，如果用它来分析和概括一个学派或一种文化传统的价值观念体系，有些地方就很难说通。比如，将儒家价值观念分为主导性价值观念和非主导性价值观念显然是不对的。因为，价值观的主导和非主导地位是就一个社会而言的，一个学派的价值观念自身不能分为主导和非主导，它要么处于主导地位，要么处于非主导地位。事实上，儒家价值观念自汉武帝以后一直是传统社会的主导性价值观。

那么，上述的哪种价值观念结构理论可以作为我们分析和探析儒家价值观念体系的分析框架和解读模式呢？实际上，不同的分类理论都可以作为方法，对价值观进行研究；用不同的方法可以提出不同的类型及其结构；但有些分类研究比较抽象，现实性不够。笔者认为，研究儒家的价值观究竟运用什么方法，一是要从儒家自己价值观内容的实际出发，看它论述过些什么价值；二是要从研究的目的出发，看你想发掘它的哪些价值观。遵循这两条基本原则，本书对儒家价值观的研究和总体把握，主要采用领域划分的方法和层级结构的分析方法。

---

① 参见马俊峰：《马克思主义价值理论研究》，北京师范大学出版社 2012 年版，第 217—222 页。

第一章　仁、义、礼、智、信:儒家的道德价值观

作为中国传统文化的主干和核心,儒家思想的根本宗旨就是"崇仁义、明教化",对道德的重视成为儒家学说的根本特征。从孔孟一直到程朱、陆王,儒家围绕"仁义"道德建立了自己的价值观体系。可以说,道德价值观是儒家价值观系统的核心和本质,它决定和影响了儒家在政治、社会、自然、人生等各领域的价值观念。

儒家道德价值观念的内容异常丰富,在表述上也复杂多样,有所谓的"三达德"(仁、智、勇),"四德"(仁、义、礼、智),"四维"(礼、义、廉、耻),"五常"(仁、义、礼、智、信),"八德"(孝、悌、忠、信、礼、义、廉、耻)。此外,还有《论语》中提出的"温、良、恭、俭、让"(《学而》)和"恭、宽、信、敏、惠"(《阳货》)等具体"德目"以及汉代大儒董仲舒提出的"三纲五常"等,而在这众多的提法中,唯有"五常"最为基本,影响最大。正如郭齐勇先生所言:"仁、义、礼、智、信等五德,是我国古代思想家对中华民族基本道德观念和道德准则的总结,……是中华民族最普遍、最重要的道德规范。"①陈来先生也说:"五常""成为两千年来影响中国社会至深的基本道德"②。正因为如此,我们以"五常"为代表来阐释儒家在道德价值观念方面的基本思想。

儒家"五常"道德价值观的形成是一个不断扩充和长期积淀的过程。中国传统道德观形成于春秋时代,定型于孔孟原始儒家思想中。春秋时期已经出现了很多的道德观念,比较流行的有"忠信""仁智勇",但没有一个主德可以带领

---

① 郭齐勇:《中国儒学之精神》,复旦大学出版社 2009 年版,第 113 页。
② 陈来:《中华文明的核心价值观》,生活・读书・新知三联书店 2015 年版,第 219 页。

所有的道德。① 到了春秋末期,孔子凸显了"仁",将之作为最重要的道德和德行。"义"虽然在春秋时也受到重视,但其地位并不太突出。倒是墨子很看重"义"。受墨子的影响,战国时期的孟子把"义"提高到与"仁"并列的高度,并称"仁义"。正如民族英雄文天祥所说:"孔曰成仁,孟曰取义"(《宋史·文天祥传》),自孟子开始,"仁""义"成为儒家最重要的道德范畴。不惟如此,孟子后来又将"仁、义、礼、智"四者并列,形成了后世所谓的"四德"之说。孟子曰:"恻隐之心,人皆有之;羞恶之心,人皆有之;恭敬之心,人皆有之;是非之心,人皆有之。恻隐之心,仁也;羞恶之心,义也;恭敬之心,礼也;是非之心,智也。仁、义、礼、智,非由外铄我也,我固有之也,弗思耳矣。"(《孟子·告子上》)这种植根于人心的"四德"其实质性内容在于:"仁之实,事亲是也;义之实,从兄是也;智之实,知斯二者弗去是也;礼之实,节文斯二者是也"(《孟子·离娄上》)。孟子提出的"仁、义、礼、智"四德是奠基于先验的心性论基础之上,因而它们具有最高层次的普遍适用性,故而后世又称之为"四基德""四母德"。汉儒董仲舒非常推崇孟子的"四德"说,并在此基础上增加了"信",从而正式提出"仁、义、礼、智、信",并将之称为"五常":"夫仁、谊(义)、礼、知(智)、信五常之道,王者所当修饬也"(《汉书·董仲舒传》)。东汉班固等人撰写的《白虎通义》(又称《白虎通》)和王充撰著的《论衡》皆称"仁、义、礼、智、信"为"五常""五性",意在表明此五德为"常行之道",从此"五常"之说大肆流行。

那么,为什么在汉代提出"五常"来呢? 这是由于汉代人受"阴阳""五行"观念的影响非常大,常常用"阴阳""五行"来解释社会现象,并以人之思想行为比附"阴阳""五行"。比如说天有"五行",人就有"五脏"。那么,在道德观上,既然天有"五行",人对应地必然要有五个方面的观念才能与之相配。正是在这个意义上,董仲舒以"五行"论"五常",提出木"尚仁"、金"尚义"、水"尚礼"、火"尚智"、土"尚信"。在这里,"五常"与"五行"相配,"五行"决定着"五常"。《白虎通义·性情》曰:"故人生而应八卦之体,得五气以为常,仁、义、礼、智、信是也。"这种类比论证不仅进一步使"五常"具有神秘色彩,而且使"五常"成了与

---

① 参见陈来:《中华文明的核心价值观》,生活·读书·新知三联书店 2015 年版,第 218 页。

宇宙结构、宇宙规律相符合的必然性法则。

当然，"仁、义、礼、智、信"五个方面不可能覆盖人们道德观念和道德生活的全部，但由于它们蕴含了人类道德的基本精神和原则，尤其是内含着儒家其他重要的道德观念，比如"孝悌""忠恕""诚敬"等，因此，对于儒家文化乃至中国传统文化来讲，它极具代表性。所以，用它们来阐发儒家道德价值观是最为合适的。

一、仁

仁、义、礼、智、信，是以"仁"为首。何为"仁"？它作为一种道德观念起于何时？依陈来先生之见，"不管'仁'字最早见于何时，可以肯定的是，仁之说在西周已开其端"①，比如《国语·周语下》中就有"仁，文之爱也""爱人能仁"等话语；而确定的"仁"之观念始自春秋时代，《国语·晋语一》有云："……吾闻之外人言曰，为仁与为国不同。为仁者，爱亲之谓仁。为国者，利国之谓仁。"《左传》中也有一些关于仁的表述，比如："不背本，仁也"（《左传·成公九年》）；"'诗'曰：'柔亦不茹，刚亦不吐。不侮矜寡，不畏强御，唯仁者能之'"（《左传·定公四年》）；"恤民为德，正直为正，正曲为直，参合为仁"（《左传·哀公七年》）；等等。只是到了孔子那里，"仁"才真正成为一种最重要的道德观念。胡适先生曾言，孔子之为孔子，儒家之为儒家，关键就在此"仁"字。孔子"仁"的思想自然以春秋之仁说为根基，并将之提升光大，而孔子"仁"的思想又经后世儒者持续不断地诠释和建构，使"仁"之内涵更加丰厚、意蕴多重，导致后人对它的理解多有歧见。远的不说，单就当代学者对"仁"的解读就有多种。蒙培元先生认为"仁"有"亲情""忠恕""爱物""万物一体"②四个层次："亲情"是仁在家庭关系中的表现；"忠恕"是仁在社会层面的应用，体现了对人的尊重和关怀；"爱物"是仁在人与自然界的关系上的体现；"万物一体"是仁的最高境界。山东大学的蔡德贵教

---

① 陈来：《人学本体论》，生活·读书·新知三联书店 2014 年版，第 101 页。
② 蒙培元：《从仁的四个层面看普遍伦理的可能性》，《中国哲学史》2000 年第 4 期。

授认为儒家"仁爱"思想有三个层次:就人与自然的关系来讲,涉及用格致之学包含的科学精神实现"天人合一";就人与人的关系来讲,涉及用纲纪学说包含的人文精神解决人与社会的紧张关系;就人的身与心的关系来讲,涉及用修养学说包含的宗教精神解决肉体与精神的关系。① 南京大学的李承贵和张理峰两位学者通过对中国仁学研究史的爬梳,提出历史上关于"仁"的诠释主要出现过五种形式:一是本体之仁,意味着"仁"是一种超越的、绝对的、无任何限制的终极存在,它是天地万物的终极根据和宇宙人生的价值根基;二是境界之仁,彰显出一种人与天地万物一体相融的至乐境界;三是人文之仁,体现对人自身地位和价值的肯定和重视,对人的尊严和权利的保护;四是生态之仁,展现人类世界与其他生命世界以及自然世界之间的本然和谐状态;五是贯通之仁,蕴涵着贯通天地万物,贯通物与我,贯通人与我的重要内涵。② 也有学者对《论语》中的"仁"与孔子仁学的内涵进行了系统的分析和深入的考辨,发现"仁"字在今本《论语》中出现过 110 次,分见于 16 篇之 50 余章,其词义可分为四类:一是指仁德,代表一种品行、一种思想;二是指仁者、仁人,即有仁德、行仁事之人;三是指行仁,做仁事;四是指"仁"的名声,即被人称为"仁"。但概而言之,"《论语》之'仁',其实质无不可以用'爱人'即关爱他人来概括","孔子仁学的内涵就只能是'爱人'一条,无有其他"③。

由上我们可以看到,儒家"仁"的思想意涵非常丰富,人们对它的理解可谓是见仁见智;同时也反映出,对儒家"仁"之思想探究也正成为当今学界的一个热点。

总览历代贤哲的观点和当今时贤的见解,立足于儒家经典文本,从道德观的视角,我们可以把儒家"仁"之意涵概括为以下几点:

(一)"爱人"——仁的本质

不论"仁"有多少种含义,它的本质含义就是"爱人"。"樊迟问仁,子曰:

---

① 参见蔡德贵:《儒家"仁爱"思想的三个层次》,《江苏社会科学》2009 年第 3 期。
② 参见李承贵、张理峰:《"仁"的五种诠释》,《江南大学学报》(人文社会科学版)2008 年第 6 期。
③ 黄怀信:《〈论语〉中的"仁"与孔子仁学的内涵》,《齐鲁学刊》2007 年第 1 期。

'爱人'"(《论语·颜渊》);孟子也说:"仁者爱人"(《孟子·离娄下》);董仲舒在《春秋繁露·仁义法》中强调:"仁之法在爱人,不在爱我";近代思想家康有为总结道:"孔子言仁万殊,而此以'爱人'言仁,实为仁之本义也"(《论语注·颜渊》)。凡此种种,无不揭示出"仁"之实质是自我对于他人的态度,即对他人的关怀爱护或施以恩惠,它反映了一种人与人之间的相互关系,即亲爱关系。单独的一个人谈不到仁,"言仁必及人"(《国语·周语下》)。

爱人由爱亲开始。血缘的亲亲之爱是最原始的人伦观念,是"仁"的心理基础。如上所述,孔子之前的"仁"这一概念主要指对亲人的爱,所谓"爱亲之谓仁"(《国语·晋语一》),儒家继承了这一思想,也肯定"仁"是对亲人的爱,如孟子所说"仁之实,事亲是也"(《孟子·离娄上》),《中庸》也说"仁者,人也,亲亲为大"。这表明"仁"首先必然内含了"孝""悌""慈爱"等家族伦理观念。《论语》首章"学而篇"提出:"君子务本,本立而道生。孝悌也者,其为仁之本与!"所谓"孝",爱父母之谓也,所谓"悌",爱兄弟之谓也,可见孝悌是带有血缘关系的亲情之爱。"孝悌为仁之本"之"本"是指本根、根苗、"发端处"(王阳明语),"孝悌"之所以是"仁之本",是因为孝悌乃源于人类天性之爱,是一种最符合人之常情的爱,是人性最质朴、最纯真的表现,"仁爱"正是奠基于此、发端于此。正是在这个意义上,孔子说"君子笃于亲,则民兴于仁"(《论语·泰伯》)。

孔子的贡献在于把"仁"从"亲亲之爱"推广至"爱人",使仁爱的对象超出家庭亲人,延伸到社会众人,使仁渐渐地变为普遍的仁爱,不再专指对双亲的亲爱或对某些人的爱。这样,"仁"突破了家族伦理,上升为一种普遍的社会道德,实现了"仁"之本质的升华。孔子曰:"弟子入则孝,出则悌,谨而信,泛爱众而亲仁"(《论语·学而》),这里的"泛爱众"就是爱所有的人,从贵族到贫民乃至奴隶,从华夏到夷狄均包含在内。因此,当樊迟问仁时,孔子说"居处恭,执事敬,与人忠,虽之夷狄,不可弃也"(《论语·子路》),把恭、敬、忠等仁德推行于包括夷狄在内的一切人。《论语·乡党》记载:"厩焚,子退朝,曰'伤人乎?'不问马。"这则故事也说明了孔子之"爱人"是爱所有的人,包括下层百姓。在儒家看来,一个人如若缺乏对父母兄弟的关爱之情,那他就不可能关爱别人,更不可能成为一个"仁者";同样,一个人如果只爱自己的父母兄弟,不关心别人的死活,那他也不能成为"仁者"。所以，儒家的"仁爱"发端于亲，却不止于亲，它把始源于家庭成员之间的"亲亲"作为基础和出发点，将之向外扩展，推及于整个人类社会，像孟子所言"老吾老以及人之老，幼吾幼以及人之幼"（《孟子·梁惠王上》），这样，"仁"就成了一种在世界中普遍化的亲情，它要求人们像爱自己的亲人一样爱天下所有的人。基于这种普遍化的亲情感，儒家又提出了"天下一家""四海之内皆兄弟"（《论语·颜渊》）的观念。

尤值措意的是，从"爱亲"到"泛爱众"表明儒家之"仁爱"是施由亲始、由亲及疏、由近及远的一种"等差之爱"或曰"推爱"（即从与自己有着血缘关系的人入手而逐步推扩到更大范围），这就使得它与基督之"博爱"、墨子之"兼爱"有了本质的区别。但儒家这种"等差之爱"是基于人的自然本性，反映了人之常情，是人内心深处真性情的流露。孔子高度赞扬人的这种真性情，认为这才是"仁"的真正基础。他说："刚毅木讷近仁"（《论语·子路》），"巧言令色，鲜仁也"（《论语·学而》）。孔子特别批评虚情假意和矫揉造作之人，他说："巧言令色足恭，左丘明耻之，丘亦耻之。匿怨而友其人，左丘明耻之，丘亦耻之"（《论语·公冶长》）。正是由于孔子讲"仁"时特别注重人的真情实感，所以后来的儒家，如孟子、《中庸》的作者以及宋明理学家们都强调"诚"（即真实无妄）的重要性，甚至将"诚"上升为本体，将"诚"看成是天、人的本性。

（二）"忠恕""克己复礼"——行仁之方

"仁"源于人的内在的道德情感，但也必然表现于人的外在行为。孔子一方面信赖仁是心性中无尽善意的流露，所谓"仁远乎哉？我欲仁，斯仁至矣"（《论语·述而》）；另一方面又提出"好仁不好学，其蔽也愚"（《论语·阳货》）、"德之不修，学之不讲，闻义不能徙，不善不能改，是吾忧也"（《论语·述而》），认为"仁道"的实现光有先天的善良心性是不够的，还需要后天的学习和修养。为此，他提出了践行仁德或曰仁德教育和养成的方法和途径，即"行仁之方"。"行仁之方"从内到外就是"忠恕"与"复礼"。

首先，"忠恕之道"是获得仁爱心地的内在方法。子贡曰："如有博施于民而能济众，何如？可谓仁乎？"子曰："何事于仁，必也圣乎！尧舜其犹病诸！夫仁者,己欲立而立人,己欲达而达人。能近取譬,可谓仁之方也已。"(《论语·雍也》)这里的"仁之方"就是践履仁道的方法,"能近取譬"是指能够从自己身边选择榜样。这句话说的是"行仁之方"之"忠"的一面,意即"仁"是自己要站得住,同时也帮助别人,让别人自己也站得住;自己通达了,也要帮助别人,让他自己也能通达。人人都可以从自身当下的生活中一点一滴地做起,从而达到仁的境界,这就是实践仁道的方法。从中我们可以看到,行仁"不是外在强加地使人立或达,而是创造一种气氛或环境,让人家自己去挺立自己的生命,在社会上站得住并通达人间"①,此乃仁人的品格。

"行仁之方"的另一面是"恕"。仲弓问仁,子曰:"出门如见大宾,使民如承大祭。己所不欲,勿施于人。在邦无怨,在家无怨。"(《论语·颜渊》)子贡问曰:"有一言而可以终身行之者乎?"子曰:"其恕乎! 己所不欲,勿施于人。"(《论语·卫灵公》)在这两次对话中,孔子都提出了"己所不欲,勿施于人"一语,并明确称之为"恕",可见"恕道"是教导人们自己所不想要的东西,绝不强加给别人;人应当把别人看成是同类,以己之心度他人之心,要设身处地地为别人着想,尊重别人是别人尊重自己的前提。

孔子认为,"忠恕之道"是他一生一以贯之之道。子曰:"参乎! 吾道一以贯之。"曾子曰:"唯"。子出,门人问曰:"何谓也?"曾子曰:"夫子之道,忠恕而已矣。"(《论语·里仁》)就"忠""恕"本身而言,二者各有自己不同的意蕴和指向。北宋儒者邢昺释曰:"忠,谓尽中心也。恕,谓忖己度物也。"②就是说,"忠"讲的是人的内心,尽己之心,"恕"讲的则是待人接物,推己之心。朱熹在《四书集注》中也说:"尽己之心为忠,推己及人为恕""中心之谓忠,如心为恕"。"忠"的内在意旨是说爱人就要对其竭心尽力,尽自己最大的努力去成人之美。一个人的能力有大有小,但只要尽心尽力就是忠。"恕"是以善待自己的方式善待别人,即我们通常所说的将心比心,推己及人,以尽可能同情地了解他人的处境。由此可见,"忠"是对自己的要求,"恕"是自己对待他人的方式;"忠"是对人们"爱

---

① 郭齐勇:《中国儒学之精神》,复旦大学出版社 2009 年版,第 116 页。
② 何晏注,邢昺疏:《论语注疏》卷四,北京大学出版社 2000 年版,第 56 页。

人"的道德要求,"恕"是人们对"爱人"的道德落实。通过"忠恕"架起了人与人之间内心沟通的桥梁,使人与人之间的情感得以贯通。同时,它也昭示出"为仁"首要的不是对外用力,而是对内用心。

其次,"克己复礼"是践行仁爱的依托和保证。孔子强调"忠恕"是"行仁之方",但同时也认为"仁"的推行还需要有"礼"的依托与保证。颜渊问仁,子曰:"克己复礼为仁,一日克己复礼,天下归仁焉。为仁由己,而由人乎哉?"(《论语·颜渊》)"克己"是约束、克制、修养自己,"复礼"是合乎礼,实践礼。"克己复礼为仁"一方面说明了仁和礼的关系极为密切,另一方面体现了"为仁由己,而由人乎哉"与"我欲仁,斯仁至矣"的主体自觉能动性。在儒家看来,外部世界的利益诱惑太多,人容易被物欲所诱而蒙蔽本心(本性),从而不能成己成人、达己达人,所以它强调通过"克己"的主体自觉,通过自为、主动的道德修养,发明本心,实现仁爱的价值理想。而这又如何可能?儒家认为这关键在于人自己用礼来约束自己的欲望。礼是一定社会的制度、规范、规矩、标准和秩序,它能节制人们的行为,调和各种冲突,协调人际关系。诚如有学者所言:"所谓的礼就是对于是与非的边界的划分和确立。它指出,人可以做哪些事情?人不可以做哪些事情? 礼和非礼是人存在的界限。合礼的事情是可以做的,非礼的事情是不可以做的。"①孔子在回答颜渊提问时曾说:"非礼勿视,非礼勿听,非礼勿言,非礼勿动"(《论语·颜渊》),这"四勿"就是"克己"的实质内容。可见,儒家强调"克己"并不是反对人的欲望,而是强调人要遵循礼所规定的边界,不要越过它,如此才能成就"仁"。由此可以看出,在孔子那里,"克己"和"复礼"是同一的,克制自己就是让自己遵守礼的规范,此即"复礼";同时,"克己复礼"又能让人保持自己本性,实现"仁"。正是在这个意义说,"克己复礼"也是"行仁之方"。

(三)"全德"之名——仁的丰富内容

儒家之"仁"除了上述涵义之外,它还有一层意蕴就是"全德"之名,即仁包含了社会伦理规范的全部内容。如前所述,仁的本义就直接包含了孝、悌、慈等

① 彭富春:《论中国的智慧》,人民出版社2010年版,第102页。

家庭伦理,仁也包含了忠、恕、礼、智、勇等道德条目。子张问孔子什么是"仁",孔子回答说:"能行五者于天下为仁矣。"哪五个方面?子曰:"恭、信、宽、敏、慧,恭则不侮,宽则得众,信则人任焉,敏则有功,惠则足以使人"(《论语·阳货》)。《论语·学而》载:"子夏曰:'贤贤易色,事父母能竭其力,事君能致其身,与朋友交言而有信。'"这里的"竭其力""致其身""言而有信"都是仁的表现。由此看来,在儒家思想中,仁并不是一个与忠、孝等并列的范畴,而是囊括忠、孝等范畴的一个更高的范畴。孔子认为,每个人的身份、地位不同,其为仁的要求也不同。如儒家所谓的"十义",即"父慈、子孝、兄良、弟悌、夫义、妇听、长惠、幼顺、君仁、臣忠",皆是仁的表现。正因为如此,程颢在《识仁篇》中干脆称"仁"为"全德之名",并说"义礼知信皆仁也"。陈淳曰:"孔门教人,求仁为大。只专讲仁,以仁含万善,能仁则万善在其中矣。"(《北溪字义》)现代哲学家冯友兰在《中国哲学史》中也说:"《论语》中常以仁为人之全德之代名词,……惟仁亦为全德之名,故孔子常以之统摄诸德。"[1]蔡元培在其著《中国伦理学史》中也称:"平日所言之仁,则即以为统摄诸德完成人格之名。"[2]

从历史上看,中国传统的道德名目很多,孔子的贡献就在于总结了中华文明原生态的成果,把"仁"从众多德目之一提升到最高的地位,反过来又通过"仁"统摄其他道德子目,使众多道德子目在更高的层次上得到新的整合。从此,"仁"就成为儒家道德文明最集中、最突出的标志。

(四)"以天地万物为一体"——仁的最高境界

儒家的"仁爱"思想不仅主张"爱人",而且主张"爱物";仁德不仅要施之于人类,而且要施之于"万物",达到"仁者以天地万物为一体"的境界。孔子虽然没有明确提出要把"仁爱"推及到万物,但他对大自然的热爱和对自然生命的怜悯已经蕴含了这一点。《论语·雍也》曰:"知者乐水,仁者乐山。"智者和仁者之所以在面对自然时能感到快乐,是因为他们热爱自然、敬畏自然,能体验到人与

---

[1] 冯友兰:《中国哲学史》上册,商务印书馆2011年版,第86页。
[2] 蔡元培:《中国伦理学史》,江苏文艺出版社2007年版,第10页。

自然和谐相处、融为一体,故而能享受到生命的快乐。《论语·述而》曰:"子钓而不纲,弋不射宿",这表现了孔子对动物的尊重和爱护,体现出他对万物的仁爱之心及"取物有节"的思想。

孟子发展了孔子的"仁爱"思想,明确提出把"仁爱"的对象扩充至万物。他说:"君子之于物也,爱之而弗仁;于民也,仁之而弗亲;亲亲而仁民,仁民而爱物。"(《孟子·尽心上》)孟子的这一思想使儒家的"仁"之道德观从人伦道德扩展和升华为生态伦理,在今天具有十分重要的意义。

孟子为什么要主张仁爱万物? 是因为在他看来,从生命的意义上讲,人与禽兽、草木等都是相同的"物"。人虽因拥有"不忍之心"而高于和贵于物,但人只有将自己所特有的"不忍之心"不仅施于人类,而且施于生物时,才能显其珍贵。禽兽草木作为天地中之一"物",当然在其所爱的范围之内。如果认为人是万物中最尊贵的,因而可以藐视万物、宰制万物乃至残害万物,那是孟子和儒家坚决反对的,"牛山之木"(见《孟子·告子上》)的论述就是一个很好的例子。总之,孟子不是从人的利益出发去思考人与"万物"的关系的,而是从生命的意义上把二者联系在一起的。从生命的意义上讲,人与物是平等的,因此才有"不忍"之心、"爱物"之心。

把仁爱推及自然万物,不仅是孟子的思想,也是战国至汉唐儒者的共识。《周礼·大司徒》曰:"仁者仁爱之及物也。"汉代扬雄《太玄·玄攡》说:"周爱天下之物,无有偏私,故谓之仁。"唐代韩愈在《原道》中提出"博爱之为仁"。凡此均表明这一时期的仁爱思想超出了人间性,具有仁爱"万物"的倾向。

自从孟子以生命的平等性诠释"爱物"之仁后,儒家特别是宋明理学家大多以"生"释"仁",认为天(自然界)有"生意",而"仁"只是一个"生意"。如周敦颐说:"天以阳生万物,以阴成万物。生,仁也;成,义也。故圣人在上,以仁育万物,以义正万民。"(《通书·顺化》)程颐说:"万物之生意最可观,此'元者善之长也',斯所谓仁也。"(《二程遗书》卷十一)朱熹也说:"生底意思是仁","仁者,天地生物之心。"(《朱子语类》卷五十三)及至清代的戴震仍以"生"释"仁",谓"仁者,生生之德也。民之质矣,日用饮食,无非人道所以生生者。一人遂其生,推之而与天下共遂其生,仁也。"(《孟子字义疏证》卷下)

以"生"释"仁",一方面用"生"深化了爱的内涵,将仁由内向外、由人向物不断推广出去;另一方面它为"仁民爱物"提供了本体论或生存论的基础。然而,一旦"仁爱"由人及物,用同情和爱来对待万物,对待一切生命,将自然界的万物视为自身生命的一部分,平等地对待,那么,"仁"就必然归向"万物一体"之境。这也就是说,儒家之"仁"还有一层深蕴,即"天地万物一体"之仁。此种意义上的"仁"最早见于孟子"万物皆备于我"之说,后来朱熹提出,"天地万物本吾一体",程颢明确说,"仁者以天地万物为一体"(《二程遗书》卷二),王阳明说:"大人之能以天地万物为一体也,非意之也,其心之仁本若是"(《大学问》)。尤其是张载的"民胞物与"说更彰显了这一点,他说:"乾称父,坤称母,予兹藐焉,乃浑然中处。故天地之塞吾其体,天地之帅吾其性,民吾同胞,物吾与也"(《正蒙·西铭》),这段话将天、地、人、物视为一个宗法式的大家庭,天地是人与万物的父母,天下之人是我的同胞,天下之物是我的朋友,这不仅是对"仁民爱物"说的进一步发展,而且也表达了"万物一天""视天下无一物非我"的境界,有了这样的境界,自然就"爱必兼爱,成不独成"(《正蒙·诚明》)!不仅如此,儒家把"爱物"看成是仁爱价值的最终完成,因为只有这样,仁德才是没有"遮蔽"的,才是"周遍"的。所以,用"仁爱"之精神观照自然万物,将人与万物连为一体,乃是儒家"仁爱"思想的必然结果。

《宋元学案》载朱熹的《语要》说:"孔门之教,说许多仁,却未曾有定说出。盖此理真是难言,如立下一个定说,便该括不尽。"的确,儒家"仁"的内蕴非常丰富,远不止于上述几个方面。但正如有学者所说的那样,"仁"的本质或基本涵义就是"爱人","其他规定或是'爱人'的具体表现方式,或是'爱人'不可缺少的必要条件"[①]。而且,我们看到,儒家所谓的"爱人",也是一个极其宽泛的概念,它包括对别人的关心爱护、同情理解、尊重宽容、亲近恩惠等,即一切与人为善、有利于他人成长的思想、情感和行为皆属于"爱人"的范畴,都可以归于"仁"。不惟如此,儒家又将"仁爱"精神和情感扩展到宇宙万物,这就表明儒家之"仁爱"思想实际上已经包含了我们今天所说的人与人、人与社会、人与自身、

---

① 刘文英:《儒家文明——传统与传统的超越》,南开大学出版社 1999 年版,第 76 页。

人与自然四个方面的关系,正是这一点显现出它对当今社会构建和谐共融的人际关系和树立生态环保意识具有积极意义。

二、义

《易经·说卦》曰:"立人之道,曰仁与义",足见"义"在中国文华中的重要地位。正如有学者所言:"中华传统道德的第一原则是仁德理念,即爱的原则是第一原则,……中华传统道德体系的第二个原则是义德准则。"[①]如果说"仁"就是爱人,包括爱亲、"泛爱众",那么,"义"是什么呢?"义"作为一种道德理念又包括哪些方面?

从字面意思上讲,"义"最早是一个会意字。许慎在《说文解字》中说:"义,己之威仪也。从我从羊。""我"是指代手拿刀具、从事游牧渔猎活动的自己;"羊"则是头戴羽毛的威武的样子,故而"义"是"己之威仪也"。段玉裁在《说文解字注》中曰:"义之本训谓礼容各得其宜,礼容得宜则善矣。"后来,"义"最终演变为在日常生活中处理人我关系时采取恰当适宜的度量与法则。"义"既具有适宜、应当、正义、公平、情谊等含义[②],又具有天下公义、民族大义、社会道义等语义。经过孔子、孟子以及汉儒的改造和提升,"义"成为儒家"四德""五常"之一。

"义"作为儒家的一种重要的道德范畴,其思想意蕴非常丰富,我们可以从以下几个方面予以阐释:

(一)义是人性的规定

毋庸置疑,孔子在讲"仁"的同时也讲"义",诸如"隐居以求其志,行义以达其道"(《论语·季氏》),"君子义以为质,礼以行之"(《论语·卫灵公》),"其养

---

① 周德丰、李承福:《仁义礼智——我们心中的道德法则》,江苏人民出版社 2017 年版,第137 页。

② 参见周德丰、李承福:《仁义礼智——我们心中的道德法则》,江苏人民出版社 2017 年版,第 87—88 页。

民也惠,其使民也义"(《论语·公冶长》),"见利思义""义然后取"(《论语·宪问》),"不义而富且贵,于我如浮云"(《论语·述而》)等,但只有到了孟子这里,"义"作为一种道德价值观才被真正凸显出来。孟子非常重视"义",在《孟子》一书中"义"字出现过 101 次之多,就足以说明这一点。孟子在继承和发展孔子关于"义"之思想的基础上,进一步把"义"提升为人的一种内在规定性,视为人之为人的根据。孟子曰:"恻隐之心,人皆有之;羞恶之心,人皆有之;恭敬之心,人皆有之;是非之心,人皆有之。恻隐之心,仁也;羞恶之心,义也;恭敬之心,礼也;是非之心,智也。仁义礼智,非由外铄我也,我固有之也,弗思耳矣。"(《孟子·告子上》)这就把仁、义、礼、智看成是人固有的本性,是"天之所与我者""不学而能""不虑而知"的"良能""良知",故而孟子又说:"孩提之童无不知爱其亲者,及其长也,无不知敬其兄也。亲亲,仁也;敬长,义也。无他,达之天下也。"(《孟子·告子上》)人之所以从小就知道亲亲、敬长,是因为这两种品格是通行于天下的"良知良能",是人之为人的道德品性的标志。如果失去了这些道德品性,也就失去了做人的资格:"无恻隐之心,非人也;无羞恶之心,非人也;无辞让之心,非人也;无是非之心,非人也。"(《孟子·公孙丑》)先秦儒家的集大成者荀子更是明确地把"义"视为人之为人的根据,他说:"水火有气而无生,草木有生而无知,禽兽有知而无义;人有气、有生、有知,亦且有义,故最为天下贵也。"(《荀子·王制》)这清楚地表明人与草木禽兽之本质区别在于人有"义","义"不仅是"人禽之别"的依据,更是人之行为合理性的规范。

(二)义是君子的品质

"君子"和"小人"之称谓早在《尚书》和《诗经》中就有,"君子"本义是指"国君之子",后来泛指贵族或社会地位高的人,"小人"是指处于社会底层的普通庶民。孔子首先改变了这种以社会地位划分"君子"与"小人"的做法,以德行和德性状况为标准来区分君子和小人。"君子"在孔子心目中占有极其重要的地位,《论语》中有 107 次谈到"君子",而且常常是在与"小人"的对举中谈论的。[1] 在孔子看来,

---

[1] 参见李翔海:《内圣外王——儒家的境界》,江苏人民出版社 2017 年版,第 64 页。

"君子"最本质的品质是重"义"。孔子说:"君子喻以义,小人喻以利"(《论语·里仁》)、"君子义以为上"(《论语·里仁》),意思是君子懂得的是义,以义为最可尊贵的东西,而小人懂得的是利,其行为主要"放于利而行"。尤其在(《论语·卫灵公》)篇中,孔子连续6处讲到"君子",其中最重要一句话就是"君子义以为质,礼以行之,孙(逊)以出之,信以成之。君子哉!"这表明,一个真正的君子,是优秀道德品质的集合体,其中"义"是最根本的,是君子的本质,表现在外面的行为是礼,有高度的文化修养;然后是态度,非常谦逊,不自满,不骄傲;最后是诚信,对人对事,处之有信,言而有信。① 孔子还说:"君子之于天下也,无适也,无莫也,义之与比。"(《论语·里仁》)君子对于天下的人和事,无可无不可,没有一定如此,也没有一定不可如此,一切只求合于义便可。"君子之仕也,行其义也。"(《论语·微子》)君子出仕做官,也只是为了推行正道大义罢了。总而言之,在孔子以及后来的儒家那里,"义"是君子必备的一种内在道德品质,君子的行为主要是要合乎道义等各种行为规范。

(三)义是"人之正路"

义又是实现人之本性的正确道路。因此,它表现为规范、要求、命令,它给人们提供了一个绝对的界限,规定了哪些是人可以做的,哪些是人不可以做的。在这样的意义上,人的本性就是"居仁由义"②。孟子曰:"居恶在? 仁是也。路恶在? 义是也。居仁由义,大人之事备矣。"(《孟子·尽心上》)一个人只要能居住在仁爱的家园里,行走在道义的路上,就具备了高尚的人格和品德,就能成就伟大的事业。反之,如果一个人"言非礼义,谓之自暴也;吾身不能居仁由义,谓之自弃也"(《孟子·离娄上》)。自暴自弃就是一个人自己残害和放弃自己善良本性,所以就不可能有善言善行。基于这种认识,孟子才说:"仁,人之安宅也;义,人之正路也。旷安宅而弗居,舍正路而不由,哀哉!"(《孟子·离娄上》)把最安宁舒适的住宅空着不去住,把最正确的道路舍弃不去走,是多么可悲啊!

① 参见夏海:《浅论儒家之义》,《光明日报》2017年4月1日。
② 彭富春:《论中国的智慧》,人民出版社2010年版,第120页。

那么,"义"何以能成为人行走的最正确的道路呢?根本原因在于义是"羞恶之心"!孟子以羞恶来界定义的内容,是对儒家之义的贡献与发展。何为"羞恶之心"?朱熹解释:"羞,耻己之不善也;恶,憎人之不善也。"①这说明羞恶之心是一种情感意识,是一种防范错误的意识,能够促使人们控制自然欲望和负面感情,不去做那些不该做的事情②,从而保证人始终行走在正道上。

由此而来,"义"也衍生出了"正当""正义""公正"等含义。孟子曾说:"非其有而取之,非义也"(《孟子·尽心上》),"人皆有所不为,达之于其所为,义也"(《孟子·尽心下》)。不该由自己所得的东西,你强取就是不义;人都有不应该去做的事,把它扩充到所应该干的事上,就是义。这里"义"的主要含义就是"应当""正当""正义",也就是我们平常所说的"道义"。前面所引孔子所说的"君子喻于义,小人喻于利""君子义以为上""不义而富且贵,于我如浮云"等,都是这个意义上的"义"。朱熹也说"义"是"行其所当行"(《朱子语类》卷六)。

概而言之,"义"含有社会公正性与正义性、行为正当性的要求,它要求我们在为人处事时要尊重别人的权益,克制自己,不取不属于自己的东西,要把公正、道义放在首位,行其所当行,处其所当处。在这一过程中,"克己""正己"是关键,如董仲舒说:"是故春秋为仁义法,仁之法在爱人,不在爱我;义之法在正我,不在正人;我不自正,虽能正人,弗予为义。"(《春秋繁露·仁义法》)克己正己必然是"反求诸己",这正是"羞恶之心"的表现;也正因为"义者正我",所以才能确保人行走在正路上。也正因为此,"义"也就成为人们做人的标准和道德原则,成为国家和社会有秩序的道德基础。

(四)义的灵魂是适宜

究竟什么是"义"?孟子曾经下过一个明确的定义:"亲亲,仁也;敬长,义也。"还说:"仁之实,事亲是也;义之实,从兄是也"(《孟子·尽心上》)。这是从亲亲出发来界定仁、义。有学者认为,"敬长""从兄"是狭义的义,广义的义是

---

① (宋)朱熹:《四书章句集注》,中华书局2011年版,第221页。
② 参见夏海:《浅论儒家之义》,《光明日报》2017年4月1日。

"人之正路也"。笔者非常赞同这种说法。从兄、敬长在孟子的论述中是一个意思,从兄内含着一种对等级顺序的认可。兄与弟相比,无论在年龄上还是在生活的其他方面都具有优势,因而具有一定的优先权利,因此,受到弟的尊敬和服从,这是一种自然产生的情感。从中我们也可以看出,从兄包含尊重、敬重乃至服从、效劳之意,当然也有"敬其当所敬"的意思,即敬有一定的范围、边界和分寸。如同"仁"始于亲亲,但不止于亲亲,它被推至仁爱天下所有的人一样,"义"始于从兄,但也不止于从兄,它被推至尊重一切贤能的人、尊敬一切年长的人,因而具有了广泛的社会意义。《中庸》曰:"义者宜也,尊贤为大"。意思是义就是适宜、合宜,尊重贤人是最大的义,这就将"义"由从兄、敬长之意上升到尊贤,并且使之转化为适宜、合宜。在儒家看来,尊重贤人,任人唯贤,是社会公正的要求,是最高的正义。就全社会来说,这是最恰当、最合理的事;就个体来说,无论处于上位还是下位,做到"尊贤"都必须出于公心,抛弃私欲成见。[①] 因此,尊贤蕴含着恰当、合理、正义以及合宜之意——"尊其当所尊"。事实上,儒家用适宜、合宜、得宜等意思解释"义"非常普遍、流行。荀爽注《周易·系辞传》说:"咸得其宜,故谓之义。"汉代贾谊云:"心兼爱人谓之仁,行充其宜谓之义。"(《新书·道术》)扬雄曰:"事得其宜之谓义"(《法言·重黎》)。《白虎通义·性情》曰:"义者,宜也,断决得中也。"唐代韩愈也说:"博爱之谓仁,行而宜之之谓义。"(《原道》)凡此种种,皆认为"义"就是适宜、恰当的意思。

　　"义者宜也"看似没有给"义"赋予实质性的规定,不像仁、礼、智、信等伦理道德范畴那样具有具体而明确的规定,比如仁即"爱人",礼为"礼仪""规矩",智是知识与智慧,信乃是信守承诺等,但这正是义的灵魂所在,它赋予主体行为灵活性和主体性的品格。正如有学者所言:"义的最大理论价值就是妥善应对了经与权的矛盾,在社会伦理道德领域实现了普遍性与特殊性、绝对性与相对性的统一。"[②]的确,任何伦理道德规范和准则都既具有普遍性和绝对性的一面,又具有特殊性和相对性的一面,"经"强调的是道德原则之普遍性和绝对性,强调

---

① 参见郭齐勇:《中国儒学之精神》,复旦大学出版社 2009 年版,第 122 页。
② 夏海:《浅论儒家之义》,《光明日报》2017 年 4 月 1 日。

坚守道德原则的重要性和必要性；而"权"强调的是道德原则的具体运用，即要灵活掌握、变通对待。众所周知，"仁爱"是儒家最高的道德理念和原则，但仁爱的对象、范围、程度都是有讲究的，都要最适宜、最恰当。"义"就是使"仁爱"之行动与情境达到最适宜的实践性和正当性原则。孔子曰："君子之于天下也，无适也，无莫也，义之与比。"（《论语·里仁》）君子的行为没有既定的模式，无可无不可，但会坚持根据具体情境选择最恰当的行为模式，这就是"义"的原则。正因为没有行为上僵死的教条，所以孟子才说："大人者，言不必信，行不必果，唯义所在。"（《孟子·离娄下》）荀子也说："君子崇人之德，扬人之美，非谄谀也；正义直指，举人之过，非毁疵也；……与时屈伸，柔从若蒲苇，非慑怯也；刚强猛毅，靡所不信，非骄暴也。以义应变，知当曲直故也。诗曰：'左之左之，君子宜之；右之右之，君子有之。'此言君子以义屈信变应故也。"（《荀子·不苟》）这就是说君子能根据义来屈伸进退、应对变化，只有这样才能真正体现仁德精神，自己的行为才具有正当性。

综上所述，作为五常之一的"义"，是一种源于人之内在心性的道德情感和道德判断，是人之为人的根据，是"君子"最重要的品质和行为规范，也是人们追求的高尚道德境界和道德人格，是人们由善良仁心出发，通往现实目标的最恰当的途径。它既包含了天下公义、民族大义、社会道义等语义，又包含了个人行为的适宜、应当、应该等意蕴。对社会而言，"义"是衡量是非善恶的标准，具有评判社会价值的功能，因而构成了国家和社会有秩序的道德基础；对个人而言，"义"赋予每个人行为的正当性，是个人立身处世的基本原则。人应该像孟子所言"穷不失义，达不离道"（《孟子·尽心上》），义成为人生在世的意义所在，尽管生命是人之最宝贵的东西，但只有合于道义的生命才是值得维护的，当生命与道义发生冲突时，人不能苟且偷生，而要以国家民族大义为行动取舍的标准。正是这一点显现了"义德"对当今社会和个人所具有的积极意义。

三、礼

"礼"在传统社会中受到人们的高度重视，它曾被列为"四维"之首，也是儒家"五常"之一。中国从古至今都被世人称颂为"礼仪之邦",制礼、尚礼、尊礼、行礼是中华民族的一贯美德。"礼"已经深入中国文化的方方面面,成为中华文化和传统道德的独特标志,对实现社会长期安定有序、维护民族和国家团结统一发挥了重要的作用。

(一)"礼,敬也"——礼的含义和精神实质

从词源上讲,"礼"字的繁体为"禮",从示,从豊。"豊"是行礼的器皿,所以"礼"的本义是举行仪礼,祭神求福。《说文解字》曰:"礼,履也,所以事神致福也",讲的就是这个意思。从历史上看,"礼"原本是夏、商、周三代人们对天、地、神、灵以及祖先的祭祀仪式,但自西周以后,礼的范围和作用从鬼神祭祀向人事生活扩展,逐渐发展成为一整套社会生活的习俗、规范、制度。从文献来看,中国传统文化中有关礼的著作主要有《周礼》《仪礼》《礼记》,史称"三礼"。一般认为《周礼》《仪礼》是周公所作,后人做了增订。《周礼》被看作是西周的行政法典,《仪礼》则被视为西周的民法法典,两者论述的内容都极为广博精微。《礼记》有西汉戴德、戴圣叔侄二人传下来的两个版本,后世分别称之为《大戴礼记》和《小戴礼记》,二著记载了孔子和弟子们对古代礼制思想的总结和诠释,是儒家礼学思想最精辟的理论著述。"三礼"从礼制条文到礼治精髓,都已经极为完善,实现了礼的规范化、制度化,"体现了道德理性对人的情欲的节文,表明了中国传统道德发展的文明历程"①。概而言之,在古代社会,"礼"从广义讲包括了一整套的典章、制度、规矩、仪节,涉及道德规范、国家制度和生活准则等诸多方面。

"礼"首先表现为以一种外在的、形式的、规范的东西来约束、调节人们的行为,但从内在精神实质而言,礼体现了一种仁德理念、义德准则、人道精神。也就是说,在外在的、形式的、规范的"礼"中含有内在的道德性。礼的实质性内容是"敬"。从"礼"字的本义可看出,礼始于人们向鬼神献祭求福活动,而祭神求福时必须要有虔诚、恭敬之心。由此看来,礼源于人发自内心的真诚的谦和与敬

---

① 周德丰、李承福:《仁义礼智——我们心中的道德原则》,江苏人民出版社 2017 年版,第183 页。

畏,如果没有敬人之心,则礼节规矩也不可能实行。孔子曾说:"居上不宽,为礼不敬,临丧不哀,吾何以观之哉?"(《论语·八佾》)就是说,居于上位的君主,却不仁爱宽厚,行礼之时内心却不恭敬,遇到丧事毫无悲哀之情,该如何看待他呢?恐怕他不算是人吧!墨子也把"礼"的内在性界定为"敬",指出:"礼,敬也。"(《墨子·经上》)孟子更是用"敬人"来解释礼:"恭敬之心,礼也。"(《孟子·告子上》)不仅如此,孟子还以"辞让之心"解释礼,这表明了"让"也是礼的实质性内容之一。荀子也主张"礼"的实质乃为"敬",他说:"夫行也者,行礼之谓也。礼也者,贵者敬焉,老者孝焉,长者弟焉,幼者慈焉,贱者惠焉。"(《荀子·大略》)可见,"礼"的精神实质是敬、让,没有敬人、让人之心,则礼节规矩就不可能实行。也正是在这个意义上,孔子进一步强调"仁"是"礼"的实质性内容,"礼"是"仁"的形式仪节。孔子曰:"人而不仁,如礼何?人而不仁,如乐何?"(《论语·八佾》)又说:"礼云礼云,玉帛云乎哉?乐云乐云,钟鼓云乎哉?"(《论语·阳货》)如果一个人没有内在的仁德,那么,他对待礼乐制度、规范或习俗要么违背它,要么只是拘守于外在的形式。如果一个人内心没有谦让与敬畏,礼乐仅剩虚伪浮夸,这会令人厌恶和鄙视的。所以,礼乐之行不在于玉帛、钟鼓,唯有仁心才有意义。当然,人的内在精神也应当表露为形式,舒展在外表,没有礼乐的表达,仁心也难以顺畅表现,就像孔子所说的"恭而无礼则劳,慎而无礼则葸,勇而无礼则乱,直而无礼则绞"那样,仁心不能没有礼的节制。总之,在孔子那里,仁和礼的关系是"仁里礼外",礼以仁为根本,是仁的外在表现;仁以礼为形式,是礼的内在根据。二者相辅相成,即依仁成礼,依礼成仁。只有仁发于心,才能自觉遵守礼;同样,也只有依礼而行,才能最终成就仁。用《礼记》的话来说,礼的精神实质就是"礼乐所以饰仁"(《礼记·儒行》)。当代著名学者郭齐勇先生说:"礼的核心是:对尊贵的人要恭敬,对年老的人要孝顺,对年长的人要恭逊,对年幼的人要慈爱,对卑贱的人要施恩,足见'礼'也是重要的道德规范、道德原则,其实质是恭敬、尊重别人,特别是尊重长者,爱护弱小。礼仪、规矩、制度的本质是礼让、礼敬、仁爱、仁慈。"①此乃真知灼见,一语中的。

---

① 郭齐勇:《中国儒学之精神》,复旦大学出版社 2009 年版,第 125 页。

(二)"不学礼,无以立"——礼是个人立身处世之本

礼作为一种道德规范、道德原则,它也就成为衡量每一个人道德行为的标尺,是规范个人日常生活的行动指南。孔子说:"非礼勿视,非礼勿听,非礼勿言,非礼勿动"(《论语·颜渊》),这是要求人的视、听、言、动等一切行为都要合于礼。在这个意义上,礼成为对人外部行为的规范,故《礼记》曰:"乐所以修内也,礼所以修外也。"(《礼记·文王世子》)孔子明确主张"君子博学于文,约之以礼,亦可以弗畔矣夫"(《论语·雍也》),强调每个人都要重视对礼的学习和掌握,如果"不学礼""不知礼",则"无以立"(《论语·季氏》)。可见,"礼"是一个人立足社会的依据,也是一个人成为一个"健全的人"的标志,倘若一个人不懂礼、不行礼,那他就不是一个健全的正常人,甚或说就不成其为人,自然在社会上难以立足。因此对于每一个人来说,"礼乐不可斯须去身"(《礼记·乐记》),每时每刻都要守礼遵礼,以礼行事。

荀子更是重视"礼"之于人的生存意义。众所周知,在儒家内部有所谓孔子"贵仁"、孟子"尚义"、荀子"隆礼"之说。的确,"礼"是荀子道德体系和政治哲学的核心范畴,他提出"礼者,所以正身也"(《荀子·修身》),甚至认为"礼者,人道之极也"(《荀子·礼论》),把"礼"视为人类道德的终极顶端。荀子为何将"礼"抬高到如此地步?乃因为在荀子看来,"礼者,人之所履也。失所履,必颠蹶陷溺。所失微而其为乱大者,礼也。"(《荀子·大略》)人失去礼这个依据,就会跌倒沉溺,陷入危难之中;对礼稍有偏差,就可能导致极大的祸乱。更为重要的是,荀子认为国家没有礼仪就不得安宁:"礼之于正国家也,如权衡之于轻重也,如绳墨之于曲直也。故,人无礼不生,事无礼不成,国家无礼不宁"(《荀子·大略》)。正因为礼是个人立身处世之根本、治国安邦之根基,所以同孔子一样,荀子也非常重视对礼的学习,甚至提出"学至乎《礼》而止"的观点:"学恶乎始?恶乎终?曰:其数则始乎诵经,终乎读礼;其义则始乎为士,终乎为圣人。……《礼》者,法之大分,群类之纲纪也,故学至乎《礼》而止矣。夫是之谓道德之极。"(《荀子·劝学》)

总之,在儒家看来,"礼"是一个人站立(成长)起来,行走于社会的支柱,所

谓"兴于诗、立于礼、成于乐"(《论语·泰伯》)是也！所以，学礼、懂礼、守礼是一个人一生必须完成的大事。

(三)"礼之用,和为贵"——礼是社会和谐的根本保障

"礼"不仅能衡判每一个人的道德行为,范导个人的日常生活,而且能很好地安排人间秩序、融合社会关系,实现社会和谐。《论语》曰："礼之用,和为贵,先王之道,斯为美；小大由之。有所不行,知和而和,不以礼节之,亦不可行也。"(《论语·学而》)意思是说礼是为了实现和谐,和谐最重要,先王之道以和谐为美,大小事情都要依照"和"的原则来办,只有用"礼"之规矩所确立的各种节制和限定的规范,"和谐"才有坚实的依据。这表明"礼"蕴含了"和谐"的伦理价值和社会功能。"礼"之所以具有使社会和谐的功能,根本原因在于一个稳定和谐的人间秩序总是需要一定的礼仪规范来调节,包括需要一定的等级秩序,这是古今中外概莫能外的事情。所以,当面对春秋时代礼崩乐坏,天下各级的名号、职分错位,僭越逆乱之事时有发生时,孔子提倡以礼治国,提出"正名""克己复礼"的思想主张,希望通过"礼"的规范和调节,使各个阶层、等级的人各安其位,各得其宜,上下尊卑关系恰到好处,从而实现"君君、臣臣、父父、子子"(《论语·颜渊》)的理想社会秩序,使社会既有等级秩序,又和谐统一。

荀子也是希冀通过"礼"来达到使社会和谐统一之目的。他提出了"义分则和"的主张,即认为人与人之间只有进行适宜的名分划分,才能形成社会,并最终实现各等级之间的和谐。在荀子看来,"物不能赡则必争,争则必乱,乱则穷矣。先王恶其乱也,故制礼义以分之,使有贫富贵贱之等,足以相兼临者,是养天下之本也"(《荀子·王制》)。他还说："先王恶其乱,故制礼义以分之,以养人之欲,给人之求。"(《荀子·礼论》)可见,荀子认为"礼"并不是来源于人先天的善性,也不是来源于神秘的天道,而是由先王根据社会变化的客观需要制定的。先王制定礼义道德是为了划分名分和权责,制止因争斗而导致的混乱,从而使社会群居和谐有序。荀子又说：人"力不若牛,走不若马,而牛马为用,何也？曰：人能群,彼不能群也。人何以能群？曰：分。分何以能行？曰：以义。故义以分则和。"(《荀子·王制》)这里的"义分"就是指礼义。人之所以能组成社会,能

群居,根本原因在于社会有等级,有秩序安排,而社会之所以能够划分等级秩序,在于有礼义约定等级名分和权责。所以,荀子一再强调说:"人之生不能无群,群而无分则争,争则乱,乱则穷。故无分者,人之大害也;有分者,天下之本利也。"(《荀子·富国》)不仅如此,荀子还认为"礼"之所以能使社会和谐有序,还因为"礼"能使"贵贱有等":"礼者,贵贱有等,长幼有差,贫富轻重皆有称者也"(《荀子·富国》),"故尚贤使能,等贵贱,分亲疏,序长幼,此先王之道也。故尚贤使能,则主尊下安;贵贱有等,则令行而不流;亲疏有分,则施行而不悖;长幼有序,则事业捷成而有所休。"(《荀子·君子》)这里所说"贵贱"仅仅是指社会职位分工之高低,并非道德价值之优劣。以荀子之见,礼能使高贵的和卑贱的、年长的和年幼的、贫穷的和富裕的、权势轻微和权势重大等不同等级、差异都有各自相宜的规定、相应的责任,从而使职责分明,政令畅行,社会秩序井然。

总之,"礼"对社会生活的调整,旨在"致天下之和"(《礼记·祭义》),在千差万别的社会生活中实现和谐的人际关系。诚如《礼记》所曰:"乐至则无怨,礼至则无争"(《礼记·乐记》),全社会只有依据礼来确定名分和权责,就能使"暴民不作,诸侯宾服,兵革不试,五刑不用,百姓无患",并能"合父子之亲,明长幼之序,以敬四海之内"(《礼记·乐记》)。可见,"礼"成为社会和谐有序的根本保证,守礼就能使国泰民安。

(四)"为政不以礼,政不成矣"——礼是治理国家的最高准则

"礼"既包含了道德伦理之精神层面,还包括了社会习俗和政治制度层面,因此,它不仅是个人行为的标尺,社会生活的仪轨,还是国家政治秩序的规整。《左传》曰:"礼,经国家,定社稷,序民人,礼后嗣者也"(《隐公十一年》);"礼,国之干也"(《僖公十一年》);"礼,王之大经也"(《昭公十五年》)。《礼记》曰:"礼者,君之大柄也"(《礼记·礼运》)。凡此种种,都表明了礼是中国政治制度的根源,是国家治理的根本大法。孔子非常推崇礼治,认为"上好礼,则民莫敢不敬"(《论语·子路》),所以主张"为国以礼"(《论语·先进》)、"安上治民,莫善于礼"(《礼记·经解》)。在孔子看来,"道(导)之以政,齐之以刑,民免而无耻;道(导)之以德,齐之以礼,有耻且格"(《论语·为政》),所以他反对严刑峻法,倡

导德治,认为道德的、礼治的方式才是治理国家的最好手段。《礼记》曰:"礼者,禁于将然之前;而法者,禁于已然之后。是故法之用易见,而礼之用所谓生难知也。……以礼仪治之者积义,以刑法治之者积刑罚。刑罚积而民怨倍,礼义积而民和亲"(《大戴礼记·礼察》),所以"礼之所兴,众之所治也;礼之所废,众之所乱也"(《礼记·仲尼燕居》)。荀子继承了孔子的礼治思想,并使之得到进一步的发展,把礼看作是国家治理的根本制度,认为礼对国家的整饬,就像秤对于轻重一样,墨线对于曲直一样,是必不可少的,因此他反复告诫统治者要明白"国家无礼不宁"(《荀子·大略》)、"国无礼则不正"(《荀子·王霸》)的道理。他还说:"礼者,政之挽也,为政不以礼,政不成矣"(《荀子·大略》)。又说:"礼者,治辨之极也,强国之本也,威行之道也,功名之总也。王公由之,所以得天下也;不由,所以陨社稷也。"(《荀子·议兵》)意即是礼是政治的根本原则,不按礼行事,一切政策就无法实行;礼是治理国家的最高准则,天子诸侯遵行了礼,就能取得天下,否则就会丢掉国家政权。有鉴于此,荀子喟叹"人之命在天,国之命在礼"(《荀子·强国》)!总之,在中国传统社会的政治管理方面,儒家始终把礼仪制度、道德教化放在首位,主张以礼乐治天下,仅把行政和刑律作为推行礼乐的手段而已。

毫无疑问,礼的具体规范内容会随着时代的变化而变得过时,尤其是在中国传统社会中,礼逐渐演变成形式躯壳,成为束缚人们思想和行为的枷锁,严重妨碍了人的自由而全面的发展,因此,受到人们的批判和挑战。但任何时代、任何社会,都需要一定的礼仪、礼节和规范的调节和约束,换言之,对于任何时代、任何社会的人来说,礼都是不可或缺的。问题的关键在于,我们要对礼因时变革,在继承中创新,剔除旧礼中过时的、僵化的、违反人道的东西,充分彰显礼的仁德精神、礼让礼敬精神。在我们看来,彬彬有礼,谦让互敬,礼貌礼敬,应该是文明社会和文明人有教养的标志,更是社会人的重要的道德素养。

四、智

"智"作为中华民族的一种传统道德品德,很早就受到人们的重视。孔子特别强调仁智双彰。他说:"仁者安仁,智者利人"(《论语·里仁》);"智者乐水,仁者乐山;智者动,仁者静;智者乐,仁者寿"(《论语·雍也》)。不仅如此,孔子还将"智"视为君子必备的品德之一,指出:"君子道者三,我无能焉:仁者不忧,知(智)者不惑,勇者不惧。"(《论语·宪问》)《中庸》继承和发展了孔子的思想,将"仁、智、勇"三者并称为"三达德"。"达"即"大"的意思。此后,孟子又提出"仁、义、礼、智"四德或四端,后世学者把"仁、义、礼、智"称为"四基德"。至汉代,董仲舒提出"夫仁、谊(义)、礼、知(智)、信五常之道"(《汉书·董仲舒传》)。无论是"三达德""四基德",还是"五常"之说,"智"都在其中,表明"智"在中华传统道德谱系中居于重要的不可或缺的地位,它无疑是儒家乃至中华民族传统美德的核心内容之一。

(一)"是非之心,智也"——"智"的涵义

段玉裁《说文解字注》曰:"知智义同","古智、知通用"。《白虎通义·性情》云:"智者,知也,独见前闻,不惑于事,见微知著也。"可见,在古代"智"和"知"意义基本相同,常常互相假借。"智"或"知"的基本意思是指认识、知道、辨别、聪明、智慧、谋略、见识、知识,等等,核心意思是认识、明白,具体包括认识社会、认识自我、明辨是非、厘清善恶等方面。有学者认为,中国古代"智"的概念可以用现今流行的"理性"一词加以解读、诠释。若以理性概念诠释,则中国古代哲人的理性可分为"知识理性"与"道德理性"两个方面。古圣先贤对于这两个方面都是重视的,不过有的偏重于知识理性,有的偏重于道德理性,有的则兼而有之。[①] 但在笔者看来,中国传统的理性从总体上说是"道德理性",因而中国传统文化才被称为"道德型文化"。儒家文化尤其是这样!也就是说,在儒家思想中,"智"首先被视为一种道德品质、道德规范,其含义主要是指对道德的认识,即是非、善恶的判断和道德知识的积累。

孔子常以"不惑"解释"智"。《论语》有两处记载了"子曰:知者不惑,仁者

---

① 参见周德丰、李承福:《仁义礼智——我们心中的道德法则》,江苏人民出版社2017年版,第205—206页。

不忧,勇者不惧。"上面提到的《白虎通义·性情》也将智解释为"不惑于事"。在这里,"不惑"就是不迷惑、不疑惑。那么,"不惑"于什么?对此,我们当然可以各自为解,不必刻板以求,但联系《论语·为政》中所讲的"三十而立,四十而不惑,五十而知天命"一语,可知孔子所谓的"不惑"主要是由"知礼""知命",即知书达理懂人事,了悟人生的命运,进而懂得做人的道理以及人生的价值和意义所在,从而行事能够不迷惑了!诚如赵馥洁先生所言:"'不惑'指智者明达道义,知己知人,对于是非、善恶、厉害,能分析判断,并处事得宜,不为复杂事物所迷乱。"①足见孔子所谓的"智",主要是指道德认知或曰"道德理性"。

在儒家学派中,对"智"作出明确界定的是孟子。孟子认为"智"是人固有的善性之一,它和仁、义、礼共同构成人的善性。孟子曰:"是非之心,智之端也"(《孟子·公孙丑上》);"是非之心,智也"(《孟子·告子上》)。所谓"是非之心"即对是非的分辨意识。孟子又说:"仁之实,事亲是也;义之实,从兄是也;智之实,知斯二者弗去是也"(《孟子·离娄上》),意思是智的主要内容是懂得仁义的道理而不违背它。由是而观,孟子所谓的"是非"主要指"仁"与"不仁"、"义"与"不义",而他所谓的"智"就是对仁与不仁、义与不义的分辨、辨别和判断。通过分辨,达到守是去非、坚守仁义。这样,孟子的"智"无疑也属于道德认知或曰"道德理性",不包含对客观事物及其规律的认知。毋宁说,孟子首次明确肯定了"智"的道德价值地位。

荀子继承了孔孟"智"之思想,也主张"是是非非谓之智"(《荀子·修身》)、"智者,明于事达于数"(《荀子·大略》)。但与孔孟不同,荀子所谓的"智"不仅仅是道德之知,还包括知识之知,比如他说"所以知之在人者谓之知,知有所合谓之智"(《荀子·正名》),将人生而具有的认识事物之能力称为知觉,认为知觉和所认识的事物相符合就是智慧。正因为"智"并非仅指道德而言,所以任何人都可以有智,"有圣人之知者,有士君子之知者,有小人之知者,有役夫之知者"(《荀子·性恶》)。但荀子在阐述圣人、君子、小人、役夫各自智慧的特点时,显然具有明显的道德评判倾向。他说:"多言则文而类,终日议其所以,言之千举

---

① 赵馥洁:《中国传统哲学价值论》,人民出版社 2009 年版,第 256 页。

万变,其统类一也,是圣人之知也。少言则径而省,论而法,若佚之以绳,是君子之知也。其言也讠,其行也悖,其举事多悔,是小人之知也。齐给便敏而无类,杂能旁魄而无用,析速粹孰而不急,不恤是非,不论曲直,以期胜人为意,是役夫之知也。"(《荀子·性恶》)实际上,荀子一直认为圣人、大儒的最重要特征是"知通统类",即通晓各类事物的基本法则,掌握各种知识的纲领原则。他说:"修修兮其用统类之行也,……如是,则可谓圣人矣"(《荀子·儒效》);"奇物怪变,所未尝闻也,所未尝见也,卒然起一方,则举统类而应之,……是大儒者也"(《荀子·儒效》);"志于公,行安修,知通统类,如是则可谓大儒矣"(《荀子·儒效》)。而圣人、大儒能够"知通统类",是就道德完美者所拥有的人生智慧而言,而不是从知识技能方面所作出的判断。质言之,荀子把"知通统类"视为理想人格的重要条件。

总而言之,儒家之"智"主要指道德知识而非自然知识,其所知之对象主要是"知命""知道""知人""知世""知礼""知仁""知义"等,其目的在于形成道德判断。

(二)"知止"——"智"的作用和意义

梁启超先生说:"儒家哲学范围广博,概括说起来,其用功所在,可以《论语》'修己安人'一语括之。其学问最高目的,可以《庄子》'内圣外王'一语括之。做修己的功夫,做到极处,就是内圣;做安人的功夫,做到极处,就是外王。至于条理次第,以《大学》上说得最简明。《大学》所谓'格物致知诚意正心修身',就是修己及内圣的功夫;所谓'齐家治国平天下',就是安人及外王的功夫。"[1]众所周知,《大学》提出的"八条目"中,前四条目即"格物、致知、诚意、正心"属于"内省",后三条目即"齐家、治国、平天下"属于外治,而"修身"则是连接"内省"和"外治"两方面的枢纽。正因为如此,《大学》明确主张"自天子以至于庶人,壹是皆以修身为本"。而"修身"的重要途径就是"格物致知",或曰"致知在格物"。汉代郑玄在《礼记正义》中说:"知,谓知善恶吉凶之所终始也"、"知,如

---

[1] 梁启超:《清代学术概论·儒家哲学》,天津古籍出版社 2003 年版,第 100—101 页。

字,徐音智"①。即是说知是对于善恶吉凶之因果关系的认识,这正是人们常说的"智"!

在儒家看来,"格物而知至",掌握了"知"("智")就能够"知止",此即朱熹所言"物格知至,则知所止矣"②。而"知止而后有定,定而后能静,静而后能安,安而后能虑,虑而后能得"(《大学》)。可见,这里的关键在于"知止"。那么,何谓"知止"?朱熹注曰:"止,居也,言物各有所当止之处也","知止"就是"言人当知所当止之处也"③。实际上,《大学》后文中"为人君,止于仁;为人臣,止于敬;为人子,止于孝;为人父,止于慈;与国人交,止于信"的说法,可以视为对"知止"的最好解释。而"知止"的关键或曰前提又在于"致知"或曰"知至",这就清楚地表明,在儒家看来,"智"的价值和意义就在于让人"知其所止"(《大学》),用今天的话来说,就是让人知道自己行为的边界,懂得什么事是可以做的,什么事是不可以做的,也像荀子所说的那样,要知"荣辱",从而做到"行己有耻"(《论语·子路》)、"知耻而后勇"(《中庸》)!同样,也表明了儒家所说的致知之"知"并不是对自然、社会的客观规律的认识,而是认识或恢复人先天具有的道德本性。这样,儒家所谓的"格物""致知"就是教人防止个人情感、欲望的偏向,努力追求道德的自我完善。

(三)"尊德性"与"道问学"——"智德"形成的两种途径

如上所述,在儒家思想体系中,"智"主要是一个道德范畴,即"智"主要是指道德认识、道德智慧、道德修养,故而我们称之为道德之智,简称"智德"。而关于道德的形成,在儒家那里主要有两种基本观点:一是认为道德知识是先验的,即与生俱来的,先天就有的。如孟子所谓的人天生就具有"四端",将之"扩而充之",就形成了仁、义、礼、智四种道德品格。所以,道德属于"不学而能""不虑而知"的"良能""良知",它们本来就在人性之中,人们可以通过道德体验、道德直觉来认识和把握它。二是认为道德知识是后天的,人们只有经过不断地学习、教

① 郑玄:《礼记正义》下册,上海古籍出版社 2008 年版,第 2234 页。
② (宋)朱熹:《四书章句集注》,中华书局 2011 年版,第 5 页。
③ (宋)朱熹:《四书章句集注》,中华书局 2011 年版,第 6 页。

育、训练,才会有道德知识,才会判断、明了、区分是非善恶,并正确待人处事,遵守社会规范,增进自己的德性,等等。荀子是这种观点的典型代表,他反对孟子的性善论,认为道德认识不是先天固有的,道德规范、道德原则都是圣人总结治世经验之后制定的,人们之所以有道德,是后天学习和接受社会教化的结果。他认为人们的理智对道德判断与选择至关重要。概而言之,儒家关于道德认识和道德智慧的形成有两种看法:一种是先天的本性禀赋;另一种是后天的学习、教育、实践。郭齐勇先生认为:"《中庸》整合了关于道德认识、道德智慧、道德修养的两种类别或途径,又结合价值目标,把道德之'智'精辟概括为'故君子尊德性而道问学,致广大而尽精微,极高明而道中庸'。"①在笔者看来,郭齐勇先生的这种概括十分深刻、精准,故本人借鉴这一观点,将道德之"智"的获取途径概括为"尊德性"与"道问学"两类。

从历史上看,对于"尊德性"与"道问学"二者究竟谁是获取"智"(道德之智)的可靠途径或方法曾发生过激烈争论,这就是著名的"鹅湖之会"。朱熹强调"格物致知",认为格物就是穷尽事物之理,致知就是推致其知,主张多读书,多观察事物,根据经验加以分析、综合与归纳,然后得出结论。陆九渊兄弟则从"心即理"出发,认为"格物"就是体认本心,主张"发明本心",心明则万事万物的道理自然贯通,不必多读书,也不必忙于考察外界事物,去此心之蔽,就可以通晓事理,所以尊德性、养心神是最重要的,反对多做读书穷理之功夫。要言之,朱熹强调"道问学",即道德知识、理论与道德规范的建构与学习;陆九渊等强调"尊德性",即主体的道德体验和道德直觉。前者"以智识心",后者"以仁识心"。这场争论虽然陆氏兄弟占了上风,但两派各执一端,各有偏颇。

实际上,在《中庸》中"尊德性"与"道问学"是统一的,这种统一也就是"诚"与"明"的统一。《中庸》曰:"自诚明谓之性,自明诚谓之教。诚则明矣,明则诚矣。"即是说,由真诚达到明白一切道理,这是因为出于天性;由明白道理达到真诚,这是因为接受了教育、感化。真诚就是明白道理,明白道理就是真诚。可见,"诚""明"是一个过程的两个方面,二者不是对立的,而是互补互动的。所以,就

---

① 郭齐勇:《中国儒学之精神》,复旦大学出版社 2009 年版,第 126—127 页。

道德智慧与道德认识而言,诚如郭齐勇先生所言:"既有先天的本性禀赋,又有后天的学习、教育与实践,既有判断道德是非善恶的当下顿悟、理想直觉,又有博学、审问、慎思、明辨、笃行的过程,是一种道德的心理、素养和能力"①。

（四）"仁且智"——仁智统一

儒家在讨论智的涵义及其价值的基础上,进而探讨了仁与智、德与智的关系。如上所述,孔子特别强调仁智双彰,他曾说:"德之不修,学之不讲,……是吾忧也。"(《论语·述而》)又说:"好仁而不学,其蔽也愚"(《论语·里仁》)。其弟子亦以"仁且智"称道孔子人格,如孟子引子贡之语曰:"学不厌,智也;教不倦,仁也。仁且智,夫子既圣矣。"(《孟子·公孙丑上》)荀子也说:"孔子仁知且不蔽,故德与周公齐,名与三王并。"(《荀子·解蔽》)秦以后,儒家多以"仁且智"为理想人格的主要内容。董仲舒说:"仁而不智,则爱而不别也;智而不仁,则知而不为也"(《春秋繁露·必仁且智》),因此,他强调"必仁且智"。《淮南子·主术训》称:"凡人之性,莫贵于仁,莫急于智。仁以为质,智以行之",这也是将仁智并举。实质上,早在春秋时期,政治家、思想家管仲就提出"既仁且智,是谓成人"(《管子·枢言》)的重要论断,已将仁智统一作为理想人格的一种规定。

总体来看,儒家关于仁与智、德与智的关系的观点,大体可概括为两个方面:一是仁是智的前提和保障。孔子曰:"择不处仁,焉得知"(《论语·里仁》);"知及之,仁不能守之,虽得之,必失之"(《论语·卫灵公》)。孟子云:"夫仁,天之尊爵也,人之安宅也。莫之御而不仁,是不智也。"(《孟子·公孙丑上》)二是智是仁的前提和条件。孔子曰:"未知,焉得仁"(《论语·公冶长》)、"知(智)者利仁"(《论语·里仁》)。荀子曰:"心知道然后可道,可道然后能守道以禁非道。"(《荀子·解蔽》)从儒家关于仁智关系的这两个观点可以看出,仁与智是紧密联系、相辅相成、互为前提的,犹如荀子所言:"知而不仁,不可;仁而不知,不可;既知且仁,是人主之宝也"(《荀子·君道》)。但如果我们进一步思考,就会发现

---

① 参见郭齐勇:《中国儒学之精神》,复旦大学出版社 2009 年版,第 127 页。

"仁"在位阶上高于"智"，因为"仁者，德之基也"（《人物志·八观》），所以，"在儒家价值系统中，仁义道德的价值层次高于知识智能，'智'处于'德'的从属地位。仁智统一是在人道原则（仁义）基础上的人道和理性统一，理性的自觉是为了实现道德的理想。"①从较为精确的意义上讲，仁智关系可概括为以仁统智、以智辅仁。受儒家这种以仁统智、以智辅仁思想的影响，北宋历史学家司马光提出"德帅才资"说。司马光说："聪察强毅之谓才，正直中和之谓德。才者，德之资也；德者，才之帅也。……德胜才谓之君子，才胜德谓之小人。……君子挟才以为善，小人挟才以为恶。挟才以为善者，善无不至矣；挟才以为恶者，恶亦无不至矣。……夫德者人之所严，而才者人之所爱。爱者易亲，严者易疏，是以察者多蔽于才而遗于德。……故为国为家者，苟能审于才德之分而知所先后，又何失人之足患哉！"②这段论述是儒家先德后智、以智辅仁的典型表现。

总之，智或知作为人的一种才能或能力可以表现为多个方面，比如克敌制胜之智、理财致富之智、治国理政之智、为人处世之智、接人待物之智乃至自知之明、知人之智，但儒家主要将之作为一种美德来看待，集中于对人生在世如何成德成才以及完善自我，完成主体修养，以至于培铸更多的仁智兼备的贤人君子。"智"像明烛一样指引人们明辨道德是非善恶，作出正确的行为选择。过去如此，将来亦如此！

五、信

儒家"五常"中的"仁、义、礼、智"四德在孟子那里已被确立起来了，而"信"一直到了西汉时期的董仲舒那里才首次被确立为儒家的基本道德规范之一。如前所述，董仲舒深受"阴阳""五行"思想的影响，提出了"人副天数"和"天人感应"说，认为天有什么，人就有什么；天有"五行"，人有"五常"，"五常"配"五行"，"五行"决定"五常"。董仲舒非常推崇孟子的"仁、义、礼、智""四德"之说，

---

① 赵馥洁：《中国传统哲学价值论》（增订本），人民出版社 2009 年版，第 258 页。
② （北宋）司马光：《资治通鉴全鉴》，中国纺织出版社 2014 年版，第 4 页。

在此基础上,增加了"信"德,由此形成了"仁、义、礼、智、信""五常"之说。但这并不意味着在董仲舒之前人们不重视"信"或者说不讲"信",实际上,《论语》中有许多地方记载了孔子及其弟子谈论"信"以及对信德的重视,只不过董仲舒使"信"上升为中华民族最重要的道德品德之一,从此以后,"信"就成为中国传统社会核心道德价值观之一,对中华民族的生存和发展产生了巨大影响。

(一)"信,诚也"——信的含义

《说文解字·言部》曰:"信,诚也。从人,从言。会意。"意思是用人的所言会真实之意。人的"言"如何能会意真实呢?《说文解字》曰:"直言为言",意即心里有话就直接说出来,就是"言"。言为心声,所以,人的言论应该是诚实、真实的,故而古人才用人之所言会真实之意!由此可见,"信"的本义为言语真实。古代造字者把讲真话、讲实话看成做人的必要条件,言外之意,不讲真话就不能算人。《尔雅·释诂》曰:"诚,信也",也是以诚释信。《白虎通义·性情》亦曰:"信者,诚也。专一不移也。"总之,信与诚统一,所以二者常常在一起连用。总之,信即诚信,其含义包括诚实、不欺骗,真实、不虚伪,忠诚、笃实,相信、崇奉,等等。

(二)"无信不立"——信是个人立身之本

儒家之所以把"信"作为一种重要的道德规范,是因为在儒家看来,"诚信""忠信""信誉"是一个人在社会上立身处世的根本。如果一个人不守信用,那么他就无法在社会上立足。如孔子所说:"人而无信,不知其可也。大车无輗,小车无軏,其何以行之哉?"(《论语·为政》)又说:"狂而不直,侗而不愿,悾悾而不信,吾不知之矣。"(《论语·泰伯》)据史料记载,孔子率弟子周游列国时曾被困在陈、蔡两国之间,这时他的弟子子张就问他如何才能畅行无阻,孔子回答道:"言忠信,行笃敬,虽蛮貊之邦,行矣。言不忠信,行不笃敬,虽州里,行乎哉?"(《论语·卫灵公》)如果你讲话忠诚信实,行为恭敬实在,即使到了野蛮地区也会行得通。如果你讲话不忠诚信实,行为不恭敬实在,即使在本乡本地也行不通,可见,言语欺诈无诚信的人,既是不可理喻之人,也是社会上寸步难行之人,必将在世界上不能生存。不仅如此,孔子认为"信"也是君子必备的基本品格,他要求弟子们要"谨而信"(《论语·学而》)、"主忠信"(《论语·学而》)、"笃信好学"(《论语·泰伯》)、"言忠信,行笃敬"(《论语·卫灵公》)。孔子还把"信"视为君子成就其事业的前提条件:"君子义以为质,礼以行之,逊以出之,信以成之。君子哉!"(《论语·卫灵公》)总之,在儒家看来,作为个体的人,在人格上必须忠诚、笃实、真心、不虚伪,否则在社会上无法立足,遑论成就一番事业了。

(三)"言而有信"——信是人与人之间社会交往的基本原则

儒家推崇"信"并把它列为"五常"之一,还在于他们认为"信"是人们之间社会交往所必须尊奉的基本原则,尤其是朋友之间交往的基础。子夏说:"事父母,能竭其力;事君,能致其身;与朋友交,言而有信。虽曰未学,吾必谓之学矣。"(《论语·学而》)强调与朋友交往,必须要说话诚实守信。曾子说:"吾日三省吾身——为人谋而不忠乎?与朋友交而不信乎?"(《论语·学而》)强调要时刻反省自己与朋友交往有没有不诚实的地方。孟子更是将"朋友有信"作为五伦关系之一,他说:"圣人有忧之,使契为司徒,教以人伦:父子有亲,君臣有义,夫妇有别,长幼有序,朋友有信。"(《孟子·滕文公上》)"五伦"后来成为中国伦理文化的核心,由此,"朋友有信"的意义也就十分重大了。

(四)"取信于民"——信是施政治国之本

"信"的道德价值不仅在于它是为人立身之本、人与人之间社会交往的基本原则,还在于它是施政治国之本。自古失去人民信任的政权没有不垮台的,有鉴于此,孔子说:"道千乘之国,敬事而信。"(《论语·学而》)强调既要认真办事,又要取信于民,这是治国必须坚守的基本要求。子贡曾问政于孔子,孔子答曰:"足食,足兵,民信之矣。"子贡曰:"必不得已而去,于斯三者何先?"曰:"去兵。"子贡曰:"必不得已而去,于斯二者何先?"曰:"去食。自古皆有死,民无信不立。"(《论语·颜渊》)所谓"民无信不立"是指如果人民对政府缺乏信任和信心,国家就立不起来。如是而观,"民无信不立"是就国家而言的,"人无信不立"是对个人来说的。换言之,"民无信不立"是一句政治箴言,属于政治范畴。由此看来,孔子不仅仅把"信"看作是一种个人的基本伦理,更把"信"视为执政者的一种最基本的政治操守,故而孔子又说:"上好信,则民莫敢不用情。"(《论语·子路》)子夏也说:"君子信而后劳其民;未信,则以为厉己也。信而后谏;未信则以为谤己也。"(《论语·子张》)这些都在讲为政者应"取信于先",充分彰显了"信"的重要性。

概而言之,"信"是儒家倡导的一条重要的道德原则,"其基本要求是'诚'与'忠',即诚实不欺,尽心竭力,言行一致,践诺践约,不食其言,办事可靠。"①当然,儒家也强调,"信"必须以仁、义、礼等为前提,比如孔子说:"信近于义,言可复也。"(《论语·学而》)言下之意,违背道义、礼制的诺言,不必信守。同时,儒家还告诫人们不应轻易许诺他人,如果一个人轻易许诺别人,但又难以一一兑现,反而会失信于人。

以上我们分别对仁、义、礼、智、信进行了较为具体的分析和阐述,借此人们可以对儒家"五常"各自的含义、特征、价值等有一个较为全面而深入的了解。那么,"五常"作为一个整体或系统,它们之间的关系又是如何呢?在阅读文献的过程中,我们发现古人对之已有许多精妙的论述和睿智的见解,有的从意涵上言之,如《白虎通义·性情》曰:"仁者,不忍也,施生爱人也。义者,宜也,断决得中也。礼者,履也,履道成文也。智者,知也,独见前闻,不惑于事,见微知著也。信者,诚也,专一不移也。故人生而应八卦之体,得五气以为常,仁、义、礼、智、信是也。"程颐程颢曰:"仁,体也;义,宜也;礼,别也;智,知也;信,实也"(《二程遗书》卷二上);有的从作用、地位上言之,如汉代扬雄以譬喻的方式来说明"仁、义、礼、智、信"之用:"仁,宅也;义,路也;礼,服也;智,烛也;信,符也。处宅、由路、正服、明烛、执符,君子不动,动斯得矣。"(《法言·修身》)三国时魏国的刘劭认为:"夫仁者,德之基也。义者,德之节也。礼者,德之文也。信者,德之固也。智者,德之帅也。"②这些见解不仅生动形象,而且全面深刻,具有较大的合理性,对于我们当代人理解和把握五常之间的关系具有重要的借鉴和启发意义。但其

①　郭齐勇:《中国儒学之精神》,复旦大学出版社2009年版,第128页。
②　(魏)刘劭:《人物志》,红旗出版社1996年版,第133页。

中有些看法也不尽合理,比如刘劭认为"智者,德之帅也",把智看成是道德的统帅,这与儒家以"仁"为道德之统帅的主流观点不符。正如朱熹所说:"百行万善总于五常,五常又总于仁"(《朱子语类》卷六)。二程把"五常"比作"一体"与"四支"的关系,即犹如人体一样,"仁者,全体;四者,四支"(《二程遗书》卷二上)。在笔者看来,"仁"是人之内在的最基本道德品质,是"五常"的核心,是其他四个德目的前提和基础;"义"是仁爱的适度("适宜")原则,是最根本的价值取向;"礼"是依据仁道精神而制定的人之最基本的行为规范,是"仁"的具体展现形式;"智"乃对"仁"的体认,是对道德是非的分辨,它使义的原则和礼的形式能顺应时代变化而历久弥新;"信"是最基本的道德要求,是道德的基石或曰支柱,是实现仁的根本保证。可见,"仁、义、礼、智、信"相互联系,相互配合,构成一个系统整体,约束着人们的行为,提升人们的道德修养。

毫无疑问,仁、义、礼、智、信产生于中国传统社会,与小农经济、封建宗法制度有着千丝万缕的联系,其本质上是为维护封建专制统治和等级社会秩序服务的,因而它不可避免地具有消极、保守、落后、腐朽的一面;但仁、义、礼、智、信作为人自身存在的本质性规定,它又具有超越时空等具体条件限制的普遍性、永恒性,包含着人类共同的、普适性的价值意识,尤其是它对中国文化特征的形成、中华民族品格的塑造和民族精神的培育发挥了巨大的作用,成为整个中国传统文化的核心价值观,因而它又具有积极、文明、进步的一面。所以,对于仁、义、礼、智、信,我们要在全面分析、研究的基础上,重新考订梳理、去芜存菁,既要挖掘其中积极、合理、有价值的思想资源,又要剔除其中消极、落后的文化糟粕,并结合时代精神和时代发展需要对其合理、有价值的思想予以创造性改造和创新性发展,从而使之成为推动当代社会发展的有益价值资源。

第二章　尊君重民：儒家的政治价值观

儒家价值观最根本的特点就是强调人之道德自觉，要求人们自觉地按照仁、义、礼、智、信等道德规范进行自我修养，以达到内心的完善和境界的提升，此即所谓的"修身"。《大学》曰："自天子以至于庶人，壹是皆以修身为本。"然而，从儒家总体的学问宗旨来看，"修身"并非根本目的，"修己"是为了"安人""安百姓"，即为了"齐家、治国、平天下"，因此，儒家思想具有明显的将道德政治化、政治道德化的倾向。从这个意义上看，儒家的伦理道德规范不仅是处理人际关系的原则，同时也是规范国家政治生活的普遍原则。当然，毕竟政治和伦理是两个相对独立的领域，二者的规范原则和价值观念不尽相同。所以，儒家除了有自己的道德价值观之外，还有自己独特的政治价值观。历史地看，先秦儒家作为诸子百家中积极入世的一派，其学派创立的宗旨就是改造社会，为当时"礼崩乐坏"的社会现实探寻出路。为此，他们提出了一系列的政治主张、政治活动原则、政治行为评判标准以及未来发展设想，并通过后世儒者的不断丰富、完善和发展，形成蔚为大观的儒家政治文化或曰政治思想，其中的核心和精髓就是政治价值观。

所谓政治价值观，"是人们对于政治生活、政治系统及其运行状态的一种价值期待和评估，是关于政治生活某种应然状态的设定，是关于政治系统运作目标及其责任履行机制的一种理想化诉求"①。从功能上讲，政治价值观是社会成员看待、评价某种政治系统及其政治活动的标准，以及由此形成的政治主体的价值观念和行为模式的选择标准。② 按照这种理解，我们可以把儒家政治价值观界

---

① 转引自李忠军：《意识形态安全与大学生政治价值观研究》，东北师范大学出版社 2015 年版，第 59 页。

② 参见王惠岩：《政治学原理》，高等教育出版社 1999 年版，第 240 页。

定为儒家在长期的历史过程中逐渐形成的对传统社会政治生活、政治系统及其运行状态的一种评价和期待，是对理想的政治生活、政治追求目标及其实现机制和主体政治责任履行方式的设定。就此而论，儒家政治价值观大体包括追求"大一统"的政治理想、强调忠君唯上（顺上）、尊奉"民为邦本"的政治理念、推行"仁政"和"为政以德"的施政策略等方面。

一、"大一统"的政治理想

"大一统"思想是儒家政治价值观的首要观念。虽然，这一观念盛行于汉代，但它在先秦儒家那里已经出现。毋宁说，"大一统"是先秦儒家核心主张之一，后被历代思想家继承和发展，并深深地融入中华民族的血脉之中，成为中华民族两千多年来历史发展的主流。

何谓"大一统"？"大一统"之"大"就是尊重、重视的意思，"一"表示统一、合一的意思，"统"即纲纪，是治理天下时所必须拥有的共同制度、政策、纲领。"一统"，即统一，原指天下诸侯皆统一于周天子，后世称封建王朝统治全国为"大一统"。概而言之，"大一统"是指以一个统一的纲领去整合社会，从而达到天下大治。①

（一）孔子的"大一统"思想

从思想源流来看，"大一统"政治理想最早可追溯至夏、商、周三代。我国最古老的书籍《尚书》和《诗经》上就已经有了"协和万邦"（《尚书·尧典》）以及"普天之下，莫非王土；率土之滨，莫非王臣"（《诗经·小雅·北山》）的记载，反映了中华民族对"大一统"的追求。但"大一统"作为一个概念首见于《春秋公羊传》。众所周知，孔子在《春秋》中讲过这样一句话："元年春，王正月。"《春秋公羊传》将其诠释为"大一统"思想："元年者何？君之始年也。春者何？岁之始也。王者孰谓？谓文王也。曷为先言王而后言正月？王正月也。何言乎王正

---

① 参见徐鸿、解光宇：《先秦儒家"大一统"思想论》，《学术界》2015 年第 5 期。

月？大一统也。"(《春秋公羊传·隐公元年》)也就是说,《春秋公羊传》认为,孔子作《春秋》是以周代历法记述历史,体现了尊崇周代的"大一统"政治。

从史实来看,儒家"大一统"思想正是由孔子最早提出的。孔子提出"大一统"思想的历史背景就是有鉴于春秋之时礼崩乐坏,周王朝统一的政治局面不复存在,僭越王权的行为层出不穷,比如孔子就严厉批评季氏"八佾舞于庭,是可忍也,孰不可忍也"(《论语·八佾》)的僭越行为;本应由周天子拥有的"礼乐征伐"权力,却出现了"自诸侯出""自大夫出"以及"陪臣执国命"的混乱局面。面对这种状况,孔子深感恢复和发扬"周礼"与宗法制度的必要性和迫切性,表现出强烈的恢复天下统一之愿望。对此我们可以从《论语》记载的孔子对管仲的评价中看得很清楚。孔子对管仲的评价一直是反对其无礼,称"管仲之器小哉"(《论语·八佾》),但对管仲帮齐桓公统一天下的功劳大加赞赏,所以,当子贡问曰:"管仲非仁者与？桓公杀公子纠,不能死,又相之。"子曰:"管仲相桓公,霸诸侯,一匡天下,民到于今受其赐。微管仲,吾其被发左衽矣。岂若匹夫匹妇之为谅也,自经于沟渎而莫之知也。"(《论语·宪问》)众所周知,孔子在《论语》中很少用"仁"来评介一个人,除了赞扬颜回"其心三月不违仁"(《论语·雍也》)之外,仅见他用"仁"称赞过管仲:"桓公九合诸侯,不以兵车,管仲之力也,如其仁,如其仁。"(《论语·宪问》)有学者评论说:"如果说颜回的'仁'代表内在的德性修养,那么管仲的'仁'就是外在的辅佐君主'一匡天下',这两个方面合起来就是后世儒家崇尚的'内圣外王'之道。由此可以推测,像管仲一样辅佐一国君主尊王攘夷,'一匡天下',恢复周公建立的礼乐文明秩序,是孔子在德性修养之外的另一个向往和追求。"[1]从对管仲的评价中反映出了孔子把力求统一视为统治者的最高道德,很明确地表现了他的"大一统"追求。

1. 孔子"大一统"思想的核心要义就是"尊王"

《礼记·坊记》引用孔子的话说:"天无二日,土无二王,家无二主,尊无二上,示民有君臣之别也。"《礼记·曾子问》载曰:曾子问孔子,"丧有二孤,庙有二

---

① 路高学:《从"合多为一"到"化多为一"——先秦儒家"大一统"的逻辑进程》,《中南大学学报》(社会科学版)2018年第5期。

主,礼与?"孔子回答说:"天无二日,土无二王。尝禘郊社,尊无二上。"而春秋战国时期之所以会出现混乱不堪、动荡不安、民不聊生的局面,就是因为周天子王权旁落,诸侯蜂起争霸。正如《礼记·正义》所言:"天有二日,则草木枯萎;土有二王,则征伐不息。"所以,孔子希望通过"合多为一",消除诸侯争霸的现象,重建西周礼乐文明所代表的王道秩序,恢复"王天下"的权力制度。可见,在孔子看来,"尊王"是实现"大一统"的基础。因此孔子作《春秋》,而乱臣贼子惧。

2. 孔子提出"正名"思想也是为实现政治上的"大一统"奠定文化心理基础

"正名"一词出自《论语·子路》篇。子路问孔子:"卫君待子而为政,子将奚先?"孔子曰:"必也正名乎!"子路曰:"有是哉,子之迂也,奚其正?"孔子曰:"野哉由也!君子于其所不知,盖阙如也。名不正,则言不顺;言不顺,则事不成;事不成,则礼乐不兴;礼乐不兴,则刑罚不中;刑罚不中,则民无所错手足。故君子名之必可言也,言之必可行也。君子于其言,无所苟而已矣。"对孔子"正名"的含义,从古至今人们有多种不同的理解,如东汉经学家郑玄将"正名"解释为"正字"(郑注:"正名谓正书字也,古者曰名,今世曰字"[1])。也有人从语言学的角度解释"正名",比如当代著名哲学家李泽厚先生认为孔子之"正名"思想表达了儒家的一种语言学,"极为重视语言的实用意义和实用价值","其所以如此,在于'名'(能指,书面语言)来自符号(指示),表示的是一种秩序、规范、法则,这也就是'实'(所指)。"[2]大多数人认为"正名"之"名"为"名分"的意思。但当代学者曹峰认为孔子的"正名"说与"名分论""名实论"并无天生的关系,"'正名'的原义或许很简单,并不是要建立什么'名'的规范系统,而只是在历史上孔子第一个意识到了语言对政治的重要性",即"言语之不统一会导致政治的不统一"[3]。在我们看来,要真正理解孔子"正名"的含义,必须要从这一词语提出的具体语境入手。由上可知,孔子是回答子路"问政"过程中提出"正名"这一概念的,显然"正名"与"为政",即与政治活动密切相关。实际上,当时社会出现了统

---

① 转引自胡适:《胡适散文精选》(上),郑州大学出版社 2015 年版,第 81 页。

② 李泽厚:《论语今读》,天津社会科学院出版社 2007 年版,第 221 页。

③ 曹峰:《孔子"正名"新考》,《文史哲》2009 年第 2 期。

治秩序失范、名位失序,王不像王、君不像君、臣不像臣,僭越之事司空见惯,甚至臣弑君、子弑父现象屡见不鲜,面对这种状况,"孔子以为苟欲'拨乱世而反之正',则莫如使天子仍为天子,大夫仍为大夫,陪臣仍为陪臣,庶人仍为庶人。使实皆如其名。"①也就是说,"孔子以为当时名不正而乱,故欲以正名救时之弊也"②。由是而观,孔子"正名"之"名"当为"名分""职分"的意思,这从《论语》中另一处记载看得很清楚。《论语·颜渊》篇记载:齐景公问政于孔子,孔子对曰:"君君,臣臣,父父,子子。"公曰:"善哉! 信如君不君,臣不臣,父不父,子不子,虽有粟,吾得而食诸?"所谓"君君臣臣父父子子"就是"正名",就是要君臣父子各守其道、各安其分、各尽其责。如此,社会就会秩序井然,天下就能太平! 所以,"正名"思想所表达的深意是:如果社会上人人都能各安其位,说与其名分相符的话,干预其职分相符的事,则天下就自然安定了。可见,孔子想通过"正名"实现"一匡天下"的政治理想。

(二)孟子的"大一统"思想

孟子继承并发展了孔子的"大一统"思想,主张通过"王道"政治来实现天下"定于一"。在孟子生活的战国时代,社会之动荡混乱比春秋时代更为严峻,此时周王室的统治已经沦落到苟延残喘的地步,毫无任何权威可言,而各诸侯强国的国君却纷纷称王,相互间为了争夺霸权,不断进行武力扩张,导致"争地以战,杀人盈野,争城以战,杀人盈城"(《孟子·离娄上》)。处在水深火热之中的老百姓殷切盼望天下的统一,作为思想家的孟子能够顺应民心,在继承孔子"大一统"思想的基础上提出了自己的"一统天下"设想。

孟子的"大一统"思想始见于他与梁襄王的一次对话中。《孟子·梁惠王上》篇记载:孟子见梁襄王,出,语人曰:"望之而不似人君,就之而不见所畏焉。"卒然问曰:"天下恶乎定?"吾对曰:"定于一。""孰能一之?"对曰:"不嗜杀人者能一之。""孰能与之?"对曰:"天下莫不与也。王知夫苗乎? 七八月之间旱,则

---

① 冯友兰:《中国哲学史》上册,华东师范大学出版社2000年版,第53页。
② 冯友兰:《中国哲学史》上册,华东师范大学出版社2000年版,第54页。

苗槁矣。天油然作云，沛然下雨，则苗浡然兴之矣。其如是，孰能御之？今夫天下之人牧，未有不嗜杀人者也。如有不嗜杀人者，则天下之民皆引颈而望之矣！诚如是也，民归之，由水之就下，沛然谁能御之？"在与梁襄王的这段对话中，孟子首先谈到了天下统一的问题，然后再谈到如何统一的问题。在孟子看来，天下要得以安定，只能归于统一（"定于一"），而要归于统一，只能寄希望于出现一位"不好杀的国君"。这就清楚地表明孟子设想通过"仁政"或"王道"来实现"大一统"的社会理想。这就与孔子主张通过"正名"实现国家的"大一统"有所不同了。

从历史上看，孟子一贯主张王道政治，反对霸道统治。萧公权先生认为："孟子黜霸，其意在尊王而促成统一。"①何谓"霸道""王道"？孟子曰："以力假仁者霸，霸必有大国，以德行仁者王，王不待大。……以力服人者，非心服也，力不赡也；以德服人者，中心悦而诚服也，如七十子之服孔子也。"（《孟子·公孙丑上》）由此可见，所谓"霸道"就是"以力假仁"或"以力服人"，而"王道"就是"以德行仁"或"以德服人"。进一步说，"王道"其实就是"仁政"，即"王道"政治正是通过施行"仁政"来"以德服人"，进而实现社会大治、天下太平。故孟子又说"尧舜之道，不以仁政，不能平治天下"（《孟子·离娄上》）、"不仁而得国者，有之矣；不仁而得天下，未之有也"（《孟子·尽心下》）、"仁者无敌"（《孟子·梁惠王上》）等等。总之，在孟子看来，只有施行"仁政"的人，才能统一天下。"这种主张显然与孔子所称赞的管仲辅佐齐桓公尊王攘夷而'一匡天下'的'如其仁'是不同的，其中预设了天下应由能行'仁政'之君重建统一的理论前提。"②为什么孟子和孔子在"大一统"思想的前提预设或理论基础上会有所不同呢？这是由二人所处的历史环境不同而造成的。萧公权先生曾分析道，孔子"正名"思想是想遵从西周的礼乐制度，其意是在承认周王室政权条件之下改进和恢复封建制度。但到了孟子时代，周衰欲灭，诸侯愈强，尤其是楚、魏、齐、秦成为大国，各有席卷天下之势。在这种情况下，孔子尊周之主张不复具有意义。孟子深察世变，急思拯民，其所想望者非周室之复兴，乃新王之崛起。所谓"定于一"者即此

---

① 萧公权：《中国政治思想史》，商务印书馆 2017 年版，第 103 页。
② 路高学：《从"合多为一"到"化多为一"——先秦儒家"大一统"的逻辑进程》，《中南大学学报》（社会科学版）2018 年第 5 期。

想望也。从另一个角度来说,推行"霸政"实际上是企图在封建制度已衰未溃之际,挟天子以令诸侯,于紊乱中维持秩序,但在七雄争霸时代,挟天子既无所用,令诸侯亦势不能也。也就是说,此时"霸道"既不可取又实行起来很难,而"王道"理想反而容易实现,故而孟子才设想以"王道"实现天下的统一。① 笔者以为这种分析十分精准,它深刻地揭示出孟子以"王道""仁政"实现天下"大一统"的真实缘由。

那么,又如何通过"王道""仁政"实现天下一统呢?孟子的基本主张是"省刑罚,薄税敛,深耕易耨;壮者以暇日修其孝悌忠信,入以事其父兄,出以事其长上,可使制梃以挞秦楚之坚甲利兵矣"(《孟子·梁惠王上》)。《孟子·公孙丑上》篇记载,孟子曰:"尊贤使能,俊杰在位";"市,廛而不征,法而不廛";"关,讥而不征";"耕者助而不税";"廛,无夫、里之布";"信能行此五者,则邻国之民仰之若父母矣。率其子弟,攻其父母,自生民以来,未有能济者也。如此,则无敌于天下。无敌于天下者,天吏也。然而不王者,未之有也。"此外,孟子还提出"制民之产""不违农时""谨庠序之教,申之以孝悌之义,颁白者不负戴于道路矣。七十者衣帛食肉,黎民不饥不寒,然而不王者,未之有也"(《孟子·梁惠王上》)以及前述的"不嗜杀人者",凡此种种,不一而足,表明孟子依然遵循着儒家一贯倡导的由仁义出发,通过"修齐治平"的逻辑进路,最终实现天下一统和天下大治之理想。同时,我们也可以看到,孟子设想的王道政治不仅包括要教导民众,让民众懂得孝悌忠信等道理,还包括"富民""养民","使民养生丧死无憾",从而使天下人心服,"天下之民皆引领而望之"。不仅如此,孟子还强调用中原华夏文明教化和改造四邻少数民族,进而实现思想文化和礼乐教化上的统一。由此可见,"孟子所主张的'大一统'主要是指'文一统'而非'武一统'"②。

(三)荀子的"大一统"思想

与其说作为先秦儒家总结式的人物,也被称为"先秦儒学的殿军"③的荀子,

---

① 参见萧公权:《中国政治思想史》,商务印书馆2017年版,第102页。
② 赵志浩:《〈孟子〉中的"大一统"思想探析》,《理论与现代化》2017年第2期。
③ 《中国哲学史》编写组:《中国哲学史》上册,人民出版社2012年版,第160页。

极力主张"大一统"思想，毋宁说，在先秦儒家的诸代表人物中，荀子是最自觉地表达天下统一之历史要求的人。之所以是这样，也是时代使然。众所周知，荀子身处的战国后期，一方面，适逢封建地主阶级之统治日趋稳定，社会生产力的发展呈现勃勃生机，人们渴求结束诸侯割据和常年战乱的局面、实现"四海之内若一家"（《荀子·儒效》）的要求非常强烈；另一方面，到战国后期，随着小国被大国不断兼并，从客观上讲，"天下将归于一"的趋势日益明显，或者说此时的社会已处于"大一统"的前夜。在这种形势下，荀子自觉地顺应时代的经济政治发展之要求，在继承孔孟"大一统"思想的基础上，进一步阐发了自己的"一天下"构想。

荀子之"大一统"思想主要表现在他对"一天下""天下为一"的阐发上。荀子多次论及"一天下"。他说："一天下，财万物，长养人民，兼利天下，通达之属莫不从服，六说者立息，十二子者迁化，则圣人之得势者，舜、禹是也"（《荀子·非十二子》）。又说："大儒者，善调一天下者也，无百里之地，则无所见其功。……用百里之地，而不能以调一天下，制强暴，则非大儒也。……用百里之地，而千里之国莫能与之争胜；笞棰暴国，齐一天下，而莫能倾也，是大儒之征也。……通则一天下，穷则独立贵名，天不能死，地不能埋，桀跖之世不能污，非大儒莫之能立，仲尼、子弓是也"（《荀子·儒效》）。又说："全道德，致隆高，綦文理，一天下，振毫末，使天下莫不顺比从服，天王之事也"（《荀子·王制》）；"性伪合，然后成圣人之名，一天下之功于是就也"（《荀子·礼论》）。凡此种种"一天下"就是统一（治理）天下的意思。与"一天下"意思相近的是"天下为一"。我们同样可以看到荀子在许多地方讲到了"天下为一"，在此仅举数例，如："用大儒，则百里之地久而后三年，天下为一，诸侯为臣，用万乘之国，则举错而定，一朝而伯"（《荀子·儒效》）；"晓然独明于先王之所以得之、所以失之，知国之安、危、臧、否若别黑白。是其人者也，大用之，则天下为一，诸侯为臣，小用之，则威行邻敌"（《荀子·君道》）。尤其是荀子多次讲到大致相同的话："汤以亳，武王以鄗，皆百里之地也，天下为一，诸侯为臣，通达之属，莫不从服"；"无他故焉，以济义矣"；"无他故焉，四者齐也"；"无它故焉，能凝之也"（见《王霸》《议兵》《政论》等篇）。

总之，凡引上述材料都表明荀子同孔孟等儒者一样，向往着"大一统"的政治理想，所不同的是，荀子对"大一统"理想实现之根据或途径与孟子的设想有所不同。就总体而言,荀子与孟子思想的不同之处在于:孟子持性善论,荀子持性恶论;孟子强调"法先王",荀子强调"法后王";孟子"尚义",荀子"隆礼";尤其在政治思想上,孟子"崇王黜霸",荀子既崇尚"王道",又不放弃"霸道",主张"隆礼重法"。这些种种不同也影响到二者对"大一统"的理解和设想之不同。具体而言,同孟子"大一统"思想相比,荀子的"大一统"思想有这样几个特点:

1."大一统"的实现方式是王霸并用、礼法互补

在如何"一天下"的问题上,孟子主张实行仁政、"尊王黜霸",荀子却认为"王霸皆以安治天下为志也",所以他提出了礼法互补、王霸并用的治国模式。众所周知,礼治是儒家的一贯主张,比如孔子就提出了"为国以礼"(《论语·先进》),而礼的推行是以德服人,所以,礼治实际上就是德治,而德治即是王道。法治是法家的一贯主张,而法的施行靠暴力强制,因此,法治实际上是霸道。客观地看,礼治与法治、王道与霸道各有其长短优劣,但在荀子之前,儒、法两家在礼治与法治、王道与霸道之间各执一端。荀子能够将二者结合起来,"援法入礼",实现二者的优势互补,这是他在"大一统"思想方面的一个特点,也是他的一大贡献。我们看到,荀子反复论述"君人者,隆礼尊贤而王,重法爱民而霸"(《荀子·天论》),认为"不教而诛,则刑繁而邪不胜;教而不诛,则奸民不惩"(《荀子·富国》),主张"以善至者待之以礼,以不善至者待之以刑"(《荀子·王制》)。当然,荀子作为儒家的代表人物,他的基本思想并未偏离儒家主流意识,仍然坚持儒家重视德的传统,也就是说,尽管荀子"隆礼重法",但他对礼治与法治、王道与霸道的地位并不是等量齐观,而是主张"礼主刑辅",即在以礼治为本的基础上吸收法治作为补充。

2."大一统"的理论基础是性恶论

无论是谈礼的起源,还是讲援法入礼,荀子都是从性恶论入手的。比如荀子曰:"礼起于何也?曰:人生而有欲;欲而不得,则不能无求;求而无度量分界,则不能不争;争则乱,乱则穷。先王恶其乱也,故制礼义以分之,以养人之欲、给人之求,使欲必不穷于物,物必不屈于欲,两者相持而长,是礼之所起也。"(《荀子·礼论》)又曰:"故古者圣人以人之性恶,以为偏险而不正,悖乱而不治,故为之立君上之势以临之,明礼义以化之,起法正以治之,重刑罚以禁之,使天下皆出

于治,合于善也。"(《荀子·性恶》)相反,如果"去君上之势,无礼义之化,去法正之治,无刑罚之禁",必然会导致"强者害弱而夺之,众者暴寡而哗之,天下之悖乱而相亡不待顷矣"(《荀子·性恶》)。从这里我们可以看得很清楚,荀子在谈到礼的起源以及礼治与法治的兴起时都是以性恶论为理论基础的,这与孟子的观点大不相同。

3. 使"大一统"思想进一步具体化、制度化

荀子不仅主张"一天下"和"天下为一"的思想理念,而且还提出"一天下"的具体方面。比如荀子主张思想文化的高度统一,他在《非十二子》中对六种学说、十二个代表人物的观点一一进行评说,指出"六说者立息,十二子者迁化",即消除不同思想,才能"一天下",因此他要求"今夫仁人也",务必"上则法舜、禹之制,下则法仲尼、子弓之义,以务息十二子之说。如是则天下之害除,仁人之事毕,圣王之迹著矣。"(《荀子·非十二子》)同时,荀子还提出"统礼义,一制度",尤其是统一制度,这是实现"大一统"的根本保障。因为,"制度即是同一标杆、同一尺度","没有一个一以贯之的标准或者说制度,人们就会缺乏共识,必然会埋下分裂的种子"①,所以要"一天下"就必须"一制度"。由此,我们看到《荀子》一书中讲到了许多诸如贡赋田税、军政钱粮、政令刑狱、官员的选拔考核等方面的具体制度设计和安排。正是受荀子"一制度"的影响,秦始皇统一六国后,采取了统一货币、度量衡政策,实行"车同轨、书同文",取得卓越的成效,为秦帝国的统一奠定坚实的基础。

（四）董仲舒的"大一统"思想

到了汉代以后,封建统治集团为了维护和巩固其统一的中央集权,汉武帝采纳了董仲舒提出的"罢黜百家,独尊儒术"的建议,使儒学成为当时社会意识形态的主导,登上了思想王国的王座,儒家的"大一统"思想得到进一步的推崇和发展,并盛极一时!

董仲舒对儒家"大一统"思想作了进一步的阐发。他从"天人感应"论出发,

---

① 　徐鸿、解光宇:《先秦儒家"大一统"思想论》,《学术界》2015 年第 5 期。

提出"《春秋》大一统者,天地之常经,古今之通谊也"(《汉书·董仲舒传》),主张"唯天子受命于天,天下受命于天子,一国则受命于君"(《春秋繁露·为人者天》)、"《春秋》之法:以人随君,以君随天。……故屈民而伸君,屈君而伸天,《春秋》之大义也"(《春秋繁露·玉杯》)。意思是说"大一统"是统一于"受命而王"的"天子",这显然是把统治者的统治权力的正当性和合法性归之于"天",从而也证明了"君权"的至上性和神圣性,这也反映出了董仲舒的"大一统"思想在政治上具有强调"尊君"的一面,认为维护天子的权威,就是维护国家的统一,把"天子"视为国家统一的根本。由此,"大一统"就成了统一于"王权"了。

不仅如此,董仲舒还指出:"今师异道,人异论,百家殊方,指意不同,是以上亡以持一统;法制数变,下不知所守。臣愚以为诸不在六艺之科孔子之术者,皆绝其道,勿使并进。邪辟之说灭息,然后统纪可一而法度可明,民知所从矣。"(《汉书·董仲舒传》)也就是说,在董仲舒看来,政治混乱是由于思想混乱而引起的,思想上的统一可以促进政治上的统一。因此,他三次向汉武帝上《天人对策》,建议"罢黜百家,独尊儒术",其目的是希望通过思想上的"大一统"来实现政治上的"大一统"。

除了倡导政治上的一统和思想上的一统之外,董仲舒还提出国家应在历法、礼乐,甚至国家的代表颜色等方面都要实现统一。他说:"王者必改正朔,易服色,制礼乐,一统于天下,所以明易姓非继人,通以已受之于天也。"(《春秋繁露·三代改制质文》)这就表明,在董仲舒看来,"大一统"不仅要有政治、文化等方面的实质性内容的变化,还要有相应的外在形式方面的改变,只有内容和形式的一致,才是真正的天下一统。

总之,作为先秦儒学的忠实继承者,也是汉代儒学的最大代表,董仲舒在使儒家思想成为维护封建"大一统"帝国之主导意识形态的过程中起到了至关重要的作用,其"大一统"思想表现在政治上,把"天子"视为国家统一的根本,强调"君权"至上;在思想文化方面,推崇儒学,寄望于通过"独尊儒术"结束思想混乱局面,实现思想上的"大一统"。董仲舒的这些主张对后世影响很大,一方面,使"大一统"的观念深入人心,成为中华各民族人民的共识和社会各阶层人士的心理定式;另一方面,使儒学日渐成为封建统治阶级的指导思想,不断地为统一的中央集权提供理论依据。自此之后，中国封建社会的历朝历代的统治者，在建立和维护"大一统"国家时，都将儒家思想作为其统一的基础、根据和标准。

（五）宋明儒学的"大一统"思想

时至宋明时期，传统儒学迎来了新的发展，产生了宋明理学这种儒学新形态，其中主要包括程朱理学和陆王心学，但尤以程朱理学影响最大，因为程朱理学在事实上占据着统治地位，成为我国后期封建社会的官方哲学，其统治地位长达七百年之久，对我国封建社会的"大一统"和国家的稳定发挥了巨大的作用。

程朱理学在"大一统"方面的最大特点，就是继承和发扬传统儒学的"大一统"思想，将原始儒家的"名教"和汉儒提出的"纲常"等上升为"天理"，从而进一步强化了"大一统"的封建制度和统治秩序的必然性和合理性。除此之外，朱熹以"正统"论补充"大一统"理论。朱熹编撰《资治通鉴纲目》的目的就是要高标"正统"以示训后人。他曾说："天下为一，诸侯朝觐狱讼皆归，便是得正统。""有始不得正统，而后方得者，是正统之始；有始得正统，而后不得者，是正统之余。如秦初犹未得正统，及始皇并天下，方始得正统。……又有无统时：如三国南北五代，皆天下分裂，不能相君臣，皆不得正统。某尝作《通鉴纲目》，有'无统'之说。此书今未及修，后之君子必有取焉。"（《朱子语类·卷一百零五》）对于朱熹的"正统"说，元代历史学家揭傒斯曾给予很高的评价："孔子因鲁史作《春秋》，以为万世之法；朱子因司马氏《通鉴》作《纲目》，以正百王之统。此天地之经，君臣之义，而圣贤之心也。"①当代著名的中国思想史研究专家杨向奎先生也评论说："至朱熹出，遂于大一统论外，更谈正统说。……盖自有《公羊》大一统学说以来，浸入人心，遂无不以中国之一统为常，而以分裂为变。而时至南宋，四裔，而一统无存，朱子遂倡正统说，以补其不足。四裔虽有君，但非正统。正统之君实为大一统之负荷者，虽不一统而居正统，此说亦深入人心，有助于大一统之实现。"②可见，朱熹之所以提出"正统"理论来补充"大一统"理论，是想

---

① （元）揭傒斯：《揭傒斯全集》，李梦生标校，上海古籍出版社2012年版，第311页。
② 杨向奎：《大一统与儒家思想》，北京出版社2011年版，第271页。

向世人表明,南宋虽不是"大一统"国家,但其统治是中华民族的正统。但不论怎样,朱熹的这一思想的确是补充和完善了儒家的"大一统"思想,对后世的历史发展产生了深远的影响。

总之,儒家的"大一统"思想绵延几千年,已经渗透到了中华民族的血液之中,已经成为各民族人民的共识,它在维护国家统一、民族团结、社会稳定等方面发挥了巨大作用,是中华民族向心力和凝聚力的源泉。在当今时代,"大一统"思想仍为中华民族广泛接受和认同,这对我们实现民族团结、祖国统一,有着十分重要的意义。

二、"尊君顺上"的价值原则

"大一统"政治最基本的原则就是尊君或尊君卑臣,因此,在儒家的政治价值观中,必然包含着尊君或忠君顺上的主张。我们知道,君臣是政治实践活动的主体,尊君、忠君问题实际上就是如何处理君与臣之间的关系问题。

(一)"君君、臣臣"——孔子的"尊君""忠君"思想

从历史上看,儒家谈论政治始终都是围绕着君臣关系与君臣之道而展开的。就孔子而言,他有时候是从双向性上来规定和定位君臣关系的,比如他说:"君使臣以礼,臣事君以忠"(《论语·八佾》)、"君惠臣忠"(《孔子家语·贤君》)、"君君,臣臣"(《论语·颜渊》)、"为君难,为臣不易"(《论语·子路》),《礼记·礼运》曰:"何谓人义?父慈、子孝……君仁、臣忠"。凡此种种,说明孔子所理解的君臣关系是双向的、相对的,他把君与臣视为政治实践中一个统一整体而存在,各有其相应的权利、责任和义务,体现出君臣之间相互对等的关系特点。或者说,在这些论述中,孔子起码对君权没有明确的强调,更没有承认君权至上了。但正如有学者所言:"忠王尊君是孔子政治主张的突出内容,也是孔子的一贯政治表现。"①

---

① 匡亚明:《孔子评传》,南京大学出版社1990年版,第250页。

如前所述，孔子所生活的春秋末期，王室衰微，权臣僭越篡位之事频发，为了维护天下的"大一统"，就需要巩固君主的地位。因此，孔子创立的儒家学派，大力提倡尊君与忠君的思想，不断强调君主的权威。

从更深层的原因来讲，孔子等原始儒家之所以主张尊君、忠君，是由中国传统之"家国同构"的社会结构所决定的。中国古代社会发展的脉络是由家族走向国家，以血缘纽带维系社会组织，形成"家国一体"的格局，家和国的组织系统与权力配置都是严格的父家长制。在一定意义上说，中国的奴隶社会和封建社会就是宗法制社会，是家族的政治化，即家族中的家长制扩大到国家，于是就有了一家之"家长"成了一国的"国君"，对长辈的孝道、对家长的服从就转化成对君主的忠顺和服从，此即所谓的"忠孝同义""移孝为忠"。由此我们看到，儒家既然主张"孝弟（悌）也者，其为人之本与""百善孝为先"，那么，它势必要把"尊君"与"忠君"作为臣之为臣的基本要求，它必然要强调"君权至上"。

从事实上看，在孔子那里，尊君忠王的思想是存在的。除上面提到的"臣事君以忠"之外，孔子还说"事君，敬其事而后其食"（《论语·卫灵公》）、"事君，能致其身"（《论语·学而》）；再比如，季康子问："使民敬、忠以劝，如之何？"子曰："临之以庄，则敬；孝慈，则忠；举善而教不能，则劝。"（《论语·为政》）子张问曰："令尹子文三仕为令尹，无喜色；三已之，无愠色。旧令尹之政，必以告新令尹。何如？"子曰："忠矣。"（《论语·公冶长》）在此，孔子将"忠"和"君"联系起来，明确阐发了君为主、臣为次，君使臣事，臣必须忠君的思想。《论语·宪问》篇记载"陈成之弑简公"，孔子沐浴后而朝见鲁哀公，请求出兵讨伐陈成之（陈恒），鲁哀公让孔子向季孙、仲孙、孟孙三人报告，三位大臣仍不肯出兵。此事虽不能如愿，但孔子一再请求出兵讨伐，是因为在孔子看来，在名分上简公是君，陈恒是臣，臣只能忠于君，不能反对或代替君。这反映了孔子的忠君思想，也表明在孔子那里，合乎名分的、合乎"忠君尊王"的事情就是"正义"。

当然，我们不能由此简单地说孔子的"忠君"思想就是"愚忠"。孔子所言之"忠"不是孤立的，而是有前提的，那就是"君使臣以礼"。不仅如此，孔子还强调"所谓大臣者，以道事君，不可则止"（《论语·先进》），即对那些昏君、暴君，臣可以不忠。所以，根本不存在无条件忠君的陈腐观念。相反，孔子认为，君主并不是人们必须遵从的最高准则，在君之上，还有一个更高之目标，那就是"道"，君命不符合"道"，臣可以离弃君主。因此，孔子反复说，"君子之仕也，行其义也"（《论语·微子》），如果"道不行"，则"乘桴浮于海"（《论语·公冶长》），"天下有道则见，无道则隐"（《论语·泰伯》），"邦有道则士，邦无道则可卷而怀之"（《论语·卫灵公》）。更为甚者，孔子还提出"事君""勿欺也，而犯之"（《论语·宪问》）。"勿欺"即忠，"犯之"即犯颜谏命。众所周知，孔子一贯反对"犯上作乱"，反对卿大夫的僭越非礼之事，但在此孔子却又强调臣下不能欺骗君主，如果君主有错误，臣应不怕冒犯，敢于直谏。可见，在孔子看来，真正的"忠君"不是"愚忠"，不是唯唯诺诺、阿谀奉承，只有那些敢于揭露时弊、抨击丑恶而犯上直谏的人，才是真正"事君以忠"的人。正因为如此，孔子又言："忠焉，能勿诲乎！"（《论语·宪问》）。当然，我们也不可否认，孔子的"忠君"思想是以"君君、臣臣、父父、子子"的名分、等级观念为基础的，具有明显的历史局限性。

（二）"为人臣者怀仁义以事其君"——孟子的尊君观

到了孟子那里，"忠君"的思想不那么明显，甚至有人说，"孟子有意否认孔子的忠君思想"①，也有学者认为"孟子特重民心、民意，他虽不否认君权，但不承认君权的至上性，其'民贵君轻'一说，足以表明君主在他心目中并不占最重要的地位"。② 实际上，作为孔子思想的继承和发展者、被世人称为"亚圣"的孟子，在君臣关系论上，他和孔子有一致的地方，即也主张君臣各有其相应的权利、责任和义务，臣应尊敬君，比如孟子在批评杨墨时说："杨氏为我，是无君也；墨氏兼爱，是无父也。无父无君是禽兽也。"（《孟子·滕文公下》）《孟子·公孙丑下》记载了景丑氏的一段话："内则父子，外则君臣，人之大伦也。父子主恩，君臣主敬。"尤其是孟子明确讲道："欲为君，尽君道；欲为臣，尽臣道。二者皆法尧舜而已矣。不以舜之所以事尧事君，不敬其君者也，不以尧之所以治民治民，贼其民者也。"（《孟子·离娄上》）这些都反映了孟子主张"尊君"的一面。

---

① 沈荣森：《先秦儒家忠君思想浅探——兼论"三纲"之源》，《孔子研究》1990 年第 1 期。
② 白奚：《战国末期的社会转型与儒家的理论变迁——荀子关于大一统王权政治的构想》，《南京大学学报》（哲学·人文科学·社会科学）2003 年第 5 期。

从总体上看，孟子与孔子关于君臣关系的思想又有很大的不同，比如孔子主张"臣事君以忠"，孟子却更多地强调"为人臣者怀仁义以事其君"（《孟子·告子下》）、"君臣有义"（《孟子·滕文公上》）。也就是说，孟子不再强调臣对君的"忠"，而是强调臣应以"义""仁义"对待君主。此处的"义"主要是指"应当""正当""正义"，含有社会公正性与正义性、行为正当性的要求。如果君主的行为不正当、不正义，臣就可以反对他、背弃他，所以孟子又说："君之视臣如手足，则臣视君如腹心；君之视臣如犬马，则臣视君如国人；君之视臣如土芥，则臣视君如寇雠"（《孟子·离娄下》）。在这种关于君臣关系的论述中，虽然"仍是以君为主动，臣为被动，但已远不是孔子那种纯粹的'使'和'事'的关系了。臣在君的面前不是唯命是从的木偶，而是能对君主作出适当反应的人，臣对君的态度随君对臣的态度而定、而变，其中包括着对立情绪，臣可以把君视作仇敌。这些思想，与'忠'、'敬'之类已背道而驰了。"①

不仅如此，孟子还进一步发展了孔子的事君"勿欺也，而犯之"的思想，提出"长君之恶其罪小，逢君之恶其罪大"（《孟子·告子下》），即要求臣不要助长和讨好君主的错误和恶行。有一次，公孙丑问孟子："贤者之为人臣也，其君不贤，则固可放与？"孟子说："有伊尹之志则可，无伊尹之志则篡也。"（《孟子·尽心上》）意即贤臣可以放逐昏君。孟子还直言不讳向齐宣王说道："君有大过则谏，反复之而不听则易位。"（《孟子·万章下》）他还明确地告诉齐宣王，如果君主是一个像桀、纣这样的残贼暴君，那么臣属诛杀这样的暴君就不算是"弑君"，而叫作"诛一夫"，是为民除害的正义之举！像孟子如此这般地论述君臣关系，真可谓史无前例。孟子所谓的贤臣可以对昏君、暴君采取"放逐""易位"甚至"诛杀"等行为，实际上是对孔子之"勿欺也，而犯之"思想的进一步发展，只不过孔子提出"勿欺也，而犯之"的出发点还是对君主个人负责，而孟子的这些主张虽不能说完全出于对人民利益的考虑，但在某种意义上是从整个统治阶级利益乃至整个国家利益出发的，这是孟子的可贵之处。同时，从孟子对君臣关系的这些论述中，可以清楚地看出孟子在一定意义上淡化了或反感"忠君"的思想。

---

① 沈荣森：《先秦儒家忠君思想浅探——兼论"三纲"之源》，《孔子研究》1990年第1期。

（三）"尊君顺上"——荀子的忠君论

在先秦儒家代表人物当中，荀子是谈论尊君和忠君最多的儒学大家。他认为"大一统"政治的最基本原则就是尊君或尊君卑臣，基于这种认识，他特别强调君权的至上性，把忠君尊君摆在了重要的位置。他说："君者，治辨之主也，文理之原也，情貌之尽也，相率而致隆之，不亦可乎?"（《荀子·礼论》）"天子者，势至重而形至佚，心至愉而志无所诎，而形不为劳，尊无上矣"（《荀子·正论》），"天子者，势位至尊，无敌于天下……道德纯备，智惠甚明，南面而听天下，生民之属莫不振动从服以化顺之"（《荀子·正论》）。凡此种种，表明君主的至上性（"势位至尊""尊无上矣"），人们无不推崇他（"相率而致隆之"），无不服从、接受教化而归顺他。作为臣属或臣下更应该忠君、顺上。荀子在《臣道》篇中论述了"态臣""篡臣""功臣""圣臣"四种臣子，指出"内不足使一民，外不足使距难，百姓不亲，诸侯不信，然而巧敏佞说，善取宠乎上，是态臣者也。上不忠乎君，下善取誉乎民，不恤公道通义，朋党比周，以环主图私为务，是篡臣者也。内足使以一民，外足使以距难，民亲之，士信之，上忠乎君，下爱百姓而不倦，是功臣者也。上能尊君，下则能爱民，政令教化，刑下如影;应卒遇变，齐给如响;推类接誉，以待无方，曲成制象，是圣臣者也。故用圣臣者王，用功臣者强，用篡臣者危，用态臣者亡。态臣用则必死，篡臣用则必危，功臣用则必荣，圣臣用则必尊。"从这里可以非常清楚地看到荀子是赞扬"功臣"和"圣臣"，倡导"忠君""尊君"的。

荀子还从礼制的角度谈论尊君的必要性。他说："儒者法先王，隆礼义，谨乎臣子而致贵其上者也"（《荀子·儒效》），"知隆礼义之谓尊君也"（《荀子·君道》）。之所以把知礼隆礼称作是尊君，首先是因为尊君是礼的根本："礼有三本:天地者，生之本也;先祖者，类之本也;君师者，治之本也。……故礼上事天，下事地，尊先祖而隆君师，是礼之三本也"（《荀子·礼论》）;其次，还在于君主是"礼义之始"，治理天下的"枢纽"，为此，荀子说："天地者，生之始也;礼义者，治之始也;君子者，礼义之始也，……故天地生君子，君子理天地。君子者，天地之参也，万物之总也，民之父母也。无君子，则天地不理，礼义无统，上无君师，下无父子，夫是之谓至乱。君臣、父子、兄弟、夫妇，始则终，终则始，与天地同理，与万世同久，夫是之谓大本"(《荀子·王制》)。

不仅如此，荀子还对"忠""忠君"进行过详细的论述。他认为"从命而利君谓之顺，从命而不利君谓之谄；逆命而利君谓之忠，逆命而不利君谓之篡"，并将"忠"分为"大忠""次忠""下忠"三种，"以道覆君而化之，大忠也；以德调君而辅之，次忠也；以是谏非而怒之，下忠也"(《荀子·臣道》)，这显然是对孔子以来儒家"忠君"思想的继承和发展，使儒家忠君思想具体化。

由"忠君"必然会推及"顺君"，故而荀子又多次强调"顺君"的思想："请问为人臣？曰：以礼待君，忠顺而不懈"(《荀子·君道》)，"事人而不顺者，不疾者也；疾而不顺者，不敬者也；敬而不顺者，不忠者也；忠而不顺者，无功者也；有功而不顺者，无德者也"。所以，"恭敬而逊，听从而敏，不敢有以私决择也，不敢有以私取与也，以顺上为志，是事圣君之义也"(《荀子·臣道》)。荀子的"顺君"思想明显地包含着尊君卑臣、君主臣辅的意蕴，但和孔孟一样，荀子也不是一味地强调"忠君""顺上"，他继承了孔子"以道事君""勿欺也，而犯之"的思想以及孟子之贤臣可以对昏君、暴君采取"放逐""谏而不听则易位"甚至"诛杀"的主张，提出"从道不从君，从义不从父，人之大行也"(《荀子·子道》)、"人主不公，人臣不忠也"(《荀子·王霸》)、"诛暴国之君若诛独夫"(《荀子·正论》)，认为"事乱君而通，不如事穷君而顺焉"(《荀子·修身》)。此外，荀子在《臣道》篇中还提出作为臣下要有责任和勇气谏诤君主的过失，要敢于"抗君之命"，敢于"强君挢君"，使"君虽不安，不能不听"，迫使君主改正错误，接受正确的意见，由此便能"解国之大患，除国之大害，成于尊君安国"。荀子认为能谏诤君主的人，是"社稷之臣也，国君之宝也"，是真正的"忠臣"，此即"逆命而利君谓之忠"的真实含义！就此而论，孔、孟、荀在反对"愚忠"方面表现出高度的一致性。所不同的是，荀子进一步提出以"权"事君的思想，即根据不同性格的君主，臣下应采取不同的事君策略："恭敬而逊，听从而敏，不敢有以私决择也，不敢有以私取与也，以顺上为志，是事圣君之义也。忠信而不谀，谏争而不谄，挢然刚折，端志而无倾侧之心，是案曰是，非案曰非，是事中君之义也。调而不流，柔而不屈，宽容而不乱，晓然以至道而无不调和也，而能化易，时关内之，是事暴君之义也。"(《荀子·臣道》)从这点来看，荀子的君臣关系论比孔孟更加丰富、具体和灵活。

尤其重要的是,荀子不仅主张"君主臣辅",认为臣是"人主之基杖也"(《荀子·君道》),而且还认为君臣在行为上可以相互影响、上行下效,比如他说:"上好权谋,则臣下百吏诞诈之人乘是而后欺";"上好曲私,则臣下百吏乘是而后偏";"上好倾覆,则臣下百吏乘是而后险";"上好贪利,则臣下百吏乘是而后丰取刻与,以无度取于民";"故上好礼义,尚贤使能,无贪利之心,则下亦将綦辞让,致忠信,而于臣子矣"(《荀子·君道》)。所以,君主要不断"修身""养原""以道自任",如此"百姓莫敢不顺上"。

总之,与孔孟相比,荀子更为强调君权的至上性和独占性,强调"尊君顺上",其目的是要树立和维护君主的权威,为实现"大一统"之政治制度奠定思想舆论基础。所以,荀子反复强调"君者,国之隆也,父者,家之隆也。隆一而治,二而乱,自古及今,未有二隆争重而能长久者"(《荀子·致士》)、"权出一者强,权出二者弱"(《荀子·议兵》)、"两贵之不能相事,两贱之不能相使,是天数也"(《荀子·王制》),等等。这些思想不仅影响了法家,尤其深刻地影响了中国两千多年的封建专制统治,在某种意义上,它也是汉代以来所形成的"三纲"之思想渊源。

(四)"君为臣纲"——董仲舒的忠君说

汉代是儒学经学化、神学化时期,也是儒学制度化时期。同样,先秦儒家的尊君、忠君思想也被神学化、制度化,上升为不变的"天道""常经"。董仲舒赋予尊君论以神学理论色彩,认为君主之神明源于天,君权神授,所谓"为人主者法天之行,是故内深藏所以为神,外博观所以为明也"[①];"天之所大奉使之王者,必有非人力所能致而自至者,此受命之符也"(《汉书·董仲舒传》);"天子受命于天,天下受命于天子"(《春秋繁露·为人者天》);"《春秋》之法以人随君,以君随天"(《春秋繁露·为人者天》)。这就把君权神化了。不仅如此,董仲舒还创造出阴阳"三纲"理论将"君尊臣卑"说推为至理。他说:"凡物必有合。……阴者阳之合,妻者夫之合,子者父之合,臣者君之合。物莫无合,而合各有阴阳。阳兼于阴,阴兼于阳,夫兼于妻,妻兼于夫,父兼于子,子兼于父,君兼于臣,臣兼于

---

① 苏舆:《春秋繁露义证》,中华书局1992年版,第165页。

君。君臣、父子、夫妇之义，皆取诸阴阳之道。君为阳，臣为阴，父为阳，子为阴，夫为阳，妻为阴，……是故仁义制度之数，尽取之天。天为君而覆露之，地为臣而持载之；阳为夫而生之，阴为妇而助之；春为父而生之，夏为子而养之。秋为死而棺之，冬为痛而丧之。"（《春秋繁露·基义》）在此我们可以看到，董仲舒用阴阳关系诠释君臣、父子、夫妇关系，一方面是为了表明二者不可或缺，另一方面意在用宇宙间"阳主阴从""阳尊阴卑""贵阳而贱阴"（《春秋繁露·阳尊阴卑》）的关系模式来彰明人间社会必然是君尊臣卑、父尊子卑、夫尊妻卑。也正是在这个意义上，董仲舒才说"王道之三纲，可求于天"（《春秋繁露·基义》）。

尤值措意的是，董仲舒在此所说的"三纲"是指"君臣、父子、夫妇"三种关系，意指在众多的人伦关系中，特别重视这三伦关系，以这三伦为纲。而人们通常所说的"三纲"是指"君为臣纲、父为子纲、夫为妻纲"，这种意义上的"三纲"则不是董仲舒提出来的，它最早见于《白虎通义》一书中。东汉章帝于建初四年召开白虎观会议，召集官吏、经师、儒生数十人"讲议《五经》同异"，意图弥合今、古文经学的分歧，汉章帝亲自裁决其经义奏议，并命班固将议定的条文编成《白虎通义》。《白虎通义·三纲六纪》曰："三纲者，何谓也？谓君臣、父子、夫妇也。六纪者，谓诸父、兄弟、族人、诸舅、师长、朋友也。故《含文嘉》曰：'君为臣纲，父为子纲，夫为妻纲'。……何谓纲纪？纲者，张也。纪者，理也。大者为纲，小者为纪。所以张理上下，整齐人道也。"在此我们看到，"君为臣纲、父为子纲、夫为妻纲"也不是《白虎通义》的本意，而是《白虎通义》引用《礼纬·含文嘉》的说法。那么，"君为臣纲、父为子纲、夫为妻纲"一语既不是出自董仲舒之口，也不是《白虎通义》作者直接提出来的，而后人却以董仲舒和《白虎通义》为依据，将"三纲"普遍地理解为"君为臣纲、父为子纲、夫为妻纲"，这有没有道理呢？以笔者之见，董仲舒虽未直接明言"君为臣纲、父为子纲、夫为妻纲"，但如上所述，董仲舒用阴阳关系诠释君臣、父子、夫妇关系，已经表明了他具有这种思想；同理，《白虎通义》也未直接提出"君为臣纲、父为子纲、夫为妻纲"，而是引述《含文嘉》的话，但从《白虎通义》本身的一些论述来看，它也具有这种思想。比如《白虎通义·三纲六纪》曰："君臣者，何谓也？君，群也，群下之所归心也；臣者，缠坚也，厉志自坚固也。……父子者，何谓也？父者，矩也，以法度教子也；子者，孳也，孳孳无已也。……夫妇者,何谓也? 夫者,扶也,以道扶接也;妇者,服也,以礼屈服也。"这就很清楚地表明君、父、夫地位的优先性以及臣、子、妻对之的绝对服从性。

不论如何,董仲舒在《春秋繁露·基义》篇中之所以非常详尽地阐发阳尊阴卑的理论,并以此来比附人事,其目的就是要论证君为臣纲、父为子纲、夫为妻纲具有天然的正当性和合理性。"三纲"之说不仅使先前儒家的尊君思想进一步被神圣化和绝对化,而且也使得封建等级秩序和伦理准则合理化和神圣化。

(五)宋明理学——君权的神化和绝对化

唐代的韩愈从社会分工的角度,大力提倡尊君之说。他说:"是故君者,出令者也;臣者,行君之令而致之民者也;民者,出粟米麻丝,作器皿、通财货,以事其上者也。"(《韩愈集·原道》)可见,君、臣、民在整个社会政治活动的系统中各有其位,应各按其分、各守其职,如果"君者不出令,则失其所以为君;臣不行君之令而致之民,民不出粟米麻丝,作器皿、通财货,以事其上,则诛。"(《韩愈集·原道》)从中可以看出,君主是政治活动的主宰者,臣不过是执行君命的工具,民则是无任何政治权利的被统治者,臣民听命于上是"常道""天命",如果"子焉而不父其父,臣焉而不君其君,民焉而不事其事"(《韩愈集·原道》),是"灭其天常"。对于"灭其天常"者,君主对之可以杀无赦。这表明韩愈具有强烈的尊君思想。

此后,宋明理学家程颐程颢、朱熹以更加思辨性的理论,为"君权神授"作论证,将"君为臣纲"归结为"天理"。比如二程说:"上下之分,尊卑之义,理之当也,礼之本也"[1];"父子君臣,天下之定理,无所逃于天地之间"(《二程遗书》卷五)。朱熹说:"天下之事,莫不有理。为君臣者有君臣之理,为父子者有父子之理,为夫妇、为兄弟、为朋友,以至出入起居应接事物之际,以至事物之微,莫不知其所以然与所当然"[2];"君尊于上,臣恭于下,尊卑大小,截然不可犯"(《朱子语录》卷第六十八)。又说:"君臣父子,定位不易,事之常也。君令臣行,父传子继,道之经也。"[3]

---

① (宋)程颢、程颐:《二程集》第3册,中华书局1981年版,第749页。
② (宋)朱熹:《朱熹集2》,郭齐、尹波点校,四川教育出版社1996年版,第547页。
③ (宋)朱熹:《朱熹集2》,郭齐、尹波点校,四川教育出版社1996年版,第543页。

总之，程朱理学将"君尊臣卑""君为臣纲"归为"天理"，势必将尊君思想推向了绝对的君权主义。这种绝对君权主义到了明代，在实践上达到登峰造极的地步，明太祖朱元璋"收天下之权归一人"，将君权扩张到极点，真正达到"朕即国家"的程度。由此，使原始儒家的温和的抑或是合理的尊君顺上思想走向反动，成为阻碍历史前进的异化力量，需要后人的反思和扬弃。

三、"民惟邦本"的价值取向

如上所述，君臣是政治实践活动的主体，如何处理君与臣之间的关系是传统社会国家治理中面临的重要问题，也是历代历派思想家们思考政治问题的关键所在。然而，所有政治实践活动或曰国家治理的最终指向对象就是普通民众或曰老百姓，民众又是社会实践的主体，所以，如何处理好君与民、臣与民的关系也是传统社会国家治理中面临的重要问题，当然也是各派思想家们思考的重要问题。中国传统的儒家既强调尊君、忠君、顺上，又强调重民、爱民、保民，民为邦本，形成了"尊君"和"重民"相反相成的政治文化。

（一）儒家民本意识的思想渊源

中国历史上的"民本"意识最早萌发于夏、商、周三代。在记载夏、商、周三代政事活动的《尚书》中有许多具有民本色彩的名句，诸如"重我民"（《尚书·盘庚》）、"人无于水鉴，当于民鉴"（《尚书·酒诰》）、"安民则惠，黎民怀之"（《尚书·皋陶谟》）、"德惟善政，政在养民"（《尚书·大禹谟》）、"民可近，不可下，民惟邦本，本固邦宁"（《尚书·五子之歌》）等等，尤其是"民惟邦本"这句名言流传千古，对后世影响很大，它无疑成为后世儒家建构民本思想的经典资源。不过，正如有学者所言："在夏商周三代时期，基本上是'天命'论笼罩下的民本思想，属于'天命顺民命'的类型。"[1]的确，从最本源上看，民本实际上源自神本，"神本

---

① 吴光：《民惟邦本，本固邦宁》，《光明日报》2016 年 3 月 3 日。

观、天道观即是民本思想的哲学基础,是民本作为一种观念的最初出处"①。不
遑缕述,三代时期天命观盛行,这一时期的文化属于神本文化,如《礼记·表记》所
言:"殷人尊神,率民以事神。"这里所说的神,既有天神,也有祖先神,其中地位最
高的是"帝"或"上帝",它主宰着人间一切事务,统治者的权力也是由天命赋予的,
包括君权的稳固与转移都由天命决定。正如《尚书·康诰》所言:"闻于上帝,帝
休,天乃大命文王,殪戎殷";《诗经·皇矣》也说:"皇矣上帝,临下有赫,监视四方,
求民之莫"。可见,这一时期的政治属于天意政治、神权政治、君权天授。

随着历史的发展和文明的进步,到了周代,周人提出了"天命靡常"(《诗
经·大雅·文王》)"以德配天"的观念。即认为天赐予谁以权力,并不是绝对、
永恒、固定不变的,它既可以降福于商,也可以降福于周;它既可以命商汤灭夏
桀,也可以命周武王灭商纣,君权、君位是否永固不失,关键取决于君王自身的德
行,此即所谓"皇天无亲,惟德是辅"(《尚书·蔡仲之命》)。在周人看来,夏、商
之所以"早坠厥命",其根本原因在于"不敬厥德",所以召公告诫周成王"惟王其
疾敬德,王其德之用,祈天永命"(《尚书·召诰》)。"惟德是辅""以德配天"观
念的提出,搭建起了天人贯通或曰天人沟通的桥梁,标志着"天人合一"思想在
某种意义上的形成。从政治哲学的角度讲,它肯定了人在政治活动中的主体性
作用,尤其凸显了民在整个社会政治活动或国家治理中所处的重要地位,预示着
"天意政治"向"民意政治"、神本文化向人本文化的转变。所以,我们看到,在周
及其之后的文化中,有大量的关于民情和天命是一致的、天命顺民意的论述,诸
如《尚书·康诰》云:"天畏棐忱,民情大可见";《尚书·泰誓》曰:"天矜于民,民
之所欲,天必从之"、"天视自我民视,天听自我民听";《尚书·皋陶谟》也说:
"天聪明,自我民聪明。天明畏,自我民明畏。"虽然,周人的政治思想还没有完
全超出"天命观"、神权政治的范畴,但它在政治本体由天向人的转换过程中迈
出了一大步,为春秋战国时期人的主体地位的确立奠定了基础。

从西周末年开始至战国时期,抬高民的地位,降低神的地位,强调"民本"的
思想特别兴盛。比如《左传·庄公三十二年》记载:史嚚对虢公说:"虢其亡乎。

---

① 林红:《民本思想的历史逻辑及其现代价值》,《中国人民大学学报》2017年第3期。

吾闻之，国将兴，听于民；将亡，听于神"。意思是说，虢就要灭亡了吧。我听说，国家要兴旺，（君主）就听从人民的呼声；将要灭亡，就听命于神吧！《左传·桓公六年》也说："夫民，神之主也，是以圣王先成民而后致力于神。"这就把"民"立为"主"，把神降到了听命于民的被动地位上，这是解构神权政治、建构民本思想的重要一步。此后，就有"民本"思想的直接提出，比如齐国政治家晏婴明确提出"以民为本"，并说："苟持民矣，安有遗道？苟遗民矣，安有正行焉？"①《穀梁传·桓公十四年》云："民者，君之本也"，《战国策·赵策二·武灵王平昼闲居》也曰："夫治国有常，而利民为本；从政有经，而令行为上。"无论是"以民为本""民为君本""利民为本"都反映了这一时期的"民本"思想不是零星的，而是一种普遍性的思潮。之所以是这样，是由于自东周以降，王室衰微，诸侯争霸，战火频仍，民不聊生。各诸侯国的统治者认识到，要使自己能在诸侯国林立、兼并争霸中生存下去并进一步发展与壮大，必须要得到民众的支持与拥护，于是他们开始重视和关心生民的疾苦，强调民的重要性，因此，就有了这一时期民本思想大盛的境况。而这些民本思想无疑为儒家民本思想的形成提供了丰厚的资源，甚至可以说儒家民本思想是春秋战国时期民本思想当中最靓丽的风采。

（二）"古之为政，爱人为大"——孔子的"重民爱民"思想

孔子是儒家民本思想的奠基者，他的民本思想主要表现为"仁者爱人"、重民爱民。众所周知，孔子的核心思想是"仁"，而"仁"即为"爱人"。对于君王来说，爱护百姓就是"仁"，所以孔子说"道千乘之国，敬事而信，节用而爱人，使民以时"（《论语·学而》）、"古之为政，爱人为大"（《礼记·哀公问》），主张"修己以安人""修己以安百姓"（《论语·宪问》）。

孔子非常重视民众在社会发展中的作用。《论语·尧曰》曰："所重：民、食、丧、祭"，意思是说孔子所重视的或者说孔子认为君主应该把"民"放在国家事务的第一位，这足以反映出了孔子的重民思想。不仅如此，据《礼记·缁衣》记载，子曰："民以君为心，君以民为体……心以体全，亦以体少；君以民存，亦以民

---

① 廖名春、邹新民校点：《晏子春秋》，辽宁教育出版社1998年版，第48页。

亡。"意即孔子认为民众对君王的生死存亡起决定作用,这不仅蕴含着重民的意蕴,更包含有"民为君本"的民本思想。

尤其重要的是,根据一些史料记载,孔子将君与民的关系比作"舟"与"水"的关系。比如《孔子家语·五仪解》载:"孔子曰:夫君者舟也;庶人者水也;水所以载舟,亦所以覆舟。君以此思危,则危可知矣。"《孔子家语·六本》也载:"孔子曰:舟非水不行,水入舟则没;君非民不治,民犯上则倾。是故君子不可不严也,小人不可不整一也。"《荀子·哀公》篇也记载孔子对鲁哀公说:"且丘闻之:君者舟也,庶人者水也。水则载舟,水则覆舟,君以此思危,则危将焉而不至矣?"孔子的舟水之喻自然是对统治者发出的警告,要统治者争取民众的支持,如果失去民心,就会导致社稷不保,江山倾覆;但它同时也彰明了"民为邦本"的思想。为了赢得"民心",孔子提出君王既要"宽民""信民",又要"富民""教民":"宽则得民,信则民任焉"(《论语·尧曰》)。又说:"子曰:'庶矣哉!'冉有曰:'既庶矣,又何加焉?'曰:'富之'。曰:'既富矣,又何加焉?'曰:'教之'。"(《论语·子路》)倡导全面提高民众的物质生活和精神生活,使百姓安居乐业。

总之,孔子的民本思想是非常明确而丰富的,它不仅包括"重民""爱民""民为君本",还包括"宽民""信民""富民""教民"等内容。这些思想对后世产生了深远的影响。

(三)孟子的"民贵君轻"说和"得民心"论

孟子是儒家民本思想的集大成者,也是历史上最著名的民本思想家之一。他的民本思想最突出的特点就是提出"民贵君轻"说:"民为贵,社稷次之,君为轻。是故得乎丘民而为天子,得乎天子为诸侯,得乎诸侯为大夫。"(《孟子·尽心下》)何以"民贵君轻"?朱熹解释曰:"盖国以民为本,社稷亦为民而立,而君之尊又系于二者之存之,故其轻重如此。"[1]可见,"民贵君轻"实质上表达的仍然是"民为邦本"的思想。可以说,"民贵君轻"乃孟子民本思想之根基与标志,它为儒家之"贵民论"奠定了坚实的理论基础,对后世产生深远影响。

---

① (宋)朱熹:《四书章句集注》,中华书局 2011 年版,第 344 页。

　　孟子民本思想的又一重要方面就是"得民心者得天下"。孟子总结三代以来朝代更迭的历史经验教训，指出"桀、纣之失天下也，失其民也；失其民者，失其心也"，在此基础上，他提出"得天下有道：得其民，斯得天下矣；得其民有道：得其心，斯得民矣"（《孟子·离娄上》），充分说明"民心向背"决定着君主对天下的拥有与否！那么如何才能"得民心"？孟子认为："得其心有道，所欲与之聚之，所恶勿施，尔也。"（《孟子·离娄上》）意思是说，获得民心的办法就是把他们想要的给予他们并让他们聚集起来，把他们所憎恶的不强加给他们，如此而已！这实际上就是孔子所说的"己欲立而立人，己欲达而达人""己所不欲，勿施于人"的"忠恕"之道。

　　此外，孟子还提出"保民而王，莫还能御也"（《孟子·梁惠王上》）。就是说能做到爱护或保护民众就能称王天下，没有什么力量能够阻止它的。显然，不管是"得民心者得天下"，还是"保民而王"，都反映出孟子的"民本"思想实际上是对孔子仁爱思想和民本理念的继承和发展。我们看到，和孔子一样，孟子也主张君主要"爱民""恤民""忧民""乐民"："乐民之乐者，民亦乐其乐；忧民之忧者，民亦忧其忧"，由此来赢得民众的支持和拥护，巩固自己的统治。

（四）荀子的"君舟民水"论和"立君为民"说

　　作为先秦儒学的集大成者，荀子也倡导民本思想。荀子的民本思想主要有以下几个方面：

　　首先，"君舟民水"论。如上所述，把"君"与"民"的关系比作"舟"与"水"的关系，最早是由孔子提出来的，荀子的"君舟民水"论也是引述孔子的话。然而，"君舟民水"成为一句流传甚广的名言，在某种意义上成为民本思想的代言词，却是肇始于荀子，以至于后人皆以为"君舟民水"出自荀子。实际上，荀子不仅在《哀公》篇中记载了孔子关于"君舟民水"的论述，而且在《王制》篇中，在回答如何"为政"时，也提到"传曰：'君者，舟也；庶人者，水也。水则载舟，水则覆舟'"。由此可见，"君舟民水"说不仅仅是荀子引述别人的观点，完全可以视为荀子自己的基本主张。"舟水"之喻凸显了民的重要地位和巨大作用，表明民为本、君为末，民众是君主赖以生存和发展的基础，君的存在要依赖于民。这种

"君以民为本"的思想把先前儒家的民本思想推向深入。

其次，"立君为民"论。与"民本君末"相一致，荀子在君民关系上又主张"立君以为民"："天之生民，非为君也；天之立君，以为民也"（《荀子·大略》）。意在表明人民和人民的福祉是一个社会政治活动和国家治理的最高价值目标，而君主只是受"天"的委托来代天"牧民""养民"。民是天生的，而君是天树立起来的，是为了民而存在的，所以，如果一个君主追求私利，残害百姓，那就是违反了天意和民意，必定会被人民推翻，从而失去统治资格。

再次，"得百姓者得天下"。荀子曰："用国者，得百姓之力者富，得百姓之死者强，得百姓之誉者荣。三得者具而天下归之，三得者亡而天下去之；天下归之之谓王，天下去之之谓亡。"（《荀子·王霸》）显然，荀子的这一主张与孟子的"得民心者得天下"意蕴相同，可以说是对孟子思想的继承和发展，表现出先秦儒家民本思想的高度一致性。

最后，主张"爱民""利民"。在荀子看来，"爱民者强，不爱民者弱"（《荀子·议兵》），"故君人者欲安则莫若平政爱民矣"《荀子·王制》，如果"有社稷者而不能爱民，不能利民，而求民之亲爱己，不可得也。民不亲不爱，而求其为己用，为己死，不可得也"（《荀子·君道》）。相反，如果君主能"道德诚明，利泽诚厚"，则"百姓贵之如帝，亲之如父母，为之出死断亡而不愉"（《荀子·王霸》），"故君人者，爱民而安，好士而荣，两者无一焉而亡"（《荀子·君道》）。

（五）"民为政本""民为国本"——汉儒民本思想的核心要义

汉代的董仲舒也有类似于荀子"立君为民"的思想。他说："天之生民，非为王也。而天立王，以为民也。故其德足以安乐其民者，天予之；其恶足以贼害其民者，天夺之。"（《春秋繁露·尧舜不擅移、汤武不专杀》）但正如前面所述，董仲舒特别强调君权，将尊君思想神圣化和绝对化，因此，如有学者所说的那样，董仲舒在此并不是"像孟子、荀子那样强调民意，他是从天意来立论，认为天如何予如何夺，君王行为如何受约束，都只是归于天意"[①]。金耀基先生也认为，在董仲

---

① 林红：《民本思想的历史逻辑及其现代价值》，《中国人民大学学报》2017年第3期。

舒的君权神授说的哲学体系中,以"灾异""祥瑞"体现天意,这就使先秦儒家那种以民意代表天意的理论予以改变,从而"将儒家之偏重人道观又转回折返古代之偏重天道观,因此,个人的地位又趋模糊,人民在政治思想上乃变为无足轻重的客体,这不能不说是一种历史的退化"①。不过,要说董仲舒没有一点民本思想也是不对的。董仲舒在论证"五行相胜"时曾说:"夫木者,农也;农者,民也。"又说:"夫土者,君之官也。君大奢侈,过度失礼,民叛矣。其民叛,其君穷矣,故曰木胜土。"(《春秋繁露·五行相胜》)这种民叛君穷、民胜君显然具有民本的意蕴。我们只可以说汉代大儒董仲舒没有明确的民本意识。

实际上,在汉代,主张民本思想的最著名代表人物当属政论家贾谊。他从秦的强大与灭亡中,看到了民在国家治乱兴衰中所起到的至关重要之作用,于是提出了"民为政本"的思想。他说:"闻之于政也,民无不为本也。国以为本,君以为本,吏以为本。故国以民为安危,君以民为威侮,吏以民为贵贱。此之谓民无不为本也。"(《新书·大政上》)正因为"国以民为存亡","故夫民者,至贱而不可简也,至愚而不可欺也。故自古至于今,与民为仇者,有迟有速,而民必胜之"(《新书·大政上》)。他还说:"夫民者,万世之本也,不可欺。凡居于上位者,简士苦民者,是谓愚;敬士爱民者,是谓智。"又曰:"士民皆爱之,则国必兴矣;士民皆苦之,则国必亡矣。"(《新书·大政上》)

此外,东汉思想家王充也提出"民为国本"的思想。他说:"国以民为基,贵以贱为本。是以圣王养民,爱之如子,忧之如家。"(《潜夫论·救边》)又曰:"夫为国者,以富民为本"(《潜夫论·务本》)、"君以恤民为本"(《潜夫论·本政》)。凡此种种,都表达了一种"民为国本"的思想主张。

不论是贾谊的"民为政本"的思想,还是王充的"民为国本"的主张,都大大地丰富和发展了先秦的民本思想。

(六)唐代:儒家民本思想在践履中发展

自秦汉以后,中国封建专制统治进入稳定时期,民本思想也进入"消沉时

---

① 金耀基:《中国民本思想史》,法律出版社 2008 年版,第 110—114 页。

期"（金耀基语）。当然民本思想并未绝迹,间或也有民本主张出现。不过,主张和倡导民本思想的大多数是一些开明的政治家和仁君贤相,当然也包括一些儒学思想家倡导和发展民本思想。这是因为,自秦汉以后,随着儒学逐渐成为统治阶级的思想体系和治国安邦的行动指南,相应地,从先秦萌芽、形成和日渐成熟的儒家民本思想也就"成为统治阶级思想的重要构成,成为官方学说"①,对实际的政治生活发生着巨大影响,一些政治家和开明君主笃信并践行儒家民本思想,在此过程中势必会进一步推进和完善儒家的民本思想,形成儒家民本思想的新内容。比如唐太宗李世民,深刻吸取隋炀帝由于忽视民众之作用而自取灭亡的经验教训,认为民心可畏,主张要维护统治,必须重民、爱民、保民。他说:"为君之道,必须先存百姓"（《贞观政要·君道》）,"凡事皆须务本。国以人为本,人以食为本"（《贞观政要·务农》）,"夫治国犹如栽树,本根不摇,是枝叶茂荣"（《贞观政要·政体》）。他清醒地认识到:"天子者,有道则人推而为主,无道则人弃而不用,诚可畏也"（《贞观政要·政体》）;"人君之患,不自外来,常由身出。夫欲盛则费广,费广则赋重,赋重则民愁,民愁则国危,国危则君丧矣",所以他"常以此思之,故不敢纵欲也"（《资治通鉴·唐纪八》）。他经常引用先秦儒家的"君舟民水"之论教诫太子和诸王,比如《贞观政要·教戒太子诸王》曰:"舟所以比人君,水所以比黎庶,水能载舟,亦能覆舟。尔方为人主,可不畏惧!"《贞观政要·灾祥》载:"仲尼曰:'君犹舟也,人犹水也。水所以载舟,亦所以覆舟。'是以古之哲王虽休勿休,日慎一日者,良为此也。"他一再强调"载舟覆舟,所宜深慎"（《贞观政要·君道》）。总之,作为一代明君的李世民,一生践行和高扬民本思想,从而开创了"贞观之治"的太平盛世!

除此之外,中唐时期的儒家代表人物柳宗元也不背离儒家民本之旨,告诫君主当以养民、务民为要。他说:"凡吏于土者,若知其职乎? 盖民之役,非以役民而已也。"（《柳河东集·送薛存义之任序》）意思是说,官吏的职责就是为民服务,为老百姓办事,而不是去役使或奴役老百姓。这种"吏为民役"的观点体现了柳宗元的一种很深刻的民本思想,对后世具有深远的影响。

---

① 林红:《民本思想的历史逻辑及其现代价值》,《中国人民大学学报》2017 年第 3 期。

（七）宋儒对孔孟民本思想的继承和发展

时至宋代，政治家司马光在实施改革的过程中也高擎"民惟邦本"的旗帜，明确主张"民者，国之堂基也"①，认为"天子所以统治万国，讨其不服，抚其微弱，行其号令，一其法度，敦明信义，以兼爱兆民者也"（《资治通鉴·后周纪五》）。理学家二程兄弟非常推崇"民惟邦本"的思想理念，主张"为政之道，以顺民心为本，以厚民生为本，以安而不忧民为本"②、"君道以人心悦服为本"③，认为"为民立君，所以养之也。养民之道，在爱其力。民力足则生养遂，生养遂则教化行而风俗美，故为政以民力为重也"④。朱熹非常赞成孟子的"民贵君轻"观点，崇尚民本思想，他说："人君为政在于得人"⑤，"天下之务莫大于恤民"⑥，"生民之本，足食为先"（《朱文公文集》卷一百《劝农文》）。

总之，不论是政治家司马光，还是理学家二程、朱熹，他们都有重民的思想，都希望统治者能够以民力为重，通过争取民心来维护社稷江山之稳固。这完全是对孔孟儒家民本思想的继承和发展。

（八）明末清初儒家的"民主君客"式民本思想

明清时期，儒家民本思想发展到了一个新的阶段。金耀基先生称这一时期是中国民本思想的"发皇时期"⑦，所谓"发皇"是指使开朗、显豁，也有发达兴盛之意。也就是说，金先生认为明清时期的民本思想既明朗又繁盛。为什么会这样呢？根本原因在于明朝是中国专制统治最严厉的时期，明太祖朱元璋在洪武年间废除宰相制，集政权与治权于一身，实行皇帝一人独裁，加之朱元璋乃布衣出身，对中国传统文化修养不深，他反对孟子的思想，尤其是鄙视孟子的民本思

---

① （宋）司马光：《司马光奏议》卷三，王根林点校，山西人民出版社 1986 年版，第 34 页。
② （宋）程颢、程颐：《二程集》，中华书局 1981 年版，第 531 页。
③ （宋）程颢、程颐：《二程集》，中华书局 1981 年版，第 1243 页。
④ （宋）程颢、程颐：《二程集》，中华书局 1981 年版，第 1095 页。
⑤ （宋）朱熹：《四书章句集注》，中华书局 2011 年版，第 29 页。
⑥ （元）脱脱：《宋史》，中华书局 1985 年版，第 12753 页。
⑦ 金耀基：《中国民本思想史》，法律出版社 2008 年版，第 143 页。

想,大搞"私天下",从而使中国真正走上了绝对专制的偏路。物极必反!明王朝终因违背民心而被推翻。在明亡清兴的过程中,许多思想家总结经验教训,对君主专制主义进行了猛烈的抨击,由此使民本思想得到极大的发展。在这一过程中涌现出许多民本思想家,其中最著名的是被称为"明末清初三大儒"的黄宗羲、顾炎武、王夫之。

黄宗羲民本思想的核心就是提出"民主君客"论。黄宗羲继承了孟子的"民贵君轻"、柳宗元的"吏为民役"的思想,并将之创造性地发展,提出"古者以天下为主,君为客,凡君之所毕世经营者为天下也"(《明夷待访录·原君》),认为君主不过是为天下人服务的仆役而已,但"后之为人君者不然,以为天下利害之权皆出于我,我以天下之利尽归于己,以天下之害尽归于人","视天下为莫大之产业,传之子孙,受享无穷"(《明夷待访录·原君》),这就完全颠倒了立君之宗旨,变"天下为主,君为客"为"以君为主,天下为客",从而造成君主为谋一己私利而导致天下人妻离子散、民不聊生!因此,黄宗羲尖锐地批评道:"然而为天下之大害者,君而已矣",认为天下是天下人的天下,不是一家一姓之私产,"岂天地之大,于兆人万姓之中,独私其一人一姓乎!"(《明夷待访录·原君》),"盖天下之治乱,不在一姓之兴亡,而在万民之忧乐"(《明夷待访录·原臣》)。黄宗羲的"天下为主,君为客"这一命题虽然没有突破君主政治的框架,但它所包含的君为民服务的思想是非常卓越的,具有划时代的意义。金耀基先生称赞黄宗羲是"中国民本思想的集大成者","从他'天下为主,君为客'的观念推衍开去,便是肯定了人民为政治之主体,而逼近了西洋近代'主权在民'的思想,不能不说是中国政治哲学中极精彩的一页"①。

与黄宗羲同时代的顾炎武也坚决反对君主专制主义,提出"为民而立之君"的观点。他说:"为民而立之君,故班爵之意,天子与公、侯、伯、子、男一也,而非绝世之贵;……是故知天子一位之义,则不敢肆于民上以自尊。"(《日知录·卷七·周室班爵禄》)也就是说,顾炎武认为,君是为民的需要而设立的,天子也是一个爵位,公、侯、伯、子、男也是一个爵位,他们虽有等级上的差别,但没有贵贱

---

① 金耀基:《中国民本思想史》,法律出版社2008年版,第154—155页。

之分，并非天子最高贵，所以天子不应该把自己凌驾于民众之上。在这里，顾炎武表达了一种君民贵贱平等的思想，这在专制主义时代无疑是一种进步的观念。不惟如此，顾炎武还特意对"国家"与"天下"进行了区分，他说："有亡国，有亡天下，亡国与亡天下奚辩？曰：易姓改号，谓之亡国；仁义充塞而至于率兽食人，人将相食，谓之亡天下……保国者，其君其臣、肉食者谋之；保天下者，匹夫之贱，与有责焉耳矣！"（《日知录》卷十三《正始》）也就是说，顾炎武认为国家是一家一姓的私产，保卫国家是当官的、当权的人思考的问题，而"天下"是天下万民的天下，所以，保护天下是每一个平民百姓的责任。顾炎武在此对国家和天下进行明确划分，其目的不仅仅在于彰显一种"天下为怀"的精神追求，实质上是要表达一种"天下为主，君为客"的思想主张，与黄宗羲的思想有异曲同工之妙。

明末清初的另一位大儒王夫之亲身经历了明亡清兴的过程，深感明朝灭亡的根本原因在于封建统治者对民众实行高压政策，导致民众不堪重负而发动起义，推翻了明王朝的统治，由此使他深刻地认识到民众在国家治理中的重要作用，提出"以民为基"的民本思想。他说："君以民为基，……无民而君不立"（《周易外传》卷二《大过》）①，"人君之当行仁义，自是体上天命我作君师之心，而尽君道以为民父母，是切身第一当修之天职"②。他同黄宗羲一样，也主张"不以天下私一人"，指出"一姓之兴亡，私也，而生民之生死，公也"（《读通鉴论》卷十七），告诫君主要"严以治吏，宽以养民"："严者，治吏之经也；宽者，养民之纬也；并行不悖，而非以时为进退者也……以严以治吏，宽以养民，无择于时，而并行焉，庶得之矣"（《读通鉴论》卷八）。而要做到"宽以养民"，就必须"轻徭薄赋""藏富于民"（《读通鉴论》卷五）。他认为"功于天下，利于民物，亦仁者之所有事"③，这就意味着王夫之将自己的民本思想构建在义利统一的基础之上。

总之，明末清初三大儒的民本思想既丰富，又独具特色。依当代学人吴光先

---

① 参见古继明：《王船山〈周易外传〉笺疏》，上海人民出版社2016年版，第97页。

② （清）王夫之：《读四书大全说》卷八，中华书局1975年版，第504页。

③ （清）王夫之：《周易外传》，李一忻点校，九州出版社2004年版，第14页。

生之见,如果说从先秦儒学至宋明理学时期的民本思想之最根本特点是"君以民为本"和"国以民为本",那么,明末清初时期儒家民本思想之根本特点就是"'民主君客'范式的新民本论",这种新民本论"具有民主启蒙性质",它不仅"对清末、民国乃至现代民主启蒙运动产生了重大影响,甚至对当代中国思想家、政治家也有诸多影响"①。金耀基先生也说:"黄梨洲等辈奋然兴起,大辟'君主民客'说,而唱'民主君客'之宏论,非惟上接孟子'民贵君轻'之古义,亦且下开孙中山、梁启超民治之先河。"②此话甚确!

(九)"尊君论"和"民本论"相反相成——儒家政治文化的根本特点

不言而喻,"尊君"与"重民"是相反的。因为"尊君论"是把君主作为政治活动的主导和中心,是社会治理的枢纽,犹如荀子所言"君子者,天地之参也,万物之总也,民之父母也"(《荀子·王制》),而"民本"思想则把民众看成是政治活动的中心,是社会治理的主体和根本。所以,二者是相反的。尤其是像冯天瑜先生所说的那种以"爱民""重民""恤民"为旗帜的民本思想,同以"残民""贱民""虐民"为极端形态的暴政思想和绝对君权论更是相互对立的。③

但"尊君"与"重民""君主专制主义"与"民本主义"又是相辅相成、互相补充的。因为,一方面,分散性、碎片化之小农社会需要"大一统"的君主集权统合力量,以抵御外族侵扰、保障社会安定和经济正常运行,加之小农社会的民众"不能以自己的名义来保护自己的阶级利益"④,他们需要高高在上的皇权主宰一切,他们盼望有"明君""贤臣"来"为民做主",尤其是"在小生产状态下的自耕农和佃农,抵御自然和社会灾祸的能力十分有限,他们低微的经济地位决定了他们屈从并迷信皇权"⑤,于是"尊君论"应运而生;另一方面,由于农民是中国封建社会的主体,"农民得以安居乐业,农业生产方能稳定有序,朝廷的赋役就可以源源供给,'天下太平,朝野康宁'的'盛世'便有保障"。相反,"如果以农

① 吴光:《民惟邦本,本固邦宁》,《光明日报》2016年3月3日第6版。
② 金耀基:《中国民本思想史》,法律出版社2008年版,第4页。
③ 参见冯天瑜:《"民本"与"尊君"(论纲)》,《吉林大学社会科学学报》2013年第1期。
④ 《马克思恩格斯选集》第1卷,人民出版社1995年版,第677页。
⑤ 冯天瑜:《"民本"与"尊君"(论纲)》,《吉林大学社会科学学报》2013年第1期。

民为主体的广大庶众失去起码的生存条件，出现'民不聊生'、'民怨沸腾'的状况，'民溃'、'民变'就会层出不穷，'国削君亡'就难以避免"①。有鉴于此，"圣君贤臣"和统治阶层中一些富于远见的人士认识到民众的重要性，于是"民本主义"也应运而生。

从内在的逻辑来讲，"民本主义"的产生是为了限制君主权力的过度膨胀，防止君权极端化、绝对化。历史地看，在中国传统社会中，对皇权的制约有两种力量：一是神的力量，包括神灵（帝）、天命、天道、天理的力量，诸如"君权神授""天子受命于天"以及董仲舒所讲的"天予之""天夺之""天谴说"都表明了君权（皇权）受神权支配和制约；二是人民（民众）的力量，所谓"得民心者得天下""人心向背""君舟民水"是也！实际上，提倡"民本"就是要在专制主义的社会里，防止因君权的泛滥、独断专行而导致社会统治的土崩瓦解。所以，传统社会之民本思想并不是要真正实现所谓"为民做主""主权在民"，它不同于近现代意义上的"民主"制度，它本质上仍然是为了维护封建专制统治，为皇权政治或君主统治服务的。就此而论，"君主专制主义"和"民本主义"是相辅相成的，也正如有学者所言："民本与尊君是'一对'（double）而非'两个'（two）的关系，民本思想无论新旧，都是维护君主制度的政治思想，是建立以君主政治为核心，易于操作的政治制度。"②也正是由于"民本主义"对"君权"的限制，使得中国两千多年的封建专制主义没有成为西方那种寡头的绝对专制，而是成为如胡秋原先生所说的"有限的专制主义"。胡秋原先生认为，儒家的民本思想是专制主义的软化剂，"我们是徘徊于开明专制与不开明专制之间的，不能否认，中国过去是专制国家，不过幸而有中国文化（儒家的民本思想当是最重要的部分）和知识分子将其开明化耳"③。金耀基先生也认为"吾国之专制乃一'开明的专制'（enlightened despotism）"，之所以如此，是由于"儒家之民本思想的巨流冲洗，减杀了专制毒害之故，吾人若谓儒家之政治思想之主要精神与贡献为'民本'之说，似非

---

① 冯天瑜：《"民本"与"尊君"（论纲）》，《吉林大学社会科学学报》2013年第1期。

② 冯天瑜、谢贵安：《解构专制——明末清初"新民本"思想研究》，湖北人民出版社2003年版，第10页。

③ 胡秋原：《古代中国文化与中国知识分子》，中华书局2010年版，第250页。

大误"①,所以"中国之政治,自秦汉以降,虽是一个君主专制的局面,但总因有浓厚的民本思想之影响,遂使君主专制的政治弊害得以减轻和纾解"②。

总之,"尊君论"和"民本论"相反相成是儒家乃至中国传统政治文化的一大特点。不过,我们需要辨明的是,尽管儒家民本思想在某种程度上"软化"了君主专制,但在君权至上的中国古代专制社会里,"民本只是统治术而已,'君本位之政治'与'民本位之精神'二者,主辅位阶显而易见"③,对此我们必须要有清醒的认识。

四、"德治仁政""德主刑辅"的治国理念

在儒家政治价值观中,除了追求"大一统"的政治理想,主张"尊君""重民"的价值原则和价值取向之外,还有一个重要的内容就是推崇"为政以德"和"王道仁政"的治世之道,我们称之为"德治仁政"。

儒家为什么极力推崇"德治仁政"？首先,如本文前面所述的那样,先秦儒家,尤其是孟子将"德治仁政"作为实现"大一统"理想和王道政治的根本举措,所谓以"仁政"统一天下:"尧舜之道,不以仁政,不能平治天下"(《孟子·离娄上》)。其次,从"民本"的视角来说,民本思想之关键在于实行德治仁政。因为,所谓"民本"就是要重视和维护民众的利益,包括敬民、爱民、忧民、恤民、富民、乐民等等,而"仁政"的实质就是要求统治者"以不忍人之心,行不忍人之政",在治国理政时,一定要考虑到民众的疾苦,实行让利于民的政策,尽量满足民众的愿望和基本需求,使人民过上安定富足的生活。可见,"仁政"正好符合"民本"的要求。进一步说,"德治仁政"是实现"民本"理想的根本保障,而"民本"却是"仁政"理想的核心和检验标准。最后,从"尊君"或君主专制的立场来看,推行"德治仁政"是君主凝聚"民心"进而维护其统治地位的根本措施。我们前面多次提到"得民心者得天下",而君主要赢得"民心",就不能采取"以力服人"的"霸

---

① 金耀基:《中国民本思想史》,法律出版社 2008 年版,第 2 页。
② 金耀基:《中国民本思想史》,法律出版社 2008 年版,第 8 页。
③ 林红:《民本思想的历史逻辑及其现代价值》,《中国人民大学学报》2017 年第 3 期。

政"，更不能施行"暴政"，只能推行"以情感人、以政惠民、以教化民"的"仁政"。

总之，正是由于上述种种缘由，决定了儒家在政治上必然极为推崇"德治仁政"的治国方略。职此之故，"德治仁政"必然是儒家政治价值观的一个极为重要的方面。而这一政治价值观的核心内容和主要理论形态包括以下几个方面：

（一）孔子的"为政以德"思想

"为政以德"就是主张把仁德作为施政的主要手段，以仁德爱民的精神治理国家。这一思想可谓源远流长，夏、商、周三代时期就有这方面的思想萌芽。《尚书·大禹谟》曰："德惟善政，政在养民"，将"德"与"政"联系起来，当然这里还没有将"德"作为施政的手段，而是将"善政"作为"德"的表现。到了西周初年，周公旦总结前代治国的经验教训，指出夏、商灭亡的主要原因在于统治者"不敬厥德"（《尚书·召诰》），对老百姓滥用刑罚，施行"暴德"，故"罔后"（《尚书·立政》）。有鉴于此，周公提出"敬德保民"的思想，认为统治者要治理好国家，"不可不敬德"，"惟王其疾敬德"，才能"祈天永命"（《尚书·召诰》）。所以，周公反复告诫并要求治国者要"明德慎罚"（《尚书·康诰》）、"明德恤祀"（《尚书·多士》），明确将"德"作为治理国家的主要手段，可谓是儒家"为政以德"思想的起源。

儒家"为政以德"思想是由孔子提出来的。面对春秋末期"礼崩乐坏"的混乱局面，孔子在总结夏、商、周三代治国经验和思想的基础上，继承周公以来以《尚书》为代表的崇德保民之政治偏好，强调道德对政治生活的决定作用，率先提出了"为政以德"的思想。他说："为政以德，譬如北辰，居其所而众星共之"（《论语·为政》），意即为政者（君主）如果能以道德治理国家，老百姓就会心悦诚服，像群星环绕北斗星一样拥戴他。所以，孔子特别强调治理国家不能仅仅依靠严刑酷罚，更重要的是要依靠仁德精神："道之以政，齐之以刑，民免而无耻；道之以德，齐之以礼，有耻且格"（《论语·为政》）。只有以仁德礼义治国，才能使国民具有廉耻之心并自愿归服，如此才能政通人和、社会长治久安。

孔子"为政以德"的治国模式包括两个方面：首先，要求为政者自己要立德，自身要做到公平、正直。"季康问政于孔子。孔子对曰：'政者，正也。子帅以正,孰敢不正。'"(《论语·颜渊》)此处之"正"多翻译为"端正"之意,陈来先生认为"它不仅是指按照'正确'的标准原则改正那些不正确的现实,也有修身的意涵,即从自己的身体言行上体现出正确的秩序、正而不偏的角色之德"①。不惟如此,依陈来先生之见,"'政者正也'包含两个意义,'子帅正'是为政者自己正德;'孰敢不正'则说明'正'包含了'正名'的政治实践,即建立和恢复正常的政治秩序,也即正常的政治—伦理(君君臣臣、父父子子)关系"②。此说甚确!

为政者端正自己品德的必要性还可以从为政者自身正德而引发的社会后果加以说明。孔子曰:"其身正,不令则行。其身不正,虽令不从。"又曰:"苟正其身矣,于从政乎何有? 不能正其身,如正人何?"(《论语·子路》)从中可以看出,人们之所以要求统治者端正自己的品德,不仅在于如此能起到积极的表率作用,而且还在于统治者若不能正德正身,就无法要求臣民遵守秩序,统治者的政令也很难推行。可见,"正德"的意义很重要。

不仅如此,孔子还详细阐述了为政者应该具备的道德品德。子张问于孔子曰:"何如斯可以从政矣?"子曰:"尊五美,屏四恶,斯可以从政矣。"子张曰:"何谓五美?"子曰:"君子惠而不费,劳而不怨,欲而不贪,泰而不骄,威而不猛。"子张曰:"何谓四恶?"子曰:"不教而杀谓之虐;不戒视成谓之暴;慢令致期谓之贼;犹之与人也,出纳之吝谓之有司。"(《论语·尧曰》)这里孔子讲到了为政者应该具备的五种美德以及"恶政"的四种表现"虐、暴、贼、有司(小家子气)"。实际上,《论语·阳货》篇所讲的"恭、宽、信、敏、惠"也是政治德行,是对为政者的基本要求。

其次,为政者要以仁德精神施政于民。"为政以德"首先要求治国者得"仁德"于身,成为仁德圣人;同时,还要用仁义道德治理国家,平定天下。概而言之,就是"以德行仁",即用仁德来治理国家、教化百姓,解决社会民生问题,使百姓衣食富足,安居乐业,使国家繁荣富强、长治久安。

从《论语》中可以看到,孔子的"为政以德"的具体措施包括:

---

① 陈来:《孔子·孟子·荀子:先秦儒学讲稿》,生活·读书·新知三联书店 2017 年版,第57—58 页。

② 陈来:《孔子·孟子·荀子:先秦儒学讲稿》,生活·读书·新知三联书店 2017 年版,第58 页。

1．"富民""教民"。孔子虽然讲"君子喻于义，小人喻于利"，但他并不认为对"利"的追求是绝对的恶，他说"富而可求也，虽执鞭之士，吾亦为之"（《论语·述而》），并认为"邦有道，贫且贱焉，耻也"（《论语·泰伯》）。在治国问题上，孔子不但不避经济之利，反而把经济上富民利民作为治国要术之一，强调"因民之所利而利之"（《论语·尧曰》）；他深知经济是治国的基础，故而将百姓的生计问题放在首位，比如子贡问政，孔子答："足食，足兵，民信之矣。"（《论语·颜渊》）有一次孔子同冉有一起去卫国，看到卫国土地肥沃，人口密集，盛赞"庶矣哉！"冉有曰："既庶矣，又何加焉？"曰："富之。"曰："既富矣，又何加焉？"曰："教之。"（《论语·子路》）可见，孔子不但主张"富民"，还强调在使人民衣食富足的基础上"教民"，以礼仪道德教化人民，让人民既富裕又文明有礼，这样国家才会成为有道之邦。

2．"节用爱民"。孔子说："道千乘之国，敬事而信，节用而爱人，使民以时。"（《论语·学而》）意即治理一个国家，必须慎重、敬畏地处理政事，恪守信用，节省开支，关爱人民，根据农时使用民力。可见，孔子不仅注重富民，还要求统治者节俭清廉，爱惜民力，不能为了满足自己的贪欲而肆意挥霍，造成大量浪费。

3．"宽猛相济"。季康子问政于孔子曰："如杀无道，以就有道，何如？"孔子对曰："子为政，焉用杀？子欲善，而民善矣。"（《论语·颜渊》）在孔子看来，治理国家有"教育"和"刑杀"或曰"德治"与"刑罚"两种手段，孔子坚决反对用杀戮、残暴的手段治理国家，因此，他说"不教而杀谓之虐；不戒视成谓之暴"（《论语·尧曰》）。当然，孔子并不是一味地反对暴力或刑罚手段，而是主张把教育和刑杀、"德治"与"刑罚"有机地结合起来，比如《左传·昭公二十年》记载，当郑国子产的儿子大叔尽杀"萑苻之盗"时，孔子对此非常赞赏，并说："善哉，政宽则民慢，慢则纠之以猛。猛则民残，残则施之以宽。宽以济猛，猛以济宽，政是以和。"在这里孔子提出"宽猛相济"的治国主张，这对后世的"德法并用""王霸相杂"治国思想的形成具有重要影响。不过，从总体来看，孔子还是倾向于"德主刑辅"的价值立场，这从他关于"道之以政，齐之以刑"和"道之以德，齐之以礼"的论述中看得很清楚。

4．知人善用，举贤尚能。孔子认为，"以德治国"就必须选拔任用贤德之人来治理国家。所以,当哀公问"何为则民服"时,孔子对曰:"举直错诸枉,则民服。举枉错诸直,则民不服"(《论语·为政》),认为只有选用正直贤良的人,才能使人民顺服,如果任用佞枉之人,则人民不服,国必衰败。《论语·颜渊》记载,当樊迟问"仁"时,孔子再一次提出"举直错诸枉,能使枉者直",意即"把正直的人提拔上来,位置在邪恶人之上,能使邪恶人变得正直",但樊迟不解此义,向子夏讨教,子夏曰:"富哉言乎! 舜有天下,选于众,举皋陶,不仁者远矣。汤有天下,选于众,举伊尹,不仁者远矣。"舜、汤选用皋陶、伊尹这些仁者,从而使那些坏人("不仁者")不存在了。可见,知人善用、举贤尚能是孔子的一贯主张。

总之,孔子的"以德治国"思想强调把道德作为治国理政的主要手段,这既包括要求统治者通过"修身",端正自己的品德,成为有德之人,以上率下,起到表率作用;又包括为政者要以仁德精神施政于民。显然,贯穿于这一治国模式之内在精神实质就是儒家的"民本"思想,"民本"是"德治"的核心。同时,我们看到,这一模式的内在逻辑或思维路径就是遵循儒家的"内圣外王"之道以及孔子一贯主张的"修己以安人""修己以安百姓"思想理念。

(二)孟子的"王道仁政"说

孟子是"民本"思想的集大成者,也是"仁政"学说的创立者和集大成者。这反映了"民本"与"仁政"之间有一种深刻的内在关联,即"民本"的实现关键在于实行"仁政"。由上可知,孔子的"以德治国"实质是就是"仁政",不过孔子未使用"仁政"这一说法,"仁政"概念出自孟子。孟子将孔子的"仁者爱人"思想提升到治国理政层面,试图用"仁"来化解当时的社会危机,因此提出了"仁政"学说。从总体来看,孟子的治国理政思想包括"王道""仁政"两个方面。

1. "王道"说

在孟子的政治哲学中,"王道"理想是其中的一道亮丽风采。但"王道"一词并非出自孟子。从史料记载来看,"王道"一词最早见于《尚书·洪范》:"无偏无陂,遵王之义;无有作好,遵王之道;无有作恶,遵王之路。无偏无党,王道荡荡;无党无偏,王道平平;无反无侧,王道正直。"此处的"王道"是指"王之大道""君王的道路",汉唐经学家解之为"先王之道路"或"先王所立之道"(见郑玄注及孔颖达疏），总之，此时它还不是一个固定词语。到了孟子提出"养生丧死无憾，王道之始也"（《孟子·梁惠王上》）时，"'王道'已经有了特定时代的特定内涵，即指往古王者以仁义统领诸国之道"①。大多数学者认为，"王道"实际上是"先王之道"的简称，所谓的"先王"一般指夏、商、周三代贤明君王，所以，按儒家的传统说法，"先王之道"就是三皇五帝、尧舜禹、汤文武周公这些古代的圣王以仁义来治理天下之道。由是而观，"王道"是历史王道，不是现实之道，是一种理想。儒家历来崇尚"王道"理想，尤以孟子为甚！

我们可以通过孟子的"王霸之辨"进一步理解"王道"之意蕴。孟子说："以力假仁者霸，霸必有大国。以德行仁者王，王不待大，汤以七十里，文王以百里。以力服人者，非心服也，力不赡也。以德服人者，中心悦而诚服也，如七十子之服孔子也。"（《孟子·公孙丑上》）在孔子所处的春秋时代，"王"主要指"天子"，"霸"指"伯"，即诸侯，如"春秋五霸"即指春秋时期五大诸侯。到了孟子时代，"王霸之辨"的意义有了变化，即"王道与霸道之辨"。如上所述，王道是儒家崇尚的一种政治样式，与之相对应的政治样式孟子称之为"霸道"。那么，"王道"与"霸道"区别在哪呢？从孟子的上述论述中可以看出，二者区别的实质就是"德"与"力"或曰"德治"与"力治"的区别。"德"指道德、德行、品德；"力"当然指力量、实力、强力。由此，"王霸之辨"就变成了道德与实力的比拼。② 这样看来，孟子所谓的"王道"就是"以德行仁""以德服人"的"德治"，王权政治的合法性取决于统治者的美好德行，这正是儒家德治思想内在逻辑展开的最终归宿。

2."仁政"思想

"仁"字在《尚书》中就有，春秋时期用"仁"字的地方很多。只有到了孔子那里，才第一次把"仁"作为最高道德原则、最重要的全德之称，奠定了"仁学"在儒家思想中的地位。"但总的来说，孔子没有把仁置于政治社会领域"，孟子"对仁学做了积极的政治思想的发展"③，提出"仁政"思想。

---

① 许嘉璐：《"王道"的世界意义》，《光明日报》2011 年 5 月 23 日。
② 参见徐洪兴：《王道仁政——孟子的政治思想》，《人文天下》2016 年第 17 期。
③ 陈来：《孔子·孟子·荀子：先秦儒学讲稿》，生活·读书·新知三联书店 2017 年版，第 115—117 页。

孟子为什么在原有的王道概念之上又提出"仁政"？原因在于"孟子认为其所处的时代不仁且乱"，"试图以'仁'来解决当时的社会困境"。① 他说："尧舜之道，不以仁政，不能平治天下。今有仁心仁闻，而民不被其泽，不可法于后世者，不行先王之道也。故曰：徒善不足以为政，徒法不能以自行。……为政不因先王之道，可谓智乎？是以惟仁者宜在高位，不仁而在高位，是播其恶于众也。"（《孟子·离娄上》）这里孟子首次使用"仁政"一词，并提出治国必须效法尧舜等先王的治国方法，"仁政"是治理天下的关键所在，必须让仁人在位，让有德行的人来管理国家，如果让"不仁者"在位，则必然会导致"上无道揆也，下无法守也，朝不信道，工不信度，君子犯义，小人犯刑"（《孟子·离娄上》），最终国家也难以存在。他还说："三代之得天下也以仁，其失天下也以不仁。国之所以废兴存亡者亦然。天子不仁，不保四海；诸侯不仁，不保社稷；卿大夫不仁，不保宗庙；士庶人不仁，不保四体。今恶死亡而乐不仁，是犹恶醉而强酒。"（《孟子·离娄上》）这就充分彰显了"仁政"的普遍必然性，"仁政"不仅是国家社稷兴衰存亡的关键，而且还是个体保全性命的法宝。在《孟子·公孙丑上》篇中，孟子进一步肯定"仁政"的积极作用，他说："行仁政而王，莫之能御也。……孔子曰：'德之流行，速于置邮而传命'，当今之时，万乘之国行仁政，民之悦之，犹解倒悬也。故事半古之人，功必倍之。"意即如果能推行仁政，就能称王天下，这是谁也阻挡不了的。在施行仁政的国家中，不仅老百姓感到高兴，犹如倒挂着被解救下来一样，而且人们做事往往会取得事半功倍的效果。

那么，"仁政"何以可能？孟子认为能否实施仁政、王道的充分和必要条件就是"不忍人之心"。他说："人皆有不忍人之心。先王有不忍人之心，斯有不忍人之政矣。以不忍人之心，行不忍人之政，治天下可运之掌上。所以谓人皆有不忍人之心者，今人乍见孺子将入于井，皆有怵惕恻隐之心——非所以内交于孺子之父母也，非所以要誉于乡党朋友也，非恶其声而然也。"（《孟子·公孙丑上》）孟子认为这种"不忍人之心"不像孔子所说的"仁"那样难以达到，而是人人都可能有的"恻隐之心"，"恻隐之心"就是同情心，是人的一种本能，是不需要经过大

---

① 徐洪兴：《王道仁政——孟子的政治思想》，《人文天下》2016 年第 17 期。

脑思考判断的。既然人人皆有不忍人之心，先王、君主也有"不忍人之心"，他们将之运用到治国上，就形成了"仁政"。可见，不忍人之心是使"仁政"得以实现的基础和前提。

为了充分论证仁政的可能性，孟子在"不忍人之心"的基础上提出"四端说"，全面阐述了"性善论"："恻隐之心，仁之端也；羞恶之心，义之端也；辞让之心，礼之端也；是非之心，智之端也。人之有是四端也，犹其有四体也。……凡有四端于我者，知皆扩而充之矣，若火之始然，泉之始达。苟能充之，足以保四海；苟不充之，不足以事父母。"（《孟子·公孙丑上》）"四端"只是善的"端点"，它是需要扩充的，只要加以扩充推广，就可以"事父母""保四海"，这样，"四端说"就证明了人皆有为善、为仁、行不忍人之政的可能性。可见，孟子的"性善论"是他的"仁政"说的理论基础，表明孟子谈论人性本善并不是单纯地就人性而论人性，其目的是要服务于他的政治理论。

此外，孟子的"义利之辨"在某种意义上也是在论证"仁政"的合理性和必要性。众所周知，《孟子》一书的开头记载了孟子见梁惠王。王曰："叟！不远千里而来，亦将有以利吾国乎？"孟子回答说："王！何必曰利？亦有仁义而已矣。"（《孟子·梁惠王上》）然后孟子向梁惠王讲道：如果王、大夫、士以及一般老百姓，举国上下人人都各求其利而不知足，则国乱而君危。他最后提醒梁惠王说："未有仁而遗其亲者也，未有义而后其君者也。王亦曰仁义而已矣，何必曰利？"主张治国者在治理国家时，应该首先重视仁义而不是利。由此孟子提出治国的最好办法就是讲求"仁义"，"君仁莫不仁，君义莫不义，君正莫不正，一正君而国定矣"（《孟子·离娄上》），这就充分证明了施行仁义、仁政的合理性和必要性。

孟子不仅不厌其烦地论证"仁政"的可能性、合理性和必要性，而且详细地阐述了如何施行仁政，概而言之，其设想施行仁政的措施有：

（1）"省刑罚，薄税敛"。孟子曰："王如施仁政于民，省刑罚，薄税敛，深耕易耨。壮者以暇日修其孝弟忠信，入以事其父兄，出以事其长上，可使制梃以挞秦、楚之坚甲利兵矣。"（《孟子·梁惠王上》）如果要实行仁政，就要减轻刑罚，减少赋税，让百姓安心生产，修养德性，遵守礼仪，这样就能治理出繁荣昌盛、天下无敌的国家。

（2）"制民之产"。孟子认为："民之为道也，有恒产者有恒心，无恒产者无恒心。苟无恒心，放辟邪侈，无不为已。"（《孟子·滕文公上》）因此，他主张"制民之产"："是故明君制民之产，必使仰足以事父母，俯足以畜妻子，乐岁终身饱，凶年免于死亡。然后驱而之善，故民之从之也轻。"（《孟子·梁惠王上》）所谓"制民之产"就是订立老百姓的财产制度，让百姓拥有一定的土地和产业。只有让民众有一定的经济基础，才能保证其基本生活需要，这样民心就会稳定，国家才能安宁。为此孟子设想"五亩之宅，树之以桑，五十者可以衣帛矣。鸡豚狗彘之畜，无失其时，七十者可以食肉矣。百亩之田，勿夺其时，数口之家可以无饥矣。"孟子还主张通过推行"井田制"来保证老百姓的生活。他说："夫仁政，必自经界始。经界不正，井地不钧，谷禄不平，是故暴君污吏必慢其经界。经界既正，分田制禄可坐而定也。"（《孟子·滕文公上》）此外，孟子还强调要"不违农时"，合理耕作，这样就可以达到"谷不可胜食""林木不可胜用"等一派物产丰饶的景象，从而"使民养生丧死无憾也"（《孟子·梁惠王上》）。

（3）"教化民众"。孟子说："谨庠序之教，申之以孝悌之义，颁白者不负戴于道路矣。"表明在孟子看来，推行仁政不仅要解决百姓的衣食住行等物质生活问题，还要兴办各级学校，对老百姓进行伦理道德教化。他特别重视对民众的教化，认为："仁言不如仁声之入人深也，善政不如善教之得民也。善政，民畏之；善教，民爱之。善政得民财，善教得民心。"（《孟子·尽心上》）这种观点与孔子主张的"富之""教之"之观点一脉相承。

（4）"尊贤使能"。孟子曰："尊贤使能，俊杰在上，则天下之士皆悦，而愿立于朝矣。"（《孟子·公孙丑上》）这一观点与孔子的"举直错诸枉，则民服。举枉错诸直，则民不服"的思想一脉相承，表明在儒家看来，"仁者"是"仁政"的前提，统治者有"仁心"才能施"仁政"。

总之，孟子政治思想的核心就是"王道仁政"说。"王道"就是"先王之道""尧舜之道"，其实质就是"仁政"，或可以说"仁政"是"王道"的体现和标志。但在孟子那里，"王道"和"仁政"又有不同。"王道"是理想、是历史，"仁政"是现实所要推行的；"王道"是达到"王"的途径，是指向处理好国与国的关系，其目的是实现天下一统，犹如许嘉璐先生所言："'王道'思想是中华文化的核心价值理念投射到处理'天下'事务方面的结晶"①，而"仁政"则是指向一国之内的施政问题。但不论怎样，王道、仁政都是孟子政治理想的组成部分，将之作为一个东西去理解也未尝不可。

（三）荀子的"以礼治国"主张

由于荀子从性恶论出发，主张王霸并用、隆礼重法，因此，许多人认为荀子在治国理念上大异于孔孟儒家的"德治仁政"思想，反倒是与法家的"法治"思想一致，一味地强调法而不重视德。但仔细研读《荀子》一书，我们就会看到，荀子在治国理念上并未脱离孔孟的德治立场，他和孔孟一样也极为重视和强调"爱民""富民""教民"，提倡"尚贤使能"，等等。比如，关于"爱民"，荀子说："君人者欲安，则莫若平政爱民矣"（《荀子·王制》），"有社稷者而不能爱民、不能利民，而求民之亲爱己，不可得也"，"故君人者，爱民而安，好士而荣，两者无一焉而亡"（《荀子·君道》），这就把"爱民"作为安定政局、保障国家生存的重要举措。在"富民""教民"方面，荀子认为"下贫则上贫，下富则上富"（《荀子·富国》）、"物不能澹则必争，争则必乱"（《荀子·王制》），因此，他提出一系列具体的富民措施，诸如"节用裕民"："裕民则民富""不知节用裕民则民贫"；"以政裕民"："轻田野之税，平关市之征，省商贾之数，罕兴力役，无夺农时，如是，则国富矣。夫是之谓以政裕民"（《荀子·富国》），尤其是他所说的"不富无以养民情，不教无以理民性。故家五亩宅，百亩田，务其业而勿夺其时，所以富之也。立大学，设庠序，修六礼，明十教，所以道之也。《诗》曰：'饮之食之，教之诲之'"（《荀子·大略》），与孟子的"五亩之宅""百亩之田""谨庠序之教，申之以孝悌之义"何其相似乃尔！明显地反映出他对孟子"富之""教之""先富后教"思想的继承和发展。关于"尚贤使能"方面，荀子多次谈到"尚贤使能"，仅举几例，如"隆礼至法则国有常，尚贤使能则民知方"、"上好礼义，尚贤使能，无贪利之心，则下亦将綦辞让，致忠信，而谨于臣子矣"（《荀子·君道》）、"先王明礼义以壹之，致忠信以爱之，尚贤使能以次之"《荀子·富国》。凡此种种，不一而足，无不表明荀子受

---

① 许嘉璐：《"王道"的世界意义》，《光明日报》2011年5月23日。

孔孟思想的深刻影响,也明确地反映出荀子与孔孟在德治方面的一致性,说明荀子仍然坚持以儒家德治立场为本位。不惟如此,荀子不仅继承和发展了孔孟的德治仁政思想,而且还有所超越,形成了自己特有的德治思想,其主要思想概括如下:

1. 修身正己,以德导民

荀子在治国理念上依然奉行孔子的"修己以安人""修己以安百姓"思想的理路,主张通过修身,端正品德,以德服人,以德导民。所以荀子非常重视修身问题,并著有《修身》一篇,专论修身的中心目标和根本途径。荀子认为修身不仅是为人之本,更是为政之本。《荀子·君道》载:"请问为国?曰:闻修身,未尝闻为国也。"修身之目的就是达到"正己",自己端正了才能"正人"。犹如孔子所说:"政者,正也。子帅以正,孰敢不正?"(《论语·颜渊》)荀子也说:"君者,仪也,民者,景也,仪正而景正;君者,槃也,民者,水也,槃圆而水圆。……君者,民之原也,原清则流清,原浊则流浊"(《荀子·君道》),此二说异曲同工!荀子还说:"君子养心莫善于诚,致诚则无它事,唯仁之为守,唯义之为行。……夫诚者,君子之所守也,政事之本也。"(《荀子·不苟》)这是说君子修身养心没有比真诚更好的了,达到真诚就不用从事其他事情了,只要坚守仁爱、奉行道义就行了,所以,"真诚"是君子所应坚守的,也是政事之根本。儒家历来重视"诚德",《中庸》曰:"诚者,天之道也,思诚者,人之道也。"所以,治国者一旦能修身"致诚",就拥有了最高的德行,就可以以德治国、以德导民。故荀子说:"君子至德,嘿然而喻,未施而亲,不怒而威"(《荀子·不苟》);"故赏不用而民劝,罚不用而威行,夫是之谓道德之威"(《荀子·强国》)。"道德之威"是"以德治国"的秘密所在,彰明了"德治式"政治的合法性依据在于统治者的美好德行。所以说,荀子的这套治国理念完全属于儒家的"以德治国"或曰"为政以德"范畴,甚至荀子本人也明确使用过"以德为政"这个术语:"强胁弱也,知惧愚也,民下违上,少陵长,不以德为政,如是,则老弱有失养之忧,而壮者有分争之祸矣。"(《荀子·国富》)所以,荀子要求执政者必须提高自己的德行,才能以德导民,"故君国长民者,必先修正其在我者,然后徐责其在人者"(《荀子·国富》),认为只要君主以身作则,民众自然能够被感化并效仿,"主者,民之唱也;上者,下之仪也。彼将听唱而应,视仪而动"(《荀子·正论》)。可见,荀子的治国主张之一就是治国者通过修身养性,端正道德,然后以上率下,以德导民。这是对孔孟德治仁政思想的传承。

2. 以礼行政

荀子对孔孟治国思想的发展表现在他提出"以礼行政"。众所周知,孔子也讲"礼",但孔子往往以"仁"释"礼",企图为"礼"这种古老的外在规范寻求某种心理依据,孟子发展了孔子的这一思想理路而成就了一种"内在论的人性哲学,而颇不重视礼本有的外在的社会强制性的规范功能"[1]。与孔孟不同,荀子特别强调"'礼'作为准绳尺度的方面",在荀子看来,"内在的仁义道德必须统由这种外在的规范才有可能存在。所以,'礼'才是'仁义'的'经纬蹊径'和'人道'准则"[2]。所以,荀子说:"绳者,直之至;衡者,平之至;规矩者,方圆之至;礼者,人道之极也。"(《荀子·礼论》)荀子不仅将"礼"视为"人道之极",更将"礼"视为"治国之本":"人之命在天,国之命在礼"(《荀子·强国》);"礼之于正国家也,如权衡之于轻重也,如绳墨之于曲直也。故人无礼不生,事无礼不成,国家无礼不成"(《荀子·大略》)。又说:"礼者,治辨之极也,强国之本也,威行之道也,功名之总也。王公由之,所以得天下也;不由,所以陨社稷也"(《荀子·议兵》)。正因为"礼"是治国之本,所以,荀子主张"以礼行政",认为"治民不以礼,动斯陷矣","礼者,政之挽也。为政不以礼,政不行也"(《荀子·大略》)。

荀子为什么特别强调"礼"对治国的作用,这是基于他对"人性本恶"的认识和理解。荀子说:"生之所以然者谓之性"(《荀子·正名》),即人性是人的自然本能,"然则从人之性,顺人之情,必出于争夺,合于犯分乱理而归于暴",顺乎人的本性,则人人争利,社会处于混乱之中,因而人性为恶,故"古者圣王以人之性恶,以为偏险而不正,悖乱而不治,是以为之起礼义、制法度,以矫饰人之性情而正之,以扰化人之性情而导之也。始皆出于治,合于道者也。"(《荀子·性恶》)可见,针对人性恶,圣王制定了礼义,整饬人的性情,使他们的行为遵守秩序,合

---

① 李泽厚:《中国古代思想史论》,生活·读书·新知三联书店 2008 年版,第 110 页。
② 李泽厚:《中国古代思想史论》,生活·读书·新知三联书店 2008 年版,第 113 页。

乎正道。这样，"礼"就成为人们行为的依据，"礼者，人之所履也"（《荀子·大略》），它可以端正人的行为，"礼者，所以正身也"（《荀子·修身》），从而实现为政者"正己正人"，以德导人的目的。

3. 礼法并施，礼主法辅

荀子政治思想的最大特点就是"隆礼重法""王霸并用"，这是他对孔孟"德治仁政"思想超越的表现。从孔子的"道之以政，齐之以刑"和"道之以德，齐之以礼"的比较中，可以看出孔子将德治和法治截然二分，两者非此即彼、不可兼得；孟子是"崇王黜霸"，对法的作用缺乏积极的认同。荀子从"性恶论"出发，提出礼法同源，他说："古者圣王以人之性恶……故为之立君上之势以临之，明礼义以化之，起法正以治之，重刑罚以禁之，使天下皆出于治，合于善也。"又说："故圣人化性而起伪，伪起而生礼义，礼义生而制法度"（《荀子·性恶》）。在荀子看来，法治与礼治同为治国的工具，"礼义者，治国之始也"（《荀子·王制》），"法者，治之端也"（《荀子·君道》），二者相互补充才能正人治国，"治之经，礼与刑，君子以修百姓安。明德慎罚，国家既治四海平"（《荀子·成相》）。所以，荀子既隆礼又重法，隆礼是"王道"，重法是"霸道"，故而是"王霸兼用"。但荀子主张"礼法并施"的同时，还是倾向于以礼治为主，这点就与孔子一样了。他的"礼主法辅"、以礼为本主要表现在：其一，他从总体上以礼释法，纳法入礼，认为"礼"高于"法"，因为"礼"是"法之大分，类之纲纪也"（《荀子·劝学》）。其二，从"王霸之辨"可以看出荀子重礼轻法。荀子把"礼治"称为"道德之威"，把"法治"称为"暴察之威"，认为"法治"不能成为"王"而至多成为"霸"。他说："隆礼尊贤而王，重法爱民而霸。"（《荀子·强国》）如前所述，在春秋战国时期，"王"高于"霸"，"王"主要指"天子"，"霸"指诸侯，成就王业是所有治国者的最大梦想，由此，荀子重礼轻法可见一斑。其三，荀子极为重视礼义之治。他说："君子治治，非治乱也。曷谓邪？曰：礼义之谓治，非礼义之谓乱也。故君子者，治礼义者也，非治非礼义者也。"（《荀子·不苟》）意思是说，所谓"治"是指礼义，所谓"乱"是指非礼义，君子最重要的职责就是注重礼义教化，以实现礼义之道。由此可见，荀子虽然倡导隆礼重法、礼法并施，但他并没有将礼与法、礼治与法治等量齐观。因此，他在本质上依然固守着儒家的一贯道统——

"德主刑辅"。

总之,荀子以"性恶论"为基础,援法入儒,提出以礼治国、隆礼重法、礼法并施等政治主张,这"既是对孔孟儒家德治仁政思想的继承,又是对其的超越,使儒学开始摆脱孔孟时代理想主义的困境,为后世儒学政治化打开了通道"①。

(四)汉以后儒家之"德治仁政"思想

先秦儒学的"德治仁政"思想被汉代以后的儒家学者继承和发展。汉儒董仲舒明确提出"德治"理念:"国之所以为国者,德也……是故为人君者,固守其德,以附其民"(《春秋繁露·保位权》);"故以德为国者,甘于饴蜜,固于胶漆,是以圣贤勉而崇本而不敢失也"(《春秋繁露·立元神》)。这完全与孔孟的德治思想一脉相承。他强调为政要"务德而不务刑",如果"为政而任刑,谓之逆天,非王道也"(《春秋繁露·阳尊阴卑》)。同孔孟荀一样,他也主张"富民"、以礼义教化民众:"薄赋敛,省徭役,以宽民力,然后可以善治也"(《汉书·食货志》);"渐民以义,摩民以谊,节民以礼,故其刑罚轻而禁不犯者,教化行而习俗美也"(《汉书·董仲舒传》);"天地之数,不能独以寒暑成岁,必有春夏秋冬;圣人之道,不能独以威势成政,必有教化"(《春秋繁露·为人者天》)。他还运用阴阳五行学说论证"德主刑辅"的必然性和合理性,他说:"天道之大者在阴阳,阳为德,阴为刑,刑主杀而德主生";"王者承天意以从事,故任德教而不任刑。刑者不可任以治世,犹阴之不可任以成岁也"(《汉书·董仲舒传》)。

宋儒朱熹秉持先儒"为政以德""德主刑辅"的宗旨立场。他说:"为政以德,则无为而天下归之"②,这类似于荀子所说的"道德之威",即君子一旦有了至高的德行,就能产生"赏不用而民劝,罚不用而威行"的效果。朱熹还说:"愚谓政者,为治之具。刑者,辅治之法。德、礼,则所以出治之本,而德又礼之本也。此其相为终始,虽不可以偏废,然政刑能使民远罪而已,德礼之效,则有以使民日迁善而不自知。故治民者不可徒恃其末,又当深探其本也。"③这就意味着在朱熹看来,"德

---

① 谢树放:《试论荀子礼治思想对孔孟德治思想的继承与超越》,《人文杂志》2011年第1期。
② (宋)朱熹:《四书章句集注》,中华书局2011年版,第55页。
③ (宋)朱熹:《四书章句集注》,中华书局2011年版,第55页。

礼"是"治之本","法"是"治之具","德主刑辅",这完全是儒家固有的传统。

之后,明末清初"三大儒"之一王夫之也主张"以德导民"。他说:"治天下之道,未闻有法也。道也者,上导之而下尊以为先路也。"(《读通鉴论》卷五)

综上所述,从先秦原始儒家到后来的汉儒、宋儒、明清时期的儒家,尽管会有观念上的种种不同,但在治国理念上却能一脉相传,固守着一种基本立场,那就是"德治仁政""德主刑辅"。儒家的这套价值观彰显了一种"以民为本"的人文主义精神,对中国传统社会的发展发挥了重要的积极作用,但它也产生了重"人治"而轻"法治"的消极后果,需要我们理性对待、辩证扬弃。

第三章 "成仁取义":儒家的人生价值观

中国传统文化的核心问题是关于人的问题,其中最重要和具有基础意义的就是关于人的价值问题。同样,儒家文化最主要的特点就是对人生问题的重视,它具有丰富的关于人生价值的思想,这是它对当代最有价值的部分。因此,梳理和挖掘儒家人生价值观对当今时代仍具有重要的意义。

所谓人生价值观,顾名思义,就是关于人生价值的总的看法和根本观点。具体来讲,包括对什么是人生价值、怎样评价人生价值、如何创造和实现人生价值等问题的总的看法和根本观点。

张岱年先生说:"关于人生价值的讨论,可以区分为三个层次。第一是人类价值的问题,即人类在宇宙之中有无价值?第二是人格价值,即每一个人,作为人类的一分子,是否具有价值?第三是如何衡量一个人的价值的问题,即一个人怎样生活才算是一个有价值的人?"他又说:"人类价值的问题亦即人在天地之间的位置问题。"①实际上,张岱年先生所说的第三个层次,就是指的狭义的"人生价值",这个意义上的"人生价值"就是人生意义,它回答人应该怎样生活对自己、对他人、对社会才有意义;人的一生应该追求什么样的目标和理想。

这样看来,从总体上讲,人生价值体系包括人类价值、人格价值、人生价值(狭义)三个部分或层次。业师赵馥洁先生认为,人生价值(狭义)是整个人生价值体系的核心部分。这是因为,首先,人类价值、人格价值都以个人的人生价值为条件,也都通过人生价值表现出来。人类价值由个人的人生价值构成,人格价值靠人生活动来实现。因此,人生价值(狭义)是人的价值的核心问题;其次,人

---

① 张岱年:《文化与哲学》,中国人民大学出版社 2006 年版,第 199 页。

生价值决定人生目的和人生理想。人生目的是指人生的实践活动和行为所要达到的对象;人生理想是指人一生所要追求的未来的境界。对人生价值的看法是确定人生目的、追求人生理想的依据。一个人认为什么是有意义的,他才去追求什么,如果是无意义的就不去追求。因此,人生价值是人生目的、理想的决定因素,它贯穿于人生活动的全部内容。

本章论述儒家的人生价值观念体系,重点阐述儒家对人生价值的看法,当然也要论及儒家对人类价值和人格价值的基本观点和主张。

一、"天地之性人为贵"

儒家对人之价值的认识最早表现为对人在宇宙间的主体地位和作用的肯定,也即对人类价值的认识。这种价值观的形成是建立在"人神之辨"和"人禽之辨"基础之上。

我们知道,在西周以前,中国先民们信仰天命观,崇拜神灵,那时处于"神本文化""神权"统治的时代。从西周初年开始,周人逐渐产生一股"疑天"思潮,人们开始意识到"天命靡常,惟德是辅",于是周公旦提出"以德配天""敬德保民""民之所欲,天必从之"的观念,在"天(神)人之辨"中逐渐肯定了人的地位和作用,孕育着"人贵"的观念。

到了春秋时期,出现了民与神关系的讨论。《左传·庄公三十二年》记载:史嚚对虢公说:"虢其亡乎。吾闻之,国将兴,听于民;将亡,听于神";《左传·桓公六年》也说:"夫民,神之主也,是以圣王先成民而后致力于神。"在这场"民神之辨"中肯定了"民"(人)的主导性、优先性,标志着"人贵"思想的萌芽。

到了春秋末期,孔子明确提出了"人贵"的思想。他说:"天地之性,人为贵"(《孝经·圣治》),宋人刑昺解释曰:"性,生也。言天地之所生,惟人最贵也。"(《孝经注疏》卷五《圣治章第九》)这一思想犹如《尚书·泰誓》所言:"惟天地万物父母,惟人万物之灵。"天地生育万物,包括人,所以天地是万物和人的父母,而人是万物中最有灵性的,人是万物中最为高贵的。孔子还从"人禽之辨"上论说人是不同于动物的独特的一类:"鸟兽不可以同群,吾非斯人之徒与而谁与?"

(《论语·微子》)所以,他特别重视人、关爱人,《论语·乡党》记载:"厩焚。子退朝,曰:'伤人乎?'不问马。"这表现了孔子高度重视人的价值,关怀人的生命,彰显出鲜明的人文主义色彩。

战国时期的孟子,继承了孔子的"人贵"思想以及"仁者爱人"的人文精神,通过"人禽之辨"彰明人的优越性,确立了人的崇高地位。孟子说:"人之所以异于禽兽者几希,庶民去之,君子存之。舜明于庶物,察于人伦,由仁义行,非行仁义也。"(《孟子·离娄下》)意思是说,人与禽兽的不同之处在于人有仁义。所以,孟子又说:"无恻隐之心,非人也;无羞恶之心,非人也;无辞让之心,非人也;无是非之心,非人也"。(《孟子·告子》)仁、义、礼、智是人固有的本性,如果失去了这些道德品性,也就失去了做人的资格。

战国末期的荀子继承孔孟的思想,也从"人禽之辨"出发,论证了人之所以"最为天下贵",在于人有"义":"水火有气而无生,草木有生而无知,禽兽有知而无义;人有气、有生、有知,亦且有义,故最为天下贵也。"(《荀子·王制》)

至此,儒家"天地之性人为贵"的"人贵"思想已经正式形成。不仅"人贵"思想成为先秦儒家关于人之价值思想的重要内容,而且他们都认为人之所以"贵",在于人具有崇高的道德,即人以"德"而贵。比如孟子的"四端说",以人所具有的先验的道德属性确立人之优越性,荀子以人具有"义"这种道德品性来确立人的高贵。

先秦儒家"人贵"思想在后世得到了许多哲人的继承和发展。汉代大儒董仲舒曰:"人受命于天,故超然异于群生,入有父母兄弟之亲,出有群臣上下之谊,会聚相遇,则有耆老长幼之施,灿然有文以相接,欢然有恩以相爱,此人之所以为贵也。"(《汉书·董仲舒传·举贤良对策三》)又曰:"惟人能为仁义"(《春秋繁露·人副天数》)。董仲舒不仅明确标示"人为贵",而且指明"人之所以为贵"在于人有亲情之爱、上下之义、长幼之序,能行仁义,简言之,人有道德理性。不惟如此,董仲舒还提出人之所以贵,在于人有"灵",即有意识、有智慧。他说:"生五谷以食之,桑麻以衣之,六畜以养之,服牛乘马,圈豹槛虎,是其得天之灵,贵于物也。故孔子曰:'天地之性人为贵'"(《汉书·董仲舒传·举贤良对策三》)。《白虎通义·三军》也云:"人者,天之贵也。"东汉著名思想家王充说:"人之在天地之间也,万物之贵者也"(《论衡·诘术》),也认为在天地万物中人是最尊贵的。而且王充也提出人之所以最为尊贵,是由于人有智慧:"夫倮虫三百六十,人之为长。人,物也,万物之中最有智慧者也"(《论衡·辨祟》)。唐代的刘禹锡也认为人是动物中最优异者,他说:"天,有形之大者也;人,动物之尤者也。"(《天论》上)

宋儒尤其强调"人贵"思想,并能给予较为充分的论证。宋代理学的开山鼻祖周敦颐说:"二气交感,化生万物,万物生生,而变化无穷焉,惟人也得其秀而最灵"(《太极图说》),以"灵"说"人贵"。其后的邵雍与周敦颐的观点如出一辙,也是以"灵"说"人贵",他说:"人之所以能灵于万物者,谓其目能收万物之色,耳能收万物之声,鼻能收万物之气,口能收万物之味"(《皇极经世·观物内篇》)。又说:"唯人兼乎万物,而为万物之灵。如禽兽之声,以其类而各能得其一,无所不能者人也。推他事亦莫不然。唯人得天地日月交之用,他类则不能也。人之生,真可谓之贵矣。"(《皇极经世·观物外篇》)邵雍还明确提出:"人者,物之至者也;圣人者,人之至者也。"(《皇极经世·观物内篇》)理学的集大成者朱熹则上承孟子和荀子的思想,认为人之所以最为贵,在于人有仁、义、礼、智、信"五常"。他说:"天之生物,有血气知觉者,人兽是也;有无血气知觉者而但有生气者,草木是也;有生气已绝而但有形质臭味者,枯槁是也。……故人为最灵,而备五常之性,禽兽则昏而不能备,草木枯槁则又并与其知觉者而亡焉。"(《朱子文集》卷九十五《答余方叔》)陆九渊认为人之所以最为天下贵,是因为人"察阴阳之和,抱五行之秀,其为贵孰得而加焉"(《陆九渊集》卷三十)。

由上可知,"人为贵"是儒家一直以来的基本的共同思想。所不同的是,儒家思想家们对"人贵"之根据的认识不一致,有主张以"灵"(意识、智慧)而贵,也有主张以"德"而贵,这是两种典型的观点。除此之外,还有一种观点认为之所以是天下最为尊贵的存在,是因为人是"天地之心"。《礼记·礼运》曰:"人者,天地之心也。"段玉裁注曰:"惟人为天地之心,故天地之生此为极贵。"(《说文解字注·人》)三国时期曹魏著名经学家王肃曾曰:"人于天地之间,如五脏之有心矣,人乃生之最灵,其心乃五脏之最圣也。"①这些都是以"人是天地之心"

---

① 引自方有国注:《四库家藏礼记正义3》,山东画报出版社2004年版,第753页。

而说"人贵",可以称之为以"心"为贵。朱熹说:"'人者,天地之心'。没这人时,天地便没人管"(《朱子语类》卷四十五)。这是强调人在天地间处于主体地位,因此人最为天下贵。与此相近的说法是王夫之的"自然者天地,主持者人"①。凡此种种,不一而足。

总之,儒家在人类价值方面,一贯认为人类在宇宙间处于主体地位,具有巨大的能动作用,因而是天地万物中最尊贵、最高贵的存在,也是最有价值的存在(张岱年先生说"贵"就是价值的意思),所以强调重视人、尊重人,以人为本。这种思想奠定了的中国文化人文主义传统之基调,不仅在中国,而且在全世界产生了深远的影响。

二、"成仁取义"的人生价值追求

就个人而言,一个人怎样生活才算是一个有价值的人? 或者说,一个人应该怎样生活对自己、对他人、对社会才有意义? 人的一生应该追求什么样的目标和理想? 这就是人生价值问题,也叫人生意义问题。对此问题,中国人很早就开始了探讨。

从历史上看,对这一问题的最早讨论就是所谓的"三不朽"说。《左传·襄公二十四年》记载了叔孙豹和范宣子的一次对话。范宣子问叔孙豹,古人曾说过"死而不朽",这是什么意思? 叔孙豹并未回答他,范宣子接着问:"昔匄之祖,自虞以上为陶唐氏,在夏为御龙氏,在商为豕韦氏,在周为唐杜氏,晋主夏盟为范氏"②,这是不是就是所谓的"不朽"呢? 叔孙豹回答说:"此之谓世禄,非不朽也。"叔孙豹接着说:"豹闻之,太上有立德,其次有立功,其次有立言。虽久不废,此之谓不朽。若夫保姓受氏,以守宗祊,世不绝祀,无国无之,禄之大者,不可谓不朽。"③

所谓不朽,就是具有长久的价值和永恒的意义。范宣子和叔孙豹用"死而

---

① (清)王夫之:《周易外传》,李一忻点校,九州出版社 2004 年版,第 86 页。
② 赵生群:《春秋左传新注》(上),陕西人民出版社 2008 年版,第 622 页。
③ 赵生群:《春秋左传新注》(上),陕西人民出版社 2008 年版,第 622 页。

不朽"来思考和回答人生价值问题,把人生价值寄托在生命意义之永恒存在上,而非生存或毁灭的感性现世生存中。"'死而不朽',表现在时间上,就是超越感性生命,超越现世,实现人生的永恒性;表现在空间上,就是不局限于个体自身,影响遍及他人和后人,树立起普遍的典范意义。"①由上可知,范宣子和叔孙豹二人对"死而不朽"的理解完全不同。范宣子认为家族延续不断、长盛不衰,即为"不朽",叔孙豹则认为这只能叫作"世禄",不算是"不朽",真正的不朽乃是通过"立德""立功""立言",通过对他人、社会、人类作出的贡献和创造来实现的。这种创造和贡献包括精神的和物质的。所以,依照叔孙豹的观点,人生的价值在于其积极的贡献,评价一个人的生活是否有价值,要依据他对社会是否作出了贡献而定。尤其是在叔孙豹所说的"三不朽"中,"立德"排在第一位,然后依次是"立功"和"立言",表明这种人生价值观乃是以道德为本,以精神生活为重,这对后世儒家重道德的价值观之形成产生极为重要的影响。

除了"三不朽"之外,中国古代探讨人生价值问题的另一代表观点可谓是"三事"之说。《左传·文公七年》载郤缺语曰:"六府、三事,谓之九功。水、火、金、木、土、谷,谓之六府;正德、利用、厚生,谓之三事。义而行之,谓之德、礼。"实际上,郤缺所谓的"三事"是出自《尚书·大禹谟》:"德惟善政,政在养民。……正德、利用、厚生、惟和"。意思是君主要治国安民,必须要做好三件事:端正品德、便利器用、丰富生活,这三件事办好了,百姓就和睦了。有学者将"三事"视为中国传统文化实用理性的价值表现形式。② 的确,中国古代先哲们认为,无论是君主、执政者或者是一般的民众,他的人生价值和意义就在于在"正德、利用、厚生"三个方面做出贡献,哪怕是在这三者中的某一个方面有创造、有贡献,其人生就是有价值的。

总之,不论是"三不朽"说还是"三事"说,都强调人生意义在于有所作为,在于对他人、社会、国家作出贡献,包括物质的、精神的两方面的贡献,此其一;其二,"三不朽"和"三事"说都把"立德""成德"放在首位,这意味着他们都把精神

---

① 李霞:《论以"三不朽"说为特征的儒家人生价值观》,《郧阳师范高等专科学校学报》2002年第1期。

② 参见徐行言主编:《中西文化比较》,北京大学出版社2004年版,第137页。

生活看得高于物质生活,群体利益高于个体利益。这些思想深深地影响了儒家的人生价值观。

孔子继承和发展了三代以来的"立德""正德"的思想,创立了"仁学"学说,其学说的核心就是重视道德价值,把"成仁"作为人生价值的最高追求。在孔子看来,"仁"是人的本质或本性,是人之为人的根本标志,所谓"人者,仁也",没有仁,人便不是人;正是仁,人才成为人。仁就是善,孔子曰:"苟志于仁矣,无恶也。"(《论语·里仁》)所以,一个仁者必定是一个善者。如果仁是人的本性的话,那么善也是人的本性。由是而观,孔子的思想为儒家占主导地位的人性本善说奠定了基础。正因为仁是人的本性,那么人应该始终与仁同在,须臾不可分离,故而孔子说:"君子去仁,恶乎成名? 君子无终食之间违仁,造次必于是,颠沛必于是。"(《论语·里仁》)

孔子为什么要大讲"仁"呢? 因为在孔子生活的春秋末期,社会动乱,礼崩乐坏。"礼崩乐坏"实际上就是"价值观瓦解",当时的人们对于是非善恶的判断已失去了标准,社会秩序失范。孔子解决当时社会危机的办法就是"承礼启仁"[①],希望通过恢复周代"礼乐"制度使人们的言行得以规范,进而维系人际关系的正常运转。但"礼乐"的作用要真正发挥出来,需要"仁"这种由人的真诚而引发的内心力量的指引和支撑,也就是说,离开人的真诚心意,礼乐只会沦为徒具形式的装饰品,得不到真正的贯彻和践行,所以孔子说:"人而不仁,如礼何? 人而不仁,如乐何?"(《论语·八佾》)此即"承礼启仁"之深意所在。

一言以蔽之,孔子企望以"仁"激发人的爱心、诚意,以仁成德、行善,所以他要求人们在任何时候、任何地方都要依仁而行。仁是人存在的终极意义,"民之于仁也,胜于水火"(《论语·卫灵公》);成为"仁者"是人生价值的最高追求。所以,孔子要求人们真诚实意地力行仁,他说:"仁远乎哉? 我欲仁,斯仁至矣"(《论语·述而》),表明了"行仁"必定是由内而发,是出于人的真诚而主动施行的,是一种自律。又说:"力行而近乎仁"(《中庸》)、"有能一日用其力于仁矣乎? 我未见力不足者"(《论语·里仁》),说明只要努力行善就接近了仁、实现了

---

① 参见傅佩荣:《国学与人生》,东方出版社 2016 年版,第 104 页。

仁。不仅如此,孔子还提出"仁者,其言也讱"(《论语·颜渊》),"巧言令色,鲜矣仁"(《论语·学而》),"刚、毅、木、讷近仁"(《论语·子路》),等等,表明能言善辩、花言巧语的人往往不具备仁德,不能成为仁者,因为在孔子看来,仁做起来不容易,所以说话能不迟钝吗?而花言巧语者往往是信口雌黄、极不诚实之人,这实际上仍在说明行仁必须要真诚实意。

尤有进者,孔子认为"行仁"要勇敢,所谓"仁者必有勇"(《论语·宪问》);要刚毅,以一种坚韧不拔的毅力去追求"仁","士不可以不弘毅,任重而道远。仁以为己任,不亦重乎?死而后已,不亦远乎?"(《论语·泰伯》)为了获得这种仁,人甚至要敢于舍生忘死:"志士仁人,无求生已害人,有杀身以成仁。"(《论语·卫灵公》)凡人都明白,人的肉体生命是宝贵的,如果没有肉体生命了便没有了一切。但在孔子看来,只有被"仁"所灌注的肉体生命才是有意义的,否则是无意义的。正如有学者所说:"一个理想的状态是,生命和仁合一,也就是合乎仁的生命。但现实的状态却会出现生命和仁的冲突,即为求生而害仁和为成仁而杀身。在这两难的抉择中,孔子主张放弃生命而实现仁"①,这充分说明孔子在人生价值观上追求"成仁",即形成高尚的道德品质,实现道德理想。他认为一个人即使在事业上不能成功,而在道德上达到了自我实现,也是有价值的人生,所谓"不成功便成仁",所以孔子鼓励人们"蹈仁而死",并将之作为儒家人生价值观的核心内容之一。

孟子继承了孔子"杀身成仁"的思想,提出"舍生取义"的主张。他说:"生亦我所欲也,义亦我所欲也,二者不可得兼,舍生而取义者也。"(《孟子·告子上》)文天祥说:"孔曰成仁,孟曰取义",这句话正是对孔孟人生价值观的经典概括。在孔子那里,为了成全"仁德"勇于牺牲生命;在孟子这里,为了维护"大义",宁可舍弃生命。合而观之,孔子和孟子的人生价值观可概括为"成仁取义",即认为人生的价值在于形成高尚的道德品质,实现崇高道德理想。不遑缕述,"仁"是孔子思想的核心,是孔子为世人所确立的一个基本道德准则,是人的最根本的"道",其基本内涵就是"爱人",一种"大爱"。孟子继承了孔子"仁"的思想,并

---

① 彭富春:《论中国的智慧》,人民出版社2010年版,第102页。

有所发展，提出"仁、义、礼、智"四端说，认为"人之有四端也，犹其有四体也"（《孟子·公孙丑上》）。而在这四端中，孟子尤其看重仁与义，并且常常将仁义并举，比如《孟子·尽心上》记载：王子垫问曰："士何事？"孟子曰："尚志。"曰："何谓尚志？"曰："仁义而已矣。杀一无罪，非仁也。非其有而取之，非义也。居恶在？仁是也；路恶在？义是也。居仁由义，大人之事备矣。"孟子在与告子对话时提出："仁，人心也；义，人路也。舍其路而弗由，放其心而不知求，哀哉！"（《孟子·告子上》）这些都反映出孟子将仁义并举。不过，孟子在仁义并举时，又特别突出"义"。依孟子之见，仁是最重要的，因为只有仁才是合乎人之本性的，也是合乎大道的，所谓"仁也者，人也。合而言之，道也"（《孟子·尽心下》）。但是，义是实现人之本性的道路，它给人提供了一个绝对的界限，规定了哪些是人可以做的，哪些是人不可以做的，所以人只能是"居仁由义"，正如文天祥在《绝命词》所说："唯其义尽，所以仁至。"因此，孟子非常重视"义"，把义视为人生在世的意义所在，当人的生命与道义发生冲突时，孟子主张"舍生取义"。

荀子也继承和发展了孔子的"杀身成仁"和孟子的"舍生取义"思想，提出："人之所欲，生甚矣；人之所恶，死甚矣。然而人有从生成死者，非不欲生而欲死也，不可以生而可以死也。"（《荀子·正名》）所谓"不可以生而可以死"，即不可以偷生而只可以去死，其根本原因在于有比生命更重要的东西需要去坚守，这东西在孔孟那里是"仁义"，在荀子这里也是仁义。比如荀子说："君子养心莫善于诚，致诚则无它事也，唯仁之为守，唯义之为行"（《荀子·不苟》）、"先王之道，仁义之统""义之所在，不倾于权"（《荀子·荣辱》）等等，从中可以看出荀子对仁义的重视，因此，他强调世人尤其士君子们应"重死持义而不桡"（《荀子·荣辱》）、"畏患而不避义死"（《荀子·不苟》），这同孟子的"舍生取义"说意思完全相同，可谓与孔孟思想一脉相承！

总之，儒家主张当生命和道德价值发生冲突时，应当"杀身成仁""舍生取义"，这是一种对"死而不朽"的追求。通过"杀身成仁""舍生取义"这种方式"成德""立德"，从而达到"不朽"。儒家这种人生价值追求，这种人生境界，一直是中华民族的正气之所在，它陶冶了整个中华民族的精神情操，鼓舞着中华民族无数仁人志士、英雄人物的成长。

三、"重义轻利""以义制利"的人生价值取向

正因为儒家的人生价值追求是"成仁取义",因此它在人生价值取向和价值选择上必然重视"义",轻视"利",主张"以义制利"。

一般而言,谈论人生价值观不能不涉及义利问题,即道义(正义)原则与物质利益、精神(道德)生活与物质生活的关系问题。可以说义利问题乃人生的首要问题。正如程颢说:"大凡出义则入利,出利则入义,天下之事,惟义利而已。"①事实上,儒家在讨论人生价值时,一直将义利问题作为核心问题予以思考,故而朱熹说"义利之说,乃儒者第一义"(《朱文公文集》卷二十四《与延平李先生书》)。儒家基本的价值取向是重义轻利、以义制利,但不同的哲学家适应不同时代之需要,表述各异,各具特点。

(一)孔子:"义以为上""义然后取"

尽管人们常说孔子"重仁",孟子"重义",但这并不意味着孔子就不讲"义"。实际上,孔子也大讲"义",他没有像孟子那样对义作明确的定义或规定,往往是从与"利"相对应的意义上讲"义",所以,孔子所说的"义"大多是指"道义""正义",表示一种最高的道德境界、基本的道德原则或综合的全德之名。②

孔子开启了儒家"义利之辨"的先河,对义利关系进行了系统论说。他首先将义利作为两种对立的价值取向,提出"君子喻于义,小人喻于利"(《论语·里仁》)。如前所述,孔子所说的"君子""小人"一般是从道德价值判断而言的,而不是从职业划分或社会地位上来讲的,有德者为君子,无德者是小人。这样,"君子喻于义,小人喻于利"一语表达了孔子通过君子与小人道德人格之高低差异来彰明他的"义高于利""重义轻利"的价值观念。类似的说法还有"君子怀德,……小人怀惠"(《论语·里仁》)、"君子坦荡荡,小人长戚戚"(《论语·述

① (宋)程颢、程颐:《二程集》,中华书局 1981 年版,第 124 页。
② 参见赵馥洁:《中国传统哲学价值论》(修订本),人民出版社 2009 年版,第 66 页。

而》)等等。在孔子看来,君子的行为原则是"义以为质"(《论语·卫灵公》)、"义以为上"(《论语·阳货》)、"君子谋道不谋食……忧道不忧贫"(《论语·卫灵公》),而小人则是"放于利而行"(《论语·里仁》),其言行举止的最终目标都是为自己谋求一己私利,因而常会"穷斯滥矣"(《论语·卫灵公》)、"多怨",为人所不齿!

在义利观上,孔子虽然讲"君子不喻利""以义为上",但他并不完全否定利。他认为:"富与贵,是人之所欲也……贫与贱,是人之所恶也。"(《论语·里仁》)所以,追求利并不是一种绝对的恶,以合理的手段致富是正当的、值得肯定的:"富而可求也,虽执鞭之士,吾亦为之。"(《论语·述而》)反倒是,在一个仁义道德流行的社会里,如果一个人摒弃正当的谋利活动,游手好闲,以至于贫贱交加,这是可耻的:"邦有道,贫且贱焉,耻也"(《论语·泰伯》)。所以,孔子一再要求:"因民之所利而利之"(《论语·尧曰》)、"富之"。但孔子特别强调利的获取不能脱离义,如果不合乎义,虽有利也不能取,他说:"富与贵,是人之所欲也;不以其道得之,不处也。贫与贱,是人之所恶也;不以其道得之,不去也"(《论语·里仁》)。又说:"不义而富且贵,于我如浮云"(《论语·述而》)。如果人们仅仅以利为出发点,不以义去约束利,则往往会"见小利,则大事不成"(《论语·子路》),导致"放于利而行,则多怨"(《论语·里仁》)。因此,孔子极力主张"见义思利""义然后取"(《论语·宪问》)。

孔子最后将对义利问题的讨论指向了人生道德修养论即理想人格问题。史载孔子有三千多弟子,而贤者72人,其中孔子最为满意的弟子当属颜回。孔子之所以对颜回非常赞赏,一个极为重要的原因就是颜回能够"志于道",在物质生活极端困苦的境遇下,仍不改变对"仁"道的追求。"贤哉,回也!一箪食,一瓢饮,在陋巷,人不堪其忧,回也不改其乐"(《论语·雍也》)。孔子赞扬颜回的这种精神追求及其人格魅力,是想借此表达自己的人生态度:"饭疏食饮水,曲肱而枕之,乐亦在其中矣。不义而富且贵,于我如浮云。"(《论语·述而》)这种精神追求和理想人格被后世儒家称为"孔颜乐处",它的核心是超越感性物质的欲求,通过道德理想的追求,达到精神上的满足。这种人生主张将精神之升华提到了突出的地位,彰显出人生的幸福不取决于感性欲望的满足程度,而取决于精神上的满足程度。在精神对物质、理性对感性的超越中，人作为道德主体的"内在价值"便得到了充分的展现。

总之，在义利关系上，孔子的思想表现为注重义的价值取向，主张"以义为上""义然后取"，具有明显的"重义轻利"之特点。他的这种思想奠定了儒家义利观的基石，对后世的影响极为深远。

（二）孟子："惟义所在""何必曰利"

虽然说孟子是孔子思想的忠实继承者和发展者，但在义利关系问题上他与孔子有些不同。如果说孔子是一个谦和的智者，他所提出的"君子喻于义，小人喻于利""放于利而行，多怨"等等只是一种温和的教诲，那么孟子对于利则持一种较为强硬的反对态度，他将孔子的"以义为上""见利思义""义然后取"等观点推向极端化，无限推崇道义价值，完全否定物质利益、功利价值。孟子见梁惠王，王曰："叟不远千里而来，亦将有以利吾国者乎？"孟子对曰："王何必曰利，亦有仁义而已矣"，如果"王曰何以利吾国，大夫曰何以利吾家，庶人曰何以利吾身"，则"上下交征利而国危矣"（《孟子·梁惠王上》）。这里非常明确地反映出孟子反对求利。

孟子之所以把孔子的"重义轻利"义利观给予强化，是受到他所处之社会历史环境的影响。孔子所处之时代是一个"礼崩乐坏"的时代，社会转型伊始，但到孟子那时，社会转型即将完成，出现了"处士横议，百家争鸣"的局面。这时，儒家的道义论原则则不仅受到了来自墨家之"务求兴天下之利"的功利主义挑战，还受到以商鞅为代表的法家之"重利轻义"思想的挑战，尤其是道家杨朱所标榜的"拔一毛而利天下，不为也"的自我中心主义、极端利己主义对儒家义利观的冲击最大。面对各种挑战，以孔子思想之继承者自居的孟子，为自己确立的历史使命就是通过"距杨墨"来维护儒家的义利观，自觉不自觉地把义与利推向绝对对立的程度，以至于走到"崇义非利"之地步。

孟子对利的强硬反对表现在许多方面。比如在人之行为动机与效果的关系问题上，孟子倡言"大人者，言不必信，行不必果，惟义所在"（《孟子·离娄下》）；在处理人际关系上，孟子明确主张"君臣父子兄弟，去利怀仁义以相接也"

(《孟子·告子下》)；他还说一个君主或统治者在处理人际关系时如果"终去仁义怀利以相接，然而不亡者，未之有也"，如果"去利怀仁义以相接也，然而不王者，未之有也"。所以，"何必曰利！"(《孟子·告子下》)可见，"仁义而已""惟义所在""何必曰利""去利怀义"就是孟子义利观的核心观点。

由于义本质上体现了理性的要求，与"惟义所在"的主张相应，孟子对义的推崇和对利的反对还表现在对理性需求的强调和对感性需要的忽视上。他说："体有贵贱，有大小，无以小害大，无以贱害贵。养其小体者为小人，养其大体者为大人。"(《孟子·告之上》)这里所谓的小体，即指人的感官，与之相联系的是人之感性欲望；大体则是"心之官"，与之相联系的是人之理性需要。养其小体，主要表现为感性欲望的满足；养其大体，则以理性需要的满足为内容。孟子以小体为贱，以大体为贵，并要求无以小害大，无以贱害贵，显然将理性的需要置于感性欲望之上。同时，我们也看到，孟子以"大体"与"小体"之区别来划分"大人"与"小人"之界限，不仅反映出他与孔子之"君子喻于义，小人喻于利"的思想主张一脉相承，而且使孔子之重义轻利的思想得到进一步强化。

孟子在义利观上，一方面挺立和强化孔子的道义原则，坚决反对利；但另一方面又主张"无恒产者无恒心"，强调道德意识的物质(经济)基础。他说："若民，则无恒产，因无恒心。苟无恒心，放辟，邪侈，无不为已。……是故明君制民之产，必使仰足以事父母，俯足以畜妻子，乐岁终身饱，凶年免于死亡。然后驱而之善，故民之从之也轻。"(《孟子·梁惠王上》)在这里，"恒产"与"恒心"所涉及的乃是人的物质生活基础与人的道德意识、道德素养之间的关系。孟子对"恒产"的肯定，提出"制民之产"的主张，表明了他对人的物质利益需求采取了比较宽容的态度，并把满足这类需求视为是合理的，显示出孟子在义利观上又具有自相矛盾的一面。

（三）荀子："先义后利""以义制利"

荀子在义利问题上继承了孔孟以来儒家重"义"的传统，但与孔孟又有所不同。孔子从先验的预设出发，把"义"规定为一种本身就具有至上性的道德原则，认为义本身就具有内在价值("义以为上")，无须一个外在的物质基础；尽管孟子涉及"义"的外在物质基础,比如他讲到无"恒产"则无"恒心",但他对"义"之外在基础的强调也仅仅是为了进一步强化道义原则而已;荀子则从社会历史现实出发,对"义"的外在基础进行了探寻,真正触及了"义"这一道德原则的物质基础问题。他说:"人生而有欲,欲而不得,则不能无求,求而无度量分界,则不能不争,争则乱,乱则穷。先王恶其乱,故制礼义以分之,以养人之欲,给人之求。"(《荀子·礼论》)在此可以看到,荀子对义之内涵的规定,与孔孟的思路不完全相同,他认为道义原则并非纯粹的"绝对命令",也不只具有内在价值,而是同时具有工具价值或外在价值。

从总体来看,荀子对"义利关系"的理解更多的是继承孔子的观点和思想理路。比如他也主张义和利是人们所共有的欲望,谁也不能把它们去掉:"义与利者,人之所两有也。虽尧、舜不能去民之欲利,然而能使其欲利不克其好义也。虽桀、纣亦不能去民之好义,然而能使其好义不胜其欲利也"(《荀子·大略》),所以人们只能"养人之欲,给人以求。使欲必不穷乎物,物必不屈于欲,两者相持而长"(《荀子·礼论》)。从这里可以看出,荀子既主张"义利两有",又主张义与利"相持而长",具有一种"义利统一"的思想意蕴,这是非常难能可贵的观点!

荀子"义利之辨"的最大特点是主张"先义后利""以义制利""以义胜利"。他说:"先义而后利者荣,先利而后义者辱;荣者常通,辱者常穷;通者常制人,穷者常制于人。"(《荀子·荣辱》)显然,荀子是赞赏"先义后利",而反对"先利后义。"在《王霸》篇中,荀子提出:"国者,巨用之则大,小用之则小。……巨用之者,先义而后利,……小用之者,先利而后义。"意思是说,国家从大的方面去治理它就强大,从小的方面去治理它就弱小;从大的方面治理国家的,先讲礼义后讲利益,从小的方面治理国家的,先讲利益后讲礼义。显然这也表现了荀子对"先义后利"的推崇。由于荀子一再提倡"先义后利",所以他进一步提出"以义胜利""以义制利"。他说:"故义胜利者为治世,利克义者为乱世。上重义则义克利,上重利则利克义。"(《荀子·大略》)这是以"义胜利"与"利克义"为区别治世与乱世的标志。人皆向往治世、痛恨乱世,所以人都赞同和欢迎"以义胜利"。荀子还说:"圣王在上,图德而定次,量能而授官,皆使民载其事而得其宜,不能以义制利,不能以伪饰性,则兼以为民。"(《荀子·正论》)这里荀子明确提出"以义制利"的思想。荀子的"先义后利""以义制利"思想在中国传统"义利观"中占据十分重要的地位,对后世产生了巨大的影响。

尤其值得注意的是,荀子同孔子一样,也是把义与利作为区分君子与小人的依据。"好利恶害,是君子小人之所同也,若其所以求之之道则异矣"(《荀子·荣辱》),君子"持义不桡",坚定地把义作为最高原则,小人却"言无常信,行无常贞,惟利所在,无所不倾"(《荀子·不苟》);"君子道其常,而小人计其功"(《荀子·天论》)。

概而言之,作为先秦儒家之代表人物,荀子在义利观上仍然未超出孔子所设定的重义轻利、先义后利之思想框架,但比起孔孟,荀子对义利关系的处理表现得更为客观、冷静和理性,他既明确地主张"先义而后利""以义制利",但又承认"义与利者,人之所两有"、义利"相持而长",表达了一种义利统一的价值取向。

(四)董仲舒："正其道不谋其利"

汉代儒家义利观集中地体现在董仲舒的义利思想中。董仲舒在义利观上主要有下列观点:

其一,"义利两有"。董仲舒说:"天之生人也,使人生义与利。利以养其体,义以养其心。心不得义不能乐,体不得利不能安。义者,心之养也;利者,体之养也。"(《春秋繁露·身之养重于义》)人由身体和心灵两部分组成,二者缺一不可,而养体要靠利,养心要靠义,因此,义、利对人来讲也是缺一不可。

其二,重义轻利。董仲舒从"心贵于体"推出义重于利。"体莫贵于心,故养莫重于义。义之养生人大于利。……夫人有义者,虽贫能自乐也;而大无义者,虽富莫能自存。吾以此实义之养生人,大于利而厚于财也。"(《春秋繁露·身之养重于义》)就是说,人的精神心灵比肉体更为贵重,道义即使在人的物质生活贫困的条件下也能使人的心灵处于安乐境地,而人心中如果没有道义,即使物质生活富足,也很难生存下去。他还从人与鸟兽之不同来进一步说义重于利,义是人之所以为人的标志,他说:"天之为人性命,使行仁义而羞可耻,非若鸟兽然,苟为生,苟为利而已"(《春秋繁露·竹林》)。如果把"为生""为利"作为人生的价值追求,则人和鸟兽没有区别,足见义大于利。由此出发,董仲舒主张不能为利而忘义,提倡适可而止,"足以养生不至于忧"就可以了。他甚至认为君子羞于言利:"君子终日言不及利欲,欲以勿言愧之而已……徒言利之名尔,犹恶之,况求利乎!"(《春秋繁露·玉英》)

其三,利能败义。董仲舒说:"凡人之性,莫不善义,然而不能义者,利败之也。"(《春秋繁露·玉英》)又说:"民不能知而常反之,皆忘义而殉利,去理而走邪,以贼其身而祸其家。"(《春秋繁露·身之养重于义》)。人在本性上有为善为义之可能,而利却会破坏人为善的可能,使人"忘义""去理""走邪"而陷于恶道。

其四,"正其道不谋其利,修其理不急其功"。董仲舒的"义利两有""重义轻利"等观点与孔子和荀子的观点相同,表明董氏"义利之辨"是对先秦儒家义利思想的继承,其总体倾向仍未脱离原始儒学之窠臼。但董仲舒在义利观上对后世影响最大的地方在于他提出"仁人者,正其道不谋其利,修其理不急其功"(《春秋繁露·对胶西王越大夫不得为仁》)的命题,这一命题表明董仲舒视道义高于、重于功利,但又不完全否定利的价值,"不急其功"并非不要其功,这种观点和孔子的义利观本质上是一致的。但是到了东汉班固所写的《汉书·董仲舒传》中,"正其道不谋其利,修其理不急其功"变成了"正其谊(义)不谋其利,明其道不计其功"。"义""谊""道"同义,关键在于后一句,把"不急其功"修改为"不计其功",这意思发生了很大的改变。就前者而言,"不急其功"是说仁人应以道义为先,不急功近利;就后者而言,"不计其功"是说仁人应只讲道义,不计功利,这就将一个具有一定合理性的"重义轻利"之命题推向了"崇义灭利"的极端。

后世学者在引用董仲舒关于义利关系的著名命题时,经常使用班固在《汉书·董仲舒传》中所说的"仁人者,正其谊不谋其利,明其道不计其功"这句话,而将董仲舒在《春秋繁露·对胶西王越大夫不得为仁》中的原话忘掉了,这就使董仲舒成了"崇义灭利"论的代表,这实在是极大的误解!

总之,由孔子开始经荀子加工而至董仲舒,重义轻利的观点臻于定型,后儒的见解基本不逾此范围。[1]

---

[1] 参见赵馥洁:《中国传统哲学价值论》(修订本),人民出版社2009年版,第208页。

（五）宋明理学："存天理，灭人欲"

宋明理学在义利观上首要的特点是极为重视义利关系问题。如前所述，理学的奠基人之一程颢说："大凡出义则入利，出利则入义。天下之事惟义利而已"；与朱熹、吕祖谦并称为"东南三贤"的张栻在《孟子讲义》"序"中说："学者潜心孔孟，必得其门而入，愚以为莫先于义利之辨"；朱熹更直截了当地说："义利之说，乃儒者第一义"，足见宋儒对义利问题的看重。

其次，宋明理学家大多将义利问题和理欲问题放在一起加以讨论，或者说他们以理欲的关系来解释义利的关系。比如朱熹曾说："将古今圣贤之言，剖析义利处，反复熟读，时时思省义理何自来，利欲从何而有，二者于人，孰亲孰疏，孰轻孰重；必不得已，孰取孰舍，孰缓孰急。初看之时，似无滋味，久之须自见得合剖判处，则自然放得下矣。"（《朱文公文集》卷二十四《与延平李先生书》）在此，朱熹明确地将义与理并举，将利与欲并举，将义利与理欲问题一起讨论。在评论《孟子·梁惠王》时朱熹提出："此章言仁义根于人心之固有，天理之公也；利心生于物我之相形，人欲之私也。循天理则不求利而自无不利，人欲则求利未得而害已随之"[1]，这里同样是把仁义与天理、人欲与私利相提并论的。在解释孔子的"君子喻于义，小人喻于利"一语时指出："义者，天理之所宜。利者，人情之所欲"[2]，直接将义等同于天理，利等同于人欲。实际上，"义利之辨"与"理欲之辨"本身就是密切相关的。当代有学者认为：所谓"义"就是道德上的"应当"，"利"则指物质利益。在儒学中，"天理"显然是体现了"道德上的应当"，"人欲"也往往是关联于物质利益的。因而"理欲之辨"从一个侧面体现了"义利之辨"。[3]

第三，把义利关系归结为"公私"关系。张载说："义，天下之公利。"（《正蒙·大易》）二程说："义利云者，公与私之异也"[4]、"义与利，只是个公与私也"（《河南程氏遗书》卷十七）。朱熹也说过义与利之间的差别"只是为己为人之

---

① （宋）朱熹：《四书章句集注》，中华书局 2011 年版，第 188 页。
② （宋）朱熹：《四书章句集注》，中华书局 2011 年版，第 72 页。
③ 参见李翔海：《内圣外王：儒家的境界》，江苏人民出版社 2017 年版，第 103 页。
④ （宋）程颢、程颐：《二程集》，中华书局 1981 年版，第 1172 页。

别"(《朱子语类》卷三十),从上面引述朱熹评论《孟子·梁惠王》的话语中可以看得很清楚,朱熹把"义"视为"天理之公",把"利"视为"人欲之私",也是以公私论义利。陆九渊说:"私意与公理,利欲与道义,其势不两立。"(《象山全集》卷一四《与包敏道》)足见在宋明理学家看来,所谓的"利"即是私利,而义则为"公",所谓兼利天下即是义。

第四,"崇义非利""存天理,灭人欲"。这是宋明理学义利观上最重要的观点,也是他们在中国文化史上最富特色的标记。在宋儒看来,"利"是"有害"的、"不善"的。二程说:"人心私欲,故危殆。道心天理,故精微。灭私欲则天理明矣。"(《河南程氏遗书》卷二十四)又说:"利者,众人所同欲也。专欲益己,其害大矣。欲之甚,则昏蔽而忘义理;求之极,则侵夺而致仇怨。""天下之害,无不由末之胜也。……凡人之欲过者,皆本于奉养,其流之远,则为害矣。先王制其本者,天理也;后人流于末者,人欲也。损之义,损人欲以复天理而已。"(《周易程氏传》卷三)朱熹更是将"利"视为"不善":"对义而言,则利为不善"(《论语或问·卷四》)。又说:"曰事求可,功求成,吾以苟为一切之计而已,是申、商、吴、李之徒所以亡人之国而自灭其身,国虽富其民必贫,兵虽强其国必病,利虽近其为害也必远。"(《朱文公文集》卷七十五)既然"利"是"不善"的,"其害大矣""其为害也必远",所以,宋儒都反对利,推崇义;由于他们将利欲并提,且认为正是由于"欲之甚,则昏蔽而忘义理",所以,他们反对"利"时则必然要灭欲。那么,如何才能"去利""灭欲"?宋明理学家主张通过"存心",即通过从人心上存天理而达到人欲灭,进而使义理彰明、流行。故而朱熹说:"圣贤千言万语,只是教人明天理,灭人欲"(《朱子语类》卷十二),又说:"学者须是革尽人欲,复尽天理"(《朱子语类》卷十三);"克得那一分人欲去,便复得这一分天理来,克得那二分已去,便复得这二分理来"。(《朱子语类》卷四十一)王阳明也说:"学者学圣人,不过是去人欲而存天理耳",并细致入微地教诲世人"无事时将好色、好货、好名等私,逐一追究搜寻出来,定要拔去病根,永不复起,方始为快。常如猫之捕鼠,一眼看着,一耳听着,才有一念萌动,即与克去,斩钉截铁,不可姑容与它方便,不可窝藏,不可放它出路,方是真实用功,方能扫除廓清。"(《传习录上》)不难看出,理学家把"人欲"视若洪水猛兽一般严加防范,实在是有些偏激!

尤其需要提及的是，宋明理学家把"义利之辨"视为人生观的首要问题。比如陆九渊说："凡欲学者，当先识义利公私之辨。……人生天地间，为人自当尽人道。学者所以为学，学为人而已，非有为也。"(《象山全集》卷三十五)在此，所谓"人道"即"为人之道"，"尽人道"也就是行为处事要遵循人之为人之道，"为人"就是行道义，"有为"就是求功利。可见，陆九渊把遵从道义看作人生的根本原则。

总之，宋明理学的人生价值倾向可概括为"存天理，灭人欲"，将义利两种价值完全对立起来，崇义灭利。从中也可以看出宋明理学家在义利观上主要是继承了孟子的观点，所不同的是，他们把孟子崇义非利推到极点，把义利的对立绝对化，认为二者势不两立、水火不容。这是一种片面的极端化的观点，反映出中国社会至宋代以后封建政治日益凸显出其腐朽性，而封建思想也愈发僵化、保守。

概而言之，儒家的"义利之辨"归根结底体现为一种"义以为上"的价值取向。儒家主张"重义轻利""惟义所在""以义制利""正其道不谋其利""存理灭欲"等等，尽管思想内涵有些差异，但其根本精神是一致的，都"以德性的要求作为人之所以为人的安身立命之本的精神追求。当道义与利益、德性精神与感性欲求发生冲突时，志士仁人理当超越利益的纠结与感性的欲求而致力于对道义与德性的追求，并在其中得到精神的满足与心灵的自由。由此，超越物欲与私利的诱惑，不断提升自己的精神境界，成就以德性精神为依归的理想人格，就成为儒家精神追求的一个重要特色。"①

四、"君子""圣人"的理想人格

人生问题的核心就是建构理想人格。不遑缕述，"人格"是一个很复杂的概念，人们可以从心理学、法学、社会学、伦理学、人生哲学等多个学科的角度去理解它的含义。《现代汉语词典》将"人格"解释为"人的性格、气质、能力等特征的

---

① 李翔海：《内圣外王：儒家的境界》，江苏人民出版社 2017 年版，第 91—92 页。

总和;人的道德品质;人作为权利、义务主体的资格",这是对人格的最一般解释。从人生哲学或人生价值观的角度来讲,"人格是指一个人的人生形象,是人的一种本质存在状态,是作为社会主体的人的内在质量和外在表现相统一的综合风貌"①。人格从实质上讲就是"人在属人的向度上的积极完善和拓展生成"②。理想人格就是对人格模式的理想化设计,它是社会和个人共同追求的人生价值目标,正如杨国荣先生所说:"理想人格可以视为价值理想的具体体现,它以综合的形态展示了人的价值取向、内在德性、精神品格。"③人格理想具有时代性、民族性和学派性。在中华民族的历史上,儒、释、道是最具典型形态的思想流派,因他们的人生价值追求不同,所以他们对理想人格的设想也多有不同。就儒家的人格理想而言,它自身也是有层次的,但究竟包括哪几个层次,学者们的看法也是见仁见智。有人认为儒家人格的最高境界是"'圣人'(尽善尽美者),次为'贤人'(执着行善者),再次为'君子'(德才兼备、修己安人者),又次为'士'(学以立志、知耻有为者)"④;也有人说"儒家讲的人格可以分好几个档次。按照孔子的说法,从正面来说,常人、君子、仁人、志士、贤人、圣人"⑤。另有学者指出:"《论语》中大量有关鄙夫、野人、小人、成人、有恒者、君子、士、大人、贤人、善人、仁人、圣人等的评述,集中表现了孔子对人格修炼永无止境的层级认识。概言之,孔子以君子、仁者和圣人三重人格境界来定位历史人物和评价自己的学生。"⑥还有人把儒家理想人格划分为"士大夫人格、君子人格和圣人人格"三个层次。⑦赵馥洁先生在《中国传统哲学价值论》中指出:"儒家关于理想人格的说法很多,如'圣人'、'贤人'、'仁人'、'志士'等等,但是最具典型性的则是'君

① 杜志清、田秀云:《对儒家理想人格的思考》,《河北师范大学学报》(社会科学版)1998 年第4 期。
② 卫朝晖:《天下人格与天地人格》,《光明日报》2015 年 8 月 17 日。
③ 杨国荣:《儒家视阈中的人格理想》,《道德与文明》2012 年第 5 期。
④ 席岫峰:《中国传统人格建构的理性特征》,《光明日报》2014 年 11 月 19 日。
⑤ 徐洪兴:《天下为怀》,《光明日报》2014 年 7 月 7 日。
⑥ 汤洪:《孔子人格修炼的三重境界》,《光明日报》2018 年 6 月 9 日。
⑦ 参见马建新、尹德树、杨天华:《儒家理想人格理论的层次论研究》,《湖北第二师范学院学报》2014 年第 12 期。

子'。"①凡此种种，不一而足，反映出学者们对于儒家理想人格之层次或类型的概括多有不同，但异中有同。在笔者看来，在儒家人格的众多层次中，只有"圣人"和"君子"这两种人格模式最具典型意义，它们足以能反映和表达儒家的理想人格追求。

（一）儒家理想人格建构的起点

儒家的理想人格追求是以"士"阶层为起点的。因为"在中国传统社会中，最具有理想人格潜质者就是称之为'士'的阶层，他们是具有独立人格的人，也是最有可能追求和实践理想人格的人"②。在中国历史上，"士"大致相当于今天所说的"知识分子"，他们没有任何先天的经济、政治特权，只有通过读书、科举考试进入官僚队伍（所谓"学而优则仕"），或在行政机构担任官职，或作为卿大夫的家臣、官员的幕僚；如不能为仕，则从事于著书立说、传播文化知识的事业，因此，士也成为中国思想文化、精神理念的创造者与主导者，在中国文化史上占有特殊的地位。概而言之，"士"阶层是通过个人努力奋斗而从平民上升为社会的精英分子，是通过知识改变命运的人们。他们具有独特的人格和处世方式。孔子说："所谓士人者，心有所定，计有所守，虽不能尽道术之本，必有率也；虽不能备百善之美，必有处也。是故知不务多，必审其所知；言不务多，必审其所谓；行不务多，必审其所由。知既知之，言既道之，行既由之，则若性命之形骸之不可易也。富贵不足以益，贫贱不足以损。此则士人也。"（《孔子家语·五仪解》）就是说"士"虽然在知识与道德方面并不完美，但他们内心有坚定的信念和意志，有遵循的法则，有自己的操守，无论是富贵还是贫贱都不能使他们放弃原则和操守，苟合世俗。孔子还说："道不行，乘桴浮于海"（《论语·公冶长》）、"天下有道则见，无道则隐"（《论语·泰伯》），所谓"道不行"就是自己的主张没有被君主采纳，也就是人生失意，"无道"可理解为由于客观环境的黑暗而导致人生遭遇挫折或身处逆境。即使在这种情况下，士也不能随波逐流，而要洁身自好，保

---

① 赵馥洁：《中国传统哲学价值论》，人民出版社 2009 年版，第 74 页。
② 席岫峰：《中国传统人格建构的理性特征》，《光明日报》2014 年 11 月 19 日。

持高尚的道德情操和崇高的理想。孔子在当时就是"士"的一员,所以他有关"士"的见解和议论正是"士"阶层之独立人格和处世方式的真实表露。

孔子的这种思想被孟子所继承和发扬。孟子曾说:"故士穷不失义,达不离道。穷不失义,故士得己焉;达不离道,故民不失望焉。古之人,得志,泽加于民;不得志,修身见于世。穷则独善其身,达则兼济天下。"(《孟子·尽心上》)孟子在当时也是士之一,所以他的这番话表达了"士"的一种心态、人格境界和进退有度的处世原则,即"穷不失义,达不离道""穷则独善其身,达则兼济天下"。这里的"穷"既可能是家境贫寒、生活窘迫、穷困潦倒,也可能是指人生遭遇种种挫折和逆境,前途灰暗,即使是这样,士也不会与人同流合污,苟合于俗,而是坚守道义,保持高尚的道德情操;"达"既可能是事业有成,官运通达,也可能是自己的学说、思想被君主或掌权者采纳,进而能造福社会、有利于百姓,即使是这样,士也不会得意忘形、骄溢蛮横,做一些离经叛道之事。总之,以孟子之见,"士"是崇尚道德并坚守道德原则的人,是行道之人,这种人格境界长期积淀就成为儒家所向往的"君子"乃至"圣人"人格。

"士"不仅最具有理想人格的潜质,而且具有追求理想人格的愿望和高远志向。据《王阳明年谱》记载,王阳明十一岁时尝问塾师曰:"何为第一等事?"塾师曰:"惟读书登第耳。"先生疑曰:"登第恐未为第一等事,或读书学圣贤耳。"龙山公闻之笑曰:"汝欲做圣贤耶?"[1]王阳明把学做圣人、贤人作为读书人的最高的追求,代表了古代知识分子("士")的共同心声。实际上,孔子、孟子、王阳明等人的人生历程都是由"士"上升到"仁人""贤人"乃至"圣人"。由此而言,儒家理想人格的设计和构建是以现实的人的实践作为基础的,是以"士"阶层为起点的。

(二)"君子"人格

"君子"是儒家所设想的最基本的理想人格模式之一。从孔孟到宋明儒家对君子之特质和崇高价值都作过充分的论述。尤其是孔子和孟子对君子的论述

---

① 杨光主编:《王阳明全集》第 1 卷,北京燕山出版社 2009 年版,第 62 页。

最为集中、全面、系统。据杨伯峻先生统计，《论语》中"君子"出现过 107 次，《孟子》中"君子"出现过 81 次。孔孟儒学在某种意义上说就是"君子之学"，即教人如何学做君子。孔子曾谆谆教诲弟子们"女为君子儒！无为小人儒"（《论语·雍也》），他常常将"君子"与"小人"对举，通过"君子小人之辨"来彰显君子的人格魅力，比如"君子喻于义，小人喻于利"（《论语·里仁》）、"君子和而不同，小人同而不和"（《论语·子路》）、"君子中庸，小人反中庸"（《中庸》）、"文质彬彬，然后君子"（《论语·雍也》）等。实际上，孟子和荀子也是通过"君子小人之辨"来揭明君子的人格特质的，比如《荀子·不苟》篇系统地论述了君子与小人的不同。那么，究竟何为"君子"？他具有怎样的品格呢？综合孔子、孟子、荀子等有关君子的思想观点，我们可以概括出君子人格的基本素质，大致有以下方面。

1. 君子"仁以为己任"

"仁"是君子的最基本的品德。孔子曰："君子去仁，恶乎成名？"一旦抛弃了仁德，君子还能成为君子吗？又说："君子道者三，……仁者不忧，知者不惑，勇者不惧"（《论语·宪问》），表明"仁"是君子的首要德性。

"仁"之所以是君子的基本的和首要品德，是因为"仁"是君子人格的根源，君子的一切特质都是在"仁"的基础上形成的。孔子说："人而不仁，如礼何？人而不仁，如乐何？"（《论语·八佾》）又云："志于道，据以德，依于仁，游于艺"（《论语·述而》）。凡此都证明"仁"是君子人格形成的基础、根源。孟子继承了孔子的思想，提出："君子所以异于人者，以其存心也。君子以仁存心"（《孟子·离娄下》）。是说君子不同一般人的地方在于它能居心于仁，这显然也是将"仁"视为君子人格的根本依据，不仁则不能成为君子。可以说，仁是儒家人格建构的本体基础。而所谓"仁"就是"爱人"，其起点为"亲亲"，所以孔子弟子有子说："君子务本，本立而道生。孝弟也者，其为仁之本与！"（《论语·学而》）《中庸》亦曰："仁者，人也，亲亲为大。"如果一个人不孝敬父母，不敬重兄长，如何能做到爱（其他）人呢？职此之故，"孝悌"成为"行仁"之本，君子做人首先要在根本上用心，然后再将这种"亲亲"之爱外推，达致"泛爱众"，给予一切人以尊重、关心、爱护，诚意待人，爱人助人，这便是仁人君子。但在孔子看来，"爱人"并非空话，而是要落实到实际行动上；并非任意而为，而是要遵循"己欲立而立人,己欲达而达人""己所不欲,勿施于人"的"忠恕"之道。前已述及,"忠恕"是"行仁之方",它体现了一种将心比心、推己及人、为己立人的精神,而"为己""立人"恰是儒家理想人格的最基本特征,所谓君子"修己以安人""修己以安百姓"就是这种人格特征的鲜明表达。进一步言之,"忠恕"也是一种"成人之美"的精神,正如孔子所言"君子成人之美,不成人之恶,小人反是"(《论语·颜渊》),所以它必定是君子人格必备之品质。

由于"仁"是君子人格的根源和首要德性,决定了君子一定是"仁以为己任"(《论语·泰伯》),将仁作为人生价值的最高追求。像孔子所说的那样,"君子无终食之间违仁,造次必于是,颠沛必于是"(《论语·里仁》),时时处处不背离仁,一生践行仁德,让仁德流行于天下。

2."君子义以为上"

孔子讲"君子喻以义,小人喻于利""君子义以为上""君子义以为质""君子怀德,小人怀土;君子怀刑,小人怀惠"(《论语·里仁》)等等,都在表明"义"是君子的本质,是君子人格的重要特征,"重义轻利"是君子的基本价值取向,也是君子与小人区别的根本标志。当然,如前所述,孔子强调君子"轻利"但并不是完全不讲利、不求利,而是要"取之有道""见利思义","不义而富且贵,于我如浮云"(《论语·述而》)。孟子也提出"去利,怀仁义以相接"(《孟子·告子下》),要人们不要追逐利,怀着仁义来相互对待,并说"非其道,则一箪食不可受于人;如其道,则舜受尧之天下,不以为泰"(《孟子·滕文公下》),也表达了一种"以道得之"的思想。

"君子义以为上"这种价值取向表现在生活中就是重视道德精神境界的提高,反对贪图物质生活的享受。孔子说"君子固穷",但"君子忧道不忧贫""君子谋道不谋食"(《论语·卫灵公》)。孔子一生所担忧的是"德之不修,学之不讲,闻义不能徙,不善不能改",而对"饭疏食饮水,曲肱而枕之"却"乐在其中",他主张"君子食无求饱,居无求安……就有道而正焉"(《论语·学而》)。

总之,孔子认为"君子之于天下也,无适也,无莫也,义之与比"(《论语·里仁》),即君子是以义行事、坚守道义的人,是"见利思义"的人。用今天的话来说,君子淡泊名利、一身正气,虽不否定人们对富贵生活的向往,但坚决反对见利忘义、贪得无厌、巧取豪夺、不择手段地获取物质利益，反对物欲横流、唯利是图，认为这都是小人所为。君子把道义作为思想行为的最高准则。

3. 君子"立于礼"

子曰："君子义以为质，礼之以行，孙（逊）以出之，信以成之。君子哉！"（《论语·卫灵公》）意思是君子以"义"（正义）为本质，而本质是内在的东西，他要把这样的东西展示出来，一定要通过"礼"，要把礼作为执行义和维护义的标准，而怎么执行，怎么维护？一定要谦逊，不能张牙舞爪，还要守信，说到做到。能做到这四点，才算君子！可见，"礼"是君子人格的必备要素。

君子与小人不同之处就在于，君子知礼、懂礼、守礼、行礼，而小人则相反。有一次，子贡问孔子君子也有憎恨的人吗？孔子说君子憎恨四种人："恶称人之恶者，恶居下流而讪上者，恶勇而无礼者，恶果敢而窒者。"（《论语·阳货》）其中之一就是憎恨勇敢但不懂礼节（制）的人，这说明君子是知礼、守礼之人。孔子曾教训他儿子孔鲤说："不学礼，无以立"（《论语·季氏》），表明"礼"是一个人立足社会的依据。孔子还说过君子有"三知"，即知命、知礼、知言："不知命，无以为君子也；不知礼，无以立也；不知言，无以知人也"（《论语·尧曰》）。尹氏曰："知斯三者，则君子之事备也。"[1]在此"三知"中，孔子讲到"不知礼，无以立也"，朱熹《四书章句集注》释曰："不知礼，则耳目无所加，手足无所措。"这是颇合孔子之意的，因为孔子在批评子路的无礼（"野"）时就指出"礼乐不兴则刑罚不中，刑罚不中则民无所措手足"（《论语·子路》）。孔子为什么这么重视礼？是因为在孔子看来，（君子的）美德离不开礼，没有礼的节制，再好的美德也会变味，"恭而无礼则劳，慎而无礼则葸，勇而无礼则乱，直而无礼则绞"（《论语·泰伯》）。又曰："君子博学于文，约之以礼，亦可以弗畔矣夫！"（《论语·雍也》）意即君子广泛地学习文献典籍，再用礼节（制）加以约束，这样就可以做到不离经叛道了。所以，孔子主张在君子人格的养成过程中要"兴于《诗》，立于礼，成于乐"（《论语·泰伯》）。

孟子和荀子继承了孔子的上述思想，也强调君子要知礼并能以礼而行。孟子说："君子所以异于人者，以其存心也。君子以仁存心，以礼存心"（《孟子·离

---

①　引自朱熹：《四书章句集注》，中华书局2011年版，第181页。

娄下》），明确主张君子不同于常人之处就在于"以礼存心"，礼是君子的根本标志之一。荀子提出"礼者，人道之极也"（《荀子·礼论》），"人无礼不生，事无礼不成"（《荀子·修身》），他同孔子一样，也非常重视对礼的学习，甚至提出"学至乎《礼》而止"的观点。总之，在儒家看来，只有"立于礼"才能成为君子。

4."智者不惑"

前面多次提到，孔子认为君子最基本的道德有三项（"君子道者三"）：仁、智、勇，这表明"智"是君子人格的基本要素之一。有了"智"，君子才能遇事不糊涂（"不惑"）。在孔子看来，君子的"仁""智"两种德性是互为前提、相辅相成的，"未知，焉得仁"（《论语·公冶长》）、"知（智）者利仁"（《论语·里仁》），表明智是仁的前提，智能促进仁的发展；"择不处仁，焉得知"（《论语·里仁》），"知及之，仁不能守之，虽得之，必失之"（《论语·卫灵公》），表明仁是智的前提，仁能保持智。荀子说的更加全面，"知而不仁，不可；仁而不知，不可；既知且仁，是人主之宝也"（《荀子·君道》）。管仲提出"既仁且智，是谓成人"（《管子·枢言》），所谓"成人"就是成为像君子、圣人这样的人。

作为道德性的"智"，主要是对道德是非的辨识，对善恶的判断。孟子曰："是非之心，智也"（《孟子·告子上》）。荀子也说："是是非非谓之智。"（《荀子·修身》）所以，在儒家这里，"智"就是道德理性，君子具备了这种道德理性，就能分清事物的是非曲直，辨明黑白，从而不为复杂事物所迷乱，故荀子曰"智者，明于事，达于数"（《荀子·大略》）。

更为重要的是，在儒家看来，"智"最主要的是"知人"。《尚书·皋陶谟》云："知人则哲"。孔子说："不患人之不己知，患不知人也"（《论语·学而》）；"君子病无能焉，不病人之不己知也"（《论语·卫灵公》）。意思是说不怕别人不了解自己，就怕自己不了解别人；不怕别人不了解自己，就怕自己没本事，强调知人的重要性。他还说："不知言，无以知人也"（《论语·尧曰》）；"知者不失人，亦不失言"（《论语·卫灵公》）。知人不仅包括认识别人，还包括认识自己（"自知"），儒家把有自知之明看作是君子的基本德性之一。曾子曰："吾日三省吾身"（《论语·学而》）；孟子曰："行有不得，反求诸己"（《孟子·离娄上》）、"不怨胜己者，反求诸己而已矣"（《孟子·公孙丑上》）。这种对自己的"反省"

"反求"都表现出对自我的认识、审视，其目的就是不断地改正自己的缺点和不足，让自己成为一个完美的人。此乃君子之作风。

5. 君子"主忠信"

《论语·述而》曰："子以四教：文、行、忠、信"，可见孔子非常重视培养君子的忠、信品德，要求君子对待别人要有忠心，帮人办事要尽心竭力，与人交往要诚实守信。有一次，子张问孔子如何才能使自己到处行得通，孔子回答说有两条："言忠信，行笃敬"，做到了这两点，即使到了别的部族、国家，也行得通，如果"言不忠信，行不笃敬"（《论语·卫灵公》），即使在本乡本土也行不通！可见，忠信对人是很重要的。正因为如此，孔子的学生曾子说他每天多次反省自己"为人谋而不忠乎？与朋友交而不信乎？"（《论语·学而》）在《论语》中，孔子两次讲到"主忠信"："君子不重，则不威；学则不固。主忠信。无友不如己者，过，则无惮改"（《论语·学而》）；"子张问崇德辨惑。子曰：'主忠信，徙义，崇德也'。"（《论语·颜渊》）这两处提到的"主忠信"都是"以忠诚信实为主"的意思，这就清楚地表明"忠信"是君子人格素质的重要组成部分。所以，孔子特别反对不忠不信之人，认为"人而无信，不知其可也"（《论语·为政》），主张做事要"敬事而信"，"与朋友交，言而有信"（《论语·学而》）；尤其要求君子说出的话一定要能够执行（"言之必可行也"），对自己所说的话一点不能随便马虎（"君子与其言，无所苟而已矣"）。只要你诚实守信，一定会得到别人的任用（"信则人任焉"）。当然，儒家并不是绝对的、无条件地讲守"信"，而是认为"信"要服从"义"，比如孔子的弟子有子说"信近于义，言可复也"（《论语·学而》），意即所守的约言符合义，才能履行承诺。孟子也说："大人者，言不必信，行不必果，惟义所在。"（《孟子·离娄下》）如果只是一味地强调信守诺言，而不顾道义原则，这样的人就是小人，故孔子说："言必信，行必果，硁硁然小人哉！"（《论语·子路》）可见，君子守信，但也讲权变，以义为上，而小人守信死板固执，不知变通。

总之，忠信是君子人格的必备素质，诚如中国古语所言："言而无信非君子，反复无常真小人！"

6. "君子有勇"

由上可知，"勇"是君子三大基本道德之一。何谓"勇"？孔子说，"勇者不惧",所以当司马牛问孔子怎样去做一个君子时,孔子说:"君子不忧不惧。"(《论语·颜渊》)简而言之,所谓"勇"即勇敢、果断、刚毅、坚强。君子如果没有勇,就不敢与恶势力作斗争,就不可能坚持正义和原则,做起事来就会软弱无力、畏手畏脚、半途而废,所以"勇"是君子人格结构中的一种动力源、支撑力。

但在儒家看来,君子之"勇"又要受仁、义、礼、智等德性的约束和节制,否则就会走向反面,成"匹夫之勇"!比如,有一次子路问孔子"君子尚勇乎?"孔子回答说:"君子义以为上。君子有勇而无义为乱,小人有勇而无义为盗"(《论语·阳货》)。意思是说,君子只有勇,没有义,就会捣乱造反,说明勇要受义的制约。孔子还说:"好勇疾贫,乱也。人而不仁,疾之已甚,乱也。"说的是好勇而不仁,就是一种祸害。"勇而无礼则乱"(《论语·泰伯》),说的是勇没有礼的约束,就会引发动乱;"好勇而不好学,其蔽也乱"(《论语·阳货》),说的是离开智的勇,其弊是犯上作乱。当然,另一方面,孔子要求君子见义勇为,"见义不为,无勇也"(《论语·为政》);要"勇于耻",时刻对自己的行为保持羞耻的意识("行己有耻"),"知耻近乎勇"(《中庸》),对自己的错误要勇于改正,如果有过错而不敢改正,那才是真正的错误。"过而不改,是谓过矣!"(《论语·卫灵公》)。孟子更是把"知耻"("羞恶之心")当作人性善的基本表征之一。荀子区分了小人之勇和士君子之勇:"轻死而暴,是小人之勇也。义之所在,不倾于权,不顾其利,举国而与之不为改视,重死持义而不桡,是君子之勇也。"(《荀子·荣辱》)意即小人之勇就是轻视死亡而又残暴,简单鲁莽;君子之勇在于坚持正义而不屈服。不难看出,荀子的这一观点是对孔子上述思想的继承。

7."君子中庸"

孔子曰:"君子中庸,小人反中庸"(《中庸》),彰明"中庸"是君子人格的重要标志,也是君子与小人区别的根据之一。孔子甚至认为中庸是一种最高的道德:"中庸之为德也,其至矣乎!民鲜久矣。"(《论语·雍也》)那么,作为至德的"中庸"究竟是什么意思?朱熹《四书章句集注》曰:"中庸者,不偏不倚、无过不及,而平常之理。"①汉代郑玄注解《中庸》题意时说:"名曰中庸者,以其记中和

---

① (宋)朱熹:《四书章句集注》,中华书局2011年版,第21页。

之为用也。庸，用也。"（《礼记正义》引郑玄《三礼目录》）用今天的话来讲，"中"就是"适中""适度""恰如其分"，两种极端都不取；"中庸"就是待人接物保持中正平和，不偏激，不走极端，要因事、因物、因时、因地制宜。

"中庸"既是一种道德准则，也是君子待人接物、为人处世的方法论或曰思维方式，即以"时中"的方式待人接物。孔子曰："君子之中庸也，君子而时中；小人之（反）中庸也，小人而无忌惮也"（《中庸》）。朱熹注曰："君子之所以为中庸者，以其有君子之德，而又能随时以处中也。小人之所以反中庸，以其有小人之心，而又无所忌惮也。"①可见，"时中"就是"随时以处中"，即随时都能够按照所处环境而保持适宜状态。这种"时中"的方法，孔子称之为"执两用中"："执其两端，用其中于民，其斯以为舜乎！"（《中庸》）"执其两端"，就是把握事物的两个极端；"用中"，就是把对立的两端结合起来，使两方处在和谐的统一中，每一方都在自身应当的限度内发展。所以，这种方法既反对"过"，又反对"不及"，因为"过犹不及"（《论语·先进》）。儒家的这种方法论或曰中庸之道可谓源远流长，早在《尚书·大禹谟》中就讲道："人心惟危，道心惟微，惟精惟一，允执厥中。"这是舜告诫禹的话：人心危险难安，道心幽微难明，只有精心一意，诚恳地秉执中正之道，才能治理好国家。这里的"允执厥中"就是真诚地坚持中庸之道。孔子在《论语·尧曰》中说尧、舜、禹都遵循着"允执厥中"的原则治理天下。孟子也称赞"汤执中，立贤无方"（《孟子·离娄下》），批评杨朱的"为我"和墨子的"兼爱"是两个极端，夸赞子莫"执中"，但孟子又认为"执中无权，犹执一也"（《孟子·尽心上》），就是说取两者之中如果缺乏变通，就和固执不变一样。儒家认为，君子应当将"时中"的方法或中庸之道运用到处世和修养中，做到"矜而不争""欲而不贪""泰而不骄""威而不猛""群而不党""和而不同"，这些就是君子所应有品行。总之，只有"中庸"，才能君子，中庸是君子人格的必备素质。

8."君子和而不同"

孔子有一句非常著名的命题，叫作"君子和而不同，小人同而不和"（《论语·子路》），这一命题是从"君子小人之辨"立论，阐明了"和而不同"是君子的

① （宋）朱熹：《四书章句集注》，中华书局2011年版，第21页。

基本德行。毋庸赘言,"和而不同"是孔子对西周末年史伯的"和实生物,同则不继"以及春秋时期晏婴的"和如羹也"等思想的继承和发展。如果说史伯、晏婴二人的"和同之辨"主要停留在政治层面,那么孔子则将其进一步提升到人生哲学的高度,作为衡量"君子"与"小人"人格的重要尺度。

从人生哲学的角度来讲,"和"就是和谐相处,"同"就是同流合污。孔子主张"和而不同",反对"同而不和"。类似的说法还有:"君子和而不流"(《中庸》)、"君子周而不比,小人比而不周"(《论语·为政》)、"君子矜而不争,群而不党"(《论语·卫灵公》)。"流""比""党"与"同"所表达的意思相近,都是否认或抹煞人的独立性和差异性,不讲原则,同流合污。在孔子看来,要养成君子人格,必须做到"和而不同":一方面"对己要善于兼听各方面不同的意见,以纠正自己的思想或行为的错误,决不强求他人盲从自己";另一方面,"对人要善于提出自己的观点和意见,去纠正别人观点或做法中的错误或缺点,决不随声苟同,人云亦云,随波逐流"①。孔子十分欣赏颜渊,然而对他亦步亦趋、"不违如愚"的态度却很反感,他说:"回也非助我也,于吾言无所不说"(《论语·先进》)。对那种不讲原则、媚俗取宠的小人,他更为痛恨,斥之为"乡愿":"乡愿,德之贼也"(《论语·阳货》)。孟子认为"乡愿"是"同乎流俗,合乎污世""阉然媚于世也者"(《孟子·尽心下》)。

孔子在《论语》中对"君子"和"小人"的人格比较还作了其他方面的描述,如"君子坦荡荡,小人长戚戚"(《论语·述而》)、"君子泰而不骄,小人骄而不泰"(《论语·子路》)等等,但这些说法均是由"君子和而不同,小人同而不和"这一主题衍生出来的。由是而观,"和"与"同"是两种不同的处理人际关系的态度,也表现为两种不同的道德境界,儒家显然是把"和而不同"作为君子待人处世的基本准则,也是君子人格的必备品质。

9."文质彬彬,然后君子"

孔子说:"文质彬彬,然后君子"(《论语·雍也》),说明君子人格的素质包

---

① 王能昌、李建生、张来芳:《孔子"和而不同"思想及其现实价值》,《南京政治学院学报》2004年第4期。

括"文"和"质"两个方面。多数《论语》注释本将"文"解释为"文采"，将"质"解释为质朴，认为"文"是外在的修饰，"质"是内在的本质，因此"质"是朴实无华。赵馥洁先生认为，所谓"质"指的是道德品质，其内容以"仁义"为主，此外还包括智、勇、信等，而"文"指的是"对古代文化典籍的知识素养、高度的文化修养以及文雅庄严的风度仪容"①。足见"文"总是与"学"和"礼乐"联系在一起。"文质彬彬"表明君子人格是仁义道德（"质"）和知识文化素养（"文"）的完美统一。以笔者之见，"文"是以"礼节仪文"为主的外在规范，"质"是以"仁义"为主的内在精神，因此君子人格应是内在精神与外在规范的有机统一。如果在这两种素质中，只具备或只重视一个方面而忽视另一方面，就不可能成为君子，故孔子说："质胜文则野，文胜质则史。"（《论语·雍也》）《论语·颜渊》记载了棘子成与子贡的一段对话：棘子成曰："君子质而已矣，何以文为？"子贡曰："惜乎，夫子之说君子也！驷不及舌。文犹质也，质犹文也。虎豹之鞟犹犬羊之鞟。"说明质朴和文采对君子来说都很重要，缺一不可。宋儒程颐也说："君子不欲才过德，不欲名过实，不欲文过质。才过德者不祥，名过实者有殃，文过质者莫之与长。"（《河南程氏遗书》卷二十五）这表明文与质相互平衡才为君子。

总之，"文质彬彬，然后君子"彰明了君子人格的素质结构包括"文""质"两大部分，这两方面的协调配合才能成就君子人格。这类似于今人所说的德才兼备、又红又专。

10."君子自强不息"

《周易》曰："天行健，君子以自强不息"，就是说君子以天为法，刚健有为，自强不息。孔子非常赞赏《周易》所阐发的深邃哲理，曾说"加我数年，五十以学《易》，可以无大过矣"（《论语·述而》），他把"自强不息"作为君子必备的品质之一。

孔子的一生生动地诠释了"自强不息"之精神。众所周知，孔子为了推行他的政治主张，实现他的人生抱负，曾经周游列国，其间处处碰壁、郁郁不得志，但他却能始终不渝、刚毅进取，为实现理想，"发愤忘食，乐以忘忧，不知老之将至"

---

① 赵馥洁：《中国传统哲学价值论》（修订本），人民出版社 2009 年版，第 74 页。

（《论语·述而》），甚至于"知其不可为而为之"（《论语·宪问》）。明末清初的历史学家张岱在《四书遇》中说："不知不可为而为之，愚人也；知其不可为而不为，贤人也；知其不可为而为之，圣人也。"①显然称赞孔子为圣人。

"君子自强不息"首先彰明君子具有独立的人格和自主的精神。只有人格独立才能自主，只有自主才能自强，所以孔子说："三军可夺帅也，匹夫不可夺志也"（《论语·子罕》）；"君子可逝也，不可陷也；可欺也，不可罔也"（《论语·雍也》）。孟子也说："富贵不能淫，贫贱不能移，威武不能屈，此之谓大丈夫。"（《孟子·滕文公下》）孟子所谓的大丈夫实际上就是君子人格的化身。可见，在儒家看来，正因为君子具有独立的人格和坚韧的意志，所以能自强不息、愈挫愈奋！不惟如此，正因为君子具有独立的人格和自主的精神，所以君子为人立足于自身，而小人则依赖于他人，此即"君子求诸己，小人求诸人"（《论语·卫灵公》）是也。

"君子自强不息"表明君子具有积极进取和力争上游的精神。孔子曰："君子上达，小人下达"（《论语·宪问》），李泽厚先生将之解释为"君子向上走，小人向下走"②。的确，君子内心深处总有一股积极向上、执着不渝的动力，小人却常常自甘消极堕落。子贡也说："是以君子恶居下流，天下之恶皆归焉"（《论语·子张》），表明君子不甘居于下游，而是力争上游。

"君子自强不息"蕴含着君子具有高度的使命意识和担当精神。在儒家看来，君子是"不可小知而可大受"（《论语·卫灵公》）的人，是"可以托六尺之孤，可以寄百里之命，临大节而不可夺"的人（《论语·泰伯》），是"天将降大任于斯人"（《孟子·告子下》）、"当今之世，舍我其谁"（《孟子·公孙丑下》）的人。因此，君子总是奋发努力，力求各方面做到最好；时刻反思自己（"内省不疚""君子病无能焉""君子疾没世而名不称也"）；敏行慎言（"敏于行而慎于言""耻其言而道其行"），勇于改过（"过则勿惮改"）；等等。正是由于这样，君子才能承担重任，完成自己的使命。

---

① 张岱：《四书遇》，朱宏达点校，浙江古籍出版社 1985 年版，第 303 页。
② 李泽厚：《论语今读》，天津社会科学院出版社 2007 年版，第 249 页。

综上可见,儒家君子人格的素质包含许多方面,不能将之单一化、片面化,此即"君子不器"的意涵之一。当然,儒家君子人格的众多方面或规定,可以概括为知、情、意三个方面,就此而论,儒家君子人格的最基本要素是仁(情感)、志(意志)、智(理智)。君子人格的这些品质同时也代表了儒家的人生价值追求。

(三)"圣人"人格

"君子"是儒家所设想的最基本的理想人格模式,但不是最理想的人格模式,"圣人"才是儒家人格理想的最高典范。

从总体上看,儒家的理想人格由低到高分为君子、仁人、贤人、圣人等层次,而君子是最基础最典型的理想人格模式,其他的理想人格都是在君子人格基础上发展而来的。可以这么说,从君子到圣人都是仁者,但他们对仁的实现或体现仁的程度并不完全相同,而是有差别的,从而有了高低的等级序列。圣人是仁爱的完全体现者,其博爱之心贯穿天地、遍及人类。但很少有人能达到这样的境界,故孔子说:"圣人吾不得而见之矣,得见君子者,斯可矣。"(《论语·述而》)有一次子贡问孔子:"如有博施于民而能济众,何如? 可谓仁乎?"子曰:"何事于仁,必也圣乎! 尧、舜其犹病诸! 夫仁者,己欲立而立人,己欲达而达人。能近取譬,可谓仁之方也已。"(《论语·雍也》)在孔子看来,只有像尧、舜、禹这些伟大的先王才能称得上是圣人。后人多称孔子为圣人,但孔子却说"若圣与仁,则吾岂敢?"(《论语·述而》)

那么,"圣人"究竟具有怎样的品格呢? 孔子曰:"所谓圣者,德合于天地,变通无方,穷万事之终始,协庶品之自然,敷其大道而遂成情性。明并日月,化行若神。下民不知其德,睹者不识其邻。此谓圣人也。"(《孔子家语·五仪》)意即圣人的品德同天地之道相和合,故能变通自如,能穷究万事万物变化之终始,让万物依自然法则而运行,并使万物之秉性得以自然呈现。圣人之品德如日月般明亮,在不知不觉中就起到对百姓教化作用。故下层的民众不知道他的德行,看到他也不知道他就在身边。虽然孔子不敢自称为圣人,但孟子却认为孔子是圣人,而且是圣人中的集大成者,他说:"伯夷,圣之清者也;伊尹,圣之任者也;柳下惠,圣之和者也;孔子,圣之时者也。孔子之谓集大成。"(《孟子·万章下》)在孟子看来,圣人并不是像孔子所说的"不得而见","圣人与我同类"(《孟子·告子上》)、"人皆可以为尧舜"(《孟子·告子下》)。荀子更是认为"圣人也者,人之所积也",圣人是普通人长期积累的结果,所以"涂之人百姓积善而全尽谓之圣人"(《荀子·儒效》)。综合孔、孟、荀等先秦儒家以及后世儒者的论述,可看出"圣人"有如下几个方面的基本特征。

1."德合天地"

圣人可与"天地合德",以臻至"天人合一"的最高境界,是真善美的化身。孔子说:"所谓圣者,德合于天地"(《孔子家语·五仪》)。《周易》云:"夫大人者,与天地合其德,与日月合其明,与四时合其序,与鬼神合其吉凶。"此处的"大人"实际指"圣人"("其唯圣人乎!")。

2."以天下为己任""内圣外王"

孔子所谓的圣人,也即人们常说的"圣王",是历史上那些既聪敏睿智又具有极高道德修养的执政者,如尧、舜、禹、汤、文、武、周公等。由此看来,只有王者才可能成为圣人。而"王"都是以"天下"为治理目标,所以叫"王天下"。对此,我们可以从子路和孔子的一段对话中看得很清楚。子路问君子。子曰:"修己以敬。"曰:"如斯而已乎?"曰:"修己以安人。"曰:"如斯而已乎?"曰:"修己以安百姓。修己以安百姓,尧、舜其犹病诸。"(《论语·宪问》)意思是说,君子就是把自己的修养搞好,通过修炼自己的身心,从而达到对外在人事的敬重和敬畏,这也就是孔子所说的"君子有三畏:畏天命,畏大人,畏圣人之言"(《论语·季氏》);如果既能把自己的修养搞好,也能安定别人,这已经超出一般的君子,已达到"仁人"的境界,正如孔子所言"夫仁者,己欲立而立人,己欲达而达人";如果既把自己的修养搞好,又能安定天下的百姓,能做到这一点,已超出仁人的境界,就连尧、舜做起来都感到困难,尧舜是圣人,所以达到这一境界的人也是圣人。可见,圣人比一般的君子、仁人高的地方在于他能安抚天下的百姓,能以天下为怀。《周易·系辞下》曰:"是故圣人以通天下之志,以定天下之业","能成天下之务"。圣人是"修己以安百姓",修己的功夫做到极处,就是"内圣",安人的功夫做到极处就是"外王",所以,圣人人格就是"内圣"与"外王"的统一。

3."仁智之极"

在儒家看来,圣人是"出乎其类""拔乎其萃"的"先知先觉"者。《孟子·公孙丑上》曰"圣人之于民,亦类也。出乎其类,拔乎其萃",《孟子·万章下》说"天之生斯民也,使先知觉后知,使先觉觉后觉",说明圣人是全知全能的人。荀子认为圣人具有"不先虑,不早谋,发之而当,成文而类,居错迁徙,应变无穷"(《荀子·非相》)的论辩能力,能"上察于天,下错于地,塞备天地之间,加施万物之上;微而明……神明博大以至约"(《荀子·王制》)。基于这种认识,荀子提出:"仁厚兼覆天下而不闵,明达用天理、理万变而不疑,血气平和,志意广大,行义塞于天地之间,仁智之极也。夫是谓之圣人。"(《荀子·君道》)概而言之,圣人是无所不知、无所不明、无所不能的人,达到了仁爱与智慧的极致。

4."人伦之至"

"圣人"不仅是仁爱和智慧的最高典范,也是人道的最高典范,是将人伦价值发挥到极致、体现得最完美的人。孟子曰:"规矩,方圆之至也;圣人,人伦之至也。"(《孟子·离娄上》)又说:"圣人,百世之师也。"(《孟子·尽心下》)荀子也说:"圣也者,尽伦者也"(《荀子·解蔽》);"圣人者,道之极也。故学者,固学为圣人也"(《荀子·礼论》)。这就把"圣人"看作是衡量人间是非曲直的最高标准,是人生之最高表率,众人学习的榜样。

总之,在先秦儒家看来,圣人是"德合天地"的至德之人,是"通天下之志""定天下之业""成天下之务"的"圣王",是"仁智之极""人伦之至""百世之师"。这样的人在人类历史上是凤毛麟角的,他们的人格境界是士、君子以及普通人等难以企及的。司马迁在《孔子世家赞》中赞颂孔子说:"《诗》有之:'高山仰止,景行行止。'虽不能至,然心乡往之。"表明人们对儒家的"圣人"人格只能"心乡往之"。

当代有学者认为,儒家的人格理想可分为现实的理想人格与可能的理想人格,"所谓现实的理想人格,是指普通人通过切实的努力,最终真的可以成就的理想人格;所谓可能的理想人格,是指一种理想人格目标,对于普通人来说,其意义在于朝向它不懈努力而使生命精神张扬,而最终未必真的能成就该理想人格","仁人、圣人属于可能的理想人格,而贤者、君子则属于现实的理想人格"①。也有人把儒家的理想人格划分为务虚型和务实型两类,"务虚型主要针对'圣人'而言。'圣人'在儒学经典里通常被描述为完美人格的化身,在某种意义上,通往一个虚悬的理想目标。从理论上讲,凡人皆可成圣,但就现实而言,'圣人'又是一种极难企及的境界"。"务实型更多的对应于'君子'和'士人'。这二者固然不如圣人那样尽善尽美,但也不像圣人那样高不可及,体现为一种现实的人格关怀。务虚和务实的相互统一,是儒家人格典范的根本特征。"②还有人说,"君子是儒家现实生活中的理想人格,人生价值追求的较高目标;圣人则是彼岸理想人格,是人生价值追求的最高目标。"③凡此种种说法,意思相近,具有异曲同工之妙。以笔者之见,儒家虽然树立了多种理想人格模式,但最典型的莫过于"圣人""君子"这两种模式,而在这二者中,"圣人"只能作为一种崇高的人格目标和人格愿景,它的意义在于通过悬设这样一个最高目标作为审视、反观现实人生之标准(所谓"人伦之至""道之极也"),从而使人们发现和认识到自己的不足和缺陷并加以改进,由此促进和引导人们不断地完善自我,永无止境地向上迈进。正如杨国荣先生所言:"圣人作为一种引导的目标,为人提供了精神发展的方向,使人始终受到理想的鼓舞,从而能够避免世俗的沉沦,不断实现精神的升华"④,但将之作为一种现实的目标加以追求,就会使人格塑造陷入虚幻和浮夸。相反,"君子作为现实的人格典型则为人生提供了切实可行的具体规范,从而避免了人格理想的抽象化、玄虚化"⑤。就此而论,只有"君子"人格才是适用于一切人、一切时代的现实的理想人格,它对于当代人们塑造理想人格具有重大的现实意义。

(四)"修身为本"——儒家理想人格修养的根本途径

儒家重视完善理想人格,而人格的完善必须通过自我的修养,提高思想觉

① 蒋国保:《儒家君子人格的当代意义——以孔孟"君子"说为论域》,《道德与文明》2016 年第 6 期。
② 常建勇:《儒家理想人格学说对当代大学生人格建构的价值论析》,《河北大学学报》(哲学社会科学版)2018 年第 6 期。
③ 赵喜婧:《儒、释、道的人生价值观比较》,《白城师范学院学报》2014 年第 6 期。
④ 杨国荣:《儒家视阈中的人格理想》,《道德与文明》2012 年第 5 期。
⑤ 杨国荣:《儒家视阈中的人格理想》,《道德与文明》2012 年第 5 期。

悟,培养高尚的品德,最终实现人生境界之提升。因此,儒家在人生价值观上非常重视自我的修身养性,将修养自身的品德作为实现人生价值的根本途径。《大学》曰:"自天子以至于庶人,壹是皆以修身为本",并提出了"格物、致知、诚意、正心"等修身条目。孔子说:"德之不修,学之不讲……是吾忧也"(《论语·述而》),主张"好学近乎知,力行近乎仁,知耻近乎勇,知斯三者,则知所以修身也"(《中庸》),强调"君子不可以不修身","修身则道立"(《中庸》),尤其是《中庸》提出的"博学之,审问之,慎思之,明辨之,笃行之"成为后世之人修身的不二法门。概而言之,儒家关于修身的方法,或者说儒家关于人格修养的途径主要有如下几个方面。

1. 好学慎思、学思并重

宋人刑昺在《论语注疏》中将"学而时习之"章的主旨概括为"此章劝人学为君子也",也就是说,在儒家看来,要成为"君子"必须要学习,即"学而为君子",孔子的弟子子夏说"君子学以致其道",不学习无以成君子。同样,要成为"圣人"更应如此,故王阳明说"读书学圣贤耳"。正因为如此,儒家历来都非常重视学习,《论语》的第一篇《学而》就是论学习的,同样,《荀子》的首章《劝学》也是论学习的,它系统地论述了学习的目的、意义、态度、方法等一系列问题。孔子曾说:"吾尝终日不食,终夜不寝以思,无益,不如学也。"(《论语·卫灵公》)在他看来,"好仁不好学,其蔽也愚;好知不好学,其蔽也荡;好信不好学,其蔽也贼;好直不好学,其蔽也绞;好勇不好学,其蔽也乱;好刚不好学,其蔽也狂"(《论语·阳货》)。可见,学习对培养君子的仁、智、信、勇、刚等品质是非常重要的,同时也反映出儒家所谓的学主要是学习伦理道德规范,其目的在于提升人的道德修养。正是在这个意义上,孔子说"古之学者为己,今之学者为人"(《论语·宪问》)。在学习的方法上,孔子提出要善于向别人学习,"三人行必有我师焉";要博采众长,"多闻,择其善者而从之,多见而识之"(《论语·述而》);要戒除四种毛病,"毋意、毋必、毋固、毋我"(《论语·子罕》);等等。荀子认为一个人的品德形成和人格的塑造都离不开自我学习,"今人之性故无礼义,故疆学而求有之也"(《荀子·性恶》),他继承和发展了孔子的思想,也主张"吾尝终日而思矣,不如须臾之所学也;吾尝跂而望矣,不如登高之博见也",如果"君子博学而日参省乎己,则知明而行无过矣"。他同孔子一样,认为"古之学者为己,今之学者为人。君子之学也,以美其身;小人之学也,以为禽犊"(《荀子·劝学》)。

但正如《中庸》所言,既要"博学之",还要"审问之""慎思之",表明光有"学"是不够的,还要善于思考,学思并重。孔子说:"学而不思则罔,思而不学则殆"(《论语·为政》),如果只学习不思考,就会只知其然不知其所以然,就会眼花缭乱、不明是非、迷失方向;相反,如果只思考不学习,就会冥思苦想、闭门造车,就会脱离实际,陷入空想、幻想的危险。正如李零先生所比喻的那样,学和思的关系,就像吃饭和消化的关系,一样也不能少,"光吃饭,不消化,不行;光消化,不吃饭,也根本不可能"①。所以,二者不可偏废,否则,对人的成长和人格的完善是有害而无益的。

2. 自省自克、改过迁善

在儒家的修身思想中,既强调向外学习,又强调向内的自我反省和自我审察,以此来约束和克制自己的言行。实际上,在儒家所讲的学思并重当中,"思"既包括一般意义上的思考,即学习过程中的思考,也包括对自身言行的反思、反省。比如,孔子说:"君子有九思:视思明,听思聪,色思温,貌思恭,言思忠,事思敏,疑思问,忿思难,见得思义。"(《论语·季氏》)这里的"思"就是对自身言行的反思,带有自我反省的意思。

儒家非常重视"自省"。孔子曰:"内省不疚,夫何忧何惧?"(《论语·颜渊》)所以他要求弟子们要"见贤思齐焉,见不贤而内自省也"(《论语·里仁》),他的学生曾子也提出"吾日三省吾身"(《论语·学而》)。孟子提出"反求诸己"的主张,他说:"爱人不亲,反其仁;治人不治,反其智;礼人不答,反其敬。行有不得者皆反求诸己,其身正而天下归之。"(《孟子·离娄上》)这里的"反求诸己"就是返回来从自身找原因,就是反省自己。荀子在《修身》篇开头就讲道:"见善,修然必以自存也;见不善必以自省也"。意思是看见好的行为,一定要认真检查自身是否具备;看见不好的行为,一定要心怀忧惧地反省自己。又说:"志意修则骄富贵,道义重则轻王公,内省而外物轻矣"。表明注重内在修养就

---

① 李零:《丧家狗——我读〈论语〉》,山西人民出版社 2007 年版,第 80 页。

不会被物役,如此才能成就君子人格。

儒家之所以提倡"自省",其目的就是实现"自克",即严格要求自己,约束和克制自己的言行,使之合乎一定的道德规范。正如孔子说:"克己复礼为仁。一日克己复礼,天下归仁焉! 为仁由己,而由人乎哉?"(《论语·颜渊》)孔子提出的"克己复礼"虽说只是一种具体的学习和修养方法,并且"复礼"即复归周礼,具有历史的局限性,但它又具有普遍的意义,成为后世儒者人格修养的普遍方法。就一般而言,一个人要成为君子和圣人,必须"克己",随时随地注意约束自己,克服自己的种种不良习性和私心,此即今人所谓的"战胜自我"。朱熹说:"日日克之,不以为难,则私欲净尽,天理流行,而仁不可胜用矣"①,足见"自克"在人格修养中之重要作用。然而"自克"须以"自省"为前提,只有"自省"才能"自克"。

"自克"是自己克制自己,自己规定自己,同时也包括自己与自己作斗争,自己战胜自己的错误,自己改正自己的过错,从而实现"改过迁善"的目的。所以,儒家讲"自省""自克",最终要实现"改过迁善"。《周易·益》曰:"君子以见善则迁,有过则改。"孔子也说:"过,则勿惮改"(《论语·学而》),"不善不能改,是吾忧也"(《论语·述而》),所以他提倡有错必改,并认为"过而改之,是不过也"(《大戴礼记·盛德》),"过而不改,是谓过矣"(《论语·卫灵公》)。能勇于改正自己错误的人是真正的君子,小人往往会尽力掩饰自己的过错,所以子贡说:"君子之过也,如日月之食焉;过也,人皆见之;更也,人皆仰之。"(《论语·子张》)孟子曰:"子路,人告之以过则喜。"(《孟子·公孙丑上》)意思是说,子路这个人当别人告诉他有错误时他就高兴,这是何等的境界啊! 孟子还说:"人不可以无耻。无耻之耻,无耻矣。"(《孟子·尽心上》)朱熹引赵氏曰:"人能耻己之无所耻,是能改行从善之人,终身无复有耻辱之累矣。"②可见,孟子鼓励人们改过自新,通过改过而实现迁善之目的。明代大儒王阳明更是提出"贵于改过"的思想:"夫过者,自大贤所不免,然不害其卒为大贤者,为其能改也。故不贵于无

---

① (宋)朱熹:《四书章句集注》,中华书局 2011 年版,第 125 页。
② (宋)朱熹:《四书章句集注》,中华书局 2011 年版,第 329 页。

过而贵于能改。诸生自思,平日亦有缺于廉耻忠信之行者乎?亦有薄于孝友之道,陷于狡诈偷刻之习者乎?诸生殆不至于此。不幸或有之,皆其不知而误蹈,素无师友之讲习规饬也。"(《王文成公全书》卷二十五)的确,一般人之所以"不知而误蹈",就在于他不善于反省自己,因而也就不可能知错必改!可见,反省自克,过而改之,是儒家修身的必备环节,是理想人格修养的重要方法。

3. 笃实躬行、知行合一

人格修养除了博学慎思、自省自克之外,还要笃实躬行、谨言慎行。孔子说"笃信好学,守死善道"(《论语·泰伯》),又说"君子讷于言而敏于行",反对言过其实,更反对用花言巧语取悦于人,他特别强调言行一致,"君子耻其言而过其行"(《论语·宪问》)。孟子甚至认为君子的德性一定会通过他的形体、面貌表现出来,他说:"君子所性,仁义礼智根于心,其生色也睟然,见于面,盎于背,施于四体,四体不言而喻。"(《孟子·尽心上》)为什么君子的外在行为和容貌能表现他的内在德性?扩而大之,为什么一个人的气象能反映他的内在的境界?这是因为一个修养高的人,比如君子,他真正达到了表里如一、知行合一,故而人们就能从他的"表"看到他的"里",从他的"行"看到他的"德性"。反过来说,人格修养也要做到知行统一、学与行并重。荀子也极为重视"学"与"行"的结合,甚至更强调"行"的重要性,他说:"不闻不若闻之,闻之不若见之,见之不若知之,知之不若行之。学至于行之而止矣。行之,明也,明之为圣人。圣人也者,本仁义,当是非,齐言行,不失毫厘。无它道焉,已乎行之矣。"所以,他特别强调"闻之而不见,虽博必谬;见之而不知,虽识必妄;知之而不行,虽敦必困"(《荀子·儒效》)。此后的儒家,特别是宋明理学家都非常重视知行统一。二程认为学习的目的就是学为圣人,求得圣人之道:"君子之学必至于圣人而后已。不至于圣人而后已者,皆自弃也。"(《河南程氏遗书》卷二十五)而这种"成圣之道"必然要把"致知"和"力行"结合起来,"君子之学,必先明诸心,知所养,然后力行以求至"①。又曰:"力学而得之,必充广而行之。不然者,局局其守耳。"(《河南程氏粹言·论学篇》)朱熹也强调在道德修养上知行的并重,他说:"穷理以致其

---

① (宋)程颢、程颐:《二程集》,中华书局1981年版,第577页。

知,反躬以践其实"(《宋元学案·晦翁学案》),认为"知行常相须,如目无足不行,足无目不见"(《朱子语类》卷九)。明代王阳明更是明确主张知行合一,把力行观念提升到更高的一个层次,他说:"某尝说知是行的主意,行是知的功夫;知是行之始,行是知之成。若会得时,只说一个知,已自有行在;只说一个行,已自有知在。"他批评那些将知行割裂开来的人是一种"病人",并说"此不是小病痛,其来已非一日矣",而知行合一"正是对病的药"(《传习录·徐爱录》)。

儒家的修身之道除了学习、反省、躬行这些主要方面之外,还有其他因素,诸如"诚意",《大学》曰"意诚而后心正,心正而后身修",孟子还提出"养浩然之气",等等。凡此种种,不一而足。从中可以看出,儒家人生价值观的一个基本逻辑就是把培养理想人格作为其人生价值追求的目标,而又把"修身"作为培养理想人格的基本途径,这种思想理路在当代仍有一定的积极意义。

综上可见,儒家的人生价值观包括人类价值论、人生价值论、人格价值论三个基本层次。在人类价值论方面,儒家主张"天地之性人为贵",而人之所以为天地万物中最高贵者,主要在于人有"德";在人生价值论上,儒家主张"成仁取义"的价值追求和"义以为上"的价值取向,这是将人的德性作为一切事物的价值尺度;在人格价值论上,儒家在重义轻利、舍生取义的价值追求规制下,逐渐形成"圣人""君子"的人格理想模型,而无论是"君子"还是"圣人",都是道德高尚的人,"道德"成为儒家理想人格的最高价值追求。

由是而观,儒家的人生价值观从本质上讲是属于德性价值论。这种价值观由于受时代和社会历史条件的制约,无疑具有一定的历史局限性,尤其是它具有泛道德主义或曰道德理想主义色彩,对社会经济的发展带来不利的影响。但它对培养高尚的人格,提升人的道德修养和人生境界,推动传统社会精神文明的发展发挥了积极作用。在当代,我们有必要对儒家人生价值观进行系统梳理,深刻检视,积极扬弃,充分发挥其合理、积极、进步因素的作用,助力当代社会精神文明建设和人的健康发展。以笔者之见,儒家"成仁成德""以义制利"人生价值理念对于克服当代人类所面临的物化生存困境、实现人的健康全面发展,具有重要的借鉴意义和促进作用。

第四章　群体本位:儒家的社会价值观

学者姜广辉说:"从根本上说,中国传统价值观的类型不是以皈依神佛为中心的宗教性价值观体系,也不是以追求知识和真理为中心的科学性价值观体系,而是以追求群体和谐为中心的社会性价值观体系。"①尤其是儒家,特别重视社会、群体的价值,主张群体(整体)本位,强调个体对社会、国家、民族、家族的责任、义务和贡献,追求人际和谐、社会和谐,形成了独具特色的儒家社会价值观。本章旨在挖掘和整理儒家的社会价值观,以期达到对儒家价值观的完整把握,对其积极因素的传承和弘扬。

所谓社会价值观,实际上有两种含义:其一,是指某一社会人们普遍追求、认同和接受的价值观,即在社会生活中广泛的起主导作用的价值观;其二,是指"人们所形成的对于社会、对于自我与他人关系的系统认识和理解"②。也有学者认为,"社会价值观是指个体对社会的认识和态度,也就是对人与人的关系,人与具体人群的社会关系,人与自然的关系的认识和态度"③。

本书是在第二种含义上使用社会价值观这一概念的。根据这种理解,笔者将儒家社会价值观界定为儒家对于社会、对于自我与他人关系的认识和理解,核心是对国家、社会的地位和价值、对个人价值与群体价值(个人利益和群体利益)关系的看法以及对理想社会的构想等等。

---

① 姜广辉:《儒家经学中的十二大价值观念——中国经典文化价值观念的现代解读》,《哲学研究》2009 年第 7 期。

② 周瑾平:《社会主义核心价值观的政治伦理内涵》,湖南大学出版社 2016 年版,第 21 页。

③ 全敏霞、邱服兵主编:《广州青年发展状况研究报告(蓝皮书)2009—2010》,广东人民出版社 2010 年版,第 73 页。

一、群体本位

——儒家社会价值观的根本特征

社会价值观首先涉及的是个人与群体、个人与社会的关系问题,用中国传统术语来说就是"群己关系"问题。就此而论,儒家在社会价值观上首先强调群体或社会之于个体生存的重要作用,即群体生活是个体生存的客观需要,个体不能脱离群体而存在。孔子曰:"鸟兽不可与同群,吾非斯人之徒与而谁与?"(《论语·微子》)意即人不可能同飞禽走兽合群共处,那样的话无异于离群索居,人只能同天下人同群。这表明孔子已经认识到了个体要归属于群体,群体可以满足个体("吾")归属的需要,个体和群体是不可以分离的。孔子曾说,人之"性相近也,习相远也"(《论语·阳货》),而归属于群体、过群体生活就是人"性"之一。孟子也肯定人是同群同类的,他说:"麒麟之于走兽,凤凰之于飞鸟,太山之于丘垤,河海之于行潦,类也;圣人之于民也,亦类也。"(《孟子·公孙丑上》)又说:"舜,人也;我,亦人也"(《孟子·离娄下》);"圣人与我同类者"(《孟子·告子上》)。而圣人与民之所以是同类,是因为他们本性相同,皆有"仁、义、礼、智"四个"善端","人之有是四端也,犹其有四体也","无恻隐之心,非人也;无羞恶之心,非人也;无辞让之心,非人也;无是非之心,非人也"(《孟子·公孙丑上》),不同之处在于对于这四个善端,"庶民去之,君子存之"(《孟子·离娄下》)。荀子更是明确提出"人之生不能无群"(《荀子·富国》),"能群"是人的本质,是人与动物区别的根本标志:"(人)力不若牛,走不若马,而牛马为用,何也?曰:人能群,彼不能群也。人何以能群?曰:分。分何以能行?曰:义。"(《荀子·王制》)"能群"显现出人是一种社会性存在的,只有结成社会,人才能成为真正的人。

既然儒家认为作为个体的人离不开群体,群体是个体生存的前提和基础,因此在价值观上儒家首先重视群体价值,"群"被视为价值的基础、正当性的根源,此乃"群体本位"的含义。如所周知,"群体"不是单一的,而是有层次、有大小之分的,最小的也是最基本的群体是"家庭",最大的也是最高的群体是中国古人所说的"天下",也是今人所谓的"全人类"。因此,儒家所谓的群体价值就包括家庭或家族价值、民族或国家价值、天下或人类价值。由是而观,当《大学》把"齐家、治国、平天下"作为个人"身修"之目标时,已然彰明了儒家把群体价值放在了第一位,而"孔子提倡'克己复礼'、'天下归仁',力图实现'老者安之,朋友信之,少者怀之'(《论语·公冶长》)的理想,孟子以推行'王道'、'仁政'为目标,希望实现'老吾老以及人之老,幼吾幼以及人之幼'的理想"[①],也都表现了儒家强调和追求群体价值的意蕴。具体而言,儒家重视群体价值或曰群体本位价值观主要体现在以下几个方面。

(一)爱人、利他

在个人与他人的关系上,儒家主张每个人要爱人、利他,在实现自我价值的同时,也应有利于他人价值的实现。如所周知,孔子思想的核心就是"仁",仁即"爱人",而在孔子那里,爱人包括"亲亲"和"泛爱众"这样两个由内而外、由近及远的层次。所谓"亲亲"即是父母、兄弟、姐妹之间的亲子手足之爱,其以"孝悌"为主要内容,而"泛爱众"是指对一切人的爱,是一种群体之爱。孔子曰:"弟子入则孝,出则弟,谨而信,泛爱众,而亲仁……"(《论语·学而》)。可见,孔子主张每一个人首先要爱自己的亲人,又要将这种基于血缘关系的亲情之爱向外推广,由家庭推向宗族、邦国、天下,以至达到"四海之内,皆兄弟也"(《论语·颜渊》)的广大境界。这样,由"孝悌"到"泛爱众"的展开和推进,就是把自然之爱推向社会之爱,把亲情之爱推向群体之爱,它明显地洋溢着群体关怀和群体认同。[②]

不仅如此,在孔子主张的"爱人"方式中更彰显了一种群体意识。人们如何才能做到"爱人"呢?孔子提出要坚持两条基本原则:"己欲立而立人,己欲达而达""己所不欲,勿施于人",这两点又被人们称为"忠恕之道""行仁之方"。这一方式的实质就是"立己达人",处处为他人着想,把立己与立人统一起来,通过

---

① 刘文英:《儒家文明——传统与传统的超越》,南开大学出版社1999年版,第135页。

② 参见李瑞兰、季乃礼:《修身齐家治国平天下新论——中国传统整体主义价值观的历史理性与现代价值》,天津社会科学院出版社2001年版,第92—93页。

帮助或有利于他人价值的实现来成就自己的人生价值，这与西方的个人主义、利己主义，尤其是与西方人所奉行的"他人即地狱"（萨特语）、"人对人是狼"（霍布斯语）等观念形成鲜明对照，具有显著的群体认同和群体本位意识。

与"立己达人""成人成己"观点相一致，孔子还提出"修己以安人""修己以安百姓"的思想，把"安人""安百姓"作为自我修养和自我完善的最终目的。所谓"安人"就是给别人带来安宁，"安百姓"就是指让天下人都得以安宁。可见，无论是"安人"还是"安百姓"，都是指向社会的稳定和发展，这就将自我完善与社会进步相联系，实质上是以"修己"为出发点，以"为天下"为最终归宿，把"修己"作为"安人""安百姓""为天下"的手段。这一致思趋向完全凸显了对群体的认同和关怀，它与《大学》提出的"修身、齐家、治国、平天下"之说以及整个儒学的"内圣外王"理想高度一致、一脉相承，充分展现了儒家把族群、社会的利益放在第一位。

尤值措意的是，我们不能由此得出儒家完全否定个人价值，完全抹煞个体的独立自主性。实际上，自孔子始，儒家就关注个人价值的实现问题。孔子说："古之学者为己，今之学者为人。"（《论语·宪问》）所谓"为己"就是以个人自身为出发点的自我实现。孔子还讲到"为仁由己，而由人乎哉"（《论语·颜渊》），表明个体具有独立意志和成就自我价值的自主性。《论语·为政》篇记载了孔子对自己一生自我实现过程的描述："吾十有五而志于学，三十而立，四十而不惑，五十而知天命，六十而耳顺，七十而从心所欲不逾矩。"这里既肯定了自我实现，又确认了个体价值。孟子也主张："得志，与民由之；不得志，独行其道。富贵不能淫，贫贱不能移，威武不能屈。"（《孟子·滕文公下》）荀子则强调："权利不能倾也，群众不能移也，天下不能荡也。"（《荀子·劝学》）凡此种种，都表明儒家强调个体要保持独立的人格。

不仅如此，儒家在强调"仁者爱人"的前提下，也主张"仁者自爱"。《荀子·子道》记载：子路入，子曰："由，知者若何？仁者若何？"子路对曰："知者使人知己，仁者使人爱己。"子曰："可谓士矣。"子贡入，子曰："赐，知者若何？仁者若何？"子贡对曰："知者知人，仁者爱人。"子曰："可谓士君子矣。"颜渊入，子曰："回，知者若何？仁者若何？"颜渊对曰："知者自知，仁者自爱。"子曰："可谓明君子矣。"在这段对话中，孔子对于"仁者使人爱己""仁者爱人"和"仁者自爱"的评价分别是"士""士君子"和"明君子",反映出孔子推崇"仁者自爱",这与儒家一贯主张的"仁者爱人"有所不同了。这说明儒家在重视群体价值和群体认同的前提下,也肯定了个体的自我价值和自我实现。

总之,儒家在群己关系上并没有走向偏于一端的极致,既不同于无视个体价值的极端整体主义,也不同于排斥群体,并将群体与自我完全对立起来的极端自我中心主义,而是持守中庸之道,既将个体内在于群体之中,又对个体的独立自主性保持着高度的自觉。但从总体来看,儒家的总基调是以群体为价值导向,群体价值高于个体价值,自我实现以群体认同为方向,比如上述的"修己"是为了"安人""安百姓",而"安人""安百姓"则表现为群体的社会事业,所以一旦把关怀社会事业规定为自我实现的最终目标,则意味着自我价值从属于社会价值。同样,儒家主张的自我实现并非把人引向培养和发展自我的独特个性,而是把个体导入顺从社会规范的轨道。

(二)宗法集体主义

以家族为本位的宗法集体主义是儒家重视群体价值的又一体现。家族本位的社会价值取向是中国传统社会的基本文化特征,也是儒家社会价值观的基本特征之一。儒家历来重视家庭(家族)的价值,《大学》曰:"欲治其国者,先齐其家","齐家而后国治";又曰:"一家仁,一国兴仁;一家让,一国兴让"。孟子也说:"天下之本在国,国之本在家,家之本在身"(《孟子·离娄上》)。从这里可以看到,孟子将整个社会划分为个人、家庭、国家、天下四个层次,并认为社会是由个体到家、由家到国、由国到天下层层递进而构成的一个整体结构,家是最小的社会群体,天下是最大的群体,而所有这些群体的最终承担者是个人,因此个人的德行与修为是最根本的,这正是《大学》所说的"自天子以至于庶人,壹是皆以修身为本"之意。但反过来说,修身的目的最终还是齐家、治国、平天下,这还是回到群体本位,对此我们在此不再详细讨论。我们在此引用《大学》和孟子的论述,意在说明儒家将家庭(家族)的和谐与稳定视为社会治理和国家安定之根本,同时也进一步证明在个人与家庭(家族)的关系上,儒家强调家族本位,家庭利益至上,个人利益必须无条件服从家庭利益;家族是个人实现其个体价值的保证,只有维护家族的利益,才能实现个人的利益;个人日常行为的根本目的在于最终体现家族的价值,是否有利于家族之和谐与发展是评判个人行为正当与否的最终标准。当代美国最负盛名的中国问题观察家,被誉为"头号中国通"的费正清在《中国:传统与变迁》一书中说:"中国社会的基本单位是家庭而非个人、政府或教会。每个人的家庭都为他提供了主要的经济支持、安全、教育、交际及娱乐活动。……在儒家所说的五伦(君臣、父子、夫妇、兄弟、朋友)中,有三种属于亲属关系。中国的伦理体系并不指向上帝或国家,而是以家庭为其中心的。"[1]1904年1月出版的《江苏》第7期发表署名为"家庭立宪者"所撰写的《家庭革命说》一文,痛陈中国传统社会家庭制度之弊害,但也道出了中国传统社会之实情:"若我中国二千年来,家庭之制度太发达","故使民家之外无事业,家之外无思虑,家之外无交际,家之外无社会,家之外无日月,家之外无天地。而读书、而入学、而登科、而陞官发财、而经商、而求田问舍、而健讼私斗赌博窃盗,则皆由家族主义之脚根点而来也。"[2]的确,中国的传统道德和行为标准完全以家族为本位,家族主义是人之行为、心理的根本特征。

这种家族本位的社会价值观是由中国传统社会之小农经济以及建基于此的宗法制度所决定的。历史研究表明,在进入文明社会之前,人类走着大体相同的道路,即由原始群居到氏族再到部落,这些组织都是以血缘关系为纽带。进入文明社会(阶级社会)以后,血缘关系在中西各民族社会生活中的地位和作用就大不一样了。西方文明的发源地古希腊是由许多岛屿组成的,这里地域狭窄,土地贫瘠,不利于种植农作物,因此,希腊人大多从事工商贸易活动,过着流动生活,这种流动性冲破了原始时代的血缘纽带,形成以地域或财产关系划分居民的城邦社会;中华文明的发祥地是江河流域,这里土地肥沃,气候湿润,优越的地理环境决定了中国先民们过着定居的农业生活,这就产生了小农经济这种最早的社会生产结构形式。而小农经济又极为脆弱,在生产工具简陋、生产力极为低下的

---

① 费正清:《中国:传统与变迁》,张沛、张源、顾思兼译,吉林出版集团有限责任公司2008年版,第11页。
② 家庭立宪者:《家庭革命论》,载许力以等主编:《二十世纪中国经世文编》(第1册清末卷),中国和平出版社1998年版,第561—562页。

情况下,个体的力量显然是不足以自存的,人们必须以家庭或家族为单位协调劳动,才能抗拒自然灾害和一些人为力量的侵害,进而生存下来。这种个体必须依赖群体(家庭、家族)的生存方式,为以家族为本位的社会价值观之形成奠定了物质基础。另一方面,小农经济这种生产生活方式使得中华民族进入文明社会以后原始的血缘关系并未被冲破,血缘家族的社会组织形式被长期保留下来。宗法制度正是由氏族血缘纽带联系起来的社会的产物。中国的社会结构形式是由家庭而家族,由家族再聚合为宗族,由宗族走向国家。在这样的社会组织结构中,父系家长制占统治地位,父是家君,君是国父,家国一体,宗法关系渗透到社会生活的方方面面。可以说,几千年来中国传统社会之组织主要是在父子、君臣、夫妇、长幼之间的宗法原则的指导下建立起来的,而血缘宗法家族制则构成了中国家族本位社会价值观的社会组织基础。众所周知,以家族为本位的社会关系的基本单位是"宗族",所谓"宗族"也称"家族",是以一成年男性为中心,按照父子相承的继嗣原则上溯下延所组成的亲属集团,最基本的"宗族"是以自己为中心,向上、向下延伸,形成了父亲、自己、儿子三代人组成的小集团。同样,分别以自己的父亲和儿子为中心,向上、向下延伸,又形成两个基本的"宗族",而把这三个基本"宗族"连接起来,仍以自己为中心计算,这三个基本"宗族"(也是三个同心圆)共包括了五代人;如果还以自己为中心,再将这五代人分别向上、向下延伸两代,即向上延伸至高祖,向下延伸至玄孙,这样就形成了总共九代人构成的一个"大宗族"。《礼记·丧服小记》曰:"亲亲以三为五,以五为九",至九而"亲毕"。由此我们看到,在宗法制度下,宗族网络关系使每个人都不是一个独立的个体,而是被重重包围在群体("宗族")之中,这就决定了每个人首先要考虑的是自己的责任和义务,而不是什么权利,如父慈、子孝、兄友、弟恭之类。《礼记·大传》曰:"亲亲故尊祖,尊祖故敬宗,敬宗故收族,收族故宗庙严,宗庙严故重社稷。"这样由尊祖到敬宗再到收族,整个社会就被团结和统一起来了。①

　　受宗法制度的决定和影响,儒家在社会价值观上又特别强调义务本位。《大学》中提出"知止"的主张:"为人君止于仁,为人臣止于敬,为人子止于孝,为

---

① 参见张岱年、方克立主编:《中国文化概论》,北京师范大学出版社2004年版,第274页。

人父止于慈。"意思是说，凡是做君主的，要竭尽一片仁爱之心来对待臣民；做人臣的，要竭尽一片恭敬之心来对待君主；做子女的，要竭尽一片孝顺之心来对待父母；做父母的，要竭尽一片慈爱之心来对待子女。足见在这些知止的观念中蕴含着一种义务本位的要求。《礼记·礼运》篇中提出了所谓的十义："何谓人义？父慈、子孝、兄良、弟弟、夫义、妇听、长惠、幼顺、君仁、臣忠十者，谓人之义"。"十义"就是做人的十个方面的义理，《礼记》称它为圣人所修，而这十个方面的义理包含了五种人伦关系，即父子、兄弟、夫妇、长幼、君臣，这些人伦关系表现出两个明显的特点：一是互尽义务；二是单向服从，即子服从父，弟服从兄，妇服从夫，幼服从长，臣服从君。到了汉代，尤其自汉武帝采用董仲舒的建议，推行"罢黜百家，独尊儒术"以来，儒家整体本位理念逐渐走向极端，"五伦""十义"逐渐被"纲常"化，出现了"三纲五常"之说。"三纲"淡化了上对下的责任，突出强调下对上之绝对服从和效忠的地位，禁锢和泯灭了人的个性发展空间。

总之，在宗法社会，个人之独立性创造性是不可能得到重视的，群体拥有支配个体的绝对权利，个体只有服从群体的义务。这充分表明"义务本位"是儒家群体本位价值观的必然要求和重要内容。在这种价值观规训和范导下，传统社会的人都是为家庭、为他人、为社会而存在，而不是为自己而存在，他们做事的出发点往往是"为祖宗增光""光祖耀祖"，如果做事失败了，那就是"丢了祖宗的脸""对不起江东父老"！

（三）"以天下为己任"

"以国家天下为己任"是儒家群体本位价值观的重要表现。如前所述，"群体"是有层次、有大小之分的，可划分为家庭、家族、国家（民族）、天下，因此，群体价值相应地分为家庭价值、家族价值、民族或国家价值、天下价值等。儒家既然重视群体价值，主张群体本位，那么，它在强调家庭和家族价值的基础上，必然重视国家和天下的价值。从史实来看，儒家在人与社会的关系上推崇国家利益至上，讲究积极入世，把社会的安定与国家的统一作为追求的目标，更把天下太平作为终极关怀。

《大学》中首先提出了"齐家、治国、平天下"不同层次的价值追求。中国传统社会是由家—家族—国家,具有"家国同构"的显著特点。在这一结构中,家是国的细胞和缩影,国不过是家的放大和延伸。由于家国同构、家国一体,所以忠孝相通、移孝作忠。孔子的弟子有子曾说:"其为人也孝弟,而好犯上者,鲜矣;不好犯上而好作乱者,未之有也。"(《论语·学而》)《后汉书·韦彪传》曰:"夫国以简贤为务,贤以孝行为首。孔子曰:'事亲孝,故忠可移于君。'是以求忠臣必于孝子之门。"在儒家看来,忠君和事亲所遵循的"道"是一样的:"忠君以事其君,孝子以事其亲,其本一也。"(《礼记·祭通》)《孝经开宗明义章》曰:"夫孝,始于事亲,中于事君,终于立身。"《新书·大政下》也说:"道者,行之于父,则行之于君也。"凡此都说明能行孝的人必然会忠君,忠君的人也必然会孝亲。同理,不忠亦是不孝,故而《礼记·祭义》曰:"事不忠,非孝也。"正因为"家国一体","忠孝相通",所以能"齐家"就能"治国",以家庭(家族)利益为重的人,必然会以国家利益为重。在中国历史上,人们都以维护国家统一为荣,以分裂国家为耻,把维护国家统一视为民族大义并为之不惜抛头颅、洒热血,涌现出许多可歌可泣的民族英雄和仁人志士,也留下许多传世名言,如司马迁的"常思奋不顾身,而殉国家之急"(《报任少卿书》)、曹植的"捐躯赴国难,视死忽如归"(《白马篇》)、李白的"国耻未雪,何由成名"(《独漉篇》)、戴叔伦的"愿得此身长报国,何须生入玉门关"(《塞上曲二首》)、陆游的"位卑未敢忘忧国"(《病起书怀》)、林则徐的"苟利国家生死以,岂因祸福避趋之"(《赴戍登程口占示家人二首》)等,这些脍炙人口的名言诗句不断地被后人传扬,激励着人们的爱国情怀。

由强调国家利益至上、维护国家的统一再上升到"以天下为己任"的"天下主义",这是儒家重视群体价值观的发展的基本脉络。一般人以为,国家已经是最大的群体了,国家利益就是最高利益,但在传统的儒家看来,在国家之上还有一个的更大的群体,那就是"天下"。"天下"概念是中国传统文化中独有的概念,西方文化中没有这样的概念。何谓"天下"?它与"国"的区别何在?有学者在解释《大学》之"天下"含义时指出:"天下:古代指中国的全部土地","周朝实行封分制……被封者称为诸侯,诸侯的封地叫作国"①。也有学者认为"天下在

---

① 陈晓芬、徐儒宗译注:《论语·大学·中庸》,中华书局 2011 年版,第 250—251 页。

古代多指中国范围内的全部土地,也指全国","在周代,国就是天子分封给诸侯的土地……所有诸侯们的治地都叫'国'或自称为'邦'"①。明末清初的思想家顾炎武在《日知录》中对"国家"与"天下"作了明确区分:"有亡国,有亡天下……易姓改号,谓之亡国;仁义充塞而至于率兽食人,人将相食,谓之亡天下。"(《日知录》卷十三·正始)中国当代哲学家冯友兰先生说得更明确:"旧日所谓国者,实则还是家。皇帝之皇家即是国,国即是皇帝之皇家,所谓家天下是也。"②正因为如此,忠君就是爱国,爱国即是忠君。概而言之,中国古人所讲的"国"与今天人们所说的"国"有所不同,古人所谓的国就是诸侯国,而今人所谓的国是指全中国;古人所讲的"天下"即"普天之下",从地理意义上讲,是指中国与四方合一的世界,用今天的话来说就是"全世界"。但在古人那里,"'天下'不仅是个地理概念,更是一个与'国'相对的价值体,是一种理想的政治秩序,是现实的以'国'为基本形态的政治秩序的合法性的最后依据"③。不惟如此,"古人讲的'天下'观念,实际就是讲以天下为己任,就是一种责任心"④,这种责任不仅仅指对自己的国家负责,还包括对"普天之下"的人负责,这是一种博大的胸怀和高远的理想。

"天下"理想早在夏、商、周三代时期就出现了。《尚书·虞书·尧典》就提出"百姓昭明,协和万邦",此处的"万邦"就是指天下各诸侯邦国,"协和万邦"就是使天下各邦国之间和好亲睦,这显然是一种天下胸怀,以天下为己任。以"祖述尧舜,宪章文武"著称的孔子,也有天下关怀。当子路问孔子什么是君子时,孔子回答说"修己以敬""修己以安人""修己以安百姓",在这里,第三层次的"修己以安百姓"就是指安定天下的百姓,或者说,"安百姓"就是"安天下",因为孔子说"安百姓"连尧舜做起来都感到不容易("尧、舜其犹病诸"),而尧舜乃古代的"圣王",王是以"天下"为怀的,所以"安百姓"也就表现了孔子的天下情怀。孔子还说过"天下有道,则礼乐征伐自天子出。天下无道,则礼乐征伐自

① 郭庆祥:《〈大学〉人生大学问》,东方出版社2012年版,第431页。
② 冯友兰:《贞元六书》(上),华东师范大学出版社1996年版,第265页。
③ 徐洪兴:《"天下为怀"——明代名士们的爱国情怀》,《光明日报》2014年7月7日。
④ 徐洪兴:《"天下为怀"——明代名士们的爱国情怀》,《光明日报》2014年7月7日。

诸侯出"(《论语·季氏》)、"能行五者(恭、宽、信、敏、惠——引者注)于天下为仁矣"(《论语·阳货》),这些都反映了孔子具有天下视野。孟子的天下胸怀最为明显,他说大丈夫应当"居天下之广居,立天下之正位,行天下之大道"(《孟子·滕文公下》),还说"君子之守,修其身而平天下"(《孟子·尽心下》),并且发出了"如欲平治天下,当今之世,舍我其谁"(《孟子·公孙丑下》)的豪言壮语,主张"穷则独善其身,达则兼济天下",要"乐以天下,忧以天下"(《孟子·梁惠王下》)。孟子的这些论述对后世影响非常大,从宋代范仲淹的"先天下之忧而忧,后天下之乐而乐"一语就可以看得很清楚。生活于战国末期的荀子,也是身处于秦帝国统一天下的前夜,所以其著书立说始终围绕着如何治国平天下而展开的,他有明显的"国"与"天下"之区分,"大有天下,小有一国"(《荀子·王霸》),并且具有浓郁的天下情怀。比如他说"取天下者,非负其土地而从之之谓也,道足以壹人而已矣",认为圣人制礼作法就是"使天下皆出于治",如果"无礼义之化,去法正之治",则"天下之悖乱而相亡不待顷矣"(《荀子·性恶》)。他还说"汤、武存,则天下从而治;桀、纣存,则天下从而乱"(《荀子·不苟》),提出"循其道,行其义,兴天下之利,除天下同害,天下归之"(《荀子·王霸》),等等。至秦汉,随着天下定于一,统治者从自身利益出发,更加推崇整体利益,注重培养人们的以天下国家为己任的价值观。自汉武帝推行"罢黜百家,独尊儒术"以来,儒家成为正统和官方意识形态,极力为"大一统"政治服务,不仅将伦理规范纲常化,通过从外在规范方面达到为天下的目的,而且又注重心性的培养,强调以"孝"治天下。至宋、元、明、清,"为天下"成为社会主流价值观的核心内容之一。王阳明说大人者"其视天下犹一家"(《阳明全书·大学问》),顾炎武称"保天下者,匹夫之贱,与有责焉耳矣"(《日知录·正始》),后人将此话概括为"天下兴亡,匹夫有责"。总之,从先秦儒家一直到宋、元、明、清的儒家都有"以天下为己任"的抱负和责任意识,把以"天下为怀"作为知识分子成圣的不二法门,充分彰显了儒家重群体(整体)价值、社会价值的价值取向。

(四)"重义轻利"是儒家"群体本位"的价值表达

儒家"重义轻利"的价值观也在一定意义上反映了儒家"群体本位"的价值

追求。众所周知,义利之辨是自孔子开始一直到宋元明清之儒者长期关注、讨论和争辩的问题,它是人生价值观的第一要义。儒家在义利观问题上的基本主张是以义制利、重义轻利。但由于义利各自含义的多义性,所以义利之辨的内涵也具有复杂性,有时是指道德(道义)与功利的关系哪个优先,有时又指人们的物质满足和精神需求何者更重要,有时也指私利和公利孰重孰轻。尤其宋代理学家多以公私之辨言说义利关系,比如张载说:“义,天下之公利”(《正蒙·大易》),兼利天下即是义;程颐说:“义与利,只是个公与私也”(《河南程氏遗书》卷十七);朱熹也说:必须将“天理、人欲、义利、公私分别得明白”(《朱子语类》卷十三)。可见理学家首先把义利关系归结为公私关系。

就“义”本身来看,它作为“道义”“正义”本身就具有“公共性”,代表着公共利益,而与之对应的“利”本质上具有个体性、私人性,它表现的是一种“私利”。而且,在儒家那里,公共利益并不仅指是统治者的利益、皇家的利益,而主要是指全天下人的利益。比如,作为“崇义非利”的代表,孟子反对一家一国之利,而主张天下之利,他在见梁惠王时说“王何必曰利? 亦有仁义而已矣”,同时又对梁惠王说“使民养生丧死无憾,王道之始也”,王道关涉的就是全天下。

从义利问题就是公私问题这一视角来看,所谓“重义轻利”“以义制利”就是重视群体利益,轻视和反对把个人利益凌驾于集体利益之上,这显然表现了一种群体本位的价值取向。当孟子讲到“舍生取义”时,就是叫人在面对整体利益和个人利益发生冲突而“不可兼得”时,应舍弃个人利益而实现整体利益;在面临保存个体生命与维护国家民族利益发生冲突时,应舍弃个人生命以维护民族国家利益,这都充分彰显了群体本位价值观。今天,我们当然不能轻视私利,但我们更应该重视和维护公众利益和民族大利,提倡在维护民族国家利益和全人类利益的前提下实现私利,当代人应该具有放眼全球、胸怀天下的境界。

二、社会和谐的价值取向

社会价值观主要涉及对人与人之间关系的认识和态度,其目的是为正确处理人际关系提供理论指引,从而使人与人之间能和平相处、互助合作、共生共存,最终实现社会和谐。因此,社会和谐就成为社会价值观的重要内容,在某种意义上说社会价值观的旨归或曰价值取向。

(一)社会和谐:儒家社会价值观的旨归

梁启超先生说:"世界哲学大致可分为三派:印度、犹太、埃及等东方国家,专注于人与神的关系;希腊及现代欧洲,专注人与物的关系;中国专注于人与人的关系。中国的一切学问,无论是那一时代、那一宗派,其趋向皆在此一点,尤以儒家最为博深切明。"①如果说"西方哲学是追求真之所以为真的知识论学说",那么中国哲学则"旨在解决我与他人之间如何相契,其学说乃为一种善之所以为善的伦理学理论"②。无论是梁启超说的"专注于人与人的关系",还是有学者所说的"解决人与人如何相契",都表明中国传统文化尤其是儒家学说之核心旨趣在于追求人际和谐、群己和谐和社会和谐。可以说,追求人际和谐、群己和谐和社会和谐是儒家社会价值观极为重要的内容。

毫无疑问,"和谐"是儒家乃至整个中华价值观的核心理念之一。这一观念源远流长,早在夏商周时期,先哲们就提出了和谐观念,追求和谐价值。如《尚书》有云:"协和万邦"(《尧典》)、"用咸和万民"(《无逸》)、"治神人,和上下"(《周官》);《周易》也说:"保合大和,乃利贞"(《乾卦·象辞》)、"利者,义之和也"(《乾卦·文言》);《周礼》亦曰:"三曰礼典,以和邦国"(《天官冢宰》)、"利准则久,和则安"(《冬官考工记》)。到了西周末期,"和谐"问题已成为思想家和政治家们讨论的重要话题,西周太师史伯在与郑桓公的对话中提出了"和实生物,同则不继""故先王以土与金木水火杂,以成百物"(《国语·郑语》)的著名论断,这是历史上第一次对"和谐"思想进行明确论述,并将之抽象为哲学概念。到了春秋末期,齐国的政治家、思想家晏婴继承和发展了史伯的和谐思想,用人们烹制美味羹汤和演奏美妙音乐的事例,对"和谐"观念作了更为生动的诠释,提出"和如羹焉""声亦如味"("和声")的论断。孔子在继承前贤思想的基

---

① 梁启超:《清代学术概论儒家哲学》,天津古籍出版社 2003 年版,第 100 页。
② 张再林:《中西哲学的歧异与会通》,人民出版社 2004 年版,第 89 页。

础上,提出了"君子和而不同,小人同而不和"(《论语·子路》)命题,形成了自己独特的"和谐"观念。自从孔子提出"和而不同"这一命题以后,"和谐"思想就成为儒家学说的一个重要内容,对后世产生了深远的影响。

中国传统文化的"和谐"思想意蕴十分丰富,包括"乾道变化,各正性命。保合大和,乃利贞"(《周易·乾卦·彖辞》)的宇宙和谐观、"万物负阴而抱阳,冲气以为和"(《老子·四十二章》)的自然和谐观(阴阳和谐观)以及"天人和谐"、人际和谐(包括人际和谐、人生和谐、社会和谐)、身心和谐等。诚如赵馥洁先生所言:中国哲学"并非以宇宙本质为认识的根本目标,而是借'天道'以明'人道'"[1],中国哲学和文化之所以大讲特讲宇宙和谐、自然和谐、天人和谐,其最终目的是为人际和谐、社会和谐提供本体论基础。中国传统文化始终把人与自然的和谐视为自然"本来"的存在状态,认为"人类的秩序原理和自然秩序原理之间存在着价值和实现方式上的一致性"[2],所以,作为中国传统文化之主干,儒家一直致力于实现人类社会的秩序和谐。费孝通先生说,刻在孔庙大成殿前的"中和位育"四个字代表了儒家文化之精髓,成为中国人的基本价值取向[3],此处的"位"就是秩序,"育"就是化育、发展。只有"中""和",才能秩序井然,健康发展,无论对自然还是社会,皆如此。

(二)"礼"是实现社会和谐的根本保证

有子曰:"礼之用,和为贵。先王之道,斯为美"(《论语·学而》),意即礼的作用在于使人际关系变得更加和谐,过去圣明君王治理国家就是和谐为美,这揭示出"礼"能使社会和谐。

"礼"何以能够使社会和谐? 因为,在中国传统社会里,人是划分为等级的,每个人在社会上都处于不同的地位,拥有不同的身份,扮演不同的角色,如果每个人都能按照自己的角色定位要求自己,各守其责,各尽其职,各安其分,如此,社会就会和谐。而如何才能让人们各守其责、各尽其职、各安其分? 这就要通过

---

① 赵馥洁:《中国传统哲学价值论》(增订本),人民出版社 2009 年版,第 4 页。
② 干春松:《多重维度中的儒家仁爱思想》,《中国社会科学》2019 年第 5 期。
③ 参见费孝通:《费孝通论文化与文化自觉》,群言出版社 2007 年版,第 314 页。

"礼"来规范与调节。所以,孔子非常重视"礼",认为"礼"的作用就在于维护社会的和谐与稳定。他主张每个人都要知礼、懂礼,"不学礼,无以立"(《论语·季氏》),"兴于《诗》,立于礼,成于乐"(《论语·泰伯》);要以礼行事,"非礼勿视,非礼勿听,非礼勿言,非礼勿动"(《论语·颜渊》);要用礼来克制自己,"克己复礼为仁。一日克己复礼,天下归仁焉"(《论语·颜渊》)。"天下归仁"就是社会和谐的状态。荀子继承孔子上述思想,更加强调通过"礼"来达到社会和谐。他在回答"人何以能群"时说:"曰:分。分何以能行? 曰:义。故义以分则和。"(《荀子·王制》)所谓"义分"就是按照"礼义"来划分("制礼义以分之"),通过制礼以明确每一个人应固守的"度量分界"、等级名分,以此来规范人的行为。人人依礼而行,其行为就能"适中",如果每个人的行为都是适中的、恰如其分,那么整个社会成员之间就会形成"和谐协同"的关系,所以"义分"才能使人们结成和谐的社会群体;反之,"群而无分则争,争则乱,乱则穷。故无分者,人之大害也"。那么,这种"义分"到底是要区分或划分什么呢? 荀子所说的"分"既指社会等级差别之分,又指社会分工,所以"义分"实际上就是"等贵贱,分亲疏,序长幼"。所以,荀子又说:"礼者,贵贱有等,长幼有差,贫富轻重皆有称者也。"(《荀子·富国》)而一旦"贵贱有等,则令行而不流;亲疏有分,则施行而不悖;长幼有序,则事业捷成而有所休"(《荀子·君子》)。可见,在荀子看来,没有礼义的规范,社会就会陷入混乱和贫穷,这是人间的最大祸害。礼能使高贵的和卑贱的、亲近的和疏远的、年长的和年幼的、贫穷的和富裕的、权势轻微的和权势重大的等不同等级和差异有别的人都有各自相宜的规定、相应的责任,从而使职责分明,政令畅行,社会井然有序。

总之,儒家认为礼的作用在于"致天下之和"(《礼记·祭义》),用礼来确定人们的名分和权责,就能使"暴民不作,诸侯宾服,兵革不试,五刑不用,百姓无患"(《礼记·乐记》)。所以,"礼"为实现社会和谐提供了根本保证。

(三)"正名"与社会和谐

儒家主张的"正名"思想,其目的也是要人们能够按照自己的社会角色而尽其职分,实现社会的和谐。孔子在《论语》中讲到的"君君,臣臣,父父,子子",杨伯峻先生将此解释为君要像个君,臣要像个臣,父亲要像个父亲,儿子要像个儿子。何为君要像君、臣要像臣等等呢？这实际上是要求君臣父子都应该做符合自己名分和地位所要求或规定的事情,不应该做有悖于君臣父子名分和职责的事情,这也就是《大学》所说的"知其所止",即"为人君止于仁,为人臣止于敬,为人子止于孝,为人父止于慈",如果君臣父子违背了各自的职分规定,做了自己不应做的事,那就是"君不君,臣不臣,父不父,子不子"！如此,人际关系就乱套了,悖逆、僭越之事就会时有发生,整个社会也就会失去秩序。扩而大之,不论是什么人,如果其言行举止不按照自己的角色定位来进行,社会秩序就会被破坏,人与人之间的冲突在所难免,整个社会就会混乱不堪。由此可见,孔子讲"正名"思想,其目的就是要维护社会秩序,实现社会和谐。

荀子也讲"正名",并著有《正名》一篇,其"正名"思想与孔子的"正名"思想意蕴相同。尽管荀子的《正名》篇是从逻辑上对名称以及名称与实物的关系进行了系统论述,看似与社会的治乱没有关系,但其实不然。荀子认为"名"的作用是"上以明贵贱,下以辨异同",使"志无不喻之患,事无困废之祸"(《荀子·正名》),所以,正名与否,关乎民德,关乎治乱。尤其是荀子还讲道:"君臣、父子、兄弟、夫妇,始则终,终则始,与天地同理,与万世同久,夫是之谓大本",故"君君、臣臣、父父、子子、兄兄、弟弟一也"(《荀子·王制》)。这里可以清楚地看到荀子对孔子正名思想的认同,他也肯定了孔子的"正名"思想对于实现社会和谐具有重要作用。

及至汉代,汉儒把原始儒家的"正名"思想扭曲、片面化和极端化,发展为"三纲"之说。本来,君臣相当于一种工作关系,但"君为臣纲"则变成了对君权的强调。与之相应,父子、夫妇皆为一种家庭亲情关系,但"父为子纲""夫为妻纲"却变成了子女绝对服从父母、妻子绝对服从丈夫。正因为这种极端化、片面化,才遭到后世人们的强烈批判和反对,并且人们由批判"三纲"进而上升到对儒家"正名"思想本身的批判和鞭笞。

以笔者之见,儒家的"正名"思想本身并不包含"绝对的单向的服从"之意思,相反,它具有正面的积极意义。因为它实质上是强调,任何人,无论你在社会上做什么、说什么、处于什么样的地位,都应各安其位、各守其分、各尽其责,用今天的话来说就是安分守己、尽职尽责,这不正是维护社会的秩序和正常运转,进而实现社会和谐发展必不可少的因素吗? 职此之故,我们应该反对汉代以后的"威权儒学",弘扬"德行儒学"这一原始儒学的真精神。[1]

(四)社会和谐的价值与意义

儒家之所以孜孜以求社会和谐,是因为在儒家看来,社会和谐具有重要的价值与意义。

首先,"和则安"。"和则安"一语出自《周礼·冬官考工记》,原文是讲"辀人"的官职。所谓"辀"就是马车的辕,形状是弯曲的,而"辀人"则是工匠名,以制辀为业。《周礼》曰:"辀注则利准,利准则久,和则安"(《冬官考工记》),这里的"注"指调弯度适中,"准"即平如水。段玉裁《说文解字注》曰:"谓水之平也。天下莫平于水,水平谓之准。""辀注则利准,利准则久,和则安"的意思即为辀在帆前的弯曲部分如果弯曲适中就利于马的拉车,辀在车厢下面的平直部分如果平直如水就能使用长久,辀的弯曲部分与平直部分搭配得好,人乘之就感到安稳。将此引申到社会治理或曰社会管理上,"和则安"的意思就是说社会只有处于和谐状态才能稳定、稳固、持久。和谐是稳固、持久的前提,如果一个社会各方面不协调、不配合,那么这个社会必然会陷入混乱、动荡之中,就会有覆灭的危险。正如中国古人所言"覆巢之下,安有完卵",在一个动荡不安的社会里,哪有个人的生存和发展可言,更遑论整个社会的存在与发展了! 可见,和谐是稳定的前提,稳定是发展的前提。正因为如此,儒家特别重视社会和谐。

其次,"和则一"。荀子曰:"故义以分则和,和则一,一则多力,多力则强,则胜物。"(《荀子·王霸》)所谓"和则一",就是说社会和谐了,就能把人们统一起来,使人们团结一致,一心一意、齐心协力,如此就能形成一种集体的力量,这是一种放大的整体力量,它不是个体力量之简单相加,而是一种新的更强大的力量。正是由于有了更加强大的力量,所以人能战胜万物,进而成为"万物之灵",

---

[1] 参见张丽:《弘扬中华传统文化的真精神——访著名学者、孔子研究院院长杨朝明》,《人民政协报》2014 年 8 月 25 日。

"最为天下贵"。从技术层面来讲,有了分工,人们的专业技术水平就能提高,生产能力就增强了;有了合作,就能形成一种集体的力量,就能创造出更多的物质财富。恩格斯说:"许多人协作,许多力量融合为一个总的力量,用马克思的话来说,就产生'新力量',这种力量和它的单个力量的总和有本质的差别。"①在这里,"许多人协作,许多力量融合成一个总的力量"就是荀子所说的"和则一"。相反,如果社会不和谐,就会出现无序的争斗,而"争则乱,乱则离,离则弱,弱则不能胜物"(《荀子·王霸》)。这是被古今中外无数事实证明了的通例。总之,儒家认为,只有和谐,社会才能稳定、团结、统一;只有和谐,社会才能聚集起强大的力量来改造自然、造福人类,人们才能持续地生活下去。

最后,"和则无倾"。孔子曰:"丘也闻有国有家者,不患寡而患不均,不患贫而患不安。盖均无贫,和无寡,安无倾。"(《论语·季氏》)后世学者多认为"不患寡而患不均,不患贫而患不安"中的"寡"与"贫"应颠倒过来,此句应该是"不患贫而患不均,不患寡而患不安"。根据上下文来看,这样的改动是有道理的。也就是说,孔子认为,对于一个国、一个家来说,不害怕财富少,而害怕财富不平均,不害怕人民太少,而害怕境内不安定。因为,财富平均了就无所谓贫穷,社会和谐了就不怕人口稀少,境内安定了就不会倾倒。这里的关键是"和",一方面,"和"既决定着"无寡",如上所述,"和则一,一则多力,多力则强",所以,只要人民统一团结("和"),就不怕人少,也不觉得人少;另一方面,"和"也决定着"无倾",因为,安(安定、稳定)则无倾。如上所述,"和则安",和谐是安定、稳定的前提,所以,与其说是"安无倾",不如说是"和则无倾"!所以,在孔子看来,社会和谐了,国家就有凝聚力,社会才能安定,国家才能长治久安。孟子也说:"天时不如地利,地利不如人和。"(《孟子·公孙丑下》)这里的"人和"是指人与人之间的团结一致、和谐统一,也即社会和谐。依孟子之见,社会和谐要比有利的自然条件更重要,尤其是对统治者来说,是否具备"人和"的基本条件是决定其统治地位能否稳固长久的前提。

总之,儒家主张"和谐"是任何事物得以存在的根据,更是社会得以存在的

---

① 《马克思恩格斯选集》第3卷,人民出版社2012年版,第505页。

前提。所以,"和谐"与否关系到天下治乱、社会兴衰。儒家的这一思想对中国传统社会产生了巨大的影响,正如当代英国著名学者贡布里希所说:"在孔子学说的影响下,伟大的中华民族比世界上别的民族更和睦、更和平地共同生活了几千年。"①此言甚确!

三、"天下为公"的"大同"社会理想

社会价值观既涉及个人与群体、个人与社会的关系问题,又关乎社会和谐的问题,最终臻于对完美社会的构想。儒家在社会价值观上又一重要内容就是擘画终极社会理想。

(一)孔子的"大同"理想和"小康"之说

儒家在社会价值观上的最高理想就是设想建立一种"大同"社会。"大同"理想最早是孔子提出来的,《礼记·礼运》记载了孔子对"大同"社会的阐发。孔子说"三代"时期是"大道"流行的时期,这个时期社会已臻至"大同"的理想状态,这种理想的"大同"社会,其景象就是:"大道之行也,天下为公,选贤与能,讲信修睦。故人不独亲其亲,不独子其子,使老有所终,壮有所用,幼有所长,矜寡孤独废疾者,皆有所养;男有分,女有归;货恶其弃于地也,不必藏于己;力恶其不出于身也,不必为己。是故谋闭而不兴,盗窃乱贼而不作,故户外而不闭,是谓大同。"

从此描绘中可以看出,"大同社会"是社会和谐的最高典范和最佳状态,其核心是"天下为公"和"仁爱"充盈!在这样的社会里,所有的人都有一种大公无私的大爱精神,都能够各安其位、各尽其职,所以整个社会是人尽其才、物尽其用,人的善良本性得以充分彰显,而恶习和不良行为消除殆尽。用今天的话来说,"大同"社会是一个公平、公正、友善、和平的社会,是"大道通行于天下"的时代。

---

① [英]贡布里希:《写给大家的简明世界史》,张荣昌译,广西师范大学出版社 2009 年版,第 84 页。

接着孔子又阐述了"小康"社会的景象："大道既隐，天下为家。各亲其亲，各子其子，货力为己，大人世及以为礼，城郭沟池以为固，礼义以为纪，以正君臣，以笃父子，以睦兄弟，以和夫妇，以设制度，以立田里，以贤勇知，以功为己，故谋用是作，而兵由此起。禹、汤、文、武、成王、周公，由此其选也。此六君子者，未有不谨于礼者也，以著其义，以考其信，著有过，刑仁讲让，示民有常。如有不由此者，在埶者去，众以为殃。是谓'小康'。"（《礼记·礼运》）意思是说，在小康社会中，诸侯天子们的地位和权力变成了世袭的，并成为名正言顺的礼制，人们修筑城郭和护城河来加固防守，制定礼义并将之作为纲纪来"正君臣""笃父子""睦兄弟""和夫妇"，建立制度以确立田地和住宅的界限（产权），尊重勇敢和有才智的人，人们成就功业是为了自己，因此，计谋就开始兴盛起来，战争也由此而发。由于小康社会是以"礼义"为准则，而禹、汤、文、武、成王、周公六位君子就是用礼义治国的英杰人物，他们都非常谨慎地推行礼制，并以此来彰明道义，成就信用，照察过失，推崇仁义而讲究谦让，向民众显示其治国有常。如果君主不遵行礼义，就会被废黜，民众视他为祸殃。从中可以看到，与"大同"社会相比较，"小康"社会是一家的天下，是"货力为己""以功为己"的私有制社会，是用"制度"（包括分封建制、社会礼制、田产制度）来治理的社会，人们"各亲其亲，各子其子"，这就与"人不独亲其亲，不独子其子"的"大同"社会形成鲜明的对照。但从根本上讲，"大同"社会与"小康"社会最本质区别在于，"大同"是"公天下"，"小康"是"私天下"，二者其他之不同皆由此决定。

大多数人认为，"大同"是一种社会理想，是一种最理想的至德盛世，因而不免具有乌托邦的色彩，而"小康"是现实中曾经存在过的社会，孔子认为夏、商、周三代便是小康社会。也有学者认为《礼记》中所说的"大同"是国家产生以前的社会，也即无阶级的社会，而未来的"大同"社会也一定是超国时代的社会，即是国家消亡的社会；而《礼记》中"小康"社会的关键在于国家的产生。① 这些看法皆有一定的道理，它对中国历史和文化的研究有所裨益。但不论怎样，"大同"社会是

---

① 参见黄玉顺：《"以身为本"与"大同主义"——"家国天下"话语反思与"天下主义"观念批判》，《探索与争鸣》2016 年第 1 期。

以孔子为代表的儒家对最理想社会的美好构想,这一点是确定无疑的。

(二)康有为的"大同"社会思想

自孔子提出"大同"社会设想以后,"大同"便成了古代先贤圣哲们上下求索的社会理想,也是一个令无数志士仁人前仆后继为之不懈奋斗的世代憧憬,更是亿万炎黄子孙魂牵梦萦的千年情结。不过就理论探索而言,在孔子之后,对"大同"社会理想进行深入思考和系统阐发的,当属近代中国思想家康有为。

康有为是晚清时期重要的政治家、思想家,也是一代大儒,他深受《礼记》大同思想的影响,撰有《大同书》一书,阐述了自己的"大同"社会理想。康有为将《公羊》的"三世"说与《礼记·礼运》的"大同""小康"思想糅合在一起,形成了自己的"大同"学说。

从历史上看,"三世说"的雏形出现于《春秋公羊传》。《春秋公羊传·桓公二年》曰:"所见异辞,所闻异辞,所传闻异辞",后世称之为"三世异辞"。董仲舒将之加以发挥,提出"《春秋》分十二世以为三等:有见、有闻、有传闻。有见三世,有闻四世,有传闻五世。故哀、定、昭,君子之所见也,襄、成、文、宣,君子之所闻也,僖、闵、庄、桓、隐,君子之所传闻也。所见六十一年,所闻八十五年,所传闻九十六年。"可见,这里所谓的"所见"是指孔子亲眼见到的,"所闻"指孔子所亲自见过的人说的,"所传闻"是指孔子听说的传闻。董仲舒认为:"于所见,微其辞;于所闻,病其祸;于传闻,杀其恩,与情俱也。"(《春秋繁露·楚庄王》)东汉的何休在《春秋公羊经传解诂》中则作了进一步的发挥,指出:"所见者,谓昭定哀,己与父时事也;所闻者,谓文宣成襄,王父时事也;所传闻者,谓隐桓庄闵僖,高祖曾祖时事也。所谓异辞者,见恩有厚薄,义有深浅,时恩衰义缺,将以理人伦、序人类,因制治乱之法。……于所传闻之世,见治起于衰乱之中,用心尚麤觕,故内其国而外诸夏;……于所闻之世,见治升平,内诸夏而外夷狄;……至所见之世,著治太平,夷狄进至于爵,天下远近大小若一,用心尤深而详,故崇仁义。"[1]在这里,何休把从"所传闻世"到"所闻世"再到"所见世"的发展历程描述为由"衰

---

[1] (汉)何休:《春秋公羊经传解诂》(第一册),中华书局1988年版,第14页。

乱"进入"升平"再进入"太平"的演进过程。到了太平世,就没有内外远近大小之分了,真正实现"天下若一"(即"天下一家"),仁义流行。

康有为继承了董仲舒、何休的上述思想,他首先强调"三世为孔子非常大义,托之春秋以明之",指出"所传闻世为据乱,所闻世托升平,所见世托太平",并认为:"乱世者,文教未明也;升平者,渐有文教,小康也;太平者,大同之世,远近大小如一,文教全备也。大义多属小康,微言多属大同。"①显然,康有为把"升平世"等同于《礼记·礼运》所说的"小康"社会,而把"太平世"等同于"大同"社会,足见其思想是《公羊》的"三世"说与《礼记·礼运》的"大同""小康"说的糅合。在《大同书》中,康有为又说:"神明圣王孔子,早虑之,忧之,故立三统三世之法,据乱之后,易以升平、太平,小康之后,进以大同。"②也就是说,在康有为看来,从"据乱世"进化到"升平世"("小康"社会),再由"升平世"进化到"太平世"("大同"世界),这是人类社会进化的普遍规律。那么,"大同"世界如何实现呢? 康有为认为,人生的种种苦难根源于"九界"的存在。所谓"九界"是指国界、级界、种界、形界、家界、业界、乱界、类界、苦界。因此,实现"大同"就要破除"九界",为此他提出"去国界合大地""去级界平民族""去种界同人类""去形界保独立""去家界为天民""去产界公生业""去乱界治太平""去类界爱众生""去苦界至极乐",由此便能实现"至平""至公""至仁""至治"的"大同之道"③。

虽然康有为对"大同"社会的理解与孔子有些不同,但他们又具有共同性,那就是都认为大同社会是没有国家和阶级差别,是一个"天下为公"的社会,是"虽有善道,无以加此"(《大同书·绪言》)的至善的社会。就其无国家、无阶级差别、公为天下而言,与马克思主义所设想和追求的共产主义社会高度一致。此外,他们都主张"小康"社会是实现"大同"世界的必经阶段或曰必由之路。

总之,儒家在社会价值观上将"大同"社会作为最高的理想,在这一理想社会中将会出现天下为人人所有、人人也为天下奉献的美好局面,真正达到群己合

---

① 康有为:《春秋董氏学》(卷二),广西师范大学出版社 2016 年版,第 79 页。
② 康有为:《大同书——传统外衣下的近世理想国》,李似珍评注,中州古籍出版社 1998 年版,第 39 页。
③ 康有为:《大同书——传统外衣下的近世理想国》,李似珍评注,中州古籍出版社 1998 年版,第 39 页。

一、社会和谐、人生和美、天下太平的境地。虽然这一理想在古代不免是一种乌托邦的幻想,但它确实成为引导人类不断前行的不竭动力。这一理想追求对当今身处全球化社会的人们来说人具有重要的现实意义,尤其是其中的"天下为公"的理念为解决人类面临的全球问题、构建人类命运共同体提供了重要的思想资源。

以上我们从"群体本位""社会和谐""大同"理想三个方面对儒家社会价值观进行了梳理与阐释。在这三者中,群体本位是儒家社会价值观的根本特点,它也是整个中华传统文化价值观的基点,与西方文化之个体本位(个人主义)价值观形成鲜明的对照;由于中国传统社会以群体为本位,从群体价值目标出发,必然要把协调人际关系放在首位,这就凸显了"和"在社会交往中的极端重要性。所以,和谐人际关系,实现整个社会和谐就理所当然地成为为传统社会提供意识形态指导的儒学之社会价值观的价值旨归和价值取向;对于社会之和,儒家构想了一个理想化的和谐社会,即"大同社会"。由此可见,儒家社会价值观的这三个方面内在关联,构成一个整体。

当然,儒家社会价值观的内容远不止上述方面,我们只是举其大且要者而述之。对于这些内容,我们也要秉承科学理性的态度予以扬弃,去芜存菁,对其合理的积极因素加以继承弘扬,使之为当今社会的发展作出新的更大贡献。

第五章 "天人合一":儒家的自然价值观

在儒家的价值观系统中,"天人合一"无疑是一个非常重要的方面,甚至于有人说,"如果仅用一个概念来囊括儒家传统的主流价值观,那么'天人合一'大概是表达此概念最好的选择了"①。

问题在于,"天人合一"表达了一种什么样的价值观呢? 有学者说"天人合一"观念是古代人治世的根据,它首先体现在部族的管理事项上,还体现在处理群体内部和外部的关系上,对于社会价值观的形成具有重要的影响,尤其是"天人合一的经世思想发展为君权神授,道德规范被僵化为'三纲五常'",从而使"儒家整体本位的实质是以皇权为核心的贵族本位"②,这显然把"天人合一"视为一种社会价值观。也有人认为"天人合一"体现了一种"人生价值观"③。这些看法都有一定的合理性,因为古代中国"天"和"人"都有多重含义,"天人合一"也就有多重意蕴,包括了天命与人事、天性与人道、自然与人为等方面的合一,因而具有思维方式、社会道德、人生境界和生态伦理等方面的价值意义。

但大多数人认为"天人合一"表达了一种自然价值观。季羡林先生说:"什么叫'天'? ……我个人认为,'天'就是大自然,而'人'就是人类。天人合一就是人与大自然的合一。"他认为唯有"'天人合一'方能拯救人类",因为当今人类所面临的生态失衡、环境污染、资源匮乏等严重问题就是根源于"我们人类没有处理好人与大自然的关系"④。张岱年先生也说:"天人关系论,即是对于人与自

---

① 单纯:《儒家的"天人合一"与全球价值》,《孔子研究》2005 年第 6 期。
② 付纯孝:《斗室文汇》,中国矿业大学出版社 2011 年版,第 23 页。
③ 方立天:《为人之道:中国传统文化的人文主义思想及其普遍意义》,载方克立主编:《21 世纪中国哲学走向》,商务印书馆 2003 年版,第 369—372 页。
④ 季羡林:《"天人合一"方能拯救人类》,《东方》1994 年创刊号。

然或人与宇宙之关系的探讨","汉宋儒家讲天人合一,其肯定人类与自然界的统一,有正确的方面"①。方克立先生认为:"中国哲学中的天人关系包含着丰富、复杂的内容,但它的一个最基本的涵义,就是指人与自然界的关系。也可以说这就是它的'本义',其他各种涵义都是由此引申或演变而来的。"②赵馥洁先生更是明确指出:"所谓'天人合一',从价值论上说,就是认为自然和人都有各自的价值,天人应该形成和谐、统一的价值观关系;只有天人之间这种和谐统一的关系,才符合人类生存和发展的要求,才是人类理想的境界。"③总之,认为"天人合一"的最基本含义就是人与自然的统一已经成为一种普遍共识,也正是在这个意义上,我们用"天人合一"来概括和表达儒家的自然价值观。

当然,说"天人合一"的"本质"就是人与自然的合一,决不意味只承认"天人合一"只有一种含义。事实上,由于"天""人"概念的多义性,决定"天人合一"观念具有多重意蕴。我们在此只是侧重从自然价值观的角度诠释"天人合一"观念。

一、"天人合德"
——"天人合一"观念的开启及其道德化特点

从史料记载来看,中国传统的"天人合一"思想形成于西周初年,"天人合德"是其真正开端。从夏、商、周三代以来一直到殷商时期,"天人相隔"的观念或思维模式占主导地位,那时"天"是一种外在于人的必然性力量,是作为一种至上的神而存在。《礼记·表记》曰:"殷人尊神,率民以事神。"殷人把有意志的神("帝""天帝")看成是天地万物的主宰,万事求卜,凡遇征战、田猎、疾病、行止等等,都要求卜于神,以测吉凶祸福。但此时人们通过卜祭向天(神)提出问题,只能得到吉凶可否的回答,并没有所以然的道理,也就是说,此时"天人之间既没有理性信息的往返,也没有尽'人事'以影响'天命'的观念"④,因此,这时

---

① 张岱年:《中国哲学大纲》,中国社会科学出版社 1982 年版,第 181、177 页。
② 方克立:《"天人合一"与中国古代的生态智慧》,《社会科学战线》2003 年第 4 期。
③ 赵馥洁:《中国传统哲学价值论》,陕西人民出版社 1991 年版,第 400 页。
④ 徐远和:《儒学与东方文化》,人民出版社 1994 年版,第 165 页。

还没有出现"天人合一"的迹象。《尚书·洪范》曰:"惟天阴骘下民,相协厥居……天乃锡禹洪范九畴,彝伦攸叙。"这种观点表明在"天"(神)与人之间存在着相通的关系,标志着中国古代"天人合一"观念的萌芽。

到了西周时期,周人灭掉殷商、建立周王朝以后并未感到高兴和快乐,反而产生了深深的"忧患"意识。在他们看来,按照"天命"观,商纣王的统治地位和权力也是天之所赐,但上天随后又命周王灭掉纣王,这说明"天命靡常"。由此他们在想,上天会不会命令别人灭掉周王的统治呢?如何才能保证周王的统治地位和权力不失呢?此乃当时困扰周人的最大问题。这一问题的实质是,天命为什么会发生转移?怎样才能保持天命不变?周人想到,商纣王之所以被灭掉,是因为他荒淫无度,"不敬厥德"(《尚书·召诰》)。所以,要使"天命恒常",只能"惟德是辅"(《尚书·蔡仲之命》),这样就把"天命"的得失与统治者是否"尚德"联系起来。由此周朝的统治者和政治家们提出了一个影响中国数千年的重要文化观念——"敬德保民",认为人可以通过自己的自觉的努力,做到没有丝毫的疏忽和懈怠,就可以感动"天",使天"择德降命"。这样"天"就被赋予了一种理性和分辨是非的能力,具有"罚罪降丧""休善界命"的道德品格。[1] 由此可见,周人正是通过"德"将"天""人"连接起来,这是"天人合一"的最初形式。

孔子继承了西周时期"天人合德"的思想,认为天人是相通的,一方面,天赋予人以道德,所谓"天生德于予,桓魋其如予何?"(《论语·述而》)"天之未丧斯文也,匡人其如予何?"(《论语·子罕》);另一方面,人只有"知天""则天"才能达到精神自由的境界,所谓"五十而知天命""七十而从心所欲不逾矩"(《论语·为政》)。不过,孔子的"天"似乎仍然保留了有意志的人格神的意义,因此孔子"天人合一"思想显然还有西周人神关系的遗迹。但孔子所讲的道德的核心是"仁",他在讲"仁"的根源时却很少将之归于人格神意义的"天"。相反,他强调"孝悌"之类的自然情感是"为仁之本"(《论语·学而》),表明他将"仁"之根源归之于人天生的一种自然本性。

孟子提出"尽心知性知天""存心养性事天"的"天人合一"进路,也是"天人合

---

[1] 参见徐远和:《儒学与东方文化》,人民出版社 1994 年版,第 165 页。

德"模式的表现。孟子认为人性本善,但人之善性是"天之所与我者"(《孟子·告子上》),所以天与人就合一了。同时,孟子又认为人的善性根源于人心,是"我固有之也"。这样,人性既本于天性又源于人心,所以,"尽其心者知其性也,知其性则知天矣"(《孟子·尽心上》)。可见,孟子的"天人合一"就是人性与天性的合一,这种合一的目的是为人的善性提供合法性依据,因此是一种道德性的合一。

《易·乾卦·文言》明确提出"天人合德"的命题:"夫大人者,与天地合其德,与日月合其明,与四时合其序,与鬼神合其吉凶。"之后,汉代董仲舒的具有迷信色彩的"天人感应"式的"天人合一"论也没有离开这一思路。众所周知,董仲舒讲"天人感应"是为其政治哲学服务的,他说:"臣谨按《春秋》之中,视前世已行之事,以观天人相与之际",发现"国家将有失道之败,而天乃出灾异以谴告之;不知自省,又出怪异以警惧之;尚不知变,而伤败乃至。以此见天心之仁爱人君而欲止其乱也";如果"帝王之将兴也,其美祥亦先见"(《春秋繁露·同类相动》),则"天瑞应诚而至"(《汉书·董仲舒传》)。在此,"天""人"之间通过"王者"用"德政"贯通起来,"天瑞"和"天谴"是天人之间的感应作用,它起到了调节天人关系并维持其动态平衡的功能。这种思维模式与西周初期的"以德配天""惟德是辅"观念一脉相承,只不过它比后者更为具体、精致一些罢了。及至宋明理学,其突出之点也在于把道德"天理"化。在此不再赘述。凡此种种,表明了"德"成为"天人合一"的枢纽,"天人合一"被道德化。

"天人合德"看似"天"被赋予道德的属性、成为道德的化身,但其实质是为社会道德的必然性、合法性和普遍性奠定本体论基础。在儒家看来,人不同于动物的根本之处在于人有仁、义、礼、智、信等道德品性,道德构成了人的本质规定,而人的道德品质是由"天"赋予的,因此,"天"构成了社会道德的"本体"。既然道德源于天,那它就具有必然性和天然合理性,因此,人人都应当遵循和践履道德,践行道德,也就是在完成天的使命。这样,"天人合一"模式就成为社会道德借以开启或落实的依凭了。

在"天人合德"观念中,首先包含着人要以"德"合天,而不是天要与人合,这表明人在这一模式中处于被主导的一面,但这不意味着人完全是被动的和消极的,"天人合德"也赋予人以道德主体性。

与西方强调人在认识自然和改造自然方面的主体性不同，中国人凸显的是人的道德主体性，即人通过自觉地发挥道德的力量来影响天命的实现，沟通人与自然的关系。孔子提出的"人能弘道""为仁由己，而由人乎哉""我欲仁，斯仁至矣"，就是这种主体性的经典表达。孟子认为，人内心所固有的四个"善端"只是"火之始燃、泉之始达"，它需要人们不断的"扩而充之"，"苟能充之，足以保四海；苟不能充之，不足以事父母"（《孟子·公孙丑上》），这里的"扩而充之"的过程就是发挥主体性的过程。北宋的张载说："性与天道合一存乎诚"（《正蒙·诚明》）；"儒者则因明致诚，因诚致明，故天人合一"（《正蒙·乾称》）。这里所说的"因明致诚"和"因诚致明"实际上是"天人合一"的两条途径，它出自《中庸》的"自诚明，谓之性；自明诚，谓之教。诚则明矣，明则诚矣"，因此，这两条途径也可称为"自诚明"和"自明诚"。朱熹称"自明诚"为"圣人之德"，称"自明诚"为"贤人之学"①，无论是"由诚而明"还是"由明而诚"，都需要发挥人的主体性。

总之，儒家虽然将道德的根源归结于"天"或"人性"，但在人的道德实现上并不是"听天由命"，而是主张发挥人的道德主体性和自觉性，通过体察"天"与"人性"的关系以及自觉的道德修养实现个体人格与社会道德的合一，以此来维系社会的稳定和统一。由此可以看出，中国文化不同于西方文化的特点之一，就是中国传统社会不完全依靠外在的"上帝""神"的力量来维系社会伦理道德、调节个人心理平衡和精神生活，而是主要依靠主体内在的道德自觉来约束自我、提升自我和完善自我，并借此来维系社会关系，这正是"天人合德"的意义所在。

二、人与自然协调统一的价值取向

如前所述，中国传统"天人合一"思想的最本质含义就是主张人与自然的协调统一，它与西方文化惯有的"主客二分"（人与自然对立）思想主张截然不同，它代表了以儒家为主的中国传统文化在对待人与自然关系上的一种价值取向。

此种意义上的"天人合一"观念最早也是最集中地体现在《周易》中。《周

---

① （宋）朱熹：《四书章句集注》，中华书局 2011 年版，第 33 页。

易·乾卦·文言》曰:"夫大人者,与天地合其德,与日月合其明,与四时合其序,……先天而天弗违,后天而奉天时。"这里的"天地""日月""四时"皆为"自然界";所谓"先天",即为天之前导,在自然变化未发生之前加以引导;所谓"后天",即遵循自然的变化规律,从天而动。① 这显然是强调人与自然要协调统一:一方面,人的行动要"奉天时",即遵循自然规律;另一方面,人又要发挥自身的主观能动性,引导和促进事物的发展变化。能够自觉到这一原则并照此行为的人就是"大人",也即"圣人"。"圣人"之所以为"圣人",就在于他通晓"天人合一"之道,能与"自然"合一,从而达到"与天地相似,故不违;知周乎万物而道济天下,故不过;旁行而不流,乐天知命,故不忧;安土敦乎仁,故能爱;范围天地之化而不过,曲成万物而不遗,通乎昼夜之道而知"(《易传·系辞上》)的至高境界。可见,《周易》的上述主张反映了儒家重视人与自然界相互适应、相互协调的思想,并将能做到这一点的人称为"大人""圣人",显然蕴含着把人与自然协调统一作为理想目标和价值取向的意蕴。

即使董仲舒神秘的"天人感应"论也包含着人与自然相协调的思想。如前所述,董仲舒的"天人感应"说本质上属于"天人合德"的范畴,但正如张世英先生所言,董仲舒的"天"不是基督教的"上帝",他没有赋予"天"以"创世"的意义,而且他的"天"又具有"自然之天"的意蕴,因为此"天"是包含"天、地、阴、阳、木、水、土、金、火和人"等"十者"在内的万物之全体。② 如董仲舒说:"天、地、阴、阳、木、火、土、金、水九,与人而十者,天之数毕也。"(《春秋繁露·天地阴阳》)尤其是董仲舒在自己提出的"同类相动"观念指引下,得出自然事物之间有一种相互感应性的结论,例如"气同则会,声比则应""马鸣则马应之,牛鸣则牛应之",并说这种感应不是神使之然,而是"其数然也";不仅自然事物之间有相互感应性,社会领域的事物之间也有相互感应性,比如"美事召美类,恶事召恶类"。尤其重要的是,董仲舒不仅认为自然界内部和社会领域内部的事物之间具有相互感应性,而且自然界和人类社会之间也有相互感应性,他提出"帝王之

---

① 参见张岱年、方克立:《中国文化概论》,北京师范大学出版社 2004 年版,第 287 页。
② 参见张世英:《中国古代的"天人合一"思想》,《求是》2007 年第 7 期。

将兴也，其美祥亦先见；其将亡也，妖孽亦先见"（《春秋繁露·同类相动》），这也就是他说的"天人感应"的意思。从中可以看出，董仲舒的"天人感应"说主要在于揭示君主的政治行为与"天"之间具有感应关系，其目的是政治性的，希望君主"为政以德"，以仁义治天下，勤政爱民，使百姓安居乐业。但它也从一般意义上说明人类活动会影响到自然界的变化，自然界的变化也能映现人类行为，所以提醒人们要注意保持与自然界协调一致。由此不难看出"天人感应"也显露出"人与自然相协调"的意蕴。

要实现人与自然协调统一，必须在遵从自然规律的前提下，主动发挥人类对自然界的辅助和"参赞化育"作用。《周易·泰卦·象辞》曰："财成天地之道，辅相天地之宜，以左右民。"朱熹注曰："财，裁同。相，息亮反。左，音佐。右，音佑。裁成以制其过，辅相以补其不及。"①所以，《周易》的这句话是说（帝王）裁度天地运行规律，辅助天地的造化，以此来治理百姓。这是主张人在与自然相协调的基础上对自然界进行裁制、辅助，以发展社会生产，满足人民的生活需要，使百姓安居乐业。《中庸》在释"自诚明"一语时提出："唯天下至诚，为能尽其性。能尽其性，则能尽人之性；能尽人之性，则能尽物之性；能尽物之性，则可以赞天地之化育；可以赞天地之化育，则可以与天地参矣。"这是称赞作为"天下至诚"之人的"圣人"不仅能够充分展现自己的真诚本性（"能尽其性"），而且能使民众在他的影响下逐步形成真诚的优秀品质（"能尽人之性"），最后还可以帮助天地化生万物，从而与天地并列为三。在此，从"尽人之性"到"尽物之性"再到"赞天地之化育"，充分展现了儒家在对待人与自然的关系上，不是一味地顺从自然、听命于自然，而是强调在遵从自然运行规律的前提下，充分发挥人的主观能动性和主体的精神力量，推动物质世界向着有利于人的方向变化发展。我们知道，《中庸》首章提出"天命之谓性，率性之谓道"，这里的"天"实际上就是自然界，"命"就是自然界的目的性活动。这句话的意思是把天赋予人的禀赋叫作"性"，把遵循自然本性发展的规律而行动叫作"道"。由此可见，儒家认为自然界是一个"大化流行"的过程，它通过生、长、养、育成就了万物，也成就了人性，

---

① （宋）朱熹：《周易本义》，廖名春点校，广州出版社1994年版，第58页。

它通过"生生不息"地创造生命之功能显示自身的存在;同样,秉受"天性"的人类只有通过辅助天地自然生长发育万物才能够完成其本性,显现其存在的价值和意义。可见,《中庸》与《周易》一样都主张一种"人与自然协调统一"的"天人合一"思想。尤值措意的是,《周易》把天、地、人并称为"三才",而《中庸》把天、地、人并列为三,表明它们都把天、地、人看作是一个有机的整体,要求人类在与自然(天、地)的协调统一中进行自己的活动。这种观念对人与自然关系的认识较为合理、深刻,并且产生了极其深远的影响。

儒家既强调人类要发挥主体的能动作用,"赞天地之化育",同时又强调这种参赞和辅助自然的行为不能超越自然的界限,不能违背自然界事物自身发育的规律,尤其在利用自然资源方面,要"取用有度""以时禁发"。《论语·述而》说孔子"钓而不纲,弋不射宿",这当然表现了孔子的"仁人之本心矣"①,但更彰显了孔子的"取物有节"、不妄杀滥捕的思想理念。实际上,儒家许多代表人物都秉持这一理念,比如孟子认为自然界的事物"苟得其养,无物不长;苟失其养,无物不消",因此他主张"用之以时":"不违农时,谷不可胜食也;数罟不入洿池,鱼鳖不可胜食也;斧斤以时入山林,材木不可胜用也。"(《孟子·梁惠王上》)孟子还提出"亲亲而仁民,仁民而爱物"(《孟子·尽心上》)的仁爱思想,把儒家的仁爱情怀由人推及物,这就意味着他用"仁"这个纽带将人与自然连为一体("天人合一"),这是他的"天人合德"思想的具体体现,而对自然界事物的"用之以时"正是由他的"爱物"主张使然!荀子继承和发展了孟子的"用之以时"思想,主张要根据生物繁育生长的规律"以时禁发",他说:"草木荣华滋硕之时,则斧斤不入山林,不夭其生,不绝其长也;鼋鼍、鱼鳖、鳅鳣孕别之时,罔罟毒药不入泽,不夭其生,不绝其长也;春耕、夏耘、秋收、冬藏四者不失时,故五谷不绝而百姓有余食也;洿池、渊沼、川泽谨其时禁,故鱼鳖优多而百姓有余用也;斩伐养长不失其时,故山林不童而百姓有馀材也。"(《荀子·王制》)他还说:"王者之等赋,政事,财万物,所以养万民也。……山林泽梁以时禁发而不税。"(《荀子·王制》)这就把"以时禁发""取用有节"等保护自然的规定上升到"圣王之制"和

---

① (宋)朱熹:《四书章句集注》,中华书局 2011 年版,第 96 页。

"王者之法"的高度,足见荀子对保护资源资源的重视。

其实从史料记载来看,我国很早就有了自然保护的思想和实践。早在大禹统治的时期,大禹就颁布了"春三月山林不登斧,以成草木之长;夏三月川泽不入网罟,以成鱼鳖之长"(《逸周书·大聚》)的禁令,这一禁令也成为后世人遵从的"古训",比如周文王在临终前就告诫子孙:"山林非时不升斤斧,以成草木之长;川泽非时不入网罟,以成鱼鳖之长;不卵不馔,以成鸟兽之长。畋猎唯时,不杀童羊,不夭胎","是以鱼鳖归其渊,鸟兽归其林。孤寡辛苦,咸赖其生。"(《逸周书·文传》)这显然是对大禹禁令的继承和发展。《国语·鲁语上》载有"里革断罟匡君"的故事,司马迁的《史记·殷本纪》记载了商汤"网开三面"的故事:"汤出,见野张网四面,祝曰:'自天下四方皆入吾网。'汤曰:'嘻,尽之矣!'乃去三面,祝曰:'欲左,左。欲右,右。不用命,乃入吾网。'"这些都表明了我国古代很早就有了保护自然、维护生态平衡的思想。春秋时期齐国的政治家管仲甚至将保护自然作为君主是否有统治资格的一个前提条件,他说"为人君而不能谨守其山林、菹泽、草莱,不可以立为天下王"(《管子·轻重甲》),认为"山泽林薮"是"天财之所出",如果能"以时禁发"(《管子·立政》),则能使民足于用。他还制定严格法令来制止破坏自然资源的行径,"苟山之见荣者,谨封而为禁。有动封山者,罪死而不赦。有犯令者,左足入,左足断,右足入,右足断"(《管子·地数》),即便是皇室成员也必须遵守法令,"山林虽近,草木虽美,宫室必有度,禁发必有时"(《管子·八观》)。尤其值得称道的是,《礼记·月令》还对从"孟春之月"到"季冬之月"十二个月中每一个月怎样保护和利用生物资源都给出了非常明确、具体的要求,这些要求完全体现了"以时禁发""取用有度"的原则,把封禁、保护与开发、利用很好地结合起来。实际上,比《礼记》成书时间稍早一些的《吕氏春秋》就已经对自然资源的保护作出具体规定,该书的第一至十二卷像《礼记》的《月令》篇一样,也是从"孟春月"讲到"季冬月",并提出了"四时之禁":"山不敢伐材下木,泽人不敢灰僇,缳网罝罘不敢出于门,罛罟不敢入于渊,泽非舟虞,不敢缘名。为害其时也。"(《吕氏春秋·上农》)意思是说,不到适当的季节,禁止到山中砍伐树木,水泽地区的人不得割水草烧灰,捕获鸟兽的罗网不得带出家门,渔网不得下水,不是主管舟船的官员不得借口行船。因为这些都会伤害动植物的生长发育期。儒家甚至将不按时间节令获取自然资源的行为视为"不孝",比如《礼记·祭义》引用孔子的话说:"断一树,杀一兽,不以其时,非孝也。"在此可以看到儒家不仅用法令,而且还用"礼"来保护自然资源,而一旦将"礼"扩展到保护自然界的动植物时,此"礼"就真正具有了生态伦理的意义了。

总之,在儒家的"人与自然协调统一"的思想中,既强调人类要遵从自然、顺应自然,又主张人类对自然的"参赞化育";既主张人类改造自然、利用自然,又强调对自然要"用之以时""取用有度",充满了辩证的智慧,尤其是其中的关于保护生物资源的思想观点及其所蕴含的"以时禁发"的实践模式对后世产生了很大的影响和示范作用,对当代人也不失为一笔宝贵的资源。

三、"天人一道"的价值根据论

儒家之所以把人与自然协调统一作为处理人与自然关系的行为准则和价值取向,是由于人与自然在的"道"层面上就是统一的,天道与人道的合一,简称"天人一道"。"天人一道"不仅是儒家"天人合一"的一种形式或曰一种蕴意,我们也可将之视为儒家"天人合一"自然价值观的根据。

"天人一道"这一概念是北宋理学家程颐提出来的。他说:"道未始有天人之别,但在天则为天道,在地则为地道,在人则为人道"(《二程遗书》卷第二十二上)。又说:"安有知人道而不知天道者乎? 道一也,岂人道自是一道,天道自是一道? ……天地人只一道也,才通其一,则余皆通。"(《二程遗书》卷十八)

但"天人一道"思想的明确表达可以追溯至《周易》。

《周易·系辞下》曰:"《易》之为书也,广大悉备,有天道焉,有人道焉,有地道焉。兼三才而两之。"所谓"三才"就是指天、地、人,所谓"两之"是说两个爻位构成一个等级,上爻、五爻为天位,四爻、三爻为人位,二爻、初爻为地位。王夫之释此曰:"三才之道,大全统乎一端,而一端领乎大全也。非达天人之际者,无以喻其深矣。"[1]在王夫之看来,"道"是贯通"天道""地道""人道"的,所谓"道一

---

① (清)王夫之:《周易外传》,李一忻点校,九州出版社 2004 年版,第 291 页。

成而三才备"，反过来说，"三才备而道成"；"大全"就是"道"，由"道"则可以统领"三才"中的任何一个，相应地，由"三才"中的任何一个也可以领会"大全"。《周易·说卦》也曰："昔者，圣人之作《易》也，将以顺性命之理。是以立天之道，曰阴与阳；立地之道，曰柔与刚；立人之道，曰仁与义，兼三才而两之。"宋儒张载释曰："三才两之，莫不有乾坤之道也。易一物而合三才，天（地）人一，阴阳其气，刚柔其形，仁义其性。"[①]意思是说，天、地、人三才都说的是乾坤两两相对相即的道理。《易》是把天、地、人三者合在一起来看的，把天（地）道和人道统一起来，并且把这种统一的基础归结为乾坤之道。正因为如此，《周易·系辞上》一开头便说："天尊地卑，乾坤定矣……乾道成男，坤道成女。"《周易·说卦》又说："《乾》，天也，故称乎父，《坤》，地也，故称乎母"。《周易》按照乾坤、天地、父母这样一种思维模式构筑了一幅宇宙演化图式："有天地然后有万物，有万物然后有男女，有男女然后有夫妇，有夫妇然后有父子，有父子然后有君臣，有君臣然后有上下，有上下然后礼义有所错。"（《周易·序卦》）可见，《周易》构筑了一个包罗万象的宇宙观思想体系，而贯穿这一体系的一条红线就是"天人合一"思想，它将自然法则、社会秩序、道德观念统一起来，揭示出"天道"和"人道"合一，"人道"源于"天道"，"天道"是"人道"的根据。

"天人一道"也是《中庸》的思想主线。《中庸》曰："诚者，天之道也；诚之者，人之道也。"这与孟子的"诚者，天之道也，思诚者，人之道也"几乎完全相同，反映了思孟学派的共同观点。何谓"诚"，朱熹释曰："理之在我者皆实而无伪，天道之本然也。"[②]意思是说，"诚"就是实实在在、真实无妄，是"天道"的本然状态，所以说"天之道"就是"诚"；"诚之"就是努力做到"诚"，此为"人之道"。这样看来，"诚"作为一种天道之本然也是人应该达到的崇高目标。如果达到"诚"的境界，人就可以成为"圣人"了，"诚者，不勉而中，不思而得，从容中道，圣人也"（《中庸》）。可见，《中庸》是用"诚"将"天道"与"人道"统一起来。这种统一的前提就是"天道"是"人道"之本，"天道"决定"人道"，人只有通过"思诚"并

---

① （宋）张载：《张载集》，中华书局 1978 年版，第 235 页。
② （宋）朱熹：《四书章句集注》，中华书局 2011 年版，第 264 页。

努力做到"诚",才能尽人之"善性",与天道合一。

"天人一道"的思想在宋明理学家那里就更加丰富明确了。如上面提到的程颐就直截了当地说"天地人只是一道"。朱熹也认为"天人本只一理……天即人,人即天"(《朱子语类》卷十七),不能把"天""人"分成两截,更不能把二者看成是一种外在的对立关系。不仅如此,朱熹还直接从"天道"中引出"人道",用"人道"比附"天道",比如他把《乾》卦("天道")的"元、亨、利、贞"解释成生、长、遂、成,并将之与"人道"的仁、义、礼、智直接对应起来。他说:"元者生物之始,天地之德莫先于此,故于时为春,于人则为仁,而众善之长也。亨者生物之通,物至于此,莫不嘉美,故于时为夏,于人则为礼,而众美之会也。利者生物之遂,物各得宜,不相妨害,故于时为秋,于人则为义,而得其分之和。贞者生物之成,实理具备,随在各足,故于时为冬,于人则为智,而为众事之干。干,木之身,而枝叶所依以立者也。"①从中可以看出,朱熹把自然规律视为人类道德法则的最终根据。

明清之际的王夫之继承了儒家"天道"与"人道"合一的传统,认为天与人在"道"上有继的关系,人道与天道存在着内在的有机联系。他说:"人之生也,皆天命流行之实,而以其神化之精粹为性,乃以为日用事物当然之理,无非阴阳变化之秩序,而不可违。"②意思是说,人的产生是"天道"变化的结果,"天道"在变化中将自身的精粹部分给了人,使之成为"人性",所以"人道"之日用事物当然之理同"天道"阴阳变化的秩序是一致的。所以"人道"和"天道"是合一的,这一点是不能违背的。又说:"天与人异形离质,而所继者惟道也。"③"圣人尽人道而合天德。合天德者,健以存生之理,尽人道者动以顺生之几。"(《周易外传》卷二)由此可见,王夫之的一贯思想就是认为"人道"本于"天道",论"人道"不能离开"天道";同样,论"天道"也必须联系"人道",这也是宋明儒学们共同的思想观点和致思理路。

概而言之,儒家"天人合一"思想的一个重要表现就是"天道"与"人道"合一,这种合一是以"天道"为本,"人道"服从或遵从"天道"。用当今的话来说,

---

① (宋)朱熹:《周易本义》,廖名春点校,广州出版社1994年版,第28—29页。
② (清)王夫之注:《张子正蒙》,上海古籍出版社2000年版,第229页。
③ (清)王夫之:《尚书引义》,中华书局1962年版,第30页。

就是人类的道德法则、社会秩序与自然规律具有内在的统一性,遵从自然规律是确立道德法则、构建社会秩序的根据,也是衡判人之行为是非曲直善恶美丑的标准与尺度。因此,"天道"与"人道"合一具有十分重要的社会价值和道德价值。从自然价值观的角度来讲,"天道"与"人道"合一是说人类改造自然的行为不能违背自然规律,自然规律是人类活动的界限,是人们制定实践措施的最终根据。可见,"天道"与"人道"合一说蕴含着深刻而丰富的生态伦理思想,对当代生态文明建设具有重要的启迪意义。

四、"天人一体"的理想境界

儒家"天人合一"的终极目标就是达致人与天地万物一体(简称"万物一体""天人一体")的理想境界。如果说"天人一道"是一种规律层面或曰必然意义上的"天人合一",那么,"人与天地万物一体"是一种应然层面或曰境界意义上的"天人合一"。

"人与天地万物一体"主要是宋明理学的思想主张,这也说明儒家的"天人合一"自然价值观到宋明时期达到了顶峰。张世英先生说:宋代道学的"天人合一"说都是接着孟子之学讲起的,但又对孟子的"天人合一"思想进行了重大发展,表现为把孟子的"上下与天地同流""万物皆备于我"的简单朴素的论断发展为人与天地万物为一体的思想学说。① 此话甚确!

张载尤为强调"天人合一",他是历史上第一个明确使用"天人合一"这一概念的人。张载之所以明确强调"天人合一",其目的就是辟佛。他说"释氏语实际","以人生为幻妄,以有为为疣赘,以世界为荫浊",这是极其荒谬的,"以人生为妄,可谓知人乎? 天人一物,辄生取舍,可谓知天乎?"(《正蒙·乾称》)就是说佛家把人生视为虚妄,那就是不懂得人生之道;天人一理,如果崇虚无而舍人生,那也就是不懂得天道。张载认为天之用在人,人之体无非天,如果"天人异用,不足以言诚;天人异知,不足以尽明",所以"所谓诚明者,性与天道不见乎小大

---

① 参见张世英:《中国古代的"天人合一"思想》,《求是》2007 年第 7 期。

之别"（《正蒙·诚明》）。可见，在张载看来，知人也就是知天，因为天道和人性是统一的。因此他在《西铭》中写道："乾称父，坤称母，予兹藐焉，乃浑然中处。故天地之塞，吾其体；天地之帅，吾其性。民吾同胞，物吾与也。"人以天地之性为其性，以天地之气为其体，天人在形性上都是同一的，故张载又说"天人一物""本一故能合"（《正蒙·乾称》）。那么，为什么会产生天人相异、天人割裂的观念呢？那是"顾为有我所丧尔"（《正蒙·诚明》），即由于"有我"的限圃，导致了人丧失天德，不能与"天"合，因此要超越"有我"的限制，"大其心"，使之"合天心"。张载曰："大其心则能体天下之物，物有未体，则心为有外。世人之心，止于闻见之狭。圣人尽性，不以闻见梏其心，其视天下无一物非我。"（《正蒙·大心》）所谓"大其心"，就是破除"我执"，打破人与物之间的隔阂，将我与人、世界融为一体，"视天下无一物非我"。"大其心"的核心就是能"体天下之物"，如果能体悟到人与人、人与物之间犹如血肉相连，息息相通，便能视天人为一体，达到"民胞物与"的境界。由是而观，张载的"民胞物与"显然不是从血缘亲情推出来的，而是以万物一体为其本体论根源的。

程颢也主张万物一体。如果说程颐重在讲天道与人道的统一（"天人一道"），那么，程颢则重在阐扬"万物一体"之理。他说："学者须先识仁。仁者，浑然与物同体……天地之用皆我之用。"（《二程遗书》卷二上）又曰："医书言手足痿痹为不仁，此言最善名状。仁者，以天地万物为一体，莫非己也，……如手足不仁，气已不贯，皆不属己。故博施济众，乃圣人之功用。"（《二程遗书》卷二上）这是说凡能葆有"仁"之天性的人，便能做到爱人爱物如同爱己，故能与天地万物密切相关而成为一体。二程甚至认为"天人本无二，不必言合"（《二程遗书》卷六），这显然是把张载"明天人之本无二"（《正蒙·诚明》）的思想又向前推进了一步。当程颢说"仁者，浑然与物同体"时，实际上是把"万物一体"视为人所追求的一种精神境界。这一境界的实质"不仅是一体，而且是以'己'为基点，要把天地万物都看成是与'己'息息相通的，正如人能感受手、足都属于'己'的一部分一样。"①这种境界对于"圣人"来说是自然实现的，"圣人之神，与天为一，安

---

① 陈来：《中华文明的核心价值》，生活·读书·新知三联书店2015年版，第32页。

得有二?"(《二程遗书》卷二上)而对于一般人来讲,则需要进过一番"存天理"的功夫才能达到。

朱熹沿着张载、二程的思路继续前进,也主张"万物一体"的"天人合一"思想。他说:"盖天地万物本吾一体,吾之心正,则天地之心亦正矣,吾之气顺,则天地之气亦顺矣。"①又说:"盖天人一物,内外一理;流通贯彻,初无间隔。"(《朱文公文集》卷三十八)可见,朱熹不仅提出"天人万物一体",还主张"天人万物一理",并认为世人如果不懂这一点("若不见得"),即使身处天地间也不知道天地之理,即使具有人的形象也不能明了为人之道。朱熹特别强调人在天地之间占有极其特殊的地位,他在解释《中庸》"赞天地之化育"一语时指出:"人在天地之间,虽只是一理。然天人所为,各自有分。人做得底,却有天做不得底。天能生物,而耕种必用人;水能润物,而灌溉必用人。火能熯物,而薪爨必用人。财成辅相,须是人做。非赞助而何?"(《朱子语类》卷六十四)也正是在这个意义上,朱熹说:"天人本只一理……天即人,人即天。人之始生,得之于天;既生此人,则天又在人矣。"(《朱子语类》卷十七)总之,作为宋明理学的集大成者,朱熹亦如张载、二程等一样,也秉持"万物一体"的思想理念。

到了明代,王阳明不仅继承了宋代理学家的"万物一体"思想,而且有所发展,对"万物一体"观念进行了明确、具体而全面的阐述,且说理上更加透彻。从史实来看,"万物一体"观念是王阳明晚年思考的中心问题,也是他的心学思想体系的重要组成部分。正是由于王阳明对"万物一体"观念的不断地揭明和创发,所以张世英先生称他为中国哲学史上"天人合一"说的集大成者。②那么,王阳明为什么特别重视"万物一体"的思想呢?这是因为他认为"万物一体"是《大学》的根本宗旨。据《王阳明年谱》记载,王阳明53岁那年的二月来到绍兴稽山书院讲学,"环座而听者常三百人,先生只发《大学》万物同体之旨,使人各求本性,致极良知"。可见,在王阳明看来,《大学》的根本宗旨就是倡扬"万物一体",故而他又说:"明明德者,立其天地万物一体之体也。亲民者,达其天地万物一

---

① （宋）朱熹:《四书章句集注》,中华书局2011年版,第20页。
② 参见张世英:《中国古代的"天人合一"思想》,《求是》2007年第7期。

体之用也。"(《大学问》)

王阳明对"万物一体"思想的阐发最早见于嘉靖四年(1525年)所写的《答顾东桥书》。他说:"夫圣人之心,以天地万物为一体,其视天下之人,无外内远近,凡有血气,皆其昆弟赤子之亲,莫不欲安全而教养之,以遂其万物一体之念。"(《传习录中·答顾东桥书》)在这里,王阳明明确表示"圣人之心以天地万物为一体",但他同时又认为"天下之人心,其始亦非有异于圣人也",而天下之人之所以未能形成"万物一体"之观念,是由于他们"间于有我之私,隔于物欲之蔽",导致"大者以小,通者以塞",所以圣人忧虑这种状况,故而推行"天地万物一体之仁以教天下,使之皆有以克其私、去其蔽,以复其心体之同然。"(《传习录中·答顾东桥书》)在此,王阳明又提出"万物一体"是"仁",是一切人的心体之同然,也就是认为"万物一体"根源于"心之仁","仁心"即是万物一体之根据。

王阳明论述"万物一体"思想的第二个材料就是写于嘉靖五年的《答聂文蔚》一文,文中说:"夫人者,天地之心,天地万物本吾一体者也。生民之困苦荼毒,孰非疾痛之切于吾身者乎? 不知吾身之疾痛,无是非之心者也。是非之心,不虑而知,不学而能,所谓良知也。"(《传习录中·答聂文蔚》)这是把"万物一体"之根据归为良知。实际上,王阳明一直认为"良知"是人与万物一体的基石,他说"人的良知,就是草木瓦石的良知。若草木瓦石无人的良知,不可以为草木瓦石矣。岂惟草木瓦石为然,天地无人的良知,亦不可为天地矣。盖天地万物与人原是一体,其发窍之最精处,是人心一点灵明。风、雨、露、雷,日、月、星辰,禽、兽、草、木,山、川、土、石,与人原只一体。故五谷禽兽之类皆可以养人,药石之类皆可以疗疾,只为同此一气,故能相通耳。"(《传习录》下)他又说:"良知之在人心,无间于圣愚,天下古今之所同也",只是有些人的良知被蒙蔽了,没有显现出来,所以,世人君子只要能"致良知",自然就能"公是非,同好恶,视人犹己,视国犹家,而以天地万物为一体"了。值得注意的是,王阳明在这里把"是非之心"叫作"良知",而他所理解的"是非之心"并非孟子所言的明辨是非的心("是非之心,智之端也"),而是看到"生民之困苦荼毒"自己就会感到"疾痛"、心痛,是"见善不啻若己出,见恶不啻若己入,视民之饥溺犹己之饥溺,而一夫不获若己推而纳诸沟中者"(《传习录》下)的诚爱恻怛之心,因此,这样的"是非之心"更多的是孟子所说的怵惕恻隐之心（"恻隐之心,仁之端也"）。这说明王阳明的是非之心和他的良知的内涵,在这里已经有所变化了。

理解王阳明"万物一体"思想的第三个材料是嘉靖六年所写成的《大学问》。其中有曰："大人者,以天地万物为一体者也,其视天下犹一家,中国犹一人焉。若夫间形骸而分尔我者,小人矣。大人之能以天地万物为一体也,非意之也,其心之仁本若是,其与天地万物而为一也。岂惟大人,虽小人之心亦莫不然,彼顾自小之耳。"从中可以看出,《大学问》与《答顾东桥书》一样,都认为"万物一体"的根据在于"心之仁"（即"仁心"）,都认为大人和小人的心是相同的（一切人"心体之同然"）,只不过是小人之心由于"动于欲、蔽于私","顾自小之耳",所以"苟无私欲之蔽,则虽小人之心,而其一体之仁犹大人也;一有私欲之蔽,则虽大人之心,而其分隔隘陋犹小人矣"。有鉴于此,王阳明认为"大人之学"（《大学》）就是要"去其私欲之蔽,以明其明德,复其天地万物一体之本然而已耳!"（《大学问》）

王阳明对"万物一体"观念的阐述,前后是一贯的,也是系统而深刻的。他将"万物一体"的根源、根据或曰基础归结为"仁心""良知"（"灵明"）,认为万物皆有灵明或良知或仁心而贯通并成为一体。这样,在王阳明那里,"良知"即"仁心","良知"即"灵明","良知""仁心""灵明"三者是同一个东西。王阳明强调"万物一体"的思想,其致思趋向在于通过"良知"这一基础达到天地万物为一体,进而实现社会的大治。正如陈来先生说："天地万物一体、与物同体的思想,还突出表达了阳明学的价值观,这种价值观就是他对生民苦难的一种迫切的悲悯情怀","将拯救苦难的人民作为他内心的一种终极关怀",即"更注重亲民的实践"①。李承贵教授也说"王阳明'万物一体'论是以'仁'为根本精神的治世纲维",它具有"生存共同体、生态共同体、心态共同体、价值共同体"四个方面的价值意蕴,②它对当代人类树立正确的生态观、保持积极健康平和的心态、实现多元文明和价值平等共存,最终构建人类命运共同体具有重要的现实意义。

---

① 陈来：《王阳明的万物一体思想》,《中共宁波市委党校学报》2019年第2期。
② 参见李承贵：《"万物一体"义理构造及其意蕴》,《江淮论坛》2018年第3期。

总之,儒家的"天人合一"思想在宋明理学家那里主要表现为"万物一体"或"天人一体"的形式,其本质上是追求一种实现人与天地万物一体的理想境界,这是中国传统"天人合一"思想的最高理想,表明"天人合一"思想在宋明理学那里达到了最高峰。

综上,我们以自然价值观为视角,从"天人合德""人与自然协调统一""天人一道""万物一体"等方面阐释了儒家"天人合一"自然价值观之开启、价值取向、价值根据和价值理想。无疑,儒家"天人合一"自然价值观之内容不止上述几个方面,但通过上述几点能够反映儒家"天人合一"自然价值观之概貌和精神实质。

当然,从总体上看,"天人合一"具有十分丰富的思想内涵,包含有天命与人事、自然与人为、天道与人道、人类与宇宙万物等的相通、相合和统一,它不只是一种生态价值观,也具有人生价值观、道德价值观、社会价值观等意蕴。但无论它作为何种价值观,贯穿于其中的精神实质是一样的。也就是说,就精神实质而言,"天人合一"思想反映了儒家乃至整个中国传统文化所具有的一种特有的致思趋向和价值追求。与西方文化所秉持的"自然两分""神凡两分""主客二分"的致思趋向和价值追求完全不同,中国传统文化的致思趋向和价值追求就是寻求"和谐""统一",重视整体性。在探究"天人之际"即人与自然的关系时,中国人不仅把自然当作一个整体,而且总是把"天"与"人"纳入一个整体中进行思考,认为天人(自然与人类)之间是紧密联系、不可分割、合二而一的,由此就形成了"天人合一"的思维模式。这一思维模式犹如一条红线贯穿于中国传统文化发展的始终,它决定和制约着中国人对宇宙观、本体论、人生观、价值观、审美观、伦理观、社会观、政治观的思考和认识,成为中国人处理和协调人与自然、人与人、人与社会、人与自身心灵关系的根本的方法论原则。

从一定意义上说,"天人合一"思维模式是儒家乃至中国传统文化的最大特色之一。甚至可以说,"天人合一"是中华民族特有的"观物态度"①或曰

---

① 所谓观物态度就是"人类观看外部世界的一种态度,它具有原初的本原性的性质。即是说,它不决断某个具体事务如何,而是提供判断事物的一种倾向和态度,但这一态度又是如此根本而成为判断外界事物的依据。"它是"人类同外部世界一开始接触,就有的一种本能的反应或态度,它先于认知而又决定认知"[胡伟希:《存在与语言》,载甘阳主编:《文化:中国与世界》(第2辑),生活·读书·新知三联书店1987年版,第209页]。

"形上姿态"①，它已经融入每一个中国人的血液之中，规约着中国人的行为方式。从价值追求而言，"天人合一"观念灌注着中国人对"和谐"价值的追求。在"天人合一"的观物态度或思维模式中，整个宇宙是一个和谐有序的整体，犹如张载所言的"太和所谓道"，《中庸》说的"和也者，天下之达道也"。既然"和谐"乃宇宙天地之"道"，而"天道"是"人道"的根据，"人道"源于"天道"，所以，追求和实现"和谐"就成为"人间正道"。职此之故，中国文化特别重视"和谐"，"贵和尚中"成为中国传统文化的基本价值取向，中国传统文化追求"天人合一"的目的就是要实现和维护人与自然、人与人、人的自我身心、民族国家之间的和谐共生。

对个体而言，追求"天人合一"的目的在于提升精神境界。张岱年先生说："人生最高理想，就是自觉达到天人合一之境界。物我本属一体，内外原无判隔。但为私欲所昏蔽，妄分彼此。应该去此昏蔽，而得到天人一体之自觉。"②就是说，"天人合一"境界是人经由对"万物一体"之自觉而达到"物我两忘"的境界，如此人就能"体天下万物""视天下无一物非我"，并在"成人""成物"的过程中实现自己的价值（"成己"）。所以，儒家追求"天人合一"，其价值意蕴在于引导个人不断扩充心灵，培养一种"万物一体""民胞物与"的情怀，使其体悟到与天地万物的一体性、相通性，进而自觉地参与天地万物的大化流行。就此而观，"天人合一"本质上还是归属于自然价值观。

---

① "形上姿态"是唐力权场有哲学的重要观念，它是指生存在场有之中的人面对宇宙人生所采取的基本态度，是由人对场有自身的感应、理解和把握所决定的，是人的思想和行为方式的最后根据。简言之，形上姿态即是指人的精神生命面对宇宙人生所采取的姿态。任何思想或思维方式在根源之处都是一种形上姿态的表现。离开了人的形上姿态，也就没有存有的开显可言。（参见王治河主编：《后现代主义辞典》，中央编译出版社 2004 年版，第 60—61 页）

② 张岱年：《中国哲学大纲》，中国社会科学出版社 1982 年版，第 6 页。

第六章　儒家价值观的鲜明特色与主要特点

以上我们从五个方面对儒家价值观之全貌进行了梳理和把握,这主要是从人的活动领域进行划分的。但从整体结构上来讲,儒家价值观体系是有层次的,其最核心的价值观是道德价值观,其他价值观皆是道德价值观在各个领域的辐射或投射。如果说道德价值观、人生价值观是儒家价值观的深层结构,那么政治价值观、自然价值观、社会价值观等则是儒家价值观的表层结构。当然,在深层结构中,道德价值观又是最基本、最核心的东西。一言以蔽之,儒家价值观在本质上是一种道德价值观。

一、道德型价值观
——儒家价值观的鲜明特色

当代中国美学大家赵仲牧先生认为:"文化的观念层面主要涵盖四种类别的观念,即求知的观念、德性的观念、信仰的观念和审美的观念",但"不同民族不同地域的文化圈对其观念沉淀中的四种价值观念和四种观念性文化,并非是等量齐观的。经常有所侧重,突出其中的一种,或以宗教,或以道德,或以知识(一般地说不可能是审美)作为观念性文化的重心,其他的价值观念或观念性文化则处于依附或从属的地位。"①由此出发,他提出:"以儒家为代表的中国传统文化的特色之一是,道德价值或伦理政治价值在观念性文化中一枝独秀。科学知识的价值、宗教信仰的价值和审美艺术价值等,经常处于从属地位或相对次要

---

① 赵仲牧:《赵仲牧文集　思维学　元理论》哲学卷,云南大学出版社 2003 年版,第 391—392 页。

的地位。"①业师赵馥洁先生也把儒家价值观归结为道德价值论,相应地把道家的价值观归结为自然价值论,法家为权力价值论,墨家为功利价值论,并说"这仅就其大者言之"②。所谓"仅就其大者言之",实际上就是从本质上而言。总之,说儒家价值观本质上是一种道德价值观可谓是学界的一种共识。

(一)儒家价值观在本质上属于道德价值论

认定儒家价值观在本质上是一种道德价值论,其根本理据在于,在儒家价值观体系乃至整个中国传统文化价值观体系中,道德价值观占据核心地位,它犹如普照的太阳光一样,照耀着一切、笼罩着一切,主宰和影响着其他领域的价值观念。比如,从我们前面讲到的儒家五方面的价值观中,其余四者都受道德价值观的主导和影响。

从人生价值观来看,儒家的人生价值观包括"天地之性人为贵"的人类价值论、"成仁取义"的人生价值目标、"重义轻利""以义制利"的人生价值取向,"君子""圣人"的人格理想。在这里,"仁""义"是最重的道德范畴,而"君子""圣人"人格都是以道德言之。正如本书前面所指出的那样,儒家之所以在人类价值观方面主张"天地之性人为贵",主要在于人有"德";在人生价值论上,儒家之"成仁取义"的价值追求和"以义为上"的价值取向,都是将人的德性作为评价人的行为和社会事物的价值尺度;在人格价值论上,儒家将"圣人"和"君子"确立为其理想人格,也是视"道德"为理想人格的最高标准。由是而观,儒家的人生价值观深受道德价值观影响,人生价值道德化。

从政治价值观来看,儒家的政治价值观可概括为"大一统"的政治理想、"尊君顺上"的价值原则、"民惟邦本"的价值取向、"德治仁政""德主刑辅"的治国理念。在这里,"德治仁政""德主刑辅"的治国理念,其道德色彩自不待言。就"大一统"的政治理想来看,所谓"大一统"即是指一个以统一的纲领去整合社会,从而达到天下大治。孔子把追求"大一统"视为统治者的最高道德;孟子主张通过"王道"政治来实现"大一统",而"王道"即是"以德行仁""以德服人";即

---

① 赵仲牧:《赵仲牧文集　思维学　元理论》哲学卷,云南大学出版社 2003 年版,第 392 页。
② 赵馥洁:《中国传统哲学价值论》(增订本),人民出版社 2009 年版,第 6 页。

使主张用"隆礼重法"之法实现"大一统"的荀子,其对礼治与法治、王道与霸道的地位也并不是等量齐观,而是主张"礼主刑辅",仍然坚守了儒家重视道德的传统。就"尊君顺上"的价值原则来看,它是由中国传统的"家国同构"社会结构所决定的,其实质是"移孝为忠""忠孝同义",即把对长辈的孝道、对家长的服从转移为对君主的忠顺和服从,将一种个体的人伦道德规范转化为一种社会政治规则,这是一种典型的道德政治化和政治道德化,或曰政治伦理化和伦理政治化。至于说到"民惟邦本"的价值取向,其所谓的"以民为本""得民心者得天下"等,实质上是要求统治者(执政者)要"爱民""重民""恤民",要做一个"明君""贤臣","为民做主",这显然是以一种道德品质要求统治者(执政者)。尤其是在儒家整个的政治思想中,强调"内圣"才能"外王",主张"修齐治平""修己以安人""修己以安百姓""自天子以至于庶人,壹是皆以修身为本",凡此种种,都表明了儒家具有明显的将道德政治化、政治道德化的倾向。由是而观,儒家的伦理道德规范不仅是处理人际关系的原则,同时也是规范国家政治生活的普遍原则,表现出儒家的政治价值观深受道德价值的影响。

从社会价值观来看,儒家的社会价值观以"群体本位"为核心,以追求社会和谐为价值取向,以"天下为公"的"大同"社会为价值理想。这三个方面都受道德价值的影响,表现出浓郁的道德色彩。首先,"以群体为本位"就是主张每个人要爱人、利他,在实现自我价值的同时,也应有利于他人价值的实现,此即孔子所说的"仁者爱人""己欲立而立人,己欲达而达人",孟子所说的"老吾老以及人之老,幼吾幼以及人之幼",这些显然是儒家"仁德"在社会领域的推广与体现。孔子提倡的"克己复礼""修己以安人"也彰显了一种把群体价值放在了第一位的意蕴,而"克己""修己"都是一种道德要求和道德功夫,表明儒家社会价值观以道德价值为基础。此外,儒家群体本位价值观还表现在以家族为本位的宗法集体主义、国家利益至上、"以天下为己任"的天下主义和"重义轻利"的社会价值取向。但正如孟子所言"天下之本在国,国之本在家,家之本在身"(《孟子·离娄上》),无论是家族本位、国家至上、天下为怀,凡此种种,群体价值目标之实现,皆以个人的"修身"为根本,这使得社会价值观道德化。至于说"重义轻利"价值取向,更是将社会价值道德化,此不赘述。其次,"追求和谐社会",实现人际和谐、群己和谐、社会和谐是儒家社会价值观的又一重要内容,但和谐社会的实现主要是通过"礼",所谓"礼之用,和为贵","礼"为实现社会和谐提供了根本保证,而"礼"乃是一种重要的道德范畴(当然不限于道德范畴),因此,和谐社会的建构必然受道德原则支配。即使由"礼治"而衍生的"正名"思想,其实质也是要求任何人,无论他在社会上做什么、说什么,都应各安其位、各守其分、各尽其责,用现在的话来说就是安分守己、尽职尽责,这显然是一种基本的道德要求。最后,从"大同社会"的理想来看,它是社会和谐的最高典范和最佳状态,是"天下为公"和"仁爱"充盈的社会!在这样的社会里,所有的人都有一种大公无私的大爱精神,都能够各安其位、各尽其职,整个社会是人尽其才、物尽其用,人的善良本性得以充分彰显,这样的社会正是赵馥洁先生所说的"德化"社会。在"德化"社会中,只有道德化了的生活才有最高价值。总之,儒家的社会价值观具有显著的"道德化"色彩。

从自然价值观来看,我们将儒家的自然价值观概括为"天人合一"。"天人合一"自然价值观是以"人与自然协调统一"为价值取向,以"天道"与"人道"合一("天人一道")为价值根据,以"万物一体"为终极理想。不难看出,这种自然价值观显然是把自然道德化,它用"仁"的眼光打量自然,用"仁爱"精神对待自然,把自然看作是一个充满生机的有德性的存在,如《周易》所说"天地之大德曰生"。更为重要的是,儒家讲自然之道("天道"),并非是要探索宇宙之奥秘、自然之规律,而是借"天道"以明"人道",借"阴阳"以言"治平",所谓"立天之道,曰阴与阳;立地之道,曰柔与刚;立人之道,曰仁与义"。这种"天道"与"人道"合一的观念揭明了人类社会秩序、道德法则与自然规律具有内在统一性,遵循自然规律是建构社会秩序、确立道德法则以及评价人之行为是非善恶的根据,这就使儒家"天人合一"的自然价值观具有十分重要的社会价值和道德价值。张载的"民胞物与"思想是将自然道德化、人伦化的最典型代表,而王阳明的"万物一体"说突出表达了阳明学的一种价值观,即"对生民苦难的一种迫切的悲悯情怀"[1]。总之,儒家在探究人与自然的关系时,人不仅把自然当作一个整体而从总的方面来观察,而

---

[1] 陈来:《王阳明的万物一体思想》,《中共宁波市委党校学报》2019 年第 2 期。

且总是把自然("天")与"人"纳入一个统一的系统中进行思考,由此就形成了"天人合一"的自然价值观。它的目的在于实现和维护人与自然、人与社会、人的自我身心、民族国家之间等多方面的和谐。可见,儒家"天人合一"自然价值观本质上是一种道德化、价值化的自然观。

通过以上的分析和阐述,足以说明道德价值观对政治、社会、自然、人生等价值观产生了巨大影响。远不啻于此,在中国传统社会里,道德这种社会意识形态的主导作用和影响力遍及社会各个领域,辐射社会意识形态的其他方面,影响着人们的日常行为。比如,哲学道德化(宇宙本体论等于道德本体论,认识论就是道德修养论),法律道德化("以礼入刑"),文学道德化("文以载道"),史学道德化(历史以"寓褒贬,别善恶"为宗旨),教育道德化(教育以传授道德为主,所谓"首孝悌,次见闻"),等等。可见道德成为众多学科门类的出发点和归宿;在日常行为方面,每个人由于受传统道德价值观的影响,把道德情操的培养看得比任何事情都重要。在行为的选择上,每个人首先考虑的是其行为是否履行了道德义务,是否符合道德规范,人们在评价一个人的言行时,不是观其言行的实际情况和作用,而是看其言行是否符合伦理道德和礼仪规范。正是有鉴于此,人们一般把中国传统文化称为伦理型文化或道德型文化,这一点在儒家文化那里表现得尤为突出。职此之故,我们说儒家价值观在本质上属于道德型价值观。

(二)儒家道德型价值观的成因

为什么以儒家为代表的中国传统文化之根本特点是道德价值在观念性文化中占主导地位呢?笔者对此也曾做过一些初步的探讨。以笔者之见,一个民族文化特点的形成必然受到该民族的生产生活方式的决定和制约,同时也受到传统习俗、宗教信仰、思维方式、价值观念等因素的影响,尽管后者自身也属于观念文化的组成部分,但它同时对一种文化类型的形成也会产生重要影响。足见一个民族文化类型和特点的形成原因异常复杂,不可能由单一因素决定。[①]

---

① 参见郭明俊、李云:《论中国传统"道德型"文化的成因》,《延安教育学院学报》2001年第3期。

1. 农耕生产、定居生活、宗法制度是儒家道德型价值观形成的社会存在性根源

马克思主义认为："唯物史观是以一定历史时期的物质经济生活条件来说明一切历史事件和观念，一切政治、哲学和宗教的。"[①]"不是从观念出发来解释实践，而是从物质实践出发来解释各种观念形态。"[②]以此为指导思想来分析考察儒家道德型价值观的形成原因，我们就会发现，儒家道德型价值观的形成深深植根于中国传统社会的生产生活方式以及宗法制度。

从历史上看，早期的人类走着大致相同的演进道路，即从原始群居到氏族继而发展为部落，这些社会组织都是由血缘关系为纽带而联系起来的。但进入文明社会以后，由于各民族所处的地理环境不同、生产生活方式不同，导致血缘关系在人们的社会生活中的地位和表现形态出现重大差异。比如，在西方文明的发源地——地中海沿岸国家，尤其是古希腊，人们生活在由众多岛屿组成的海洋型地理环境之中，他们很早就从事着海上工商贸易活动，过者流动性极强的生活，这种生活方式强有力地冲破了原始时代的血缘纽带，形成了以地域和财产关系为基础的城邦社会；而与此不同，中华文明的发源地是河海流域，这里地域广袤、土地肥沃、气候湿润、雨水充足，非常适宜于农作物的生长，因此中华民族的先民们就在这片广袤的土地上，种植庄稼，从事农耕生产，过着定居的农业生活。这是一种聚族而居、与世隔绝的生活方式，而"聚族而居"使中华民族进入文明社会以后并没有冲破人类原有的血缘关系，反而使建立在血缘纽带之上的宗族、氏族社会组织形式和宗法制度得以长期被保留下来。换言之，中国古代从原始社会进入文明社会的方式不是马克思所说的"古典的古代"的方式，即由家族到私产再到国家，国家代替家族，而是按照"亚细亚的古代"的方式，即从家族到国家，国家混合在家族里面。[③] 这样，氏族社会在中国的解体很不充分，人与人之间的血缘关系的脐带并未完全断去，氏族社会的制度及其意识形态的残余大量地沉积下来，在此基础上形成了影响传统社会几千年的宗法制度。

---

① 《马克思恩格斯选集》第 3 卷，人民出版社 2012 年版，第 259 页。
② 《马克思恩格斯选集》第 1 卷，人民出版社 2012 年版，第 172 页。
③ 参见侯外庐：《中国古代社会史论》，河北教育出版社 2000 年版，第 30 页。

所谓"宗法"就是规定嫡庶系统的法则,宗法制度是在氏族社会血缘关系基础上形成的以父系家长制为中心,以嫡长子继承制为基本原则的制度。由于中国的文明社会是由家族到国家,"国"只是"家"的扩大,所以国家组织结构和权力配置也完全按父系家长制、嫡长子继承制这一原则来进行,由此导致了"家国同构""家国一体"。这样,国家的政治关系只是家庭伦理关系的延长,父亲在家庭中"君临一切",而君主不过是全国的"严父",君臣关系是放大了的父子关系,国家的制度结构与宗法伦理关系密切相关,由此导致政治伦理化、伦理政治化。受此影响,中国的政治观念大都从伦理道德观念中引申而来,比如"三纲五常",本来是讲伦常关系的,最后被上升为政治。与此相联系,中国的治政、治世活动特别重道德教化和身教的作用。在宗法社会中,道德威力始终被看得比法律更为重要和有效,犹如孔子说的:"道之以政,齐之以刑,民免而无耻;道之以德,齐之以礼,有耻且格。"(《论语·为政》)由此不难看出,中国古代的生产生活方式以及建基于此的宗法制度,最终孕育出中国传统的伦理型文化。

此外,宗法社会是以血缘关系联络和束缚成员的,表现在文化观念上便格外注重对在血缘关系制约下形成的种种制度、习惯的维护和推行,比如重视对宗族制度、孝亲敬祖、祖先崇拜、遵守伦理秩序等的维护和推行,这对中国古代形成以伦理道德观念为中心的文化形态也产生了重要的影响。

尤其重要的是,中国古代的农耕生产方式以及由此所决定的定居生活方式——"聚族而居"的生活方式,使中国人特别注重人际关系问题。正因为中国人格外注重人际关系,把注意力都集中在解决人与人如何相契合,所以他们必然非常重视人伦道德。职此之故,以儒家为代表的中国传统文化特别讲求人与人、人与社会、民族国家之间乃至人与自然之间的和谐相处,追求"群居合一""协和万邦""天人合一",而为了实现和谐之目标,儒家又建立了以仁、孝、礼、乐、忠、信等为核心的道德价值系统,强调个人对集体、社会的服从以及个人对社会的责任和义务,引导人们追求道德上的完善和道义上的胜利,所谓"贵义贱利""正其谊不谋其利,明其道不计其功"是也。这是一种典型的道德型文化。可见,中国传统的道德型文化模型正是由中国古代聚族而居的生活方式造就的。

由上可知,儒家道德型价值观产生的最深层社会历史根源在于中国传统社会的生产方式、生活方式和宗法制度。

2."以德配天"观念是儒家道德型价值观产生的形上根源

一种思想、理论、学说乃至文化模式(类型)的产生既有其社会历史基础,又有其观念根源或思想渊源。我们可以把前者称作形下基础,把后者称作形上根据。在考察儒家道德型价值观的成因时,我们发现,西周时期的"以德配天""敬德保民"观念对其产生了极为重要的影响。

稽考历史,人们便可知道,在夏、商、西周时期,占统治地位的思想是"天命神权"论。天命神权是氏族社会时期的祖先崇拜、神灵崇拜和自然崇拜的反映,到夏、商、周"三代时期"发展为成熟的和具有宗教色彩的世界观体系。在这种宗教世界观中,人们认为宇宙间存在着至上神,它被称为"天"或"帝""天帝""上天"。"天帝"或"上天"具有无与伦比的绝对权威,人世间的一切事情都是由他们安排的。例如,在我国"最古之书"《尚书》中就记载了许多有关上天安排人间年成的丰歉、决定人之生命的寿夭、赋予君王统治权力以及作出军事上征伐与否的选择等等事例,这时的"天"是一个有意志、有性格的人格神,其性格特性是严厉、残酷而不仁慈,其主要功能或职责是"天罚",即"天讨有罪",当然这种"天罚"是由君王代行。[①] 不过,从以往的史实来看,"三代"时期人们对待"天命"的态度经历了一个由尊奉、怀疑到"咒骂""怨恨"的过程,尤其是到了西周,"天命"观发生了重大的改变:其一,是"皇天无亲",即"天"不再是一个氏族的祖先神,而是为天下人共有,因此上天并不特别地亲近、关注或眷顾某一宗族;其二,是"天命靡常",天命不是一成不变,而是会因缘而变的。正如本书前面所指出的那样,西周人在灭掉殷商王朝并建立周王朝以后,并未感到高兴和快乐,反而产生了深深的"忧患"意识,他们在想,按照"天命"观,商纣王的统治地位和统治权力也是"天之所命",纣王在形势危急时不也提出过"我生不有命在天"吗?但上天最后又命周文王灭掉商纣王,这说明"天命靡常"。那么,上天会不会命别人灭掉我周王的统治呢? 如何才能保证周王的统治地位和权力不转移呢? 这是当时困扰周人的最大问题! 这一问题的实质是"天命"为什么会发生转移?

---

① 参见段秋关:《中国现代法治及其历史根基》,商务印书馆 2018 年版,第 35 页。

怎样才能保持天命不转移呢？在周人看来，商纣王之所以被灭掉，是因为他荒淫无度，"不敬厥德"（《尚书·召诰》），所以要使"天命恒常"，只能"惟德是辅"（《尚书·蔡仲之命》）。更为重要的是，西周统治者已经认识到"天命"即"民心"，所谓"民之所欲，天必从之"，"天命无常"实际上是"民心无常"，要保住"天命"就意味着要获得"民心"，而要赢得"民心"，就要施行"德政"，此即所谓的"皇天无亲，惟德是辅。民心无常，惟惠之怀"（《尚书·蔡仲之命》）。正是有鉴于此，周朝的统治者和政治家们提出了一个影响中国数千年的重要文化观念——"以德配天""敬德保民"，认为人可以通过自己的自觉努力，做到没有丝毫的疏忽和懈怠，就可以感动"天"，从而使天"择德降命"。如此一来，西周人就使以往的"天命"观发生了重大的改变，即"上天"不再仅仅具有严厉、凶残的性格，不再仅仅具有"天罚"的功能，而是具有了"降德"以褒奖的一面。当然，"天命"只会把褒奖降临给有"德"之人，对于无德、缺德、违德之人仍然实施"天罚"。至此，"天"就被赋予了一种理性和分辨是非的能力，具有"罚罪降丧""休善界命"的道德品格。

西周人提出的"以德配天""敬德保民"观念对中国文化后来的发展路向产生了极为深远的影响，尤其是对儒家思想的形成和发展在某种意义上起到了决定性的作用。可以说，儒家文化正是在这一思维框架中产生出来的。作为儒家创始人的孔子对"以德配天"思想心领神会，他以"仁"这一道德范畴来构建其思想体系，尽管他并不否定"天命"的存在，但"罕言性与天道"，突出强调人的"道德"品性在创造人类社会文明以及在超越自然必然性（"天命"）限制方面的能动作用，如他说"我欲仁，斯仁至矣""为仁由己""人能弘道，非道弘人""天生德于予，桓魋其如予何"等等，都深刻地表明了这一点。孟子进一步用道德之"心"统摄乃至于吞噬了"天"，提出"尽其心者，知其性也，知其性，则知天矣"的"天人合德"思想。从汉代的董仲舒一直到宋明理学，都将"天"道德化。

总之，儒家受"以德配天"观念影响，把"成德"视为最高的精神需求，追求"至德"的"圣人"人格和"德化"的社会理想，构建了一套道德型的文化价值系统。不难看出，"以德配天"观念实质上构成了以儒家文化为核心和主干的中国传统文化"道德型"品格的最深层的文化根源,我们称之为形上根源。①

以上我们从社会存在性根源和思想意识性根源,或曰从形下基础和形上根源两个维度探讨了儒家道德型价值观形成之原因。当然,正如前面已经提到,一种文化类型的形成原因异常复杂,儒家道德型价值观形成的原因也不止于这两个方面。但在笔者看来,抓住这两点就抓住了根本,就能比较深入地理解儒家道德性价值观特点赖以产生的根源所在了。

二、儒家价值观的主要特点

价值观的特点一般是通过对不同理念、不同事物的比较、选择、取舍而显示出其价值的偏好,因此我们在讨论儒家价值观的主要特点时,就不能只看儒家文化之价值观念本身,不能只就儒家论儒家,而要把西方文化,特别是把西方近代以来的文化价值观作为比照的对象来观察和分析儒家价值观的特征。与西方价值观相比较,儒家传统价值观具有如下特点。

(一)重群体而轻个体

如前所述,"群体本位"是儒家社会价值观的根本特征。儒家在社会价值观上首先重视群体价值,把过群体生活视为个体生存之必需,如孔子曰:"鸟兽不可与同群,吾非斯人之徒与而谁与?"荀子说:"人之生不能无群。""群"的利益与价值被视为个人利益和价值的基础和正当性的根源。由于"群体"不是单一的,而是有层次、有大小之分的,最小的也是最基本的群体是"家庭",最大的也是最高的群体是中国古人所说的"天下",类似于今人所谓的"全人类",因此我们看到,在历史上,儒家一贯强调个体对家庭、家族、民族、国家、社会的从属和依赖,强调只有首先维护好实现好群体的利益,个人的利益才能得到保障。缘此,儒家极端重视个人对群体的义务和责任,大力倡导个人要对家庭、国家和社会作贡

---

① 参见郭明俊、李云:《论中国传统"道德型"文化的成因》,《延安教育学院学报》2001年第3期。

献,一味地强调为了群体利益个人应当牺牲自己的利益乃至生命。

儒家这种"重群体而轻个体"的价值观念是中国传统社会长期存在的宗法制度、宗族制度的反映。前已述及,中国传统的农耕生产方式和定居的农业生活方式造就了中国古代的宗法制度和宗族制度。在宗法制度下,宗族网络关系使每个人都不是一个独立的个体,而是被重重包围在群体之中,因此每个人没有个人利益,他首先要考虑的是家族利益;又由于家族是个人实现其个体价值的保证,只有维护家族的利益,才能实现个人的利益,因此个人日常行为的出发点就在于实现家族的价值,"光宗耀祖"。这样,是否有利于家族的繁荣昌盛成为评价个人行为的最终标准。扩而大之,由于中国古代社会是"家国一体",家族的利益就是国家的利益,所以,个人往往又把维护国家民族利益、实现国家民族的繁荣富强作为自己人生价值的目标,这就造成了中国传统社会重群体轻个体的价值取向。

与儒家的"群体高于个人"价值观不同,西方人则是重个体而轻群体。如果说儒家的价值观是"群体本位",那么西方的价值观则是"个体本位"。在西方人看来,个人是一个原子,是一种独立自足的存在,它不依靠任何人而存在,他的幸福要通过自己的努力来实现,他的利益要通过自己的奋斗来获取和保障;在他们看来,个人或曰个体是社会群体存在和发展的基础和条件,而不是相反。因此,他们强调个人的独立、自由、权利、利益、尊严,并把这些推崇为"天赋人权"。尤其是西方进入近代社会以后,这种"个体本位"价值观更加凸显。西方人的这种价值观也是深深植根于西方人的生产生活方式。海洋型地理环境造就了西方工商文明和流动的生活方式,由此使西方迈入文明社会以后,氏族血缘关系被早早地割断,并在承认个人私产关系的基础上建立起了国家,在此基础上孕育出个体本位的思想,个人的独立地位和利益得到承认和维护。

总之,与西方价值观相比,儒家在价值观上的一个重要特点是重视群体价值而轻视个体价值。

(二)重义务而轻权利

与重群体价值密切相关,中国人尤其是儒家又十分强调个人的义务观念,轻视或者忽视个人的权利。众所周知,在儒家思想中有"五伦""十义"说,所谓"五伦"即孟子所说的"父子有亲,君臣有义,夫妇有别,长幼有序,朋友有信"(《孟子·滕文公上》);"十义"即"父慈、子孝、兄良、弟弟、夫义、妇听、长惠、幼顺、君仁、臣忠十者"(《礼记·礼运》)。《大学》提出"为人君止于仁,为人臣止于敬,为人子止于孝,为人父止于慈"。无论是"五伦""十义"还是《大学》中的"知止"观念,都属于"义务"范畴,表达了儒家的一种义务本位或"义务优先于权利"的思想。以至于到汉儒那里,"五伦""十义"逐渐被"纲常"化,出现"三纲五常"之说,将"五伦""十义"中所蕴含的"互尽义务"思想极端化为臣对君、子对父、妻对夫的绝对服从和效忠,禁锢和泯灭了人的个性自由和发展空间。总之,儒家价值观又是一种伦理本位价值观。梁漱溟先生说:"伦理关系即表示一种义务,一个人似不为其自己而存在,而以对方为重。"①这说明伦理本位即是义务本位。当然,伦理的义务不限于对个人,可以从家庭放大到宗族、民族、社会、国家、天下乃至宇宙。正是在这个意义上说,群体本位论决定了义务本位论。群体拥有支配的权利,个体则只有服从的义务。

与此相反,西方从个体本位出发,其权利的观念就多一些。正如梁漱溟所言:"近世西洋人反是,处处形见其自己本位主义,一切从权利观念出发。"②可见,西方人之所以重视权利,强调和奉行权利本位论的价值观,是与他们的个体本位主义密切相关的。

从另一个角度讲,强调义务本位实际就是强调责任本位,因为与权利相对应的既有义务,又有责任。陈来先生曾说:"中国文化的价值观很强调个人对他人、对社群,甚至对自然所负有的责任,体现出强烈的责任意识",古代儒家所提倡的忠信、仁义、孝惠、让敬等价值观念,都是要人承担对于他人、社会的责任,如"孝是突出对父母的责任,忠是突出尽己为人的责任,信是突出对朋友的责任"③。的确,在中国历史上,儒家的思想家,包括受儒家思想熏陶的一些士大

① 中国文化书院学术委员会编:《梁漱溟全集》第五卷,山东人民出版社 2005 年版,第370 页。
② 中国文化书院学术委员会编:《梁漱溟全集》第五卷,山东人民出版社 2005 年版,第370 页。
③ 陈来:《中华文明的价值偏好与特点》,《人民教育》2016 年第 17 期。

夫,都很突出责任意识,强调对天下国家的责任,而不是突出个人的权利和自由,如孟子的"君子之人以天下为重",范仲淹的"先天下之忧而忧,后天下之乐而乐",东林党人的"家事国事天下事事事关心",顾炎武的"天下兴亡,匹夫有责",林则徐的"苟利国家生死以,岂因祸福避趋之",等等,都是表达责任意识的至理名言。这些至理名言对传统社会的普罗大众产生了深远的影响,至今还深刻地影响着当代中国人的思想和行为。

儒家这种重义务责任而轻视甚至抹煞权利的观念,其产生的根源仍然是宗法制度、宗族制度及其在此基础上产生的群体本位思想。在宗法制度下,在宗族关系中,个人没有独立的可能和自由的空间,因此他首先考虑的是自己的责任和义务,而不是什么权利,这就导致了中国传统价值观的一个显著特点,即重义务而轻权利、重责任而轻自由,或如陈来所说的"责任优先于自由"①。与此形成鲜明对照的是,西方人在个人主义的规约下,必然强调权利优先于义务、自由优先于责任,形成"重权利轻义务"的价值观特点。

(三)重道义而轻利益

"道义"一词出自《周易》。《周易·系辞上》曰:"成性存存,道义之门"。这里的道义是指道德义理,或者说是道德和正义。儒家有所谓的"义利之辨",其中的"义"就指"道义",即建立在公共利益之上的道德规范和正义原则;"利"即利益,是指满足人们生活需求的物质资料。不遑缕述,"义利之辨"是历代儒学关注和解决的核心问题之一。儒家尽管也讲"见利思义""义然后取""义利兼得",但从总体上看,重义轻利的观点在儒家思想中占主导地位。儒家不但轻视个人私利,而且对社会公共利益亦不重视。虽然有些儒家思想家把公共利益称作"义"("公义"),如张载说"义,天下之公利"(《正蒙·大易》),程颐说"义与利,只是个公与私也"(《河南程氏遗书》卷十七),但此种观点在整个儒学中不是主流。相反,儒家却十分崇尚道德和正义原则,并将其提高到了"天道""天理"的高度。到了封建社会的后期,针对当时人欲横流的社会现实,儒家在价值观上

---

① 陈来:《中华文明的价值偏好与特点》,《人民教育》2016 年第 17 期。

更是向"崇义非利"方面发展,主张"崇天理,灭人欲",把义利绝对对立起来。总之,儒家在价值观的又一显著特点就是重道义而轻利益,其最经典的表达就是孔子所说的"君子喻于义,小人喻于利"(《论语·里仁》)和孟子所说的"王何必曰利,亦有仁义而已矣"(《孟子·梁惠王上》)。这一价值观念已深深积淀于中华民族心理之中。

与此相反,西方人则"重利轻义",比较重视利益价值。在西方历史上,从古至今一直盛行着一种功利主义的价值观,以至于到了近代社会,这种价值观达至巅峰,金钱至上观念弥漫于社会生活的各个方面,"它使人和人之间除了赤裸裸的利害关系,除了冷酷无情的'现金交易',就再也没有任何别的联系了。它把宗教虔诚、骑士热忱、小市民伤感这些情感的神圣发作,淹没在利己主义打算的冰水之中,它把人的尊严变成了交换价值"①。马克思、恩格斯对西方这种重利轻义者的刻画,可谓入木三分,一语中的,也深刻地揭示出这种价值观最终导致人的异化或物化。

不言而喻,中国人之所以"重道义而轻利益",是由中国传统社会的"群体本位"价值观和"和谐"价值追求所决定的;西方人之所以"重利益轻道义",是由西方文化的个人主义和竞争观念所决定的。

(四)重道德而轻知识

如上所述,儒家价值观在本质上是道德型价值观,重道德价值是其根本特点。进而言之,中国文化本质上是道德型文化(德性文化),而西方文化本质上是知识型或科学型文化(智性文化)。之所以有如此差别,是因为在道德与知识的价值比较中,中国文化尤其是儒家特别重视道德价值,认为道德高于知识,因此不重视知识。正如梁启超说:中国的学问,"与其说是知识的学问,毋宁说是行为的学问。中国先哲虽不看轻知识,但不以求知识为出发点,亦不以求知识为归宿点。"②与此相反,西方文化重视知识的价值,认为知识高于道德。西方自古

---

①　《马克思恩格斯选集》第 1 卷,人民出版社 2012 年版,第 403 页。
②　梁启超:《清代学术概论　儒家哲学》,天津古籍出版社 2003 年版,第 100 页。

希腊以来就有重知识的传统,亚里士多德说:"求知是人的本性","哲学起源于惊异",这种惊异主要是对大自然的惊异。所以,西方人自古就有一种探索自然奥秘的浓厚兴趣("所有人都有渴望认识世界的天性"),专心致志于有关宇宙万物的知识,并把智慧的获得看成是最令人愉悦的事,由此发展出了一种"为求知而求知""为学术而学术"的传统。以至于到了近代,西方哲学发生了"认识论转向","知识就是力量"成为那个时代的最强音。

中国人一方面"重道德轻知识",另一方面将知识道德化。"知识道德化"表现为用道德统摄知识,将知识的内容和效用道德化,甚至认为道德即是知识。比如儒家所崇尚的"智"主要指道德智慧——"是非之心,智也"。在中国传统社会,人们追求知识不是出于探索自然规律和社会规律之目的,其知识也不是人们改造自然和社会的工具,而是人们道德修养的手段,是为道德服务的。所以,在中国是"学以致用",缺乏那种"为求知而求知""为学术而学术"的科学传统;与此相反,西方人将道德知识化,认为知识就是道德,如苏格拉底说"知识即德性,无知即罪恶"。苏格拉底之所以将德性与知识等同起来,主要在于他认为"认识你自己"就是认识人之心灵的内在原则,即认识德性,一个人只有真正认识了他自己,才能实现自己的本性,成为一个有德性的人。

中国人尤其是儒家之所以重视道德价值,这与其重群体、重人际关系密切相关。为了维护群体的团结,必须使人际关系和谐,而要使人际关系和谐,必须要有一套道德原则和规范来调整,因而道德就处于重要地位。西方人之所以重知识价值,是由于他们把人与自然看成是对立的,人对自然的改造是其生存的前提条件,但要改造自然,就必须认识自然规律,因而知识就处于重要地位。

总之,中国人把知识道德化,西方人把道德知识化。这是中西方在价值观上又一显著的区别。中西的这种价值观差异,也造就了中西不同的理想人格模型,即中国的圣人、贤人人格,西方的智者人格。在中国人看来,"圣人之成为圣人并不在于像西方智者那样更多地以思想的明晰了悟宇宙的真谛,而在于其更多地以一体之仁关怀人间的苦难"①。

---

① 张再林:《中西哲学的歧异与会通》,人民出版社 2004 年版,第 89 页。

（五）重人文而轻自然

与重道德而轻知识密切相连,儒家乃至中国文化在价值观上又一重要特点就是重人文而轻自然。

"人文"一词出自《周易》。"刚柔交错,天文也。文明以止,人文也。观乎天文,以察时变;关乎人文,以化成天下。"(《周易·贲卦·彖传》)意即观察天文,可以搞清楚四时的变化;通过人文的变化,来化成这个社会的风气。在这里,"天文"即天的文采,指日月星辰、阴阳变化等;"人文"即人的文采,指"文章""礼义"等。用今天的话来说,人文就是重视人的文化。《辞海》把"人文"定义为"人类社会的各种文化现象",可谓抓住了人文的本质。这样,所谓儒家重人文而轻自然,就是重视对人和人类社会的认识,不重视对自然界的认识和掌握。

如上所述,儒家从总体上是重道德而轻知识,但并不意味着儒家一点都不重视知识。然而,儒家所重视的是人文知识,它努力发展各种与人伦社会有关的思想学说,而不关心对客观自然的认识,不热心于逻辑认识体系和自然科学体系的建立。进而言之,古代中国人不追求外在的物理知识,而是注重对内在之人性的体认。因为在中国古人看来,"外求愈多,中怀愈苦",因此把那些一味地探求外在物理世界的学问视为"支离之学"。这可以说是中国文化重人文而轻自然的缘由之一。当然我们也都知道在中国历史上也曾产生过一些卓有成就的科学家,创造出许多重要的实用技术成果,直接推动人类文明的进步,但他们"往往得不到国家的称许和社会的承认,因而难以有广泛的应用和长足的发展。稍受重视的天文、数学及阴阳五行的自然哲学皆因与农业社会的生活实用有关,或与占卜算卦的术数杂糅而得以生存。在一般志于正道的学者眼里,用于认识和改造自然的科学与技艺不过是末业小道、'雕虫小技',它会有碍于人格的修养"①。受此观念的影响,"大多数中国知识分子宁可走科举仕进之途或沉溺于经学义理的研习考据之中,而不屑于弃儒从技,致使科技在中国文化中的地位越

---

① 徐行言主编:《中西文化比较》,北京大学出版社 2004 年版,第 76 页。

来越无足轻重"①。不独如此，在中国古代的教育中，重人文轻自然的倾向也非常严重，往往是身份轻低的人才去学习自然科学。例如唐代的"二馆"（弘文馆、崇文馆）、"六学"（国子学、太学、四门学、书学、算学、律学），招收弟子依照出身的品次高低，其中"六学"的书、算、律被排在最后，其学生为八品以下官员的子弟以及庶人子弟。② 这种情况说明重人文轻自然的思想在中国传统社会的影响广泛而深入。

中国文化重人文主要表现为重视"人文化成"或曰人文教化。所谓"人文化成"，按照楼宇烈先生的解释包括两层含义：一是以人为本、以人为中心，不让人沦为神的奴隶、物的奴隶；二是以礼乐教化，让人们自觉地遵守社会的行为规范。③ 就前者而言，以儒家为代表的中国文化通过道德教育、礼乐熏陶，从道德和艺术入手进行人格理想和人生境界的培养，从而使人不断地从动物状态中摆脱出来，得到升华，进入一种高尚的精神境界。就后者而言，儒家提倡通过道德教育、礼乐熏陶，提高人们的自我约束和自我完善能力，并通过自我的完善来维系社会关系。因此，从孔子开始就非常重视诗教、礼教与乐教。孔子说："兴于诗，立于礼，成于乐。"意即诗有助于振奋精神，陶冶性情，礼有助于立身处世，乐有助于完美情操，因此孔子教导人们要立志而后学诗，学诗而后知礼，知礼而后才能从音乐启迪中去自觉地陶冶性情。为此，孔子整理了《诗经》《礼记》《乐经》等"六经"，将此作为教授学生的课程。此外，"在中国传统社会，从家族中尊卑长幼的礼节到社会秩序、国家管理的维系，从一般人的内省修身到对统治者的人格要求，无不把人的道德自觉——'堂堂做一个人'作为首要前提，并将立德作为人生价值实现的最高境界。"④这是中国文化"人文教化"的核心所在。不仅如此，儒家把个人道德的修养看成是一个人成就社会事业的先决条件，所谓"修己以安人""内圣外王"是也。以此为基础，又形成了以"德治"为中心的理想统治秩序。这种道德中心主义正是中国文化重人文传统的基本特征。

---

① 徐行言主编：《中西文化比较》，北京大学出版社2004年版，第76页。
② 参见张岱年、方克立主编：《中国文化概论》，北京师范大学出版社2004年版，第281页。
③ 参见楼宇烈：《中国文化的根本精神》，中华书局2016年版，第7页。
④ 徐行言主编：《中西文化比较》，北京大学出版社2004年版，第74页。

　　中国文化之所以重人文而轻自然，主要是由于中国人所处的自然环境较为优越，使他们无须同自然作艰苦的斗争就能获得自足的生活资料，因此他们希望同自然保持一种亲和的关系，顺应自然而不是改造自然，并把主要精力放在人际关系的处理上。与此相反，西方人所处的地理环境较为恶劣，使他们需要与自然作艰苦的抗争才能获取生活资料，由此就形成征服自然和改造自然的观念，而要征服和改造自然，先决条件便是认识和掌握自然的规律，用科学知识和科学技术去改造自然，此即"知识就是力量"的真实意蕴，这就造就了西方文化重自然而轻人文传统。

　　概而言之，中国文化尤其是儒家以人和人类社会为出发点和关注点，注重人文教化，通过道德修养和伦理规范提升人的精神境界，实现社会和谐，而不重视对客观自然的认识。这是儒家传统价值观的又一特点。

（六）重现世生活而轻宗教信仰

　　如上所述，中国文化之重人文的主要表现就是重视"人文化成"，强调和坚持以人为本、以人为中心，既不让人沦为神的奴隶，也不让人沦为物的奴隶。而不让人沦为神的奴隶，使得中国人不重视乃至缺乏宗教信仰。尽管中国传统社会有内生的本土宗教——道教，也有外来而经过改造的佛教，但中国在历史上一直没有成为宗教性质的国家。绝大多数中国人执着于现世的生活，而不耽于神秘的信仰，不期待灵魂的超越。在整个中国传统社会里，宗教始终未成为占统治地位的意识形态而取代儒学之地位。当然有人会说，儒学不也是被称作宗教吗？但仔细考究，儒教之"教"非宗教之教，是"教化"之教。严格意义上的宗教必然要有对神灵的信仰或一个彼岸世界，而儒教缺少一个对彼岸世界的追求，因此它本质不属于宗教。实际上，从历史上看，儒家自孔子开始，就对鬼神存而不论，如孔子说"未知生焉知死""未能事人，焉能事鬼""敬鬼神而远之"，《论语》还说"子不语怪、力、乱、神"。这说明孔子创立的儒家不热心于鬼神，无心于天国的构想。儒家是主张积极入世的学派，它把人生的希望和理想都寄托于现世生活，如《中庸》讲"极高明而道中庸"，《左传·襄公二十四年》提出"三不朽"："太上有立德，其次有立功，其次有立言，虽久不废，此之谓不朽"，这些都是在强调人们可以在日常平凡的生活中实现高远的理想,通过现世中的立德、立功、立言等方式就可以超越有限的人生,使人之生命达到永垂不朽。所以,儒家重视和关注现世的生活,不把人生的理想、希望和未来寄托于彼岸世界。相反,西方人从古代就逐渐形成了宗教信仰观念,以至于到了中世纪,西方进入"信仰的时代",这同时也是西方的封建社会时期。在整整 1500 多年的封建社会中,基督教成为占统治地位的意识形态。在近代西方反封建斗争的资本主义革命运动中,初期也是披着宗教的外衣。此后,为了适应了资本主义社会的形成和发展,对宗教进行了改革,使之为资本主义发展的提供了一种新的精神——新教伦理,从而宗教仍然是该社会的重要意识形态。

以梁漱溟之见,中国之所以不重视宗教信仰,是因为在中国"以道德代宗教"①,进一步说,在中国,"伦理有宗教之用"。梁漱溟认为,人的生命具有相反的两方面:"一面是从躯壳起念之倾向;又一面是倾向于超躯壳或反躯壳",而宗教正是代表后一倾向,它能引导人"超越现实,超越躯壳,不使人生局于浅近狭小而止",因而起到"稳定人生之伟大作用";在中国,家庭伦理能"融合人我泯忘躯壳,虽不离现实而拓远较一步,使人从较深较大处寻取人生意义"②,因而它具有同宗教一样的观念。在笔者看来,中国之所以宗教不发达,是因为在中国哲学代替了宗教。犹如冯友兰所言:"每个人都要学哲学,正像西方人都要进教堂"③,表明中国人不是用宗教,而是用包括儒学在内的中国传统哲学解决人的终极关怀、人生意义和价值理想问题。就一般而言,哲学和宗教都是人类所创造的"意义世界",都承担和寄托了人对生命意义的寻求。质言之,它们都为人类的生命活动提供了价值指向,都可以成为人类精神家园的统治者。问题在于,人类的精神家园从来都是要么由宗教统治,要么由哲学统治。就此而论,在西方,人类精神家园主要由宗教主宰;在中国,人类精神家园主要由哲学主宰,尤其是由儒家学说主宰。而儒家之所能主宰中国人的精神家园,主要凭借它的人文化成功能,为人们提供道德教化和精神家园。从这一点来看,中国人"重现世生活而轻宗

---

① 梁漱溟:《中国文化要义》,上海世纪出版集团 2003 年版,第 123 页。
② 梁漱溟:《中国文化要义》,上海世纪出版集团 2003 年版,第 103 页。
③ 冯友兰:《中国哲学简史》,北京大学出版社 1996 年版,第 10 页。

教信仰"这一特点与"重道德""重人文"等特点是内在一致的,或者说由这些特点决定的。

(七)重和谐而轻竞争

重和谐是儒家思想乃至整个中国传统文化的根本特征之一。费孝通先生说:"刻在孔庙大成殿前的'中和位育'几个字代表了儒家文化的精髓,成为中国人的基本价值取向。"[1]不言而喻,"中和位育"是对《中庸》之"致中和,天地位焉,万物育焉"一语的概括,这是对"中和"境界的肯定和赞扬。"中"是实现"和"的条件,"和"乃是各因素处于"中"的结果。儒家文化的价值旨趣就是要追求"和谐"境界。缘此,儒家在人与人、人与社会的关系上,追求"群居合一""群己和谐",要求每个人通过"修身","抑其血气之刚",做到"允执其中",由此产生出"中庸""中和"的价值原则和人格标准;在民族、国家之间的关系上,追求"协和万邦",形成了重文轻武、爱好和平的民族性格;在人与自我的关系上,追求"境界平和",实现人自我身心内外的和谐;在人与自然的关系上,追求"天人合一",实现"人与天地万物一体"的理想目标;在文化与文明的关系上,主张用"和而不同"的原则处理不同文化或文明之间的关系,实现不同文明的"共生共在"。总之,儒家对和谐价值的追求表现在多方面,包括"群己合一"的人际和谐观、"协和万邦"的民族和谐观、"境界平和"的身心和谐观、"天人合一"的自然和谐观、"和而不同"的文化(文明)和谐观等等,这就充分说明儒家文化具有"重和谐"的特点。

儒家乃至整个中国传统文化都重视和谐而轻视竞争。孔子曰"君子矜而不争",老子言"水善利万物而不争"。这里的"争"主要是指争执、争斗,但也蕴含着竞争之意。尤其是儒家提倡的"中庸"之道,其核心便是要求人的"思想行为的适度和守常,归结到对个体人格的要求,则是要求为人要庄重、谨慎,节制个人的情感、欲望,反对固执一端的偏激片面,以达到处世通达圆融"[2];归结到对统

---

① 费孝通:《费孝通论文化与文化自觉》,群言出版社 2007 年版,第 314 页。

② 徐行言主编:《中西文化比较》,北京大学出版社 2004 年版,第 91 页。

治者的要求,则是要做到"隐恶而扬善,执其两端,用其中于民",即用中庸来引导百姓不争、不怨、不越、知足、慎德,从而达到和睦相守;归结到对士人君子来说,则要求他们"矜而不争,群而不党",应当像孔子那样"温良恭俭让"。凡此种种,都不鼓励甚至限制和压抑了人的竞争意识,作为一种人生态度,其消极性非常明显。

与此形成鲜明对照的是,西方文化崇尚竞争。前已述及,西方民族以工商业为主,以个人主义价值观为其核心观念,由此决定了他们始终把"利"与"力"看成是最有价值的东西,"鼓励人们积极地追求现实功利,并在平等的基础上开展竞争"①。西方个体主义价值观宣扬个人的利益和幸福要通过个人自己的努力和奋斗去争取和实现,所以人们为了自身利益和幸福必然会展开激烈的竞争,而要在竞争中获得成功,就需要有坚强实力和敢于拼搏的精神,由此便形成了西方崇力、好斗、尚争的民族性格和文化精神。

总之,与西方文化相比较,以儒家为主的中国传统文化又具有重和谐而轻竞争的显著特点。

以上我们从七个方面分析和呈现了以儒家为核心的中国传统文化在价值观上的一些主要特点。这些特点都是与西方价值观相比较而言的。当然,中西价值观的差异不止于这几个方面,还可以列举一些,以上仅举其大端而已。

从中可以看出,中西文化或民族在价值观上正好相反,比如中国所重者,恰是西方所轻者;反之亦然! 此其一。

其二,对中西方的"轻""重"都要作辩证的理解,不能绝对化、教条化。比如在讲到"重群体轻个体"中,"重"不是绝对地只讲这一点("群体")而完全不要哪一点("个体")。比如我们说中国人重群体、重义务、重道义、重道德、重人文、重现世、重和谐,并不是说中国人完全弃个体、权利、利益、知识、自然、信仰、竞争的价值于不顾,只是说相比较而言它更重视前者。反之,西方人亦然。

其三,中西价值观之差异或各自的特点并不表明二者孰是孰非、孰优孰劣。比如我们不能简单地断定重群体绝对好,重个体就绝对不好,或者相反! 事实

---

① 徐行言主编:《中西文化比较》,北京大学出版社 2004 年版,第 93 页。

上,无论是重群体还是重个体,二者各有优缺点:重群体有利于群体的团结稳定与社会和谐,但压抑和限制了个体的发展,容易导致对个体自由的束缚。重个体有利于激发个体的能动性和创造性,发挥个人特长,但却易导致激烈竞争而造成社会危机。以此类推,重义务和责任有利于培养人们的责任意识、使命意识、无私奉献精神和爱国主义情感,增强民族的凝聚力,但不利于个体权利和平等意识的形成和发展,且容易漠视和践踏个人的权利,限制个人的自由。重权利则对树立和发展权利观念、平等原则有不可或缺的作用,但它容易导致权利意识泛滥,自由主义和个人主义横行,危害社会的稳定。"重义轻利"观念使中国人十分注意道德修养的提高和精神生活的完善,但却妨碍了社会生产的发展和社会财富的积累。重利轻义的观念促使西方人在近代创造了巨大的生产力,促进社会财富的增长,但又使人与人之间的情感关系金钱化,整个社会陷入物欲横流、享乐主义、利己主义、商业主义泥淖而难以自拔。中国人重道德、重人文的观念培养了一大批仁人志士,使中国知识分子具有一种圣人或贤人作风,但缺乏智者气象,影响了对自然的探索和认识。西方人重知识、重自然的传统塑造了智者气象的人,促进了自然科学的发展,但它缺乏处理人际关系的道德原则,对人际关系和伦理原则重视和思考的不足。重现世生活的态度使中国人一直以理性态度对待社会人生问题,形成了以道德教化代替宗教信仰的优良传统,避免出现欧洲中世纪那种受宗教统治千年之久的黑暗时期,但它却不利于激发人们形成超越精神以及在此精神感召下的创造精神。重信仰的西方人把希望寄托于死后灵魂升入天国,于是就陷于神秘主义的迷狂,但它所宣扬的"赎罪之路"却激发了人们的艰苦卓绝的创业精神。重和谐使中华民族成为一个多民族大融合大团结的大家庭,使中华文明延续五千年而不断,但也使中华民族过于文弱、内敛,开拓、外展不足。重竞争塑造了西方民族敢拼敢斗的冒险精神、不断开拓的进取精神,助推社会向前发展,但它又容易使西方社会陷入无尽的冲突、对抗和混乱之中。总之,中西价值观各有其特点,也各有其优点和不足。我们要辩证地看待,决不能走极端。

其四,如果在上述的七点中,去掉"轻重",剩下的就是二者的相同点。也就是说,中西价值观的构成要素是相同的,不同之处在于这些要素在价值体系中的地位、位置、次序不一样。这表明中西价值观的差异主要表现在结构和秩序方面的不同。由此可见,中西价值观是同中有异、异中有同。而价值观念的不同既表现了中西文化的不同,又是造成中西文化差异的重要原因。

既然中西价值观各有优劣,我们就应该相互学习,取长补短。如果不加分析地将特点等同于优缺点,并由此得出自己的都是缺点,别人的都是优点,进而走向文化虚无主义和全盘西化;或者由此得出自己的都是优点,别人都是缺点,进而走向国粹主义和复古主义。这都是不对的。唯一科学的态度就是以马克思主义为指导,继承和弘扬中华民族的长处,汲取其他民族的优点,建立一种既有民族特色又具时代精神的价值观念体系。

下　编

儒家价值观的当代意义发掘

第七章　儒家价值观对当代个人的意义

习近平总书记在纪念孔子诞辰 2565 周年的讲话中指出："儒家思想和中国历史上存在的其他学说都坚持经世致用原则,注重发挥文以化人的教化功能,把对个人、社会的教化同对国家的治理结合起来,达到相辅相成、相互促进的目的。从历史的角度看,包括儒家思想在内的中国传统思想文化中的优秀成分,对中华文明形成并延续发展几千年而从未中断,对形成和维护中国团结统一的政治局面,对形成和巩固中国多民族和合一体的大家庭,对形成和丰富中华民族精神,对激励中华儿女维护民族独立、反抗外来侵略,对推动中国社会发展进步、促进中国社会利益和社会关系平衡,都发挥了十分重要的作用。"[①] 从中可以看出,习近平总书记明确地将儒家思想乃至整个传统文化的重要作用析分为对个人、社会(民族)和国家三个层面。缘此,本书在阐发和梳理儒家价值观的当代意义时主要从其对个人、社会、国家三个方面作为阐述路径,在此基础上,增加了"世界"这一层面,最终形成本书整理和阐述儒家价值观当代意义的基本框架结构。

笼统地说,儒家价值观对于当代的个人肯定会有多方面的价值和意义,但具体来说,它到底对个人有怎样的价值和意义呢? 要回答这个问题,基本思路就是要看当今社会个人在生存和发展方面遭遇到哪些困境和难题,儒学价值观对解决这些困境和难题能发挥怎样的重要作用,能提供哪些重要的思想资源,由此来揭示和彰显儒家价值观对当代个体的意义。

当代个人在生存与发展中究竟遇到哪些困难和问题? 习近平总书记说:"当代人类也面临着许多突出的难题,比如,贫富差距持续扩大,物欲追求奢华

---

① 《习近平著作选读》第一卷,人民出版社 2023 年版,第 277 页。

无度,个人主义恶性膨胀,社会诚信不断消减,伦理道德每况愈下,人与自然关系日趋紧张,等等"①。这里提到的"物欲追求奢华无度""个人主义恶性膨胀""伦理道德每况愈下"就属于当代个人在生存与发展中遭遇的问题和困境。中国当代哲学家汤一介先生在谈到"当前我国以及全世界究竟遇到些什么重大问题"时说:"由于对自然界的无量开发,残酷掠夺,造成生态环境的严重破坏。由于人们片面物质利益的追求和权力欲望的无限膨胀,造成人与人之间以及国家与国家之间的矛盾与冲突,以至于残酷的战争。由于过分注重金钱和感官享受,致使身心失调,人格分裂,造成自我身心的扭曲,已成为一种社会病。"②此中所提到的"身心失调""人格分裂""自我身心的扭曲"等显然是当代个人生存中面临的重要问题。还有学者指出:"当今世界迫切需要解决的问题有哪些?首先是对自然的无限索取导致的生态环境的崩溃,其次是人与人互为他者造成的人际关系的紧张,再次是资本与权力结合导致的阶级对立和阶层分殊,以及价值观混乱导致的社会凝聚力的丧失,唯科学主义导致的技术对人性的奴役,消费主义泛滥导致的精神的贫困,等等。"③不言而言,这里提到的"人际关系的紧张""价值观混乱""技术对人性的奴役""消费主义泛滥""精神的贫困"亦属于个体生存中遇到的问题和困境。凡此种种,不一而足。本章正是通过分析和阐释儒家价值观对化解上述个体在生存和发展中所遭遇的种种问题所具有的重要作用,来揭橥和展现儒家价值观对当代个体的意义。

一、儒家"君子"人格理想之于当今 社会个体人格修养的意义

诚如汤一介先生所言,"身心失调,人格分裂""自我身心的扭曲"已然成为当代中国乃至整个世界的一种社会病,它严重地威胁着当代个体的生存和发展。

---

① 《习近平著作选读》第一卷,人民出版社 2023 年版,第 276—277 页。
② 陈来、甘阳主编:《孔子与当代中国》,生活·读书·新知三联书店 2007 年版,第 7—8 页。
③ 李宪堂:《也论现代儒学价值》,《天府新论》2017 年第 1 期。

那么,这一问题是如何产生的? 从一般意义上讲,当今社会之所以会出现身心失调、人格分裂等问题,是由于当代人过分追求金钱和感官享受,或者说是与人们只注重工具理性而不注重价值理性有关。当代人在人格类型总体上属于"理性经济人",这种类型的人仅以追求物质利益最大化为准绳,其人生的价值追求局限于物欲的满足,肉体需要挤压了精神追求,由此造成了人的一种"物化"生存困境,即人的生存为物所限、为物所累、为物所困,过着一种"物质富裕,精神痛苦"的生活,由此导致了自我身心的扭曲和人格分裂。

从社会存在性根源来讲,这一问题的产生与市场经济的负面影响密切相关。实行市场经济是当代社会发展的必经之路。市场经济是竞争经济,功利主义(工具理性)是其主导价值。所以,在市场经济条件下人们追逐利益是正当的、无可厚非的。但是,人们往往将市场经济的竞争观念和追求利益最大化的观念(逐利观念)带到了日常伦理生活中,市场规则入侵到人的"生活世界"并影响到人的日常交往,即人们在日常交往中往往以利益为取向,功利主义弥散到社会伦理生活的方方面面,进而影响到人的品格。人们不难发现,由于受市场经济负面效应的影响,当今社会中的一些人把金钱作为人生追求的唯一目标,金钱成了衡量人的价值的最高尺度,由此导致了拜金主义的泛滥和享乐主义的横肆。有些人沉湎于感官刺激的享受,迷失了人生方向,过着动物般的生活;既然金钱成了人生的最高追求,金钱越多意味着人生价值越高,所以,有些人为了赚取更多的钱财,不择手段,不守诚信,甚至走上违法犯罪的道路。这样,不仅损害了社会风气,还导致社会规范的松弛和人性的失落。

此外,伴随着市场经济高度发展而来的"消费社会"更加加深了当代人的人格异化。消费社会的根本问题"并不在于经济过程中消费成为主导性的方面,而在于它创造了一种使人类的生活迷失了方向的物化的逻辑"①,所以"值得忧虑的并不是人对物的迷恋,而是物的逻辑创造了一种主宰人的逻辑,对物的迷恋主宰了人的精神生活。因此这种迷失是人类在精神上的迷失,其表现便在于文

---

① 王新生:《消费大众的精神空场与公共理性的重建——关于消费社会与大众文化的一个关联性考察》,《求是学刊》2007 年第 3 期。

化上的衰败。"可以说"消费社会是一个没有精神的文化空场,是失却了灵魂的肉身们的盛宴"①。在过分追求消费的社会中,个体由于被物的逻辑所支配,或者说被享乐主义的虚幻逻辑所充斥,植根于其内心深处的信仰和人生目标易被掏空,最终陷入自我价值的迷失所带来的空虚、彷徨和焦虑。

总之,当今社会个体在生存方面所面临的一个最严峻问题,就是由于物欲横流造成一些人人格尊严的丧失和精神世界的堕落,导致个体遭遇意义危机和生存危机。如何解决这一严峻问题? 除了在社会存在方面变革社会生产和生活方式,进一步加强和完善制度建设外,还需要在精神层面加强文化道德建设,以提高和完善个体的人格修养和精神境界。在这一方面,儒家"君子"人格理想具有重要的借鉴意义。

就总体而言,儒学本质上是人学,它以培养理想人格为第一要务,故儒家之教从根本上说乃是一种人格之教。

如前所述,儒家将理想人格划分为君子、仁人、志士、贤人、圣人等层次,但只有"圣人"和"君子"这两种理想人格最具典型意义,最能反映和表达儒家的理想人格追求。"君子"是儒家所设想的最基本的理想人格范式,或者说是儒家理想人格中的一个最基本样态,其他类型的人格理想都是在"君子"人格基础上发展而来的,是在"君子"人格基础上由低到高不断提升递进而成的。"圣人"是儒家理想人格的最高峰,从"君子"到"圣人"都是仁者,但因他们对"仁"的体现程度不同,从而有了高低的等级序列。作为"人伦之至""百世之师"的"圣人",是仁爱的完全体现者,其博爱之心贯穿天地、遍及人类。但很少有人能达到这样的境界,普通人更是难以企及的,故人们对之只能"心向往之"。正因为如此,有人将"圣人"视为可能的理想人格、务虚型理想人格,把"君子"视为现实的理想人格、务实型理想人格。甚者有人称"圣人"是彼岸理想人格,意在表明它不具有现实性。笔者非常赞同杨国荣先生的观点,即认为"圣人作为一种引导的目标,为人提供了精神发展的方向,使人始终受到理想的鼓舞,从而能够避免世俗的沉沦,

---

① 王新生:《消费大众的精神空场与公共理性的重建——关于消费社会与大众文化的一个关联性考察》,《求是学刊》2007 年第 3 期。

不断实现精神的升华",但不能将之作为一种现实的目标加以追求,否则就会使人格塑造陷入虚幻和浮夸;而"君子作为现实的人格典型则为人生提供了切实可行的具体规范,从而避免了人格理想的抽象化、玄虚化"。① 缘此,在当今的人格教育中,我们不能把人格目标定的太高,太高了一般人达不到,这就失去了意义,比如不宜将古代的"圣人"人格作为今天普通大众人格修养效仿的对象。只有"君子"人格才是适用当今时代现实的理想人格,因此,它对于当今塑造人们理想人格具有切实可行的作用和意义。

不遑缕述,在中国二千多年的传统社会中,"君子"历来都是士人以及普罗大众尊崇和仿效的对象,学做君子已然成为中华民族的集体(无)意识。传统社会正是借助君子人格实现对民众的道德教化,君子成为引领社会道德风尚的典范。只是到了近代以后,尤其自五四新文化运动以来,随着反传统的文化激进主义者对传统文化的猛烈冲击,加之"文化大革命"时期的"反孔批儒"运动,使儒学离我们渐行渐远,传统美德被丑化、被抛弃。因之,当代人很少再讲君子,"君子"不仅成为一个陌生的词语,有时候也成为人们讥讽的对象,比如说某人是"正人君子",即意味着此人是个伪善者,将"君子"一词妖魔化。当然,在大多数人的内心中仍然珍重君子、厌恶小人。在党中央提出大力弘扬中华优秀传统文化、实现中华优秀传统文化创造性转化和创新性发展的今天,在实现中华民族伟大复兴的中国梦之际,我们要借此东风,复兴和发扬儒家"君子"文化传统,造就大批新时代的君子,借此提高和完善当代个体的人格修养,解决当今社会道德沦丧,人格退化扭曲的问题。

儒家"君子"人格的内涵极为丰富,荀子曰:"君子贵其全也"(《荀子·劝学》),即君子是人格健全(周全)的人,用今天的话来说,君子就是心理素质全面发展的人。笔者在前面将君子人格的内涵总结概括为仁、义、礼、智、忠信、勇、中庸、和而不同、文质彬彬、自强不息等十个方面,并强调儒家君子人格的这些品质和规定又可归约为知、情、意三个方面,这样,儒家君子人格的最基本要素就是仁(情感)、志(意志)、知(理智)。也有学者认为:"儒家的君子是一个兼具'位'

---

① 杨国荣:《儒家视阈中的人格理想》,《道德与文明》2012 年第 5 期。

'德'、'智'、'美'等多种属性的复合概念,它涉及对一个人的社会地位、道德水准、智慧水平、心理素质等全方位的评价。"①不论人们如何理解和概括儒家君子人格的丰富内涵,但在笔者看来,儒家"君子"人格主要是道德人格。正如《白虎通义·号》所言:"或称君子者何? 道德之称也"。正是在这个意义上,陈谷嘉先生说君子人格择其要者有三:其一,君子是道德的楷模;其二,君子做人始终以高标准(如"君子九思")的人格塑造自己的人生;其三,君子大公无私,光明磊落。②

从历史上看,孔、孟、荀等先儒们在论说君子人格理想时往往是把"君子"与"小人"对举,通过小人的缺德衬托君子的有德。牟钟鉴先生认为最能表现君子和小人差异的是两句话:"君子喻于义,小人喻于利";"君子和而不同,小人同而不和"。③ 但依笔者之见,"君子喻于义,小人喻于利"是君子与小人根本区别所在。原因有二:

其一,君子之所以"和而不同",小人之所以"同而不和",根本原因在于君子讲义,小人求利。朱熹说:"和者,无乖戾之心;同者,有阿比之意。尹氏曰:'君子尚义,故有不同;小人尚利,安得而和?'"④清代的刘宝楠在《论语正义》中说得更简洁明了:"和因义起,同由利生。"

其二,重义还是重利是君子与小人的分界线。孔子说"仁者,人也",表明道德是人之为人的根据和标准,即道德就是人的"格",简称"人格"。君子"喻于义",是说君子以道义为人的最高标准,这就意味着君子坚守了做人的资格和标准,显现了人格的魅力;小人"喻于利",是指小人把利作为人生追求的目标,表明小人丧失了做人的人格,就算不得人。因此说"君子喻于义,小人喻于利"是君子与小人的最本质区别。

当然,以"义利之辨"言说君子与小人之区别,并不意味着君子就完全不讲利,小人求利就完全不对,不能将之绝对化和僵化。孔子说:"富与贵,是人之所

---

① 张顺清:《传统儒家君子观在当代的传承与实践》,《光明日报》2019 年 12 月 23 日。
② 参见陈谷嘉:《人、人性、人格——孔子人学思想初探》,《道德与文明》2017 年第 1 期。
③ 牟钟鉴:《中国文化的当下精神》,中华书局 2016 年版,第 218 页。
④ (宋)朱熹:《四书章句集注》,中华书局 2011 年版,第 139 页。

欲也,不以其道得之,不处也。"确切地说,君子与小人之区别不在于求利与否,而在于是否以"义"求利。正如孔子所言:"君子之于天下也,无适也,无莫也,义之与比",对"义"之坚守是君子的根本品质。这也是我们今天强调用儒家"君子"人格理想对当今社会个体进行人格教化的根据所在。

(一)以儒家"君子"人格理想重塑和健全当代个体的人格

当今社会中的一些人由于受功利主义、消费主义和市场经济负面效应的影响,一味地追求物质利益、追求感性欲望的满足,造成了人格的物化或功利化,导致了人格退化、人格分裂、人格丧失。所谓人格退化,实际上就是由于受物欲的侵蚀,人的道德水准降低、道德滑坡;人格分裂就是身体需要(物欲满足)和精神需要(心灵满足)不平衡、不和谐,二者产生冲突。正如有学者所说:"人格既体现了人的内在的善本性,具有良好的素质,也体现了人的言行美,以道德支配着人的行动。如果这内外二者相分离,则意味着人格的分裂,人也就沦为两面人。"①所谓内外相分离,就是内心向善,追求高尚的精神境界,但外在言行却受物欲的摆布,追求鄙俗的物质享受,从而造成人的内在人格与外部言行相背离,这说到底还是"利欲"侵扰着"道义";所谓人格丧失,则意味着一个完全丧失了道德,功利追求占据优先的主导的地位,从根本上左右一个人的价值取向。可见"人格丧失"的人就是儒家所说的"小人"。"人格退化""人格分裂"的人虽不能完成称之为小人,但也是人格不健全的人。无论是人格丧失、人格退化、人格分裂,都是由于对物欲的片面追逐和过度膨胀所致,所以,要解决当代人所遭遇的人格丧失和人格不健全的问题,关键在于把人们从痴迷功利价值的迷失中警醒,让人们去欲存德,塑造健康而高尚的人格。但警醒需要榜样的召唤,而儒家君子人格正是"尚道德、轻功利"的典型形象,它恰好能起到这种榜样的召唤作用。所以,我们应该在全社会大力弘扬儒家的君子文化传统,让人们像君子那样"喻以义"而不"喻以利",以君子之德遏制人们过度膨胀的欲望。

---

① 陈谷嘉:《人、人性、人格——孔子人学思想初探》,《道德与文明》2017 年第 1 期。

《周易·损卦·大象传》曰:"山下有泽,损。君子以惩忿窒欲。"南宋杨简释此曰:"山上有泽,其山日损;人有忿欲,其德日损"(《杨氏易传》),深刻地揭示出"忿""欲"能损害人的德性。朱熹也说:"山下有泽,损,君子以惩忿窒欲。君子修身,所当损者,莫切于此。"①说明遏制忿怒与欲望是积累德行的关键所在。的确,"欲"是毒害道德的最大祸根,当代一些人的人格退化、人格扭曲、人格丧失都源于此。既然当代一些人的人格退化、人格扭曲、人格丧失都是由于物欲的膨胀所致,所以,解决问题关键是抑制人们过度的欲望("贪欲")。虽然说"人生不能无欲",但"窒之则欲心不萌",而君子恰恰能做到"窒欲"。所以,当今中国需要在全社会大力传承和弘扬儒家"君子"之道,以此来教化教导人们效仿儒家君子,以"惩忿窒欲"的智慧修炼人格,让民众真正懂得"道德"才是人之为人的根据和标准,才是人的"人格"。所以,无论什么人,都应努力塑造自己的道德人格,唯有如此,他(她)才能成为一个真正的人,进而才可能成为一个有价值的人。

(二)以儒家"君子"人格化导社会风气,引导人们树立正确的人生价值观

君子不仅仅是道德的楷模,在其身上承载和体现着儒家文化的核心价值观。儒家学说乃至整个中华传统文化很重要的内容是阐扬仁、义、礼、智、信、忠、孝、廉、悌等众多为人处世的伦理规范和美好品德,这些伦理规范和美好品德最终都聚集、沉淀、融入和升华到一个理想人格即"君子"身上。② 所以,我们今天继承和弘扬儒家"君子"人格理想,不仅以君子人格作为我们塑造理想人格的现实榜样,还要用"君子"人格规正社会不良风气,引导和调节人们的价值判断和行为方式。正如学者颜炳罡所说:"儒学要做的就是给老百姓提供一个判断是非善恶的价值平台,让人们知道怎么做才是一个好人,才是君子。有了这样一个平台之后,老百姓就有讲道理的共同价值基础。"③

① (宋)朱熹:《周易本义》,廖名春点校,广州出版社1994年版,第116页。
② 参见彭彦华:《君子人格的诠释及其现实价值》,《孔子研究》2019年第3期。
③ 颜炳罡:《在田间地头撒下儒学的种子》,《光明日报》2018年9月29日。

　　毋庸讳言,当今社会一些人由于过度追求功利价值,导致其私欲膨胀。他们把唯利是图奉为自己的行为准则,极度轻视甚至拒斥精神价值和道德修养,为了一己私利铤而走险、为非作歹、坑蒙拐骗;尤其是一些不良商人和腐败政客,利欲熏心,相互勾结,以权谋私,大搞不正之风。他们的行为完全突破道德底线,严重损害公序良俗,扰乱社会秩序,毒化了社会风气。这些"唯利是图"之人就是儒家所说的"小人"。

　　由于当今社会的一些乱象以及一些人的道德失范和价值迷失是由"小人"祸乱所致,因此,解决这一问题的一条有效途径就是弘扬儒家"君子"文化,造就大批新时代的君子,用"君子"人格引导社会风气,端正当今人们为人处世的价值取向,让人们像君子那样尚道德、轻功利,以道德实践成就人生价值。如此,"当代人在人格塑造上就一定能纠正过度的功利执着,回归合乎人之本质存在的道德诉求"①。

　　儒家历来强调"君子"有化导民众的责任。孟子说:"天之生此民也,使先知觉后知,使先觉觉后觉也",并自喻为"天民之先觉者"(《孟子·万章上》)。实际上,君子之于民众而言就是先知先觉者,他们有"新民""启民"的责任。《周易·蛊·大象传》曰:"山下有风,蛊,君子以振民育德。"山下有风是蛊卦的卦象,君子观此卦象,取法于吹拂万物的风,从而振救民众,实行德教。《周易·渐·大象传》曰:"山上有木,渐,君子以居贤德善俗。"所谓"君子以居贤德善俗",就是说君子应先修养自身德性,然后推己及人,使风俗醇美,这正是君子的人生责任。《周易·乾·文言》曰:"君子以成德为行",意即君子以成就美德作为自己的行为准则。正因为君子修身立德,内心始终有一个道德的衡准,所以君子做人做事能坚守道义、以义行事、诚实守信、光明磊落,他们始终是社会正义的化身、良知的代表、道德的楷模和价值观的标准。因此,用君子之风范匡正社会不良风气,引领民众向上向善,走向正途,是十分重要的。

　　尤为重要的是,在当代用"君子"人格化导社会风气不仅是十分必要的和重

―――――――
　　①　蒋国保:《儒家君子人格的当代意义——以孔孟"君子"说为论域》,《道德与文明》2016年第6期。

要的,而且也具有巨大的现实可能性。因为君子人格"既理想又现实,既尊贵又亲切,既高尚又平凡,是可见、可感又可学、可做,并应学、应做的人格范式。"①

当今社会之所以出现道德失范、价值观模糊,还有一个原因是因为当今一些社会成员"缺失羞耻意识"②,导致其是非、善恶、美丑不分。孟子说:"无羞恶之心,非人也"。"不知耻"就失掉做人的资格,为此孟子一再强调"耻之于人大矣""人不可以无耻"(《孟子·尽心上》)。实践证明,如果一个人"不知耻",意味着他失去了是非判断的标准,那他就会把可耻之事当作正当光荣的事去做,"恬不知耻"此之谓也。此乃非常可悲的事情!所以,隋朝的王通说:"痛,莫大于不闻过;辱,莫大于不知耻。"(《文中子·关朗》)朱熹也说:"人须是有廉耻……人有耻则能有所不为……不知廉耻,亦何所不至?"(《朱子语类》卷十三)。"知耻"不仅关系到个人品德的高下,而且关系到国家兴衰存亡。如果一个社会"不知耻"者不是个别人,而是普遍现象的话,那么这个社会就会面临生死存亡的危险。正如管仲所言:"礼义廉耻,国之四维。四维不张,国乃灭亡"(《管仲·牧民》),这里的"耻"就是"知耻"的意思。

当今社会应如何弥补这一缺失呢?学习和践行儒家君子文化,用君子人格理想教化民众,感化更多的人成为君子,将是一个颇具可行性的举措。《中庸》曰:"知耻近乎勇","勇于耻"是君子的基本品格之一,"行己有耻"是君子根本的行为准则。当代人只要能真正认同和实践"勇于耻""行己有耻"思想理念和行为准则,牢固树立羞耻意识,就能消除社会上的种种不良现象,端正社会风气。

(三)弘扬儒家"君子"人格理想对于提升现代公民意识、健全现代公民人格具有积极意义

有人会说,在现代社会中人们需要的是公民意识,做一个懂法守法的公民就够了,提倡君子人格,让人们做一个谦谦君子,似乎有些不合时宜,甚至是与历史潮流背道而驰!的确,儒家君子人格产生的社会土壤与现代社会截然不同,中国

---

① 彭彦华:《君子人格的诠释及其现实价值》,《孔子研究》2019年第3期。
② 蒋国保:《儒家君子人格的当代意义——以孔孟"君子"说为论域》,《道德与文明》2016年第6期。

传统社会是建立在自然经济基础上的"人治"社会,实行的是"以德治国",因此需要人们修身成德,推崇道德性人格。当代中国社会是建立在社会主义市场经济基础上的"法治"社会,实行的是"依法治国",它要求所有社会成员应有公民意识。所谓公民意识,简而言之,是指公民个人对自己在国家中的地位的自我认识,是一个现代合格公民所应当具有的各种观念之总和,主要包括主体意识、权利意识、责任意识、平等意识、法治意识、参与意识、监督意识等等。这些意识显然是属于现代意识,与传统的儒家"君子"人格内涵多有不同。但是,正如"依法治国"离不开"以德治国"一样,在当代公民意识的培育过程中,公民的君子人格培养也是必不可少的。

有学者指出,儒家提倡的君子人格虽然不能作为一种普遍要求来衡量社会全体成员,但可以作为一种理想性的目标引导全体公民向着这一富有精神内涵的人格理想去努力。在当今的法治社会里,要求每个人成为知法、守法的合格公民,这是对人的基本要求。在此基础上提倡儒家的君子人格理想,则是在合格公民的基础上提出的更高的道德要求,而这种更高要求对于现代社会里绝大多数已经解决基本物质生存问题的人而言,也是一种内在的精神要求,并且它与人的全面发展密切相关。①

更为重要的是,要成为一个合格的现代公民,当然要具备上述的主体、权利、平等、责任、法治、参与、监督等意识,但这其中的主体意识、责任意识也是儒家君子人格的内在品质。责任意识自不待言,主体意识实质上就是自主、自觉、自律、自强,表现为公民"在社会的参与中具有独立自主的精神",具有独立人格,"既能够清醒地意识到自己是一个独立的个体,也能够自觉地承担起自己的社会责任、人生义务和历史使命"②,这种"独立自主",自觉承担责任、义务、使命的精神不正是儒家君子的品德吗?!孔子说"为仁由己,由人乎哉?""君子求诸己,小人求诸人",君子是"可以托六尺之孤,可以寄百里之命,临大节而不可夺"的人。孟子说,"富贵不能淫,贫贱不能移,威武不能屈,此之谓大丈夫",君子是"天降

---

①　参见吴根友:《儒学对未来世界提供什么样的精神价值——兼与景海峰教授商榷》,《探索与争鸣》2018 年第 4 期。

②　胡弘弘:《论公民意识的内涵》,《江汉大学学报》2005 年第 1 期。

大任于斯人""当今之世,舍我其谁"的人。这些都表明君子具有独立的人格、自主的精神、高度的使命意识和担当精神。除此之外,现代公民还应当诚实守信、坚守道义、胸襟坦荡、光明磊落,凡此种种,都是君子人格必备素质。法安天下,德润人心,弘扬儒家"君子"人格理想对于提升和完善现代人的公民意识具有极为重要意义。

不惟如此,弘扬儒家"君子"人格理想对健全现代公民人格具有积极意义。

历史地看,君子人格的内涵并不是一成不变的,从先秦原始儒家到明清时期的儒家对"君子"人格不断注入新内涵,充分说明"君子"是一个富有时代风采的概念,携带着时代的气息。当代学者牟钟鉴在承继儒家传统"君子论"的基础上,结合社会现实与个人生活体验,凝炼出"新时代君子"应具有的六个主要品格:"有仁义,立人之基;有涵养,美人之性;有操守,挺人之脊;有容量,扩人之胸;有坦诚,存人之真;有担当,尽人之责"①。这一概括,内涵完整,简洁明快,对新时代传承、弘扬、践行君子文化具有重要意义。我们相信,用这"六有"来教育当代的每一个公民,让他们认同之、践行之,一定能进一步提升现代公民的素养,健全现代公民的人格。

现代"公民"不同于传统社会的"臣民"。臣民具有依赖性人格,而公民具有人格独立性;现代"公民"也不同于一般所说的"人民","人民"是一个政治概念,它与"敌人"相对应,是指以劳动群众为主体的全体社会成员,而"公民"是一个法律概念,是指取得某国国籍并依据该国法律规定享有一定权利和承担一定义务的人。从这些区分中我们就能看到,现代"公民人格"的最基本品质就是独立、自主、平等、自由、公共精神。除此之外,现代公民还应该有操守、有坦诚、有担当。如果要做一个"好的公民",除上述品质之外还要有仁义、有涵养、有容量。概而言之,"公民人格"是指作为一个合格公民所应具备的资格,它包括独立、自主、平等、自由、公共精神等素质要求。但"公民"首先是人,他首先要具备做人的资格,即人格。前已述及,人格就是人的道德品格,而儒家的君子就是道德高尚的人。正是在这意义上,我们强调通过弘扬和践行儒家君子人格理想来

---

① 牟钟鉴:《中国文化的当下精神》,中华书局 2016 年版,第 221 页。

健全现代"公民人格"。尤其在当今社会里,学习和践行君子人格理想,对于矫正现代公民过分追求物质利益之偏向具有重要意义。

不烦详论,儒家君子人格理想对当代中国各行各业的人们都具有感召力和引领作用。冯友兰先生曾讲到"成为人"和"成为某种人"。所谓"成为人"就是做一个堂堂正正的人,即一个具有人品(人性)的人;"成为某种人"就是从事某种职业、承担某种角色的人,如工人、农民、教师、医生、法官、律师、作家、科学家等等都是"某种人"。就一般而言,只有先"成为人"然后才能"成为某种人",前者是后者的前提。学做君子首先让你"成为人",为你做好"某种人"打好根基。正是在这个意义上,有学者提出"争做君子"是加强党性修养的新理念,因为"共产党员首先是人,党性的前提和基础是人性,要做一个好党员,首先要做一个好人,也就是君子"①。推而广之,"争做君子"应该成为全社会各行各业进行职业道德和素质教育的新理念。牟钟鉴先生提出我们要突破传统的"君子不器"的局限,倡导"君子能器",在各行各业造就大批"德才兼备、智勇双全"的君子,如"士君子、乡君子、政君子、军君子、商君子、医君子、工君子、农君子、师君子"②等等,用君子之德发挥众智、众勇、众行的合力,推动各行各业的发展。这是很有见地的建议,也具有很强的可操作性。我们看到,近年来我国每年都在举行"感动中国年度人物""全国道德模范""中国好人""中国工匠""最美教师"等的评选表彰活动,这些人就是当今时代的各行各业涌现出的"君子",树立这样的典范,大力宣扬他们的或平凡或伟大的事迹,能够起真正到正人心、正风气、正是非、正言行的作用,引导人们崇德向善、自强不息、刚健有为、为国奉献、大爱无疆。

总之,君子之心,人皆有之。每个人的人性中都有一种向善之心,都愿意成为一个君子,不愿意成为被人戳脊梁骨的小人。君子风范仍然被当今的绝大多数中国人奉为做人的圭臬。所以,今天在全社会大力倡导和弘扬儒家"君子"人格理想,倡导"争做君子"活动,对于提升个人的人格修养和道德素质,改善社会

---

① 彭彦华:《君子人格的诠释及其现实价值》,《孔子研究》2019 年第 3 期。
② 牟钟鉴:《中国文化的当下精神》,中华书局 2016 年版,第 231—232 页。

风气,树立正确的人生观价值观,皆具有要重要意义,这是儒家价值观之于当代人意义的表现之一。

二、儒家"五常"思想对于当代
个体提升道德素养的意义

当代学人蒋国保说:"儒学是否有当代意义,取决于当代社会是否更有必要以道德关切为重。"①此言甚确!尤其是对当代个人而言,更是如此!

当代社会是否更有必要以道德关切为重,关键在于当今社会是否有道德失落或滑坡现象。陈来先生认为当今社会"道德滑坡"的现象确实存在,主要表现在以下几个方面:一是"个人品格"的观念淡薄;二是家庭伦理趋于冷淡;三是职业伦理观念淡化,假冒伪劣品屡禁不止;四是团体伦理观念或曰集体主义观念淡薄;五是社会伦理、公共道德观念严重滑坡;六是爱国主义观念远不如以前。②中共中央国务院印发的《新时代公民道德建设实施纲要》指出:"由于市场经济规则、政策法规、社会治理还不够健全,受不良思想文化侵蚀和网络有害信息影响,道德领域依然存在不少问题。一些地方、一些领域不同程度存在道德失范现象,拜金主义、享乐主义、极端个人主义仍然比较突出;一些社会成员道德观念模糊甚至缺失,是非、善恶、美丑不分,见利忘义、唯利是图,损人利己、损公肥私;造假欺诈、不讲信用的现象久治不绝,突破公序良俗底线、妨害人民幸福生活、伤害国家尊严和民族感情的事件时有发生。"③也有学者认为中国在走向现代化的过程中确实出现了"道德迷失","原先行之有效的儒家伦理准则大都失范,而新的道德规范又未能有效建立"④。

不可否认,我们时不时能在日常生活中碰到或在各种媒体上看到有关道德败坏、道德失范的事情发生。诸如制假售假、学术不端、官员腐败、子女不孝,见

---

① 蒋国保:《关于儒学当代意义的新思考——以异于时贤之论域的视角立说》,《学术界》2014年第11期。
② 参见陈来:《守望传统的价值》,中华书局2018年版,第16页。
③ 《新时代公民道德建设实施纲要》,人民出版社2019年版,第2—3页。
④ 漆思:《现代文化矛盾的哲学反思与文化自信》,《社会科学战线》2012年第5期。

到老人摔倒,不敢相扶;路遇歹徒当众凌辱妇女或抢劫财物时,很少有人能挺身而出,援手相助;更有甚者,有人驾车撞人后逃逸,或者干脆再将伤者轧死。比如前些年发生在西安的"药家鑫事件"和广东佛山的"小悦悦事件",让人看到了当今一些人冷漠无情和道德匮乏。

当前,党中央高度重视加强思想道德建设。党的十八大首次把"立德树人"确立为我国教育的根本任务,十九大提出"深入实施公民道德建设工程,推进社会公德、职业道德、家庭美德、个人品德建设"①,二十大强调"育人的根本在于立德",要"加强和改进未成年人思想道德建设,推动明大德、守公德、严私德,提高人民道德水准和文明素养"②。习近平总书记也一再强调"国无德不兴,人无德不立","道德之于个人、之于社会,都具有基础性意义,做人做事第一位的是崇德修身","一个人只有明大德、守公德、严私德,其才方能用得其所"③,教导人们要"踏踏实实修好品德,成为有大爱大德大情怀的人"④。

那么,如何才能使人们"修好品德",从而解决当前中国面临的道德困境呢?中共中央国务院颁发的《新时代公民道德建设实施纲要》提出要"坚持马克思主义道德观、社会主义道德观,倡导共产主义道德","坚持以社会主义核心价值观为引领""引导人们把社会主义核心价值观作为明德修身、立德树人的根本遵循",要"自觉传承中华传统美德",它是"道德建设的不竭源泉"。这里提到了解决我国当前道德困境的一个重要方面就是传承和发扬中华优秀传统美德,而儒家文化是中华传统文化的主干和核心,儒家价值观又是儒家文化的核心和灵魂,不言而喻,大力传承和弘扬儒家优秀道德价值观无疑对现阶段人们"崇德修身""修好品德"具有不可或缺的重要作用。

著名文化学者蒙曼在十九大召开期间接受媒体采访,当记者问:"我们能从传统文华中汲取什么?"蒙曼回答说:"能汲取的太多了,比如能从传统文化中汲

---

① 习近平:《决胜全面建成小康社会　夺取新时代中国特色社会主义伟大胜利——在中国共产党第十九次全国代表大会上的报告》,人民出版社 2017 年版,第 43 页。
② 习近平:《高举中国特色社会主义伟大旗帜　为全面建设社会主义现代化国家而团结奋斗——在中国共产党第二十次全国代表大会上的报告》,人民出版社 2017 年版,第 34、44 页。
③ 《习近平谈治国理政》第一卷,外文出版社 2018 年版,第 168、173 页。
④ 《习近平著作选读》第二卷,人民出版社 2023 年版,第 199 页。

取审美情趣、价值模式和中国人的传统智慧。我个人觉得今天最重要的是汲取道德。因为中国文化是一个道德优先的文化，我们儒学就是圣人之学——学圣人。比方说，作为个人道德，仁、义、礼、智、信，这是个人道德；家庭道德，父慈、子孝、兄友、弟悌；社会道德，已欲立而立人，己欲达而达人，己所不欲勿施于人；天地道德，化育万物，天人合一。这些东西无论是对个人圆满，对社会和谐，乃至于对我们今天建立新型的外交关系，我们从大国走向强国，建立文化自信，都应该有正面而积极的作用。"蒙曼在此提到的"仁、义、礼、智、信"对于提升个人道德具有正面而积极的作用，笔者感同身受，并在此试图具体阐发仁、义、礼、智、信对个体道德提升的意义。

如前所述，儒家"五常"即"仁、义、礼、智、信"。汉儒董仲舒说："夫仁、谊（义）、礼、知（智）、信五常之道，王者所当修饬也。"南朝经学家皇侃说："五常谓仁义礼智信也……此五者是人性之恒，不可暂舍，故谓五常也。"（《论语义疏》）可见，用"五常"一词意在表明五德为"常行之道"。

在此需要提及的是，在古代，"五常"还有另一种含义，即"五伦"，指君臣、父子、兄弟、夫妇、朋友五种人伦关系。《尚书·泰誓下》曰："狎侮五常"，孔颖达释此曰："五常即五典，谓父义、母慈、兄友、弟恭、子孝。五者，人之常行。"《中庸》曰："天下之达道五，所以行之者三。曰：君臣也，父子也，夫妇也，昆弟也，朋友之交也，五者天下之达道也。知、仁、勇，三者天下之达德也；所以行之者一也。"意思是说，君臣之道、父子之道、夫妇之道、兄弟之道以及朋友之间交往之道是天下人的五种"大道"，也就是"常道"，而实现这五种常道的基本品德是仁、智、勇。孟子继承了《中庸》的思想，也讲"五伦"之道："圣人有忧之，使契为司徒，教以人伦：父子有亲，君臣有义，夫妇有别，长幼有序，朋友有信。"（《孟子·滕王公上》）那么，"五伦"意义上的"五常"与"仁、义、礼、智、信"的"五常"是何关系？学界普遍认为，作为"仁、义、礼、智、信"的"五常"是对"五伦"道德的提升与普遍化。稽考史料发现，"五伦"意义上的"五常"在历史上并不常用，尤其是自汉代之后，一般讲到"五常"都是指"仁、义、礼、智、信"，并将之与"三纲"连用并称，形成了"三纲五常"之说。

儒家的"五常"思想无疑在中华传统文化中占有重要的地位，对中国传统社会的生存和发展产生过深远的影响。在当代，如果我们能对之进行一番创造性转化和创新性发展，使之适应时代的发展，真正为人们的思想道德建设提供资源和养料，一定能大大地改善和提升人们的道德素养。

（一）"仁"的意义

"仁"是"五常"之首，它不仅是一种最基本最重要的道德品质和道德规范，而且是其他道德品质的前提和基础。更重要的它是人之为人的最本质的属性，是人道之根本。因此，它在儒家思想乃至整个传统文化中占据核心地位。在历史上，孔子创发"仁爱"学说的目的是要从根本上解决春秋时期的礼崩乐坏问题，今天，我们仍然可以借此解决当今中国社会面临的道德失范的困境。

就一般而言，"仁"作为儒家倡导的一种最核心的道德价值观，其本质含义的就是"爱人"，而"爱人"又包括"亲亲"（爱亲）和"泛爱众"这样两个由近及远、由内而外的递进层次，"亲亲"主要就是对家人的爱，表现为"孝悌"之德，"泛爱众"就是爱一切人。此外，儒家的"仁"还包括"爱物"，孟子曰："亲亲而仁民，仁民而爱物"（《孟子·尽心上》）。如此，儒家的"仁爱"就形成了"亲亲""仁民""爱物"三个由内而外的层次。儒家认为，仁是一种内在的道德情感，爱人则是这种情感的外显，它必须通过现实的行为表现出来，而"忠恕"就是实现仁爱的根本方法和途径（"行仁之方"）。儒家的这些思想对当代人的道德修养仍然具有不可或缺的重要意义。

首先，"亲亲"之爱、"孝悌"之德是当代人构筑家庭道德的坚实基础。《新时代公民道德建设实施纲要》提出："要把社会公德、职业道德、家庭美德、个人品德建设作为着力点。"[1]而我国的家庭伦理道德存在严重问题，在陈来先生所列举的当前"道德滑坡"现象的六个方面中，"家庭伦理趋于冷淡"是其中之一。目前中国存在着一些子女不孝、家庭不和、离婚率连年攀升等现象，尤其是子女不孝敬老人已成为当前的一个严重社会问题，如新闻媒体曝光子女不赡养老人、虐待和遗弃老人而导致老年人无家可归、四处流浪，甚至有的被活活地饿死和冻

---

[1]　《新时代公民道德建设实施纲要》，人民出版社 2019 年版，第 5 页。

死;或因为子女不赡养老人而被父母告上法庭的现象屡见不鲜;"刮老、啃老"成为新一代中国年轻人的普遍现象。快速的社会流动与日趋激烈的社会竞争也在淡化人间的亲情。年轻人都忙于工作、事业和自己的享受,无暇顾及亲情,孝心孝行也退居末位。老年人独守"空巢"已成为当前中国一个趋势,老年人由于长年得不到子女的心灵关怀和情感慰藉而苦闷、孤独、无助,抑郁寡欢。为此,《中华人民共和国老年人权益保障法》把"常回家看看"写入法律,试图通过法律来改变当前亲情冷漠的状况。孔子曰:"今之孝者,是谓能养。至于犬马,皆能有养;不敬,何以别乎?"(《论语·为政》)曾子也曰:"孝有三,大孝尊亲,其次弗辱,其下能养。"(《礼记·祭义》)意思是说,孝不仅仅在于奉养老人,更重要的是尊敬老人。但在现代社会中,有的子女连最起码的"养"都做不到,遑论"弗辱""尊亲"老人了。尤其是一些独生子女,娇生惯养,任性蛮横,稍有不满就怨恨父母,缺少对父母的敬重与爱戴。凡此种种,都与现代文明极不协调,它必将影响到家庭和谐、社会和谐。孟子有言:"天下之本在国,国之本在家,家之本在身"(《孟子·离娄上》)。家庭和谐是社会和谐的基础,而家庭和谐又取决于家庭成员之间的相互关爱、体贴、扶助,此即儒家主张的"亲亲""孝悌"。《论语·学而》曰:"孝悌也者,其为仁之本与!"一个不爱自己家人(亲人)的人,根本不可能有爱人(别人)之心,这是千古不变的道理。所以,今天应该在全社会大力弘扬中华文化中的"孝悌"思想,尤其是"孝"价值观,让青年一代"自觉传承中华孝道,感念父母养育之恩、感念长辈关爱之情,养成孝敬父母、尊敬长辈的良好品质"①。

大力弘扬儒家"孝"价值观不仅对实现家庭和谐具有重要作用,更根本的是"孝"乃一切美德的源泉。古语云:"百善孝为先。"通过"善事父母"的孝,一个人的品德和精神得以重塑和提升,才能做到"老吾老以及人之老,幼吾幼以及人之幼""不独亲其亲,不独子其子""亲亲、仁民、爱物"。孟子曰:"人人亲其亲,长其长,则天下平。"(《孟子·离娄下》)足见"孝"不仅是众德之根、诸善之源、立身之本、齐家之宝,而且也是"治国、平天下"之本,所以,弘扬和践履"亲亲"

---

① 《新时代公民道德建设实施纲要》,人民出版社 2019 年版,第 11 页。

“孝悌”，就可以提高人的内在品德，为社会的和谐与稳定奠定坚实基础。

其次，以“爱人”之情构建和谐的人际关系，化解社会道德危机。儒家“爱人”价值观不仅仅是要爱自己的亲人（“亲亲”），而且强调要爱一切人（“泛爱众”）。孔子以“爱人”作为融洽、和谐人与人之间关系的纽带，如果整个社会人人都能“爱人”，那么社会自可安定太平，此乃孔子为“礼崩乐坏”的春秋时代开出的治世良方。有人说当前中国社会也出现了礼崩乐坏①，但也有人反对这种说法。但不论如何，在今日之中国，人与人之间关系变得冷漠，人和人之间缺少相互帮助和关爱，传统的“仁爱”之德缺失。之所以会如此，是由于受“资本逻辑的统治”，功利主义、利己主义和极端个人主义大肆侵入人们的日常生活领域，人与人之间的日常交往功利化、金钱化，人与人缺乏最起码的情感交流、关爱和忠诚。世界成了某些人“用智逐利”的竞技场。为了获得物质利益，有些人可以背叛亲情，不要人格尊严，“有奶便是娘”，为了一己私利，他们可以不择手段、坑蒙拐骗、钩心斗角、尔虞我诈。人际关系冷漠，仁爱精神缺乏，是当代中国严峻的社会问题之一。儒家的“爱人”价值观对化解这一问题无疑具有重要的作用。

儒家“爱人”价值观强调对他人的关心爱护、同情理解、尊重宽容、亲近恩惠等等，凡是一切与人为善、利人成人的思想感情和行为都是“爱人”。因此，对于现代公民个体而言，如果我们每个人都能汲取儒家的仁爱价值观并真正践履它，善于为他人着想和考虑，时刻以仁爱之心宽以待人，在日常生活中相互关爱、彼此扶持、守望相助，就能唤醒已经麻木冷漠的个体心灵，重新燃起爱的火焰，从而消除因人际关系隔阂、冷漠、紧张而产生的种种精神疾患和社会问题。不仅如此，儒学的“仁爱”价值观可以帮助当代中国人找到道德规范和人生目标，能极大地提高中国人的道德水准和文明素质。

再次，“爱物”思想对培育公民的生态道德素养提供了有益的借鉴。《新时代公民道德建设实施纲要》明确提出“生态道德是现代文明的重要标志，是美好生活的基础、人民群众的期盼”②，表明加强公民生态道德建设既是新时代公民

---

① 参见潘玮、玛雅主编：《聚焦当代中国价值观》，生活·读书·新知三联书店2008年版，第96页；郎咸平：《礼崩乐坏：中国亟待和谐化》，《亚洲周刊》2006年6月。

② 《新时代公民道德建设实施纲要》，人民出版社2019年版，第19页。

道德建设的重要内容之一,也是我国生态文明建设和实现人民群众美好生活愿望的必然要求。儒家"仁爱"价值观中的"爱物"思想对提高公民生态道德素养具有极为重要的借鉴意义,提供了丰厚的思想资源。比如,孔子提倡敬畏生命、保护万物,"子钓而不纲,弋不射宿"体现了孔子对动物的爱护。孔子曰:"君子有三畏:畏天命,畏大人,畏圣人之言。"(《论语·季氏》)此中的"畏天命"实质上就是指要对自然和自然规律怀有敬畏之心。孟子以生命的平等性提出"亲亲、仁民、爱物",并主张"不违农时,谷不可胜食也;数罟不入洿池,鱼鳖不可胜食也;斧斤以时入山林,材木不可胜用也",体现了一种"用之以时""以时禁发"生命情怀和生态实践观。《礼记·祭义》曰"伐一木,杀一兽,不以其时,非孝也",将能否对自然"取用有时"作为对一个人道德判断的标准,这是真正意义上的生态道德观。张载提出"民胞物与"的理想境界,彰显了一种用"仁爱"的精神观照自然万物、视"天地万物为一体"的博大胸怀。在儒家看来,只有达到"爱物",仁德才是没有"遮蔽"的,才是"周遍"的,从而"仁爱"价值才得以最终完成。正是在这个意义上,《中庸》提出"诚者,非自成己而已也,所以成物也",把关爱自然万物看成是成就人的品德和实现人自身价值的重要环节,认为人只有在善待万物并"赞天地之化育"的过程中,才能成就自身的价值。儒家的这些思想无不对当代人形成和提高自身的生态道德素养提供了重要的启迪。倘若现代公民真能够切切实实地学习、领悟、践行儒家传统的生态伦理思想,就一定能够提高道德水平,提升文明素质,树立环保意识,践行绿色生产生活方式。这对解决当代全人类面临的生态危机问题具有十分重要的意义。

最后,"忠恕"之道也是现代公民日常行为和社会交往中应当遵循的基本道德原则。前已述及,"忠恕"是"行仁之方",其中的"恕"是孔子思想中最具普适价值的一句话,它已经作为全球伦理的"金规则"而被全世界不同文化的人所认同和接受。作为"行仁之方","忠恕"的基本要义是肯替别人着想;其基本方法是将心比心,视人犹己,推己及人;其基本前提是人同此心,心同此理。当然,"忠恕"不仅仅是一种设身处地为他人着想的同情心,也包含了一种严于律己、"反求诸己"的精神。忠者,有诚恳为人之心,恕者,无丝毫害人之意,这两方面的结合就是"仁"。尽管"忠恕"在理论上还存在着某种缺陷,并且具体实行起来也有一定的困难①,但它所蕴涵的尊重他者、平等待人的精神是值得肯定的,尤其是它所倡导的"将心比心""设身处地""感同身受"这样一种思维方式、处事方式和思想意识,对今天的人们处理人际关系具有重要指导意义,它"可以避免一些不必要的强人所难的恶的结果,在人际交往的领域里可以培养出一种宽容的氛围"②。列奥纳德·斯维德勒在《全球伦理普世宣言》中称:"这条原则应该不仅对人们自己的家庭、朋友、社团和民族有效,而且对一切其他的个人、家庭、社团、民族、全世界以及整个宇宙也有效。"③因此,在今天对"忠恕"之道作出符合时代发展的创造性解释和创新性发展,这将对个人品德、家庭道德、社会道德的建设,对实现人际关系和谐、社会和谐乃至世界和谐都具有重要的意义。

(二)"义"的意义

如果说"仁"是中华传统道德的第一原则,那么"义"就是中华传统道德的第二原则。"义"作为一种抽象的适宜、应当、正义、公平等伦理原则,在任何时代都有合理性。如果我们将儒家的"义"与专制等级社会的具体内容脱钩,那么"义"对今天的人来说仍然是须臾不可离的东西。试想一下,我们干什么事情不需要遵循适宜的原则?哪个领域不需要适宜、正义、公平原则?比如说,对于求利或曰经商而言,如果你是以合法正当的手段获利,那就是适宜的正当的,即符合"义";如果你是以非法的不正当的手段获利,那就是"不义",其行为就会受到谴责或法律的制裁。一个人关心、爱护自己的子女是义,但不讲原则的溺爱就是不义;人与人之间应该相互帮助,这是义,但如果以强迫的方式让别人接受你的帮助就是不义。凡此种种,不一而足,表明"义"是"仁"的内在标准,是"仁德"在现实生活中落实和践行的准则。这也反映了儒家用仁爱安顿内心,用正义引导行为,此即正如孟子所言:"仁,人心也。义,人路也。"(《孟子·告子上》)

---

① 参见徐宗良、熊洁:《道德金律的内涵本质及其当代意义》,《道德与文明》2007 年第 1 期;安晋军:《儒家忠恕的理论疑点和实践难点探析》,《齐鲁学刊》2009 年第 2 期。

② 吴根友:《儒学对未来世界提供什么样的精神价值——兼与景海峰教授商榷》,《探索与争鸣》2018 年第 4 期。

③ [德]孔汉思、库舍尔编:《全球伦理——世界宗教议会宣言》,何光沪译,四川人民出版社1997 年版,第 159 页。

"仁,人之安宅也。义,人之正路也。"(《孟子·离娄上》)从中我们可以看出,"义"不仅体现在诸如父子、朋友、师生、同事、上下级等各种人际关系上,还体现在为人处世的各个方面。任何一种行为都有一个符不符合"义"的问题,此"义"即是一种义务和责任,只不过这种责任与义务的具体内容和要求会因人因事因时而不同。所以,"义"作为一种抽象的道德原则,在任何时候都不可或缺。它与现代社会所提倡的公平、正义、见义勇为是相通的,对培养现代公民的品格是十分有益的。当今有些人不讲义,或见利忘义,从而使不义、不公的事情时有发生,由此造成了一些社会问题和道德滑坡的现象。所以,今天弘扬儒家的义德不仅是必要的,而且是十分迫切的。

不仅如此,"义"也是儒家推崇的人生的意义和标准。孔子说:"以义为上""不义而富且贵,于我如浮云",孟子讲"舍生而取义""穷不失义",这些显然把"义"作为人生追求的目标。在儒家看来,"义"是人之区别于动物的根据,是高尚人格的最重要表现,它赋予每个人行为的正当性,是个人立身处世的基本原则,因此是人一生中最值得追求和坚守的东西。虽然生命对于人来说也是最宝贵的东西,但只有合于道义的生命才是值得维护的,当生命与道义发生冲突时,人不能苟且偷生,要以国家民族大义为重。这种以"义"为人生在世之意义的价值观念,对于身处功利主义时代、身陷消费主义囹圄、遭遇"物欲"折磨、多少有点迷失人生方向的当代一些人来说,无疑起到挽狂澜于既倒、扶大厦之将倾的巨大作用。当代个人如果能以此为人生信仰,必将能克服"物化"生存困境,消除精神和道德危机,过上一种生活富裕、心灵充实的幸福生活。

(三)"礼"的意义

作为"五常"之一、"四维"之首的"礼",在中国传统社会中起着非常重要的作用,以至于中华民族被称为"礼仪之邦","礼教"也成为儒学的代名词。然而,在"五四"新文化运动时期,儒家的"礼"文化受到反传统激进分子的猛烈抨击和挞伐,被称为是"吃人的礼教"(鲁迅语),认为"礼"压抑与摧残了人的自由精神,泯灭了人的个性。因此,在今天谈论"礼"之于当代个体的意义就更加困难,似乎是逆潮流而动。但正如有学者所言:"'礼'一旦与传统社会专制等级制度脱钩，作为社会中人与人相处的规范，是一种必要的约束"，不是当今社会不需要"礼"，反而是"'礼'在当代中国社会严重缺失。很多场合都缺乏必要的礼仪的庄重感，日常生活中人与人之间的相处缺乏必要的礼节。"①可见"礼"对于当代个人的生存生活仍然有重要意义。

首先，"礼"能够培养人的规矩意识。孟子曰："不以规矩，不能成方圆"（《孟子·离娄上》），"礼"就给我们提供了一套行为规矩。如前所述，传统的"礼"包括了一整套的典章、制度、规矩、仪节，涉及道德规范、国家制度和生活准则等诸多方面，社会正是用这些外在形式的规范、规矩、制度、仪节来约束和调节人们的行为，从而使整个社会和谐有序地运转。正是在这个意义上，《论语》说"礼之用，和为贵"。就当代中国而言，除了用法律制度规范人们的行为之外，还需要有道德、礼仪、礼节来规范和调整人们的行为。任何人、从事任何行业，都要遵守自身行业的规矩，如果不守规矩，就会犯错误、出差错，肯定搞不好工作。如果不懂规矩，你在社会上就会处处碰壁，就难以立足，此即孔子说的"不知礼，无以立也"。规矩也是人们行为的底线，守规矩就是守底线。尤其对当今法治社会的人来说，"底线意识""底线思维"是必不可少的。传统的礼仪制度剔除其中的封建糟粕因素，大都能与人们今天的工作生活实际相适应，从而成为今天人们行为的规矩。在这个意义上说，懂礼守礼仍然是对当代每一个公民的基本要求。

其次，学礼、守礼还能培育人们的尊敬、礼让的道德品质。"礼"的外在表现是一些形式化的规范，仿佛是对人的一种简单粗暴的束缚。但在精神实质上"礼"表达的是对人的尊重、恭敬和礼让之情。孔子说："为礼不敬，临丧不哀，吾何以观之哉?"（《论语·八佾》）孟子说："恭敬之心，礼也"（《孟子·告子上》），"辞让之心，礼之端也"（《孟子·公孙丑上》）。没有敬人让人之心，则礼节规矩就不可能实行，即使实行了也不是出于自愿，而是把它当作外在强迫的东西。这种敬人让人之情实质上就是"仁"，故而孔子说："人而不仁如礼何?"（《论语·八佾》）"仁"构成"礼"的内在根据;同样，"仁"德也要借助于一定的礼仪礼节实

① 吴根友:《儒学对未来世界提供什么样的精神价值——兼与景海峰教授商榷》,《探索与争鸣》2018年第4期。

现自己,故《礼记·儒行》说"礼乐所以饰仁"。可见,一定的礼仪礼节是某种道德素养的体现,也是道德实践的载体。正因为"礼"的实质是"敬""让",缘此,中国传统社会一直强调对尊贵的人要恭敬,对年老的人要孝顺,对年长的人要恭逊,对年幼的人要慈爱,对卑贱的人要施恩。即使当代社会也特别提倡要尊重别人,特别是尊重长者,爱护弱小。然而,反观当今社会现实,由于功利主义、利己主义大肆入侵人们的日常生活领域,人际关系被功利化、金钱化,所以,今天一些人只尊重有钱的人("有钱是大爷,没钱是孙子")、有用的人("有奶便是娘")、有权的人("有权就有钱"),不尊重老人、父辈、前辈,鄙视孤寡残疾和弱势群体,尊老爱幼、礼让三先的传统美德日渐失落。职此情形,亟须弘扬儒家的礼德精神,培养人们的"敬""让"精神,提高公民的道德素质。

再次,礼仪礼节对塑造当代人的庄重感,增强对民族、国家、集体的认同感和归属感,凝聚人心具有极为重要的作用。"礼之所尊,尊其义也。"(《礼记·郊特牲》)但礼的意义又要借助于礼仪礼节这样的载体和手段表现出来,没有一定的礼仪形式,社会的规则和秩序就很难实现。所以,《新时代公民道德建设实施纲要》提出要"充分发挥礼仪礼节的教化作用",认为"礼仪礼节是道德素养的体现,也是道德实践的载体",强调要"规范开展升国旗、奏唱国歌、入党入团入队等仪式,强化仪式感、参与感、现代感,增强人们对党和国家、对组织集体的认同感和归属感。充分利用重要传统节日、重大节庆和纪念日,组织开展群众性主题实践活动,丰富道德体验、增进道德情感。"[1]我们欣喜地看到,近年来,全国各大、中、小学在开学和毕业时都举行典礼仪式,笔者认为这样做是非常有意义的,它有助于塑造学生的庄重感、认同感、自豪感,提升道德情操。这是对儒家礼乐教化思想的赓续和弘扬,也彰显了礼的当代价值。

最后,尊礼、行礼有助于强化现代公民的社会责任意识。荀子曰:"礼者,贵贱有等,长幼有差,贫富轻重皆有称者也。"(《荀子·富国》)又说:"故尚贤使能,等贵贱,分亲疏,序长幼,此先王之道也。故尚贤使能,则主尊下安;贵贱有等,则令行而不流;亲疏有分,则施行而不悖;长幼有序,则事业捷成而有所休。"

---

① 《新时代公民道德建设实施纲要》,人民出版社 2019 年版,第 18 页。

(《荀子·君子》)意思是说,礼的作用和意义在于使各阶层各等级的人都有各自相宜的规定、扮演特定的角色、承担相应的职责,能够使每个人都能各安其位、各得其宜,如此尊卑上下关系就会恰到好处,政令也会畅行,社会就会秩序井然。当今社会当然不应该存在亲疏贵贱之分,但总还有上下级关系、职业分工的不同、社会角色的差异,不同职业不同角色都有相应的职责,这是古今相同的。社会就是一个大系统,每个人都是这一系统的要素,只有每一个要素之间有机配合、相互协调,这个系统才能稳定和正常运转,如果有一个要素出现问题,整个系统就会紊乱,甚至瘫痪。借用生态哲学的语言,每一个人犹如处在"生态链"上特定的"生态位",有着特定的职责和作用。一旦某一个"生态位"被破坏,整个生态链就断裂了。我们坚守"礼",目的就是要扮演好自己的角色,尽好自己的职责,如此,社会就秩序井然、和谐稳定了。所以,"礼"与社会角色、社会责任相关,懂礼、守礼、行礼有助于现代公民强化自己的责任意识。

　　总之,对于任何时代任何社会的人来说,礼都是不可或缺的。对于今天的人来说,问题的关键是要对传统的"礼"进行创造性转化和创新性发展,坚决剔除其中反映封建专制等级制度的内容,充分彰显礼的敬重、让礼、秩序、责任之精神,让现代公民尚礼、尊礼、行礼。彬彬有礼,谦让互敬,礼貌礼敬,这是文明社会和文明人有教养的标志,更是当代社会人的重要的道德素养。

(四)智的意义

　　相比较而言,人们普遍对儒家"五常"中的"智"德最为模糊,往往把它理解为一般的认知、知识、辨析能力,对智德的作用和意义就更不清楚了,遑论它的当代意义了。一般而言,人类的认知活动有两类:一是事实认知;二是价值认知。事实认知是反映事物的真相,揭示事物的本质、规律、特性等;价值认知是对是非、好坏、美丑、善恶等的评判,严格说叫价值判断、价值评价。儒家的"智"不属于事实认知,而属于价值认知或价值判断,用马克斯·韦伯的话语来讲,儒家之"智"属于价值理性而不是工具理性。更为精确地说,儒家之"智"是道德认知、道德判断,是对道德是非善恶的判断和道德知识的积累。正如孔子说"知者不惑",所谓"不惑"是指"智者明达道义,知己知人,对于是非、善恶、厉害,能分析判断,并处事得宜,不为复杂事物所迷乱"①。孟子说,"是非之心,智也"(《孟子·告子上》),荀子说,"是是非非谓之智"(《荀子·修身》),汉代郑玄曰"知,谓知善恶吉凶之所终始也"(《礼记正义》),这些都清楚地表明,作为"五常"之一的"智"是一种道德认识、道德智慧,属于道德修养的范畴,故而我们称为"智德"。这种"智"实际是真正意义上的智慧。何谓"智慧"?《尚书·皋陶谟》曰"知人则哲",这里的"哲"就智慧的意思。老子说:"知人者智,自知者明"(《道德经·第三十三章》)。所谓"知人"就是认识"人是什么",包括对人的本质的理解和确定人在世界中的位置("人生在世"),人只有认识了自己的本质本性,才能度过一个合乎"人性"的有意义的人生("人活一世")。在这个意义上说,儒家的"智"是一种明智审慎的生活态度,是一种人与人交往的明智与智慧。这是儒家"智"对当代个人的意义之一。

在人们的日常生活中,"智"的意义和作用在于使人"知其所止"。即让人知道自己行为的边界,懂得什么事是可以做的,什么事是不可以做的;也像孔孟所言,让人"知耻"("人不可以无耻"),从而做到"行己有耻""知耻而后勇";也是荀子所说的"知荣辱"等等;通过这些"知",防止个人情感、欲望、行为的偏向。前文已经提到,当今一些人由于受功利主义的驱使、消费主义的诱惑、利欲的蒙蔽,已经使一些人利令智昏,不明是非,不辨善恶,失去正确的价值判断能力。而且,由于利欲熏心,一些人"缺失羞耻意识",不知羞耻为何物,甚至荣辱颠倒,是非混淆,导致道德失范、价值观扭曲。此外,在信息化网络化时代,各种信息铺天盖地、扑面而来、应接不暇,人们一时难以辨明真伪,加之有些人故意掩盖真相,制造谣言,颠倒黑白,蛊惑人心,更是令普罗大众真假难辨,好坏难分,以至于有人说我们正在进入一个"后真相"时代。荀子说:"流丸止于瓯、臾,流言止于智者。"(《荀子·大略》)要识别真相,辨明是非,就要有智慧。可见"智"之于当代公民的又一意义在于,能够使人明是非,知荣辱,辨善恶,有羞耻心。

但是,这样的"智"恰恰是当代人比较缺乏的。人们常说,当今时代是信息爆炸、知识膨胀的时代,却是智慧贫乏的时代;是工具理性弥漫、价值理性迷失的

---

① 赵馥洁:《中国传统哲学价值论》(增订本),人民出版社2009年版,第256页。

时代。尤其是当今世界面临的一个最突出问题是过度智能化倾向,计算理性发达,但德智少有进步甚至是"退隐",这也是导致人格退化和精神危机的缘由之一,它带来的危害之大、之广、之深是前所未有的,也是有目共睹的,无须赘言!为此,党和政府大力推行"立德树人"、践行社会主义核心价值观、实施新公民道德建设等举措,目的就是培养和提升公民道德水平和道德智慧。就此而论,儒家的"智"德对于当今社会的个体来说仍然是必备的品德和能力,它像明烛一样指引人们明辨道德是非善恶,作出正确的行为选择。

(五)"信"的意义

诚信缺失是当今社会比较严重的问题。从一些部门的虚报瞒报到个别企业的制假售假,从无良商人的以次充好、缺斤少两到个别学者的学术不端行为,从网络世界的造谣到日常生活中一些人的"碰瓷"行为等等,无不反映了诚信的丧失。近年来社会上热议的"扶与不扶"问题,其根源不正是诚信出了问题吗?老年人跌倒为什么没人敢扶?就是因为个别老人自己摔倒却诬陷是扶他的人撞倒的,然后向好心人索赔。这样,做好事的人非但没有得到表扬,反而要遭受经济损失和名誉损毁,甚至还要"吃官司",这就严重地伤透了好人的心,因此,以后遇到此类事情谁敢再扶?同样,现在为什么一些人见死不救?不就是因为你救了人,不仅得不到好报,反而会遭到诬陷、讹诈。所以说,在当代中国,失信或缺乏诚信是一个比较严重的问题,建立诚信社会是民众最强烈的呼声。对此,儒家的"信"德具有重要的借鉴意义。

首先,"诚信""忠信""信誉"是一个人在社会上立身处世的根本。孔子说"人而无信,不知其可也"(《论语·为政》),如果一个人不守信用、不讲诚信,那他在社会上就无法立足。这一道理对当今的每一个公民仍然是适应的。我们每一个人,在做人上必须忠诚、笃实,在待人接物上要有真心、不虚伪。否则,在社会上寸步难行,遑论成就一番事业了。

其次,"信"是人与人之间社会交往的基本原则,是现代公民必备的素质。曾子说:"吾日三省吾身——为人谋而不忠乎?与朋友交而不信乎?"(《论语·学而》)子夏曰:"与朋友交,言而有信"(《论语·为政》),孟子更是将"朋友有信"作为五伦关系之一,凡此都说明朋友之间的交往要言而有信。实际上不仅仅是朋友之间的交往,所有的人与人之间的交往都应信守诺言,这是古今通行的道理。在这个意义上说,"信"也是现代公民的必备素质,是现代社会人际交往的基本原则。因此,儒家关于"信"的思想理念对当今社会诚信建设仍具有指导和借鉴意义。

再次,儒家强调"信"是施政治国之本,"民无信不立",这对于今天加强社会主义民主政治建设具有重要的现实意义。孔子认为"信"不只是一种个人的基本伦理,也是执政者最基本的一种政治操守,他说:"上好信,则民莫敢不用情"(《论语·子路》),"民无信不立"(《论语·颜渊》)。所谓"民无信不立"是说如果人民对政府缺乏信任和信心,国家就立不起来。所以,历代政治家思想家都强调"取信于民"。中国共产党主张的"权为民所用、情为民所系、利为民所谋""执政为民""以人民为中心"的执政理念,无疑是儒家"民无信不立""取信于民"思想在当代的弘扬和创新。

总之,目前我国个人乃至社会一定程度上的诚信危机,必须引起高度重视。对此,儒家的"诚信"文化能够提供丰富的思想资源。

三、儒家人生价值观之于当代个体安身立命的意义

当今世界个体心灵不安或焦虑已经是一个普遍存在的现象,已然成为一个比较严重的社会问题。全世界许多有识之士不约而同地追问:"在这个时代,我们如何安身立命?"①如何使"'焦虑'的灵魂获得安顿"?② "在信仰荒芜的年代,我们能信什么?"③这些足以表明"如何安顿人的心灵"正成为当今人类需要

---

① 王德峰:《在这个时代,我们如何安身立命》,本文为复旦大学哲学学院面向社会成人开设的二年制"复旦哲学思想课程",2017 年度 3 月份精粹哲学课程(第 113 场)现场精粹摘要。

② [英]安东尼·吉登斯:《现代性与自我认同》,赵旭东、方文译,生活·读书·新知三联书店 1998 年版,第 48 页。

③ 方朝晖:《在信仰荒芜的年代,我们能信什么》,本文原为 2018 年 1 月 6 日在苇杭书院丙申年度会讲上的发言,后发表于《澎湃新闻》2018 年 1 月 23 日,发表时更名为《在信仰缺失的时代如何去信——从恕道看儒家道德的基础》。

解决的最重要问题之一。心灵不安人就难有幸福可言,心灵持续不安就会有可能使人走向绝境("自杀")。

(一)安身立命与精神家园

"安身立命"是儒家思想的一个重要内容。不过,最初"安身"和"立命"是分开讲的。"安身"一词最早见于《周易·系辞下》:"精义入神,以致用也;利用安身,以崇德也。"这里的"安身"指用其所学安顿好自身,以此提高德性。"立命"一词最早见于《孟子·尽心上》:"夭寿不贰,修身以俟之,所以立命也。"朱熹解释"立命"为"全其天之所付,不以人为害之"①,即通过主观努力而得正命之果。后来,人们才将"安身"与"立命"合起来使用。据史料记载,"安身立命"一词最早出自宋代释道原所著的《景德传灯录》一书。《景德传灯录》卷十记载:湖南长沙有一位禅师叫景岑,号"招贤大师",众人称他为"长沙和尚",他"居无定所,但徇缘接物,随请说法"。有一天,一位僧人向他请教:"学人不据时地如何?"师云:"汝向什么处安身立命?"②意思是说,你"不据时地"就不能找到自己的身心所归。

从字面意思讲,"安身"即容身,指在某处安下身来;"立命"即精神有所寄托。"安身立命"就是指生活有着落,精神有所寄托。但"安身立命"在本质上以"安心"立命,正如牟钟鉴先生所言,人们"将'安身'与'立命'合起来使用,表示人生要建立崇高的思想信仰,使心灵有所归依,不能在精神上做流浪汉,四处漂泊"③,可见"安身立命"实质上是"安心立命"。尤其值得注意的是,二程在解释《大学》"身有所忿懥则不得其正,有所恐惧则不得其正,有所好乐则不得其正,有所忧患则不得其正"这句话时,说"身有之身当作心"④,即把"身"字释为"心"字。同样,"安身立命"中的"安身"两字应作"安心"讲。当然,毕竟"安身"与"安心"是有区别的,因为"安身"内涵有生理因素和物质生活,但安身最终还是

①　(宋)朱熹:《四书章句集注》,中华书局2011年版,第327页。
②　(宋)道元:《景德传灯录》(点校本),朱红俊点校,海南出版社2011年版,第240页。
③　牟钟鉴:《涵泳儒学》,中央民族大学出版社2011年版,第353页。
④　(宋)朱熹:《四书章句集注》,中华书局2011年版,第9页。

要"安"在德行上。可以说"安身"就是对于拂逆的环境和不利的遭遇处之泰然、怡然,不怨尤、不苦恼的心理状态,它的侧重点还是在心灵的安顿上。

概而言之,一般所谓的"安身立命"就是使人身心安定,精神上有所寄托,从而能不为外物所动摇役使。"安身立命"在本质上与"安心立命"是同义词,它所要解决的核心问题就是使人的心灵或曰灵魂得以安顿、安放、安住、安静、安宁。

人的心灵不安,实际上就是由于人丧失了"精神家园",成了"无家可归"的流浪人或曰孤魂野鬼。宋代大诗人苏轼有词曰:"此心安处是吾乡",一颗心能安顿,处处皆为故乡。此处的"故乡"即"家园",而此"家园"不仅仅是地理空间意义上的家园,更是精神家园。18世纪德国浪漫派诗人、短命才子诺瓦利斯说:"哲学原就是怀着一种乡愁的冲动到处去寻找家园"①,这里的家园就是指精神的家园。人作为灵魂与肉体的统一体,他不仅"需要物质生活家园以藏裹身躯,还需要精神生活家园来寄放灵魂"②。如果一个人失去精神家园,尽管他过着衣食无忧的富足生活,也会深感人生的孤独和生活的苦闷,从而滋生许多精神疾患,郁郁而终。所以,要安顿人的心灵,就要建设精神家园。

那么,何谓"精神家园"? 这是一个人们既熟悉又颇难以说清楚的问题。有学者说:"所谓人的精神家园,就是人的精神、心灵获得安宁、得以安顿的地方。"③这一说法简洁明了但缺乏深蕴;也有人说:"精神家园是建立在人的文化存在基础上的价值系统,是人的生存的意义世界和理想境界。"④这一定义可谓抓住了精神家园的实质——人的生存的意义世界,但不全面。依笔者所见,对"精神家园"给予全面而深刻界定的是我国当代著名学者欧阳康先生,他说:"一般来说,精神家园指人的精神支柱、情感寄托和心灵归宿,是人们对生活意义、生存价值和生命归宿的一种精神与文化认同。对个人而言,精神家园也就是其精

① 转引自赵鑫珊:《科学艺术哲学断想》,生活·读书·新知三联书店1985年版,第4页。
② 陈新汉:《社会主义核心价值体系——从价值哲学的角度看》,《哲学研究》2007年第11期。
③ 韩星:《走近孔子——孔子思想的体系、命运与价值》,福建教育出版社2017年版,第333页。
④ 万光侠、夏锋:《人的文化存在与精神家园价值探析》,《山东社会科学》2013年第10期。

神世界与心灵归宿,是对其生活世界中间那些具有价值与意义的东西的认识与追寻;对一个民族而言,则与其民族文化内在关联,是一个民族在文化认同基础上产生的文化寄托和精神归宿。"①这显然是将精神家园分为个人的和民族的两大类。就个人的精神家园而言,它的构成要素大致包含六个层面:一是"人生活的自然地理环境以及相应的生态家园感";二是"传统文化以及在其熏陶下形成的文化认同感";三是"一个国家的政治制度、意识形态及其政治认同感";四是"社会的经济模式和分配体系及其相应的安居乐业感";五是"家庭、亲友关系及其亲情归属感";六是"人的自我价值取向与自我成就感",它是全部精神家园的内核,也是衡量其他所有问题的基本标准。"一个人最终有没有家园感,要看他的理想价值是不是在现实中得到了实现,如果得到了实现,就有成就感,也就有了家园感。"②欧阳康先生的上述观点新颖独到,对笔者颇有启发。

本书主要论及个人精神家园建设的问题。在笔者看来,个人精神家园就其内容来说,其核心是对人生意义和价值的领悟和认同,或者说是对自我生命意义的体认,它要弄明白的是人活着为了什么,用中国传统哲学的话语来说就是"人生在世"和"人活一世"的问题,它关乎着做人的基本原则和根本道理,此即古人所谓的"立人极",因而这一问题又被称为"终极关怀"。缘此,精神家园也可称为"终极关怀"。

从功能上看,精神家园给人提供了一种"安身立命"或曰"安心立命"的支撑点。因为,精神家园以人生意义和价值为内核,这种人生的意义和价值构成了个人"内心的价值取向",这种"内心的价值取向"又会成为一种标准,每个人正是凭此标准来衡量和判断自己为人处世、思想行为的是非曲直,从而让人知道该做什么、不该怎么做,该怎么做、不该怎么做,以此规范和引领自己的生存和发展。这样,这个标准成了人的精神"支柱",有了这个精神支柱,人的"安身立命"就有了"根据",情感就有了"寄托",心灵就有了"归宿"。

从发挥作用的途径来看,精神家园通过升华和转化为信仰来安顿人的心灵。

---

① 欧阳康:《中华民族共有精神家园如何构建》,《光明日报》2012 年 2 月 28 日第 1 版。
② 欧阳康:《精神家园的多维要素及其现代困惑》,见《精神家园三人谈》,《光明日报》2011 年 4 月 18 日。

信仰是最高层次和最核心的信念,其基本含义就是"对某个人物或某种思想、主张、主义、宗教等极其信服和尊敬并奉为言行的准则或指南"①,它包含心态和行为两个方面,如果只停留于内心而不表现为行为的信仰是不完全的信仰。从其来源看,信仰是世界观、人生观、价值观的升华,反过来说,世界观、人生观、价值观只有转化和凝聚为信仰才能真正成为影响人之思想和行为的力量。信仰是人生的根本需要,它赋予人生以意义感。诚如周国平所言:"一种信仰无非就是人生根本意义问题的一种现成答案。"②有了人生意义感,每个人就有了精神的定力、定向和动力,从而他的一生就会有确定感、安全感,进而人的心灵就得到寄托和安顿。从这个意义上说,精神家园就是人的信仰。"有信仰,人就安宁、充实、富于活力;没有信仰,人就躁动、失落、无精打采。信仰越坚定,人的内心就越安宁;信仰一旦动摇或崩溃,人就会承受失衡的痛苦并竭力去寻求信仰的重建。"③

从精神家园的实现方式来看,一个有精神家园的人,他的人生就会有稳定感(踏实感)、认同感、安全感、归属感、获得感(成就感)、幸福感,就会活得很"顺心""安心""放心""充实",这就是所谓的"心灵得以安顿";相反,没有精神家园或失去精神家园的人,就会感到彷徨、怀疑、否定、苦闷、失落、焦躁,惶惶不可终日。这就意味着,精神家园是通过稳定感、认同感、安全观、归属感、获得感、幸福感等方式来实现心灵的寄托和安顿。

总之,精神家园是一个人安身立命之所系,是人生之根本意义的依托之处,如果它出了问题,一定是人之生存的大问题、深层问题。

(二)当代中国人精神家园的危机

毋庸讳言,当代中国人的精神家园出现了危机,从而使个体的心灵焦躁不安。如上所述,精神家园是对人生的意义和价值的领悟和认同,是对人的"终极关怀",它给人提供了一种"安身立命"的支撑点,是人的信仰,因此,精神家园的危机又表现为"价值危机"("价值虚无主义")"意义危机""信仰危机""精神迷

---

① 《新编现代汉语词典》,湖南教育出版社2016年版,第1410页。
② 周国平:《精神家园》,上海辞书出版社2012年版,第32页。
③ 何建华:《信仰的生存论根源及儒学的现代价值》,《伦理学研究》2009年第4期。

失""道德沦丧"等。当代台湾著名学者张灏在《新儒家与当代中国的思想危机》一文中说:"'意义危机'是现代中国思想危机的一个层面……当新的世界观和新的价值系统涌入中国,并且打破了一向借以安身立命的传统世界观和人生观之时,问题变得更加困扰。各种争执不下的新说使得传统价值取向的象征日益衰落,于是中国人陷入严重的'精神迷失'境地,这是自中古时代佛教传入中土后所未有的。"他进而把中国自现代化进程开启以来的"意义危机"概括为"道德迷失""存在迷失"和"形上之迷失"三个迷失。① 也有学者明确指出,"在现代性的诸多成就中并没有为人的精神家园留出应有的位置,相反,它造成了更深层次的精神失落",致使当代人的精神价值出现了危机,"这种价值危机主要体现在如下方面:(1)消费主义、纵欲主义诱发的感性泛滥;(2)个人主义导致'虚妄的自我膨胀感';(3)拜金主义与泛功利意识造就了新的'名利场';(4)只讲权利不讲义务,社会责任感和使命感的消退;(5)道德天平倾斜带来的道义迷失与沉沦;(6)生存压力形成的心态失衡与精神焦虑;(7)戴着形形色色面具的多重人格及人格分裂;(8)工具理性取代价值理性的价值错位;(9)'耻言理想,嘲弄信仰,蔑视道德,躲避崇高,拒斥传统,不要规则,怎么都行'的信念危机。"② 凡此对"意义危机"和"价值危机"的梳理与诠解是较为全面的,它们不仅描述出了危机的"症候",而且也在一定程度上揭示了危机的"病理"。

那么,在当代中国,这种以价值危机、意义危机、信仰危机、精神迷失、道德沦丧等形式和面貌所呈现出来的精神家园危机究竟是由什么引起的? 实际上,这一切都肇始于中国的现代化过程,与中国现代化进程所引发的社会剧烈震荡、变革、转型以及人们的不适应密切相关。

首先,中国的现代化进程对中国传统文化带来巨大的冲击,使原有的精神家园式微。

众所周知,中国的现代化是外源性、后发性、强制性的现代化,是在西方列强的挑战和刺激下开始的,它的动力来自外部条件,是一场被迫开启的全新的变

---

① 参见张灏:《幽暗意识与民主传统》,新华出版社 2006 年版,第98—100 页。
② 漆思:《现代文化矛盾的哲学反思与文化自觉》,《社会科学战线》2012 年第5 期。

革。鸦片战争打开了古老中国的大门,迫使中国踏上艰难的现代化路程。从那时起,中国社会开始发生了巨大的变化,用李鸿章的话来说,是"三千年未有之大变局"。西方殖民主义的入侵导致中国传统社会的性质发生了重大变化,宣告了传统生活秩序的结束。它不仅改变了中国传统社会的经济结构、政治制度和文化观念,而且从整体上对中国传统文明带来巨大的冲击和挑战。正是为了应对这种挑战,中华民族开启了现代化的艰难历程。随着这一过程的不断演进,西方的科学技术、哲学思想、价值观念、生活方式等大量地涌入中国,使得中国传统文化遭遇西方现代文化的强烈冲击与震撼,从而陷入了整体性的危机和困境之中。文化的危机实质上就是一个民族的价值危机、意义危机、精神家园危机。正如张灏所言:"在 1895 年到 1905 年之间,西方思想大量侵入……儒家传统的一些重要的道德政治价值首遭难题。到了 1910 年代末期,当五四的狂热者要求对所有价值,特别是整个儒家的道德传统重加评估之时,(道德)'迷失'状态到达了极致。"①如果说,在中国现代化早期,中国传统文化遭遇的困境和挑战主要是由于西方文化的大量涌入所致,那么,自五四运动以后,中国传统文化所受到的挑战和打击更多来自国人自己的批判和否定。

从总体上看,从五四运动至今,中国传统文化经受过三次重大的冲击和挑战:一是五四新文化运动;二是"文化大革命"时期的"批林批孔"运动;三是当代"市场经济"的建立。毋庸置疑,五四新文化运动是一种对精神家园的颠覆,它使我们固守了几千年的"安身立命"之文化传统在面对新世界的挑战时失灵了,人们凭借它已经不能生存下去了。当然,如有人认为的那样:"'五四'的冲击是必要的和合理的冲击,没有五四的对于传统文化的批判和冲击就没有中国现代化,中国就无法走向现代社会",相反"'文革'的冲击是一种外在的冲击,是在'批林批孔'的旗帜下开展的一种莽撞的扼杀式的冲击","市场经济不是要打倒传统,而是不理会传统,使之被边缘化,使之失去作用的场所,消解其功能。它从根基上取消了传统文化在当代的生存基础。"②

---

① 张灏:《幽暗意识与民主传统》,新华出版社 2006 年版,第 99 页。
② 欧阳康:《精神家园的多维要素及其现代困惑》,见《精神家园三人谈》,《光明日报》2011 年 4 月 18 日。

　　由上可知,当代中国之所以出现价值危机、意义危机、信仰危机等问题,一个重要的原因就是以儒家文化为核心的中国传统文化遭遇严峻挑战和沉重打击,几近断裂,"使现代人失落了传统文化提供给人生的'终极关怀',同时也就失去了生命活动的实在根基和精神'家园'。这使现代人陷入了前所未有的'精神迷失'"①。

　　其次,现代化进程中的世俗化趋势消解了超越的神圣价值,使现代人面临着整体性的"终极关怀"失落和深层的"意义危机"。

　　许纪霖说:"所谓现代化,就精神形态而言,按照马克斯·韦伯的经典论述,当今是一个世俗化的时代,是一个祛魅化的时代,是一个价值多神的时代,是一个工具理性代替价值理性的时代。"②也就是说,现代化过程就是一个世俗化的过程。

　　世俗化是相对于神圣化而言的,它是对神圣化的解构,即"祛(神)魅"。从西方来看,这种祛魅就是推翻基督教的统治,把"上帝"从神坛上驱逐下来;在中国,这种"祛魅"主要表现为对以儒家思想为代表的中国传统文化中的圣人理想、道统学说以及天命、天理、良知等的解构和否定。就此而言,这种祛魅化、去神圣化的世俗化过程带来的一个后果就是导致一个社会的价值多元化、价值相对主义乃至价值虚无主义。众所周知,在传统社会,人们的精神生活之上都有一种超越的神圣价值,如西方的上帝,中国的天道、天理、道统等,这种神圣价值给人们的世俗世界(生活)提供核心价值、终极关怀和生活的意义。但现代化的世俗化使神圣的超越世界崩溃,人们的精神生活开始世俗化。当然,精神生活的世俗化,"不是说不再有宗教或者任何超越世界,而是说在这个世俗的社会中,人们的价值、信念和制度规范的正当性不再来自超越世界,来自此时此地的人们自我立法,自我决定"③。易言之,人们的终极关怀、价值源头和生活意义不待外求,而是从世俗生活本身自我产生。此时,人解放了、自由了,人人都具有独立性、自主性,人人成为自己精神世界的主宰,每个人自己判断什么是"好""善"

---

①　何建华:《信仰的生存论根源及儒学的现代价值》,《伦理学研究》2009 年第 4 期。
②　许纪霖:《中国,何以文明》,中信出版社 2014 年版,第 141 页。
③　《世俗化与超越世界的解体》,载许纪霖主编:《世俗时代与超越精神》,江苏人民出版社 2018 年版。

"应当"。然而,每个人之间的判断、选择和认定(认同)又是不一样的,这就出现了价值的多元化,而价值的多元化不可避免地走向价值相对主义、价值实用主义和价值虚无主义。因为,每个人都认为自己的价值判断、价值选择是正确的,这就犹如"公说公有理,婆说婆有理",最后就没有真理一样,你说你的有价值,他说他的有价值,最后没有统一的价值标准了,这就导致价值(标准)相对化和虚无化。对当代中国来说,随着世俗化进程的加剧,传统文化的价值观念遭到极大的消解,人们失去对传统价值的信仰,但人们的精神生活又无法从世俗生活中获得深层的存在根据,所以,现代人们普遍感受到了一种精神的放逐和无家可归,陷入一种"生命中不能承受之轻"的存在主义焦虑。

世俗化的另一层含义是与宗教禁欲主义或"精神贵族化"[①]相对应,"乃是承认人的现世欲望的合理性,承认快乐主义与功利主义是人生的基本法则"[②]。作为这一层面的世俗化,它释放了人的物欲,肯定了人们追求世俗幸福的愿望,极大地推进了人类社会经济、政治和文化的现代化进程。然而人的欲望一旦从潘多拉盒子中放出来就再也无法收回,它已经激荡为弥漫全球的物质主义价值观和消费主义意识形态,给当代人类的精神世界带来巨大危害,导致现代人精神生活的物质化、功利化。

就中国而言,世俗化的进程可以追溯至19世纪中叶开始的"三千年未有之大变局",但真正的物欲主义和消费主义的来临是在20世纪末,是伴随市场经济改革大潮而来的。在某种意义上,现代化就是市场化。市场经济及其内蕴的功利主义、商业主义、工具理性(经济理性)和消费主义为世俗化趋势助力,使世俗化大行其道,世俗的利益和价值上升为人的生活世界的中心,人们的精神生活被忽视、遗忘、挤压。我们肯定世俗化进程有其积极的一面,它给现代人创造了

---

① "精神贵族化"是蒋国保教授提出的一个用语,它"不但是指过度地推崇精神价值而轻视乃至贬低物质价值,更是指对世俗崇尚的彻底否定,对世俗情感、世俗愿望、世俗追求、世俗理想一律以负面价值谴责之、批判之,否定之,以为唯有精神生活才是高贵的生活、唯有过高贵生活的人才是高贵的人(圣贤)"(蒋国保:《关于儒学当代意义的新思考——以异于时贤之论域的视角立说》,《学术界》2014年第11期)。

② 许纪霖:《世俗时代与超越世界的解体》,载许纪霖主编:《世俗时代与超越精神》,江苏人民出版社2018年版。

一个物质极大丰裕的社会,但也要看到它的负面影响,它"没有为人的精神家园留出应有的位置,相反,它造成了更深层次的精神失落。现代人的精神气质在世俗化的进程中变得日益理性化、工具化、金钱化。"①人们逐渐用形形色色的有限之物作为价值的寄托,对物质财富的占有和享受成为人的自我价值实现的标志,用一个时髦的话来说,"身价=物价"。但正如马克思所言:"物的世界的增值同人的世界的贬值成正比。"②当现代人把身外的价值凌驾于人本身的价值之上,就会导致人的异化,使物成为人的主人,人沦为物的奴隶("人被物役")。由于人们崇拜物、占有物,由此就会产生拜金主义、拜物教等扭曲的价值信仰。但诚如马克斯·韦伯所言:"把赚钱视为人有义务实现的目的本身,视为一种天职的思想,与任何时代的道德情感都是对立的。"③所以,对物的占有和享受并不能解决人生意义或人的安身立命问题,因为它首先是不道德的,其次是不可能的。无数事实证明,人对物质的需要是无限的,所谓"欲壑难填"!将物(商品)作为人生的意义和目标,只能使人陷入对物的无穷无尽的追逐中而疲惫不堪,不知幸福为何物,更不可能实现心灵的宁静。英国著名经济学家舒马赫指出,人的需要是无穷无尽的,而无穷无尽的需要只能在精神王国中实现,在物质王国根本不可能实现。那些只随着肉身的欲望而活的人是没有灵魂的,因为"灵魂与无限之在相连,与绝对价值同在"④。

总之,当代中国人的精神家园之所以出现问题,一个重要的原因是现在这个时代的一些人过于功利了。在世俗化趋势的裹挟下,"超越世界""神圣价值"被摧毁、解构、亵渎,人们不同程度地信仰物质主义、功利主义、消费主义、享乐主义,崇拜金钱、权力、名利,从而没有了超越的信仰,最终导致"精神家园的失却"⑤。

最后,当代中国社会中的多元文化冲突和碰撞,引发社会价值坐标震荡,导致人们的心灵失衡。

① 漆思:《现代文化矛盾的哲学反思与文化自觉》,《社会科学战线》2012年第5期。
② 《马克思恩格斯选集》第1卷,人民出版社2012年版,第51页。
③ 马克斯·韦伯:《新教伦理与资本主义精神》,陕西师范大学出版社2002年版,第47页。
④ 胡山林:《心何以安　不惑之思》,河南大学出版社2017年版,第12页。
⑤ 卢风说:"没有超越的信仰就没有精神家园。"见杨志华(整理)、左高山:《现代文化批判与生态文化构建——卢风教授访谈录》,《现代大学教育》2006年第5期。

在当代中国,随着现代化进程的深入推进,文化和价值观念的多元化已成为一种不可避免的趋势。多元化的文化和价值的存在,使人可以自由选择自己认可或认同的文化与价值观念,表现出社会巨大进步、繁荣、民主、宽容的一面;但另一方面,多元并存的文化与价值之间又必然会产生对立、冲突、碰撞,会引起社会的震荡。现代化是一个破旧立新的过程,在这个过程中,要面对新与旧、古与今、传统与现代、激进(革命)与保守等矛盾,对中国来讲,还要面对和处理中与西、全球化与本土化、民族性与世界性等矛盾。凡此种种,矛盾冲突都会反映和映射为文化的矛盾和冲突。因此,在当代中国社会中,存在着现代文化与传统文化,西方文化与中国文化,马克思主义与自由主义、新保守主义文化,精英文化与大众文化、世俗文化,官方文化与民间文化等的矛盾与冲突。其中尤以传统文化与现代文化的冲突影响最大。

现代西方文化的大量涌入、中国市场经济体制改革带来现代文化的滋生与发展,使得中国传统文化受到现代文化的强烈冲击。当代的每一个中国人在其成长过程中既受到传统文化的熏陶,又接受现代文化的洗礼。但传统文化由于受到现代化和世俗化的冲击,其曾经为人们提供的"安身立命"之本被认为不合时宜而式微、失范,失去了对心灵安顿的意义;现代文化由于其世俗化倾向,裹挟着物欲主义、商业主义、消费主义、工具理性而未能切合人性的真实需要,令人望而生畏。正如孙正聿所言:"在当代社会生活中,人生价值选择的困惑,源于当代社会的价值坐标震荡,源于'我们到底要什么'的历史与现实的多元冲撞,源于'我们到底要什么'的价值理想、价值规范和价值导向与'我到底要什么'的价值期待、价值认同和价值取向的矛盾。"[1]正是这种矛盾使得当代中国人的某些无所适从和心灵无处安顿。为了有效克服这种不利局面,进入新时代以来,中国正在积极建构、培育和践行社会主义核心价值观。随着社会主义的核心价值观不断被民众所接受和认同,内化于心、外化于行,个体心灵失衡的状况将会有很大的改观。

(三)儒学是拯救当代人类灵魂失落的一剂良药

综上所述,"如何安顿人的心灵"正成为当今人类面临的最重要课题之一。

---

① 孙正聿:《人的精神家园》,江苏人民出版社 2014 年版,第 7 页。

有学者认为："儒学有宗教一样的终极关切,能为现代(当代)人安身立命营造精神家园、提供最高的精神支柱"①;也有学者说："儒学以其对人存在的意义、价值及其自我完善等生命智慧的深刻性,展示了其在现代人重建精神家园中的积极作用"②;甚至有学者认为："儒家学说对人的终极关怀精神对现代社会是十分有意义的,说得夸张一点,儒学是拯救我们人类失落灵魂的一剂良药";"西方社会在 20 世纪纷纷重视儒家学说,其中一个重要的原因就在这里:儒学可以防止社会和人的堕落"③。足见儒学能安顿人心是当代众多学者的共识。当然也有质疑的声音,认为期盼直接搬用传统的伦理纲常来解决今天的"道德沦丧""价值扭曲"问题难有效果。但在笔者看来,要为当代中国重建精神家园,找到一条适合亿万普罗大众安身立命的精神道路,无论如何都要吸取传统文化的思想资源,尤其是儒家思想最为重要。正如欧洲人能够在希腊文化里找到自己的精神故乡和价值根据一样,中国人也一定能够从以儒家思想为核心的传统文化中找到自己的精神故乡和价值根据。正如习近平总书记说："中国人民的价值观和精神世界,是始终深深植根于中国优秀传统文化沃土之中的。"④我们坚信传统文化能帮助当代中国重建精神家园。今天中国之所以重视传统文化的复兴,其实质正是源于人们自身巨大的精神需求。那么,儒家价值观对当代中国人"安身立命"或"安心立命"提供了哪些启示和智慧资源呢?

1. 以"义"安心

如前所述,当代人遭遇精神危机和心灵不安的根本原因是由于物质主义、功利主义、消费主义、享乐主义、拜金主义对人们精神世界的侵袭,是由工具理性的膨胀引起的。质言之,当代社会最大的弊端就是价值取向上"利"字为先。而儒家在价值取向上的根本特点是"以义为上",这恰恰能抑制当今社会过度泛滥的物欲主义、商业主义,使人们在需要的满足上达到物质需求和精神需求的平衡,从而消除精神的焦虑和心灵的不安。这是我们今天提倡弘扬中国传统文化、复

---

① 蒋国保:《关于儒家当代意义的新思考》,《学术界》2014 年第 11 期。

② 何建华:《信仰的生存论根源及儒学的现代价值》,《伦理学研究》2009 年第 4 期。

③ 钟青林、胡丰顺:《儒学的现代意义及其价值》,《武汉大学学报》(人文科学版)2006 年第 2 期。

④ 习近平:《在纪念孔子诞辰 2565 周年国际学术研讨会暨国际儒学联合会第五届会员大会开幕会上的讲话》,《光明日报》2014 年 9 月 25 日第 2 版。

兴儒学的最大目的。陈来先生说:"单靠中国传统文化不可能完成现代化的任务,也不能实现中华民族的复兴,但这绝不等于说只有打倒中国传统文化才能实现现代化,才能实现民族复兴。"①的确,中国传统文化尤其是儒家优秀传统绝不必然与现代化相悖,相反,"儒学的价值理性正可以适应现代社会对于道德规范与精神文明的要求,以改善社会的伦理生活与精神生活,而使现代化趋向文化上平衡、结构上合理、伦理上合宜的发展"②。儒学乃至整个中国传统文化在当代的重要意义不在于它能推动现代化进程,而在于它"在社会层面上,满足社会秩序、伦理、文化、心灵的需要,建设社会的精神文明",所以,"儒学对现代化的作用主要不是工具意义上的助推,而是坚持倡导与现代化市场经济相补充、相制约的伦理价值和世界观",尤其在安定人心方面,儒学"起着其他文化要素所不能替代的作用"③。

国学大师钱穆曾说,人的生活可分为"身生活"与"心生活",即物质生活与精神生活。"心生活是主,是目的;身生活是仆,是手段。没有了身生活,就不可能有心生活。但没有了心生活,身生活便失去其意义与价值。"④我们今天之所以认为儒学是拯救当代人类灵魂失落的一剂良药,就在于儒家的"以义为上"价值观能够有效地抑制当今人类因现代市场经济与商业化趋势所导致的过度膨胀或扩张的物质欲望,使人的物质生活(身生活)与精神需要(心生活)达到平衡。如果人的身心平衡和谐了,心灵的焦虑和不安自然就消除了。

2. 以"德"安心

儒学之所以能拯救当代人类灵魂的失落,更在于它提供了一套有关人生意义和价值的系统理论(人生价值观),为人们"安身立命"提供了支撑。弗兰克说:"我要大胆地说,这世界上并没有什么东西能够帮助人在最坏的情况中还能活下去,除非人体认到他的生命有意义。"⑤足见生命的意义之于个体生存的极端重要性。而要体认或判断自己的生命是否有意义,关键是要有一个标准,这就

① 陈来:《儒学能为现代化提供适当的人文环境》,《北京日报》2018 年 7 月 9 日。
② 陈来:《儒学能为现代化提供适当的人文环境》,《北京日报》2018 年 7 月 9 日。
③ 陈来:《儒学能为现代化提供适当的人文环境》,《北京日报》2018 年 7 月 9 日。
④ 钱穆:《中华文化十二讲》(新校本),九州出版社 2012 年版,第 41、43 页。
⑤ 弗兰克:《活出意义来》,生活·读书·新知三联书店 1991 年版,第 109 页。

是人生价值观。在儒家的人生价值观中,除了上面所说的"以义为上"价值标准外,还有很多,诸如"三不朽"之说、"内圣外王"理想、"杀身成仁""君子"人格、"修身养性"等思想理念,这些对解决当代人安心立命问题都有重要的借鉴和启示意义。

"三不朽"出自《左传·襄公二十四年》:"太上有立德,其次有立功,其次有立言。虽久不废,此之谓不朽。"这是主张一个人的生命意义不在于你活得多久,不在于你的肉体生命的长生不死,而在于你为社会、人类所做的贡献的多少,这种贡献既包括物质的("功业"),也包括精神的("立德""立言"),但最重要的是"立德"。这一思想对当代人来说最具启发性和现实意义。对于我们每一个人来说,你这一辈子可能很难建功立业("立功"),更难以创立一种思想学说("立言"),但你最起码能做一个堂堂正正的有道德的人,这是你自己能决定的事(因为道德属于自律)。古人云:"德者,得也。"就是说,有道德的人,就可以得道、得人心、得民、得天下,甚至可以得福禄。孔子曰:"德不孤,必有邻。"(《论语·里仁》)这是因为有道德的人最值得信赖,人们都愿意与他交往,和他做朋友。儒家认为,一个人心中有了坚定的道德信念,就会不惧任何艰难险阻,就会宠辱不惊,就会"得志,泽加于民;不得志,修身见于世。穷则独善其身,达则兼善天下"(《孟子·尽心上》),从而达到一种心身平衡。德国汉学家罗哲海说:"儒家学说除了让道德行为者维持自尊、免于自惭形秽以及拥有心灵的快乐之外,并没有许诺任何个人报酬。"①儒家倡导人应凭借"道德"来"安身立命",这是儒学留给当代人的宝贵财富之一。

当然,儒家崇尚道德,提倡"太上有立德",只是强调道德的优先性,并不意味着要完全取消世俗的功利的物质的需要,而是说在人的众多需要因素中,道德是第一位的,人们在考量利弊取舍时,一定把道德放在第一位,强调"以道得之""取之有道""义然后取""见利思义"。有鉴于当今社会的一大弊端是利益当先,儒家的道德优先论就显现出它的巨大优势和意义来,它对救治这一时代弊端能起到对症下药的现实作用,从而真正解决当代人所遭遇的"精神焦虑、心灵困

①　〔德〕罗哲海:《轴心时期的儒家伦理》,陈咏明、瞿德瑜译,大象出版社2009年版,第246页。

顿"的时代之痛。

3. 以"成人""成物"安心

"三不朽"思想不仅孕化出儒家"以德立身""以义为上"的人生价值观,而且也孕育了儒家"内圣外王"人格理想。"内圣"就是道德修养之事("立德"),"外王"就是建功立业("立功"甚或还有"立言")。在儒家传统中,只有"内圣"才能"外王","内圣"是"外王"的前提,这显然秉承了"太上有立德"的传统。但更重要的是,儒家"内圣外王"之道把个体的"安身立命"问题与"家国天下"使命联系在一起,这就是《大学》所谓的"格物、致知、诚意、正心、修身、齐家、治国、平天下",这表明儒家既把道德作为个体安身立命的基础,又把道德作为治平天下的根本。或者说,儒家"既要安顿个体人生,也要解决'家国天下'的全体人生问题,而'家国天下'的人生问题的解决,又是以个体人生的生命关怀为根本、为依据、为始终的"①。儒家的这种致思趋向在《中庸》中表现为"成人成己""成物成己""赞天地之化育"的思想。

儒家"成人成己""成物成己"思想表明,个体生命的意义和价值并非只是达到自我完善就够了,而是要通过帮助和成就别人,甚至是成就万物才能实现,当自我的生命能够与他人、与民族的生命乃至与天地万物生命之流相贯通时,个体生命就能够突破有限而臻至永恒与不朽,从而获得安身立命的归依。儒学这种对人生意义与价值的理解,的确对解决当代人的精神困惑,安顿当代人的终极关怀具有重要意义,它不是抽象的、玄妙的、深奥的道理,实际上是现实的,每个人都可以感同身受并亲身体验到的。试想一想,我们每个人,什么时候最有成就感、自豪感和幸福感?什么时候心情最舒畅、心灵最安宁?往往是帮助别人做成一件好事的时候,比如救人于危难之际,给别人雪中送炭,将自己仅有的一点钱捐给了最困难的人从而救人一命,或牺牲个人利益但成就集体的利益,或你的思想学说、发明创造给国家民族创造巨大财富等等,这些时候是你最幸福、最安心的时刻。凡此种种,都说明"成人成己"是最真实的人生价值实现方式和最切己的心灵安顿方式,是每个人都能做到的。我们都有过这样的经历和体验,往往在

---

① 何建华:《信仰的生存论根源及儒学的现代价值》,《伦理学研究》2009 年第 4 期。

遭遇大灾大难时，如"汶川地震"、"非典""新冠"肺炎疫情暴发，人的善性和仁爱精神就会充分迸发出来，即使是一些平时麻木不仁的人，甚至是一些"坏人"和一些贫穷的无力自顾的人，都会在这时伸出援助之手，尽己所能帮助别人。这是为什么？一方面，如孟子所言，人都有"恻隐之心"；另一方面，人都想通过帮助别人实现自己的人生意义和价值（"成人成己"），从而获得心灵的充实和安宁。就此而论，儒家主张的"内圣外王"以及由此所孕化的把个体的"安身立命"与"家国天下"使命相联系，通过成就他人、成就万物而实现自身人生意义的价值观，对于当代中国人树立正确的人生观，重建人的意义世界和精神家园具有十分重要的意义。

4. 以"修身"安心

有学者说："通过学儒可以获得一种心身平衡之术，从而心安理得，宠辱不惊，心平气和。这种安身立命之道，既不是像佛教那样看破红尘，寄托于来世；也不是像道教那样追求得道成仙；而是依靠学儒者自觉加强学习、领悟、修养，从而能独善其身，依靠道德来安身立命。"①这表明要实现以"德"安心，一个重要的环节就是"修身"。儒家历来重视"修身"，如《大学》中提出"修身为本"，把"修身"看成是"内省外治""成己成人"的中心环节，孔子也提出"修己以敬""修己以安人""修己以安百姓"。如何"修身"？儒家主张最主要的是学习，《论语》第一篇《学而》和《荀子》首章《劝学》都是论学习的，足见儒家都非常重视学习。

儒家认为，不仅仅要学习知识、认识外物、认识自己，更要善于向他人学习，"三人行必有我师焉"（《论语·述而》），但要做到"择其善者而从之，其不善者而改之"（《论语·述而》），"见贤思齐焉，见不贤而内自省也"（《论语·里仁》），以此来提升自己的道德修养，塑造健全的人格。孔子曰"古之学者为己，今之学者为人"（《论语·宪问》），荀子说"君子之学也，以美其身，小人之学也，以为禽犊"（《荀子·劝学》），意思是说，学习的目的不是卖弄取宠、骗取名利，而是升华自己。一个人只有通过学习，才能真正成为人，即"学以成人"。

①　肖群忠：《儒者的安身立命之道》，《哲学研究》2010年第2期。

不独如此,儒家把通过学习来修身养性作为安身立命的基本途径。孟子曰:"尽其心者,知其性也。知其性,则知天矣。存其心,养其性,所以事天。夭寿不贰,修身以俟之,所以立命也。"(《孟子·尽心上》)表明人只有不断地学习、修身,才能"知性""知天",进而"知命""立命"。这就揭示出个体以"修身"而"立命",彰显了个体的人格价值及其所负的道德责任和历史使命。[①]

儒家"学以修身"、以"修身"安身立命的思想在今天仍然巨大的普适性。2018年在北京召开了第24届世界哲学大会,会议主题就是"学以成人"。为什么要以"学以成人"为主题呢? 有学者诠解道:"所谓学以成人,恰恰表达了中国传统哲学的核心,即注重对人的道德、情感、行为方式、价值取向的教化,注重对家庭和社会伦理纲常的保护,注重个人对家庭、国家和社会的奉献。在很大意义上说,学以成人的观念是中国人赖以安身立命的精神家园,即使在'五四'近一百年后的今天,我们的文化已经发生很大变化,但这个观念仍然是我们的精神核心和价值基础。"[②]诚哉斯言! 人只有不断地学习,不断地自省自醒,才能独善其身、修身养性、破除迷惑,如此便会拥有"知命、立命"的人生定见、"安之若素"的行为方式、"心安情乐"的精神状态[③],内心最终形成一种心平如水、怡然自得的平和状态。

5. 以"良心"安心

清华大学的方朝晖教授在一次演讲中说:"假如你生活在一个是非混淆、黑白颠倒的时代,一切政治说教、道德宣传、宗教信仰、思想教育在你看来都是赤裸裸的欺骗,不值一钱的谎言",在这种情况下,你能信什么? 你应该从哪里去"寻找到你生命的价值和意义"? 那就是你的"良心"。他说:儒家告诉我们,"当你发现世界崩塌了(所谓礼崩乐坏),人间变成了弱肉强食的丛林,你的心还在;当你发现人与人之间的一切行为都出于精致的利己主义算计,这世界没有任何道德可言,你的良心并未泯灭;当世界极端混乱、无道,我们完全失去了方向的时候,我们还可以用心去体会什么是'道德''正义''公平'。我们的良心是不会

---

① 参见李泽厚:《中国古代思想史论》,生活·读书·新知三联书店2008年版,第22页。

② 谢地坤:《学以成人与哲学何为》,《光明日报》2018年8月13日。

③ 参见肖群忠:《儒者的安身立命之道》,《哲学研究》2010年第2期。

泯灭的。"①良心也叫"本心""良知"。王阳明说:"尔那一点良知,是尔自家底准则。"(《传习录》下)每个人心中都有自己做人的准则,这一准则又是符合人性的普遍准则。因此,对于普通大众来讲,如何安心立命?我们不要讲一些大道理,我们只要讲清楚"你的本心何在",让每个人都从本心出发,最大限度地按照良心来思考,对得起自己的良心,那样就会"心安理得"。老百姓经常讲"摸摸自己的良心""问心无愧",这就表明老百姓把"良心"作为安身立命的根据。只要问心无愧,自会稳当快乐。对于每一个人而言,并非只有干出一番惊天动地的事业才算活得有意义、有价值,而是只要你干好自己应该干的事,努力承担起自己的责任,凡事都做到问心无愧,就实现了自己生命的意义,如此生命便可安顿。

习近平总书记说:"人本质上就是文化的人,而不是'物化'的人;是能动的、全面的人,而不是僵化的、'单向度'的人。人类不仅追求物质条件、经济指标,还要追求'幸福指数';不仅追求自然生态的和谐,还要追求'精神生态'的和谐;不仅追求效率和公平,还要追求人际关系的和谐与精神生活的充实,追求生命的意义。"②传承和弘扬儒家人生价值观的积极因素,的确能有助于当代人走出"物化"生存困境,追求物质需求和精神满足的辩证平衡,达到身心和谐、灵魂安宁,从而使自己度过一个幸福美满的一生。

---

① 方朝晖:《在信仰荒芜的年代,我们能信什么》,本文原为 2018 年 1 月 6 日在苇杭书院丙申年度会讲上的发言,后发表于《澎湃新闻》2018 年 1 月 23 日,发表时更名为《在信仰缺失的时代如何去信——从恕道看儒家道德的基础》。
② 习近平:《之江新语》,浙江人民出版社 2007 年版,第 150 页。

第八章　儒家价值观对当代社会的意义

在阐发儒家价值观之于当代社会的意义时,遇到一个困惑和难题就是:如何厘清它对社会与国家的意义呢? 这一问题的实质是社会与国家有何不同?

在一般人的意识和观念中,甚或在中国历史上很长的时期里,社会和国家一般是分不清楚的,社会即国家,国家即社会。但从严格意义上讲,社会和国家是不同的。马克思在《政治经济学批判序言》中说:"物质生活的生产方式制约着整个社会生活、政治生活和精神生活的过程。"①这里的"政治生活"就属于国家的范畴,显然与"社会生活"是有本质区别的。孙中山说:"社会两个字,就有两个用法,一个是指一般人群而言,一个是指一种有组织之团体而言。"②从共同点来看,社会和国家都是人类根据自己的需要组织起来的团体或"共同体",是人们"交互作用的产物"。但二者又有不同:"社会"共同体不是超越个人之上的特权机构,而是面向公众的管理机构;它不是部分人把持的利益团体,而是为整个社会服务的功能性实体。"社会"没有自己的特殊权力和利益,普遍的个人利益、人类发展的共同利益就是"社会"的利益;而"国家"共同体则不同,它是阶级产生以后才出现的,其本质就是阶级斗争的暴力机关,是统治阶级为了实现和维护自身利益而建立的一种政治组织,它属于特殊集团(统治阶级)的利益实体和权力机构。概而言之,国家是政治的组织,社会却不限于政治的一方面。在社会中的成员没有国籍的限制,国家中的国民却限定属于本国国籍的人民;国家无论对内对外,必有至高无上的权力,没有至高无上的权力便不能称为国家。社会对

① 《马克思恩格斯选集》第 2 卷,人民出版社 2012 年版,第 2 页。
② 孙文:《三民主义》,北新书局 1927 年版,第 3 页。

244

内虽然有支配的权力,但总要在国家权力支配之下。也就是说,国家也承担社会职能,也要去"管理众人之事"。在这个意义上,国家也属于社会,正如"政治生活"也属于广义的"社会生活"一样。但国家在对待和处理这类社会问题时,总是从有利于自身利益的发展和巩固自己的统治地位出发的。

社会与国家的区别,犹如民族与国家的区别。孙中山在《三民主义》一书中说:"民族和国家一定是有界限的,我们要把他来分别清楚。有什么方法呢? 最适当的方法是,民族和国家根本上是用什么力造成的? 简单的分别,民族是由于天然力造成的,国家是用武力造成的。用中国的政治历史来证明,中国人说王道是顺乎自然,换句话说,自然力便是王道,用王道造成的团体,便是民族;武力就是霸道,用霸道造成的团体,便是国家。"①此外,孙中山还论及造成民族的其他力量,如"血统""生活""语言""信仰""风俗"。由此,有学者进而认为:"民族是心理的,国家是政治的,民族是心理上的一种态度,国家是法律上的一种状况。民族是一种精神上的产业,国家是一种可以执行的义务。"②

总之,国家和社会是有区别的,国家侧重于政治层面,社会的范围更大一些,它侧重于从人群共同体、民族的层面而言之。在当代,国家与社会的区别更多表现为政府与社会、政治国家与市民社会的区别。

无疑,儒家价值观对当代社会的意义是多方面的,我们遵循着"当今社会的发展遭遇到哪些重大问题——儒学价值观对解决这些问题能提供哪些重要的思想资源和借鉴意义"这一思路来揭橥和阐发儒家价值观对当代社会的意义。当然,我们也不可能面面俱到,仅以几个重要方面举例示之。

一、儒家"和谐"价值观对当代和谐社会建设的意义

和谐社会是人类孜孜以求的社会理想。中西古代的思想家们都有对理想社会的憧憬,诸如孔子的"大同社会"、老子的"至德之世"、柏拉图的"理想国"、托

---

① 孙文:《三民主义》,北新书局 1927 年版,第 3—4 页。
② 张慰慈:《政治学大纲》(外二种),安徽师范大学出版社 2017 年版,第 28 页。

马斯·莫尔的"乌托邦"、康帕内拉的"太阳城"等,这些社会理想都在某种意义上表达了人类对社会和谐的向往和不懈追求。当代中国更是把"社会和谐"作为中国特色社会主义的本质特征,把建设"社会主义和谐社会"确立为中国特色社会主义建设的重大战略任务和党在新时代的奋斗目标。

当代中国提出建设"社会主义和谐社会",既有对传统和谐思想的继承和创新,又有深刻的现实根据和新的时代要求。从现实根据来看,由于工具理性的泛滥导致人类遭遇生存和发展困境,尤其是当代中国社会转型引发一些现实矛盾。《中共中央关于构建社会主义和谐社会若干重大问题的决定》指出:"目前,我国社会总体上是和谐的。但是,也存在不少影响社会和谐的矛盾和问题,主要是:城乡、区域、经济社会发展很不平衡,人口资源环境压力加大;就业、社会保障、收入分配、教育、医疗、住房、安全生产、社会治安等方面关系群众切身利益的问题比较突出;体制机制尚不完善,民主法制还不健全;一些社会成员诚信缺失、道德失范,一些领导干部的素质、能力和作风与新形势新任务的要求还不适应;一些领域的腐败现象仍然比较严重;敌对势力的渗透破坏活动危及国家安全和社会稳定。"①正是针对这些突出的矛盾和问题,党中央提出构建"社会主义和谐社会"这一战略目标。党的十七大、十八大都反复强调建设社会主义和谐社会的重要性,十九大报告指出:"从二○三五到本世纪末,在基本实现现代化的基础上,再奋斗十五年,把我国建成富强民主文明和谐美丽的社会主义现代化强国。"这里把"和谐"作为"社会主义现代化强国"的重要标志或内涵之一。不独如此,"和谐"还被确立为社会主义核心价值观之一,足见建设"和谐社会"对当代中国社会发展的重要性,它不仅是社会主义公平正义本质的体现,也是"和平与发展"时代主题的要求,更切合广大民众对美好生活的追求和对太平盛世的愿望,因此,它是合乎民心、顺乎时代潮流的伟大战略,受到社会各界和广大民众的衷心拥护和大力支持。

2005年2月19日,胡锦涛总书记在省部级主要领导干部提高构建社会

---

① 《中共中央关于构建社会主义和谐社会若干重大问题的决定》,人民出版社2006年版,第3—4页。

主义和谐社会能力专题研讨班上的讲话中指出："我们所要建设的社会主义和谐社会,应该是民主法治、公平正义、诚信友爱、充满活力、安定有序、人与自然和谐相处的社会。"①党的二十大报告提出中国式现代化是"是全体人民共同富裕的现代化","物质文明和精神文明相协调的现代化","人与自然和谐共生的现代化"。

这表明"社会主义和谐社会"是人与人、人与社会、人与自然、物质文明与精神文明之间协调统一、和谐发展的社会。这样的社会不是自然形成和自发实现的,它需要人们自觉地努力去建构,从政治、经济、法治、文化、社会、生态等方面入手,多措并举、协调配合,尤其需要有一套正确的价值观指导,而儒家传统的"和谐"价值观无疑能提供这样的智慧资源。

前已述及,"和谐"是儒家乃至整个中国传统价值观的核心理念之一,其思想意蕴十分丰富,包括宇宙和谐、自然和谐、天人和谐(人与自然和谐)、人际和谐(包括人与人、人与社会、国与国之间和谐)、人生和谐、身心和谐等,追求一种"普遍和谐";从致思趋向来看,中国传统文化讲宇宙和谐、自然和谐、天人和谐,其最终目的是为人际和谐、社会和谐奠定本体论基础。这正体现了中国传统哲学本体论借"天道"以明"人道"的基本特征,同时也表明中国传统"和谐"文化价值旨趣就是实现人际和谐、群己和谐、社会和谐。正是在这个意义上,费孝通先生说:"这一'和'的观念成为中国社会内部结构各种社会关系的基本出发点。"②也有学者说:"中华文化,博大精深,源远流长。古往今来,已经融汇成一派浩瀚的巨流。在这巨流之中,那亘古不绝、一脉相承的精魂究竟是什么?那就是上应天理、下合人伦、贯穿于万事万物之根本的一个'和'字",这"'和'乃和平、和解、和睦、和谐、和乐、和美、和合、和祥之谓也。"③儒家这种重视人际和谐、社会和谐、天人和谐的思想与当今"社会主义和谐社会"建设的价值取向高度契合,因而它对当代中国和谐社会建设具有重要的思想借鉴意义和理论滋养价值。

---

① 胡锦涛:《在省部级主要领导干部提高构建社会主义和谐社会能力专题研讨班上的讲话》,人民出版社 2006 年版,第 14 页。

② 费孝通:《费孝通论文化与文化自觉》,群言出版社 2007 年版,第 315 页。

③ 甘泉:《中华传统文化究竟价值何在》,《超星·期刊》2017 年第 9 期。

(一)"仁":建构和谐社会关系的大本大源

我们知道,"仁"是孔子思想的核心,孔子创建"仁学"是要从根本上解决当时社会的混乱局面("礼崩乐坏"),实现社会的和谐稳定。"仁学"所蕴含的"仁者,爱人""克己复礼为仁""己所不欲,勿施于人""己欲立而立人,己欲达而达人""孝弟也者,其为仁之本与"等思想观念构成了儒家"和谐"理念的灵魂和源泉,也是当代建构和谐社会关系的大本大源,对当今社会实现和谐发展具有重要的促进作用。

首先,"爱人"对构建和谐人际关系具有重要作用。人是一种社会性存在,过群体生活是人的必然需求,而"仁爱"是社会群体凝聚的纽带。人都有"爱"的情感,他不但爱自己、爱亲人,还爱邻居,爱一切人,这就是"爱人"的含义。孔子正是以"爱人"作为实现人与人之间关系和谐的纽带。因为"爱人"就是要做到对他人的关心、爱护、帮助,就要"老吾老以及人之老,幼吾幼以及人之幼",如果整个社会人人都能这样,那么人际关系自然就会融洽、和谐,天下自会太平。孟子说:"天时不如地利,地利不如人和。"荀子也说:"上不失天时,下不失地利,中得人和而百事不废。"可见,"人和"即人际关系和谐是非常重要的,尤其对当今社会而言更是如此。因为,今日之中国,人与人之间关系变得冷漠、人和人之间缺乏相互关爱、相互帮助,这是一个不争的事实。职此之故,当今在构建社会主义和谐社会的过程中,要实现"诚信友爱"之目标,弘扬儒家"爱人"精神就显得尤为重要了!

其次,"忠恕"之道是实现人际关系和谐的不二法门。在儒家仁爱思想中,"忠恕"是"爱人"的精神落实到人际关系上的具体方法,被称为"行仁之方",其本质意蕴就是将心比心、不强人所难、互以对方为重、设身处地替他人着想。用今人的话来讲就是"换位思考",体现了一种尊重他者、平等待人的现代精神,所以对今天的人们处理人际关系仍然具有非常重要的作用。如果每个人都能以"忠恕之道"处理人我关系,就可以避免一些不必要的强人所难,在人际交往中培养出一种宽容的精神;如果每一个人在行为处事时都能考虑他人的处境,照顾到他人利益,尽量不给或少给别人增添麻烦、带去不快,那么,社会生活中自然会减少许多矛盾和不必要的误会。总之,以"忠恕之道"建构人与人的社会关系,人际关系才会和谐融洽,如此方能实现和谐的社会。

再次,"孝悌"情感对实现家庭和谐具有不可替代的作用。在孔子看来,仁爱首先是从爱自己的父母、兄弟、姊妹开始,萌生了孝悌之心,然后由内而外、推己及人,去爱别人、爱社会。如果一个人不爱亲人,没有孝悌之心,遑论爱他人、爱社会了!"孝弟也者,其为仁之本与",此之谓也。这表明"孝悌"对形成人的"仁爱"精神、建构人的完整道德品质具有根本的基础作用。同时,我们也不难理解,"孝悌"是家庭稳定与和谐的前提和基础,没有家庭成员之间的相互关爱、体贴、扶助,就不可能有家庭和谐、幸福,所以在今天,要建构和谐的家庭关系,仍然必须要提倡和践行孝悌伦理。孟子说:"天下之本在国,国之本在家",家庭是社会的细胞,家庭和谐是社会和谐的基础。然而,我国当前面临的一大问题就是家庭伦理道德和家庭关系出现了比较严重的问题,主要表现为子女缺乏对父母的孝敬和关爱,这已经影响到整个社会的和谐与稳定。所以,对当代中国来说,孝的问题解决好了,家庭就和谐了,家庭和谐了,就为整个社会的和谐奠定了坚实的基础。

最后,儒家的"仁政"思想对构建和谐社会关系具有重要意义。孔子讲"为政以德",就是要用仁德来治理国家、教化百姓,解决社会民生问题,使百姓衣食富足,安居乐业,使国家繁荣富强、长治久安,所以孔子提倡"富民""教民""节用爱民";孟子将孔子的"仁者爱人"思想提升到治国理政层面,明确提出"仁政"思想,认为"人皆有不忍人之心。先王……以不忍人之心,行不忍人之政,治天下可运之掌上"(《孟子·公孙丑上》),强调"民为贵,社稷次之,君为轻",主张施仁政于民,提出"省刑罚,薄税敛""制民之产""教化民众"等仁政措施。无论孔子的"为政以德"还是孟子的"施仁政于民",其现实意义都是要将满足人民大众的物质生活需求,提高人民物质生活水平作为施政的前提。此外,还要解决社会的贫富两极分化的问题,正如孔子所言:"不患寡而患不均,不患贫而患不安。盖均无贫,和无寡,安无倾。"(《论语·季氏》)这里的"寡""贫"都是财富少的意思,"均"就是贫富差距小,"和"就是和谐,"安"就是"安定"。只要贫富差距小,社会公正,哪怕社会财富少,社会也会和谐、安定;反过来说,只要社会公正、和谐,人们也不怕财富少,社会也会稳定。这些思想与我们今天建设社会主义和谐社会的目标是一致的。我们今天之所以提出建设社会主义和谐社会,就是要解决社会贫富差距扩大所带来的社会不安,就是要解决民众的物质生活需求问题,提高老百姓的物质生活水平,不断增强人民群众的幸福感、获得感和安全感。因此,当前中国在实施"构建社会主义和谐社会"的战略当中,一直强调坚持"以人为本""以人民为中心"的思想理念。习近平总书记指出:"江山就是人民、人民就是江山,打江山、守江山,守的是人民的心。中国共产党根基在人民、血脉在人民、力量在人民。"①这与儒家的"民为邦本""得民心者得天下"等思想一脉相承。因此说,继承和发扬儒家的"仁政"思想确实对构建和谐的社会关系具有重大现实意义。

总之,儒家的"仁爱"思想为构建社会主义和谐社会提供了多方面的智慧资源,成为和谐社会建设的大本大源。

(二)"礼":维护社会和谐的秩序保障

有子曰:"礼之用,和为贵。先王之道,斯为美。"(《论语·学而》)这表明礼的作用就是实现和维护社会和谐,古代圣王正是运用"礼"来治理社会,达到社会的和谐。"礼"何以能实现社会和谐?《礼记·礼运》曰:"圣人所以治人七情,修十义,讲信修睦,尚辞让、去争夺,舍礼何以治之?"就是说礼能使人"讲信修睦、尚辞让、去争夺",如此,社会就和谐了。

古代的"礼"不仅包括典章、制度、规矩、仪节,还涉及道德规范、国家制度和生活准则等方面,内容很庞杂,但就其精神要义而言,它蕴含敬让、交往间的平等、非法律维持的秩序、和谐与秩序的统一、贵他人等意蕴。陈来先生说:"'礼'的本质在于实现一种非法律维持的社会组织形式",它"所追求的社会理想是有序和谐,特别是秩序。"②由是而观,"礼"的本质和追求同当今社会主义和谐社会建设的宗旨和目的相契合,因此,它能够为当代中国和谐社会建设提供丰富的资源。

---

① 习近平:《在庆祝中国共产党成立100周年大会上的讲话》,人民出版社2021年版,第11页。

② 陈来:《孔夫子和当代世界》,北京大学出版社2011年版,第75页。

从另一个角度讲,礼就是一种规矩。常言道:"不以规矩,不能成方圆。"所以,一个社会不能没有礼。当然,礼作为规矩与法律规矩、道德规矩有所不同,因为礼不是法律,也不等同于道德。但礼却具有法律的功能和道德的意蕴,它作为社会组织和管理方式的模式,以习俗和仪式来实现社会的秩序与和谐。尤有进者,"礼是儒家道德观念与伦理精神落实为生活实在的可操作的具体实践方式"①。对于今天的人来讲,礼仍然是维持社会秩序、实现社会和谐的一种基本保障。我们除了用法律、道德来规范和调整人们的行为之外,还需要用礼仪、礼节来规范和调整人们的行为。孔子曰:"不知礼,无以立也。"人只有懂礼、遵礼、行礼,才能融入社会,成为社会中的一分子,才能使人们在社会关系中的相互沟通成为可能。这一道理在今天仍然具有现实意义。不管古今之礼有多大的不同,但礼的精神和功能却是一样的,那就是"对人的放任的约束,构成上下的秩序和左右的彬彬有礼"②。所以,在今天的社会主义和谐社会的建设过程中,如果没有礼对人之放任的约束,人们就会不讲规矩,其言行就会突破底线,如此,和谐社会的建设就会受阻。

(三)"和而不同":构建和谐社会的基本原则

"和而不同"从含义上讲,就是"要承认'不同',在'不同'基础上形成的'和'('和谐'或'融合')才能使事物得到发展。如果一味追求'同',不仅不能使事物得到发展,反而会使事物衰败。"③但作为一种思想观念,其意蕴丰富,具有政治智慧、处世原则、人生境界(人生观)、哲学观念、方法论、文化观、宽容精神等多重意蕴。④ 可以毫不夸张地说,"和而不同"是中华民族特有的思维模式和文化符号,是中国传统文化源远流长、博大精深、富有强大生命力的根源所在,对于促进人与社会、人与人、国家民族之间以及不同文明(文化)之间和谐共处、互生共生具有极为重要的意义,对构建社会主义和谐社会更具有独特作用。

---

① 陈来:《孔夫子和当代世界》,北京大学出版社 2011 年版,第 81 页。
② 陈来:《孔夫子和当代世界》,北京大学出版社 2011 年版,第 83 页。
③ 汤一介:《新轴心时代与中国文化的建构》,江西人民出版社 2007 年版,第 105 页。
④ 参见郭明俊:《"和而不同"思想的多重意蕴》,《唐都学刊》2020 年第 2 期。

只有坚持"和而不同"的思想理念,才能正确看待和处理我国现阶段不同群体、阶层、个体以及不同文化价值观、不同利益诉求之间的关系。众所周知,随着改革开放的深入推进以及伴随而来的社会深刻转型,当今中国的社会组织形式、经济成分、利益关系、就业方式、分配方式等日益多样化,人们的思想和行动的独立性、选择性、多变性、差异性明显增加,文化越来越呈现多样化、多元化,各种社会思潮激烈交锋、相互激荡,社会价值观的多样性已经成为时代发展的必然趋势。那么,如何处理好多元主体、多种利益、多元文化、多种价值观之间的关系,从而使它们并存但不敌对? 这就需要执政者按照"和而不同"的基本原则对待和处理这种种"多"的关系,比如既要坚持国家利益的主体地位、社会主义文化和核心价值观的主导性和一元性,又要确保不同主体的利益、不同的文化和价值观的多样性并存;对于各利益主体、文化主体、价值主体自身来说,也要善于运用"和而不同"的思想理念对待和处理自己与"他者"的关系,要以"宽容""包容"的精神对待和理解"他者",唯有如此,多元的主体和多样的事物(包括思想文化观念)之间才能保持和谐统一,从而最终实现社会的和谐稳定发展。从这个意义上说,"和而不同"是构建社会主义和谐社会必须遵循的基本原则。

总之,"和而不同"是社会事物和社会关系发展的一条重要规律,也是人们处世行事应该遵循的准则,是人类各种文明协调发展的真谛。当前,建设社会主义和谐社会更离不开"和而不同"思想理念的指引。因此,挖掘和弘扬儒家传统的"和而不同"思想,对推动我国和谐社会建设具有极为重要的意义。

(四)"学以修身":实现个体"身心和谐"的根本途径

和谐社会包括人与人、人与社会的和谐,这些皆可称为人际关系和谐。但在人的和谐当中,还有每个人自身的身体和心灵的和谐问题,简称人之身心和谐。这种和谐也被称为人生和谐。社会是由一个个人组成的,因此,每个个体自身的身心和谐就成为社会和谐的基点或曰基础。如果一个社会中的个体身心失调,人格扭曲,就会引发自杀、恐怖、仇视、吸毒、性乱、精神焦虑等"人类现代病"的发生,严重影响社会的稳定和安宁。但在当代中国,随着现代化的发展、市场经济体制的建立,世俗化趋势日益加剧,商业主义、物质主义、消费主义和工具理性在大众生活中大肆流行,将人们引向一味地追求物质享受,遗忘或忽视精神的需求,从而导致一些人的身心不和、人格分裂,使社会和谐的基点或基础不稳不牢。而要解决身心不和的问题,儒家"学以修身"的思想能够提供有益的借鉴。

所谓"修身"就是修养自身的品德,提升人生境界。《大学》把"格物致知、诚意正心"作为修身的方法或步骤,但从整个儒学传统来看,儒家关于修身的方法、功夫可概括为"好学慎思、学思并重""自省自克、改过迁善""笃实躬行、谨言慎行"等等,而最主要的是"学以修身",正如孔子所说:"德之不修,学之不讲,闻义不能徙,不善不能改,是吾忧也。"(《论语·述而》)通过学以修身,使个体的道德品格和人生境界得以提高,对人生的意义有了正确的理解和把握,真正懂得了"做人的道理",从而能够正确地对待和处理物质欲望和精神需求的关系,最终使"自己身心和谐,内外调适,使自己的言行符合'做人的道理'"①。可见,修身对一个人的人生来讲非常重要,犹如《大学》所言:"自天子以至于庶人,壹是皆以修身为本。"

儒家的这种思想理念对当代人来说显得更加弥足珍贵。正像有学者所说:"在现代激烈竞争的环境中,在充满欲望的社会里,只有个人身心的和谐,才能够保持一份独有的心绪宁静和豁达,摆脱欲望的束缚,这对于化解现代社会中由于过分的物欲追求所带来的冲突",消除种种社会矛盾,"维护社会稳定,实现社会和谐,起着不可或缺的重要作用"②。

(五)"天人合一":实现人与自然和谐相处的根本遵循

"社会主义和谐社会"既包括人与人、人与社会之间的和谐,也是"人与自然和谐相处的社会"。但反观现实,人类现在面临的最大问题就是环境问题,遭遇的最大危机就是生态危机,它表明当前人与自然之间的矛盾已经十分尖锐了,如果这个危机和矛盾不能克服和化解,整个人类的生存就难以为继!在这存亡绝续之际,人类不得不反思自己的思想观念和行为后果,不得不思考自己所面临的困境及其出路。在此过程中,人们越来越发现,西方"主客二分"的思维模式及

---

① 黎昕:《儒家思想:构建和谐社会的重要思想资源》,《东南学术》2008 年第 4 期。
② 韦自露:《论儒家思想对构建和谐社会的几点启示》,《中共南宁市委党校学报》2009 年第 2 期。

其所孕育的"理性控制"和"主体征服"等现代性观念是引发当代生态危机的罪魁祸首。因此,解决生态危机问题的先决条件,就是要改变西方那种"把自然看作是与人完全对峙的异己力量和任人宰割的对象"的观念,树立人与自然"和谐相处、共生共存"的价值观。对此,儒家传统的"天人合一"价值观具有极为重要的指导意义。

"天人合一"是儒家和谐思想的一个重要内容,其内涵也非常丰富,但最基本的含义就是人与自然的和谐统一。儒家认为只有人类与自然的关系达到协调统一的状态,才最符合人类生存和发展的需要,因而它也是人类追求的最理想的境界。不惟如此,"天人合一"在历史上最终演化或凝聚为中国古人的一种思维模式和观物态度,决定或制约着中国人对本体论、宇宙观、人生观、伦理道德问题和社会政治问题的认识和思考,成为古代中国人处理和协调人与自然、人与社会、人与自身心灵关系的最根本的方法论原则。当然,儒家传统的"天人合一"思想不可能为解决当代中国以及全人类所面临的生态危机提供现成的答案,但它是当今人类解决人与自然关系问题不可违背的基本准则或曰根本遵循,尤其它所蕴含的"和合"思维方式、"与天地参"的主体性意识、"取用有度"的生态原则和"民胞物与"的价值情怀,是当今人们建构人与自然和谐关系必备的文化素养和智慧资源。

实现人与自然的和谐相处不仅是和谐社会建设的题中之义,更是构建社会主义和谐社会的"底线"。因为,没有人与自然的和谐相处,人类就失去了生存的根基。正如习近平总书记所说:"大自然是包括人在内一切生物的摇篮,是人类赖以生存发展的基本条件。大自然孕育抚养了人类,人类应该以自然为根,尊重自然、顺应自然、保护自然。不尊重自然,违背自然规律,只会遭到自然报复。自然遭到系统性破坏,人类生存发展就成了无源之水、无本之木。我们要像保护眼睛一样保护自然和生态环境。"[1]他进一步指出:"中华文明历来崇尚天人合一、道法自然,追求人与自然和谐共生。"[2]今天,构建社会主义和谐社会必须树立"天人合一"的价值观,惟有如此,建构社会主义和谐社会才能沿着正确道路前行。

---

[1]　习近平:《论坚持人与自然和谐共生》,中央文献出版社 2022 年版,第 275 页。

[2]　习近平:《论坚持人与自然和谐共生》,中央文献出版社 2022 年版,第 277 页。

总之,当代中国面临多方面的失序、失衡、不和谐问题,由此才提出建设"社会主义和谐社会"的战略方针。而儒家传统的"和谐"价值观能为此提供多方面的观念支持和思想养料。诚如汤一介先生所说:"中国哲学中的'普遍和谐'观念只有在现代社会中才能充分显示它的意义","如果人们都认识到'和平和发展'应是 21 世纪人类文明发展的主旋律,那么对中国儒家和道家思想中的'普遍和谐'观念的新诠释,无疑将会成为推动人类社会向着美好前景发展的主要精神力量之一。"①的确,对儒家传统"和谐"思想进行深入挖掘和现代诠释,并使之落实于操作层面,对推动我国"和谐社会"建设大有裨益。

二、儒家"群体本位"价值观对当代中国 筑牢集体主义意识的重要意义

新中国自成立之日起,就把大公无私、集体主义、国家至上确立为我国社会的主导价值观。当代中国是社会主义国家,而集体主义是社会主义的本质要求,因为,所谓社会主义,顾名思义就是以"社会"为本位、以社会关怀为目标的理论和制度。然而,自改革开放以来,随着市场经济的建立和我国社会发生深刻的转型,社会主义的集体主义思想面临着诸多挑战和困境,从而导致我国集体主义价值观日渐式微。

(一)当代中国集体主义价值观的式微

毋庸讳言,集体主义价值观在当代中国社会转型中不断弱化,"现代化的转型程度使得集体主义价值观发生了改变。尽管从人们所感知到的现实状况看,人们大都认为中国社会更流行和鼓励集体主义,但个人所持的集体主义价值观已经在发生改变。"②那么,是什么原因导致集体主义价值观在当代式微? 以笔者之见,从根本上说,其原因不外乎以下方面。

---

① 汤一介:《新轴心时代与中国文化的建构》,江西人民出版社 2007 年版,第 90、91 页。
② 王俊秀:《当前社会价值观变化特征调查》,《北京日报》2014 年 11 月 3 日。

1. 个人主义在中国的兴起

不言而喻,个人主义和集体主义是两种根本对立的价值观。一般来说,西方盛行个人主义,而中国则以集体主义为主。在西方,个人主义源远流长,此不赘述。个人主义作为一种价值观是以个人的价值和利益为本位或中心的价值观,主张个人本身就是目的,社会、国家、集体只是达到个人目的的手段;在政治上,强调个人的自由、平等和权利,主张自己的事由自己做主,外来的力量不得干涉或约束;在经济上,追求经济活动自由化,主张减少或取消政府对经济活动的干预或控制,认为私有财产制度是唯一合理的制度,坚决支持个人用尽一切机会谋求财产,并完全按照自己的意愿去处理财产;在日常生活上,强调凭借个人的能力,依靠个人的奋斗和个人的努力来实现个人的幸福和自我的发展。总之,个人主义突出个人的权利、个人的价值、个人的利益,推崇个人的成就、个人的建树和自我发展,追求个人享受。但正如托克维尔说:"个人主义是一种只顾自己而又心安理得的情感,它使每个公民同其同胞大众隔离,同亲属和朋友疏远。因此,当每个公民各自建立了自己的小社会后,他们就不管大社会而任其自行发展。"①然而,个人主义发展到现代,已经给西方社会带来了众多的麻烦,导致社会出现诸多的混乱。日本评论家西部迈在《文艺春秋》(日本)1999 年 7 月号发表《美国的十二大罪状》一文,其中第三大罪状是"沉湎于'个人'妄想的病态心理"。他说:"清教徒之类的诸多理想在物质文明的繁荣中已经退色了。剩下的理想就是以发挥各自'个性'为最高价值观的个人主义。而今,美国的自由正一味滑向个人主义的泥潭。"②习近平总书记在总结"当代人类面临的许多突出问题"时,把"个人主义恶性膨胀"列为其中之一。

与西方截然不同,中国传统社会是"以群体为本位",盛行整体主义价值观,在新中国成立以后也是以集体主义为主导性价值观之一。但自 20 世纪 80 年代以后,个人主义在中国也悄然兴起。

在 20 世纪 80 年代初,中国大地上掀起一股以"主体性"以及在此基础上衍

---

① [法]托克维尔:《论美国的民主》下卷,董国良译,商务印书馆 1988 年版,第 625 页。
② [日]西部迈:《美国的十二大罪状》,《参考消息》1999 年 8 月 3 日第 3 版。

生出来的"价值"问题为讨论主题的"文化热",而"主体性"的发现成为当代个人主义潮流的先导。主体性或自我的发现"改变了中国社会和人生的方方面面"①,它把个人从政治化的总体性逻辑中解放出来,使人们"不再服从一个更高的存在,而是服从自己",人们认为"这个世界是以'我'为中心的,所以一切从我的感觉、我的身体、我的标准出发","极端地说,就是每个人从自己的个体感受出发来判断,不再相信,或者说,躲避一种终极价值"②。可见,随着自我或主体性的发现,一种个人主义的时代被开启,从而使一种更为世俗化、情感化、个人化的人生态度流行开来。进入 80 年代后期,"价值"问题成为人们讨论的热点,"价值"一词"很快就引起社会的关注,并迅速成为一种日常用语"③。但正如有学者所说:"价值问题的特征就是比认知问题更加偏重对主体的态度、立场、情绪、偏好的倚重,价值领域不同于认知领域的特征就是情绪性和理想性之间的一种张力。无论是情绪性还是理想性都是与主体的追求、愿望、偏好联系在一起的。"④一言以蔽之,"价值"一词传达的就是个人主义的消息。所以我们看到,在 80—90 年代的文学作品里,到处都能看到个人主义价值观的宣示。比如,王宏图在《关于我们这一代人》中说:我们与前辈人的分岔点在于我们心目中的人文理想立足于我们的个体生命存在,而不是在个体之上的群体组织机构和价值信仰体系。对我们来说,个体的生命是一切价值目标的出发点和归宿。在我们的心目中,个人精神的独立追求与自我完善比忘情地投入社会生活、殚精竭虑地做种种救世的高贵尝试更为重要,人们所能做的只是穷尽个体生命的可能性,在个体的探索、开掘中终其一生。⑤ 在王宏图看来,在他们的下一代人(70 年代出生的人)那里,个人主义进一步深化了,因为"与我们及前几代人喋喋不休地谈论着的所谓宇宙人生的'大世界'相比,他们更倾心于身边日常

---

①　李泽厚:《李泽厚文存》下,安徽文艺出版社 1999 年版,第 619 页。

②　张辉:《时代的精神空白》,载李静主编:《中国问题:来自知识界的声音》,中国工人出版社 2002 年版,第 179—180 页。

③　赵修义:《主体觉醒和个人权利意识的增长》,《华东师范大学学报》2003 年第 3 期。

④　赵修义:《主体觉醒和个人权利意识的增长》,《华东师范大学学报》2003 年第 3 期。

⑤　参见王宏图:《关于我们这一代人》,载陈思和、杨扬编:《90 年代批评文选》,汉语大词典出版社 2001 年版,第 278、279、286 页。

生活的'小世界'"①。

总之,自 20 世纪 80—90 年代以来,中国人在精神世界和社会价值观上发生了一个巨大变化,就是由过去信仰集体主义转向了对个人主义的青睐,认为个人不再是国家、民族与世界历史实现自己目的的一个工具,而是一个有着自己的目的和价值的独立存在。这种个人主义到了 90 年代以后,在市场经济的助推下,有些进一步滑向极端个体主义、利己主义,这与提倡大公无私、无私奉献的集体主义精神相去甚远。

2. 市场经济的挑战

当代中国的集体主义价值观诞生于计划经济时期。那时,中国经济政治体制的核心特征就是高度集中性和高度统合性,职此之故,在社会价值观层面就需要树立与之相应的集体主义价值观。与此同时,计划经济时代形成的人民公社制度和单位制,又为集体主义的支配地位提供了赖以存在的制度依托。但到了 20 世纪 90 年代,中国社会由计划经济时代转向了市场经济时代,这就使集体主义价值观的主导地位受到严峻挑战。

一般而言,市场经济会导致个人的原子化。这是因为,在市场竞争中个人被抛到"普遍的各自为战的生存压力"中去了,失去了任何共同体的保护,而所有矛盾和压力的解决又都需要依靠"个人能力",让个人独自去承担。从另一个角度说,市场经济社会的一个根本特性是以自由为基础,实行完的市场自我调节,这种"完的市场自我调节"遵循的是"个人利益最大化"原则。这就表明,市场经济及其运行原则与集体主义是相矛盾的。这种矛盾具体表现为:"市场经济要求建立明晰多元的产权制度和按资分配制度,而集体主义的经济基础是公有制和按劳分配;市场经济的发展不可避免地造成社会的两极分化,这与集体主义共同富裕的价值目标相冲突;以追求经济效益为中心的市场经济的竞争原则与以追求社会效为中心的集体主义协作原则相冲突;产权制度改革和企业组织结构调整过程中的'老三会'(党委会、职代会、工会)与'新三会'(股东大

---

① 参见王宏图:《关于我们这一代人》,载陈思和、杨扬编:《90 年代批评文选》,汉语大词典出版社 2001 年版,第 286 页。

会、董事会、监事会)之间的摩擦与冲突直接影响集体主义的人民当家作主的政治理念和民主集中制原则的落实;伴随着政治体制和行政管理体制改革而形成的政治利益多样化与集体主义的统一的政治理念相冲突;市场经济自发产生的个人主义、拜金主义抵制着集体主义原则的贯彻。"①凡此种种表明,市场经济与集体主义的矛盾不仅是观念上的冲突,还有经济、政治上的冲突。

　　在当代,随着现代市场经济的深入发展,世俗化趋势日益加剧,导致"公共价值的衰落和文化相对主义的出现,使得社会的主流思维模式从传统社会的价值理性逐渐转向现代社会的工具理性。人们考量生活和行动的重心,不再是衡量其有何终极性意义,而是作为达到特定世俗目的之手段,是否有效和合理。"②易言之,"人的精神生活不再追求超越的意义","而是看其在现实生活中占有了多少具有社会象征资本的稀缺资源。由此,个人的自我理解也发生了变化,变成了麦克弗森所说的'占有性的个人主义'"③。这种"占有性的个人主义"将"个人认同"建立在欲望的满足、物欲的占有和无穷的消费基础之上。这表明,当代市场经济(市场社会)使个人主义滑向或蜕化为纯粹的物欲主义、享乐主义、拜金主义和利己主义。一如托克维尔所说:"久而久之,个人主义也会打击和破坏其他一切美德,最后沦为利己主义",而"利己主义是对自己的一种偏激的和过分的爱,它使人们只关心自己和爱自己甚于一切。"这就使它与集体主义格格不入。不惟如此,托克维尔还指出:"利己主义可使一切美德的幼芽枯死,而个人主义首先会使公德的源泉干涸。"④的确如此,在当代中国市场化和世俗化进程加剧的背景下,中国社会也出现了一些"自我中心的无公德的个人",只从社会中要求自己拥有的权利,但缺乏社会责任感和义务意识,以自我为中心,没有对社会的担当精神。这种人属于极端的个人主义者,如果任由极端个人主义泛滥,则集体主义价值观将更加式微。

　　总之,我国社会主义的集体主义价值观受到个人主义和市场经济的挑战。

---

① 吴家华、翟文忠:《中国社会转型中的价值矛盾与价值冲突》,《求实》2002年第2期。
② 许纪霖:《中国,何以文明》,中信出版社2014年版,第143页。
③ 许纪霖:《中国,何以文明》,中信出版社2014年版,第143—144页。
④ [法]托克维尔:《论美国的民主》(下卷),董国良译,商务印书馆1988年版,第625页。

如何维护和巩固集体主义价值观在我国社会主义制度中的主导地位,是时代向当代中国人提出的严峻课题。

(二)当代中国维护和巩固集体主义价值观的必要性和可能性

1. 必要性

党的十八大、十九大、二十大报告都提出要加强和深化爱国主义、集体主义、社会主义教育。集体主义价值观之所以必须加以维护和巩固,首先是因为集体主义是社会主义最根本的价值观之一,是社会主义和资本主义最本质的区别所在。资本主义社会特别强调个体的独立、自由、权利,强调个人的奋斗、幸福以及个人财产的神圣不可侵犯。一言以蔽之,资本主义社会是建基在个人主义或个人至上的价值观之上。与此相反,社会主义必然以集体主义为价值基点,社会主义与集体主义是一种血肉相连的关系。社会主义是公有制社会,其经济关系的基础是劳动人民共同占有生产资料,它反映的最基本的利益关系是劳动人民的共同利益,因此维护、巩固和发展社会主义公有制,维护劳动人民的共同利益,则是社会主义赖以存在和发展的基础。而反映这个基础的道德观念(价值观念),必然是社会主义的集体主义。由此可见,集体主义是由社会主义公有制经济关系所决定的,是社会主义本质的必然要求。在社会主义条件下,只有奉行集体主义原则,才能处理好个人利益同集体利益、社会利益、国家利益之间的关系。因此,我们必须旗帜鲜明地坚持集体主义的价值导向,同形形色色的个人主义、利己主义做坚决的斗争,如此才能卓有成效地推进我国社会主义现代化建设,实现国家富强、民族振兴和人民幸福。

其次,我国传统的集体主义观念存在着诸多问题,已经不适应时代的发展了,需要对之进行革新和完善。社会主义国家的性质决定了我们必须要始终坚持集体主义的价值导向,但前提是这种集体主义观念必须是合理的。然而,我国在改革开放前集体主义价值观却偏重"集体"而忽视个人的利益和权利,导致个人权益受到抑制乃至被湮没,个人的积极性、主动性和创造力也被抑制住了。职此之故,从改革开放伊始,这种偏向集体的单一向度的集体主义价值观就受到挑战,个人主义一时兴起。而随着市场经济体制的建立和完善,一方面,以牺牲个人利益为代价的传统集体主义逐渐因失去社会基础的依托而日益衰微;另一方面,市场经济所固有的个人主义倾向日益显露,从而使集体主义遭遇功利主义与极端个人主义双重的强烈冲击。在此情境下,当今中国亟须重建一种既能体现社会主义本质要求,又能适应现代市场经济发展要求;既能使集体利益与个人利益之间保持必要的张力,又能使二者达到微妙平衡的集体主义,从而能够真正有效地处理个人与集体、个人与社会的关系,实现集体利益与个人利益的协调统一。

2. 可能性

首先,从社会存在层面来看,市场经济与集体主义并非水火不容。前已述及,市场经济与集体主义是有一定矛盾的,但二者并非截然对立。事实上,作为一种资源配置的方式和人的经济活动方式,市场经济具有二重性:一方面,它以人的"独立、自由、平等为前提,以追求经济主体利益最大化为基本目标,包含有个体主义或个人主义的倾向;另一方面,市场经济又是社会分工和生产社会化高度发展的产物,它以社会主体之间的分工合作相互需求为前提,满足市场即社会需求是实现各经济主体利益的中介,在利他中才能利己,因而包含有产生集体主义的可能性"[①]。换言之,市场经济的目的是使利益最大化,但它并不仅仅使个人利益的最大化,而应该使市场经济中所有参与者(所有主体)的利益最大化。这表明市场经济既与个人主义有联系又可导向集体主义。资本主义的市场经济放纵了个人主义这一面,使其自发、任意发展,最后走向了利己主义和极端个人主义;我国实行的是社会主义市场经济制度,这就决定了我国必须以最广大人民群众的根本利益为出发点,通过社会主义制度、法治和国家宏观调控等手段有效地抑制个人主义的肆意膨胀和泛滥,防止极端个人主义、利己主义、享乐主义、拜金主义等的滋生蔓延,从而能够保证和维护集体主义成为社会的主导价值观,使集体主义价值观在中国的市场经济社会中大力伸张。

其次,从观念层面来看,中国民众对"集体主义"具有高度认同感。构建和践行一种价值观的最大可能性在于民众对其认同程度。同样,在当代中国社会生活中要践行集体主义价值观,关键在于它是否能得到大众的普遍认同。前已

---

① 　吴家华、翟文忠:《中国社会转型中的价值矛盾与价值冲突》,《求实》2002 年第 2 期。

述及,集体主义价值观在社会转型中不断弱化,原因是传统的集体主义价值观由于过分偏重"集体"而忽视个人权利和利益,所以与当代社会发展需求不符而日渐式微。有学者通过调查发现,尽管"个人所持的集体主义价值观已经在发生改变",但"从人们所感知到的现实状况看,人们大都认为中国社会更流行和鼓励集体主义"①。尤其是每当中国遭遇大灾大难时,人们都能清楚地看到和感受到中国人"集体主义"精神的充分涌现,比如在 2003 年抗击"非典"疫情、2008 年汶川大地震后的救援赈灾活动、2020 年武汉"新冠"肺炎疫情暴发后全国人民的紧急驰援等,都证明了集体主义依然流淌在中国人的血脉中。正像有文章写道:"一些西方人很难理解:在一个国土面积接近整个欧洲、人口占世界五分之一的大国",在抗击"新冠"肺炎疫情的关键时刻,"为什么能够迅速形成这种一呼百应的协同力? 不容忽视的一点,在于中国人骨子里强烈的集体主义价值观"②。对比中国和世界其他各国在应对"新冠"肺炎疫情时的种种表现,使民众亲身感受到社会主义的集体主义比资本主义的个人主义更具优越性,更加认同"集体主义"价值观。总之,当今民众对集体主义的高度认同为筑牢社会主义的集体主义价值观奠定了坚实的基础。

(三)儒家"群体本位"价值观为当代中国筑牢集体主义意识提供了丰厚的文化滋养

"群体本位"即群体主义,从形式上接近集体主义,缘此,儒家的群体主义思想中蕴含着当今集体主义所要求或需要的文化因子。

儒家的"仁爱"思想是其群体本位的理论基础,而"仁爱"思想中所蕴含的相互关爱、守望扶助、扶贫济困精神是当代集体主义之一方有难、八方支援的团结互助精神和社会关爱精神的文化渊源。不遑缕述,儒家"仁爱"思想主张一个人既要爱自己的亲人,也要以爱对待他人。如孔子说,"弟子入则孝,出则弟,谨而信,泛爱众,而亲仁";孟子说,"老吾老以及人之老,幼吾幼以及人之幼";还应把

---

① 王俊秀:《当前社会价值观变化特征调查》,《北京日报》2014 年 11 月 3 日。
② 胡宇齐:《集体主义是深入中华民族血脉的价值观》,《北京日报》2020 年 3 月 13 日。

爱施与群体、社会乃至自然万物,孟子的"亲亲,仁民,爱物"、张载"民吾同胞,物吾与也"此之谓也。不仅如此,儒家还强调人与人之间应该相互扶助,如孟子说,"出入相友,守望相助,疾病相扶持,则百姓亲睦",《礼记·礼运》曰,"使老有所终,壮有所用,幼有所长,矜寡孤独废疾者,皆有所养"。总之,儒家提倡以爱待人、仁民爱物、守望相助,这些思想观念无疑也是当今集体主义所要求的,所以大力弘扬儒家仁爱思想,对践行社会主义的集体主义价值观大有裨益。

儒家的群体主义强调个人只有投身于集体事业中,为集体作出贡献,才能实现自我的人生价值。如《大学》提出"修身、齐家、治国、平天下",孔子主张"修己以安人""修己以安百姓"。在儒家看来,每个人都不是为自己而存在,而是为家庭、他人、社会而存在,因此,个人之人生价值的实现在于为民族作贡献、为家族作奉献;当保存个人的生命与维护集体的利益"不可兼得"时,或当集体利益和个人利益发生冲突时,个人应当"杀身成仁""舍生取义",牺牲个人利益维护集体利益。可见,儒家群体主义价值观包含着一种公而忘私、舍小家为大家的奉献精神和敢于为民族大义献身的自我牺牲精神,这些精神恰恰也是当代集体主义精神所应具备的。

在儒家传统中,不仅推崇国家利益至上,把社会的安定与国家的统一作为追求的目标,而且更强调"大道之行,天下为公""以天下为己任",把天下太平作为终极关怀。"天下胸怀"是集体主义价值观的最高表现,它蕴含着不仅仅对自己的国家负责,而是要对"普天之下"的人负责。这表明儒家群体本位价值观包含着高远的人类责任意识和历史使命感。

无论是团结互助精神、社会关爱精神、无私奉献精神、敢于牺牲精神,还是人类责任意识与历史使命感,都是构成社会主义集体主义价值观的基本要素和必然要求,尤其是其中蕴含的"一方有难,八方支援""舍小家,为大家"更是集体主义的生动体现和最切实的表现。诚如有学者所说:"在中国人的精神谱系中,国家与家庭、社会与个人,是密不可分的整体,在漫长的岁月中,无数次天灾战祸、兴衰危亡,早已塑造了我们同风共雨、守望相助的'共同体'情感,塑造了我们强调集体利益、强调个体责任的价值观念。无论是'天下大同、人人为公'的朴素理想,还是'修身、齐家、治国、平天下'的现实追求,无不浓缩着集体主义的文化基因。"①因此，如果当代中国能够在全社会大力弘扬儒家群体本位价值观所蕴含的上述积极的合理的思想因子，那么，对巩固和践行社会主义集体主义价值观无疑奠定了良好的文化氛围。如果说"集体主义"精神是一粒种子或一棵植物，那么，中华优秀传统文化尤其是儒家思想就为它的生长提供了十分优良的环境或曰肥沃的土壤。没有优良的生存环境，没有肥沃的土壤，植物是长不好的。同样，没有优秀传统文化的滋养，集体主义价值观就难以成长、壮大，更难以在当今社会被人们认同、践行。

当然，我们也应必须清醒地认识到，儒家传统的群体本位价值观反映了一种以家族为本位的宗法集体主义，是一种等级制和专制主义的集体主义，这与建立在自由、民主、平等基础上社会主义集体主义完全不同。质言之，儒家传统的整体主义价值观不能被简单地照搬过来，我们应对之加以批判地继承、创造性地转化，要剔除其中的封建糟粕，继承和弘扬它的重集体、以群体为价值导向、守望相助、扶弱济困、无私奉献的精神，将这些优良精神和优秀成分发扬光大，使之更好地造福于当代人类。

习近平总书记在文化传承发展座谈会上指出："中华文明具有突出的连续性，是世界上唯一绵延不断且以国家形态发展至今的伟大文明。"②之所以这样，一个重要的原因是"天下兴亡，匹夫有责"乃至舍生取义的集体主义精神已深深融入中华民族的群体意识中。今天，中华民族要继续屹立于世界民族之林，并迈向社会主义现代化强国，仍然要高扬社会主义的集体主义精神。

三、儒家价值观与乡土社会意义世界的形塑

乡土社会也可称为乡村社会，就是指中国的农村社会。中华民族自古以来是以农立国，有着悠久农耕历史和灿烂农耕文化。即使进入 20 世纪 70—80 年代以后，中国建立了完整的国民经济体系，初步完成了工业化，由一个传统的农

---

① 胡宇齐:《集体主义是深入中华民族血脉的价值观》,《北京日报》2020 年 3 月 13 日。
② 习近平:《在文化传承发展座谈会上的讲话》,人民出版社 2023 年版,第 2 页。

业国家变成工业化的国家,但那时中国总人口中的80%左右的人居住在农村,乡土社会是中国社会中最重要的部分,农业、农村、农民问题即所谓的"三农"问题依然是中国的最主要问题。进入21世纪以后,随着中国现代化进程的加快和改革开放的深入推进,中国城镇化速度骤然加速,截至2023年底,全国常住人口城镇化率已达66.16%。① 但正如习近平总书记早在2013年12月23日中央农村工作会议上的讲话中指出的那样:"即使将来城镇化水平到了百分之七十,还会有四五亿人生活在农村"②。也就是说,目前乡土社会在整个中国社会中的重要地位仍然没有改变。但随着中国城镇化的推进、现代性的渗入和市场经济的发展,在促进乡村社会快速发展的同时,也改造和解构着乡村社会原有的价值体系,导致农民的意义世界有所紊乱,进而引发一些社会问题。国务院参事室特约研究员刘奇在《中国乡土社会正在发生十大转变》一文中说:"随着中国乡土社会由传统向现代转型,社会价值观愈来愈呈现出多元化的趋势","但价值观多元化容易产生价值观紊乱,并且导致种种社会乱象"③。正是由于当前中国农村价值观紊乱,导致农民意义世界遭遇困境,引发诸多严重的社会问题,如果这一问题得不到有效解决,最终会影响整个乡村社会的稳定与发展。

(一)当今农民意义世界面临的难题和挑战

乡土社会的意义世界,实际上就是指农民的意义世界。人不仅生活于物质世界,而且生活于意义世界。所谓"意义世界",是指"支撑人得以在世俗世界中安身立命、实现人生意义的一套价值理念的总和"④。农民的意义世界就是指支撑农民安身立命、实现人生意义的价值理念总和,也即农民的"价值世界"。

当代中国农村社会问题研究专家贺雪峰认为,在农民琐碎的日常生活背后

---

① 参见国家统计局:《中华人民共和国2023年国民经济和社会发展统计公报》,《光明日报》2024年3月1日。

② 中共中央文献研究室:《十八大以来重要文献选编》(上),中央文献出版社2014年版,第682页。

③ 刘奇:《中国乡土社会正在发生十大转变》,《山东干部函授大学学报》2018年第10期。

④ 杨华:《隐藏的世界——农村妇女的生命归属与生命意义》,中国政法大学出版社2012年版,第33页。

有着对高尚目标的追求,这个追求就是他们生命意义和价值所在,也即农民的意义世界,它构成了农民毕生奋斗的动力和目标。这些动力和目标主要是由农民的三种价值构成:一是本体性价值,它是有关个体生命怎样才能具有终极意义或无限意义的根本看法,是要处理个人与灵魂的关系问题;二是社会性价值,它是关于个人如何从社会中获得声望与意义的价值判断;三是基础性价值,它涉及人们为了生存与生活而对如何获得基本的衣食住行乃至舒适的生活条件所作的价值选择。在这三种价值中,本体性价值是最根本的价值,是农民安身立命的价值,它一旦被确立并得以稳定,农民就会围绕本体性价值展开社会性价值和基础性价值的实践,相反,一旦本体性价值模糊、动摇或缺失,农民对社会性价值和基础性价值的追求就会发生偏差。当然,基础性价值也很重要,它是本体性价值和社会性价值的基础。可见,这三种价值之间存在着"互动及消长"的关系。①

贺雪峰的上述观点比较贴近当今农民繁杂的现实生活原貌,对农民意义世界状况的诠释具有很强的解释力和学理性。因此,笔者以此为理论借鉴展开对农民意义世界形塑问题的思考。

贺雪峰说:"当前农村问题的根本不在于经济方面而在文化方面","当前农民之苦不是苦于物质匮乏,不是苦于劳动繁重,而是苦于他们在生活中丧失了价值感"②。价值感丧失意味着农民意义世界遭遇严峻挑战。具体而言,当今农民意义世界面临的难题和挑战有如下几个方面:

1. 农民本体性价值的弱化

本体性价值是关于人生终极意义或目的的价值,它所要解决的根本问题是"如何将有限的生命转换为无限的意义"③。那么,当今农民的本体性价值是什么?现代中国著名的社会学家潘光旦曾说,中国人在面临死亡时有"三大诀"可以让他战胜恐惧和遗憾:第一诀是立德、立功、立言。当一个人知道已经实现了

---

① 参见贺雪峰:《农民价值观的类型及相互关系——对当前农村中国严重伦理危机的讨论》,《开放时代》2008 年第 3 期。

② 贺雪峰:《乡村建设的重点是文化建设》,《广西大学学报》(哲学社会科学版) 2017 年第 4 期。

③ 贺雪峰:《农民价值观的类型及相互关系——对当前农村中国严重伦理危机的讨论》,《开放时代》2008 年第 3 期。

"三立",就可以消除对死亡的恐惧。第二诀是有关血脉传承的信念,人生的宽慰有可能来自基因的延续。第三诀是魂魄永存的信仰。[1] 显然这"三大诀"表达了三种本体性价值。第一种是古老的"三不朽",第二种是"传宗接代",第三种是宗教信仰。在这三者中,究竟哪一种是当今农民的本体性价值呢?

"三不朽"是中国传统社会士阶层或精英分子的本体性价值,它不是普罗大众的本体性价值。在今天,"三不朽"也只是大多数知识分子和社会精英的本体性价值,它不可能成为普通农民的本体性价值。就"宗教信仰"而言,传统社会中农民有时会把灵魂不死、来生转世作为现世行动的根本理由和终极意义,但它并非主流,并且经过新中国的洗礼,灵魂不死、来生转世的宗教说辞被现代性尤其是科学和唯物主义的意识形态所消灭。虽然近些年在一些农村地区基督教传播势头比较快,还有一些邪教也趁机侵入,试图通过各种方式迷惑农民,占领信仰阵地,但都以失败而告终。正如曹锦清所说:"中国人心灵安慰的价值不是来自西方"[2],外来的宗教解决不了中国农民内心的痛苦,因此宗教信仰也不可能是当今农民的本体性价值。

在这三种本体性价值中,唯有"血脉传承"或曰"传宗接代"才是农民的本体性价值。历史事实和当代大量田野调查研究都已证明了这一点。[3] 在中国传统乡土社会中,农民总是把"子嗣有继、传宗接代""多生多育、人丁兴旺"作为生命意义的根本定位。农民一生中最骄傲的是儿孙满堂、子孙绵延,最担心的是人丁单薄甚或断子绝孙。尤其是农民一旦成为"绝户",就觉得人生不再有希望,也不再值得期待,就会"混日子"。因此,对农民来说,"讨上媳妇,抱上孙子之后,无论是老年妇女,还是男子,心里就彻底踏实下来,意味着人生最后的立命得以实现"[4]。这种人生价值观不断绵延传承,成为几千年来中国农民安身立命的根

---

① 参见景军:《我们该如何面对"老去"》,《光明日报》2020年4月4日第6版。

② 潘维、玛雅:《聚焦当代中国价值观》,生活·读书·新知三联书店2008年版,第219页。

③ 参见贺雪峰:《当代中国乡村的价值之变》,《文化纵横》2010年第3期;贺雪峰:《中国农民价值观的变迁及对乡村治理的影响——以辽宁大古村调查为例》,《学习与探索》2007年第5期;杨华:《绝后的恐惧》,《文化纵横》2010年第3期;杨华:《隐藏的世界——农村妇女的生命归属与生命意义》,中国政法大学出版社2012年版;陈柏峰、郭俊华:《农民生活及其价值世界——皖北李圩村调查》,山东人民出版社2009年版,等等。

④ 杨华:《绝后的恐惧》,《文化纵横》2010年第3期。

本支点,即使在计划生育政策实施后的 20 多年间,这种人生价值观在农民的思想意识中依然根深蒂固。

然而,近年来的研究与事实表明,农民的这种本体性价值观趋于弱化,开始衰落。这一方面是由于我国长期实行"计划生育"政策而使许多农村家庭没有了男性后嗣,这就从根基上给予"传宗接代"为本体性价值的农民以沉重打击;另一方面,由于受现代性思想的冲击以及个体生活压力大的影响,年青一代农民的生育观和人生价值观发生重大变化,这集中体现在"多生多育、多子多福"不再是年青一代农民对人生意义的根本定位。有研究表明,以"80 后""90 后"为主体的新生代农民,尽管人生志向依然是至少生育一个孩子,但是生育二孩以上的意愿越来越低,且"90 后"比"80 后"的生育意愿更低。① 国家统计局数据显示,2022 年我国全年出生人口仅为 956 万,自然增长率为-0.60‰,②是 1960 年以来的首次负增长。2023 年我国全年出生人口为 902 万,自然增长率为-1.48‰。③ 由于青年农民一直是我国人口生育的主力军,近年我国人口出生率持续走低很大程度上与青年农民"不愿多生"有关。新生代农民之所以不愿多生,与他们的"传宗接代"观念有所动摇有关。④ 在传统乡土社会中,人们极为重视生育的终极性价值和功能性价值,即生育首先是为了家族的顺利绵延,生育子女越多(尤其是生育男孩越多),个体与祖先之间的关联就越紧密;其次,生育子女越多,不仅使养老资源更有保障,而且还能壮大家族力量,提升家族在村庄社会中的地位和面子,所以传统社会中农民的生育意愿普遍较强,尤其是生育男孩的偏好更强。但在当今的新生代农民中,一部分人觉得人生最有意义的事情就是"发家致富""个人奋斗",为个人而活替代了为祖宗而活,因此对他们来说,生儿子不再是人生必须完成的义务与安身立命的基础,而是"划来划不来"的功利主义考量的一

① 参见李永萍:《农村新生代青年的生育意愿及其转变动力》,《中国青年研究》2023 年第 2 期。
② 参见国家统计局:《中华人民共和国 2022 年国民经济和社会发展统计公报》,《光明日报》2023 年 3 月 1 日。
③ 参见国家统计局:《中华人民共和国 2022 年国民经济和社会发展统计公报》,《光明日报》2024 年 3 月 1 日。
④ 参见张旋:《制度、文化与生育行为:农民生育决策的历史变迁——基于华北平原 G 村的个案观察》,《山东农业大学学报》2020 年第 4 期。

部分,本体性价值完全被功利主义追求所淹没[①];更多的青年农民主要担心生育子女(尤其男孩)多了"养不起",所以不愿多生。可见,我国人口出生率持续走低也间接证实了农民本体性价值日渐衰弱。

此外,新中国成立以后,国家主流意识形态提倡"将有限的生命投入到无限的为人民服务中去","通过在集体中的个人努力,并将个人努力集中到集体事业之中,再集中到民族解放事业和人类解放事业中去,人就获得了当下行动的意义,也就解决了人的安身立命的问题"[②],这无疑也是一种本体性价值追求,但这种本体性价值也日益弱化。历史地看,"为人民服务"作为涤荡旧思想旧意识的价值利器,被广泛运用于改造人们精神世界的火热实践中,广大农民一改以往那种以灵魂不死、宗教信仰来回答生死问题的观念,充分认识到自身的生存发展与他人、集体、民族、国家息息相关,从而把个人的努力置于集体事业之中,把生命永恒与"为人民服务"联系起来。但自改革开放以来,随着农村集体主义日渐式微,个人主义兴起,民众革命理想主义逐渐褪去,这种以贡献或奉献成就人生意义的本体性价值也日益削弱。尤其是对思想文化水平相对较低的农民来说,通过"为民族解放事业和人类解放事业而奋斗"来实现有限生命的无限转化,目标过于高远,因而不能深契农民真实的价值需求。

总之,当下农民原有的本体性价值因受到种种冲击而日益销蚀,出现某种程度的断裂。

2. 农民社会性价值的偏失

社会性价值是从人与人的交往和关系中产生的,其核心是个人对他人评价的感受、在乎面子的得失。[③] 人生活在社会中,都想在社会上获得好名声、有地位、受人尊敬。正是这种对社会性价值的追求,使乡村中有了舆论力量、面子压力、是非评判标准。

[①]　参见刘涛:《何以安身立命——村庄意义世界的传承与断裂》,《中共南京市委党校学报》2012 年第 3 期。

[②]　贺雪峰:《农民价值观的类型及相互关系——对当前农村中国严重伦理危机的讨论》,《开放时代》2008 年第 3 期。

[③]　参见贺雪峰:《当代中国乡村的价值之变》,《文化纵横》2010 年第 3 期。

然而,当前农民的社会性价值却出现了严重的偏失。这首先表现在农民原有的社会性价值缺失。自改革开放以来,随着打工经济的兴起、城市化的快速推进,农村"空心化"现象不断加剧,乡村也从"熟人社会"逐渐转变为"无主体熟人社会"①。在"熟人社会"中,农民非常在乎他人的评价和"面子"的得失。由于害怕舆论的谴责,害怕丢面子,他们就不敢做越轨之事,自觉遵守道德规范;而为了挣得个好名声、好信誉,他们会尽量做好事、守规则,并努力使这种好名声不断累积和传承下去。如果一个人有了"面子"和好的名声,他就感到自己的人生是有意义的。但随着农村的主体成员——青壮年农民大量离土离乡,外出打工,当今农村变成了"无主体熟人社会",从而导致"舆论失灵""'面子'贬值""'社会资本'流散"②。具体而言,由于农村的主体成员大量缺席,自然村落范围的道德舆论便难以形成"千夫所指""万人共斥"的压力,从而使农村虐待公婆、不孝敬父母的事情时有发生,但又很少受到舆论谴责;由于农村的主体成员长期不在村,对生活在农村的村民来说,"面子"效能难以扩展,因此农民干什么事情就不再顾及面子,"面子压力"荡然无存。这样一来,村民干一些违背公序良俗的事也就无所顾忌了!总之,在"无主体熟人社会"里,乡村原有的舆论道德评价功能日趋弱化,农民的那种天然的良知和淳朴的善良日渐消失。

其次是农民社会性价值的偏误。当今农民并不是完全不考虑"面子",而是"以夸富的形式追求'面子',抽空了熟人社会里'面子'的道德含量"③;不是没有"面子压力",而是以另外一种形式展开"面子竞争",即农民不再像以前那样崇拜德行高尚的人,而是崇拜有能力赚钱的人,不管钱是怎么赚来的。人们以物质财富表现个人能耐,为了财富和实力意义上的"面子"展开激烈的竞争和相互攀比。比如,现在农村普遍存在着将丧事办得越来越铺张,"似乎谁办的场面大,来吃酒的人多,谁就有面子"④,丧事成了面子竞争的舞台。此种意义上的面

---

① 吴重庆:《从熟人社会到"无主体熟人社会"》,《读书》2011年第1期。
② 吴重庆:《从熟人社会到"无主体熟人社会"》,《读书》2011年第1期。
③ 吴重庆:《从熟人社会到"无主体熟人社会"》,《读书》2011年第1期。
④ 齐燕:《意义断裂与面子竞争:农村丧葬仪式的变迁逻辑——基于关中S村的个案分析》,《北方民族大学学报》(哲学社会科学版)2018年第4期。

子竞争和攀比也导致农村人结婚彩礼和人情费用的不断高涨。尤为可笑的是,河南安阳的一些农民以竞争建房的高度来压倒对方①,导致房子建到了极不安全的高度。这表明当今农民的社会性价值出现严重的偏差,成为一种负面性社会价值。它不但给农民带来沉重的经济负担和精神负担,影响农民正常的生产生活,而且污染了农村社会风气,扰乱了村庄秩序,是当前乡村振兴面临的一道难题。

3. 农民基础性价值的膨胀

基础性价值也叫生物性价值,它包括基本的衣食住行和基本的生命安全等涉及延续个体生命的条件以及超出基本生存需要的带有舒适意谓的衣食住行。② 当农民的本体性价值实现或稳定以后,他的人生目标和意义就不成问题了,他就会调动一切资源和力量合理有序地追求社会性价值和基础性价值;但当农民的本体性价值动摇或丧失后,他对社会性价值和基础性价值的追求就会出现严重偏差。以上我们已经揭示了当前农民本体性价值削弱和社会性价值偏误的问题。而在既缺乏本体性价值支撑,又缺少健康合理的社会性价值追求,一个社会就不再有道德和信仰的力量来约束膨胀的私欲。当前农民的基础性价值就处于一种不受道德和信仰力量约束的过度膨胀或失序的状态。大量事实表明,当前农村存在许多不合理消费或过度消费现象,如日常生活中的互相攀比、"打肿脸充胖子",办酒席时大讲排场,建超过自己经济承受能力的高大上的住房,索要高额彩礼等等,这一方面反映了农民出于社会竞争的需要,想在别人面前炫耀一番,引起别人的羡慕并获得更多的好评、挣得更大的面子,以此提高自己的社会性价值;另一方面,表现了农民在本体性价值销蚀以后,以物质的大量占有和享用来彰显人生的意义,以物欲的满足填补心灵的空虚,从而使基础性价值过度膨胀,乃至被错置到本体性价值上。这种以物欲满足、享乐主义为人生终极目的的价值观,由于缺乏经济基础的支撑(农民收入水平还普遍很低)而难以实现,这又使农民陷入长期的痛苦和焦虑之中,"他们被五彩世界的可能性与现实

---

①　参见贺雪峰:《当代中国乡村的价值之变》,《文化纵横》2010 年第 3 期。

②　参见贺雪峰:《农民价值观的类型及相互关系——对当前农村中国严重伦理危机的讨论》,《开放时代》2008 年第 3 期。

世界的无力感所折磨",而"长期的痛苦不堪的不能实现的物欲及频繁的社会流动,使农民越来越感受到自己身处社会的最底层,没有了未来和希望"①,引发农民人生意义的迷茫!

总之,自改革开放以来,尤其是进入 21 世纪以来,随着市场经济的深入发展、城镇化的快速推进以及现代性因素的大量渗入,中国乡村社会发生了翻天覆地的变化,取得了巨大的进步。但同时也引发了一些问题,诸如使构成农民生存原动力的本体性价值受到严重冲击,导致农民的意义世界日渐销蚀。因此,在当前的乡村振兴中,不仅要关心农民的脱贫致富、社会保障,关心乡村的民主法治建设、村容村貌的改善,更要关注农村的文化建设和农民的精神生活。正如谢遐龄所言:"重建意义世界"是"重建中国农村社会的核心"②,当前农村工作的当务之急是要通过农村文化建设,重塑一种契合农民内心生活实际的、满足农民本体性价值需求的意义世界。对此,儒家优秀传统价值观能发挥重要作用。

(二)儒家价值观对当今农民意义世界形塑的重要作用

农民意义世界建设属于广义的乡村文化或文明建设。中共中央国务院《关于实施乡村振兴战略的意见》中指出:"提升农民精神风貌,培育文明乡风、良好家风、淳朴民风"应着力从"加强农村思想道德建设""传承发展提升农村优秀传统文化"等方面进行。③《乡村振兴战略规划(2018—2022 年)》提出:要"坚持以社会主义核心价值观为引领,以传承发展中华优秀传统文化为核心,以乡村公共文化服务体系建设为载体,培育文明乡风、良好家风、淳朴民风,推动乡村文化振兴,建设邻里守望、诚信重礼、勤俭节约的文明乡村"④。凡此种种,为形塑农民的意义世界指明了方向,表明重塑农民意义世界有两个必不可少的方面:一是践行社会主义核心价值观;二是弘扬中华优秀传统文化。而儒学是中华传统文化的核心和主干,这就意味着农民意义世界的形塑离不开传承和弘扬儒学优秀传统。

---

① 陈柏峰:《去道德化的乡村世界》,《文化纵横》2010 年第 3 期。
② 谢遐龄:《重建意义世界:重建中国农村社会的核心》,《天津社会科学》2011 年第 1 期。
③ 《中共中央国务院关于实施乡村振兴战略的意见》,人民出版社 2018 年版,第 16—18 页。
④ 《乡村振兴战略规划(2018—2022 年)》,人民出版社 2018 年版,第 60 页。

实际上,儒学对形塑传统社会农民意义世界发挥了极为重要的作用。在传统社会中,形塑农民意义世界的主要力量有三种:宗族、神道体系、乡绅。"大致说来,宗族对应祖宗崇拜,神道体系则是多神、泛神、巫术、佛道等的混杂物,乡绅则体现儒道互补、以儒为主的国家意识形态。"①进而言之,祖宗崇拜本质上是与儒家精神密切相关,甚或说是儒家化的神灵崇拜、儒家式的宗教,神道体系中也有儒家的道统和圣贤偶像,乡绅更是儒家价值的化身和代表。这表明儒学是中国传统社会农民意义世界中的决定性因素。

习近平总书记指出:"当代中国是历史中国的延续和发展"②,"今天世界遇到的很多事情可以在历史上找到影子,历史上发生的很多事情也可以作为今天的镜鉴"③。尤其是对于中国这样一个农耕文明漫长而发达的国家来说,今天的农村更是历史乡村的延续和发展,其"乡土性"并未根本改变。职是之故,作为传统社会农民意义世界主导力量的儒学,在当今农民意义世界的形塑中也是必不可少的因素。在某种意义上说,儒家优秀传统文化是滋养乡土社会人生价值观的重要资源,是当今农民意义世界的根脉。

1. 儒家传统礼俗文化和孝道观念有助于筑牢和充盈当前农民的本体性价值,为农民意义世界的形塑奠定根基。如前所述,当今农民仍然把"血脉传承"作为其本体性价值,而儒家传统的礼俗文化和孝道观念对筑牢和充盈这种本体性价值具有重要意义。

所谓礼俗即礼仪风俗,泛指婚丧、祭祀、交往等各种场合的礼节与习俗。中国传统的礼俗比如婚丧习俗、祭祀制度、祖先崇拜、族谱、祠堂等无不渗透着儒家价值观,发挥着"慎终追远""血脉传承"的功能。今天我们应该辩证看待这些礼仪风俗,重视其对构建农民意义世界的积极意义。诚如吴重庆所说:"今天的儒学'下乡',如果从效用的角度考虑,便不必急于选择梁漱溟先生当年的乡村建设路径,而可专注于推动符合儒学精神的宗族文化复兴、乡村重大节庆及家户婚丧嫁娶、祭祖认宗的礼仪文化建设,通过仪式的铺陈和对仪式的参与,以仪式现

---

① 谢遐龄:《重建意义世界:重建中国农村社会的核心》,《天津社会科学》2011 年第 1 期。

② 习近平:《致中国社会科学院中国历史研究院成立的贺信》,《人民日报》2019 年 1 月 4 日。

③ 《习近平书信集》,中央文献出版社 2022 年版,第 61 页。

场的集体氛围而非个体式的道德自觉,唤起乡民对儒学所宣导的基本价值理念的敬重。"①就一般而言,意义世界的建构具有场景化的特征,它与具体的实践场域相关。在传统社会,农民"血脉传承"这种本体性价值的形塑或证成大都是在祠堂祭祖和上坟活动中进行的,因此,祠堂、墓地等成为乡土社会意义世界建构的具体场景或实践场域,正所谓"坟墓是活人的意义世界"②,而丧葬仪式和祭祖礼仪就成为建构农民本体性价值的重要形式和手段。孔子曰:"祭如在,祭神如神在"(《论语·八佾》),通过祭祀祖先,使得祖先"永恒在场",由此便保证了宗族的完整性,使得每一个人都不是一个"原子化"的存在,而是凝聚了整个家族生命基因和文化基因的当下存在,他也必将把这些基因再传递给家族的未来,如此绵延不息,使有限生命获得了无限意义,从而实现了农民的本体性价值。可见,"祭拜祖先不仅是习俗,而且包含了由此而安顿自我生命意义的文化内涵"③。

同样,中华民族传统重大节日的庆祝方式和礼仪风俗对强化和充盈农民本体性价值具有重要意义。比如春节回家团圆、祭祀祖先、敬拜长者的仪式礼节,能强化家庭伦理、情感纽带,传递血脉传承的价值信仰;清明扫墓,通过庄严虔诚的祭拜礼仪,增进家族内部的血缘认同感、亲和力与凝聚力,强化血脉传承的本体价值意识;中秋的赏月与团圆庆贺礼仪更是让人伦传统和血脉传承意识得到充盈。这些节日庆祝方式和礼仪风俗无不浸透和彰显着儒家对生命永恒的追求,因此,传承和弘扬这些节庆方式和礼仪风俗有助于形塑和充盈农民的意义世界。

尤其是儒家"孝道"观念对当今农民"血脉传承"本体性价值的实现具有重要作用。孟子曰:"不孝有三,无后为大"(《孟子·离娄上》),倘若一个人没有了后代,家族的"血脉传承"就此断绝,这样不仅祖先的在天之灵得不到安顿,而且他自己的人生终极意义和价值的实现也失去了载体。正是在这个意义上,潘光旦说:"孝的最大功能是在维持一家的血统。"④"孝"之所以能成为农民本体

---

① 吴重庆:《农村空心化背景下的儒学"下乡"》,《文化纵横》2012年第2期。

② 杨于泽:《坟墓是活人的意义世界》,《长江日报》2016年4月6日。

③ 李翔海:《孝:中国人的安身立命之道》,《学术月刊》2010年第4期。

④ 潘光旦:《优生原理》,天津人民出版社1981年版,第238页。

性价值的一种实现方式,在于它"通过自我生命精神与先祖以及子孙之生命精神的契接,而体认一己生命之永恒的意义"①。这一观念对中华先民的生命存在形态产生了重要而广泛的影响,尤其是它成为传统社会普通的"愚夫愚妇"安身立命的方式。在当前,它仍然可以作为大多数普通农民最切己的安身立命之本。

2. 儒家传统美德和核心价值观有助于纠治农民社会性价值和基础性价值之偏差,为农民意义世界的形塑提供道德基础和价值支撑。儒家传统道德包括"五常"(仁、义、礼、智、信)、"八德"(孝、悌、忠、信、礼、义、廉、耻)等,其中的"五常"又被视为儒家的核心价值观。儒家的传统道德观和核心价值观对克服当前农民社会性价值和基础性价值的偏差具有重要作用。

当前农民意义世界遭遇的困境,一方面表现为农民本体性价值遭受巨大冲击而日益衰落,另一方面是农民社会性价值和基础性价值出现偏差。由此带来的后果是导致维系乡村社会秩序的传统伦理道德丧失,一些农村变成了"去道德化的乡村世界"②。因此,乡村亟须一次道德振兴和伦理重建,而这种振兴和重建都离不开对儒家传统美德和核心价值的继承和弘扬。习近平总书记说:"乡村社会与城市社会有一个显著不同,就是人们大多'生于斯、死于斯',熟人社会特征明显。要加强乡村道德建设,深入挖掘乡村熟人社会蕴含的道德规范,结合时代要求进行创新。"③尽管今天的乡村被称为"无主体熟人社会"或"半熟人社会",但它本质上还属于熟人社会,所以儒家传统的仁、义、礼、智、信、忠、孝、廉、耻等核心价值观和道德观对当今乡村社会也是适应的,它们能引导农民向上向善、孝老爱亲、重义守信。事实也证明了这一点。据《光明日报》报道,有一批儒学研究专家、大学教授,走出书斋,深入乡村,"以故事和道理颂扬孝道,传播仁义礼智信等中华优秀传统文化",用"崇仁爱、守诚信、扬正义、尚和合,这些千年经典'老理儿'"教化百姓,孕育出许多道德新星。④ 山东曲阜举办"百姓

---

① 李翔海:《孝:中国人的安身立命之道》,《学术月刊》2010年第4期。

② 陈柏峰:《去道德化的乡村世界》,《文化纵横》2010年第3期。

③ 中共中央党史和文献研究院:《十九大以来重要文献选编》(上),中央文献出版社2009年版,第153页。

④ 参见赵秋丽:《孔孟之乡:乡村儒学润心田》,《光明日报》2015年12月20日。

儒学节""彬彬有礼道德城市"建设工程,村村设立"和为贵"调解室。① 这些做法都取得了非常明显的教化效果,如孝道状况明显好转、邻里关系改善、村民纠纷减少、村风好转等。所以,在形塑农民意义世界方面,"回归儒家是值得考虑的出路","仁义礼智信、忠孝廉耻等等中国人耳熟能详的价值需要被重新重视"②。

尤其是儒家"以义制利"价值观对纠治当前农民社会性价值和基础性价值之偏差具有独特作用。谢遐龄说:"由'利在义先'原则风行天下始,中国社会的意义世界从根基处受到破坏",所以"重建意义世界的巨大障碍也许是目前盛行的'利在义先'准则"。③ 的确,当前农民社会性价值之偏误主要表现在以财富彰显个人能耐,从而为财富、实力意义上的"面子"展开激烈的竞争和攀比,这显然是"以利为重";而基础性价值之失序表现为以物欲满足、享乐主义为人生终极目的和最高价值,这显然是"利以为上"。总之,当今农民在人生价值观上的最大问题是把金钱或物质利益当成最高价值,功利计算、利在义先成为其行为的主导原则。正是由于对物质财富的过度关注和偏倚,才导致农民意义世界趋于荒芜,从而引发各种社会问题。因此,重塑农民的意义世界,关键要用"义在利先"原则取代"利在义先"原则。而儒家在价值观上的最大特点是"以义为上""以义制利""义然后取",反对"见利忘义""为富不仁""唯利是图",将"义"作为人之思想和行为的原则、标准和尺度。当今农民如果能践行"义以为上""义在利先"价值观,必将能化解消费主义、资本逻辑的负面影响,抑制过度膨胀的物质欲望,从而克服其社会性价值和基础性价值之偏差,为其形塑积极健康的意义世界提供道德基础和价值支撑。

3. 儒家乡贤文化和家训传统有助于培育文明乡风、淳朴民风、良好家风,为农民意义世界的形塑营造良好的社会氛围。乡风、民风、家风既是乡村精神世界(意义世界)的反映或外显,同时又为乡村意义世界的形塑提供了环境氛围。因此,优化乡风、民风和家风是形塑和改善农民意义世界必不可少的重要一环。对

---

① 参见赵秋丽、李志臣、梅花:《从孔孟之乡到传统文化"首善之区"——山东曲阜用优秀传统文化滋养道德》,《光明日报》2016 年 8 月 15 日。

② 秋风:《应该重视儒家的现代性》,《21 世纪经济报道》2013 年 3 月 15 日。

③ 谢遐龄:《重建意义世界:重建中国农村社会的核心》,《天津社会科学》2011 年第 1 期。

此,儒家传统的"乡贤"文化和家训传统能够提供重要资源。

乡贤文化是在我国乡村土壤中产生的一个独特的文化现象。所谓乡贤(旧时亦称乡绅),是"在本乡本土知书达理、才能出众、办事公道、德高望重的人"①,而乡贤的学问文章、杰出才干、清明善政、嘉德懿行引起乡村百姓的高度认同和效仿,从而形成了植根乡野、兴盛基层的乡贤文化。从本质而言,乡贤是作为道德的化身而存在的,他们是引导民众规范自身行为的典范;并且,乡贤深受儒家思想和伦理的影响,是儒家价值的人格化。总之,乡贤能以自己的见识及生活方式垂范乡邻、传播文明、改善乡村风气。

但从 20 世纪二三十年代开始至五六十年代,由于种种历史原因,乡绅受到严厉的打击和批判,导致乡贤群体消失。从某种意义上说,乡贤群体的缺失,也是导致当前乡村意义世界衰落的一个原因。犹如钱念逊所言:"风筝断线了,农村知识精英都流向了城市,成了城市人。长此以往,农村成了空壳,魂就丢了。"②因此,当前应借鉴和发扬传统的"乡贤"文化,重塑"新乡贤"文化,通过"新乡贤"的示范引领作用,推进乡风、民风、家风的改善。

无疑,当今的"新乡贤"与传统乡贤有许多不同。比如从构成上讲,传统乡贤包括告老还乡的官员、丁忧、通过科举取得功名但未出仕的乡村贤达等。今天的"新乡贤"包括科技界知名人士、经济能人、社会名流、文化名人,甚至有人把村干部、老党员、老医生、老教师、驻村第一书记、大学生等都纳入新乡贤。从功能上讲,传统乡贤承担乡村基层建设、社会秩序维护和民风教化等职责。当代新乡贤人们期望他们能在全面推进乡村振兴与加快建设农业强国过程中发挥重要作用,成为乡村发展的助推者、乡村治理的参与者、乡风文明的涵育者等等。但不论如何,新乡贤与传统乡贤一样,是集"贤"与"能"于一身的德高望重之人,他们汲取和传承了传统乡贤文化中的价值精华,并深受儒家伦理道德的影响。尽管新乡贤的功能多样,但其基本功能应当是用他们的嘉德懿行垂范乡里,成为乡村的"持灯者",点燃和激发村民的善念,引导良好风气。尤其是面

---

① 钱念逊:《乡贤文化为什么与我们渐行渐远》,《学术界》2016 年第 3 期。

② 吴晓杰:《新农村呼唤新乡贤——代表委员畅谈新乡贤文化》,《光明日报》2016 年 3 月 13 日。

对当今乡村社会出现的种种道德失范和价值荒芜现象,新乡贤更应该发挥其道德魅力和教化作用,成为道德示范和价值引领者,推动乡村道德规范和价值体系建设。

此外,弘扬儒家的家训家规传统对于建设优良乡风、民风、家风具有重要作用。中国传统社会一直都有制订家训家规的传统,尽管这种传统与宗族制度紧密相连,但就家训家规所蕴含的道德资源和所起到的培养良好乡风民风家风的作用来说,仍值得今天人们学习与效仿。从历史上看,宋明儒者都能自觉地承担建设乡土社会的责任和义务,因此,他们尤为重视家训家规文化建设。宋代大儒朱熹所制订的家训就非常有名,流传甚广,影响很大。朱熹的《朱子家训》尽管寥寥数百字,却全面展现了他关于做人的准则:仁、义、礼、智、信,倡导家庭亲睦、人际和谐、重德修身。此外,中国历史上还有两部影响很大的著名家训,一个是南北朝时期著名文学家、教育家颜之推的《颜氏家训》,另一个是明末清初理学家、教育家朱柏庐的《朱子家训》(又名《朱子治家格言》)。尽管各家家训不尽相同,但其共同点在于传承传统美德、传递良法善治,这对当今个人、家庭乃至整个社会都有重要的借鉴意义。在当前乡村文化建设中,要善于收集整理家训家规、乡规民约等道德资源,以此教化村民向上向善、孝亲敬老、忠义守信、勤俭持家,引导村民形成正确的荣辱观、是非观,推进乡土社会公德、家庭美德、个人品德的建设和乡村社会文明程度的提高,为农民意义世界的形塑营造良好的社会环境。

无疑,儒学优秀传统对农民意义世界形塑的重要作用远不止于上述几个方面,可谓在在多有。但荦荦大者,应该着重从上述几点发力,久久为功,定能见成效!

总之,当前乡村振兴的首先问题是要解决农村生产发展、农民致富增收以及村容村貌改善等问题,但从更深层的意义上讲,乡村振兴的根本在于解决乡村价值或农民意义世界建设问题,否则,乡村振兴就会缺乏内在的动力。为此,要以儒家优秀传统文化为资源,让儒学再次走进乡村千家万户,并使之与马克思主义和社会主义核心价值观相结合,通过创新性发展和创造性转换,形塑出适合农民需求的意义世界,使农民的精神有所归依,内心有所安顿。

四、儒家价值观与民族精神建构

一般而言,"精神家园"既可以指一个人的精神归宿,也可以指一个民族的精神世界。如果说,儒家价值观曾经乃至到现在为个体提供了精神家园,从而使个体的心灵得以安顿;同样,儒家价值观也曾经乃至到现在都是中华民族的精神家园,为中华民族构筑了一个意义世界,使中华民族 5000 年来绵延不断、发展至今。而一个民族的精神家园,其核心(内核)就是民族精神。那么,儒家思想及其价值观是如何孕育、锻造中华民族的共有精神家园——民族精神的呢?我们在此对这一问题展开论述,借此从一个侧面彰显儒家价值观对当代中国社会的意义。

(一)民族精神——精神家园的内核

民族精神是一个民族精神家园的内核,对一个民族的生存发展具有极为重要的作用。但究竟什么是民族精神,这是一个不易说清楚的问题。尽管"民族精神"在当代是一个十分流行的概念,但很少有人真正明了它的含义,此即黑格尔所说的"熟知非真知"。因此,我们在此首先揭明它的涵义。

1. 民族精神的含义

从词源上看,"民族精神"是一个外来词。法国启蒙思想家孟德斯鸠在《论法的精神》一书中说:"人类受多种事物的支配,就是:气候、宗教、法律、施政准则、先例、风俗习惯。结果就在这里形成了一种一般的精神。"[①]这里的"精神"就有民族精神的意蕴。据学者考证,德国哲学家赫尔德是第一个明确使用"民族精神"一词的人,他说:"每一种文明都有自己独特的精神——它的民族精神。这种精神创造一切,理解一切。"[②]虽然赫尔德第一个明确使用"民族精神"一词,但未对该词下过明确的定义。倒是与他同时代的黑格尔对民族精神有过颇

---

① ［法］孟德斯鸠:《论法的精神》上册,张雁深译,上海人民出版社 1961 年版,第 305 页。
② 王希恩:《关于民族精神的几点分析》,《民族研究》2003 年第 4 期。

多的论述和明确的界定:"每一个阶段都和任何其他阶段不同,所以都有它的一定的特殊的原则。在历史当中,这种原则便是'精神'的特性——一种特别的'民族精神'","民族的宗教、民族的政体、民族的伦理、民族的立法、民族的风俗,甚至民族的科学、艺术和机械的技术,都具有民族精神的标记"①。他还说:在国家内表现自身的普遍原则,"就是构成一国文化的那个一般原则",而这个原则在具体现实里确立的内容"就是民族精神本身",它可以被理解为最广义的宗教,也就是"一个民族对于它认为是'真'的东西所下的定义"。概而言之,黑格尔把民族精神视为是一个民族的本质,是"一个民族意识的其他种种形式的基础和内容"②。

马克思、恩格斯没有专门论述过民族精神,也未对"民族精神"下过明确的定义,但他们在探讨民族问题时论及"民族性格""民族特性""民族意识""国民精神"等问题并对此有过非常精辟独到的阐述,这些概念与我们所说的民族精神非常接近,甚至是密切相关的,它对我们深入理解民族精神具有重要的指导意义。

就中国而言,"民族精神"一词最早见于《民族精神论》一文,该文于1904年发表在留日学生刊物《江苏》上。不过,在这之前,人们已经开始使用"中国魂""国魂""国性"等词指称民族精神。就此而论,梁启超于1899年发表的《中国魂安在乎》一文当属中国人最早阐发有关民族精神的文章了,此文所谓的"中国魂""国魂"实质上就是指中国的民族精神。此后,梁启超还先后使用过"民族的活精神""根本之精神""精神之精神""国民之精神""独立之精神""国性""国民之特性"等概念来指称中国的民族精神,当然他也明确使用过"民族精神"一词。③ 1912年《庸言》上发表的《国性篇》一文是梁启超一生中论述民族精神问题最为系统的文献。此后,中国现当代著名学者张佛泉、张君劢等也有对民族精神的精当论述。恕不赘述!

自20世纪80年代以后,特别是自党的十六大报告提出把"坚持弘扬和培育

---

① [德]黑格尔:《历史哲学》,王造时译,上海世纪出版集团2001年版,第64页。
② [德]黑格尔:《历史哲学》,王造时译,上海世纪出版集团2001年版,第50—53页。
③ 参见郑师渠:《梁启超的中华民族精神论》,《北京师范大学学报》(社会科学版)2007年第1期。

民族精神"作为文化建设的重要任务以来,学界就越来越关注和重视对"民族精神"问题的讨论和研究,在此过程中也形成了对"民族精神"概念的不同看法,比如张岱年先生认为:"在一个民族的精神发展中,总有一些思想观念,受到人们的尊崇,成为生活行动的最高指导原则。这种最高指导原则是多数人民所信奉的,能够激励人心,在民族的精神发展中起着主导的作用。这可以称为民族文化的主导思想,亦可简称为民族精神。"他强调"民族精神必须具备两个条件:一是有比较广泛的影响;二是能激励人们前进,有促进社会发展的作用"①。方克立先生认为"民族精神"有广义狭义之分:广义的民族精神全面反映一个民族精神的整体面貌,包括进步和落后、积极和消极、精粹和粗俗等两个方面;狭义的民族精神特指广义民族精神中的积极、进步、精粹的方面、部分,就是人们常说的"民族魂",在这个意义上,"民族精神也就是民族文化的主导思想,就是一种民族表现于传统文化中的卓越的伟大的精神"②。欧阳康在其主编的《民族精神——精神家园的内核》一书中说:"民族精神是一个民族在长期共同生活和实践中,逐步形成和培养起来的,并通过他们特定的社会行为方式表现出来的思想观念、价值信念、性格与心理的总和";"是一个民族共同的思想品格、价值取向和道德规范的综合体现,是被高度综合和概括了的一个民族的共同的精神品质和风貌"③。李宗桂认为:"民族精神就是在民族实践中形成,反映整个民族价值系统、思维方式等方面内在特质,并能够在实践中促进民族发展的精神力量。"④学者王希恩通过系统梳理,提出"似可这样定义:民族精神就是一个民族所普遍表现出来的精神活力和个性特征,普遍遵守和奉行的有利于社会进步和民族利益的社会信念、价值追求、道德风尚"⑤,他认为民族精神是一个仅仅容纳正面涵义的概念,它包括旺盛的活力、积极的价值取向和社会信念、健康的民族意识和民族性格四个不可或缺的内容。凡此种种,不一而足,表明当代学者对民族精神的认识是见仁见智,有共同的方面,也有不同之处。

---

① 张岱年:《文化传统与民族精神》,《学术月刊》1986 年第 12 期。
② 方克立:《民族精神的界定与中华民族精神的内涵》,《哲学研究》1991 年第 5 期。
③ 欧阳康主编:《民族精神——精神家园的内核》,黑龙江教育出版社 2010 年版,第 8 页。
④ 李宗桂等:《中华民族精神概论》,广大人民出版社 2007 年版,第 5 页。
⑤ 王希恩:《关于民族精神的几点分析》,《民族研究》2003 年第 4 期。

综合和汲取前贤的思想观点,结合自己的认识和理解,似可对民族精神作这样的解释:从形成上来看,民族精神是一个民族在长期的生活和实践中不断生长、积淀、发展、培养起来的;从内容上说,民族精神包括思想品格、价值观念、思维方式、道德风尚、民族性格、理想信念等;从性质上看,民族精神是有利于社会进步、促进民族发展的精神力量,是一个"正向"概念,而不是一个"中性词";从功能和地位上说,民族精神是一个民族形成、发展、绵延的凝聚力和内在动力,是民族认同和归属的根源所在,是民族的命脉所系和精神家园,因而它在一个民族文化中处于核心和灵魂的地位;就特点而言,民族精神是被一个民族的绝大多数成员所理解和认同并共同拥有的精神品质和精神风貌。

2. 中华民族精神

一般而言,由于地理环境、经济基础和社会历史条件的不同,每个民族所形成和发展起来的民族精神也必然不同。中华民族精神就是中华民族在长期的生活和实践中形成的并指导中华民族成员行为的精神力量,它反映了中华民族全体成员的整体性格和深层心理,是中华民族优秀文化的结晶和活的灵魂,是中华民族赖以生存和发展的精神支柱。

那么,从内容上说,中华民族精神到底包括哪些方面?对此也是众说纷纭。张岱年先生认为中国的"民族精神"凝结于《周易大传》的两句名言之中,即"天行健,君子以自强不息""地势坤,君子以厚德载物"。[①] 方克立先生将中民族精神的内容概括为"重德精神""务实精神""自强精神""宽容精神""爱国精神"五个方面,并认为"自强是中华民族精神的核心"[②]。李宗桂等人把中华民族精神的内容归纳为爱国主义的民族情怀、团结统一的价值取向、贵和尚忠的思维模式、勤劳勇敢的内在品质、自强不息的进取意识、厚德载物的宽厚胸怀、崇德重义的传统情操和科学民主的现代精神。[③] 也有人将中华民族精神的内涵凝炼为以自强不息为动力、以爱国主义为核心、以人本和谐为目标。[④] 除了上述这几种最

---

① 张岱年:《文化传统与民族精神》,《学术月刊》1986 年第 12 期。

② 方克立:《民族精神的界定与中华民族精神的内涵》,《哲学研究》1991 年第 5 期。

③ 参见李宗桂等:《中华民族精神概论》,广东人民出版社 2007 年版,第 77—152 页。

④ 参见欧阳康主编:《民族精神——精神家园的内核》,黑龙江教育出版社 2010 年版,第 117—131 页。

具代表性的观点外,还有许多不同的说法,这反映出人们对中华民族精神内容的概括总结并不完全相同,但总体上是一致的。

目前,对中华民族精神内容的概括,最具权威性的说法就是党的十六大报告的表述:"民族精神是一个民族赖以生存和发展的精神支撑。一个民族,没有振奋的精神和高尚的品格,不可能自立于世界民族之林。在五千多年的发展中,中华民族形成了以爱国主义为核心的团结统一、爱好和平、勤劳勇敢、自强不息的伟大民族精神。"这是中国共产党历史上第一次以党的报告形式正式确定中华民族精神的内容,统一了人们对这一问题的认识,为人们阐释、弘扬中华民族精神奠定了基本的遵循和方向。

3. 民族精神与中国精神、时代精神

在今天,讨论和言说弘扬中华民族精神问题时,始终绕不过它与"时代精神""中国精神"的关系。

关于"中国精神",笔者发现自 20 世纪 90 年代以来就有许多著作以"中国精神"命名,比如《中国精神》(窦志力著,文心出版社 1996 年版)、《中国精神》(杜汉生著,长江文艺出版社 1998 年版)、《重构中国精神》(《中国新闻周刊》著,文汇出版社 2005 年版)、《中国精神论纲》(刘家全著,科学出版社 2006 年版)、《中国精神》(钟茂森著,中国华侨出版社 2011 年版)等。但这些著作所讲的"中国精神"大都指中华民族精神,比如窦志力在其著中说:"精神在纵向上有其历史的继承性;在横向上带有社会的、民族的特性,再加上自然空间、地理环境、历史积淀、社会变革种种因素的渗透影响,也就形成了各自不同的民族精神",并认为"中国民族的基本精神主要是:爱国爱民的献身精神,勤劳智巧的创业精神,忠诚无畏的勇敢精神,仁爱敬孝的重德精神,追求光明进步的革命精神"[1];杜汉生在其著中明确指出:"人们大多认为一个民族国家的立国之本即其民族精神,这是一个国家、民族及其人民的内在灵魂。对中国而言,我们可称之为中国精神,以区别于其他民族国家"[2];刘家全在其著"自序"中说"民族精神

---

[1]　窦志力:《中国精神》,文心出版社 1996 年版,第 1—2 页。
[2]　杜汉生:《中国精神》,长江文艺出版社 1998 年版,第 2 页。

问题还是应该有人去关注去倾心",而他的《中国精神论纲》一书就是对中国民族精神的关注。除此之外,《重构中国精神》一书中所讲的"中国精神"意指"中国人的精神",该书的首篇指出"所谓的精神,包括我们赖以安身立命、解决生命的意义问题的宗教信仰,我们对待亲人、邻居、同胞的伦理道德,我们参与社会事务和公共事务的公益精神和公民精神,我们观察这个世界的理性精神,以及我们的文化自信",并提出:"中国人需要重建自己的精神。它是人们安顿自己的身心的关键所在,也是中国社会能否变得文明而令人向往的关键所在。"①与此相同,钟茂森在《中国精神》一书中所说的"中国精神"也是指"中国人的精神",他说:"中国精神,可以说是作为一个中国人应有的精神,是中国人的灵魂",它就是"中华圣贤道统",具体内容可概括为"一体""二相""三宝""四勿""五常""六和""七治""八德""九思""十义"。② 不管是作为"中国民族精神"的"中国精神",还是作为指代"中国人的精神"的"中国精神",都与当今党中央提出的"中国精神"含义不同。习近平总书记在党的第十二届全国人民代表大会第一次会议上的讲话中首次明确提出"中国精神"这一概念,他说:"实现中国梦必须弘扬中国精神。这就是以爱国主义为核心的民族精神,以改革创新为核心的时代精神",并指出中国精神是"凝心聚力的兴国之魂、强国之魂"③。党的十九大报告进一步指出:要"更好构筑中国精神、中国价值、中国力量,为人民提供精神指引"。④ 所以,严格地说,"中国精神"是一个当代的概念,它与民族精神不同,民族精神是中国精神的组成部分之一。

就"时代精神"而言,一般来讲,时代精神是指一定历史时期人们普遍具有的情感、意志、愿望和要求,是时代变革的客观本质及其发展趋势在社会精神生活各个领域的普遍反映。当代中国的时代精神是改革开放以来中国人民在社会主义现代化建设中体现出来的优良品格和精神风貌,是激励中华各族人民奋发

---

① 《中国新闻周刊》:《中国精神重建》,文汇出版社 2005 年版,第 2 页。

② 参见钟茂森:《中国精神——四千五百年前的先祖如何教导后裔》,中国华侨出版社 2011 年版,第 31—33 页。

③ 《习近平著作选读》第一卷,人民出版社 2023 年版,第 98 页。

④ 习近平:《决胜全面建成小康社会 夺取新时代中国特色社会主义伟大胜利——在中国共产党第十九次全国代表大会上的报告》,人民出版社 2017 年版,第 23 页。

图强、振兴祖国的强大精神动力,是中华民族民族精神在当代的体现。毋庸赘言,民族精神是一个历史范畴,它在不同的历史时期、不同的情况下,有着不同的具体表现,而时代精神就是民族精神在不同时代的表现;反过来说,民族精神是时代精神的延续、积累。

当代中国的"时代精神"究竟是什么? 中共中央印发的《公民道德建设实施纲要》(2001 年 9 月)中对当代中国的时代精神有过明确的表述,它指出:"在全社会大力宣传和弘扬解放思想、实事求是,与时俱进、勇于创新,知难而进、一往无前,艰苦奋斗、务求实效,淡泊名利、无私奉献的时代精神。"[1]这里明确把时代精神概括为五个方面,但这一概括一直没有受到人们的重视。有学者认为,胡锦涛总书记于 2006 年 4 月 21 日在美国耶鲁大学演讲中有一种对"时代精神"的总结概括,即"现时代中国强调的以人为本、与时俱进、社会和谐、和平发展,既有着中华文明的深厚根基,又体现了时代发展的进步精神"[2]。习近平总书记提出的"以改革创新为核心的时代精神"也是对当今中国时代精神的一种提炼,并明确指明了时代精神的核心所在。不过,从总体上说,当代中国的"时代精神"之具体内容不像中华民族精神的具体内容那样有一个公认的确切的总结概括。

如上所述,中国精神是民族精神和时代精神的综合体,如果没有对时代精神确切具体的概括,也就无法确切概括"中国精神"之内容,这也是本书讨论儒家价值观之于民族精神培育与弘扬的意义,而没有使用对中国精神培育与弘扬的意义的原因所在。另一方面,尽管当代中国的时代精神之具体内容没有一个确切概括,但有一点是明确的,即时代精神的确立要以民族精神为根基,时代精神的现实化要靠民族精神提供动力,时代精神是民族精神的新增长点,培育和弘扬民族精神是时代精神的价值追求。所以,阐明了儒家价值观对培育与弘扬民族精神的意义,也足以能代表它对培育与弘扬中国精神所具有的重要意义。

(二)儒家优秀价值观是中华民族精神形成的深层根据和核心因子

习近平总书记在 2013 年的全国宣传思想工作会议上的讲话中提出了"四个

① 《公民道德建设实施纲要》,人民出版社 2001 年版,第 4 页。
② 刘建军:《概括当今中国的"时代精神"》,《光明日报》2014 年 8 月 18 日。

讲清楚",其中之一就是要"讲清楚中华文化积淀着中华民族最深沉的精神追求,是中华民族生生不息、发展壮大的丰厚滋养"①。2014 年在纪念孔子诞辰2565 周年国际学术研讨会上的讲话中进一步指出:"儒家思想同中华民族形成和发展过程中所产生的其他思想文化一道,记载了中华民族自古以来在建设家园的奋斗中开展的精神活动、进行的理性思维、创造的文化成果,反映了中华民族的精神追求,是中华民族生生不息、发展壮大的重要滋养","从历史的角度看,包括儒家思想在内的中国传统思想文化中的优秀成分⋯⋯对形成和丰富中华民族精神⋯⋯发挥了十分重要的作用"。② 因此,"研究孔子、研究儒学,是认识中国人的民族特性、认识当今中国人精神世界历史来由的一个重要途径"。概而言之,中华民族精神深深植根于中华传统文化沃土之中,而儒学是中华优秀传统文化的核心,因此,如果说中华优秀传统文化孕育和滋养了中华民族精神,那么,我们可以说儒家价值观则是中华民族精神形成和发展的核心因子和深层根据。从中华民族精神的基本内容来看,它的每一个方面之形成和发展都深受儒家传统价值观的滋养。

1. 爱国主义精神。从本质上讲,"爱国主义是人们对祖国、对民族、对故土所怀有的最深厚、最真挚的依恋之情、热爱之情、归宿之情"③,它"具体表现为一种国家民族处于危难时深沉的忧患意识,一种以中华民族的兴盛为己任的高度责任心,一种为中华民族利益不惜牺牲个人的崇高献身精神,一种作为中华儿女所应具有的民族气节与民族自尊"④。陈来先生把爱国主义的基本内容凝炼为"维护统一""反对外侮""崇尚民族气节""忧国忧民""守护中华文化""爱乡恋土敬祖"六个方面。⑤ 这些方面无不深受儒家思想滋养和孕化。

儒家历来重视维护民族尊严和国家独立,主张热爱自己的祖国。孔子赞扬伯夷、叔齐为"古之贤人也"(《论语·述而》),是因为伯夷、叔齐不降其志,不辱

---

① 《习近平谈治国理政》,外文出版社 2014 年版,第 155 页。
② 《习近平著作选读》第一卷,人民出版社 2023 年版,第 277 页。
③ 郑大华:《爱国主义:武汉人民英雄精神的鲜明标识》,《光明日报》2020 年 4 月 8 日。
④ 李宗桂等:《中华民族精神概论》,广东人民出版社 2007 年版,第 77 页。
⑤ 参见陈来:《民族感情和文化价值的水乳交融——再论爱国主义的基本特点》,《北京日报》2020 年 2 月 10 日。

其身,坚守民族尊严。他还赞扬管仲说:"微管仲,吾其被发左衽矣"(《论语·宪问》),意即没有管仲,我们就沦为夷狄了。这些都表达了一种维护民族尊严和国家独立的信念。《战国策·西周》曰:"周君岂能无爱国哉!"《汉书·惠帝纪》曰:"封建诸侯各世其位,欲使亲民如子、爱国如家。"《晋书·刘聪传》云:"臣闻古之圣王爱国如家,故皇天亦祐之如子。"这些都强调热爱自己的国家。缘此,爱国思想日益成为中华民族的普遍精神。此后,宋代思想家、政治家、文学家范仲淹倡导"先天下之忧而忧,后天下之乐而乐",东林党人主张"家事国事天下事事事关心",明末清初的大儒顾炎武宣扬"天下兴亡,匹夫有责",这些无不洋溢着炽热的爱国情怀和强烈的责任担当,汇聚成一股奔腾不息的爱国主义洪流,滋润着中华民族不断繁衍壮大。

在英勇献身方面,儒家特别强调个人应将自己的命运同国家民族的命运紧密连在一起,在事关国家与民族利益的紧急关头,个人应舍弃自己得失与安危乃至献出生命,自觉维护国家与民族利益,捍卫民族尊严和国家的统一。孔子讲"志士仁人,无求生已害人,有杀身以成仁",鼓励人们"蹈仁而死",他之所以称颂伯夷、叔齐,是因为他们为坚守心中的道义最终饿死于首阳山,可谓杀身成仁;孟子主张的"舍生取义"可谓是家喻户晓、妇孺皆知;荀子提出"不可以生而可以死"(《荀子·正名》),主张为了坚守仁义,人们不可以偷生而只可以去死。正是在这种"舍生取义"的英勇奉献精神鼓舞下,历史上涌现出无数为国捐躯的仁人志士、英雄人物,如屈原、诸葛亮、文天祥、林则徐等,他们不仅践履了这种英勇奉献精神,而且将之发扬光大,并注入新鲜内容,比如屈原的"路漫漫其修远兮,吾将上下而求索"(《离骚》)、诸葛亮的"鞠躬尽瘁,死而后已"(《后出师表》)、文天祥的"人生自古谁无死? 留取丹心照汗青"(《过零丁洋》)、林则徐的"苟利国家生死以,岂因祸福避趋之"(《赴戍登程口占示家人二首》)。可见,儒家的"舍生取义"精神早已深深扎根于每个中国人的心中,并且内化为一种英勇献身的爱国主义情感,成为推动中华民族不断奋进的精神动力。

在忧国忧民方面,儒家历来就具有忧患意识。《周易》曰:"《易》之兴也,其于中古乎? 作《易》者,其有忧患乎?"《左传·襄公十一年》载曰:"居安思危,思则有备,有备无患,敢以此规。"孔子说:"人无远虑,必有近忧。"(《论语·卫灵公》）又说："君子安而不忘危,存而不忘亡,治而不忘乱,是以身安而国家可保也。"（《周易·系辞下》）孟子认为"君子有终身之忧,无一朝之患也"（《孟子·离娄下》）,提倡"乐以天下,忧以天下"（《孟子·梁惠王下》）。受儒家忧患意识的侵染,中国历史上的许多文人墨客写下忧国忧民的诗词佳句,诸如曹植的"闲居非吾志,甘心赴国忧"、范仲淹的"居庙堂之高则忧其民,处江湖之远则忧其君"、欧阳修的"忧劳可以兴国,逸豫可以亡身"、陆游的"位卑未敢忘忧国"等等,均表明忧患意识在中国源远流长、根深蒂固。这种忧患意识不仅仅是一种居安思危的预见,还是一种深沉的责任意识;它不仅仅是对个人安身立命的思索,更是一种对国家民族前途命运和人民生存境况的自觉关怀和筹谋,因此它更多的体现在儒家的"仁政"思想中。历史一再证明,一个没有忧患意识的民族不可能开拓进取、持久发展。正是儒家这种忧患意识孕化出来"生于忧患""为国分忧"的爱国主义传统,使人们在国泰民安、升平盛世之时,能居安思危,保持警惕,防患于未然;在国家民族处于危难之时,能励精图治,立志变革创新,为国家的振兴奋力拼搏。

总之,爱国主义所蕴含对祖国的热爱、对民族大业的献身精神和担当意识、忧国忧民的深厚情感等,都深受儒家价值观的滋养和熏陶。这一精神是中华民族得以生存的根本支柱,是增进中华民族凝聚力的保证,是维系中华民族团结统一的纽带,是促进中华民族发展和强盛的动力,对中华民族具有极为重要的意义,因而成为中华民族精神的核心。

2. 团结统一精神。追求民族的团结统一是中华民族的又一重要精神,这一精神的形成和发展同样受到儒家价值观的深刻影响。众所周知,中华民族是以汉族为主体、多民族相互支持、团结合作而构成的一个大家庭,所以,维护民族国家的统一是所有中华儿女一直以来的共同心愿。儒家历来主张国家民族的统一,这主要表现在它对"大一统"的理想追求上。孔子严厉批评季氏"八佾舞于庭,是可忍也,孰不可忍也",表现出了力图恢复天下统一的强烈愿望,他一贯反对管仲的无礼行为,称"管仲之器小哉"（《论语·八佾》）,但对管仲帮齐桓公统一天下的功劳大加赞赏,说"管仲相桓公,霸诸侯,一匡天下,民到于今受其赐"（《论语·八佾》）。在孟子看来,天下要得以安定,只能归于一统,并设想通过

"仁政""王道"实现"大一统"的社会理想；荀子不仅主张"一天下"和"天下为一"的思想理念，而且将"大一统"理想进一步具体化、制度化；董仲舒提出"《春秋》大一统者，天地之常经，古今之通谊也"（《汉书·董仲舒传》），并主张通过"罢黜百家，独尊儒术"的思想上的"大一统"来实现政治上的"大一统"；朱熹以"正统"论说"大一统"，认为"天下为一，诸侯朝觐狱讼皆归，便是得正统。"（《朱子语类》卷一百〇五）凡此种种，不一而足。我们看到，从原始儒家到汉儒、宋元明清儒学，"大一统"思想绵延几千年，已经渗透到了中华民族的血液之中，成为中国各民族人民的共识，是中华民族向心力和凝聚力的源泉。可以说，正是儒家一贯倡导的"四海之内皆兄弟""民族和睦、四海一家"的统一精神和"二人同心，其利断金""出入相友，守望相助，疾病相扶持，则百姓亲睦"的团结互助精神，形塑了中华民族的团结统一精神，在这一精神的感召下，中国人民坚决维护国家民族的统一与安定，维护国家主权的独立，坚决反对分裂祖国、分裂民族、背叛祖国、卖国求荣的行径，为了国家的统一，领土的完整，一代又一代中华儿女前赴后继，进行了不屈不挠的奋斗，留下了无数可歌可泣的爱国主义英雄事迹，由此才有了中华文明 5000 年绵延不断的世界奇迹。

3. 爱好和平精神。爱好和平化育于儒家的"和谐"追求、"人文化成"思想和"德政"（"仁政"）理念。前已述及，"和谐"思想是儒家核心思想之一。儒家的和谐思想包括了人与自然的和谐、群己和谐、社会和谐、人的自我身心和谐、国家（民族）之间的和谐。尤其是在处理不同民族、不同国家、不同文化（文明）之间的关系上，儒家秉承"协和万邦""和而不同"两大基本理念，这就造就了中国人和平文弱的文化性格。特别是汉民族，爱好和平，不尚征战，反对穷兵黩武和侵略扩张，主张以"修文德以来之""和抚四夷"的怀柔政策处理民族关系，在解决民族冲突时倡导先礼后兵，攻心为上，"能攻心则反侧自消，从古知兵非好战"（赵藩《武侯祠联》），此之谓也！

中国人这种和平文弱的性格与中国文化的特性密切相关。在汉语中，"文化"一词是与"武功"相对应，《周易·贲卦·象传》曰："刚柔交错，天文也。文明以止，人文也。观乎天文以察时变，观乎人文以化成天下。"此处的"人文以化成天下"即是"文化"一词的来源。《说苑·指武》曰："文化不改，然后加诛"；

《三月三日曲水诗序》云："设神理以景俗,敷文化以柔远";《文选·补之诗》说:"文化内辑,武攻外悠"。这些都是将"文化"与"武功"对举,表明在中国人的观念中,文化就是"以文教化",主要是以道德教化百姓。所以,中国文化主要是道德型文化,中国人尚道德不尚武力,尤以儒家为甚。这种文化特性必然锻铸出中华民族爱好和平的精神。

此外,中华民族爱好和平的精神也受到儒家的仁政理念的影响。儒家的"仁政"是"王道"的体现和标志,所谓"王道"就是"先王之道",即"尧舜之道",其实质就是"仁政",所以它与"霸道"相对立,是"以德行仁""以德服人"的"德治"。由于中国传统社会长期以来施行"德治",不尚武力统治,这造就中华民族爱好和平精神。可见,"仁政""王道"是中华民族爱好和平精神的制度根源。中华民族爱好和平的精神,使得中国长期与周边国家和睦相处,为中国的发展提供了外部保障,这种精神对当今世界的和平发展具有极为重要的意义。

4. 勤劳勇敢精神。在中华民族精神中,勤劳勇敢是传播最久远、影响最广泛的精神之一。"勤劳"是人们对待劳动的一种态度和行为品质,反映了人们为了自身的生存和发展而与自然界作顽强斗争的一种精神状态。在中华民族的意识中,勤劳是一切事业成功的保证,是兴家之宝、立国之本。中国传统文化中,尤其是儒家文化中有大量关于"勤劳"的论述,将勤劳树立为一种人生信念和立身之本。《尚书·大禹谟》曰:"罔游于逸,罔淫于乐",称颂大禹是"克勤于邦,克俭于家",这可谓是"勤俭"一词的最早来源。孔子提倡"发愤忘食,乐以忘忧,不知老之将至"的勤奋精神,痛斥白天睡大觉("昼寝")的宰予为"朽木不可雕也,粪土之墙不可杇也"(《论语·公冶长》);孟子说:"士无事而食,不可也"(《孟子·滕文公下》),表达了一种对饱食终日而无所事事者的鄙视;《左传·宣公十二年》曰:"民生在勤,勤则不匮";墨子主张"赖其力者生,不赖其力者不生"(《墨子·非乐》)。凡此种种,都强调勤劳对于修身、治家、兴国的重要性,这种思想不断积淀、传扬、践行,日益深入人心,成为人们日常生活中所遵循的道德规范和价值标准,最终凝聚为一种中华民族的传统美德和民族精神。

中华民族不仅崇尚"勤劳",而且崇尚"勇敢",勇敢拼搏也是中华民族精神的重要方面。儒家把"勇"作为理想人格的必备品质,孔子说:"君子道者三,我无能焉,仁者不忧,知者不惑,勇者不惧"(《论语·宪问》);《中庸》将仁、智、勇称为"三达德"。这当中都有对"勇"这种品质的肯定。"勇"是一种"虽千万人吾往矣"(《孟子·公孙丑上》)的勇往直前精神;是一种面对艰难困苦时永不退缩、勇于克服、百折不挠、万难不屈的坚韧不拔精神;是一种敢于直面自己的缺点和错误,勇于改正自己错误的"知耻近乎勇"(《中庸》)的精神;是一种在责任和义务面前表现出"当仁不让于师"(《论语·卫灵公》)的勇于担当精神;是一种越是在艰难和危险的条件下越能激发自己力量的愈挫愈奋精神。这种精神激励和支撑着中华民族战胜千难万险,创造出无数人间奇迹,谱写出无数辉煌壮丽的篇章。正如司马迁在《报任安书》中所言:"盖西伯拘而演《周易》;仲尼厄而作《春秋》;屈原放逐,乃赋《离骚》;左丘失明,厥有《国语》;孙子膑脚,《兵法》修列;不韦迁蜀,世传《吕览》;韩非囚秦,《说难》《孤愤》;《诗》三百篇。大底圣贤发愤之所为作也。"这些伟大的圣贤、思想家们在遭遇巨大的挫折和身处危难之际,仍能创造出辉煌业绩、取得巨大成就,正是这种勇敢拼搏精神的真实写照和完美诠释。我们看到,这种精神的形成和发展无不受到儒家思想的熏陶和滋养,换句话说,这种精神是儒家"大勇"之德的显扬和发煌。

5. 自强不息精神。在中华民族精神的五大主体内容中,"自强不息"是最具特色的一个方面。前面已经提到,张岱年先生认为中华民族精神就是"自强不息"和"厚德载物"两个方面,方克立先生甚至认为"自强不息"是中华民族精神的核心,足见"自强不息"的重要性及其在中华民族精神体系中的重要地位。

"自强不息"一语出自《周易·乾·象传》:"天行健,君子以自强不息。"在这里,"健"就是刚健、能动的意思。自强不息就是"积极向上,永不停止",这一思想"集中地反映了中华民族朝气蓬勃、努力向上的顽强生命力,表现了中华民族百折不挠的开拓精神、反抗恶势力的斗争精神,完善自我的进取精神"[1];"从个人生活方面来讲,就是努力前进、永不休止"[2]。换言之,自强不息既表现为一个民族的独立意识和积极进取的行为原则,也表现为一种个体的人生价值取向和生活态度。

---

① 方克立:《民族精神的界定与中华民族精神的内涵》,《哲学研究》1991 年第 5 期。
② 张岱年:《文化论》,河北教育出版社 1996 年版,第 68 页。

从实质上讲，自强不息首先体现为一种主体精神。这种主体精神就是独立、自主、自立、自强的精神。如果一个人、一个民族不能独立，那么它就不能自己做主，就只能受制于他人、外力，听任命运和别人的摆布，其结果只能是一个失败的民族和失败的人生。所以，中华文化特别重视主体精神，尤其是儒家学说中包含有丰富的主体性思想，比如儒家特别强调人的独立和人格尊严，孔子说"三军可夺帅也，匹夫不可夺志也"（《论语·子罕》），其弟子曾子也说"临大节而不可夺"（《论语·泰伯》）。孟子强调"富贵不能淫，贫贱不能移，威武不能屈。此之谓大丈夫"（《孟子·滕文公下》），并认为，"一箪食，一豆羹，得之则生，弗得则死。呼尔而与之，行道之人弗受；蹴尔而与之，乞人不屑也"（《孟子·告子上》）。《礼记·儒行》曰："儒有可亲而不可劫也，可近而不可迫也，杀而不可辱也。"凡此种种，都体现了儒家强调人的独立意识和对人格尊严的坚守。儒家还特别强调人的自主性，比如孔子说，"为仁由己，而由人乎哉"（《论语·颜渊》），"我欲仁，斯仁至矣"（《论语·述而》），主张"不患人之不知己，患其不能也"（《论语·学而》），认为"君子求诸己，小人求诸人"（《论语·卫灵公》）。孟子也主张"行有不得者反求诸己"（《孟子·离娄上》）、"福祸无不自己求之者"（《孟子·公孙丑上》）。荀子说，"敬其在己""制天命而用之"（《荀子·天论》）。从这些论述中我们可以清晰地看到，儒家具有一种强烈的自信心与自我做主的决心和意识。此外，儒家还特别强调刚健有为，自立自强。独立自主是主体精神的前提，自立自强是主体挺立的条件和基础，而要实现自立自强就要刚健有为，积极进取，所以儒家也特别强调刚健、刚毅、不懈进取的精神。如孔子说："刚毅木讷近于仁"（《论语·子路》）、"譬如为山，未成一篑，止，吾止也。譬如平地，虽覆一篑，进，吾往也"。（《论语·子罕》）曾子也说："士不可以不弘毅，任重而道远。仁以为己任，不亦重乎？死而后已，不亦远乎？"（《论语·泰伯》）《周易·大有卦·象传》提出："大有……其德刚健而文明，应乎天而时行，是以'元亨'"；荀子也说："锲而舍之，朽木不折；锲而不舍，金石可镂"（《荀子·劝学》）。凡此种种，都表达了一种刚健有为、不懈进取的奋斗精神，只有具备了这种精神，一个人、一个民族才能自立自强。

自强不息还体现了一种"革故鼎新"的创新精神。中华民族之所以能繁衍不息,乃在于它有不断创新的意识和追求。作为儒家经典之一的《易经》就是一部阐发变革创新的著作。"易"有变易、变化的意思。《周易》曰:"生生之谓易","日新之谓圣德"。《大学》云:"汤之盘铭曰:'苟日新,日日新,又日新'";张载注曰:"日新者,久而无穷"(《横渠易说·系辞上》);《周易折中》引王凯冲的话说:"变化不息,故曰日新。"这反映出期盼天天都有新变化("日新")是儒家一以贯之的一个重要观念。在此观念的指引下,儒家还特别崇尚"变革"。《诗经》曰:"周虽旧邦,其命维新"。《周易·杂卦》曰:"革,去故也;鼎,取新也。"《周易·革卦·彖传》曰:"天地革而四时成。汤武革命,顺乎天而应乎人。革之时,大矣哉!"强调变革是自然界与社会的普遍规律。只有革故鼎新、除旧布新,一个民族才能不断创造进取、生生不息。就此而论,革故鼎新是自强不息精神的核心要素,正是在这一观念的影响下,中华民族从古至今涌现出大批的改革家及其发动的影响历史进程的重大变革事件,最为著名的有商鞅变法、王安石变法、康有为和梁启超等人的"戊戌变法"、孙中山领导的"辛亥革命"、毛泽东领导共产党人开展的社会主义革命和邓小平开启的当代中国社会主义改革等,正是这些改革家和革命者发动的改革和革命运动,推动中华民族在更高层次上超越传统,不断向前发展。习近平总书记在2023年6月2日文化传承发展座谈会上指出,"中华文明具有突出的创新性。中华民族始终以'苟日新,日日新,又日新'的精神不断创造自己的物质文明、精神文明和政治文明,在很长的历史时期内作为最繁荣最强大的文明体屹立于世。"①可以说"革故鼎新"的改革创新精神是一个国家兴旺发达的不竭动力,是一个民族进步的灵魂。

总之,自强不息包含的独立、自主、自立、自强的主体精神和"革故鼎新"的创新精神无不受儒家思想观念的滋润和熏陶,尤其是作为儒家"六经"之首的《易经》直接孕育了自强不息精神。

"中华民族历史上经历过很多磨难,但从来没有被压垮过,而是愈挫愈勇,不断在磨难中成长、从磨难中奋起。"②为什么会是这样?一个重要原因,就是有

①　习近平:《在文化传承发展座谈会上的讲话》,人民出版社2023年版,第3页。
②　习近平:《在统筹推进新冠肺炎疫情防控和经济社会发展工作部署会议上的讲话》,人民出版社2020年版,第29页。

民族精神力量的支撑。可见中华民族精神是中华民族赖以生存和发展的精神支撑,是中华民族共有的精神家园。

古语云:"求木之长者,必固其根本;欲流之远者,必浚其泉源。"(魏徵《谏太宗十思疏》)今天我们仍需继承和弘扬民族精神,而要传承和发扬民族精神,必须"溯民族精神之源流,辟与时俱进之路径"。由上可知,中国传统文化是孕育中华民族精神的沃土,更确切地说,儒家的思想及其价值观是中华民族精神形成的深层根据和文化基因,在某种意义上说,是儒家思想直接化生了中华民族精神。职此之故,我们今天要进一步培育和弘扬民族精神,就必须高度重视学习、研究和宣传儒家思想及其核心价值观念。

(三)当代培育和弘扬民族精神仍需传承儒家传统价值观

民族精神不是永恒不变的,而是随着时代的发展而不断变动、不断积累、不断更新的。在当代,中华民族传统的民族精神受到巨大的挑战,因此需要变革和与时俱进,需要培育适合新时代的民族精神。

1. 当代中华民族精神面临的挑战

首先,市场经济的挑战。当今对传统民族精神的冲击首先来自市场经济。我国自20世纪90年代开始,进行社会主义市场经济体制改革,随着市场经济体制的建立和深入发展,既促进了我国经济的高速发展和人民生活水平的极大提高,也带了一些负面影响,导致功利主义、物欲主义、消费主义、拜金主义、享乐主义、利己主义、极端个人主义的滋生蔓延,这对当代中国人的精神生活以及整个民族的精神家园带来危害。从对民族精神来讲,利己主义、极端个人主义对爱国主义、集体主义、团结统一精神带来冲击和挑战;功利主义、消费主义、享乐主义对英勇献身、无私奉献、责任担当、勤劳俭节形成了冲击和挑战。这些都需要当代人在弘扬和培育民族精神时给予认真的应对并加以克服。

其次,全球化的挑战。当今对中华民族传统的民族精神带来冲击和挑战的另一个因素是当代的全球化进程。不管人们如何认识和看待全球化,全球化已经是一个不争的客观事实,是一种不可逆转的历史潮流。正如习近平总书记所说:"历史地看,经济全球化是社会生产力发展的客观要求和科技进步的必然结果,不是哪些人、哪些国家人为造出来的","世界经济的大海,你要还是不要,都在那儿,是回避不了的"①。经济全球化无疑是全球化的最重要、最突出的表现,甚至是整个全球化的基础和决定方面,但全球化远不止于此,它还包括政治、文化、科技等方面的全球化。可以说,全球化正在全方位深刻地改变着全球人类的生活,当今世界一切重大的经济、政治、社会、文化和安全问题以及各个民族国家的利益和前途命运都与之密切相关。从对民族精神的影响而言,政治全球化和文化全球化带来的冲击尤为突出。

政治全球化当然不是指全球政治制度和政治模式的一体化,更不是建立一个"世界政府",而是指世界各国政治交往的不断扩大、频繁和政治生活相关性空前加强,具体表现为各个国家和地区为解决人类面临的共同问题与危机以及一些地区冲突和民族冲突,不断加强对话与协商,使国际事务中协调与合作增多,从而在整体上改变了国际政治的放任自流和混乱的状态;国际政治机构、政治组织和调节机制在全球大量出现与拓展;民主、自由、人权等观念在世界范围内获得认同;等等。政治全球化对当代人类的影响首先表现在它向传统的国家主权提出挑战,削弱和侵蚀民族国家主权。德国社会学家乌·贝克说:"全球化就意味着非民族国家化","全球化的一个结果是,政治上得到合法性认证的民族国家,在实践中经常受到无合法性认证的非国家行动者的制约和误导。因此,任何国家为了重新获得国家主权,必须放弃国家主权。"②哈贝马斯甚至认为全球化使民族国家最终彻底衰亡,走向后民族国家社会("后民族结构")。众所周知,民族国家是民族精神依存的物质实体,如果民族国家不存在了,民族精神何以存在? 一言以蔽之,全球化首先突破了地域隔阂和国家的界限,使全球各民族国家紧密地联系在一起,这就使得国家和民族的本土意识、民族意识受到冲击,这样,以爱国主义为核心的中华民族精神必然受到挑战。

文化全球化表现为不同的观念意识、生活方式和消费模式的相互吸收、相互渗透和相互认同,从而使文化发展呈现出某种同一化的趋势。比如,由于当代信

---

① 《习近平外交演讲集》第二卷,中央文献出版社2022年版,第2、3页。
② [德]乌·贝克等:《全球化与政治》,王学东等译,中央编译出版社2000年版,第25、38页。

息技术、传媒手段和交通工具的不断提高和飞速发展,使各民族、各地域的文化在世界范围内广泛传播与交流极为快捷和便利,从而使全球社会人们的生活方式和内容趋同化。比如,不同国度的人们穿戴同样的名牌服饰,享用同品牌的食品和饮料,欣赏同一档节目,听着同样的音乐,跳着同样的舞蹈,等等,这表明文化全球化是一种更为感性、更能为大众感同身受的全球化;更为重要的是,由于经济全球化摧毁了旧的民族的阻碍文化传输的各种壁垒,使得各民族文化密切地相互联系、相互影响、相互交流,并产生出全球性(世界性)的文化观念与思维方式。犹如马克思和恩格斯在《共产党宣言》中所说:"物质的生产是如此,精神的生产也是如此。各民族的精神产品成了公共的财产。民族的片面性和局限性日益成为不可能,于是由许多民族的和地方的文学形成了一种世界的文学。"①这种全球性的文化观念和思维方式,包括全球意识、全球伦理,它们同国家意识、民族文化不同,是从人类整体考虑问题,是一种以人类整体为对象的文化观,是文化全球化中更为根本的东西。但恰恰是这种全球意识、全球文化对民族文化、民族精神带来巨大挑战,它有可能使民族文化和民族精神被稀释乃至被泯灭,从而使一个民族丧失赖以生存的根基。正像菲利浦·英格哈德所说:全球化就是"通过市场使世界同质化,从而消除民族国家和民族文化。"②倘若全球化真的把民族文化消灭了,那还会有民族精神吗?此外,即使文化全球化不会使民族文化泯灭,但其他民族文化的大量涌入,也会对本民族文化带来冲击,它会影响到一国人民对本民族文化包括民族精神的认同。尤有进者,在全球化进程中,西方强国把自己的文化作为一种"普世价值",并借助其强大的经济和军事实力在全世界强行推行,从而使弱势民族的文化被整合到一个由强势国家和民族所控制的"同质化"的世界文化之中,这是文化全球化的一个表征。最为危险的是西方大国针对社会主义国家搞"颜色革命""和平演变",极力向社会主义国家输入他们的文化价值,凡此种种,都对当代中国民族精神的传承与信仰带来巨大的危害与挑战。

①　《马克思恩格斯选集》第 1 卷,人民出版社 1995 年版,第 276 页。
②　转引自王德胜:《文化帝国主义:"全球化"的陷阱》,《东方文化》2000 年第 5 期。

总之,在当代,中华民族传统的民族精神遇到挑战,其最主要的是市场经济和全球化的挑战,正是受这些挑战的影响,导致在一个时期或一些人那里,对民族精神的信仰缺失,或对民族精神的认识欠缺、模糊不清。有鉴于此,党中央提出要培育和弘扬民族精神,为中华民族建设好共有的精神家园。只有认清了遭遇的挑战,才能有的放矢,采取切实有效的应对举措和发展路径。

2. 培育和弘扬民族精神仍需继承和弘扬儒家传统价值观

民族精神属于观念文化层面的东西,因此培育和弘扬民族精神属于观念建设或曰文化建设的问题。正如有学者所言:"中华民族精神不是过去完成时的,而是现在进行时的;它不是既成的,而是不断生成的、向未来敞开的。它植根于古老的文化传统这一原初基础,积淀着红色文化因子,浓缩着马克思主义中国化的积极成果,形成了既悠久而又弥新的精神血脉。"①所以,当前培育和弘扬中华民族精神,既要汲取中国化马克思主义的积极成果并接受中国化马克思主义理论的指导,又要继承和发扬革命文化(红色文化)的优秀成分,也要弘扬中华优秀传统文化尤其儒家的优秀价值观。限于本书的研究主题,我们在此专论儒家优秀价值观之于培育和弘扬民族精神的意义。

如前所述,儒家价值观是中华民族精神得以形成的内在根据和文化基因,同理,当代培育和弘扬民族精神仍然要从儒家价值观中汲取文化营养、获取精神力量。面对市场经济所滋生的个人主义、利己主义、享乐主义、功利主义等对民族精神带来的冲击和挑战,我们仍然需要大力弘扬儒家"舍生取义"的献身精神,"天下兴亡,匹夫有责"的爱国情怀和责任担当,"出入相友、守望相助"的团结互助精神,"克勤克俭"的勤俭作风,这些价值理念对消弭当代极端个人主义、享乐主义、利己主义所导致的自私自利、损公肥私、贪图享乐、好逸恶劳、奢靡之风等具有极为重要的作用。社会发展到任何时候,都需要每个公民有奉献精神、担当(责任)意识、团结互助精神和勤俭作风,何况我国目前经济社会虽然有很大发展和进步,但仍然处于发展不平衡、不充分的社会主义初级阶段,仍然有一些困

---

① 何中华、邴正、陈卫平、宋月红:《以生生不息之力量传承　以不屈不挠之精神立世——专家学者探讨抗疫中彰显的精神力量》,《光明日报》2020 年 4 月 8 日第 6 版。

难人群需要全社会给予特别的关爱和帮助,这就更需要当代人赓续儒家提倡的勤劳勇敢、守望相助、扶弱济困的精神;尤其是受市场经济和世俗化趋势的影响,当今人们又面临着陷入"物化"生存困境的危险,这就尤其需要以儒家思想为核心而铸造出来的中华民族精神给人们提振精神、提供精神家园,帮助人们摆脱物化生存困境。

党的二十大报告指出:"我们党立志于中华民族千秋伟业,致力于人类和平与发展崇高事业,责任无比重大,使命无上光荣。全党同志务必不忘初心、牢记使命,务必谦虚谨慎、艰苦奋斗,务必敢于斗争、善于斗争"①。在"以中国式现代化推进中华民族伟大复兴"的新征程中,我们难免会遇到这样那样的艰难险阻,这仍然需要发扬儒家一贯倡导的勇于拼搏、愈挫愈奋、自强不息、刚健有为、积极进取的奋斗精神,没有这些精神的支撑和激励,中华民族就无法屹立于世界民族之林。历史和现实一再证明,这些精神是永远不会过时的。特别是在全民抗击疫情的"战疫"中,中国人民将"为国分忧,为民解难"的爱国之情、"天下兴亡,匹夫有责"的担当之志、"一方有难,八方援助"的互助精神、"万众一心,同舟共济"的团结精神、"为国赴难,为国捐躯"的牺牲精神、"舍小家,保大家"的奉献精神、"义无反顾,顽强拼搏"的斗争精神等中华民族优秀的传统精神展现得淋漓尽致,为"战疫"凝聚起磅礴力量、铸造了坚不可摧的防线。这场"战疫"的胜利,充分彰显了民族精神的伟大力量,也为中华民族精神续写了新的篇章、树立了新的坐标。它再一次证明,中华民族越是在大灾大难面前,越需要发挥民族精神的凝聚、激励和支撑作用,也越能激发出以爱国主义为核心的民族精神;同时也证明了,无论过去、现在还是未来,中华民族精神的形成、发展、培育、弘扬,都离不开儒家优秀价值观的滋养。

从应对全球化对民族精神的挑战而言,我们可以确切地说,政治全球化可以导致对民族国家主权的削弱,使民族国家让渡一些主权,但绝不可能导致民族国家被消灭,因而民族精神的现实载体依然会存在;文化全球化会带来全球意识、

---

① 习近平:《高举中国特色社会主义伟大旗帜　为全面建设社会主义现代化国家而团结奋斗——在中国共产党第二十次全国代表大会上的报告》,人民出版社 2022 年版,第 1 页。

全球文化对民族文化、民族精神的冲击,会使全世界人们的生活方式、消费模式和观念意识出现某种程度的一致性,但全球化也会引发民族国家对自己传统文化的保护和固守,激发民族主义、民族认同感。因此,文化全球化带来的将是同质性与异质性、全球性与地方性、世界性与民族性并存的局面,文化的同质化、世界性与民族国家对自身文化的认同和固守所形成的冲突、张力,构成了文化全球化的一个重要特征。在此过程中,中华民族精神的培育和弘扬就需要有全球意识,学习和借鉴其他民族的民族精神中的优秀积极成果,为我所用,以适应开放、交流、互融的全球化世界,也可以在全球华人界弘扬中华优秀传统文化以增进他们的爱国主义情感和民族认同感;同时,在全球化背景下,我们更应该清晰地认识到加强民族文化、民族精神建设的重要性以及培育民族认同的重要性。中国人是由中国文化塑造的人,中华民族是由中华民族精神塑造的民族,所以,中华民族要不被全球化大潮吞没,在全球化洪流中站稳脚跟并乘势而上、大有作为,就必须坚守并弘扬中华优秀传统文化尤其儒家思想精华和儒家优秀价值观。

总之,就如有学者所说:"利用和发挥文化优势,弘扬和培育民族精神,关键在于正确处理好本来、外来、未来三者之间的关系。不忘本来,扎根中华优秀传统文化深厚土壤。诸如'自强不息,厚德载物'的人生态度,'天下兴亡,匹夫有责'的爱国情怀,'天下为公''大同之世'的社会理想等,传承着中华民族最强大的精神基因。"[1]而这些无不是儒家的基本价值观。所以说,培育和弘扬民族精神仍需赓续和弘扬儒家传统价值观。

习近平总书记指出:"人无精神则不立,国无精神则不强。精神是一个民族赖以长久生存的灵魂,唯有精神上达到一定的高度,这个民族才能在历史的洪流中屹立不倒、奋勇向前。"[2]又指出:"当高楼大厦在我国大地上遍地林立时,中华民族精神的大厦也应当巍然耸立。"[3]让中华民族精神大厦耸立在中国大地上,这是当代学者的使命,也是儒家优秀价值观发挥其当代社会意义的着力点所在。

---

[1]　秦在东:《弘扬和培育民族精神》,《光明日报》2019 年 3 月 22 日。
[2]　习近平:《在纪念红军长征胜利 80 周年大会上的讲话》,人民出版社 2016 年版,第 9 页。
[3]　习近平:《在文艺工作座谈会上的讲话》,人民出版社 2015 年版,第 6 页。

第九章　儒家价值观对当代国家的意义

　　儒家价值观在国家层面的意义主要体现在它作为一种思想观念对国家意识形态建设与国家治理的影响和促进方面。不遑缕述，儒学在中国传统社会中是一种主导形态的社会意识，对社会的发展起着重要的乃至决定性的作用。在当代，儒学虽然已经不是社会的主流意识形态，但它作为一种传承了几千年、已经渗透于中国人血液之中的传统文化之主干，或者说它作为一种根深蒂固的传统力量，无疑会对当代中国社会的发展产生不可避免的重要影响和作用。不管人们认识到还是没认识到，承认还是不承认，儒学总是作为一种文化传统、一种历史背景，或隐或现地制约和影响着当代人的所思所想、所作所为，影响着个人、社会、国家的价值观念、思维方式和行为方式。人们如果能够自觉深入地了解儒学及其价值观，并将之与时代发展相结合，用其积极的优秀因素推动社会发展，那对社会来说是十分有益的，对国家的建设来讲能起到事半功倍的效果；反之，如果我们对传统文化、对儒家思想不了解，看不到它对当代社会仍有积极作用，甚或是把它当作是落后的腐朽的东西加以抵制和抛弃，这对当代中国的社会发展、国家的现代化建设都是十分不利的。

　　由于当代中国的主导意识形态是马克思主义（包括中国化马克思主义）、社会主义核心价值观等，所以，探讨儒家价值观之于国家的意义，就要着力于阐发儒家价值观对马克思主义中国化的作用、对培育和践行社会主义核心价值观的意义等，当然还应当思考和阐明儒家价值观对当代中国的国家治理有何借鉴意义。

一、儒家价值观对培育和践行社会主义核心价值观的意义

十八大以来,党中央非常重视社会主义核心价值观的培育与践行问题。习近平总书指出:"核心价值观是文化软实力的灵魂、文化软实力建设的重点。这是决定文化性质和方向的最深层次要素。一个国家的文化软实力,从根本上说,取决于其核心价值观的生命力、凝聚力、感召力。"①他强调说:"对一个民族、一个国家来说,最持久、最深层的力量是全社会共同认可的核心价值观。核心价值观,承载着一个民族、一个国家的精神追求,体现着一个社会评判是非曲直的价值标准。……核心价值观,其实就是一种德,既是个人的德,也是一种大德,就是国家的德、社会的德。国无德不兴,人无德不立。如果一个民族、一个国家没有共同的核心价值观,莫衷一是,行无依归,那这个民族、这个国家就无法前进。……我国是一个有着 13 亿多人口、56 个民族的大国,确立反映全国各族人民共同认同的价值观'最大公约数',使全体人民同心同德、团结奋进,关乎国家前途命运,关乎人民幸福安康。"②党的十九大报告进一步指出:"社会主义核心价值观是当代中国精神的集中体现,凝结着全体人民共同的价值追求"③。二十大报告把社会主义核心价值观概括为"是凝聚人心、汇聚民力的强大力量"④。

总而言之,社会主义核心价值观在当代中国文化中起主轴作用,是决定当代中国文化性质和方向的最深层因素,是当代中国社会最重要的稳定器。我们"要通过教育引导、舆论宣传、文化熏陶、实践养成、制度保障等,使社会主义核心价值观内化为人们的精神追求,外化为人们的自觉行动"⑤。在笔者看来,传

---

① 《习近平谈治国理政》,外文出版社 2014 年版,第 163 页。
② 《习近平谈治国理政》第一卷,外文出版社 2014 年版,第 168 页。
③ 习近平:《决胜全面建成小康社会　夺取新时代中国特色社会主义伟大胜利——在中国共产党第十九次全国代表大会上的报告》,人民出版社 2017 年版,第 42 页。
④ 习近平:《高举中国特色社会主义伟大旗帜　为全面建设社会主义现代化国家而团结奋斗——在中国共产党第二十次全国代表大会上的报告》,人民出版社 2022 年版,第 42 页。
⑤ 《习近平谈治国理政》第四卷,外文出版社 2022 年版,第 103 页。

承和弘扬儒家价值观对培育和践行社会主义核心价值观具有极为重要的作用。

(一)社会主义核心价值观必须植根于中国传统文化

历史昭示我们,文化是一个民族的基因,没有任何一个民族可以抛弃其文化传统而重新开始;任何民族、国家的文化传统是自家走向现代化的基础与土壤。对于当代中国来讲,"中国现代文化与道德文明建设,不能建立在沙漠上,不能建立在对中国传统文化与道德资源的'彻底决裂''斗倒批臭''信口雌黄'上";相反,"优秀传统文化是我国现代文明的基础,是我们的核心价值观的立足之地。只有把优秀传统文化坐实为我国现代化与现代文化的'本根'(不是枝叶)、'本体'(不是功用)、本位(不是客位)和'主体'(不是客体、对象),才不至于左右摇摆,迷离失据。由此而开出的现代化才真正是我国的、健康的现代化"①。从另一个角度来说,"中国特色社会主义"是当代中国社会的根本特质,这就决定了当代中国社会的核心价值观必定是"中国特色社会主义"的价值观,是"社会主义"与"中国特色"相融并凝合而成的一种核心价值观体系。所谓"中国特色",就是要符合中国国情,而中国传统文化在当代中国不仅存在着而且还产生重要影响,它就是我们中国的国情之一。

客观地讲,今天的中国是历史中国的延续和发展,它有其独特的生长土壤,有其固有的价值观传统,所以,在培育和践行社会主义核心价值观时,决不能照搬和套用别人的价值观,而是要从中国的历史和现实实际出发,要与中国传统文化命脉相承接,要把"中华文化的主流基本价值观作为基础,作为源泉,作为立足点,作为根基,作为根本,作为命脉"②。诚如习近平总书记所说:"中华优秀传统文化已经成为中华民族的基因,植根在中国人内心,潜移默化影响着中国人的思想方式和行为方式。今天,我们提倡和弘扬社会主义核心价值观,必须从中汲取丰富营养,否则就不会有生命力和影响力。"③他屡次强调:"一个民族、一个国

① 郭齐勇:《中华优秀传统文化是社会主义核心价值观的土壤与基础》,《光明日报》2014年4月2日。
② 陈来:《中华传统文化与核心价值观》,《光明日报》2014年8月11日。
③ 《习近平谈治国理政》,外文出版社2014年版,第170页。

家的核心价值观必须同这个民族、这个国家的历史文化相契合,同这个民族、这个国家的人民正在进行的奋斗相结合,同这个民族、这个国家需要解决的时代问题相适应"①,我们"决不可抛弃中华民族的优秀文化传统,恰恰相反,我们要很好传承和弘扬,因为这是我们民族的'根'和'魂',丢了这个'根'和'魂',就没有根基了"②。特别是 2014 年 2 月 24 日习近平总书记在主持中共中央政治局第十三次集体学习时强调:"培育和弘扬社会主义核心价值观必须立足中华优秀传统文化。牢固的核心价值观,都有其固有的根本。抛弃传统、丢掉根本,就等于割断了自己的精神命脉","不忘本来才能开辟未来,善于继承才能更好创新"③。凡此种种,不一而足,它表明价值观根植于特定时期的社会物质生活和文化传统,各国的核心价值观根植于自己的传统文化中;同样,它也说明了社会主义核心价值观必须立足于以儒家文化为代表的中华优秀传统文化的这块肥沃的土壤里,传承其精神基因,汲取其思想精华,才有生命力与感召力。

(二)儒家传统价值智慧是培育社会主义核心价值观的丰厚资源

习近平总书记不仅深刻地阐明了建构社会主义核心价值观必须立足于中华优秀传统文化,而且具体地指明了培育社会主义核心价值观应继承和汲取中华传统文化中哪些优秀价值理念。比如他说:要"深入挖掘和阐发中华优秀传统文化讲仁爱、重民本、守诚信、崇正义、尚和合、求大同的时代价值,使中华优秀传统文化成为涵养社会主义核心价值观的重要源泉"④。2014 年 5 月 4 日,在与北京大学师生座谈时,他进一步明确指出:"富强、民主、文明、和谐,自由、平等、公正、法治,爱国、敬业、诚信、友善,传承着中国优秀传统文化的基因",并列举了诸如"民惟邦本""和而不同""天人合一""以德治国""大道之行也,天下为公""天下兴亡,匹夫有责""天行健,君子以自强不息""君子喻于义""君子义以为质""君子坦荡荡""人而无信,不知其可也""言必信,行必果""己所不欲,勿施

---

① 《习近平谈治国理政》,外文出版社 2014 年版,第 171 页。
② 《习近平关于实现中华民族伟大复兴的中国梦论述摘编》,中央文献出版社 2013 年版,第 33 页。
③ 《习近平谈治国理政》,外文出版社 2014 年版,第 163—164 页。
④ 《习近平谈治国理政》,外文出版社 2014 年版,第 164 页。

于人""仁者爱人""与人为善""出入相友,守望相助""老吾老以及人之老,幼吾幼以及人之幼""德不孤,必有邻"等等思想理念,指出"像这样的思想和理念,不论过去还是现在,都有其鲜明的民族特色,都有其永不褪色的时代价值","我们提倡的社会主义核心价值观,就充分体现了对中华优秀传统文化的传承和升华"①。由此我们可以清楚地看到,习近平总书记在这里所讲到的众多中华优秀传统文化之思想和理念无不属于儒家的思想观念,这就充分证明了,一方面,儒家思想确实是中国传统文化的核心和主干,传统文化对当代社会的影响主要体现为儒家思想对当代社会的影响上,因此,从历史的必然性上讲,社会主义核心价值观首先植根于儒家文化及其价值观,儒学才是其根与魂;另一方面,从事实的实然层面来看,当代社会主义核心价值观的确立充分地传承和弘扬了儒家思想及其价值观,儒家传统价值智慧为社会主义核心价值观提供了丰厚资源。

众所周知,社会主义核心价值观包括国家、社会、个人三个层面,富强、民主、文明、和谐是国家层面的价值要求,表达了整个国家追求的价值目标;自由、平等、公正、法治是社会层面的价值要求,彰明了整个社会的价值取向;爱国、敬业、诚信、友善是个人层面的价值要求,体现了公民个人的价值准则。社会主义核心价值观的十二个观念都可以从儒家传统价值理念中找到渊源和根基,正是在这个意义上说,儒家传统价值智慧是建构或培育社会主义核心价值观的丰厚资源。但我们在此不可能一一尽述,而是根据习近平总书记所讲的"深入挖掘和阐发中华优秀传统文化讲仁爱、重民本、守诚信、崇正义、尚和合、求大同的时代价值,使中华优秀传统文化成为涵养社会主义核心价值观的重要源泉"的重要论述,着力阐述"仁爱""民本""诚信""正义""和合""大同"等观念与社会主义核心价值观的相通相融之处及其向社会主义核心价值观的创造性转化,以此来彰显和诠解儒家价值观对培育和践行社会主义核心价值观的作用和意义。

1."讲仁爱"

"仁爱"是儒家的核心思想,其实质就是"仁者爱人"。爱人首先是爱亲人("亲亲"),然后是爱一切人("泛爱众"),再到"爱物"。所谓"爱人",实质就是

---

① 《习近平谈治国理政》,外文出版社 2014 年版,第 169—171 页。

关心人、爱护人、尊重人、与人为善,它蕴含着"出入相友,守望相助,疾病相扶持"的彼此关心、互相扶助精神,"老吾老以及人之老,幼吾幼以及人之幼"的视人如己、尊老爱幼精神,"四海之内皆兄弟也""民胞物与"的大爱精神。这些思想和精神反映在社会主义核心价值观中,就是"友善"价值的体现。不仅如此,儒家主张要实现"爱人"就必须遵守和践行"忠恕之道",强调爱人就要对其竭心尽力,尽自己最大的努力去成人之美,同时又要将心比心,推己及人,尽可能同情地了解他人的处境,决不能强加别人、强人所难! 这些思想蕴含着尊重别人、为别人着想、把别人看成是与自己一样的平等一员,这就使它与社会主义核心价值观中的公正、平等、自由等价值观具有相通性。除此之外,儒家的"仁爱"观还包括了"爱物",主张用"仁爱"的精神观照自然万物,将人与万物连为一体。"爱物"(善待万物)恰恰也是当今社会"友善"价值观的内在要义,正如有学者说:"社会主义友善价值观包含善待亲人、朋友、他人、自然等"①。

总之,与其说儒家的"仁爱"思想与社会主义的友善价值观有许多契合之处,毋宁说"友善"价值观是对儒家传统"仁爱"观的弘扬和创新。不独如此,儒家的"仁爱"思想也有助于滋养社会主义的自由、平等、公正等价值观。

2."重民本"

儒家思想中含有丰富而深刻的民本思想。从总体上说,儒家的民本思想包括:"民为邦本""民者,君之本也"的民本意识;"民之所欲,天必从之""天视自我民视,天听自我民听""得民心者得天下"的"民意"意识;"君者舟也,庶人者水也。水则载舟,水则覆舟""民为贵,社稷次之,君为轻""天之立君,以为民也"的民"主"意识;"养民""富民""教民""爱民""恤民""忧民""乐民""利民"的为民意识和仁政思想;等等。其核心要义就是将百姓视为国家的根本和基础,认为唯有百姓富足安康,国家才能和谐稳定。这一思想与社会主义的"民主""富强"价值观具有相通性。可以说,社会主义核心价值观所倡导的"富强""民主",要求一切从人民群众的利益出发,关注民生,唯有人民安居乐业,国家才能富强

---

① 钱广荣:《社会主义核心价值观教育读本》,北京师范大学出版集团 2014 年版,第 131 页。

昌盛,就是儒家民本思想在当今时代的升华。

当然,值得注意的是,儒家的"民本"思想与今天的"民主"思想并不是一回事,甚至可以说是不可同日而语。因为儒家提倡"民本",目的是要在专制主义的社会里,用百姓(民众)的力量("人心向背""君舟民水")防止因君权的泛滥、独断专行而导致社会统治的土崩瓦解,它实际上仍然是为了维护封建专制统治,为皇权政治或君主统治服务的,并不是要真正实现"为民做主""主权在民",所以它与当代中国的"人民当家做主"的社会主义民主制度有着本质区别。但它所倡导和强调的民众是国家之本("民惟邦本")、民意是执政之基("得民心者得天下")、民情是施政之纲("乐民之乐者,民亦乐其乐;忧民之忧者,民亦忧其忧")以及"养民""富民""爱民"的为民之道与当代中国的"民主""富强"价值追求高度契合。儒家民本意识无疑是当代中国民主制度、民主作风、民主价值的深厚土壤。

3."守诚信"

"信"是儒家"五常"之一,它与"诚"是同义语,人们常常将二者连起来使用,称为"诚信"。所谓"诚信",即诚实守信之意。

在儒家看来,"诚信"首先是人的立身之本。所谓"失信不立""人而无信,不知其可也";其次,"诚信"是处世之道,是人与人之间处事交往的基本原则。如果"人而不忠信,何以异于禽兽者乎"(《陆九渊集·主忠信》);再次,"诚信"是立业之宝。周敦颐说"诚者,圣人之本,百行之源也"(《通书》),二程说"修学不以诚,则学杂;为事不以诚,则事败"(《河南程氏遗书》卷二十五),表明诚信是百业兴旺的源泉。最后,"诚信"也是立国之基。《左传·僖公二十五年》曰:"信,国之宝也,民之所庇也",彰明诚信是国家的根基。孔子说:"自古皆有死,民无信不立。"(《论语·颜渊》)所谓"民无信不立",是说如果人民对政府缺乏信任和信心,国家就立不起来。相反,如果"上好信,则民莫敢不用情"(《论语·子路》)。

总之,儒家认为,"诚信"不仅是个人的立身之本、人与人之间社会交往的基本原则,还是立业之宝、施政治国之本。这一道理对当代人同样是适应的。在当今社会,同样是人无信不可,民无信不立,国无信不威,社会无信难以存续。诚信之于人们的生活,犹如呼吸之于人们的生命。但如前所述,从老人倒地无人敢扶到商业欺诈、制假售假、学术不端等现象反映了当今中国存在着诚信危机,因此,要加强诚信建设,"健康的市场经济,健康的吏治,非常需要'仁爱''诚信'价值理念的支撑"①。有鉴于此,党的十八大把"诚信"作为社会主义核心价值观之一。习近平总书记在许多重要场合强调诚信的重要性,2013 年 10 月 3 日在印度尼西亚国会的演讲中指出"人与人交往在于言而有信,国与国相处讲究诚信为本",2014 年 8 月 22 日在蒙古国大呼拉尔的演讲中说"中国人讲求言必信,行必果",2015 年 4 月 21 日在巴基斯坦议会的演讲中说"巴基斯坦认为'诚信比财富更有用',中国认为'人而无信,不知其可也',两国传统文化理念契合相通"。凡此种种,说明"诚信"是中华传统文化中的优秀基因,当代中国把"诚信"作为社会主义核心价值观之一无疑是对儒家传统诚信价值观的继承和弘扬。

4."崇正义"

"正义"一词是西方文化中经常使用的一个概念,属于伦理学、政治学的基本范畴。在伦理学中,通常指人们按一定道德标准做所应当做的事,也指一种道德评价,即公正。在现代汉语中也经常使用"正义"一词,但在古代汉语中不经常使用,只是偶尔出现。据文献记载,在中国,"正义"一词最早见于《荀子》一书,其中写道:"不学问,无正义,以富利为隆,是俗人者也"(《荀子·儒效》),"正利而谓之事,正义而谓之行"(《荀子·正名》)。汉代董仲舒所讲的"正其谊(义)不谋其利,明其道不计其功",也可谓是对"正义"一词的表达。除此之外,中国古代先哲们在谈论"正义"时,往往只单用一个"义"字。"义"的含义包括适宜、应当、正义、公平等。"义"也经常与"道"联系在一起,被称作"道义",如《周易·系辞》说:"成性存存,道义之门"。儒家讲"义"往往是从与"利"的关系中进行的,此即所谓的"义利之辨"。朱熹说:"义利之说,乃儒者第一义"。(《朱文公文集·与延平李先生书》)在这一问题上,儒家基本的价值取向是重义

---

① 郭齐勇、叶慧:《核心价值观要有中国元素与现实性——兼论纳入"仁爱"与"诚信"范畴之必要》,《光明日报》2012 年 3 月 24 日。

轻利、以义制利乃至于崇义灭利,表明"崇正义"是儒家一贯的精神追求。

儒家之所以"崇正义",是因为儒家认为:其一,义是人之为人的根据。其二,义是君子和小人的分水岭。其三,义是"人之正路",它能使人"各守其位","行其所当行"。其四,义是"公道""公正"。儒家崇尚正义实质上体现为对精神生活、道德价值、道义原则、群体利益的追求和重视,尤其是儒家主张为了实现和维护道德价值、道义原则、群体利益(如国家、民族、人类利益),宁愿付出个人的生命。

在当代中国,公平正义关系到民心向背和人民大众的利益福祉。党的十八大将"公正"确立为社会主义核心价值观之一,认为"公平正义是中国特色社会主义的内在要求";党的十八届三中全会强调全面深化改革必须"以促进社会公平正义、增进人民福祉为出发点和落脚点"。而继承和弘扬儒家传统的"正义"观的合理内核,对于培育和践行社会主义的"公正"核心价值观,促进社会公平正义具有重要意义。如上所述,儒家"崇正义"本身就蕴含着对精神生活、道德价值、道义原则、群体利益的追求和重视,所以弘扬儒家"正义"价值观有助于培养当代人们的正直、公心;有助于树立把国家和人民利益看得高于一切、为祖国和人民的利益勇于牺牲的献身精神;有助于矫正当前的物欲泛滥、拜金主义、奢靡之风、腐败之风,提升人的道德境界,实现人的身心和谐。总之,在当前大力弘扬儒家"崇正义"的文化传统,能为培育人们的"公正"价值观提供丰厚的文化滋养,也为践行"公正"价值观提供精神动力。

5."尚和合"

中国文化的"和合"思想源远流长,但在中国文化的早期,"和"与"合"都是单独使用的。《说文解字》把"和"解释为"相应也。从口,从禾。"《经籍纂诂》曰:"和,谐也。"即"和"有"和谐"的意思。"合"的本义是上下唇的结合,《说文解字》曰:"合,合口也。"在甲骨文中,"合"字取象于器皿与其盖相合之形,表征相合、符合、会合之意。"和合"二字连用最早出现在《国语·郑语》:"商契能和合五教,以保于百姓者也。"此处的"和合"即为融合、综合,是一种方法。《管子·幼官图》曰:"畜之以道,养之以德。畜之以道,则民和;养之以德,则民合。和合故能习,习故能偕,偕习以悉,莫能伤也。"这里的"和合"就是"和谐"。总之,中国传统文化中的"和合"就是和谐一致的意思,它与"和谐"意思相近。有学者说"和合乃和谐的一个有机的组成部分"①,但笔者将"和谐"与"和合"视为同义词,并在同一意义上使用。

前已述及,中国传统文化的"和谐"思想包括了宇宙和谐、自然和谐、天人和谐、社会和谐、人际和谐、国际和谐、自我身心和谐、天下和谐等。在儒家看来,"和谐"具有重要价值:其一,和谐是宇宙万物生成发育以及人之"成己成物"的内在根据和必然前提;其二,和谐是国家民族团结统一和凝聚社会力量的纽带;其三,和谐是社会安定的基础;其四,和谐是世界万千之美、天地之大美产生的前提。② 因之,中国传统文化尤其是儒家非常重视"和",并最终形成"尚和合"的文化传统。这一文化传统与当代社会发展的要求契合无间,因而在当代社会仍具有重大的现实意义。可以说,它直接化育了当代社会主义的"和谐"价值观。作为社会主义核心价值观内容之一的"和谐",其价值意蕴也是追求建立一种和谐的人际关系、和谐的人与自然关系、和谐的社会关系、和谐的国际关系以及不同文明之间的和谐相处,从而为当代中国的持续快速发展提供安定的内部环境和外部环境。与其说社会主义核心价值观之"和谐"观完全可以从儒家传统的和谐思想中获取智慧资源,毋宁说与儒家"尚和合"传统一脉相承,是后者在当代的体现和弘发。

6."求大同"

"大同"作为一种对理想社会的描绘始见于儒家典籍《礼记》的《礼运》篇,但"大同"一词则早于此出现。《尚书·洪范》曰:"稽疑:择建立卜筮人,乃命卜筮。……汝则从,龟从,筮从,卿士从,庶民从,是之谓大同。"把在决断重大疑难问题时出现最高统治者的想法与卜筮的结果、百官的观点、老百姓的意见完全一致的情况叫"大同",这是一种人神、上下"大同"的理想、美好的状态。《庄子·在宥》有言:"颂论形躯,合乎大同,大同而无己。"这是说(至人)盛德躯貌与大道

---

① 参见孙国熙:《传统文化与文化软实力——以中国传统价值观中的新"六德"为例》,湖南大学出版社 2016 年版,第 118 页。

② 参见郭明俊:《传统文化中"和"的价值意蕴》,《长安大学学报》(社会科学版)2010 年第 3 期。

合同,"大同"是一种没有物我对立、人与天地万物合一的理想状态。《列子·黄帝》曰:"和者大同于物,物无得伤阂者。"这里的"大同"说的是一种人之身心与大地万物融合为一的和谐境界,它与《庄子》的"大同"一样,表达的是一种生存或生命的理想。而在儒家那里,"大同"是一种最完美的社会政治理想,核心是"公天下"和"仁爱"充盈。

实际上,追求"大同"社会理想源远流长。《诗经·魏风·硕鼠》中讲到的"乐土""乐国"就表达了人们一种对美好社会的期盼。《春秋公羊传》提出的"大一统"思想和"三世说"也是对社会"大同"理想的追慕。在中国近现代,太平天国领袖洪秀全提出建立"天下一家,共享太平"的地上天国;戊戌变法主将康有为著有《大同书》,设计了"大同世界"的美好图景;谭嗣同在《仁学》中倡导"有天下而无国"的"地球之治";孙中山说"人类进化之目的为何? 即孔子之所谓'大道之行也,天下为公'""民生主义就是社会主义,又名共产主义,即是大同主义"①;青年毛泽东说"大同者,吾人之鹄也。"②改革开放以来,中国共产党人提出并努力实施的构建"和谐社会"、全面建成"小康社会"、实现"共同富裕"等都是中华民族"求大同"传统在当代的传承和体现。

习近平总书记在2023年6月2日文化传承发展座谈会上指出:"中华文明具有突出的统一性。中华文明长期的大一统传统,形成了多元一体、团结集中的统一性。'向内凝聚'的统一性追求,是文明连续的前提,也是文明连续的结果。"③这表明,"求大同"不仅是中华民族一以贯之的追求,也是中华文明五千年延绵不断内在根源之一。

总之,"大同"社会是一个公平、公正、诚信、友善、和平的社会,是"大道"通行于天下的社会,"尚大同"就是对公平、公正、诚信、友善、和平价值的崇尚和追求,因此,弘扬和传承儒家的"求大同"理想,无疑对于培育和践行社会主义核心价值观具有重要的滋养意义。

---

① 《孙中山全集》第六卷,中华书局1986年版,第196、339页。
② 中共中央文献研究室编:《毛泽东早期文稿》,湖南人民出版社1990年版,第89页。
③ 习近平:《在文化传承发展座谈会上的讲话》,人民出版社2023年版,第3页。

（三）社会主义核心价值观的践行也离不开对儒家传统价值观的继承和弘扬

有学者提出，"核心价值观能否深入人心，成为社会的共识，取决于两个方面：一是核心价值观本身是否符合本民族的历史文化心理，是否植根于传统文化，是否体现民族特性；二是核心价值观本身是否科学先进，是否顺应了世界潮流，是否反映了本民族的前进方向。"①这里所说的"深入人心，成为社会的共识"实际上就是社会主义核心价值观的践行问题，并且把"是否植根于传统文化"作为践行社会主义核心价值观的前提之一。陈来先生也认为："社会主义核心价值的实践，具体的操作，一定要以中华美德体系的传承和实践为条件、为落脚点。"②人们也常说，社会主义核心价值观必须要有中国特色、中国气派，而要做到这一点就必须根植于中国悠久的历史文化土壤。总之，社会主义核心价值观的培育离不开对中华优秀传统文化的继承和弘扬，而对它的践行同样需要继承和弘扬中国传统文化尤其是儒家价值观，只有这样，它才有生命力进而拥有强大的向心力和凝聚力。

所谓践行社会主义核心价值观，就是要使核心价值观真正被老百姓接受、认同，从而内化于心、外化于行。缘此，社会主义核心价值观要被践行，首先要被人们认知和认同。但正如王蒙先生所说："价值认知的关键在于人心"，因为"人心里面本来就有一种价值观念，有对于好坏、善恶、美丑、真伪评判的一杆秤"，它是由传统文化对人心的潜移默化、陶冶熏染而形成的。这种积淀于人心的价值基因和价值观念"已经成为价值选择的根基，甚至变成了一个本能"③。因此，我们要倡导好、践行好核心价值观，就要探索人心，到人们的内心和灵魂里寻找价值认知。毫无疑问，当代中国人的内心主要是受儒家文化的影响，尤其是人心当中积极的东西和善良一面大都离不开儒家价值观的影响和熏陶，而这些积极因

---

① 欧阳军喜、崔春雪：《中国传统文化与社会主义核心价值观的培育》，《山东社会科学》2013年第3期。
② 陈来：《中华传统文化与核心价值观》，《光明日报》2014年8月11日。
③ 王蒙：《价值认知的关键在于人心》，章丽鋆、蒋正翔整理，《光明日报》2014年10月6日。

素是我们践行核心价值观的基础。比如说,在当代中国老百姓的心里,总是觉得讲正义、讲道德、讲义气是好人,而投机取巧、两面三刀、卖友求荣是坏人;总是认为做人应当孝顺父母、忠于国家、知恩图报、诚实守信、心地善良,做官应该清正廉明、刚正不阿、惩恶扬善,过日子要勤俭持家、吃苦耐劳、艰苦奋斗;总是认为国家应该为老百姓谋福利、以民为本,仁政爱民,选拔人才应坚持德才兼备、以德为先;总是相信"善有善报,恶有恶报",所以"勿以善小而不为,勿以恶小而为之";等等。凡此种种,无不表现出中国传统文化尤其是儒家价值观对当代老百姓心理的影响。正是有了这些积淀于人心的深厚价值底蕴,才使社会主义核心价值观当中的诸如公正、民主、爱国、诚信、友善、敬业等价值观很容易被人们认知与认同。除此之外,儒家文化中的王道、礼治、忠恕、中庸、天下为公精神也都已深入人心,它们有助于我们对自由、平等、公正、法治、富强、民主、文明、和谐等价值的认同和践行。总之,没有传统文化及其价值观念在人心当中的积淀,社会主义核心价值观就很难被人们认同,更遑论践行了!

当然,我们必须要指出以下几点:其一,影响当代中国人"人心"的积极因素,除了传统文化尤其是儒家思想外,还有五四时期开始的以科学、民主、爱国为代表的新文化,以井冈山精神、延安精神、抗战精神、抗美援朝精神等为代表的革命文化,它们对人们认同和践行社会主义核心价值观也具有重要意义。所以,我们不能"一提倡传统文化,就认为中国的传统文化好得不得了"①,忽视和抹煞其他文化的作用和影响。我们应该将不同文化加以整合而不是将之对立,如此才能促进文化的繁荣。

其二,社会主义核心价值观尽管要符合本民族的历史文化心理,要植根于传统文化,但它不是对中华优秀传统文化的简单复制,而是对之的升华与创新。进而言之,在当代,培育和践行社会主义核心价值观,一方面,必须坚持以马克思主义为指导,密切与当代中国社会现实相结合;另一方面,要在继承中华优秀传统文化精华的基础上,不断为其注入新的时代内涵,在"两个结合"尤其是"第二个结合"中实现其创造性转化与创新性发展。

---

① 王蒙:《价值认知的关键在于人心》,章丽鋆、蒋正翔整理,《光明日报》2014 年 10 月 6 日。

其三,虽然说对核心价值观的认知和认同关键在于"人心",但由于受世俗化浪潮和物质主义的强烈冲击,现在一些人的人心已被蒙蔽和扭曲,而解决这一问题的关键正在于对社会主义核心价值观的构建与践行。所以,核心价值观既要立足于世道人心,又要超越和引领世道人心。这表明核心价值观与世道人心是双向互动的关系:世道人心影响着人们对核心价值观的认知与认同,建构社会主义核心价值观的目的就是要改造和端正现在的世道人心。

总之,社会主义核心价值观受社会主义本质的决定,又吸收了人类文明共同的积极成果,也汲取了中华优秀传统文化的精髓。在建构社会主义核心价值观的过程中,马克思主义居于指导地位,而中国传统文化则是重要思想来源。社会主义核心价值观与中国传统文化的这种联系决定了弘扬中华优秀传统文化是培育和践行社会主义核心价值观不可或缺的因素。从历史逻辑看,社会主义核心价值观只有立足于中华优秀传统文化这块沃土才有生命力与感召力;从理论逻辑看,儒家传统价值观与社会主义核心价值观有许多的相通之处,从而为培育和建构社会主义核心价值观提供了丰厚资源;从实践逻辑看,儒学对中国人的影响最大,儒家价值观的积极因素构成人们认知、认同核心价值观的根基,所以它对践行社会主义核心价值观具有重要作用。一言以蔽之,儒家价值观对培育和践行社会主义核心价值观具有十分重要的作用。

二、儒学与马克思主义的中国化

探讨儒家对当今中国的影响不得不思考它与国家意识形态的关系,从更广泛的意义上说,它实际上涉及当代中国特色社会主义文化体系建设的问题。在当今中国思想文化的版图中,马克思主义是当代中国的主导意识形态,而中国传统文化是中国思想文化版图中的重要组成部分,所以,如何正确处理二者的关系,是人们始终绕不过去的问题。但由于儒学是中国传统文化的主干和核心,因此,这一问题在实质上就是马克思主义与儒学的关系问题。进入 21 世纪以来,这一问题愈发凸显,愈来愈受到人们的关注,主要表现在有大量的学术著作和研究论文面世。单就著作来讲,有张腾霄、张宪中的《马克思主义与儒学》(2000),

刘惠恕的《中国政治哲学发展史——从儒学到马克思主义》(2001),张建新的《儒学与马克思主义》(2003),李毅的《中国马克思主义与现代新儒学》(2007),贾陆英的《马克思主义与儒学的融合——中华文化百年走势探析》(2012),刘志扬的《马克思主义与儒家文化——当代中国文化的传统和展望》(2015),董爱玲的《儒学与马克思主义文化的会通与融合研究》(2017),范玉秋的《马克思主义中国化与儒学的关系》(2019),何中华的《马克思与孔夫子》(2021),等等,如果以"马克思主义与中国传统文化"为题,这方面的著作就更多了,其中最有代表性的是陈先达的《马克思主义和中国传统文化》(2015),张允熠的《中国文化与马克思主义》(2015),朱康有的《中国优秀传统文化与马克思主义》(2019),等等。从书的主题来看,阐明儒学与马克思主义的关系也是题中应有之义,但受篇幅所限,我们不可能对二者的关系展开全面系统的论述,而是着重于揭明儒家价值观对实现马克思主义中国化、推动中国特色社会主义文化建设、提升中国软实力所具有的重要作用和意义。

(一)儒学和马克思主义关系问题的由来、演变和实质

儒家和马克思主义的关系问题产生于中国近代之后。梁启超在 1901 年发表的《中国史叙论》中把中国历史划分为"中国之中国""亚洲之中国""世界之中国"三个阶段,①"中国之中国"是指先秦时期,"亚洲之中国"是指秦汉至清中后期,"世界之中国"是指近代以来,中国封建王朝封闭的国门被西方列强用"坚船利炮"强行打开,中国被纳入资本主义世界体系,中国社会从此遭遇到"三千年未有之大变局",随之,西方的科学技术、思想文化、价值观念、生活方式等大量地涌入中国,在此过程中,马克思主义也传入中国。西方文化以及马克思主义传入中国,使中国传统文化遭到强烈的冲击,由此也引发了马克思主义和中国传统文化特别是与儒学的关系问题。

刚开始,马克思主义和其他西方文化思潮一样,不过是当时中国文化版图上的一个重要流派,但是经过不长时间,特别在五四新文化运动时期,经过陈独秀、

---

① 参见梁启超:《中国历史研究法》,中国书籍出版社 2017 年版,第 300—301 页。

李大钊等新文化运动健将们的大力宣传，马克思主义获得了比较广泛的传播，对当时的中国社会产生了广泛而深刻的影响，至1949年中华人民共和国成立以后，马克思主义成为国家意识形态，对中国社会产生了全面而权威的影响力。这样，作为中国传统社会意识形态的儒学，不仅"丧失了意识形态的地位，降格为民间思想体系"，而且"常常成为政党——国家意识形态的对立面屡遭批判"①。从此之后，马克思主义与儒学的关系成为影响中国社会主义现代化建设的一个非常重要的问题。

客观地讲，马克思主义与儒家的关系是一个相当复杂的问题。中国早期的马克思主义者在接受马克思主义以后，把它作为批判以儒家为代表的中国传统文化的武器，他们认为儒家文化是落后的封建思想，对中国走向现代化起巨大阻碍作用，比如陈独秀说："其实孔子精华，乃在祖述儒家，组织有系统之伦理学说。……吾人所不满意者，以其为不适于现代社会之伦理学说，然犹支配今日之人心，以为文明改进之大阻力耳。"②李大钊也激烈批判儒家学说对于专制政权的维护，提出："余之掊击孔子，非掊击孔子之本身，乃掊击孔子为历代君主所雕塑之偶像的权威也；非掊击孔子，乃掊击专制政治之灵魂也。"③总之，早期马克思主义者否定儒家思想，推崇马克思主义的唯物史观尤其是阶级斗争学说，把马克思主义与儒学视为是完全对立的。与此不同，20世纪20—30年代的儒家学者以及文化保守主义者，如梁漱溟、熊十力等人从儒家立场出发，竭力维护儒家的基本价值、制度安排以及与日常生活相贯通的传统体系，敌视一切外来思想包括马克思主义。熊十力的弟子牟宗三甚至说："马克思主义是个魔道"，"因为马克思看历史是个阶级斗争史，唯物史观是以阶级作标准，所以他只承认人有阶级性，没有人性，没有普遍的人性"④，由此认为马克思主义与中华民族生命、文化生命是隔而不通的，必须加以批判、克服。由是而观，无论是早期的马克思主义者，还是20世纪20—30年代的儒家学者以及文化保守主义者，他们从不同的甚

---

① 任剑涛：《"红儒"与"原儒"：马克思主义与儒家的关系》，《江海学刊》2016年第2期。
② 陈独秀：《孔教》，《新青年》1917年第3期。
③ 《李大钊全集》第一卷，人民出版社2006年版，第247页。
④ 牟宗三：《时代与感受续编》，台湾联合报系文化基金会2003年版，第419页。

或说相反的立场出发得出相同的结论,即马克思主义与儒家是对立的。不过,这一时期并没有明确提出马克思主义与儒学关系这一论题,马克思主义与儒学的对立也并没有尖锐化。

中华人民共和国成立以后,社会主义制度得以在中国大地上确立,而社会主义革命的胜利是在马克思主义的指导下取得的,所以马克思主义自然就成为新中国的社会意识形态,为了维护和巩固马克思主义的意识形态地位,就要同一切非马克思主义的思想作坚决的斗争。从这一政治定位出发,人们从意识形态的角度看待和处理儒学和马克思主义的关系,认为儒家思想和马克思主义产生于不同的时空条件,服务于不同的经济基础和政治制度,代表着不同阶级的利益,具有不同的社会与文化功能,是两种不同的意识形态,质言之,儒家是过时的、落后的甚至是反动的意识形态,马克思主义是科学的、进步的、革命阶级的意识形态,因此,马克思主义与儒学的关系问题就成为一个究竟是谁占据意识形态主导权的排斥性问题。中国共产党人为了维护自己的意识形态,运用国家权力,对以儒学为代表的传统文化展开全面而彻底的打击和排斥,尤其表现在"文化大革命"时期的"破四旧"和"评法批儒""批林批孔"等运动中。可以说,在整个"文化大革命"时期,人们从意识形态的立场将马克思主义和儒学视为是水火不容、势不两立的关系,对儒家思想乃至中国传统文化进行了彻底摧毁,在某种程度上导致了传统文化的断裂!

自改革开放以来,随着思想上的拨乱反正和"实事求是"思想路线的重新确立,我国思想文化领域很快掀起一股"文化热",对中国文化的出路和发展前景展开了讨论,要求重新评价中国传统文化,反思传统文化与现代化的关系。在此过程中,人们也开始反思什么是马克思主义,什么是社会主义,提出中国的社会主义现代化建设必须从中国国情出发,"建设有中国特色的社会主义",而中国传统文化的存在和影响,也是当代中国的不可抹煞的一种具体国情。这样,马克思主义与传统文化尤其是儒家思想的关系,就成为当时人们不得不重新思考和面对的问题。毋宁说,这一问题在 20 世纪 80—90 年代显题化、专门化。当时人们普遍认识到马克思主义与中国传统文化并不是完全对立的,必须反对把马克思主义教条化,要把马克思主义与中国实际相结合,实现马克思主义的中国化,这其中就包括与中国传统文化的结合。张岱年先生提出"综合创新论",希望通过融合马克思主义与中国传统文化,以创造出一种符合现代中国所需要的新文化;李泽厚于 1980 年发表《孔子再评价》,对儒家思想作出新的诠释,提出"西体中用"说,主张"未来的道路应是社会存在的本体(生产方式、上层建筑和日常现实生活)和本体意识(科技思想、意识形态)的现代化(它源自西方,如马克思主义)与中国的实际(包括儒家作为中国文化心理的客观存在这个实际)相结合"①。此外,庞朴、任继愈、肖萐父等人运用马克思主义观点和方法研究和对待儒家学说,强调二者的结合与会通。曾乐山的《马克思主义哲学的中国化及其历程》(1991)、李毅的《中国马克思主义与现代新儒学》(1994)是国内最早以专著的形式探究马克思主义哲学中国化以及马克思主义与儒学的关系。不仅如此,这一时期伴随着"文化热"的兴起,一些现代新儒家提出"儒学复兴论",主张在文化上应以儒家学说为主体和本位,吸纳西方思想资源,使中国传统文化完成现代化的创造性转化。

进入 21 世纪以后,马克思主义与儒学关系问题成为时代性热门的话题。2010 年,北京大学儒学研究院将"儒学与马克思主义"列为该院的三大研究课题之一;2011 年,许嘉璐先生在山东大学儒学高等研究院主持了该年度国家社会科学基金特别委托项目"马克思主义与儒学"。可以说,马克思主义与儒学的关系是新时代中国文化建设的重大课题,涌现出一大批相关研究论著。这一时期的主调是认为马克思主义中国化需要进一步推进与以儒家思想为主体的中国传统文化的深度结合,当代中国文化建设必须既坚持马克思主义的指导又以民族文化为根基,所以这一时期的相关研究多集中在阐发如何继承和弘扬中华优秀传统文化尤其是儒家思想的当代价值,探讨如何将儒学与马克思主义融合的内在机制,包括融合或结合的可能性、困境、原则、方法、基本环节、趋向,等等。

这一时期对优秀传统文化的继承和弘扬、对马克思主义与儒学关系问题的思考不仅得到学界的持续高度关注,而且受到党和国家的高度重视。比如,党的十六大报告指出,发展中国特色社会主义文化,要以马克思主义为指导,坚守中

① 李泽厚:《漫说"西体中用"》,《孔子研究》1987 年第 1 期。

华文化立场。十七届六中全会通过的《中共中央关于深化文化体制改革、推动社会主义文化大发展大繁荣若干重大问题的决定》进一步指出:"文化是民族的血脉,是人民的精神家园。在我国五千多年文明发展历程中,各族人民紧密团结、自强不息,共同创造出源远流长、博大精深的中华文化,为中华民族发展壮大提供了强大精神力量,为人类文明进步作出了不可磨灭的重大贡献。"认为中国共产党是"中华优秀传统文化的忠实传承者和弘扬者",必须以马克思列宁主义为指导,"弘扬中华文化,努力建设社会主义文化强国"。① 要求人们不断推进马克思主义中国化和对优秀传统文化的继承和发展,特别是不能忽视马克思主义与儒学的关系问题。

从党的十八大以来,习近平总书记更加重视和提倡对中华优秀传统文化的继承和弘扬,提出中华民族伟大复兴的"中国梦",而中华民族的伟大复兴其中就包含着中华优秀传统文化的复兴。特别是在纪念孔子诞辰 2565 周年国际学术研讨会的讲话中,习总书记高度肯定了"包括儒家思想在内的中国传统思想文化中的优秀成分,对中华文明形成并延续发展几千年而从未中断,对形成和维护中国团结统一的政治局面,对形成和巩固中国多民族和合一体的大家庭,对形成和丰富中华民族精神,对激励中华儿女维护民族独立、反抗外来侵略,对推动中国社会发展进步、促进中国社会利益和社会关系平衡,都发挥了十分重要的作用",强调"中国优秀传统文化的丰富哲学思想、人文精神、教化思想、道德理念等,可以为人们认识和改造世界提供有益启迪,可以为治国理政提供有益启示,也可以为道德建设提供有益启发"②,所以他要求从事学术文化研究的工作者们"要讲清楚中华优秀传统文化的历史渊源、发展脉络、基本走向,讲清楚中华文化的独特创造、价值理念、鲜明特色"③。自此以后,对儒家思想和中华传统文化的研究和阐释在中国大地上如火如荼地开展起来。

从总体来看,21 世纪以来学者们大都认为"马克思主义与以儒学为代表的

① 《中共中央关于深化文化体制改革、推动社会主义文化大发展大繁荣若干重大问题的决定》,人民出版社 2011 年版,第 2—8 页。
② 《习近平著作选读》第一卷,人民出版社 2023 年版,第 277、278 页。
③ 《习近平谈治国理政》,外文出版社 2014 年版,第 164 页。

传统文化在实践基础上碰撞、冲突和艰难曲折地相融合……是中国走向现代化之路的必然选择","中国人接受、认同马克思主义,并使之逐渐中国化的过程,与以儒学为代表的传统文化现代化过程"①是一致的。比如汤一介先生说:有两大"传统"深刻地影响着中国社会,一是"老传统",即"中国历史上的传统文化,其中影响最大的是儒家思想文化";另一个是"新传统",即马克思主义。我们必须传承好这两个传统,使它们在结合中创新,从而"推进有中国特色的社会主义文化建设顺利发展"②。为此,他提出如何处理好"儒学与马克思主义"的关系是一个需要长期认真研究的大课题。当代著名学者甘阳认为,当代中国并存着三种传统:一是改革开放以来形成的传统,它是以"市场"为中心延伸出来的,以追求自由和权利为主要特点,可称之为市场和自由的传统;二是毛泽东时代形成的以追求平等和正义为主要特点的传统;三是中国数千年形成的文明传统,"即通常所谓的中国传统文化或儒家文化"。他进一步把这三种传统简称为"孔夫子的传统,毛泽东的传统,邓小平的传统",提出"新时代的通三统"问题。③ 不难看出,这里所讲的三种传统的融会,实际上就是中国化的马克思主义与儒学的会通融合。郭齐勇认为儒家文化是中国马克思主义的主要来源之一,马克思主义中国化与中国现代化不能缺少儒学传统的积极参与,他甚至认为马克思主义中国化"在一定意义上就是马克思主义的儒家化。"④。

当然,在这一时期还有极少数人完全将儒学与马克思主义对立起来。这些人主要有蒋庆、陈明、康晓光等,他们以"大陆新儒家"自居。尤其是蒋庆,他明确提出:"在当今的中国大陆,一种外来的异族文化——马列主义——在国家权力的保护下取得了'国教'的独尊地位,而这种异族文化既不能安立中华民族的民族生命,又不能表现中华民族的民族精神,这使中华民族近百年来生命无处安立、精神彻底丧失的局面发展到了最高极点。"因此,他主张"儒学理应取代马列

①　胡栋材:《近百年马克思主义与儒学关系问题及其反思》,《文化软实力研究》2018 年第1 期。

②　汤一介:《传承文化命脉　推动文化创新——儒学与马克思主义在当代中国》,《中国哲学史》2012 年第 4 期。

③　参见甘阳:《通三统》,生活·读书·新知三联书店 2007 年版,第 3—5 页。

④　郭齐勇:《儒学与马克思主义中国化及中国现代化》,《马克思主义与现实》2009 年第 6 期。

主义,恢复其历史上固有的崇高地位,成为当今中国代表中华民族的民族生命与民族精神的正统思想"①。近年来,蒋庆大肆宣扬他的"政治儒学",并设计了一套现代儒家宪政制度,倡议实行议会制,议会由"通儒院""庶民院""国体院"三院组成。这显然是一种试图兼容中西古今政治体制设计因素,但明显仿照"政教合一"政制设计的儒教中国政制。蒋庆等人的思想观点及其实践举措引起不少马克思主义学者的警惕和强烈批判,因为他们要让儒学与马克思主义争夺主导意识形态的地位,这就不是一个简单的学术问题了,反映了当今中国意识形态领域斗争的复杂性和尖锐性。

总之,马克思主义与儒学关系问题是中国现代思想文化发展的重要问题之一。在一定意义说,整个 20 世纪中国思想文化发展的历史就是二者在实践基础上碰撞、冲突和融合的历史。能否正确认识和处理二者的关系问题,关系到国家的意识形态建设和社会主义文化体系建设问题,关系到中国特色社会主义建设事业能否顺利健康发展。这一问题的实质就是"马克思主义怎样对待传统的思想文化,也涉及马克思主义本身的本土化即中国化的问题"②。在现阶段,诚如陈来先生所言:"其本质应当是今天的中国共产党,以马克思主义为思想理论基础的现代中国的执政党,在面对和承担如何把中国建设为富强、民主、文明的现代国家过程中,如何看待、对待儒家文化的问题"③。

毫无疑问,马克思主义与儒学不是对立的,不是你死我活的敌对关系。在当代中国,二者并存已是不争的事实,也是当下中国的基本国情。二者当然也存在着差异、不同乃至冲突,但绝不是两种意识形态之间争夺主导权的斗争。儒学作为长达两千多年的封建社会的意识形态早已退出历史舞台,当代中国只能以马克思主义为主导意识形态。因为,只有马克思主义为指导才能变革中国社会,只有社会主义才能救中国,这是被近代以来中国社会主义革命、建设和改革开放的历史所证明的颠扑不破的真理。所以,当今中国特色社会主义理论、道路、制度

---

① 转引自任剑涛:《"红儒"与"原儒":马克思主义与儒家的关系》,《江海学刊》2016 年第 2 期。

② 方克立:《关于马克思主义与儒家关系的三点看法》,《高校理论战线》2008 年第 11 期。

③ 陈来:《关于"马克思主义与儒学"》,《光明日报》2012 年 4 月 9 日。

的建设仍然要以马克思主义为指导思想。当然,马克思主义要指导中国革命、建设和改革开放事业,必须要与中国实际相结合,其中就包括与中国历史和传统文化的结合。正如党的二十大报告所指出的那样:"只有把马克思主义基本原理同中国具体实际相结合、同中华优秀传统文化相结合,坚持运用辩证唯物主义和历史唯物主义,才能正确回答时代和实践提出的重大问题,才能始终保持马克思主义的蓬勃生机和旺盛活力。"①

笔者非常赞同方克立先生的观点,即"马克思主义与儒学的关系是主导意识与支援意识的关系"②。儒学在今天不可能成为一种意识形态,但它为中国特色社会主义的思想建设,为社会主义核心价值观的构建和践履,尤其是对实现马克思主义的中国化时代化能提供丰厚的智慧资源和智力支持。所以,我们今天所讲的儒学是作为一种思想文化意义上的儒学,而不是意识形态意义上的制度性儒学或政治儒学。当代不少学者提出要把意识形态的儒学和思想文化的儒学区分开来。比如,港台著名的新儒家代表人物余英时说:"我们在概念上必须把意识形态和学术思想加以区别。儒家意识形态在 20 世纪已经失效,但儒家本身仍有其源头的活水。尽管儒学和儒家意识形态之间有着千丝万缕的关联,二者之间终有一道界线在。"③因此,我们坚决反对把"马克思主义儒学化"或"儒学马克思主义化",坚持"两个结合"的基本方法,开辟马克思主义中国化时代化新境界。

(二)儒学是马克思主义中国化的文化土壤

马克思主义与儒学的关系实质上就是"马克思主义中国化"问题。毛泽东在《论人民民主专政》一文中说:"十月革命一声炮响,给中国送来了马克思列宁主义。"有学者认为这里所说的意思是指列宁领导的十月革命的胜利使马克思主义著作大量传入中国,国内更多的人看清了只有马克思主义才能使中国革命

---

① 习近平:《高举中国特色社会主义伟大旗帜　为全面建设社会主义现代化国家而团结奋斗——在中国共产党第二十次全国代表大会上的报告》,人民出版社 2022 年版,第 17 页。
② 方克立:《关于马克思主义与儒家关系的三点看法》,《高校理论战线》2008 年第 11 期。
③ 余英时:《重寻胡适历程》,生活·读书·新知三联书店 2012 年版,第 186 页。

取得成功,不是说马克思主义从十月革命以后才开始传入中国。① 实际上从 19
世纪末马克思主义就开始传入中国,1899 年《万国公报》刊登了英国进化论者颉
德的《社会进化论》一书前三章的译文,其中提到马克思及其《资本论》;1902 年
梁启超在《新民丛报》上提到马克思,称他是"社会主义之泰斗也";1905 年朱执
信在《民报》第 2 号上发表《德意志社会革命家列传》,其中较具体地介绍了马克
思、恩格斯的生平及《共产党宣言》《资本论》的要点,并节译了《共产党宣言》六
段文字录于其中;1912 年孙中山在《社会主义派别及其批评》中称赞马克思"阐
发真理,不遗余力"。可见,马克思主义在十月革命以前就在中国有所传播,只
是到了十月革命以后才获得比较广泛的传播,并对中国社会产生广泛而深刻的
影响。

　　一百多年来,马克思主义在中国的根扎得越来越深,对中国人民的影响越来
越大,成为当代中国社会的主导意识形态。然而,马克思主义作为一种外来的文
化,一种与中国传统文化不同的文化,为什么能在中国这个深受传统文化熏陶和
影响、历经五千年而绵延不断的国度里扎根、生长、壮大呢? 对此学术界长期以
来形成了不同的看法。有个别学者认为:"马克思主义在中国被知识分子所广
泛接受的一个原因,就是它对西方的主流价值形态有相当严厉的批评。"②这是
一种很有见地的观点。但大多数学者都是从中国传统文化与马克思主义的相通
性方面进行论证,比如李泽厚先生认为,中国人尤其是进步知识分子之所以能接
受马克思主义,这首先与当时救亡图存的现实需要有关,同时还与中国人的"更
深一层的文化心理结构"有关,这种"更深一层"的"文化心理结构"之基本特质
便是"求现实生存、肯定世俗生活并服务于它的实用理性"③。张岱年等人认为:
"中国人特别是知识分子接受马克思主义,与中国传统文化也有密切关系。中
国文化中本有悠久的唯物论、无神论、辩证法的传统,有民主主义、人道主义的思
想传统,有许多历史唯物主义的思想因素,有大同的社会理想,如此等等,因而马

---

① 参见赵遒夫:《论马克思主义同中国传统文化的融合》,《甘肃社会科学》2017 年第 2 期。
② 景海峰:《寻找儒学和马克思主义的对话路径》,《社会科学报》2015 年 7 月 16 日。
③ 李泽厚:《中国现代思想史论》,生活·读书·新知三联书店 2008 年版,第 155 页。

克思主义很容易在中国的土壤里生根。"①台湾学者林安梧认为,儒学与马克思主义有一个共通的地方,就是他们都是人文主义(humanism),都是以人作为核心性的思考,都强调人的平等性,强调公平正义、人性化的社会,这是儒学与马克思主义的一个重要的接榫点。② 北京大学的郭建宁教授认为,马克思主义与中国传统文化尤其与儒家思想有许多共同的地方,比如马克思主义的实践学说与儒家的"行"或"躬行"思想,马克思主义的改造世界思想与儒家讲的"天下兴亡,匹夫有责",马克思主义的辩证法思想与中国哲学讲的相反相成、物极必反,马克思主义的共产主义理想与儒家的"大同社会",它们之间都有某种契合和相同之处,为中国人选择和接受马克思主义并使马克思主义在中国传播与发展奠定思想文化基础。③ 习近平总书记更是明确指出:"马克思主义和中华优秀传统文化来源不同,但彼此存在高度的契合性。比如,天下为公、讲信修睦的社会追求与共产主义、社会主义的理想信念相通,民为邦本、为政以德的治理思想与人民至上的政治观念相融,革故鼎新、自强不息的担当与共产党人的革命精神相合。马克思主义从社会关系的角度把握人的本质,中华文化也把人安放在家国天下之中,都反对把人看作孤立的个体。相互契合才能有机结合。正是在这个意义上,我们才说中国共产党既是马克思主义的坚定信仰者和践行者,又是中华优秀传统文化的忠实继承者和弘扬者。"④总之,正是由于儒学与马克思主义具有许多共通性、亲和性,马克思主义才能在中国扎根、发展和壮大。如果没有中国优秀传统文化,没有儒学这一中国社会的文化底蕴,中国人就无从接引马克思主义。就此而论,马克思主义传入中国之后,经历了一番"去土壤化""再土壤化"的过程。同样,当代马克思主义中国化的每一步拓展,都应当是建基于对儒家思想的彻底理解和把握上面,而不是建立在拒斥儒家思想上面。⑤

历史和现实证明,中国马克思主义正是在中国文化土壤中确立起来的,马克

① 张岱年、程宜山:《中国文化争论》,中国人民大学出版社 2006 年版,第 156 页。
② 参见林安梧、陈占彪:《儒学与马克思主义应该有一个重要的接榫点——"后新儒学"建构者,台湾师范大学教授林安梧先生访谈》,《社会科学论坛》2008 年第 9 期。
③ 参见郭建宁:《实现中华优秀传统文化的现代转化》,《光明日报》2014 年 7 月 7 日。
④ 习近平:《在文化传承发展座谈会上的讲话》,人民出版社 2023 年版,第 5—6 页。
⑤ 参见马军海:《反思马克思主义与儒学的关系》,《理论与现代化》2014 年第 5 期。

思主义与以儒学为核心的中国传统文化的会通为中国社会主义革命和建设提供了强大的精神和思想动力。中国早期的马克思主义者之所以能接受马克思主义、引进俄苏社会主义大都以儒家《礼记·礼运》的大同理想为文化铺垫。儒家的大同理想与共产主义、社会主义、三民主义等进步思想交相呼应，极大地推动了中国近现代社会的变革与进步。尤其是大同理想所倡导的"大道之行，天下为公"的精神激励了无数仁人志士、革命先烈为"天下大同"而艰苦奋斗乃至流血牺牲；儒家的"志士仁人，无求生以害仁，有杀身以成仁""三军可夺帅也，匹夫不可夺志也""先天下之忧而忧，后天下之乐而乐"等人格理想、人格操守也无不激励着中国的马克思主义者、共产党人的先驱和前辈们为夺取社会主义革命的胜利、建立新中国而坚韧不屈、英勇奋斗。中国几代马克思主义者所以受民众的拥戴，无不与其人格修养、人格魅力有关。作为中华人民共和国的缔造者、中国共产党第一代领导集体核心的毛泽东最大的特点和贡献，就是善于把马克思主义的基本原理与中国具体国情相结合，创立了中国化马克思主义的第一个重要理论成果——毛泽东思想。这其中就包含着把马克思主义与中国传统文化尤其是儒学的结合。早在 1938 年 10 月，毛泽东在中共六届六中全会所作的政治报告《论新阶段》中指出："离开中国特点来谈马克思主义，只是抽象的空洞的马克思主义。因此，使马克思主义在中国具体化，使之在其每一表现中带着必须有的中国的特性，即是说，按照中国的特点去应用它，成为党亟待了解并亟待解决的问题。"这里首次提出来了"马克思主义中国化"命题。毛泽东还说："今天的中国是历史的中国的一个发展；我们是马克思主义的历史主义者，我们不应当割断历史。从孔夫子到孙中山，我们应当给予总结，承继这一份珍贵的遗产。这对于指导当前的伟大的运动，是有重要的帮助的。"①毛泽东特别反对教条主义地对待马克思主义，在中共七大的"口头"政治报告中，毛泽东提出马克思主义有很多种，包括"香的""臭的""活的""死的"等。他强调我们要"香的""活的"马克思主义，而不要"臭的""死的"的马克思主义。② 很明显，毛泽东所说的"香的"

---

① 《毛泽东选集》第二卷，人民出版社 1991 年版，第 534 页。
② 参见《毛泽东文集》第三卷，人民出版社 1996 年版，第 331—332 页。

"活的"马克思主义就是与中国实际相结合马克思主义；相反，"臭的""死的"就是"教条主义"的马克思主义。毛泽东不仅提出把马克思主义与中国实际相结合，提倡"洋为中用，古为今用"，而且他本人就是善于把马克思主义与中国传统文化融合的典范。比如，他对"实事求是"思想的新诠释就表明了这一点。众所周知，"实事求是"一词最早见于班固的《汉书·河间献王传》篇，班固称赞河间献王刘德做学问能"修学好古、实事求是"，这里的"实事求是"是指从实际存在的情况中找到真实的结论。毛泽东把儒家的这种求实学风与马克思主义哲学相结合，对"实事求是"作了全新的界定："'实事'就是客观存在着的一切事物，'是'就是客观事物的内部联系，即规律性，'求'就是我们去研究。"①概而言之，"实事求是"就是从实际情况出发，"从其中引出其固有的而不是臆造的规律性"，以此"作为我们行动的向导"②。"实事求是"对中国共产党来说意义重大，它是中国共产党人认识和处理问题的根本方法，是毛泽东思想活的灵魂之一。在某种意义上说，没有实事求是，中国革命就不可能取得胜利，就没有今天的社会主义建设。可见，实事求是是中国革命和社会主义现代化建设立于不败之地的法宝。但我们看到，实事求是无疑是马克思主义的辩证唯物主义世界观与中国传统文化相结合的产物，是马克思主义中国化的具体表现。此外，《矛盾论》《实践论》以及刘少奇的《论共产党员的修养》无不带有儒家思想的精义与风格。

以邓小平同志为核心的中国共产党人，继承和发扬毛泽东开创的实事求是思想路线，并在此基础上增添了"解放思想"的新内涵。他推动"真理标准大讨论"，反对"两个凡是"，反对教条主义地对待马列主义、毛泽东思想，提出重新认识"什么是马克思主义""什么是社会主义"；主张走具有中国特色的社会主义道路，反对照搬别国模式、照搬马克思主义；大力推行改革开放、发展经济，倡导生产力标准（"猫论"）、三个有利于标准，提出追求"共同富裕"、建设"小康社会"、实现世界的"和平与发展"，这些思想理念与儒家的"革故鼎新""与时偕行""知行合一""求真务实"以及"惠民、富民、教民"的民本意识、关爱"老弱病残、鳏寡孤独

---

① 《毛泽东选集》第三卷，人民出版社 1991 年版，第 831 页。
② 《毛泽东选集》第三卷，人民出版社 1991 年版，第 801、799 页。

者"的仁爱精神、小康思想、大同理想、爱好和平具有深刻的一致性和承续性。

　　沿着邓小平开创的建设有中国特色的社会主义道路,中国共产党的新一代领导集体结合中国国情和不断发展着的国际国内形势,充分汲取世界各国人民创造的优秀文化成果和中国优秀传统文化的积极成果,不断完善中国特色社会主义的理论、制度和道路,不断开辟马克思主义理论的新境界,使马克思主义中国化向纵深发展,创立了"三个代表"重要思想、科学发展观和习近平新时代中国特色社会主义思想,它们都是马克思主义与以儒家思想为核心的中国传统文化相融合的结晶,与儒家的民本传统、德治主义、人文主义精神、和谐思想等有着内在的关联。尤其是习近平新时代中国特色社会主义思想更是汲取了儒学思想中的许多精华,比如"中国梦"的目标、"以人民为中心"的立场、"共产党人的心学"、生态文明思想、"人类命运共同体"理念等,就是对儒家的爱国主义传统、民本传统、心学传统、"民胞物与"思想、和平主义传统的继承和发扬。[1] 习近平总书记具有深厚的传统文化底蕴,擅长于用中国传统文化的经典话语讲述和诠释马克思主义的基本观点、立场和方法,形成了颇具特色的语言风格,被人们亲切地称为"平'语'近人";他特别强调中国共产党人始终是中国优秀传统文化的忠实继承者和弘扬者,要求我们要不忘本来、面向未来,通过"两个结合"实现传统文化的创造性转化、创新性发展,新的起点上继续推动文化繁荣、建设文化强国、建设中华民族现代文明。

　　费孝通先生曾说:"我们常常讲有中国特色的社会主义,那是指马克思主义与中国实践相结合的结果,所以在马克思主义进入中国后变成了毛泽东思想,后来又发展成了邓小平理论,这背后一定有中国文化的特点在起作用。"[2]"这背后"的中国文化主要是儒家文化,因为中国传统社会的文化底色和主流是儒学,传统中国人的主要性格也是儒家式的,因此,马克思主义中国化的过程,其实就是在儒家文化的土壤上进行的。正如郭齐勇先生所言:"无论是早期中国共产主义者的社会正义观与社会理想,还是我们当下建设中国特色社会主义、构建和

---

　　① 参见戢斗勇:《新时代马克思主义中国化的儒学路径》,《贵州大学学报》(社会科学版)2018 年第 3 期。

　　② 费孝通:《费孝通论文化与文化自觉》,群言出版社 2007 年版,第 390 页。

谐社会的伟大实践,儒家的仁爱、民本、民富、平正、养老、恤孤、济赈、大同、民贵君轻、兼善天下、和而不同、食货、德治主张、入世情怀等等,都是其铺垫、背景与积极的思想资源。没有儒家文化就不可能有马克思主义的传入与中国化。"①总之,以儒学为代表的中华优秀传统文化为马克思主义中国化提供了丰厚的土壤,以前如此,将来也如此。

(三)儒学资源在当代马克思主义中国化过程中的可有贡献

综上所述,儒家文化是马克思主义中国化的土壤,没有儒家文化就不可能有马克思主义的传入及其中国化。毛泽东思想和中国特色社会主义理论体系都是马克思主义中国化的具体理论成果,它们都是马克思主义与中国传统文化尤其是与儒家文化相融合的产物。但马克思主义中国化并不是已经"完成时",而是正在"进行时",是一个永无止境的过程,当代中国仍然需要不断地推进马克思主义中国化、时代化。

新时代在推进马克思主义中国化、时代化的过程中,需要更好地将马克思主义与以儒学为代表的中华优秀传统文化相结合。陈来先生认为,当今在处理马克思主义与儒学的关系时,"不应该一般地去关注马克思主义和儒学的理论结合点,不应该把注意力放在马克思主义和儒学的学术对话,更不需要纠缠在马克思主义经典文本与儒学经典文本的具体比较上",而是"要直接指向中国社会协调发展的文化需要"。② 习近平总书记更是明确指出:"'结合'不是'拼盘',不是简单的'物理反应',而是深刻的'化学反应',造就了一个有机统一的新的文化生命体。一方面,马克思主义把先进的思想理论带到中国,以真理之光激活了中华文明的基因,引领中国走进现代世界,推动了中华文明的生命更新和现代转型。另一方面,中华优秀传统文化充实了马克思主义的文化生命,推动马克思主义不断实现中国化时代化的新飞跃"③。当前应针对现实的问题和文化发展的需要,充分挖掘和弘扬儒学的积极资源,为推动中国特色社会主义的现代化建设

---

① 郭齐勇:《儒学与马克思主义中国化及中国现代化》,《马克思主义与现实》2009 年第 6 期。
② 陈来:《关于"马克思主义与儒学"》,《光明日报》2012 年 4 月 9 日。
③ 习近平:《在文化传承发展座谈会上的讲话》,人民出版社 2023 年版,第 6 页。

贡献儒学的力量。

1. 儒学对当代中国意识形态和制度体制的充实和完善具有重要的辅助和补充作用

毫无疑问,当代中国必须坚持马克思主义在意识形态中的主导地位。如果说,在中国特色社会主义建设进入新时代以前,"马克思主义与儒学的关系是主导意识与支援意识的关系",那么进入新时代以后,儒家文化在当代中国不仅仅起到"支援意识"的作用,其"地位似乎可以更进一步地加以强调,从'支援意识'提升为构成中国化马克思主义的文化根基、基因甚至内核。"①不遑缕述,当前指导我国改革开放和社会主义现代化建设事业的是"中国化的马克思主义",而"中国化马克思主义"越来越是马克思主义与以儒学为代表的中华优秀传统文化相融合而锻炼出来的意识形态"合金",当然这其中也包含着借鉴吸收人类创造的一切优秀文明成果。但是,马克思主义始终是主导、主体、主流,儒学和其他文化成果是辅助和补充,这是我们必须明确的。概而言之,儒学不可能成为当今中国的意识形态,但它对当代中国意识形态和制度体制的充实与完善具有重要作用。正如习近平总书记所说:"我们党开创的人民代表大会制度、政治协商制度,与中华文明的民本思想,天下共治理念,'共和'、'商量'的施政传统,'兼容并包、求同存异'的政治智慧都有深刻关联。我们没有搞联邦制、邦联制,确立了单一制国家形式,实行民族区域自治制度,就是顺应向内凝聚、多元一体的中华民族发展大趋势,承继九州共贯、六合同风、四海一家的中国文化大一统传统。"②尤其是它对促进马克思主义的中国化时代化,对培育和践行社会主义核心价值观,对塑造民族精神和时代精神等能提供丰厚的思想资源,从而充分彰显了它对完善我国意识形态所具有的辅助和补充作用。

2. 儒学具有文化传承的重要作用,它作为民族主体价值,为当代中国人提供了精神家园

儒学在当代马克思主义中国化过程中,除了发挥意识形态的辅助和补充作

① 戴斗勇:《新时代马克思主义中国化的儒学路径》,《贵州大学学报》(社会科学版)2018年第3期。

② 习近平:《在文化传承发展座谈会上的讲话》,《求是》2023年第17期。

用之外,更主要的是发挥了一种文化传承的作用,为当代中华民族的文化认同和伦理共识奠定基础。习近平总书记指出:"不忘历史才能开辟未来,善于继承才能善于创新。优秀传统文化是一个国家、一个民族传承和发展的根本,如果丢掉了,就割断了精神命脉。"①众所周知,儒家文化是中华传统文化的主流和代表,在一定意义上说,正是儒家的文化和价值观塑造了中华民族的民族精神,因此,继承和弘扬儒家传统文化就意味着对中华优秀传统文化的传承,体现了对中华民族主体价值的坚守。如果说"文化是民族的血脉,是人民的精神家园",那么,儒家文化就是中华民族最主要的血脉,是中国人民的精神家园。当代中国的民族文化认同,更重要的是对儒家优秀价值观和道德规范的认同,儒家的仁、义、礼、智、信、廉、耻等仍然是需要当代人继承和弘扬的伦理规范和道德品质。当今社会尤其需要提升民众的教养水平,而儒家的"温、良、恭、俭、让"和礼敬精神对塑造现代公民品格、提升国民的教养水平具有重要的借鉴意义,在一定意义上说是建构当代文明社会的伦理资源。通过传承儒家文化,可以为当代中华民族的文化认同和伦理共识提供基础,从而给人们提供生活规范、德行价值以及文化归属感,对巩固民族的凝聚力和向心力,稳定社会人心具有重要意义。从这个意义上说,儒学作为中华民族的主体文化和价值观,为当代中国人提供了精神家园。

3. 儒学对增强国家文化软实力,提升中华文化国际影响力具有重要作用

"软实力"(Soft Power)一词是由美国哈佛大学教授约瑟夫·奈于20世纪90年代提出来的。他认为一国的综合国力包括"硬实力"和"软实力"两部分,"硬实力"即一国的经济、科技、军事的实力,"软实力"主要是文化和意识形态的吸引力。这一概念提出以后,立刻风靡全球,深刻地影响着人们对国际关系的看法,使各国不仅关心自己的"硬实力",也开始关心自己的"软实力"。当前,"软实力"一词的含义更加广泛,泛指能够影响别国意愿的一切精神力量,诸如文化的感染力、价值观的感召力、政治制度的吸引力等。

我国对文化软实力的关注也是从"软实力"这一概念出现以后开始的,尤其

① 《习近平著作选读》第一卷,人民出版社2023年版,第281页。

是进入 21 世纪以后中国政府非常重视文化软实力的建设和提升问题。党的十七大报告首次提出要"提高国家文化软实力",强调"当今时代,文化越来越成为民族凝聚力和创造力的重要源泉、越来越成为综合国力竞争的重要因素"①。党的十七届六中全会通过的《中共中央关于深化文化体制改革、推动社会主义文化大发展大繁荣若干重大问题的决定》进一步指出:"当今世界正处在大发展大变革大调整时期,世界多极化、经济全球化深入发展,科学技术日新月异,各种思想文化交流交融交锋更加频繁,文化在综合国力竞争中的地位和作用更加凸显,维护国家文化安全任务更加艰巨,增强国家文化软实力、中华文化国际影响力要求更加紧迫"②,表明我们党和国家对提升国家文化软实力的认识越来越深刻、越来越重视。习近平总书记在 2013 年全国宣传思想工作会议上的讲话中更是明确地把中华优秀传统文化视为我国当前的"软实力",他说:"中华优秀传统文化是中华民族的突出优势,是我们最深厚的文化软实力"③。尤其是在 2013 年 12 月 30 日中央政治局专门就"提高国家文化软实力"问题举行第十二次集体学习,习近平总书记在主持学习强调提高国家文化软实力关系到"两个一百年"奋斗目标和"中国梦"的实现,指出提高国家文化软实力要"努力传播当代中国价值观念""努力展示中华文化独特魅力"④等。明确把展示中华文化的独特魅力是提高国家文化软实力的重要举措,而在通过展示中华文化的独特魅力来增强国家的文化软实力方面,儒家文化具有强大的优势和丰富的资源。

事实上,在当代,最能吸引世界各国人民对中国文化仰慕并愿意学习、借鉴的大多数是儒家的传统价值观和传统美德。比如,孔子提出的"己所不欲,勿施于人"思想已被视为人类社会应该确保的"道德底线",成为全球伦理的"金规则"。孔子的这句名言被写入联合国《人权宣言》和《世界伦理宣言》,在联合国总部大厅里摆放着孔子的塑像,塑像上就刻有孔子的这句话,它已成为指导世界

---

① 胡锦涛:《高举中国特色社会主义伟大旗帜 为夺取全面建设小康社会新胜利而奋斗——在中国共产党第十七次全国代表大会上的报告》,人民出版社 2007 年版,第 33 页。

② 《中共中央关于深化文化体制改革、推动社会主义文化大发展大繁荣若干重大问题的决定》,人民出版社 2011 年版,第 4 页。

③ 《习近平著作选集》第一卷,人民出版社 2023 年版,第 150 页。

④ 《习近平谈治国理政》,外文出版社 2014 年版,第 161 页。

各国政要和国际组织领导人们处理国家、地区和不同文化间冲突的普适性原则，充分彰显了中国传统文化的国际影响力，是中国国家文化软实力的重要表现。诸如此类的事例还有，比如儒家的"天人合一"思想已被作为解决全球生态危机的基本原则而得到世界各国的普遍认同；儒家"和而不同"的观念业已成为处理世界不同文明和文化之间关系的基本理念而受到各国的普遍赞赏。英国著名历史学家汤因比说："只有当中国文明的精髓——'和谐'引导人类文化前进时，世界历史才找到了它的真正归宿。"①除此之外，儒家的"以义制利""协和万邦""民为邦本""天下为公"等思想理念也都"跨越时空、超越国度、富有永恒魅力、具有当代价值"。如果我们能够结合当代世界文化发展、社会发展的需要对之进行创造性的转化和创新性发展，并用喜闻乐见、具有广泛参与性的方式向全世界推广，讲好中国故事，就一定能扩大中国文化的国际影响力，增强国家的文化软实力。

尤值措意的是，在中国政府和人民抗击"新冠"肺炎疫情的艰难斗争中，既将中国的社会制度优势充分展现，也使以儒家为代表的中国传统文化的永恒价值及其所孕育的民族精神得以充分彰显，比如爱国主义精神、无私奉献精神、勇于拼搏精神、"一方有难，八方支援"的团结互助精神、"天下兴亡，匹夫有责"的担当精神、群体主义价值观等在这次"抗疫"战斗中被淋漓尽致地展现出来，正是有了这些精神的支撑和我国制度优越性的保障，使得我国的抗疫斗争在很短的时间内就取得了决定性的胜利，向全世界充分展现了我国制度的优势、文化的魅力和国人的团结奋进、坚韧不屈、昂扬向上的精神。中国在抗击"新冠"肺炎疫情过程中的非凡卓越表现，使中国政治制度的吸引力、价值观的感召力和文化的感染力等文化软实力得到极大的增强，从而使中华文化的国际影响力得到极大的提升。而上述所有精神都是儒家思想的精华，而且真正印证了这些精神确实能够"跨越时空、超越国度、富有永恒魅力、具有当代价值"。由是而观，弘扬儒家文化精神，的确对增强国家文化软实力、提升中华文化国际影响力具有重要作用。

---

①　陆晓明：《中国传统思维模式向何处去？》，《福建论坛》1985 年第 3 期。

综上所述,在当代中国,马克思主义的中国化离不开儒学的参与。我们今天要在坚持马克思主义指导的前提下,用以儒家思想为代表的中华优秀传统文化的独特思想内蕴,为马克思主义中国化厚植中华精神根系的土壤,同时又要推动中华优秀传统文化的创新性发展和创造性转化,使之与现代社会生活相适应。尤其要在习近平总书记关于"两个结合"特别是"第二个结合"思想的指引下,用马克思主义激活儒家优秀传统文化中富有生命力的优秀因子并赋予新的时代内涵,将儒家文化的思想精髓和丰富智慧更深层次地注入马克思主义,从而更好地推动马克思主义中国化、时代化。

三、儒家价值观对当代中国国家治理的意义

儒家价值观能为当代中国国家治理活动的有效开展和治理体系的完善提供丰富的智慧资源、启示与借鉴,从而对提升国家治理能力和实现国家治理体系的现代化具有重要作用。

习近平总书记说:"一个国家选择什么样的治理体系,是由这个国家的历史传承、文化传统、经济社会发展水平决定的。"又说:"我国今天的国家治理体系,是在我国历史传承、文化传统、经济社会发展的基础上长期发展、渐进改进、内生性演化的结果。"①党的十九届四中全会通过的《中共中央关于坚持和完善中国特色社会主义制度,推进国家治理体系和治理能力现代化若干重大问题的决定》进一步指出:中国特色社会主义制度和国家治理体系"植根中国大地、具有深厚中华文化根基",其显著优势之一就是"坚持德才兼备、选贤任能,聚天下英才而用之"。② 毋庸置疑,当代中国国家制度和治理体系是在马克思主义指导下形成和发展的,但它不可能完全脱离中国传统文化的根基,相反,它深受中华传统文化尤其是儒家"民为邦本""选贤任能""为政以德"等思想理念的影响。在当今中国,儒学已经失去作为国家意识形态的基础和条件,所以我们坚决反对一

---

① 《习近平谈治国理政》,外文出版社2014年版,第105页。
② 《中共中央关于坚持和完善中国特色社会主义制度,推进国家治理体系和治理能力现代化若干重大问题的决定》,人民出版社2019年版,第3—4页。

些人所鼓吹的"政治儒学"治国方案,即以"王道政治"作为中国政治的发展方向,试图恢复儒家在社会意识形态中的正统和主导地位。但我们认为儒家的"贤能政治""民本主义"等思想理念,对当代中国民主政治建设和国家治理体系现代化仍具有重要的借鉴意义。

(一)儒家"贤能政治"的当代意义

1. 贝淡宁的"贤能政治"引发的争论

从文献资料看,"贤能政治"一词最早出现于 20 世纪 80 年代[1],但长期以来并未受到人们的关注。2004 年,加拿大学者贝淡宁教授来中国任教,他观察到中国改革开放之所以能取得如此巨大成功,一个重要因素是实行"贤能政治",因此他开始研究和提倡"贤能政治"。2012 年,他发表《儒家价值观需要更多建树》一文,提出:"今天的政治儒学家们特别为两种核心价值进行辩护:贤能政治与和谐观","任何关心这个世界的政府都必须由道德和政治才能出众的人组成。政治体制的一个重要任务就是鉴定和选拔那些能力超乎寻常的人"[2]。同年 8 月,他又在《当代世界》杂志发表《贤能政治是个好东西》一文,不仅对"贤能政治"下了一个十分明确的定义,即"贤能政治的含义是设计一种政治制度,挑选能力超过平均水平的政治领袖做知情的、道德上站得住脚的政治决断",还提出在当代中国背景下复兴这种政治理念的三大理由:"其一,贤能政治过去是,也会一直是中国政治文化的核心;其二,西方民主是一种有缺陷的政治体制,而贤能政治有助于弥补其部分缺陷;其三,过去三十多年里,中国共产党本身正变得越来越崇尚贤能。"[3]此后,他又连续发表《从"亚洲价值观"到"贤能政治"》《李光耀与新加坡式贤能政治》《中国贤能政治的未来》《中国的贤能政治与民主政治》等系列文章,进一步宣扬"贤能政治"论。尤其是在 2016 年,他的《贤能政治——为什么尚贤制比选举民主制更适合中国》一书中文版在中国内地面世,一度成为当时的热门畅销书,由此引起中国学界对"贤能政治"的关注和争论。

---

① 参见杨桂生:《论春秋战国时期的贤能政治》,《东北林业大学学报》1986 年增刊。
② [加]贝淡宁:《儒家价值观需要更多建树》,《中国科学报》2012 年 5 月 28 日。
③ [加]贝淡宁:《贤能政治是个好东西》,《当代世界》2018 年第 8 期。

在《贤能政治》一书的"前言"中,贝淡宁开宗明义地提出:"本书旨在为政治上的尚贤制辩护,即政治权力应该根据能力和品德分配"①,主张"庞大的、和平的、处于现代化进程中的尚贤制国家的高级政治领袖需要在智识能力、社交能力和美德方面都很出色"。他认为当代西方的民主政治制度存在着"多数派暴政""少数派暴政""选民共同体暴政""竞争性个人主义暴政"四大缺陷,因而它不一定比"政治尚贤制"更好;相反,政治尚贤制比西方民主制更适合像中国这样的大国,因为它能有效地规避西方"一人一票式"民主选举制度的缺陷。当然一种"可持续的政治尚贤制也要求拥有民主社会的一些典型特征",因此,一种理想的政治模式应该是"将民主与尚贤调和起来"②,建构一种合适的民主尚贤制模式。此论一出,立刻引起学界极大争议。多数学者从立场上是拥护贤能政治的,支持有条件的贤能政治,主张当代中国的民主政治要与贤能政治相融合。③有不少学者反对贝淡宁的"贤能政治"理论,黄玉顺教授最具代表性,他发表长篇大论,从多方面批驳贝淡宁的观点,认为其充满逻辑矛盾,是一种否定人民主权、反民主的政治理论,在本质上是一条回归前现代之路。④ 另有学者刘京希完全反对贝淡宁的贤能政治主张,认为它是与社会主义民主政治建设格格不入的一种政治思潮,其本色是人治,或者说是人治的"2.0 版",它具有六大"无法解决的困境","最为致命的软肋,在于无力更无法从根本制度层面,解决权力的来源和权力的制约这两个关涉政权合法性的根本性问题"⑤。王长江教授则认为,贤能政治在实践上既无法离开民主政治单独存在,也难以与民主政治相结合,更无法取代民主政治,理论上则由于混淆了国家意志表达功能和国家意志执行功能而陷入困顿。⑥

---

① ［加］贝淡宁:《贤能政治——为什么尚贤制比选举民主制更适合中国》,吴万伟译,中信出版集团 2016 年版,第 XXXIV 页。

② ［加］贝淡宁:《贤能政治——为什么尚贤制比选举民主制更适合中国》,吴万伟译,中信出版集团 2016 年版,第 91 页。

③ 参见黄明英:《贤能民主:贤能政治与民主政治的融合》,《天府新论》2018 年第 4 期。

④ 参见黄玉顺:《"贤能政治"将走向何方?——与贝淡宁教授商榷》,《文史哲》2017 年第 5 期。

⑤ 刘京希:《构建现代政治生态必须祛魅贤能政治》,《探索与争鸣》2015 年第 5 期。

⑥ 参见王长江:《再评"贤能政治"》,《北大政治学评论》第 4 辑,商务印书馆 2018 年版。

　　总之，自贝淡宁教授大力倡导"贤能政治"之后，引起学术界极大的关注和争论，既有大量的拥护者，又有不少的批评和反对者。这一争论还在持续之中，它引发我们思考现代民主制度的利弊何在？如何克服它的弊端？儒家的传统贤能政治能否促进当代中国民主政治的发展？易言之，儒家的"贤能政治"思想对当代还有没有意义？这是我们接下来要探讨的问题。

　　2. 儒家"贤能政治"的核心要义

　　以贤能治国历来都是儒家的基本政治理念。春秋时期，面对"礼崩乐坏"的社会现实，孔子提出要对周道亲亲的世袭制度进行改革，主张"政在选贤"①，扩大选用人才的范围，不再局限于以血缘亲疏为基础的世卿世禄制所确定的"亲亲""尊尊"基本原则，做到"近不失亲，远不失举"（《左传·昭公二十八年》），既不遗落亲族，也不遗落值得提拔的族外人。孔子曾曰："举直错诸枉，则民服"，"举枉错诸直，则民不服"（《论语·为政》），这是因为"举直错诸枉，能使枉者直"（《论语·颜渊》），他反对压制人才，认为"贤而不立"是不仁的行为。孔子的这种"政在选贤"思想被后继者们继承和发扬光大，形成了儒家"选贤与能"的贤能政治传统。

　　孟子提出要使"贤者在位，能者在职"（《孟子·公孙丑上》），对"贤"与"能"作了区分。何为"贤""能"？杨国荣先生诠释道："'贤'主要与内在的道德品格或德性相涉，'能'则指治国经世的实际才干。与'贤'相联系的'位'首先涉及荣誉性的社会地位；相应于'能'的'职'，则主要指治理性或操作性的职位。对待贤者的方式是尊重，能者所面临的问题则是如何被使用"②。正是在这个意义上，孟子主张"尊贤使能，俊杰在位，则天下之士皆悦而愿立于其朝矣"（《孟子·公孙丑上》）、"尊贤育才，以彰有德"（《孟子·告子下》）。

　　《礼记》也论及贤能政治："大道之行也，天下为公。选贤与能，讲信修睦"（《礼运》）。把"贤"与"能"的统一作为理想社会选用人才的基本准则，认为"先王尚有德，尊有道，任有能"（《礼器》），方有"三代之治"。

---

　　①　《韩非子·难三》载曰：叶公子高问政于仲尼，仲尼曰："政在悦近而来远。"哀公问政于仲尼，仲尼曰："政在选贤。"齐景公问政于仲尼，仲尼曰："政在节财。"
　　②　杨国荣：《贤能政治：意义与限度》，《天津社会科学》2013年第2期。

荀子批判以世系举用贤人的制度,指出:"先祖当贤,后子孙必显,行虽如桀、纣,列从必尊,此以世举贤也。以族论罪,以世举贤,虽欲无乱,得乎哉?"又曰:"尊圣者王,贵贤者霸,敬贤者存,慢贤者亡,古今一也";"尚贤使能,则主尊下安"(《荀子·君子》)。把任用贤能看作为国家强盛的客观规律,违背了这个规律就会亡国。他认为君主的治国能力最重要表现在对人才的选用、支配和管理上,故而主张"人主,以官人为能者也"(《荀子·王霸》),"君不能者,其国乱"(《荀子·议兵》)。不难看出,荀子既强调"贤"的重要性,"人主无贤,如瞽无相何伥伥"(《荀子·成相》),又强调"能"的重要性,"君不能者,其国乱也"(《荀子·议兵》),二者共同构成了政治秩序与社会治理所以可能的条件。

及至汉代,汉武帝采纳董仲舒的建议,推行"罢黜百家、独尊儒术"政策,从此儒家思想在官方意识形态中逐渐占据主导地位,贤能政治的主张也逐渐制度化,表现在人才选拔方面建立了贤能推举制度和科举考试制度,这种制度一直延续至清朝末年。

在儒家的贤能政治中,"贤""能"都包含有两个方面的意蕴:"'贤'作为德性既关乎个体的内在品格,又涉及社会领域的实践过程;同样,'能'作为能力也既涉及治国的才干,又关乎个体的道德涵养。"①这表明贤与能是相互关联、内在统一的。事实上,儒家一贯主张德才是统一的,才就是德,即一种道德修养的能力;德就是才,"内圣"就能"外王"。从国家治理角度说,君王最重要的"德"就是能任用贤人,而能任用贤人显然就是就是一种能力。

总之,无论人们怎么来理解儒家的贤能政治,其核心要义在于选贤任能,极为重视贤能在治国中的作用,而所谓贤能一般是指有德有才、德才兼备的人才。而在这种德才兼备、德才统一中,德是第一位的,"德为才之帅",因此,儒家始终把修德("修身")视为最重要的,"自天子以至于庶人,壹是皆以修身为本",这就决定了儒家的治世逻辑或曰政治理想就是"格物、致知、诚意、正心、修身、齐家、治国、平天下"模式。

当然,儒家的贤能政治也并非一般人所认为的只重视为政者的道德素养和

---

① 杨国荣:《贤能政治:意义与限度》,《天津社会科学》2013年第2期。

执政能力,不重视规范和秩序。实际上,在儒家贤能政治中,既强调贤与能,还强调要遵循一般规范或普遍之道。正如孟子说:"离娄之明,公输子之巧,不以规矩,不能成方圆;师旷之聪,不以六律,不能正五音;尧舜之道,不以仁政,不能平治天下。"(《孟子·离娄上》)这里的"规矩""六律""仁政"就是规范人们行为的准则。不仅如此,孟子还常常把治国理政中所采用的规范与治国者的道德人格相联系。他说:"规矩,方圆之至也;圣人,人伦之至也。欲为君,尽君道;欲为臣,尽臣道,二者皆法尧舜而已矣。"(《孟子·离娄上》)在这里,孟子将"规矩"与"圣人"对应起来,意在表明在政治实践活动中,行为规范可以取得完美人格的形式,完美人格也可以具有某种规范的意义。这就使得"贤德"在政治实践中也呈现双重意义:"它既意味着为政者自身形成完美的德性,进而以德治国,也表现为提升被治理者的品格,从而使其自觉合乎社会的规范。"①

尤值措意的是,儒家的贤能政治不仅借助于为政者自身完美德性在政治实践中起到范导、制约作用,更强调在以德性为根本的"德治"前提下,重视"礼治"的保证作用。孔子主张"仁"与"礼"的统一,就是将"德治"与"礼治"统一起来;孟子提出"徒善不足以为政,徒法不能以自行"(《孟子·离娄上》),此中的"善"是道德的规定,"法"则泛指普遍的规范、制度。从贤与能的关系看,"善"涉及的是"贤","法"更多地与"能"相关,强调的是为政者依法而行政的能力。作为尤为强调"礼治"("隆礼")的荀子,也同样重视为政者的道德表率作用,他曾言:"上好礼义,尚贤使能,无贪利之心,则下亦将辞让致忠信而谨于臣子矣","故赏不用而民劝,罚不用而民服,有司不劳而事治,政令不烦而俗美"(《荀子·君道》)。

由是而观,儒家的贤能政治传统并非只重视道德、才能,而忽视法律制度建设,贤能政治的实现也依赖于一系列制度的保证。职此之故,中国传统社会也建立了察举制度、科举考试制度、监察制度、吏治制度等,借此达致"德治"与"礼治"的有机统一,确保贤能政治的有效实现。从这个意义上说,儒家的贤能政治并不是纯粹的"人治",而是"德治"与"法治"的统一,只不过这种统一是"德主刑辅"或曰以德为主、法治为辅而已!儒家的这样一种传统,对当今中国的民

① 杨国荣:《贤能政治:意义与限度》,《天津社会科学》2013年第2期。

主政治建设和国家治理的现代化具有重要的借鉴意义。

3. 儒家"贤能政治"对当今中国民主政治建设的意义

毫无疑问,现代社会是一个民主社会,现代人总是无所逃于民主时代,当代中国也只能走民主的道路,只能建立现代民主政治制度,绝不可能退回到古代那种贤能政治模式。我们也不认同贝淡宁把当今中国的政治制度简单地称为贤能政治,更不同意一些人把民主政治与贤能政治对立起来,并把贤能政治作为民主政治的替代性选择。我们主张中国在坚持民主政治制度的前提下,汲取儒家贤能政治传统中合理的、积极的因素,以克服和弥补现代民主制度的弊端和不足,使儒家选贤与能的传统与中国现代民主制度相融合,形成一种如一些学者所说的"贤能民主"①。就此而论,我们有限度地赞同贝淡宁"民主尚贤制"的某些构想。

具体来说,儒家"贤能政治"传统对当代中国民主政治建设的意义有如下方面:

首先,在于德性教化,提升执政者或国家治理者的道德素养。毋庸讳言,当今中国的民主政治,乃至于整个现代西方民主政治存在的最大问题就是德性危机②,比如中国一些官员的理想信念缺失、道德败坏等引发的腐败,中国基层民主自治中时常出现的贿选等,而这些德性危机仅仅靠维权普法等现代自由民主的民权教育是远远解决不了的,这就需要进行道德教化加以克服。对此,我们可以借鉴儒家贤能政治传统的资源和做法,弘扬儒家的"修身"传统,通过"仁、义、礼、智、信"等道德教化,一方面,提升官员的道德修养,培养贤能君子;另一方面,将儒家贤能政治的"仁、义、礼、智、信"等君子德性融入民主政治的公民美德中。

众所周知,人是政治活动的主体,政治实践的有效展开和政治体制的合理运作,都离不开其背后的相关主体。而作为政治活动的主体,"人既需要具备相关的能力,也应当有道德的素养",尤其是仁道、正义、清廉、自律等"这些内在的品格或贤德在不同的层面制约着政治领域的活动,并从一个方面为体制的合理运作提供担保"③。儒家的"贤能政治"作为一种社会政治领域的治理模式,它的根本之处在

---

① 黄明英:《贤能民主——贤能政治与民主政治的融合》,《天府新论》2018 年第 4 期。
② 参见孙磊:《民主时代的贤能政治——儒家贤能政治传统的现代意义探寻》,《天府新论》2018 年第 4 期。
③ 杨国荣:《贤能政治:意义与限度》,《天津社会科学》2013 年第 2 期。

于将注意力或着力点放在政治领域中的人及其内在道德品格和才能上,通过选贤任能,让品德高尚、能力强的人处在治国理政的岗位上,这样就能保证政治实践活动的顺利开展。这种政治模式对当今中国的民主政治实践活动仍然具有重要的借鉴意义,尤其是儒家贤能政治模式所蕴含的"为政以德"思想,在今天更值得大力弘扬。

当代中国民主政治建设和治国理政实践活动中遭遇的最大问题不是制度不健全,不是没有规矩或规矩不健全,而是制度的执行力不够、不到位,不能做到严格按规矩办事,甚至有些党员领导干部不讲规矩,逾越红线,超越底线,大搞不正之风,大搞腐败,不仅败坏了社会风气,损害了党的形象和威望,而且导致民怨沸腾,政令不畅,或有令不行、令行不止。凡此种种,都是由于一些官员或掌权者德性缺失,"能"而不"贤",或者是既不贤,又无能。

孔子曰:"为政以德,譬如北辰,居其所而众星共之。"(《论语·为政》)又曰:"政者,正也。子帅以正,孰敢不正?""其身正,不令则行。其身不正,虽令不从。"(《论语·颜渊》)孟子也说:"行有不得者,皆反求诸己,其身正而天下归之。"(《孟子·离娄上》)这里的"正"就是"正德","身正"就是自身品德端正。表明儒家要求为政者或统治者端正自己的品德,自身要做到公平、正直。之所以提出这样的要求,一方面,是希望统治者或为政者能起积极的表率作用;另一方面,如果统治者或为政者不能正德正身,就无法要求臣民或百姓遵守秩序,统治者的政令也很难推行。这是一条千古不变的道理。习近平总书记指出:"国无德不兴,人无德不立","道德之于个人、之于社会,都具有基础性意义,做人做事第一位的是崇德修身。这就是我们的用人标准为什么是德才兼备、以德为先,因为德是首要、是方向,一个人只有明大德、守公德、严私德,其才方能用得其所。"[①]这里的"德",既包括新时代的社会主义的"德",如社会主义核心价值观;也包括中华民族的传统美德,如仁、义、礼、智、信,礼、义、廉、耻等。因此,在加强用马克思主义和社会主义的道德观教育官员的前提下,大力发挥儒家传统道德观对各级官员的教化作用,以此提高从政者的官德,真正培育德才兼备的干部队伍,为当代中国民主政治实践活动的顺利展开提供人才担保。

---

① 《习近平谈治国理政》,外文出版社 2014 年版,第 168、173 页。

其次,儒家贤能政治模式对当代中国贯彻落实依法治国和以德治国相结合的治国原则提供了切实可行、极为便利的操作模式。众所周知,当代中国在国家治理上推行的是依法治国,但"坚持依法治国和以德治国相结合","既重视发挥法律的规范作用,又重视发挥道德的教化作用,以法治体现道德理念、强化法律对道德建设的促进作用,以道德滋养法治精神、强化道德对法治文化的支撑作用,实现法律和道德相辅相成、法治和德治相得益彰"①。如上所述,儒家的贤能政治传统强调在以德性为根本的"德治"前提下,重视"礼治"的保障作用,是一种将"德治"与"礼治"统一起来的治国模式,这与我国当前推行的依法治国与以德治国相结合的治国方略之精神实质是一致的,只不过在传统社会是德治为主、法治为辅,而在今天却是法治为主、德治为辅。但不管怎样,儒家的这种强调"德治"与"法治"("礼治")相统一的治国模式为当今中国坚持依法治国与以德治国相结合治国方针提供了具有深厚传统根基和极为便利可行的操作模式。反过来说,依法治国和以德治国相结合的治国方略使得儒家德性教化思想在今天有了用武之地,这也是儒家"贤能政治"当代意义的具体体现。

最后,儒家贤能政治的一些具体制度形式和治理经验为当代民主政治制度建设提供了有益借鉴。当今中国的民主政治也必须要坚持推举贤能,选拔德才兼备之人治国理政,正因为如此,我们完全可以借鉴传统儒家选贤任能的一些做法和形式,如历史上儒家贤能政治采用察举荐举制和科举考试制,今天我们则可以采用选举代表制和考试选拔制。又如,为了防治官场腐败,儒家贤能政治采用巡视制度,以此强化监察、监督,整顿吏治。今天反腐败是我国国家治理中面临的极为严峻的问题,而儒家贤能政治所采用的巡视制度对我们今天的反腐倡廉具有重要的借鉴意义。实际上,党中央和中央纪检委制定的巡视制度以及开展的巡视活动取得显著成效,可以说是对历史上的巡视制度的传承和创新。此外,历史上儒家贤能政治还采用监察制度遏制腐败,今天国家实行的监察体制改革也可以从中汲取有益的经验借鉴。尤其是儒家在政治制度的建设上善于吸收法家的法治思想,形成援儒入法、礼法共治的治理传统,今天我们完全可以将儒家德治

① 《中共中央关于全面推进依法治国若干重大问题的决定》,人民出版社2014年版,第7页。

和礼治的有益精神注入现代法治,形成民主政治下的礼法共治。① 凡此种种,制度和经验对我们今天的人才选拔制度建设无疑具有重要借鉴意义。

当代学人王长江引用美国政治学家古德诺的观点,将国家的行为功能概括为两种,即国家意志表达功能和国家意志执行功能。前者是政治功能,后者是行政功能;前者主要解决的是合法性问题,后者主要解决的是科学性和效率的问题。在王长江看来,"选贤任能"只能用于实现国家的行政功能,却不能用来实现国家的政治功能,"谁考得好,谁就有可能更好地执行国家意志,这说得过去;但谁考得好谁就有权表达国家意志,则是无论如何都说不过去的"②。这一见解是颇有道理的。正是在这意义上,我们赞同唐皇凤教授的观点:"贤能政治不能取代民主选举而成为现代政治的基本形式,而是需要在现代民主法治的基本制度框架下才能更好地发挥其积极作用。"③当今中国的政治制度只能是民主政治制度,人民是国家的主人,主权在人民。但在国家治理方面,我们完全可以吸纳儒家贤能政治之"选贤与能"的积极因素,选拔德才兼备的公职人员来治理国家,促进国家治理能力的现代化。借用白彤东的话来说,"主权在民,治权在贤"④,这正是儒家贤能政治之当代意义的根据所在。

(二)儒家"民本"传统对于当代中国民主政治建设的意义

民本思想作为古代中国的一种治国方略和执政理念,对中国传统社会的政治生活产生过重大而深远的影响。尽管其所依托的社会结构和经济基础在当代早已不复存在,但在经过理论和实践的双重批评,经过现代的诠释、转化之后,完全可以"嵌入民主政治的观念结构或制度伦理之中,成为非常有价值的民主政治文化资源"⑤,从而对当代中国社会的民主政治建设起到重要的推动作用。

---

① 参见孙磊:《民主时代的贤能政治——儒家贤能政治传统的现代意义探寻》,《天府新论》2018 年第 4 期。

② 王长江:《再评"贤能政治"》,《北大政治学评论》第 4 辑,商务印书馆 2018 年版。

③ 唐皇凤:《为新贤能政治正名与辩护》,《探索与争鸣》2016 年第 8 期。

④ 白彤东:《主权在民,治权在贤:儒家之混合政体及其优越性》,《文史哲》2013 年第 3 期。

⑤ 张星久:《儒家"民本"与现代民主——儒家思想的现代意义与局限》,《理论探讨》2010 年第 4 期。

1. 儒家民本思想为当代中国民主政治建设提供了丰厚的文化土壤

美国政治学家阿尔蒙德说："政治文化是一个民族在特定时期流行的一套政治态度、信仰和感情……人们过去的经历中所形成的态度类型对未来政治行为有着重要的制约作用。"①作为长期熏染于儒家文化的中国人,在刚刚接触到西方传来的民主思想时,其对民主政治的理解必然受到儒家民本传统的影响。同样,按照现代西方哲学解释学的观点,人们对某一事物或理论的理解与接受,总是受自己已有的理论、见识的影响,这种已有的理论和见识又被解释学称为"前见""前理解"。对近代以来的中国人来说,他们理解和接受西方民主这一事物的前理解,实际上就是中国传统的"民本论"这一本土思想资源。比如康有为就用中国的民本思想理解民主,他把孟子的"民为贵,社稷次之,君为轻"解释为"民主"思想。他说:"民为主而君为客,民为主而君为仆,故民贵而君贱,易明也。众民所归乃举为民主,如美法之总统。"②缘此,他认为民主思想为"孟子早已发明之"。现代新儒家代表人物张君劢也说:"孟子民贵君轻之义,谓为世界民主政治论之先驱可也。"③孙中山认为:"孔子和孟子都是民主的倡导者。……孔子总是引用尧、舜之语,因为他们不把帝国据为自己的世袭财产。虽然他们在政府名义上是君主专制的,但事实上却是民主的,而这就是孔子为什么要赞誉他们的原因所在"④,孙中山创立的三民主义实际上是将西方的民主思想、俄苏的民主制和中国传统民本思想有机结合的产物。毛泽东最早提出"民主主义"思想时,"不仅接受了马克思主义的阶级学说,而且承袭了我国传统的民本精神"⑤。正如毛泽东一贯善于把马克思主义的普遍原理和中国革命的具体实践相结合,走出一条具有中国特色的社会主义革命道路一样,他也善于把经过马克思主义改造过的西方民主思想与中国具体实际,尤其与中国传统民本思想的精华有机地结合起来,走出了一条具有中国特色的社会主义民主道路。此后,以

---

① [美]阿尔蒙德:《比较政治学:体系、过程和政策》,上海译文出版社 1987 年版,第 29 页。
② 康有为:《孟子微·礼运注》,中华书局 1987 年版,第 21 页。
③ 张君劢:《中西印哲学文集》第 2 册,台湾学生书局 1981 年版,第 783 页。
④ 引自[美]顾丽雅:《孔子和中国之道》(修订版),高专诚译,大象出版社 2014 年版,第 285 页。
⑤ 夏勇:《中国民权哲学》,生活·读书·新知三联书店 2004 年版,第 36 页。

邓小平、江泽民、胡锦涛、习近平同志为主要代表的中国共产党几代领导集体,沿着毛泽东开创的中国特色社会主义民主道路继续前进。在此过程中,他们在坚持马克思主义民主政治理论的前提下,根据时代的发展和改革开放的实际需要,一方面,不断地吸收西方民主思想和民主政治的积极成果;另一方面,不断挖掘和汲取中国传统文化尤其是儒家民本传统的优秀因素,努力构建既符合国情又适应社会发展变化的新型民主政治制度,促进国家治理体系和治理能力的现代化。

总之,从历史上看,中国的民主进程无不受到中国传统民本思想的影响,从早期接受和理解西方传来的民主思想,到新中国成立以后社会主义民主政治制度的建设,都有儒家民本思想渗透其中,即使对当代中国人来说,其对民主政治的理解和接受也莫不以儒家民本思想为根基和鉴照。正是在这个意义上说,儒家民本思想为中国的民主政治建设提供了丰厚的文化土壤。

儒家民本思想之所以能为中国的民主政治建设提供丰厚的文化土壤,是因为它富含许多民主性因素。

当然,我们首先必须澄清传统的"民本"与现代的"民主"是不同的。二者根本区别在于,民本不具有"民治"的思想和精神。所谓民主,简单地说就是"人民当家作主",具体来说,它包含"主权在民、人民的参政自由、多数决定而又容忍少数的原则,以及一人一票的平等原则"①。按照美国总统林肯的说法,民主包括"民有、民享、民治"三个方面,所谓"民有"就是国家归人民所有,而不是归某个人和某个集团所有,也即人民是国家主权的所有者;所谓"民享"就是国家的一切政策和行为都应当以人民利益为出发点,为人民利益着想;所谓"民治"就是人民掌握着政治统治的权利,人民可以依法参政、议政,也即人民当家作主。在这三者之中,民治是核心,因为它是民有、民享的体现和保障。由是而观中国历史上的民本传统,我们可以清楚地看到,它包含有民有、民享的思想,但缺乏民治观念。正如梁漱溟所言:"在中国虽政治上有民有民享之义,早见发挥,而二三千年卒不见民治之制度。岂止制度未立,试问谁曾设想及此? 三点本

---

① 张星久:《儒家"民本"与现代民主——儒家思想的现代意义与局限》,《理论探讨》2010 年第 4 期。

相联,那两点从孟子到黄梨洲可云发挥甚至,而此一点竟为数千年设想所不及,讵非怪事?"①金耀基也指出:"民本思想与民主思想,虽相似但非同一,虽可通但非一物,民本思想不必有民治之精神,民主思想则以民治为基点,两者虽只隔一间,但光景固有不同也。"②正是由于古代民本传统缺乏民治之主张,因此其民有、民享也很难得到全面落实或充分展现,诚如孙中山所说:"要必民能治才能享,不能治焉能享?所谓民有总是假的。"③总之,由于民本思想缺乏"民治"这一核心观念,因此,它和现代民主制度有着本质的区别。进而言之,在中国传统民本思想里,"民"始终处于社会的最底层,永远是无条件地接受和服从统治者统治的"客体",而不可能成为国家和社会的主人,更不可能自己当家作主;民本思想对民众的重视和让步,从根本上说是为了安抚民众,从而更好地维护专制统治,也即把"民本"作为统治的工具、手段而非目的本身;民本思想往往将兴国大任寄托于少数明君贤相的出现,反映了一种英雄史观,与当今民主政治的群众史观截然不同。正是这些不同,将民本与民主区别开来。

但是,我们不能因此而全盘否定儒家的民本思想,它虽不能等同于民主,但它包含着民主性的因素,或者说它与现代民主思想有许多相通之处,比如二者都强调"民众是国家的根本""民意是执政的基础""民生是治国的出发点"④,这些共通性为民本思想的现代转换奠定前提,也为当代民主建设从传统文化中汲取养料提供了丰厚的资源。

2. 儒家的"民为政本"思想对党的"人民至上""执政为民"根本价值立场和执政理念的涵养意义

儒家民本思想的一个重要内容是强调"民为政本""勤政为民"。荀子曰:"天之立君,以为民也"(《荀子·大略》),表明君主的职责是为民众服务,为人民谋福祉,彰显了以民为本的思想。管子说:"政之所兴,在顺民心;政之所废,在逆民心"(《管子·牧民》);贾谊明确提出"闻之于政也,民无不为本也"(《新

---

① 梁漱溟:《梁漱溟全集》第3卷,山东人民出版社1990年版,第253页。
② 金耀基:《中国民本思想史》,法律出版社2008年版,第17页。
③ 孙中山:《孙中山文集》(下),团结出版社1997年版,第546页。
④ 朱凤娟:《民本思想的发展逻辑及其现代转型》,《学术月刊》2012年第2期。

书·大政上》)的"民为政本"思想;二程强调:"为政之道,以顺民心为本,以厚民生为本,以安而不忧民为本"(《河南程氏文集》卷五)。儒家的这种思想具有超越时空、跨越古今的普遍意义,它对当今中国共产党坚持的"人民至上""执政为民"思想理念具有重要的借鉴和启迪意义。

习近平总书记指出:"民为邦本、为政以德的治理思想与人民至上的政治观念相融"①。中国共产党自成立起就将"全心全意为人民服务"的宗旨镌刻在自己的旗帜上,党的初心和使命就是"为中国人民谋幸福,为中华民族谋复兴",它没有任何自己的特殊利益,它一切都是为了人民的利益。这一宗旨、初心和使命构成了中国共产党执政为民的政治前提。事实上,党的几代领导人都在强调和践行"人民至上""执政为民"的理念,从毛泽东提出的"全心全意为人民服务",到邓小平讲的"把人民拥护不拥护、人民赞成不赞成、人民高兴不高兴、人民答应不答应作为制定各项方针政策的出发点和归宿,作为判断各项工作成败得失的最高标准",江泽民提出的"党要始终代表中国最广大人民根本利益",胡锦涛讲的"权为民所用、情为民所系、利为民所谋",再到习近平所说的"人民对美好生活的向往就是我们的奋斗目标""以人民为中心"等等,都是党"人民至上""执政为民"理念的生动体现,它们既各具特色,又一脉相承,共同构成了中国共产党作为执政党所奉行的最根本的价值立场和执政原则。这一立场和原则"始终将人民作为社会政治的主体,一直认为群众才是真正的英雄,执政者与人民是鱼水关系,国家应该'由民作主',而不是'为民作主'"②,始终体现了"得民心者得天下""民心向背"关系到社稷的安危、关系到社会稳定和长治久安这一民本思想的精髓。尤其是党的几代领导人经常以"舟水之喻""得民心""民为邦本,本固邦宁"等儒家民本思想警示和教育各级领导干部。习近平总书记十分强调"民本""民心"的重要性,他在党的群众路线教育实践活动总结大会说:"得民心者得天下,失民心者失天下,人民拥护和支持是党执政最牢固的根基"③;在中央

---

① 习近平:《在文化传承发展座谈会上的讲话》,人民出版社 2023 年版,第 5 页。

② 朱凤娟:《古代民本思想的当代价值探析》,《北京大学学报》(哲学社会科学版)2012 年第 1 期。

③ 习近平:《在党的群众路线教育实践活动总结大会上的讲话》,人民出版社 2014 年版,第 27 页。

扶贫开发工作会议上指出："'民为邦本,未有本摇而枝叶不动者。''天下之治乱,不在一姓之兴亡,而在万民之忧乐。'我们共产党人必须有这样的情怀。中国共产党在中国执政就是要为民造福"①。在纪念朱德同志诞辰 130 周年座谈会上习近平总书记又指出:"'天视自我民视,天听自我民听。'今天,全党同志无论职位高低,都要把人民拥护不拥护、赞成不赞成、高兴不高兴、答应不答应作为衡量一切工作得失的根本标准。"②凡此种种,不一而足。这充分说明了儒家传统民本思想对当代人治国理政观念的巨大影响,成为涵养"人民至上""执政为民"理念的重要资源。

3. 儒家"养民""富民""教民"思想对当代中国加强民生建设、夯实执政基础的意义

在儒家的"民为政本"的思想中,将重民意、赢民心作为勤政为民的主要目的,而要真正达到顺民意、赢民心,就必须解决民众的困难,保障民众的基本生存需要,即要保民生。因此,重民意、保民生、赢民心和勤政为民等政治理念就构成了儒家民本思想的基本内容,也是中国传统政治文化的精华所在。

从逻辑上讲,要赢得民心、得到民众的支持和拥护,就要解决民众的实际问题,满足民众的生存和发展的基本需要。缘此,在儒家的民本思想中包含有大量的关于养民、富民、教民、恤民等论述。比如孔子主张君王要赢得"民心",不仅要"宽民""信民",更要"富民""教民"。在孔子看来,"邦有道,贫且贱焉,耻也。"(《论语·泰伯》)民本思想的集大成者孟子更是主张"省刑罚,薄税敛""制民之产",使百姓"仰足以事父母,俯足以畜妻子,乐岁终身饱,凶年免于死亡",这样民心就会稳定,国家才能安宁。荀子继承了孔孟的"爱民""富民""教民"思想,强调"君人者欲安,则莫若平政爱民矣""有社稷者而不能爱民、不能利民,而求民之亲爱己,不可得也",主张"节用裕民""以政裕民"。《礼记·礼运》讲到"大同"社会理想时提出要"使老有所终,壮有所用,幼有所长,矜寡孤独废疾者皆有所养"。由此可见,儒家民本思想一贯将"富民""养民""教民"等民生问

---

① 习近平:《论"三农"工作》,中央文献出版社 2022 年版,第 169 页。
② 习近平:《在纪念朱德同志诞辰 130 周年座谈会上的讲话》,人民出版社 2016 年版,第 11 页。

题作为赢民心、保江山社稷的核心策略和根本手段,这一思想为今天我党提倡和推行的民生建设工程提供了丰富的智慧资源。

赢得广大人民群众的信任、支持和拥护是中国共产党的执政基础。因此,党的一切工作的出发点和落脚点就是"让老百姓过上好日子",也即解决好民生问题。党的十七大首次提出"加快推进以改善民生为重点的社会建设","努力使全体人民学有所教、劳有所得、病有所医、老有所养、住有所居",并把民生建设归纳为教育、就业、收入、医疗卫生、社会保障等方面。党的十八大以来,以习近平同志为核心的党中央提出了"五位一体"总体布局,更加凸显了"以保障和改善民生为重点"的社会建设的重要地位,强调"民生是人民幸福之基、社会和谐之本。增进民生福祉是我们党坚持立党为公、执政为民的本质要求。"[1]因此,党中央提出要随时随刻倾听人民呼声、回应人民期待,要实现好、维护好、发展好最广大人民根本利益,使发展成果惠及全体人民。不难看出,新时代党中央提出的加强民生建设的一系列方针政策,大致涵括了发展教育、保障就业、增加收入、改善医疗卫生条件、提高社会保障能力、关心困难群体和低收入人群的住房、日常生活及养老问题,归结起来,包括养民、保民、富民、教民等方面的内容,这与儒家提倡的"富民""养民""教民""恤民"等重民爱民的民本思想在本质上是一脉相承的。就此而论,儒家的"养民""富民""教民"思想,尤其是其中的一些具体措施和方法,对当代的民生建设必然具有重要的启示意义。我们应善于挖掘和借鉴儒家民本传统的积极因素,不断推进我国民生建设事业的健康发展,借此来改善和提高民众的生活水平,一定能赢得民心,受到广大群众的拥护和支持,从而夯实党的执政基础!

(三)儒家的"心学"思想对"共产党人的心学"建设的启示意义

人们常说,"办好中国的事情,关键在党",因为中国共产党是中国特色社会主义建设事业的领导核心,由此决定了"治国必先治党"。管党治党不仅关系党自身的前途命运,而且关系国家和民族的前途命运。职此之故,从党的十八大以

---

① 中共中央宣传部:《习近平新时代中国特色社会主义思想学习纲要》,学习出版社 2019 年版,第 157 页。

来,以习近平同志为核心的党中央始终把管党治党摆在治国理政全局至关重要位置,坚定不移推进全面从严治党。但正如"治人先治心"一样,治党也要先治心,由此就提出了"共产党人的心学"问题。2015年12月11日,习近平总书记在全国党校工作会议上的讲话中首次提出"共产党人的心学"这一概念,他引用王阳明"种树者必培其根,种德者必养其心"一语,提出"党性教育是共产党人修身养性的必修课,也是共产党人的'心学'"①。此后不久召开的第十八届中央纪律检查委员会第六次全体会议正式将"党性教育是共产党人的'心学'"写入会议公报。从中可以看出,共产党人的"心学"就是通过"党性"教育来培育和提升共产党员的党性修养和道德品性。就此而论,毛泽东在青年时期所撰写的《心之力》是其发源滥觞,毛泽东在新民主主义革命时期和新中国成立之后关于党性教育和修养理论以及刘少奇的《论共产党员的修养》、周恩来制定的《我的修养要则》等是其奠基之作,而"习近平新时代中国特色社会主义思想中的一系列党性教育和党性修养的论述,是'共产党人的心学'形成的标志"②。

习近平总书记将党性教育比作"共产党人的心学"显然是受到儒家心学思想的深刻影响,他关于"共产党人的心学"建设的创造性论述无疑包含着对儒家心学思想的传承和创新。因此,深入挖掘和诠释儒家传统心学思想,对当今中国共产党人"心学"的建设具有重要意义。

1. 儒家心学思想的核心要义

从广义上说,儒学本质上就是心学,因为它是"心性之学""修养之学""教化之学""成人之教"。正如梁启超所言:"儒家哲学,范围广博。概括说起来,其功用所在,可以《论语》'修己安人'一语括之。其学问最高目的,可以《庄子》'内圣外王'一语括之。做修己的功夫,做到极处,就是内圣;做安人的功夫,做到极处,就是外王。"③而且,在儒家的"内圣外王"学说中,内圣是外王的前提,只有内圣才能外王。而要达到内圣,只有通过"格物、致知、诚意、正心、修身"等步

① 习近平:《在全国党校工作会议上的讲话》,人民出版社2016年版,第17页。
② 戢斗勇:《新时代马克思主义中国化的儒学路径》,《贵州大学学报》(社会科学版)2018年第3期。
③ 梁启超:《清代学术概论 儒家哲学》,天津古籍出版社2003年版,第100—101页。

骤,修养好自身的道德品质,方能实现。职此之故,《大学》提出"自天子以至于庶人,壹是皆以修身为本"。

从狭义上说,儒家的"心学"主要是指由宋代陆九渊创立、明代王阳明为集大成者的心学思想体系。一般认为宋明心学的思想渊源是先秦思孟学派的"心性之学",但整个中国历史上的"心学"源流实际上可以追溯至"三代时期"。《尚书·大禹谟》记载舜传禹的"心法":"人心惟危,道心惟微,惟精惟一,允执厥中",首次论及"人心"的问题。《管子》中有《心术》《白心》二篇,专论心的术与学。《心术》曰:"心之在体,君之在位也;九窍之有职,官之分也。心处其道,九窍循理。"把心与国家治理联系在一起,用治身之理论治国之道。孟子堪称儒学史上"心性论"("心学")第一人,他从"心之主宰""心之陷溺""心之存养"三个方面来论述"心"。在孟子看来,人皆有"恻隐""羞恶""辞让""是非"四心,而"恻隐之心,仁也;羞恶之心,义也;恭敬之心,礼也;是非之心,智也"(《孟子·告子上》),足见孟子所说的"心"是充满仁义礼智的伦理道德之心,并且孟子认为"仁、义、礼、智,非由外铄我也,我固有之也"(《孟子·告子上》)。正由于"仁义礼智根于心",是人天生就有的,所以人性本善。人的善心即是良知、良能,但为什么人会作恶呢? 其根源在于人心被物欲所诱惑,此即"心之陷溺",他说:"耳目之官不思,而蔽于物,物交物,则引之而已矣。"(《孟子·告子上》)为此,孟子提出"心之存养",即人性本善,但须存心养性,而存心养性的具体方法是"求放心"和"养浩然之气"。南宋的陆九渊承继孟子"心性论"传统,又吸纳理学家的"道""理"等概念,提出"心即理""吾心便是宇宙"等命题,开创了儒家"心学"学派,其思想体系以"心"为本体,围绕"心""本心"与"理"的关系而展开,主张"发明本心"、践履本心,以实现"成圣"的境界。同时,还主张"自作主宰",充分彰显了人的主体能动性。作为"心学"的集大成者,王阳明同样继承了和发扬了孟子的心性论思想,认为人天生地就具有良知良能:"良知者,孟子所谓'是非之心,人皆有之'者也。是非之心,不待虑而知,不待学而能,是故谓之良知,是乃天命之性,吾心之本体,自然灵昭明觉者也。"(《大学问》)综观王阳明的心学思想,其核心可归结"致良知""知行合一""心即理"三方面。在王阳明看来,一切学问修养归结到一点,就是要为善去恶,"即以良知为标准,按照自己的良知去行动,只要通过格物致知,靠实践、靠自省,即'知行合一',达到一颗没有私心物欲的心,心中的理就是世间万物的理了"①。因此,他和陆九渊一样,也主张"心即理"(《传习录》上),把"心"作为宇宙的最高本体。正是在这个意义上,后世将二人的学说并称为"陆王心学"。

2. 儒家心学思想对共产党人心学建设的意义

无论从广义还是狭义来看,儒家心学思想的实质在于强调人们只有通过一番修养功夫,端正自身内在的品德,用一颗正直善良的心投入自己所从事的工作和事业中,才可能有好的作为、大的作为,才能成就一番伟业。对于今天的共产党的领导干部来讲,要治理好社会和国家,成就造福人民乃至整个人类的伟大事业,就要不断提升道德修养,牢固树立宗旨意识,坚定党的理想信念。从现实情况来看:"当前,一些党员领导干部,不是栽倒在才干上,而是栽倒在德性上;不是毁在做事上,而是毁在做人上;不是外王事功不行,而是内圣修为欠缺或扭曲而使外王事功发生变质。"②如果党的领导干部不注重道德修养,不锤炼党性,就势必会出现"上梁不正下梁歪,中梁不正倒下来",导致人心涣散、道德沦丧。可见,从广义上看,作为"心性修养"之学的儒学,其关于道德修为的理论,关于内圣外王之道,对于当代中国共产党人尤其是党的领导干部提升道德素养和党性修养仍具有重要的启示和借鉴意义。

尤其是作为儒家心学代表的王阳明心学,对当代共产党人心学建设具有重要的借鉴和启迪意义。习近平总书记对王阳明的心学给予高度肯定,尤为赞赏王阳明的"致良知"和"知行合一"说。他在 2015 年"两会"期间参加贵州代表团审议时说:"王阳明的心学正是中国传统文化中的精华,也是增强中国人文化自信的切入点之一。"他多次引用王阳明"志不立,天下无可成之事"一语来说明理想信念和方向的重要性。在 2016 年 1 月召开的第十八届中央纪律检查委员会第六次全体会议上的讲话中,他引用王阳明的"身之主宰便是心"的名言和龚自珍的"不能胜寸心,安能胜苍穹"的诗句来阐明在全面从严治党中发挥

---

① 汤建龙:《论共产党"心学"的内涵、理论特征和现实意义》,《马克思主义研究》2018 年第 2 期。

② 朱康有:《党员正心修身的必修课》,《学习时报》2019 年 9 月 29 日。

理想信念和道德情操引领作用的重要性,强调"'本'在人心,内心净化、志向高远便力量无穷"①。在一定意义上说,习近平总书记提出"共产党人的心学"这一概念实际上就是借用了王阳明的"心学"概念,或者说是对王阳明"心学"概念的转义使用。

从理论内涵上看,以王阳明心学为代表的儒家心学思想与"共产党人的心学"有许多相似之处,如都追求善、强调"知行合一"、强调实践(践履)的重要性,在方法上都主张从"一念入微处"下功夫,在人的"大脑里搞建设"。但正如有学者指出的那样,二者也存在着许多不同之处,最主要的是儒家心学追求的是为善去恶、"致良知"、得"天理",共产党人的心学则是以"党性"教育和党性修为为主要内容,追求的是"德性"与"党性"的统一。并且,共产党人追求的"德性",一方面包括了个人身心修为和行为准则维度的"德",也即通常意义的"道德",这与儒家传统"心学"的修身养德是一致的;另一方面,它更多强调的是马克思主义、共产主义的"道德","是马克思主义的信仰,是社会主义的信念,是共产主义的理想,是爱党、忠于党、维护党,全心全意为人民服务的马克思主义的'大德'"②。就此而言,"共产党人的心学"是将"德性"与"党性"相结合,将道德觉悟和政治觉悟合二为一,以"心性"滋养"党性",再以"党性"守护"心性"。实践证明:脱离个人修养的党性修养是空中楼阁,而离开党性修养的个人奋斗只能成就个人英雄主义,只有将"心性"与"党性"统一起来,才是建设"共产党人的心学"的不二法门。

尽管儒家传统心学与共产党人的心学有着一些不同,但它却能为新时代共产党人的心学建设提供重要的理论滋养和方法借鉴。在当前关于"共产党人的心学"建设的研究中,有人提出共产党人要修好"心学",重在"五心",即不忘初心、去除私心、长存戒心、牢记公仆心、永守忠心。③ 也有人认为"中国共产党'心学'的核心和发端是'初心'",它主要包括四个层面:一是信仰、信念、理想层面的对马克思主义、社会主义、共产主义的信仰之心、信念之心、理想之心;二是目

---

① 习近平:《第十八届中央纪律检查委员会第六次全体会议上的讲话》,人民出版社2016年版,第21页。

② 汤建龙:《论共产党"心学"的内涵、理论特征和现实意义》,《马克思主义研究》2018年第2期。

③ 参见成华、王宏:《共产党人的"心学"》,《思想政治工作研究》2017年第7期。

标、宗旨层面的为国家、民族的图强之心和对群众的为民之心；三是行动原则和态度层面的对党、党员自身言行的求真、求是、务实之心；四是道德和伦理层面的共产党员个体的道德良心和中国共产党的公心。① 无论是"五心"说还是"初心"论，其建设或"锤炼"都可以学习和借鉴儒家传统"心学"资源，并从中受到启发。

从某种意义上说，共产党人的"初心"犹如王阳明心学所说的"良知"，所以"守初心"即"致良知"。王阳明虽然没有直接用"初心"这个概念，但他的"良知"可以被称为"初心"，因为他说"良知"是指"人心的本然状态"，而"人心的本然状态"就是"人心的原初状态"，简称"初心"。明代思想家湛若水把这种"心的本然状态"叫作"元心""真心""本心""赤子之心"，稍后的李贽称为"童心"，我们今天可以称为"初心"。在儒家看来，做人要有起码的良心，此良心乃是真实无妄的"真心"，是未受世俗利欲熏染的"童心"。从治国理政的角度讲，"良知""真心"也是一个从政者必备的基本修养和素养，是正直的政治人物所应有的人品和官德。毫无疑问，"共产党人心学"中的"初心"也必然包含"良知""真心"之意蕴。也就是说，在任何时候、任何情况下，共产党人都首先要把做人的起码"良知"和"真心"作为对自己的基本要求。在此基础上提出更高的党性要求，即"为中国人民谋幸福，为中华民族谋复兴"。既然共产党人的"初心"既包含"良知"和"真心"的基本要求，又包含"为中国人民谋幸福，为中华民族谋复兴"的党性要求，并且党性要求是更根本的，由此决定了共产党人的"真心"是对党、国家和人民的赤胆忠心，是全心全意为人民服务、人民利益至上的"公心"。因此，一切违背了党的"初心"的，都是"私心""贼心"。既然共产党人的初心中包含着"良心"和"真心"的基本要求，那么儒家心学思想中的"内圣外王"之道、"存心养性""致良知"等功夫与方法，对共产党人的人格修养具有重要的借鉴意义。

王阳明说："破山中贼易，破心中贼难。"（《王阳明全集·与杨仕德薛尚谦

---

① 参见汤建龙：《论共产党"心学"的内涵、理论特征和现实意义》，《马克思主义研究》2018 年第 2 期。

书》)他所谓的"心中贼"就是人们内心深处的各种贪欲恶念,具体包括"名贼""利贼""权贼""色贼"四种,也即好名、好利、好权、好色。此四者正是当今一些党员领导干部走向腐化堕落、违法乱纪的主要根源所在。如何破除"心中贼"?王阳明提出了三种方法:一是静坐。通过静坐把放失的人心收回来,"将好名、好色、好货等根逐一搜寻,扫除廓清"。二是事上磨炼。即在待人接物应事的过程中,磨炼自己的心志,消除好名、好利、好权、好色之心。三是致良知。"良知只在声、色、货、利上用功,能致得良知精精明明,毫发无蔽,则声、色、货、利之交,无非天则流行矣"(《传习录下》),此三者可概括为明心、自省(克己)、知善恶。那么,对于共产党员和党的领导干部来说,如何克服名、权、利、色的诱惑,从而消除各种腐败堕落、违法乱纪现象呢? 在我们看来,王阳明所说的这三种方法同样适应,尤值得我们汲取和践行。当然,除了汲取以王阳明心学之明心、自省、知善恶等一般道德修养方法之外,共产党员和党的领导干部更要力行共产党人的"心学"方法,即加强党性教育、不忘初心使命。可以说,"不忘初心"是共产党人防"心中贼"、克服名、利、权、色诱惑的重要法宝。习近平总书记说:"我们党要求全党同志不忘初心、牢记使命,就是要提醒全党同志,党的初心和使命是党的性质宗旨、理想信念、奋斗目标的集中体现,越是长期执政,越不能丢掉马克思主义政党的本色,越不能忘记党的初心使命,越不能丧失自我革命精神。"①我们党在革命战争年代经历过艰难困苦、巨大的磨难,但在腥风血雨中能够一次次绝境重生,在攻坚克难中从胜利走向胜利,其根本原因在于我们党始终坚守"为中国人民谋幸福,为中华民族谋复兴"这个初心。毋庸讳言,时至今日,我们党在长期执政的条件下,也出现了一些问题。习近平总书记指出:"要清醒认识到,党内存在的政治不纯、思想不纯、组织不纯、作风不纯等突出问题尚未得到根本解决,一些已经解决的问题还可能反弹,新问题不断出现,'四大考验'、'四种危险'依然复杂严峻,党的自我革命任重而道远。"②这些问题归根结底是由于违背了党的"初心",丧失了共产党人的"良知""真心"。因此,习近平总书记提出

---

① 习近平:《牢记初心使命,推进自我革命》,《求是》2019年第15期。
② 习近平:《牢记初心使命,推进自我革命》,《求是》2019年第15期。

"不忘初心",目的就是要求青年党员树立正确的世界观、价值观、人生观,坚定党的理想信念,扣好党性的第一粒扣子;而对于入党多年的党员来说,就是要不断地培植、校准、磨砺和升华其"初心",使其永远保持党的先进性和纯洁性,保持党的理想信念不动摇,从而更好地为人民服务,为国家的繁荣富强作出更大的贡献。这个道理,就是王阳明讲的"致良知",足见以王阳明的心学为代表的儒家传统心学对共产党人心学建设具有重要的滋养作用。

更为重要的是,王阳明的"知行合一"说对"共产党人的心学"建设具有重要的启示作用。习近平总书记2014年3月25日在《费加罗报》发表署名文章时指出:"中国人讲'知行合一',法国人讲'打铁方能成铁匠',都强调要把思想转化成为行动。"①"知行合一"是王阳明心学思想的核心内容之一。在王阳明看来,知与行是密不可分的:"知之真切笃实处,即是行;行之明觉精察处,即是知。知行工夫本不可离……真知即所以行,不行不足谓之知。"(《传习录中·答顾东桥书》)他反对把知行"分作两截",更反对只知不行。知行合一思想对当代共产党人提高党性修养的启示作用在于:其一,做到言行一致,不做"两面人"。习近平总书记在第十八届中央纪律检查委员会第六次全体会议上的讲话中严厉批评了党内存在的"两面人",说他们"很会伪装,喜欢表演作秀,表里不一、欺上瞒下,说一套、做一套,台上一套、台下一套,当面一套、背后一套"②,这种言行不一、口是心非的两面人,对党和人民事业危害很大。所以,党性教育就是坚决清除"两面人",要求党员干部襟怀坦白,始终保持言行一致;其二,真抓实干,摒弃空谈,"在事上磨炼"党性。党性教育绝不能仅仅停留在"知"的层面,更重要的是要落实于"行",做到知行统一。习近平总书记一直强调"空谈误国,实干兴邦",反对只言不行。诚如有学者所言:"我们重温入党誓言也好,宣讲一堂党课也好,开展自查自纠也好,进行警示教育也好,都需要我们将党性内化于心,外化于行。就是要求在推进改革开放、实现中华民族伟大复兴的实践中去磨炼党性,建功立

---

① 习近平:《特殊的朋友 共赢的伙伴——在法国〈费加罗报〉的署名文章》,《光明日报》2014年3月26日第2版。

② 习近平:《第十八届中央纪律检查委员会第六次全体会议上的讲话》,人民出版社2016年版,第20页。

业,这对于党性教育和修养是至关重要的。"①这就是王阳明所说的"致吾心之良知于事事物物"和"人须在事上磨炼做工夫乃有益"的道理。

总之,以王阳明心学思想为代表的儒家心学传统对于当今提升共产党人的道德品质和党性修养具有重要的作用。因此,在今后坚持全面从严治党、持续推进新时代党的建设的伟大工程中,我们首先要坚持用习近平新时代中国特色社会主义思想教育人、用党的理想信念凝聚人、用社会主义核心价值观培育人、用中华民族伟大复兴历史使命激励人,同时也要善于将马克思主义基本原理同中华优秀传统文化相结合,遵循"创造性转化、创新性发展"的基本原则,充分挖掘和发挥儒家心学传统的当代价值,推进当代"共产党人的心学"建设!

① 戴斗勇:《新时代马克思主义中国化的儒学路径》,《贵州大学学报》(社会科学版)2018年第3期。

第十章　儒家价值观对当代世界的意义

　　儒学具有鲜明的地域性和民族性,但它又具有超越地域和民族的世界性。鲁迅先生曾说过,越是民族的,越是世界的。习近平总书记也明确指出"民族的就是世界的"①。由此我们可以说儒学既是中国的也是世界的。我们在此讨论儒学之世界意义主要是指儒家思想及其价值观对解决当今世界面临的危机和难题所具有的普遍指导意义和适用性。习近平总书记说:"当代人类也面临着许多突出的难题,比如,贫富差距持续扩大,物欲追求奢华无度,个人主义恶性膨胀,社会诚信不断消减,伦理道德每况愈下,人与自然关系日趋紧张,等等。"②党的二十大报告进一步指出:"当前,世界之变、时代之变、历史之变正以前所未有的方式展开。一方面,和平、发展、合作、共赢的历史潮流不可阻挡,人心所向、大势所趋决定了人类前途终归光明。另一方面,恃强凌弱、巧取豪夺、零和博弈等霸权霸道霸凌行径危害深重,和平赤字、发展赤字、安全赤字、治理赤字加重,人类社会面临前所未有的挑战。"③而"包括儒家思想在内的中国优秀传统文化中蕴藏着解决当代人类面临的难题的重要启示"④,从而显示出儒家思想具有重要的世界意义。笔者曾专门探讨和阐发过儒家价值观对解决当代全球问题所具有的普世意义。⑤ 在此,本书在承续以往研究的基础上,根据当今世界出现的新情况、新问题以及实践发展提出的新需要,对儒家价值观的世界意义作进一步的挖

---

①　《习近平春节前夕赴贵州看望慰问各族干部群众》,《人民日报》2021年2月6日第1版。
②　《习近平著作选读》第一卷,人民出版社2023年版,第277页。
③　习近平:《高举中国特色社会主义伟大旗帜　为全面建设社会主义现代化国家而团结奋斗——在中国共产党第二十次全国代表大会上的报告》,人民出版社2022年版,第60页。
④　《习近平著作选读》第一卷,人民出版社2023年版,第277—278页。
⑤　参见郭明俊:《儒家价值的普世意义》,陕西人民出版社2011年版。

掘和新的诠释。

一、儒家价值观与构建"人类命运共同体"

构建"人类命运共同体"是习近平总书记着眼于当今世界发展大势和人类前途命运而提出的一个重大思想理念,它是以习近平同志为核心的中国共产党新一代领导集体为人类应对全球化的挑战、解决人类共同面临的全球问题、促进世界和平发展而提供的中国方案。

(一)"人类命运共同体"理念的提出及其对国际的影响

早在 2011 年国务院发表的《中国的和平发展》白皮书中就明确提出在经济全球化条件下,"不同制度、不同类型、不同发展阶段的国家相互依存、利益交融,形成'你中有我、我中有你'的命运共同体",所以"要以命运共同体的新视角,以同舟共济、合作共赢的新理念,寻求多元文明交流互鉴的新局面,寻求人类共同利益和共同价值的新内涵"[1]。党的十八大报告强调"人类只有一个地球,各国共处一个世界",所以我们"要倡导人类命运共同体意识"。此后,习近平总书记在国内外许多重大场合强调和阐述人类命运共同体理念。比如,2013 年 3 月 23 日在俄罗斯莫斯科国际关系学院发表的演讲中指出:"这个世界,各国相互联系、相互依存的程度空前加深,人类生活在同一个地球村里,生活在历史和现实交汇的同一个时空里,越来越成为你中有我、我中有你的命运共同体。"[2]这是习近平总书记首次在国际场合向世界宣扬"人类命运共同体"理念。2014 年 3 月 27 日,在联合国教科文总部发表的演讲,强调:"当今世界,人类生活在不同文化、种族、肤色、宗教和不同社会制度所组成的世界里,各国人民形成了你中有我、我中有你的命运共同体。"[3]2015 年 9 月 28 日在第 70 届联合国大会一般性

---

[1]　中华人民共和国国务院新闻办公室:《中国的和平发展》,人民出版社 2011 年版,第 23—24 页。

[2]　习近平:《论坚持推动构建人类命运共同体》,中央文献出版社 2018 年版,第 5 页。

[3]　习近平:《论坚持推动构建人类命运共同体》,中央文献出版社 2018 年版,第 80 页。

辩论会上发表《携手构建合作共赢新伙伴，同心打造人类命运共同体》的重要讲话，提出："和平、发展、公平、正义、民主、自由，是全人类的共同价值，也是联合国的崇高目标。当今世界，各国相互依存、休戚与共。我们要继承和弘扬联合国宪章的宗旨和原则，构建以合作共赢为核心的新型国际关系，打造人类命运共同体。"①2017年1月18日，在联合国日内瓦总部召开的"共商共建人类命运共同体"高级别会议上发表题为《共同构建人类命运共同体》的主旨演讲，指出"世界怎么了、我们怎么办？这是整个世界都在思考的问题"，并再一次强调"宇宙只有一个地球，人类共有一个家园"，"让和平的薪火代代相传，让发展的动力源源不断，让文明的光芒熠熠生辉，是各国人民的期待，也是我们这一代政治家应有的担当。中国方案是：构建人类命运共同体，实现共赢共享"。为此，他倡导要"坚持对话协商，建设一个持久和平的世界"，"坚持共建共享，建设一个普遍安全的世界"，"坚持合作共赢，建设一个共同繁荣的世界"，"坚持交流互鉴，建设一个开放包容的世界"，"坚持绿色低碳，建设一个清洁美丽的世界"，②这是习近平总书记对人类命运共同体理念最全面系统的一次阐述。此后，党的十九大报告把"推动构建人类命运共同体"作为新时代坚持和发展中国特色社会主义的14条基本方略之一，呼吁各国人民同心协力，"构建人类命运共同体，建设持久和平、普遍安全、共同繁荣、开放包容、清洁美丽的世界"③。十九大报告的这一提法已经成为"构建人类命运共同体"的权威定义，它标志人类命运共同体理念的真正形成。此后的相关论述皆以此为圭臬。

总之，从斯莫斯科国际关系学院发表的演讲开始，到之后的联合国教科文总部、第70届联合国大会、联合国日内瓦总部，一直到党的二十大，习近平对"人类命运共同体"理念作了无数次的阐述，从国与国之间的命运共同体到区域共同体再到人类命运共同体，其论述一次比一次深入而全面。

习近平主席提出的"构建人类命运共同体"理念受到世界各国政要和普通

---

① 习近平：《论坚持推动构建人类命运共同体》，中央文献出版社2018年版，第253—254页。
② 习近平：《论坚持推动构建人类命运共同体》，中央文献出版社2018年版，第414—422页。
③ 习近平：《决胜全面建成小康社会　夺取新时代中国特色社会主义伟大胜利——在中国共产党第十九次全国代表大会上的报告》，人民出版社2017年版，第58—59页。

民众的高度赞扬和肯定,在国际社会产生了广泛而深刻的影响。博鳌亚洲论坛新任理事、泰国前副总理素拉杰说,习近平主席提出的"命运共同体"这一哲学理念给人们深刻启示,亚洲国家之间的问题都可以通过对话解决;澳大利亚前总理陆克文认为,习近平主席提出要构建亚洲命运共同体,这在当前时代背景下非常有必要;非洲野生动物基金会首席执行官帕特里克·伯金认为,当今世界是一个相互联系的世界,强调命运共同体意识具有尤其深刻的现实意义。① 也有外国领导人说:"习近平主席提出的命运共同体,是一种哲学,是一种价值观的体现。""每一个国家都通过与其他国家保持多样性关系在国际社会上共存,从而实现各自的成长,这样的时代已经到来。置身国际社会,必然要与其他国家保持千丝万缕的联系。命运共同体的重要性也就不言而喻了,我们需要有这样的意识。"②还有外国政要认为:"命运共同体并不只是一个概念,而是准确地反映着真实现状","哪个国家都不可能独善其身,命运共同体的重要性不言而喻"③。法国前总理拉法兰说,习近平主席强调的人类命运共同体理念是全球在 21 世纪的重要使命。德国联邦议院外交委员会成员彼得·比斯特龙说,在全球化时代,国与国之间经济上相互关联,在彼此尊重和实现共同利益的基础上深化合作非常重要。人类命运共同体理念回答了世界应该采取何种态度和方法应对当前国际社会面临的各种挑战。诺贝尔经济学奖得主、美国经济学家安格斯·迪顿称赞"人类命运共同体理念是非常伟大的"。美国《全球策略信息》杂志社华盛顿分社社长威廉·琼斯认为,中国领导人提出的人类命运共同体理念为世界各国搭建了合作桥梁,推动以协商交流的方式解决分歧,助力各方最终实现共赢目标。越来越多的国家意识到,这一理念符合人类社会发展趋势。④ 联合国社会发展委员会第 55 届会议主席菲利普·查沃斯说:"当前世界各国之间相互依存

---

① 参见《感悟和平发展决心,瞩目亚洲命运共同体——国际社会高度评价习近平主席在博鳌亚洲论坛上的主旨演讲》,《人民日报》2015 年 3 月 29 日第 5 版。
② 吴绮敏、杜尚泽、赵成、杜一菲:《让人类命运共同体理念照亮未来——写在习近平主席二〇一七年首次出访之际》,《人民日报》2017 年 1 月 15 日。
③ 吕德胜:《让人类命运共同体建设的阳光普照世界》,《解放军报》2018 年 3 月 22 日。
④ 参见李嘉宝:《命运共同体:为世界谋大同（2019,国际社会这样说）》,《人民日报》(海外版)2019 年 12 月 19 日。

程度日益提高,人类面临各种各样的严峻挑战。在这样的形势下,'构建人类命运共同体'理念体现了中国人着眼于维护人类长远利益的远见卓识。""这一理念已经得到广大联合国会员国的普遍认同,彰显了中国对全球治理的巨大贡献,正在以稳健步伐迈向世界舞台中央的中国向联合国提供了可以惠及全人类的公共产品,这是中国在联合国这个世界最重要的多边外交舞台上有效争得话语权的成功例证。"①意大利共产党总书记毛罗·阿尔博雷西说:"中国共产党提出的人类命运共同体理念,正是对当前波诡云谲的国际形势的最好应对,也是人类社会未来的最佳归宿。"②芬兰共产党主席尤哈-佩卡·瓦伊萨宁说:"在过去的一个世纪中,中国共产党为世界和平与发展做出了很大贡献。其中令我感受最深的,就是通过构建人类命运共同体的倡议,将世界各国政党联结在一起。"③凡此种种,不一而足,表明习近平总书记提出的构建人类命运共同体的理念收获了越来越响亮的国际回声。

尤有进者,"构建人类命运共同体"已被写入联合国和一些重要国际会议的决议中。比如,2017年2月10日,由联合国社会发展委员会第55届会议通过的"非洲发展新伙伴关系的社会层面"决议就将"构建人类命运共同体"写入该决议,这是该理念首次被写入联合国的决议中。④ 2017年3月17日,联合国安理会通过的"关于阿富汗问题的第2344号决议"又将"构建人类命运共同体"首次载入安理会决议。2017年3月23日,联合国人权理事会通过关于"经济、社会、文化权利"和"粮食权"两个决议,"构建人类命运共同体"首次被载入联合国人权理事会决议。2018年3月23日,联合国人权理事会第37届会议召开,呼吁各国共同努力,构建相互尊重、公平正义、合作共赢的新型国际关系,构建人类命运共同体。这是在联合国文件里第一次把"构建新型国际关系"和"构建人类命运共同体"两项中国理念同时写入。这表明,从中国倡议到国际共识,"人类命运共同体"理念已经得到国际社会的高度认同和热烈响应,日益产生广泛而深远

① 转引自张立文:《人类命运共同体的建构》,《光明日报》2017年5月15日。
② 毛罗·阿尔博雷西:《中国共产党的成就与探索对人类意义重大》,《光明日报》2021年5月5日。
③ 尤哈-佩卡·瓦伊萨宁:《领悟人类命运共同体真谛》,《光明日报》2021年7月26日。
④ 《联合国决议首次写入"构建人类命运共同体"理念》,《光明日报》2017年2月12日。

的国际影响。①

（二）人类命运共同体的两重意蕴

无论人们怎样来理解"人类命运共同体"，在笔者看来，"当今所谓的'人类命运共同体'可以归结为两重意蕴或曰两个面向：一种是实存意义上或曰实然层面的人类命运共同体；另一种是建构意义上或曰应然层面的人类命运共同体"②。正如有论者所言："人类命运共同体是人类原本应有的生存状态，但是这种原本应有的状态却屡遭人为破坏而急需再造。"③显然，这里所说的"原本应有"即是笔者所说的实存意义上的人类命运共同体，而所谓"再造"表明了有一种建构意义上的人类命运共同体。

1. 实存意义上的人类命运共同体

所谓"实存意义上的人类命运共同体"，是指不管人们是否意识到，在事实上发生或存在着全人类的命运被紧紧地捆绑在一起，一损俱损，一荣俱荣的现象。这一意义上的人类命运共同体存在的根据在于，随着全球化进程的日益加剧，全球问题不断滋生蔓延，使当今世界各国相互依存、相互联系的程度空前加深，各国之间的利益相关性日益加强，整个人类已经成为一个"生死相依、休戚与共"的利益共同体。

不遑缕述，人类总是生活在一定的"共同体"中，并且人类的共同体依据主体层次不同而划分为家庭、集体、阶层、阶级、民族、国家、全人类等不同形态，而"人类命运共同体"是多元多层主体形态中最高层面、最具有整体性的形态。诚如李德顺先生所言："理解共同体关键在于理解其中的个人是以什么样的纽带联系在一起的，联系共同体内所有成员的纽带才是构成共同体的实质的或标志性的因素，人类命运共同体的纽带就是命运"，"是祸福与共、生死攸关的关系"④。的确，一方面，当代的环境危机、资源危机、局部战争特别是以核武器为

---

① 参见刘同舫：《将构建人类命运共同体思想落到实处》，《红旗文稿》2018 年第 21 期。
② 郭明俊：《"以道观之"与构建人类命运共同体》，《中国延安干部学院学报》2019 年第 6 期。
③ 《学术前沿》编者：《中国与人类命运共同体》，《人民论坛·学术前沿》2017 年第 12 期。
④ 李德顺：《人类命运共同体理念的基础和意义》，《领导科学论坛》2017 年第 11 期。

主的军备竞赛,给人类的生存造成极大威胁,将人类置于生死存亡的边缘。这些问题不是哪一个国家、哪一个地区、哪一个民族或哪一个政党可以单独面对或者解决的。另一方面,愈演愈烈的全球化浪潮又使世界各国被紧密地联系在一起,成为利益高度相关的有机整体。正如习近平总书记所说:随着"世界多极化、经济全球化深入发展,社会信息化、文化多样化持续推进",世界"各国相互联系、相互依存,全球命运与共、休戚相关"。① 他还说:"这个世界,各国相互联系、相互依存的程度空前加深,人类生活在同一个地球村里,生活在历史和现实交汇的同一个时空里,越来越成为你中有我、我中有你的命运共同体。"②不言而喻,习近平总书记在这里所说的"人类命运共同体"即为实存意义上或曰实然的人类命运共同体。易言之,人类已然处在生死与共的命运共同体中。

但是,当今世界上又存在着许多与人类命运共同体相背离的趋势和现象。一方面,"一些极端的思潮和制度体系正在瓦解着人类共同体秩序,如单极霸权主义""以极端的方式瓦解人类命运共同体";另一方面,"个体还原主义则是把一切问题都还原成个体或团体、国家、阶级、阶层的问题,不承认人类有整体生存发展的权利和责任问题,这种还原主义是从另一方面瓦解人类共同体"③。无论是单极霸权主义还是个体还原主义以及其他极端思潮,都是与人类命运共同体意识相悖的,是瓦解人类共同体秩序的有害因素。对此,习近平总书记说:"人类也正处在一个挑战层出不穷、风险日益增多的时代"④,兵戎相见时有发生,冷战思维和强权政治阴魂不散,恐怖主义等非传统安全威胁持续蔓延。特别是以美国为首的西方列强,虽然"身体已进入 21 世纪,而脑袋还停留在过去,停留在殖民扩张的旧时代里,停留在冷战思维、零和博弈老框框内"⑤,他们追求极端的利己主义或单边利益,为实现一己私利而对别国内政横加干涉,使一些地区局势混乱不堪,也造成了整个世界的动荡不安。此外,当今世界上也出现了一股"逆全球化""反全球化"的潮流和趋势,它们采取和推行一系列与全球化发展趋势

---

① 习近平:《论坚持推动构建人类命运共同体》,中央文献出版社 2018 年版,第 415 页。

② 习近平:《论坚持推动构建人类命运共同体》,中央文献出版社 2018 年版,第 5 页。

③ 李德顺:《人类命运共同体理念的基础和意义》,《领导科学论坛》2017 年第 11 期。

④ 习近平:《论坚持推动构建人类命运共同体》,中央文献出版社 2018 年版,第 415 页。

⑤ 习近平:《论坚持推动构建人类命运共同体》,中央文献出版社 2018 年版,第 6 页。

和人类命运共同体背道而驰的举措。比如,近年来美国大搞贸易保护主义和单边主义,不断挑起贸易战和贸易摩擦,公然践踏世界贸易组织的基本规则,肆意破坏国际经济秩序,严重阻碍了经济全球化的进程;在全球治理和国际合作方面,一些国家肆意破坏国际协定,公然挑战联合国权威。尤其是美国,借口维护本国利益,打着"美国优先"的口号,采取了一系列与国际社会敌对和不合作的行为。比如,作为世界上最大的发达国家,美国本应对全球环境治理担负起最主要责任,却宣布退出"巴黎气候协定",对国际社会努力推进的全球气候治理体系产生严重冲击;2018 年 5 月,美国又宣布退出《伊核协议》,给国际新秩序和世界和平带来巨大危害;2020 年,美国又宣布退出世界卫生组织,给全世界正在进行的共同"抗疫"行动带来非常恶劣的影响。凡此种种,都严重危害到全人类的共同利益,使全人类的生存和发展面临着更加艰难的处境。

总之,从客观必然性上讲,"人类正面临着百年未有之大变局,商品、资本、信息、人才在全球范围高速流动,互联网、交通网让世界彼此相通,人类命运从未如此密切",人类被置于命运共同体中;但从现实的实际状况来看,这个世界并不安宁,地区冲突、强权政治、恐怖主义、保护主义、单边主义、反全球化势力等的大量存在,使这个世界依然处于四分五裂、分崩离析、离心离德乃至相互敌对的状态,人类的和平发展与持续生存面临严重危险。正如中欧论坛创始人、法国汉学家高大伟所说:"现在我们的世界有一种分裂的大趋势,保护主义、单边主义,就是分裂人类的力量。"①因此,在这种情况下提出构建人类命运共同体就显得更为重要了。正是鉴于此,以习近平同志为核心的党中央顺应时代发展的迫切要求,适时地提出了"构建人类命运共同体"的理念,由此就产生了建构意义上的人类命运共同体。

2. 建构意义上的人类命运共同体

所谓"建构意义上的人类命运共同体",实质上是应然层面的东西,其含义就是为了维护全人类共同利益,实现世界持续健康的发展,通过全世界不同民族

---

① 《共同命运——政论专题片〈必由之路〉解说词》(第八集),《人民日报》2018 年 12 月 18 日。

和国家之间的交流、对话和协商，凝聚共识，精诚团结，通力合作，共同推动建立以合作共赢为核心的新型国际关系，把这个世界建设成为一个"持久和平、普遍安全、共同繁荣、开放包容、清洁美丽"的世界。习近平总书记曾经讲道："人类命运共同体，顾名思义，就是每个民族、每个国家的前途命运都紧紧联系在一起，应该风雨同舟，荣辱与共，努力把我们生于斯、长于斯的这个星球建成一个和睦的大家庭，把世界各国人民对美好生活的向往变成现实。"①显然，这里所说的"人类命运共同体"就是建构意义上的人类命运共同体。此种意义上的人类命运共同体的实质性内涵就是倡导和要求世界各国在追求本国利益时兼顾他国的合理关切，在谋求自身的发展中不应以牺牲全球发展为代价。提出"构建人类命运共同体"的根本原因在于，在当前错综复杂的世界形势下，"没有哪个国家能够独自应对人类面临的各种挑战，也没有哪个国家能够退回到自我封闭的孤岛"②。因此，"面对国际形势的深刻变化和世界各国同舟共济的客观要求，各国应该共同推动建立以合作共赢为核心的新型国际关系，各国人民应该一起来维护世界和平、促进共同发展"③。

从实存意义和建构意义这两种"人类命运共同体"的关系来看，前者是后者的基础和根源，后者是前者的自觉反映和理性化实现。无疑，"建构"意味着一种人为的选择、设计、制定，就此而论，建构意义上的人类命运共同体具有主体性或曰主观性。但是，"人类命运共同体"的建构不可能完全从某种关于"命运共同体"的理论、学说或意向出发，而应立足于当代人类实际的存在状况和时代发展的客观形势。人类命运共同体的建构要得到全人类的普遍认同和践行，它必须不仅在理念上而且在现实上符合当代大多数人的生存和生活方式，能够满足绝大多数人的需要和愿望。

毫无疑问，习近平总书记所倡导的"人类命运共同体"理念以及当今人们所谈论的"人类命运共同体"本质上属于建构意义上的人类命运共同体。当今世

---

① 习近平：《论坚持推动构建人类命运共同体》，中央文献出版社 2018 年版，第 510 页。
② 习近平：《决胜全面建成小康社会 夺取新时代中国特色社会主义伟大胜利——在中国共产党第十九次全国代表大会上的报告》，人民出版社 2017 年版，第 58 页。
③ 习近平：《论坚持推动构建人类命运共同体》，中央文献出版社 2018 年版，第 6 页。

界发展的必然趋势和当代人类面临的生存困境,不仅为建构人类命运共同体奠定了客观基础,也使得这种建构活动显得非常必要、十分迫切! 也就是说,从"实然的人类命运共同体"走向"应然的人类命运共同体"是当代人类面临的必然选择。其原因有三:第一,实然的人类命运共同体是由于当今人类受到全球问题的威胁而被置于生死存亡境地所导致的,所以"这种人类命运共同体是所有人都不愿意却又不得不生活于其中的命运共同体","它对整个人类都有一种被强加的性质,所有人都是被动地卷入其中的"①。第二,实然的人类命运共同体是一种自发的、自在的存在,是资本扩张逻辑的必然产物,具有盲目性和无序性,如果任其自然发展,必将会给当今世界各国乃至整个人类的生存和发展带来巨大的困境。第三,如上所述,当今世界还存在着种种分裂世界的倾向,它们严重破坏和阻碍人类命运共同体的健康有序发展。这三个方面的原因决定了人类不能听任实然的人类命运共同体自发演进,必须充分发挥人类的主体力量和聪明才智去打造和构建人类命运共同体,让人类命运共同体由实然迈向应然,由自在走向自为,使之沿着健康、有序的轨道发展。

(三)儒家价值观为构建人类命运共同体提供文化价值观支撑

构建"人类命运共同体"无疑需要全球人类采取切实可行的行为和举措,建立相应的政治、经济、法律等制度和保障机制,而更重要的是,还有赖于形成一种对"人类命运共同体"的全球性共识,如果没有一种全球性的共识,就不可能有全人类的共同行动。正如习近平总书记所说:"我们应该凝聚不同民族、不同信仰、不同文化、不同地域人民的共识,共襄构建人类命运共同体的伟业。"②但要凝聚全世界人民共识,一个重要的前提条件是离不开人类共同的价值观和文化理念的支撑和引领,这就需要从全人类历史上积累的思想和精神资源中汲取养料。中华优秀传统文化特别是儒家思想中蕴含着建构人类命运共同体的丰富而深邃的智慧资源。

---

① 汪信砚:《构建人类命运共同体的本真意涵》,《社会科学辑刊》2018 年第 6 期。
② 习近平:《携手建设更加美好的世界——在中国共产党与世界政党高层对话会上的主旨讲话》,人民出版社 2017 年版,第 7 页。

实际上,习近平总书记提出"构建人类命运共同体"的倡议,既基于对当今世界发展变化形势的敏锐把握和准确判断,又深受中华优秀传统文化的启示和影响。最明显的例证就是习近平总书记在论说人类命运共同体理念时常常引用大量的中国传统文化的一些名言、命题和核心理念。比如在联合国日内瓦总部的演讲中说:中华文明历来崇尚"以和邦国""和而不同""以和为贵""和羹之美,在于合异。"①在中国共产党与世界政党高层对话会上说:中华民族历来讲求"天下一家",主张"民胞物与""协和万邦""天下大同",憧憬"大道之行,天下为公"的美好世界。②世界各国人民应该秉持"天下一家"理念,共同为构建人类命运共同体而努力。在第二届进博会开幕式的讲话中指出:"中华文明历来主张天下大同、协和万邦。希望大家共同努力,不断为推动建设开放型世界经济、构建人类命运共同体作出贡献!"③这就清楚地表明"构建人类命运共同体"理念是对中国传统的"协和万邦""和而不同""天下大同""民胞物与""和合共生"等思想观念的传承和当代弘扬。中国有句古话:"原汤化原食。"既然"人类命运共同体"意识深植于中华传统文化的肥沃土壤之中,是对中华优秀传统文化的继承与发扬,那么,今天全世界的人们倘若要认同并共同构建人类命运共同体,就必须深入了解和弘扬中华优秀传统文化尤其是儒家价值观念,如此,才能有效推进人类命运共同体的建设。

具体而言,儒家如下价值观对构建人类命运共同体提供了积极的智慧资源和观念支撑:

1."天下一家"的仁爱道德观

"人类命运共同体"是从世界和人类高度提出来的一种超越民族、国家和意识形态的思想理念和战略构想,它体现了一种关心人类生存、关爱人类生命的道德情怀。这样一种理念的提出是基于世界各国人民相互联系、相互依存的生存状态,深刻地认识到"人类生活在同一个地球村里,生活在历史和现实交汇的同

---

① 习近平:《论坚持推动构建人类命运共同体》,中央文献出版社 2018 年版,第 423 页。
② 参见习近平:《携手建设更加美好的世界——在中国共产党与世界政党高层对话会上的主旨讲话》,人民出版社 2017 年版,第 3 页。
③ 习近平:《开放合作 命运与共——在第二届中国国际进口博览会开幕式上的主旨演讲》,人民出版社 2019 年版,第 9 页。

一个时空里,越来越成为你中有我、我中有你"①的存在整体。而为了维护和完善这种生存状态,让人们都生活得好,就必须倡导一种相互尊重、相互关怀、相互帮助、相互关爱的道德情怀,树立或拥有一种大视野、大胸襟、大格局、整体观。而中国传统文化的"天下一家"思想正蕴含着这种道德情怀和大视野、大胸襟、整体观。

与西方古代的城邦、王国、帝国以及近现代以来的民族国家观念不同,中国人自古以来就有浓厚的"天下"意识和情怀。在中国传统文化的典籍中,"天下"二字随处可见。无论人们怎样解读"天下"概念,都不可否认中国古人所说的"天下"是一个超越民族和国家的社会存在,儒家关于"齐家、治国、平天下"之说已经彰明了这一点。从实质上看,古人所谓的"天下"相当于今天的"全世界""全人类"。正如牟钟鉴先生所言:"儒家的天下观是整体性、关联性的,超出种族、国家的局限,而把关怀投向全人类。"②尤为重要的是,中国古代的"天下"观不仅表现为一种思维视域的拓展——"天下"思维,它更蕴含着"天下兴亡,匹夫有责"的担当精神和责任意识以及"天下一家""民胞物与"的关爱情怀。《论语·颜渊》曰:"四海之内,皆兄弟也。"孟子云:"亲亲而仁民,仁民而爱物。"(《孟子·尽心上》)都主张把对亲人的爱推向社会中的所有人以及自然界的万物,把天下看成是一个大家庭。《礼记·礼运》曰:"圣人耐以天下为一家,以中国为一人者,非意之也,必知其情,辟于其义,明于其利,达于其患,然后能为之",昭明"以天下为一家"乃圣人的必备品质和基本素养。北宋思想家张载提出"民,吾同胞;物,吾与也",企望每个人都应以民众为同胞,以万物为朋友。明代心学集大成者王阳明更是明言:"大人者,以天地为一体者也,其视天下犹视一家,中国犹一人也。若夫间形骸而分尔我者,小人矣。"(《大学问》)凡此种种,表明古代思想家以天下立论,而不囿一国、一民族。中国传统的天下观本质上是世界主义的,正如冯友兰先生所说:"人们或许说中国人缺乏民族主义,但是我认为这正是要害。中国人缺乏民族主义是因为他们惯于从天下即世界的范围看问题。"③牟宗三也说:"孔夫子讲仁,孔子是春秋时代的人,是中国人,但孔子讲仁

---

① 习近平:《论坚持推动构建人类命运共同体》,中央文献出版社2018年版,第5页。
② 牟钟鉴:《共同体:人类命运中国经验》,《光明日报》2015年12月14日。
③ 冯友兰:《中国哲学简史》,北京大学出版社1985年版,第222页。

并不单单对中国人讲。孔子是山东人,他讲仁也不单单是对山东人讲。他是对全人类讲。"①

中国传统的"天下"观或曰"天下"意识在今天仍具有重要的价值。当今的全球化时代正需要一场思维范式的革命,即超越个体本位思维与民族国家思维,形成一种"从世界去思考""以天下观天下"的全球思维;需要从"全人类共同利益"出发,树立一种保证世界和谐发展和对全人类负责的责任观。尤其是对构建人类命运共同体来说更需要这种"天下"意识或人类情怀。习近平总书记明确指出"天下一家"的仁爱情怀是"人类命运共同体"的智慧资源,他在 2017 年的新年贺词中说:"中国人历来主张'世界大同,天下一家'。中国人民不仅希望自己过得好,也希望各国人民过得好"。"我真诚希望,国际社会携起手来,秉持人类命运共同体的理念,把我们这个星球建设得更加和平、更加繁荣。"②的确,我们可以设想一下,如果全世界拥有这种"天下一家"或"各国共处一个世界"观念的人多了,人类命运共同体的建设就会顺利;反之,就会困难重重!

2."天人一体"的宇宙情怀

当代人类之所以成为一个"生死相依、休戚与共"的命运共同体,根本原因是全球问题将整个人类置于生死存亡的境地。而全球问题又不是某一个国家、地区、民族或政党可以单独面对和解决的,它需要全人类携起手来,通力合作,共同行动,才能克服和化解的。正是在这个意义上,我们才说人类的命运被紧紧地捆绑在一起,全世界各个民族、国家之间真正处于祸福与共、存续攸关的关系中,这是"人类命运共同体"的真实含义。而在威胁人类生存的众多全球问题中,最主要的是生态环境危机、资源危机,因此,在建构人类命运共同体的过程中,一个重要内容就是要树立人与自然和谐相处的思想,以解决人与自然的矛盾,"建设一个清洁美丽的世界"。对此,中国传统的"天人一体"的宇宙观能提供重要的智慧资源。

在中国传统文化中,既讲"天下一家"的人类情怀,又讲"天人一体"的宇宙

---

① 牟宗三:《中国哲学十九讲》,上海世纪出版集团 2006 年版,第 2 页。
② 《习近平主席新年贺词(2014—2018)》,人民出版社 2018 年版,第 9 页。

情怀。中国古代思想家很早就认识到人与天地万物共同构成了一个生命共同体，人与天地万物是共生共存的关系。庄子曰："天地与我并生，万物与我为一"（《庄子·齐物论》）；名家的代表人物惠施也讲："泛爱万物，天地一体也"（《庄子·天下》）；孟子说："万物皆备于我也"（《孟子·尽心上》）。尽管这些命题都比较简约，缺乏具体而系统的阐发和论证，但它们都揭示了人与宇宙万物的共生性和一体性。及至宋明时期，"天人一体"成为理学家的主要思想主张或曰思考的中心问题。张载不仅在历史上首次使用"天人合一"这一概念，而且大力倡言"民吾同胞，物吾与也"，提出："大其心则能体天下之物，物有未体，则心为有外。世人之心，止于闻见之狭。圣人尽性，不以闻见梏其心，其视天下无一物非我。"（《正蒙·大心》）所谓"大其心"，就是破除心的限制，打破人物之间的隔阂，将我与人、世界融为一体，"视天下无一物非我"。"大其心"的核心就是能"体天下之物"，倘若一个人能体悟到人与人、人与物之间有息息相通、血肉相连的内在关系，便能视天人为一体，进而达到"民胞物与"的境界。程颢说："仁者，浑然与物同体"，"若夫至仁，则天地万物为一身，而天地之间，品物万形，为四肢百体，夫人岂有视四肢百体而不爱者哉?"（《二程遗书》卷二上）朱熹云："天地万物本吾一体，吾之心正，则天地之心亦正矣，吾之气顺，则天地之气亦顺矣"[1]，"盖天人一物，内外一理；流通贯彻，初无间隔"（《朱文公文集》卷三十八）。王阳明更是将《大学》的根本宗旨归结为阐发"万物一体"之理："明明德者，立其天地万物一体之体也。亲民者，达其天地万物一体之用也。"因此，他特别重视"万物一体"的思想，提出："大人者，以天地万物为一体者也，其视天下犹一家，中国犹一人焉。若夫间形骸而分尔我者，小人矣。大人之能以天地万物为一体也，非意之也，其心之仁本若是，其与天地万物而为一也。"（《大学问》）凡此种种，不一而足。

总之，与西方文化所秉持的"自然两分""主客二分"的思维传统不同，以儒家为代表的中国传统文化不仅把整个人类作为一个整体来对待和观照，而且把人类与自然纳入一个整体中进行思考，认为天地化育自然万物，人则"赞天地之

---

[1] （宋）朱熹：《四书章句集注》，中华书局2011年版，第20页。

化育",所以天人(自然与人类)之间是紧密联系、休戚与共的。这种将所有生命视为共同体的思想,对当代人类树立正确的生态观,最终构建人类命运共同体具有重要的指导意义。

面对全球性的生态危机,全世界的人们应该有一种宇宙责任,赓续和弘扬儒家提倡的"仁者以天地万物为一体"的大生态观,视自然与人类为一个大生命体,"痛痒相关,休戚与共"。习近平总书记曾反复强调:"人类只有一个地球",人类的长远发展取决于人与自然的和谐,没有一国可以置身事外。所以,地球人都"应有生态情感与生态责任,树立敬畏自然的信仰,保护好人类共有的生活家园,既反对'征服自然',也反对只顾本国、输出污染的'生态帝国主义',而要团结一致共同应对气候变化、资源保护、环境整治一系列挑战"①。为此必须推动构建人类命运共同体,让全世界人民携起手来,一起致力于全球生态家园建设。

3."协和万邦"的国际观

推动构建人类命运共同体是新时代中国特色大国外交的基本策略,"命运共同体"也被称为是"习式外交的象征性符号",构建人类命运共同体的核心要义就是"推动构建以合作共赢为核心的新型国际关系"。这就决定了人类命运共同体遵循的国际关系原则是平等、公正与和谐的共存之道。换言之,形成和谐的国际关系,实现人类和平和共同繁荣,乃是人类命运共同体所追求的崇高价值目标。对此,中国传统的"协和万邦"思想可以提供深厚的智慧借鉴。

"协和万邦"出自《尚书·尧典》:"曰若稽古,帝尧曰放勋。钦明文思安安,允恭克让,光被四表,格于上下。克明俊德,以亲九族。九族既睦,平章百姓。百姓昭明,协和万邦。黎民于变时雍。"帝尧不仅能够举用同族中德才兼备之人,使家族亲密团结,而且努力使各国团结起来,处于和谐的关系之中。在他的教育下,天下黎民也都能和睦相处。尧通过"协和万邦"使天下各邦国之间和好亲睦,这彰显了一种天下胸怀、以天下为己任的文化理念。这一理念对中华民族产生深远影响,造就了中华民族"爱好和平,不尚征伐"的文化性格。中华民族在处理民族、国家之间的关系时通常优先采用"修文德以来之""和抚四夷"的怀柔

---

① 牟钟鉴:《共同体:人类命运中国经验》,《光明日报》2015年12月14日。

政策,坚决摒弃和反对穷兵黩武、扩张侵略。张岱年先生说:"中国有一个传统,就是既要维护自己民族的独立,又不向外扩张,其理想的民族关系模式是通过道德的教化去'协和万邦'。这是中国爱好和平的优良传统。"①

在当今倡导构建人类命运共同体的过程中,习近平总书记反复阐明:"中国坚持走和平发展道路,奉行独立自主的和平外交政策,实行互利共赢的对外开放战略"②,"中国不认同'国强必霸论',中国人的血脉中没有称王称霸、穷兵黩武的基因"③,"中国倡导人类命运共同体意识,反对冷战思维和零和博弈",因为"弱肉强食、丛林法则不是人类共存之道。穷兵黩武、强权独霸不是人类和平之策","和平而不是战争,合作而不是对抗,共赢而不是零和,才是人类社会和平、进步、发展的永恒主题"④,"相互尊重、平等相处、和平发展、共同繁荣,才是人间正道"⑤。在庆祝中国人民对外友好协会成立60周年纪念活动的讲话中,习近平总书记说道:"中华民族历来是爱好和平的民族。中华文化崇尚和谐,中国'和'文化源远流长,蕴涵着天人合一的宇宙观、协和万邦的国际观、和而不同的社会观、人心和善的道德观。在5000多年的文明发展中,中华民族一直追求和传承着和平、和睦、和谐的坚定理念。"⑥由此可见,人类命运共同体理念是吸收中华传统"协和万邦"之思想精髓、内化新时代之要求,提炼升华而形成的一种价值观。同样,它也表明了要推动构建以合作共赢为核心的新型国际关系,进而建构起人类命运共同体,就应当坚定不移地践行"协和万邦"的国际观。

4.“中和之道”的协调智慧

早在20世纪70年代,英国著名历史学家汤因比在与日本宗教和文化界著名人士池田大作对话时就提出:"世界统一是避免人类集体自杀之路。在这点上,现

---

① 张岱年、程宜山:《中国文化论争》,中国人民大学出版社2006年版,第64页。
② 习近平:《论坚持推动构建人类命运共同体》,中央文献出版社2018年版,第319页。
③ 习近平:《论坚持推动构建人类命运共同体》,中央文献出版社2018年版,第134页。
④ 习近平:《铭记历史,开创未来》,《光明日报》2015年5月8日。
⑤ 《习近平在纪念中国人民抗日战争暨世界反法西斯战争胜利70周年系列活动上的讲话》,人民出版社2015年版,第4页。
⑥ 习近平:《在中国国际友好大会暨中国人民对外友好协会成立60周年纪念活动上的讲话》,《光明日报》2014年5月16日。

在各民族中具有最充分准备的,是两千年来培育了独特思维方式的中华民族"①,这是一种睿智的见解。这里所说的"独特的思维方式"就是"以和为贵""和而不同",他所说的"世界统一"正可对应今天人类所处的"命运共同体"。也就是说,儒家的"以和为贵""和而不同"的和合思维和"中和之道"对构建人类命运共同体具有重要的指导价值。

当今世界上有众多民族、国家,每一个民族、国家都是一个独立自主的主体,甚至每一个人、企业、行业、阶层、阶级都是一个独立的主体,他们都有自己的权利和责任,都有自己的利益诉求、文化性格、精神信仰,每个国家都有自己的制度、意识形态等等。"构建人类命运共同体"必须要突破民族、国家、地区疆域的限囿,超越文化、宗教信仰、意识形态和社会制度等差异,从全世界、全人类的立场出发思考、认识、看待和处理各种问题。但是,它并不无视和抹煞每一个民族国家主体的权利和责任,并不是要求世界上所有的人在所有的事情上采取完全相同的行动。相反,它承认和肯定现实主体形态是多层、多元的,而人类命运共同体只是多元多层主体形态的一种形态。用李德顺先生的话来说,所谓命运共同体"就是存续攸关、祸福与共这样一种人和人之间、地区和地区之间、国家和国家之间的一致性","是在面对某些毁灭人类的自然灾难和人为灾害时,就能看到涉及所有人、所有国家、所有地区、所有团体的共同立场",它"并不是要所有人、所有事一概服从或等同于人类命运共同体,而是说在人类共同命运的问题上存在着人类命运共同体,在多层次的主体之间的关系当中,不一定非是对抗的关系,可以是互相兼容而并不替代的关系"②。所以,在构建人类命运共同体问题上,既要反对各种分离主义、单边主义,又要坚决摒弃霸权主义、单一主体思维和两极对立思维,而应以"和而不同"的态度和"中和之道"对待现实社会的多元价值主体,协调各方关系。

儒家文化主张"和而不同",力行"中和之道"。"和"是指构成事物的各种不同要素、方面相互协调、适应、配合、互补而形成的一个统一体或平衡状态。它

---

① [英]汤因比、[日]池田大作:《展望21世纪——汤因比池田大作对话录》,荀春生、朱继征、陈国梁译,国际文化出版公司1999年版,第284页。
② 李德顺:《人类命运共同体理念的基础和意义》,《领导科学论坛》2017年第11期。

与两种状态相对立：其一，是与"同"相对立，"和"是多样性的协调，而"同"是单一性的重复；其二，是与"争"相对立，"和"是多因素的协调，而"争"是多因素对立、斗争、冲突的无序状态。这种"和而不同"的和谐、平衡状态是通过"中"来实现的，"中"即适中、时中、中庸、不偏不倚。《中庸》曰："中也者，天下之大本也；和也者，天下之达道也。"又说："致中和，天地位焉，万物育焉"；"万物并育而不相害，道并行而不相悖"。说明只有达到并保持"中和"的状态，万事万物才能各在其位、欣欣生长、繁荣发展。

儒家的"和而不同""中和之道"思想为当今构建人类命运共同体提供积极的指导原则：其一，承认各族各国之间是平等的（"万物并育而不相害"）；其二，承认文明是多样的，各有自己的价值（"道并行而不相悖"）；其三，彼此间要互相尊重和包容（"己所不欲，勿施于人"）；其四，破除极端化思维，兼顾各方意愿，善于妥协平衡（"致中和，天地位焉，万物育焉"）。一言以蔽之，构建人类命运共同体需要世界各国、各民族在相互尊重差异的基础上开展经济、政治、文化的交流，因此，各国要学会尊重其他民族国家的核心利益与文化特色，反对霸权主义、强权政治以及各种形式的极端主义，在自尊互尊、互帮互学中共生共荣。诚如费孝通所言："各美其美，美人之美，美美与共，天下大同。"当今人类只要能秉承中华文化"和而不同""和实生物"的大智慧，就一定能建设好人类命运共同体。

5."天下公欲"的共同利益观

"人类命运共同体"实质上是一个"利益共同体"。全球化使各国的联系日益密切，各国的利益相关性日益加强，而各国利益的高度交融使不同国家成为共同利益链条上的一环，在这样的背景下，全球的利益同时也是各国自己的利益。因此，一国采取有利于全球利益的举措，也就同时服务了本国的利益。构建人类命运共同体必须以"合作共赢"为基本原则，各国在追求自身利益时要兼顾他国的合理关切，在谋求本国发展中促进各国共同发展。质言之，在构建人类命运共同体的过程中，各国必须树立"全球共同利益"观。在这方面，中国传统的"公利"观具有重要的借鉴意义。

中国人非常重视天下共同利益。墨子主张："兴天下之利，除天下之害。"（《墨子·兼爱中》）《钱氏家训·国家》曰："利在一身勿谋也，利在天下者必谋之；利在一时固谋也，利在万世者更谋之。"明末清初的王夫之更是提出"天下之公欲即理也"①，把满足普天之下人们的共同利益视为是崇高价值目标（"天理"）的实现。戴震沿着王夫之的思路，也主张"人伦日用，圣人以通天下之情，遂成天下之欲，权之而分理不爽，是谓理"（《孟子字义疏证》卷下）。所谓"遂成天下之欲"，就是实现天下人们的共同欲求。中国传统文化中这种追求和实现"天下公欲"——天下共同利益的观念，是很值得我们在构建人类命运共同体时认真汲取和借鉴的。实际上，习近平总书记在倡导人类命运共同体意识时，特别强调要树立正确的义利观，要以合作共赢为核心原则构建新型国际关系，打造人类命运共同体，主张"兼善天下""义利相兼、以义为先"。2013 年 10 月 3 日，习近平主席在印尼国会发表的《携手建设中国—东盟命运共同体》的演讲中，引用"计利当计天下利"一语来阐发"合作共赢"理念，既生动又深刻。"计利当计天下利"，中国不仅是这样说的，也是这样做的。中国倡议的"一带一路"建设就是"兼济天下"的生动实践。事实证明，没有"天下公欲"的共同利益观，就不可能建成人类命运共同体。

总之，构建人类命运共同体既针对于当今世界发展的客观现实需要，又承载着中华智慧。中华优秀传统文化为建设人类命运共同体提供一系列重要智慧。就理念而言，中国传统的"天下一家"的仁爱道德观、"天人一体"的宇宙情怀、"协和万邦"的国际观、"中和之道"的协调智慧、"天下公欲"的共同利益观等为构建人类命运共同体提供重要的思想资源，需要我们大力汲取和弘扬并向世界广泛宣传，如此，便能使人类命运共同体的建设更加稳健而快捷！

二、儒家价值观对解决当代全球生态危机的意义

现代文明无论从广度还是深度而言，其进步性或先进程度都是过去文明无法比拟的。但是，伴随现代文明而来的人类生存危机，就其深度和广度而言，也

---

① （宋）张载：《张子正蒙》，（清）王夫子注，汤勤福导读，上海古籍出版社 2000 年版，第163 页。

是亘古未有的。众所周知,当代人类面临的生存危机主要是由当今世界的"全球问题"引发的,而全球问题是多方面的,但其中对人类威胁最大的是全球生态危机,包括生态破坏、环境污染、资源匮乏等问题,它不仅会中断人类社会发展的进程,甚至会抽掉人类生存的根基。20 世纪 80 年代以来,世界上许多人已认识到环境问题给人类带来的危险。如 1986 年 12 月,美国《基督教科学箴言报》征询 16 位世界著名思想家对 21 世纪议事日程的看法时,被采访的大多数人指出:世界环境退化的严重性仅次于核毁灭的威胁。甚至有人认为,自冷战结束以后,核战争已不再是威胁世界的第一危机,取而代之的是环境危机。1987 年初,欧洲环境年活动发表了《关于欧洲环境状况的报告》,把生态变坏和环境污染称为"人类缓慢的死亡"。1988 年初到 1989 年 5 月,联合国环境规划署对中国、印度、阿根廷、德国等 15 个国家进行了环境意识的民意测验,调查结果表明,许多国家对环境问题都表现出深切的关注。他们认为,"当前没有什么比环境现状更令人触目惊心的了"。英国《每日电讯报》于 1988 年 11 月 15 日公布了一份盖洛普民意测验结果,显示大部分公众认为环境污染的威胁不亚于第三次世界大战,环境问题已成为世界各国的主要政治问题和社会问题。① 进入 21 世纪以后,环境问题日益加剧,成为人类面临的最严峻挑战。习近平总书记指出:"人类进入工业文明时代以来,在创造巨大物质财富的同时,也加速了对自然资源的攫取,打破了地球生态系统平衡,人与自然深层次矛盾日益显现。近年来,气候变化、生物多样性丧失、荒漠化加剧、极端气候事件频发,给人类生存和发展带来严峻挑战。"②如果全球生态环境问题得不到有效的遏制和解决,人类就会同地球一起消亡。

(一)全球生态危机——地球不能承受之重

生态危机从 20 世纪中叶开始成为全球性危机,它像一颗毒瘤在工业文明的肌体中肆意蔓延,至 21 世纪以后愈演愈烈。从总体上说,全球生态危机包括生

---

① 参见杨雪英:《可持续发展学》,中国矿业大学出版社 2004 年版,第 176—177 页。
② 习近平:《论坚持人与自然和谐共生》,中央文献出版社 2022 年版,第 274 页。

态失衡、环境危机和资源危机,"生态危机主要表现为由生物多样性锐减导致的生态失衡。环境危机主要表现为全球性气候变化和多形态的环境污染。资源危机主要表现为化石能源和矿物资源的衰竭。"①具体来讲,当前人类面临十大生态危机:

1. 全球气候变暖

有研究表明,全球平均气温在最近的 100 多年里总体呈上升趋势。其根本原因在于人类大量使用如煤、石油、天然气等矿物燃料,排放出大量的 CO_2 等多种温室气体,形成"温室效应",导致全球气候变暖。据科学家在 1992 年的观测,全球平均气温每 10 年上升 0.3℃。世界银行于 2012 年 11 月公布的报告指出,如果人类再不采有效的政策和行动,到 21 世纪末,全球气温将上升 4℃。到那时,人类将面临这样的局面:沿海地区将在未来几个世纪里被淹没,食品短缺,干旱加剧,缺水加剧,洪涝增多,很多地方尤其是热带地区将遭遇史无前例的热浪;由于气温升高,生存条件改变,许多物种将遭受灭亡的威胁;由于全球变暖,携带疾病的生物开始出现在许多新地区;从世界整体来看,2050 年可能会有 7 亿气候难民。据《参考消息》2016 年 12 月 5 日报道,一项具有开创性的气候变化研究的首席科学家托马斯·克劳瑟博士说:"完全可以说我们在全球变暖的问题上已经到了无可挽回的地步,我们无法逆转这样的影响,不过我们确实可以降低危害的程度",他的研究成果刊登在《自然》上,已经得到联合国的采纳。他还说,特朗普对气候变化问题所持的怀疑立场,对人类来说是灾难性的。②

2. 臭氧层破坏

臭氧层具有极强的吸收紫外线的功能,能挡住太阳紫外辐射对地球生物的伤害,保护地球上的一切生命,因此被称为是地球的"保护伞"。有研究表明,自 1975 年以来,每年春天,南极上空都会出现平流层臭氧急剧减损的状况,仿佛在极地上空形成一个空洞。截至 1994 年,南极上空已有面积达 2400 万平方公里的臭氧层被破坏掉,占总面积的 60%。其他地方,如欧洲和北美上空的臭氧层

---

① 卢风、陈杨:《全球生态危机》,《绿色中国》2018 年第 3 期。
② 参见廖福霖:《生态危机》,《绿色中国》2018 年第 8 期。

平均减少了 10%—15%,西伯利亚上空也减少了 35%之多。因此,科学家警告说,倘若臭氧层持续遭到破坏,那么被称为"无形杀手"的紫外线就会大量侵入,生物蛋白质和基因物质脱氧核糖核酸就会遭到极大的破坏,由此将会增加皮肤癌的发病率,也会抑制大豆、瓜类、蔬菜等植物的生长,使得农作物大量减产,影响生态平衡,如果臭氧层严重破坏,地球将不再适宜人类和其他生物的生存。

3."跨国界的恶魔"——酸雨

酸雨是由于空气中二氧化硫(SO_2)和氮氧化物(NOx)等酸性污染物引起的PH 值小于5.6 的酸性降水。随着工业发展和化学燃料的大量使用,大气中的二氧化硫、二氧化氮等分子越来越多,高达 3000 万吨/年,大大降低了雨、雪、雾、露的 PH 值,使其呈现酸性,最终形成酸雨。酸雨严重影响人类环境,造成诸多环境问题,如土壤酸化、腐蚀建筑材料、危害动植物的生长等,特别是酸雨对陆生和水生的生态系统有严重的破坏作用,故被称为"空中杀手";酸雨也被称为"跨国界的恶魔",其危害是全球性、跨国域的。它可以漂洋过海,影响其他国家的生态环境。例如,日本排放的酸性成分,越过太平洋,到达美国时形成酸雨落下,同时影响到加拿大。酸雨强劲的破坏力和跨国恶魔特性,危害范围涉及大半个地球甚至全球,严重威胁全球生态安全。因此,酸雨又被称作"无烟的火灾"。据科学家们观测,20 世纪 70 年代以来,欧洲大约 75%的商业森林受到酸雨的伤害,北美的云杉数量因酸雨下降了 50%多。在中国,因酸雨和二氧化硫污染所造成的损失每年都在 1100 多亿元以上。中国已有 1/3 的国土受害,有 1/4 的人口呼吸不洁空气,1500 多万人患支气管炎。

4. 大气污染严重

1943 年发生在美国洛杉矶的光化学烟雾事件和 1952 年发生在英国伦敦的烟雾事件以及近年来发生在我国华北和东北地区的持续雾霾,是典型的大气污染事件。大气污染是由悬浮颗粒物、一氧化碳、二氧化碳、氮氧化物、铅等造成的。目前,雾霾这一愈发严重的大气污染已成为大众关注的焦点。所谓霾,是指空气中的灰尘、硫酸、硝酸、有机碳氢化合物等大量极细微的干尘粒子均匀地浮游在空中,使空气浑浊,而 PM2.5(粒径小于 2.5 微米的颗粒物)是造成雾霾天气的"元凶",它不仅是一种污染物,而且是重金属、多环芳烃等有毒物质的载体,主要包括粉尘、烟尘等工业排放的废气与汽车尾气等。中国科学院院士、中国科学院地球环境研究所所长周卫健说:"我们最近研究发现,在高湿度和高氨气的条件下,空气中的二氧化氮会促进硫酸盐形成,从而加重雾霾。这表明,除了燃煤、机动车排放和生物质燃烧,控制华北平原氮肥的使用也非常重要,这能在相当程度上减少 PM2.5 的形成。"周卫健团队在烟雾箱进行了模拟实验,证明氮肥释放的氨对雾霾的贡献率可达 20% 以上。这项研究成果已经在美国科学院院报上发表。① 由于 PM2.5 粒径小、活性强,容易通过各种途径吸收侵入人体,进入呼吸道较深的部位,甚至深入细支气管和肺泡,直接影响肺的通气功能,严重影响人的身体健康。

5. 森林和湿地面积大量减少

森林被喻为地球的"肺",湿地被喻为地球的肾,它们同时也是最大的基因库。森林占地球陆地面积的三分之一,世界上约有 16 亿人口以森林为主要谋生手段。据统计,从 1862—1958 年不到 100 年的时间内,全球森林从 55 亿公顷减少到 37 亿公顷,1958—1978 年则减少到 26 亿公顷。由于世界人口的增长,对耕地、牧场、木材的需求量日益增加,导致对森林的过度采伐和开垦,使森林受到前所未有的破坏。根据 2015 年的统计数据,全球每分钟消失的森林相当于 36 个足球场,其中绝大多数是对全球生态平衡至关重要的热带雨林,影响到地球的呼吸。另据《联合国环境规划署年鉴 2009》中的数据显示,目前全球有 25 个国家的整个森林生态系统已经消失,另外还有 29 个国家则减少了 90%。森林面积的锐减,不仅使其涵养水源的功能受到破坏,导致灾害频发,如洪涝肆虐、水土流失、生物多样性下降以及加剧温室效应等,而且也带来各种各样综合性的自然灾害。此外,至 20 世纪,全世界半数湿地消失,目前湿地正以每年 3% 的速率消失。湿地被称为"地球之肾",它的消失对人类危害很大,尤其是消失的物种有 40% 发生在湿地。

6. 生物多样性锐减

生物多样性问题是当前全球面临的重大挑战。野生生物物种正在以惊人的

---

① 参见储思琮:《李克强:谁攻克雾霾形成机理 重奖谁》,《新京报》2017 年 3 月 10 日。

速度消失,一些科学家甚至认为,我们目前正在经历全新世生物灭绝或第六次生物大灭绝。在过去的 500 年间,已知受人类活动影响而灭绝的物种接近 900 种。根据世界自然保护联盟(IUCN)的估计,至 2016 年,近 25% 的哺乳动物和 42% 的两栖类动物濒临灭绝。从 2006 年至 2016 年仅十年间,被列入红色名录的濒危物种数量就增加了 51%,达到 24307 种。与此相关的是生物整体数量的下降,世界自然基金会(WWF)研究显示,从 1970 年至 2012 年,全球脊椎动物种群整体数量下降了 58%,海洋物种种群整体数量下降了 36%,而淡水物种种群整体数量更是下降了 81%。[①] 野生动植物是宝贵的自然资源,它蕴藏着的丰富的基因资源和物质资源,为人类的生存与发展提供不可或缺的物质基础。在地球的生物链上,一个物种的灭绝,将引起二十多种相关物种的生存危机,导致生态食物链的中断和遗传基因的流失。所以,物种灭绝将对整个地球的食物供给带来威胁,它意味着人类自身生存环境和条件的恶化。一旦生物多样性遭到根本性破坏,生态平衡就会被打破,人类也必将遭受灭顶之灾。

7. 土地荒漠化日益扩大

人类食物 98% 所需要的蛋白质来源于土地,然而,由于气候变化以及人类不合理的改造自然活动,导致干旱、半干旱和具有干旱灾害的半湿润地区的土地发生了退化,即土地荒漠化。尤其是过度放牧、耕作、采伐树木,使得水土流失不断加剧,从而导致土壤荒漠化程度越来越严重。荒漠化是地球最为普遍的土地退化形式,是人类面临的一个持久而不断扩展的灾难,被称为"地球的癌症"。联合国防治荒漠化公约秘书处于 1996 年 6 月 17 日发表的公报指出:当前世界荒漠化现象仍在加剧。目前,全球荒漠化土地面积已达到 3600 万平方公里,约占地球陆地面积的 1/4,并且仍然以每年 5 万—7 万平方公里的速度扩大,有 25 亿人口遭受此危害,12 亿多人口受此直接威胁,100 多个国家和地区受此影响。据联合国统计,目前全球已有不少于 5000 万人沦为荒漠化的生态难民。所以,荒漠化已不仅仅是一个生态环境问题,它已演变为经济问题和社会问题,导致人类贫困和社会不稳定。在人类当今面临的诸多环境问题中,荒漠化是最为严重

---

① 参见卢风、陈杨:《全球生态危机》,《绿色中国》2018 年第 3 期。

的灾难之一,它正在不断地缩小着人类生存的基础。

8. 淡水资源危机

地球表面虽然 2/3 被水覆盖,但 97% 是无法饮用的海水,只有不到 3% 是淡水,这其中又有 2% 封存于极地冰川之中。在仅有的 1% 淡水中,25% 为工业用水,70% 为农业用水,只有很少的一部分可供饮用和其他生活用途。然而,在这样一个缺水的世界里,水却被大量滥用、浪费和污染。据统计,全球河流溶解氮和溶解磷年自然排放量分别为 1500 万吨和 1000 万吨,而人为排放量则可分别达到 3500 万吨和 375 万吨。每年进入海洋的石油约 320 万吨。此外,还有重金属、有机化合物进入海洋,富集于海洋生物,进而富集于摄食海洋生物的人体。科学家已经发现南极的企鹅和北极熊体内都有农药 DDT 的成分。海洋生态系统破坏已是一个不争的事实。水污染及人口膨胀同时也造成淡水匮乏。

在过去 300 年中,人类用淡水量增加了 35 倍多,近几十年来取水量更是每年递增 4%—8%,但全球淡水可供量却在锐减,现在全球供水比 25 年前减少了 1/3。目前世界上 100 多个国家和地区缺水,其中 28 个国家被列为严重缺水的国家和地区。预测再过 20—30 年,严重缺水的国家和地区将达 46—52 个,缺水人口将达 28—33 亿人。在东非、西非,许多国家因缺水导致粮食生产增长速度低于人口增长速度。在北非,流经 9 个国家的尼罗河,其水资源分配中潜伏着国家关系的危机。而中东地区,争夺水资源已被看作是引发战争的一个重要因素。20 世纪两次印巴战争都是为了争夺水资源。连美国西南部也感到了缺水的危机。加利福尼亚州的连续干旱,内华达山森林旱死 30%—80% 及动物锐减。

中国是世界上水资源人均最少的国家之一。水资源仅为全世界总量的 6%,人平均量还不足全世界人平均量的 1/5。中国河流利用率高达 60%,其中辽河 65%,黄河 62%,海河已达 90%,远远超过国际警戒线的 30%—40%。中国七大水系中劣五类水质已占 41%,城市河段 90% 以上已受到污染。

导致全球水资源危机的另一个原因就是由于全球气候变暖、干燥,导致一些河流和湖泊的枯竭,地下水的耗尽和湿地的消失。这不仅严重威胁人类生存,而且使许多生物面临灭绝。目前,获取淡水和使用清洁的淡水已经被认为是最需要引起重视的环境问题之一。世界银行前副行长伊斯梅尔·萨瓦格丁曾说:

"如果说在本世纪(20 世纪),许多战争由石油引发,那么在下一个世纪(21 世纪),水将成为引起战争的根源,除非我们改变管理此珍贵资源(指水资源)的方式。"①足见淡水资源危机的严峻性。

9. 资源和能源危机

资源和能源短缺是当前世界性问题。这一问题出现的原因,一方面是由于人口增长和经济发展的压力造成的,另一方面环境污染也加剧了这一危机。人口增长将导致激增的粮食需求,使得用水供需矛盾更加紧张,而目前农业用水约占全球人类淡水消耗的近 70%;同时,粮食生产的压力进一步增加对耕地的需求,而大量适宜耕种的土地又被城镇化和交通建设占用。通过毁林或填湖造田等方式新开发的耕地不但利用效率低,还会侵占本已岌岌可危的野生动植物栖息地。据联合国粮食及农业组织 2009 年的统计数据,从 1961—2009 年,全球人均可耕地面积由 0.42 公顷下降到 0.20 公顷,降幅达 51.2%。不止是土地,地上的森林、河流、动物等可再生资源的再生速度也赶不上人们的消耗速度,而地下的不可再生资源则面临枯竭。有资料显示,目前已探明可供开采的石油储量仅可供人类使用 45—50 年,天然气可使用 50—60 年,煤炭可使用 200—300 年。②世界自然基金会计算结果显示:人类目前的"生态足迹"已经超出了全球承载力的 20%,人类在加速耗竭自然资源的存量。

10. 垃圾成灾

经济发展和人口激增使生产废弃物和生活废弃物数量越来越多。据测算,垃圾产生量与国民生产总值的正向相关系数已高达 0.4382。全球垃圾年平均增长速度高达 8.42%。现在全世界一年生产的垃圾多达 450 亿吨。如果将 1990—2010 年的垃圾总量累计起来,垃圾的密度将超过 1000 吨/平方公里,到 2010 年全球人均垃圾超过 16.92 吨。有人进一步计算,认为按此速度,不超过一个世纪,地球表面将全部充斥垃圾。垃圾处理能力却显得十分有限,一种是填埋方式,全球平均处理率为 60.58%。这种方式占用了大量土地,而且难以控制

① 转引自张励:《水外交:中国与湄公河国家跨界水资源的合作与冲突》,云南大学 2017 年博士学位论文。
② 参见卢风、陈杨:《全球生态危机》,《绿色中国》2018 年第 3 期。

垃圾对地下水的污染。另一种方式是焚烧,处理率约占 33.18%,但难以控制其对大气的污染。最困难的是有毒废物的处理,因为它造成的危害更为严重和深远,因此成了当今世界面临的一个十分棘手的环境问题。在美国,大量的有毒有害废弃物处理点被建设在黑人和少数族裔社区,大多数核废料处理设施被建设在美洲原住民保留地,由此导致严重的环境正义危机。最近几十年间,发展中国家的环境状况迅速恶化,这当然与其延续发达国家"大量生产、大量消费、大量废弃"的生产生活方式有关,也与发达国家将高污染高耗能产业向发展中国家转移有关。除此之外,发达国家还向落后地区直接出口有毒有害废弃物,造成了严重的环境污染。

上述"十大"生态危机并非全球生态危机的全部,而是其最重要的表现。除此之外,还有诸如占全球面积71%的海洋酸化严重,导致海洋资源大量减少,加剧了台风、地震和海啸等自然灾害的危害程度;有毒化学品污染日益严重;等等。这些对人类和动植物造成了严重的危害。从总体上看,这些危机表现为生态、环境、资源三个方面或三个类型。这三类危机并非相互独立的,而是相互联系、相互影响的,共同对人类构成生存的威胁。如果当今人类不能有效地解决这些危机,人类的生存就难以为继!所以,面对这一严峻形势和危机时刻,全球人类应认真思考和反思生态危机产生的根源,积极寻求应对之策,否则就是对历史犯罪,对子孙后代犯罪。

(二)全球生态危机产生的思想根源检视

当今人类面临的生态危机,看似是"天灾",实际上是"人祸",是人类自己的不当行为惹出来的祸。A.格雷格说:"世界生了癌,这癌就是人。"① 说"世界生了癌",实际上是自然生态系统发生癌变,其症候就是生态失衡、气候异常、自然灾害频发、大量物种灭绝等等;说"这癌就是人",是指人是地球生态的最大破坏者,是生态危机的祸首。正是由于人类的无知(人对自身的无知、对自然的无

---

① 转引自[美]梅萨罗维克、[德]佩斯特尔:《人类处于转折点——给罗马俱乐部的第二个报告》,梅艳译,生活·读书·新知三联书店 1987 年版,第 1 页。

知、对人与自然关系的无知)和妄行,特别是现代人为了满足自己奢侈无度的欲望,急功近利地攫取了某些自然资源的短暂价值,却给自身造成难以挽回的危机。所以,从这个意义上说,"生态"问题实质又是人的"心态"问题,其深层根源是由于人的思想意识("心态")出了问题。正如有学者所言,全球生态危机"成因的复杂性是空前的,其深层原因有人口的、生产方式的、消费的、科技的、贫困的、人类中心主义的等"①。从文化学视角来看,人类文化从结构上可分为器物文化、制度文化、行为文化、心态文化四个层次②,其中心态文化是文化的核心部分,它包括价值观念、审美情趣、思维方式等。人的活动总是在一定的思想观念的支配下进行的,尤其是价值观对人的行为影响最大,因为追求价值是人的现实活动的内在驱动力。所以,全球生态危机的最深层根源应当是人的价值观、人生观、利益观。具体而言,造成当前全球生态危机的最深层根源是近代西方工业文明以来所形成的人与自然之间主客体二分("二元论")的思维模式、人类自我中心主义价值观,而当代流行的消费主义则成为生态危机的"加速器"。

1. "主客二分"("二元论")思维模式

当代生态危机是现代工业文明的副产品,其思想根源是在工业文明基础上形成的现代价值观,而这种价值观是奠基在"主客二分"基础之上的。

主客二分是西方文化最根本的思维方式。其核心是把人与自然完全看成是一种外在的关系,一种简单的抽象的主客体关系,即人与自然是绝对对立的:自然界是人之外的、与人完全异质的客观世界,是一个无情的、僵死的、任人宰割的对象。犹如托马斯·阿奎那所说:对于动物,"根据神的旨意,人类可以随心所欲地驾驭之,可杀死也可以其他方式役使"③;而人则是有欲求、有感情、有知性,是一个欲望、占有、掠夺自然的主体,而为了满足主体的欲望,就要不断地发展和提高主体(人)的能力、力量、知识、技能,以增强对付、征服、控制自然的本领,由此便发展出近代的主体形而上学,这种主体形而上学特别强调人的主体性,推崇

---

① 廖福霖:《生态危机》,《绿色中国》2018年第8期。
② 参见张岱年、方克立主编:《中国文化概论》(修订版),北京师范大学出版社2004年版,第3—4页。
③ 转引自[美]戴斯·贾丁斯:《环境伦理学——环境哲学导论》(第三版),林官明、杨爱民译,北京大学出版社2002年版,第106页。

人对自然的改造,认为人们征服、改造和支配自然的能力越大,其主体性就越强。不仅如此,通过征服、改造自然,人的本质才能得以确证。由此我们看到,从培根提出"知识就是力量",到洛克主张"对自然界的否定就是通往幸福之路",从笛卡尔提出人要"借助实践哲学使自己成为自然的主人和统治者",到康德要求"人为自然立法""决不能只是让自然牵着自己的鼻子走",等等,都在宣扬一种人类征服和统治自然的观念。正如后现代主义的代表人物之一大卫·格里芬所说:"二元论宣称灵魂本质上独立于身体,就此而言,在与自然的关系上,它是不折不扣的个人主义。二元论认为自然界是毫无知觉的,就此而言,它为现代性肆意统治和掠夺自然(包括其他所有种类的生命)的欲望提供了意识形态上的理由。这种统治、征服、控制、支配自然的欲望是现代精神的中心特征之一。"①国内学者田海平也说:"当人类文明的发展将这种二元论设定为人类认知活动和道德实践活动的基本架构,它就必然迫使我们进入一种自然与道德二分的二元论处境之中。进而言之,它通过科学技术的进步,建立起人对自然环境进行征服和控制的文明类型。"②总之,在"主客二分"这一观念的鼓噪下,人类对自然世界采取了一种单向度的客体化或对象化的征服、掠夺姿态,导致人与自然的关系随之发生大逆转:自然从人"崇拜"和"敬畏"的对象降至"征服"和"统治"的目标。也正是由于人类对自然无度无序的征服和掠夺,引发生态破坏和环境恶化,致使人类陷入生存危机之中。

2. 人类中心主义价值观

主客二分的思维方式必然蕴含或衍生出人类中心主义的价值观,即把人作为唯一的绝对的价值主体,只在属人的意义上讲价值。一般来讲,"所谓价值,就是指客体的存在、属性及其变化同主体的尺度是否相一致或相接近"③。所谓"主体的尺度",就是主体(人)的需要。从价值的定义出发,必然得出自然界或自然客体本来没有价值,只有它(们)满足人(主体)的某种需要,或者有利于人(主体)发展时才有价值。这表明,自然物只具有工具价值,其工具价值的大小

---

① [美]大卫·雷·格里芬编:《后现代精神》,王成兵译,中央编译出版社2005年版,第5页。
② 田海平:《环境伦理的基本问题及其展现的哲学改变》,《天津社会科学》2009年第10期。
③ 李德顺:《价值论》,中国人民大学出版社2007年版,第27页。

就看它能在多大程度上满足人的需要。如此，人就成为价值的唯一缘起者、评判者、享有者，而自然界只能作为人的欲求对象时才具有价值。这样一来，自然物就变成了不具有独立意义的"为人的存在"，如亚里士多德在《政治学》中所说的那样："植物活着是为了动物，所有其他动物活着是为了人类，……自然就是为人而造的万物"①，自然界完全丧失了自我存在的根据。

这种价值观必然导致对自然资源的过度开采，导致环境破坏、生态危机。因为，既然自然界本身无所谓价值，也没有自己的利益，它的价值来源于对人类的服务、对人类欲望或需要的满足，那么人类通过加工改造自然来满足自身的需要、实现社会的发展就是理所当然的了，甚至征服自然、向自然索取也无可厚非。一言以蔽之，人类无须为了无价值的自然界而抑制自身的欲望、牺牲自己的利益。只有人类的需要、利益才是第一位的，此乃人类中心主义价值观之要义。如此看来，人们依据这种价值观对待自然界，现代生态危机的发生就不是偶然的了。

不过，有一种观点认为，人类中心主义并非现代生态危机的真正根源，"如果把生态危机的罪责嫁祸给人类中心主义，就只会掩盖其真凶，误导生态危机的解决"②。当代著名学者汪信砚教授早在20世纪90年代就提出"个人中心主义和群体中心主义而非人类中心主义才是当代生态环境问题的根源"，所以"要解决当代的生态环境问题，关键不在于这样那样地否定和走出人类中心主义，也不在于否定和走出这种那种形式的人类中心主义，而在于真正地践行或在实践上'走入'现代人类中心主义"③。但依笔者之见，与"个人""群体"相对应的"人类中心"，同与"宇宙"相对应的"人类中心"是不一样的，前者是把整个人类视为一个整体，旨在强调以人类的整体利益和长远利益为中心，反对以"个体"的人和"群体"的人的利益为中心，也反对以"个别区域"和"某些区域"的人的利益为

①　转引自［美］戴斯·贾丁斯：《环境伦理学——环境哲学导论》（第三版），林官明、杨爱民译，北京大学出版社2002年版，第106页。
②　姜正君：《当代生态危机的深层根源及其警示意义》，《湖南农业大学学报》（社会科学版）2015年第2期。
③　汪信砚：《人类中心主义与当代的生态环境问题——也为人类中心主义辩护》，《自然辩证法研究》1996年第12期。

中心,主张以整个地球上的人类利益为中心,彰显了人类利益的整体性、社会性;后者侧重于强调人类利益的优先性、唯一性,认为人类利益始终高于其他生命物的利益,人类利益始终是处理人与自然生态系统关系的根本价值尺度,这是"人类中心主义"的本义。所以问题的关键在于如何准确理解"人类中心主义"的真实内涵。按照《韦伯斯特新世界大词典》的定义,所谓"人类中心的(anthropocentric):(1)把人视为宇宙中心实体或目的;(2)按照人类价值观来考察宇宙中的所有事物。"可见,人类中心主义是一种认为"人是宇宙中心"的观点,其实质是"一切以人为中心,或一切以人为尺度,为人的利益服务,一切从人的利益出发"①。正是这种观点导致了"人类'主宰'、'征服'自然的人类沙文主义",从而导致环境破坏和生态危机。

当然,我们也非常认同汪信砚教授所说的个人中心主义和群体中心主义是当代生态环境问题的根源。无数事实证明,个人中心主义、群体本位(中心)主义是当代生态危机的祸根之一。比如,有些排污企业明知道他们污染了环境,但对政府三令五申提出的整改措施要么敷衍塞责蒙混过关,要么明修栈道暗度陈仓,其结果虽然保护了自己的经济利益,却损害了大多数人的生存环境利益。这是个人中心主义或群体中心主义使然,只看到眼前利益、局部利益,却危害了整体的长远的利益。再比如,在全世界为什么西方发达国家大多山清水秀、绿树成荫,而大量的发展中国家却浓烟滚滚、"三废"横流?这是因为西方发达资本主义国家为保护本国利益,往往将"三高"产业和垃圾转移到发展中国家和地区,推行"生态帝国主义""环境殖民主义"政策,使大多数的落后国家的人民不得不承受更多的环境危害。这也是个人中心主义或群体中心主义使然,只维护自己的个别利益,却损害了全人类的整体利益。德国生态哲学家萨克塞指出:"传统的思想理论常常不把个人同社会联系在一起,把个人视为独立于社会之外的个体,而我们只要冷静地思索一下新陈代谢,就得承认,个体是一个相对概念,它只能与社会联系在一起才存在,如同社会只能作为无数个个体的社会才存在一样。尽管自然科学的这一认识在明确地教导我们,但由于个体的自我形象在思想意

---

① 余谋昌:《生态哲学》,陕西人民教育出版社 2000 年版,第 140 页。

识中已经培养得非常高大,所以对个体来说,把自己看成是整体的一部分显然十分困难。这里我们看到了生态哲学的意义。生态哲学的任务就是要把人是整体的一部分这个通俗的道理告诉给人们。"①的确,个体是相对的,相对一个群体来说,每个人是一个体;相对于一个民族国家来说,每一集体是一个体;相对于整个世界来说,每一个民族国家也是一个体;相对整个宇宙来说,人类也是一个体。所以生态哲学昭示人们,在对个人与社会、自然的相互关系的认识上,强调个人对社会和自然整体的顺应和自觉维护,个人应走向社会集体主义或人类整体主义,而且要走向"人—社会—自然"复合生态系统的整体主义。唯其如此,才能克服个人中心主义、群体中心主义乃至人类中心主义,进而消除生态危机,最终确立人与自然和谐相处、共生共荣的价值观!

3. 消费主义

生态危机是"欲望支配世界"的现代性后果之一。从最深层来看,生态危机产生的根源在于人性中"欲望"的释放和张扬,尤其是"流通环节中欲望消费的产生,新旧产品更迭速率的加快,加剧了对生态的盘剥与破坏"②。所谓"欲望消费",万俊人教授将此界定为"为欲望而欲望"的消费,也即基于"欲望"的消费,是一种不同于基于生活"需要"的消费。③ 在当代,欲望消费闸门的打开和消费手段的便捷为人类在对自然资源掠夺的道路上安置的一个"加速器",助推了生态危机的恶化。实际上,"欲望消费"就是现代人所说的"消费主义"。

按照马克思主义的观点,消费是人类必不可少的正常行为:"没有生产,就没有消费;但是,没有消费,也就没有生产,因为如果没有消费,生产就没有目的。"④但消费主义却成为一种价值观和人生观,成为消费社会的意识形态,其基本信条是:"第一,消费是促进经济增长的最有效的活动和手段;第二,消费也是人们精神满足和自我满足的根本途径;第三,消费也是人生的根本目的;第四,人生的意义就在于消费,人生的价值就体现为消费的质和量"⑤。正如卢风所言:

---

① ［德］汉斯·萨克斯:《生态哲学》,文韬、佩云译,东方出版社1991年版,第49页。
② 任瑞敏:《生态危机根源:"欲望"唯物化的三个向度》,《学术交流》2015年第5期。
③ 参见万俊人:《道德之维——现代经济伦理导论》,广东人民出版社2000年版,第277页。
④ 《马克思恩格斯选集》第2卷,人民出版社1995年版,第9页。
⑤ 杨志华、卢风:《消费主义批判》,《唐都学刊》2004年第6期。

"物质主义的生活方式和消费主义的价值导向使人类在生态灾难中越陷越深。"①推行消费主义在一定程度上会拉动内需,从而促进一个国家的经济发展,但其危害也是巨大的,整个社会多买、多用、多扔,既消耗大量能源和资源,又生产了成千上万吨垃圾,造成令人触目惊心的资源浪费和环境污染。同样,消费主义鼓吹人生的价值就体现为消费的质和量,从而一味地激发和鼓励个体到消费中去寻找人生的意义("我消费我存在"),并把占有和消费尽可能多、尽可能高档次的物品当作人生价值的追求,这一方面会导致了人的"物化"生存困境、人生意义的虚无化等精神危机;另一方面,既然人生的意义和价值体现为消费的质和量,越能大量消费就越能体现人生意义和价值,这就必然会引发高消费、奢侈消费、超前消费、挥霍性和浪费性消费等大量消费,而大量消费需要大量生产,也必然产生大量废弃物。这样,消费主义使"大量生产—大量消费—大量废弃"的现代生产生活方式就成为必然,而这种生产生活方式恰恰造成对资源的大量消耗和浪费,同时也带来了对环境的污染和生态的破坏,因而成为当代全球生态危机的罪魁祸首。

综上所述,近代西方工业文明以来所形成的人与自然的主客二分思维模式、人类自我中心主义价值观,以及追求物质消费、把占有和消费尽可能多和尽可能高档次的物品作为人生价值目标的消费主义是造成当代生态危机的最深层思想根源,它使整个人类陷入生存困境之中。所以,要克服当前的生态危机,走出生存困境,就应抛弃原来错误的思想观念,树立一种正确的价值观。卢风先生说:"我们如果在森林里迷了路,那么沿着一个错误的方向走得越远就越没有出路;只有返回出发点,重新定位,才能找到出路。现代性以庞杂的思想体系指导我们的价值追求,以精致的自由主义论证为物质主义张目,它的愿景就是人类成为自然的主宰,但它导致的现实是,人类正在物质丰饶和纵欲无度中一步一步地走向生态毁灭的深渊。人类迷路了,须回到原初智慧。"②的确,当代生态危机表明我

---

① 杜维明、卢风:《现代性与物欲的释放——杜维明先生访谈录》,中国人民大学出版社2009年版,第60页。
② 杜维明、卢风:《现代性与物欲的释放——杜维明先生访谈录》,中国人民大学出版社2009年版,第19页。

们迷了路，所以，现在必须返回原初智慧，而儒家传统的自然价值观或曰生态思想正好提供了这样的原初智慧。

（三）儒家生态思想对解决当代全球生态危机的重要意义

无疑，要克服当代全球生态危机，应当政治、经济、科技、文化等综合整治，需要有制度的保障、观念的支撑、有效的举措和实际的行动。但从思想观念来说，中国传统的生态思想尤其是儒家自然价值观，给我们提供了一种协调人与自然关系的智慧和方法论原则，对解决生态危机具有积极的指导意义。

1. 儒家"天人合一"思想为解决全球生态危机提供了一条正确的基本原则

方克立先生说："'天人合一'是中国哲学解决人与自然关系问题的基本原则"，并且是"正确的思想原则"，"对于解决当今人类面临着的日益严峻的生态问题不无启发意义"，"是中国哲学对人类文明的一大贡献"[1]。国学大师季羡林先生更是提出只有"'天人合一'方能拯救人类"[2]。

如前所述，当代生态危机生产的根源之一就是近代以来大行其道的"主客二分"思维，将人与自然截然割裂开来。这是一种碎片化的世界观，它使人们对整个世界缺乏一种完整的看法，从而不能正确地对待自然世界。因此，"破解人类面临的生存困境，首先在于解决碎片化的哲学倾向，建构一种完整的新型世界观，以指导人们对人与世界的关系形成正确的看法"[3]。而儒家的"天人合一"就是这样一种完整的世界观。

尽管"天人合一"包含着丰富、复杂的内容，但前已述及，它的最基本的涵义就是指人与自然界的关系，它把人与自然视为一个有机的整体、一个生命共同体。就此而言，"天人合一"是中国传统生态观的高度概括和集中体现，它恰好能对治西方"主客二分"的弊端，有助于建构人与自然协调统一的关系，从而为解决生态危机奠定正确的世界观基础。

---

① 方克立：《"天人合一"与中国古代的生态智慧》，《社会科学战线》2003 年第 4 期。
② 季羡林：《"天人合一"方能拯救人类》，《东方》1994 年创刊号。
③ 曹孟勤：《人与自然和谐共生的价值意蕴》，《光明日报》2019 年 2 月 25 日。

从"天人合一"的自然价值观来看,"人不在自然之下,也不在自然之上,而是在自然之中。人与自然融为一体",这就"彻底消解了人与自然的'主人'与'奴隶''中心'与'边缘'结构,从而建构起人与自然在价值地位上平等正义的关系秩序",只有"当人与自然平等时,才有真正意义上的人与自然和谐;当且仅当人与自然平等和谐,才能带来人与自然的共生共荣"①。

尤值措意的是,"天人合一"是"人"合于"天",而不是"天"合于"人",因此这是一种"非人类中心主义"的观念。在儒家看来,人和万物是一体同源,都是天地所生,如《易传·序卦》曰:"有天地,然后有万物。有万物,然后有男女。"张载也说:"乾称父,坤称母;予兹藐焉,乃混然中处。故天地之塞吾其体,天地之帅吾其性,民吾同胞,物吾与也。"(《西铭》)由于人和万物都是天地所生,故"天"(泛指天地、自然)就成为一切生命和价值的源头,人应该敬畏天命,循"天地之道"而行;人应该返归到"天(地)"那里去寻求人性本质及其意义。对应到生态问题上,既然人是由天地生成的,人与天的关系就是部分与整体的关系,而不是敌对关系,人与自然应该和谐相处。所以,人类应该学会尊重自然,顺应自然,与自然融为一体,在与自然亲近的过程中,享受自然给人类带来的福祉。倘若人真正能认识到人是天地所生,与自然生命是一体的,他就不仅能从内心深处涌现出对生命的敬畏,而且能从实际行动中自觉地保护自然、爱护人类生存的环境。这样就能有效遏制生态环境的进一步恶化,消除人类的生存危机。可见,"天人合一"观念对于解决当今全球生态危机来说具有普遍的指导意义。

更为重要的是,作为解决人与自然关系问题的一条基本原则,"天人合一"思想并不像一些人惯常理解的那样,一味地叫人消极被动地顺应自然、适应自然,消解了人的主体性;恰恰相反,它强调人类对自然界的辅助和"参赞化育",蕴含着人与自然协调发展、辩证统一的思想。《周易·泰卦·象辞》曰:"财(裁)成天地之道,辅相天地之宜,以左右民。"意即(帝王)裁度天地运行规律,辅助天地的造化,从而支配万民。这是主张人在与自然相协调的基础上对自

① 曹孟勤:《人与自然和谐共生的价值意蕴》,《光明日报》2019年2月25日。

然界进行裁制、辅助,以发展社会生产,满足人民的生活需要。《中庸》云:"唯天下至诚,为能尽其性。能尽其性,则能尽人之性;能尽人之性,则能尽物之性;能尽物之性,则可以赞天地之化育;可以赞天地之化育,则可以与天地参矣。"这是称赞作为"天下至诚"之人的"圣人"不仅能够充分展现自己的真诚本性("能尽其性"),而且能使民众在他的影响下逐步形成真诚的优秀品质("能尽人之性"),最后还可以帮助天地化生万物,从而与天地并列为三。这种从"尽人之性"到"尽物之性"再到"赞天地之化育",充分展现了儒家在对待人与自然的关系上不是一味地顺从自然、听命于自然,而是强调在遵从自然运行规律的前提下,充分发挥人的主观能动性和主体的精神力量,推动物质世界向着有利于人的方向变化发展。汉儒董仲舒说:"天地人万物之本也。天生之,地养之,人成之。……三者相为手足,不可一无也。"(《春秋繁露·立之神》)这是把天、地、人看作一个有机的统一整体,天地(自然)与人相辅相成,最终要达到和谐共生。

总之,儒家"天人合一"思想既不同于西方主客二分及其衍生的人类中心主义所主张的对自然的一味征服、控制和掠夺,也不同于现代非人类中心主义由于一味地提倡敬畏自然、呵护生命,从而在不同程度上反对人对自然的开发利用,否定人对自然的能动性改造。人类中心主义引发对自然的"人类沙文主义",而非人类中心主义却导致"生态极权主义",它以敬畏其他生命而戕害人的生命。儒家"天人合一"生态世界观既主张要人们顺应自然、保护自然、尊重自然,又强调在遵从自然运行规律的前提下"赞天地之化育",不断使自然界人化,从而日益适应、满足和保障人类自身发展的客观需要;它既是对非人类中心主义单纯强调"顺从自然"的修正,又是对人类中心主义过分强调"控制自然"的扬弃,它是一种辩证智慧,为解决当代全球生态危机提供了一条正确的基本原则,为人类可持续发展奠定了坚实的思想基础。

2. 儒家"仁爱万物"的生态道德观为克服当代全球生态危机提供了一种全新的伦理观

解决当代生态危机还需要相应的道德素质和伦理观念的支撑,没有良好的生态道德观或曰生态伦理就不可能真正解决生态问题。当代中国著名作家韩少功曾说:"环保从心灵开始。"①对此有学者解释道:所谓"环保从心灵开始",其基本观点可概括为"人类在同自然万物打交道时,应当秉持谦逊的态度、高远的胸怀和清洁的精神"②。所谓谦逊的态度,是说人在大自然面前要平和、低调,怀有敬畏之感和感恩之心,并懂得"万物齐一"的道理;所谓高远的胸怀,是说人类在处理与自然的关系时不能只顾自己的、眼前的、暂时的利益,而要着眼于人类整体和天人共生的长远未来;所谓清洁的精神,则是说人类从事以大自然为对象的生产活动时应节制欲望,力戒贪婪,尤其是要警惕"以资为本"的诱惑。但依笔者之见,所谓"环保从心灵开始",实质上是指要培养人们关爱自然万物的道德情感,让每个人都有一颗热爱自然、呵护自然、敬畏自然、感恩自然的美好心灵。就此而言,儒家思想中所蕴含的"仁民爱物""民胞物与""仁者以天地万物为一体"的生态伦理思想,强调对大自然和生态环境的热爱和友善,为培养这样的美好心灵提供丰厚的文化土壤。

毋庸赘述,仁爱万物(简称"爱物")是从先秦儒家到宋元明清儒家的一贯思想,对当代人类树立正确的生态观具有重要的文化滋养意义。尤其是到了宋儒那里,整个宋明理学都将"仁"与宇宙的本质相联系,以"生"释"仁",认为从生命的意义上讲,人与万物具有共存的平等性,这种平等性要求建立一种人与万物之间的伦理关系。也就是说,人与万物都是由天地(自然)化生,同根同源、休戚与共、一体相连,万物犹如人的手足兄弟,因此,人应该像关爱自己的手足兄弟那样去关心、爱护和体贴万物。由此可见,儒家的"仁爱万物"观根植于人对天地万物一体同源的共同体悟和认同,或者说,"万物一体"是人对自然万物产生"仁爱"的根源。

总之,儒家强调人们要像关心人类自己一样关爱万物,充分尊重自然界其他物种生存发展的权利,确立一种与自然万物共生共存的关系。这一思想"不但为人伦道德找到了深远的根源,提高了中华文化的道德意蕴,而且为人与自然的和谐相处提供了理论根据"③。它显然是一种超越人际伦理的生态伦理,这种伦

---

① 杜渐坤、陈寿英选编:《2007 中国年度随笔》,漓江出版社 2008 年版,第 193 页。
② 古耜:《召唤天人共生的未来——生态随笔阅读札记》,《光明日报》2019 年 1 月 11 日。
③ 张世英:《中国古代的"天人合一"思想》,《求是》2007 年第 7 期。

理观对当今世界来说是极为重要的,它将对自然的责任和关怀作为衡量每个人道德水平的标准。施韦兹说:"只有当人认为所有生命,包括人的生命和一切生物生命都是神圣的时候,他才是道德的。"①罗尔斯顿指出:"环境伦理是一个人的道德境界的新的试金石","人展现其完美的一个途径就是看护地球。人与非人类存在物的一个真正具有意义的区别是,动物和植物只关心(维护)自己的生命、后代及其同类,而人却能以更为宽广的胸怀关注(维护)所有的生命和非人类存在物"②。就此而论,尽管儒家的"天人合一""仁爱万物"是一种传统的观念,但它具有现代生态伦理的意蕴,它有助于实现伦理观念的转换,即以生态完整性或环境整体性为基准来构想世界和人类文明的基本范型。它使人意识到自然界不再是一种受机械力统治的消极的、死寂的世界,而是有比机械力学更高或更深的生态规律;它促使人们从一种生态觉悟的意义上克服或扬弃传统伦理观的偏狭,通过生态自我进入伦理与自然的辩证融合境遇。深层生态学家阿伦·奈斯说:人的"自我实现"过程就是逐渐扩展自我认同之对象范围的过程,"天人合一"将使我们体会并认识到人类只是更大的整体的一部分,而不是与大自然分离的、不同的个体,因此,遵循"天人合一"思想有助于人类将"自我"不断地扩展为"生态大我",缩小自我与其他存在物的疏离感,把其他存在物的利益看作是自我的利益,从而"活着,让他者也活着",实现世界"普遍的共生"和"最大化的多样性"。③ 这样,我们就能克服因"主客二分"而导致的否定世界、轻视世界的世界观,建立起一种人与"天地万物为一体""休戚与共"的肯定世界的世界观。如此,人们就能感到这个世界是我生活于其中的"家园",万物和人类是"一家人",因而人类要关心和爱护自然万物。

可见,"天人合一"观蕴含的生态伦理思想能够促使人们认识到人与自然万物是休戚相关、荣辱与共的共同体,保护自然就是保护我们人类自己。这样就为解决当代生态危机奠定了伦理基础。习近平总书记在党的二十大报告中指出:

---

① 曾健编:《生命科学哲学概论》,科学出版社 2007 年版,第 273 页。

② 引自裴广川主编:《环境伦理学》,高等教育出版社 2002 年版,第 47—48 页。

③ 〔挪威〕阿恩·奈斯:《深层生态学运动:一些哲学观点》,载张岂之、舒德干、谢扬举编:《环境哲学前沿》(第 1 辑),陕西人民出版社 2004 年版,第 45—46 页。

"人与自然是生命共同体,无止境地向自然索取甚至破坏自然必然会遭到大自然的报复",我们要"像保护眼睛一样保护自然和生态环境"。① 倘若全人类都能认同和遵循这种生态伦理观,并在日常生活和行为中自觉地从一点一滴做起,从小事做起,时时处处关心自然,保护自然,久久为功,就能最终解决生态危机。

3. 儒家"以时禁发""取用有度"的生态实践观对全球节约资源、实现人类可持续发展具有重要的借鉴意义

儒家的生态思想不仅为人与自然之间的和谐相处提供了形上根据和伦理原则,而且还为如何做到人与自然和谐相处提出了许多具体建议和实践操作方法。据史料记载,早在尧舜时期,我国就设有管理山林川泽、草木鸟兽的官职,叫作"虞";到秦代出现了专门保护农业生态环境的法律——《田律》;《史记·殷本纪》和《国语·鲁语》讲到的"网开三面""里革断罟"历史典故,反映了商周时代对保护动植物资源的规定已十分严格而具体;春秋时期齐国政治家管仲提出"以时禁发"的原则,孟子主张对生物资源要"用之以时",荀子继承和发展了管仲和孟子的思想,提出要按照生物繁育生长的规律来开采和利用自然物。尤其是成书于汉代的《礼记·月令》对一年中的每一个月如何保护生物资源都提出了非常明确而具体的规定,并主张有"禁"有"发","禁""发"有度,把封禁、保护与开发、利用结合起来。这种"以时禁发"的模式对后世产生了很大的影响和示范作用,对当代人也不失为一笔宝贵的资源。

此外,儒家还提出"取用有度""用之有节"的思想。儒家坚决反对为满足人类的一己私利而破坏自然生态平衡的行为,在对自然资源的取用方面,提倡以不危及其他物种的持续生存与发展为限度,认为奢侈消费必然浪费自然资源,而浪费自然资源必定要伤害人民利益,所以为政者一定要采取节用政策,犹如《易经·象传下》所言,"节以制度,不伤财,不害民"。儒家所倡导的"取用有度""用之有节"思想对培养当代人的适度消费理念、克服消费主义的危害、促进人与自然之间协调发展具有重要价值。

---

① 习近平:《高举中国特色社会主义伟大旗帜　为全面建设社会主义现代化国家而团结奋斗——在中国共产党第二十次全国代表大会上的报告》,人民出版社 2022 年版,第 23 页。

总而言之,在儒家传统的生态价值观中,不仅包含"天人合一"的生态世界观、"仁爱万物"的生态道德观等等这样一些形而上的思想观念,而且还包含了"以时禁发""取用有度""用之有节"等许多保护生态环境的具体制度措施和行为原则。这就显现出儒家生态价值观对解决当今世界生态危机的意义不仅仅局限于形上的观念层面,而且体现在形下的可操作的层面。这些行为原则和制度性规定,无疑对世界各国正在开展的生态环境保护活动具有普遍的可操作的借鉴和启示意义,它们不失为保持人与自然生态平衡的根本方法。尤其是根据生物繁育生长的规律来保护和利用动植物资源的做法,对遏制当前全球性物种加速灭绝之趋势,从而保证自然界中生物多样性和资源的永续性具有直接而具体的指导意义。

当然,儒家传统的生态价值观对解决当代全球生态危机、建立人与自然和谐关系所具有的普遍意义远不止于这几个方面。并且,儒家"天人合一"观念也有其一定的历史局限性,但经过现代的创造性转化和创新性发展,它一定能大放异彩,必将为全球人类寻求生存与发展之道提供一条正确的途径。

三、儒家价值观对实现世界多元文明
和平共处、协调发展的意义

当今世界不仅面临着人与人、人与自然、人与自我心灵的尖锐冲突,而且还面临着文化或文明的冲突。文化或文明的冲突是一种整体性的根本性的长久性的冲突,它已然成为引发当今世界动荡不安的一个极为重要的因素。这就决定了化解文明或文化的冲突已经成为当代全球人类最主要、最迫切的任务之一。党的二十大报告提出要"尊重世界文明多样性,以文明交流超越文明隔阂、文明互鉴超越文明冲突、文明共存超越文明优越,共同应对各种全球性挑战"[①]。为了解决文明和文化冲突问题,就必须改变当今世界占主导地位的对抗性或"对手"思维和单边主义,树立多元并存、求同存异、合作共赢的价值观念。对此,儒

---

① 习近平:《高举中国特色社会主义伟大旗帜 为全面建设社会主义现代化国家而团结奋斗——在中国共产党第二十次全国代表大会上的报告》,人民出版社 2022 年版,第 63 页。

家传统的"和而不同"文化观念能提供宝贵智慧资源和文化基因。

（一）"文明的冲突"：一个不争的事实

在当今世界，文化的多样性或文明的多元化愈益明显，但伴随着全球化进程的加剧，这些多样的文化和文明之间的冲突也愈演愈烈，乃至成为引发今日世界纷争的一个重要因素。早在 1993 年，美国哈佛大学教授塞缪尔·亨廷顿在美国《外交事务》杂志夏季号上发表了《文明的冲突?》一文，认为"新世界的冲突根源，将不再侧重意识形态或经济，而文化将是截然分隔人类和引起冲突的主要根源。在世界事务中，民族国家仍会举足轻重，但全球政治的主要冲击将发生在不同文化的族群之间。文明的冲突将左右全球政治，文明之间的断层线将成为未来的战斗线。"①1996 年底，他又出版了《文明的冲突与世界秩序的重建》一书，对"文明冲突论"进行了系统的阐述，进一步指出："在这个新的世界里，最普遍的、重要的和危险的冲突不是社会阶级之间、富人和穷人之间，或其他以经济来划分的集团之间的冲突，而是属于不同文化实体的人民之间的冲突。"②此论一出，立即在国际舆论界和学术界引起强烈反响，人们对此褒贬不一。但不论怎样，一个抹煞不掉的事实是，从此以后，"文明冲突论"作为一种迅速兴起的思潮，频繁地出现在各种政治论辩、学术研讨甚至时尚报刊中，成为各个阶层的人们普遍关注的"中心话语"。就连亨廷顿的反对者也承认这篇文章"宣扬的概念是全球关注的焦点，它包含了一个世界观"③。毫无疑问，亨廷顿的"文明冲突论"包含着一些错误的观点和不符合事实的论断，但这一观点很有启发意义。人们可以不赞成亨廷顿的观点，但却不能不去正视他所提出的问题——当今世界存在的文化或文明冲突。

事实证明，文化或文明的冲突是当今世界客观存在的现实。从巴勒斯坦问

---

① 转引自汤一介：《评亨廷顿的〈文明的冲突〉》，载汤一介：《和而不同》，辽宁人民出版社 2001 年版，第 57 页。

② ［美］塞缪尔·亨廷顿：《文明的冲突与世界秩序的重建》，周琪等译，新华出版社 2002 年版，第 7 页。

③ ［德］哈拉尔德·米勒：《文明的共存——对塞缪尔·亨廷顿"文明冲突论"的批判》，郦红等译，新华出版社 2002 年版，第 12 页。

题到前南斯拉夫的民族纷争、北爱尔兰纷争、印度尼西亚的基督教徒和伊斯兰教徒之间的对立等等,都是一种"文化冲突"。随着冷战结束,"和平与发展"的主题愈益凸显,但我们眼前的世界并不太平,民族对立、宗教战争以及地区冲突随处可见。"9·11"事件以及由此引发的阿富汗战争、美国与本·拉登及其"基地组织"和塔利班武装力量之间的战争,以及后来发生的伊拉克战争、利比亚战争和延续至今的伊朗核问题,实质上都是基督教文明和伊斯兰教文明冲突的表征。目前在非洲和中东正在爆发因宗教和民族差异而产生的激烈纷争,也是文明冲突的表现。

当今世界是一个多元文明并存的世界,不同文明之间确实存在着很多的差异,而这种文明之间的差异性也可能造成世界上各种对抗、冲突和战争。无论是过去、现在还是未来,不同文化和文明之间除了有对抗、冲突的一面,还有相互接触、交流互鉴、融合共生的一面。不同文明是在既冲突又融合、既排斥又吸收的关系中发展的。亨廷顿显然夸大了冲突在文明存在与发展中的作用和地位,而对文化交流融合未给予足够的重视。在我们看来,文明冲突不仅是暂时的局部的,更主要的是它是由人类的一种错误认识、错误观念、错误做法所导致的,即对抗性、单一性思维和霸权主义、强权政治、极端民族主义所致。认识到这一点,是正确处理不同文化和文明之间的关系、实现多元文明和平共处、共同发展的前提。

(二)文化霸权主义和极端民族主义——文明冲突的两大祸根

引发当今世界文明或文化冲突的原因很多,但最主要的是文化霸权主义和极端民族主义这两股恶势力的影响。

文化霸权主义是以美国为首的西方发达国家依仗其强大的经济和军事实力,将西方文化和价值观念当作一种"普世文化"和"普世价值",强行在全球推行,大搞文化侵略和文化殖民活动,其目的是通过文化上的渗透和控制,以达到对落后的非西方国家(或被压迫人民)的价值观、行为方式、社会制度和身份的重塑,使之服从于西方(或帝国主义)统治的利益和目标。所以,文化霸权主义也可称之为文化殖民主义、文化帝国主义。

文化霸权主义是"西方中心主义"的产物。它坚守"西方文明优越论",认为西方社会的制度和文化观念是最好的,进而把西方人的生活方式、规范、信仰和价值观念当成是唯一合理而正当的形式,以此为标准去衡量别国的文化和行为。比如,塞缪尔·亨廷顿就说:"西方文明与其他文明的不同之处,不在于发展方式的不同,而在于它的价值观和体制的独特性。这些特性包括最为显著的基督教、多元主义、个人主义和法制,它们使得西方能够创造现代性,在全球范围内扩张,并成为其他社会羡慕的目标。"①这显然是一种西方中心论和霸权主义的心态。

从思想根源上讲,文化霸权主义是以一元论哲学和社会达尔文主义为基础。庞朴先生说:所谓一元化问题,包括世界的一元化和历史的一元化。在西方人看来,世界本来应该是一元的,但现在非西方文明正在崛起,导致文明上的一元格局岌岌可危。可见,世界一元论表现为西方中心主义。用世界一元主义去解说历史、摆布历史,便有了历史一元主义。历史一元主义肇始于西方人在近代本着世界一元主义按照自己面貌去改造世界竟然所向披靡的时期。历史一元主义者坚信:"人类历史是进化的或发展的,这个进化发展是有规律的,而这个规律又是普世共同的",即"都按一个模式朝着西方迈进"。西方文明是"切合所有人的普世文明"②。因此,西方自近代以来,强调西方主流文化的一元性,用西方的强势文化支配和吞噬其他弱势文化,由此导致文化霸权主义。社会达尔文主义是把达尔文的生物进化论移植到人类社会生活领域,宣称人类的生存与发展同样受"生存竞争""优胜劣汰"等"自然法则"的支配。近代以来的西方文化就是遵循着社会达尔文主义的法则向前推进,结果使西方文化富有极强的侵略扩张性格,盛行以国家军事实力和经济实力为国家目标控制世界的霸权主义精神。特别是美国,由于移民征服的建国史造就了美国人富于开拓和征服精神的民族性格,社会达尔文主义得以大行其道,最终导致了美国现今的霸权主义

---

① [美]塞缪尔·亨廷顿:《文明的冲突与世界秩序的重建》,周琪等译,新华出版社2002年版,第360页。

② 庞朴:《和而不同与同而不和——世界文明走向的两种相反预测》,载庞朴:《文化一隅》,中州古籍出版社2005年版,第294—297页。

的国家战略观。① 其中就包括文化霸权主义。

总之,文化霸权主义是西方国家仰仗其经济、科技和军事优势排斥文化多元化的发展,其后果是破坏了非西方国家独特的文化传统,削弱了非西方国家对本土文化的认同,使文化的多样性受到严重的威胁。它的出现,与当代世界文化多元化发展的客观趋势是悖逆的,并成为导致当前全球社会文化冲突、社会动荡的一个重要原因,已引起全世界正义力量的强烈反对和抵抗。

与此相反,西方强国的霸权主义行径和文化殖民主义策略激起了一些弱势国家的激烈反抗,激发了他们对本民族文化价值的强化、固守乃至走向极端,引发极端民族主义和原教旨主义。

民族主义是一个民族对于自己的认同。民族主义分为两种:一种为积极的,一种为极端的。积极的民族主义是在民族尊严受到无视以至践踏的时候,去捍卫民族尊严和国家主权的一种力量。它是一个民族在意识形态危机、政权合法性危机、国家认同危机时期产生的力量。这种力量可能需要国家对自己的特性有一个确认,对自己的国家利益有一种理性的规定,对国家在国际上的地位、责任、义务有一个法定的规范。在这种情况下,民族主义作为危机决断时刻最有力量的反应形式,确乎有其发生和存在的必然性与合理性。积极的民族主义也会表现在文化方面,因为民族文化价值是一个民族保持其独立发展的强大精神力量。所以,当弱势国家受到强势国家的威胁,其生存发展面临危机时,便会以民族的文化价值动员全民族共同奋斗。极端民族主义是只为本民族服务,歧视别的民族,用暴力手段残害屠杀其他民族的人民,剥夺其他民族人民的生存权,等等。在文化上,极端民族主义极度推崇本民族的文化,宣传本民族文化的优越性,极力消灭其他民族文化。

原教旨主义是极端民族主义的典型代表,它是对普遍主义最极端的反动,它以极端的传统方式来维护传统,拒绝各种条件下的对话。安东尼·吉登斯说:"原教旨主义与潜在的暴力是比邻而居的。不论原教旨主义扎根于哪里,它是

① 参见韩星、韩晓圣:《和而不同:全球多元文明和平共处之道》,《青岛科技大学学报》(社会科学版)2009年第3期。

否是宗教上的、种族意义上的、民族主义的还是性别上的,都存在着交往退化性增长的威胁。如果条件允许的话,哪怕最初只是一种孤立主义,或者可能只是对本土传统纯洁性的坚持,都可能转变成敌意和怨恨的恶性循环。"①从世界范围看,由于为了传统纯洁性引出的原教旨主义,已经对世界的和平、安全、稳定和发展构成了严重威胁和巨大挑战。有意思的是,德国前总理施密特把西方的霸权主义称为是一种"残暴的基督教原教旨主义"。他说:"我们——德国人、欧洲人、美洲人——当中的一些人却傲慢狂妄,以为可以强迫自许多世纪乃至数千年来就信奉各自的宗教的几十亿人接受我们关于宪法、民主、个人基本权利的观念。有些人甚至有目的地利用电信全球化来协助自己的这种敌对行为,还有人以经济制裁相要挟,或者以他国的宪法或政府为由把这些国家宣布为无赖国家……所有这一切不外乎残暴的基督教原教旨主义。"②无疑,霸权主义与原教旨主义在文化上是两个对立的极端,前者强调文化的普遍性、同质性,后者坚持文化的特殊性、差异性、本土性。然而正如"两极相通",文化霸权主义在某种意义上就是一种原教旨主义。因为文化霸权主义本身就包含一种悖论:"一方面,它要求保持自己文化的同一性,不允许改变这种同一性的独特性;另一方面,它又强调其独特的同一性的价值是普遍性的"③。正是这种悖论使它极易走向原教旨主义。同样,极端民族主义与霸权主义是民族主义走向自身反面的两个极端,它们有一个共同点,就是自我中心主义,普遍忽视全球化时代世界应有的多元特征。总之,文化霸权主义、极端民族主义同原教旨主义一起,成为阻碍当今人类多元文明的和平共处、共同发展的最大敌人。解决多元文明冲突的最理想办法是破除世界一元化和历史一元化,破除西方中心主义,破除单级思维和对抗性思维,承认文化的多样性和文明的多元并存,在多元中寻求统一,求同存异,实现多元文明互学互鉴、共同发展。要实现这一目标,儒家"和而不同"能提供有益的借鉴。

---

① [英]安东尼·吉登斯:《超越左与右:激进政治的未来》,李惠斌等译,社会科学文献出版社 2000 年版,第 258 页。

② [德]赫尔穆特·施密特:《全球化与道德重建》,柴方国译,社会科学文献出版社 2001 年版,第 66—67 页。

③ 王逢振:《全球化和文化同一性》,《马克思主义与现实》1998 年第 6 期。

（三）"和而不同"：当代世界多元文明和平共处、协调发展的根本之道

如上所述，正是由于霸权主义和极端民族主义这两股恶势力的交锋，导致了当今世界不同文化和文明之间的冲突，进而引发全球性的争端、摩擦乃至战争。但无论霸权主义还是极端民族主义，都是一种单极思维、对抗性思维。文化霸权主义奉行的是一种绝对主义的文化价值普遍论立场，认为真理和价值的标准是唯一的和不变的，而且这种唯一不变的真理和价值只能建立在西方文化的基础上，因此，打击、遏制异类文明，极力扩张和推行西方文化，否认文化的多样性和文明的多元性；极端民族主义固守一种相对主义的特殊论文化价值立场，强调文化传统的民族性和地域性，否认文化的统一性和普遍性。所以，为了化解文明的冲突和对抗，构建"多元文明和平共处、协调发展"的和谐世界，必须改变单一的、对抗性思维，树立求同存异、和处共生的观念。对此，儒家"和而不同"文化价值观具有极其重要的普遍指导意义。

习近平总书记说："中国人早就懂得了'和而不同'的道理。生活在 2500 年前的中国史学家左丘明在《左传》中记录了齐国上大夫晏子关于'和'的一段话：'和如羹焉，水、火、醯、醢、盐、梅，以烹鱼肉。''声亦如味，一气，二体，三类，四物，五声，六律，七音，八风，九歌，以相成也。''若以水济水，谁能食之？若琴瑟之专一，谁能听之？'"[1]此即"合羹之美，在于合异"的意思。孔子提出了"君子和而不同，小人同而不和"的著名论断，对后世产生了深远的影响，由此"和而不同"成为儒家思想的核心观念之一。《中庸》进一步弘扬"和而不同"思想，主张"万物并育不相害，道并行而不相悖""致中和，天地位也，万物育也"，"和而不同"思想越来越丰富。

"和而不同"更具有文化观的意蕴，它为人们处理不同文化或文明之间的关系提供了一种基本准则。以此文化观来观照世界不同文化传统和文明之间的关系，就是要承认和尊重不同文化传统和文明之间的差异，在维护世界文明

---

① 《习近平谈治国理政》，外文出版社 2014 年版，第 261—262 页。

多样性的前提下,提倡各文明之间应相互交流、学习、借鉴,求同存异,最终达成"和"(融合),而不应该相互隔膜、相互排斥、相互取代,这样就能实现世界的和平发展、和生共享。可见,儒家"和而不同"思想为我们处理当今世界不同文化和文明之间的冲突,推动全球文化和人类文明的健康发展指明了正确方向。

1. 承认、尊重和维护世界文明和文化发展的多样性,积极开展不同文明之间的和平对话

以"和而不同"的原则处理不同文明和文化之间的关系,首先就必须承认、尊重和维护世界文明和各种文化发展的多样性,提倡不同文明的和平对话。

文化霸权主义也体现了一种文化的统一性,但它所追求的统一恰恰是"同而不和"的"一统""专同"。这种统一只能通过一方吃掉另一方的尖锐对抗、斗争的方式来实现。这种做法显然与世界文化发展趋势背道而驰,必然导致"文明的冲突"。正如孟子所言:"物之不齐,物之情也,……子比而同之,是乱天下也。"(《孟子·滕文公上》)世界上的文化和文明必然是多样的,每个国家、民族和宗教都有自己的文化和文明,这是一个不可违背的基本事实。美籍华裔学者杜维明先生说:"多样性是人类繁荣的必要条件。如果说生物多样性对于我们星球的存续是不可或缺的,那么文化和语言的多样性就是我们目前所知的人类共同体的确定特性","对多样性的真正接受使我们可以从由衷的宽容走向相互尊重,并最终达到彼此之间的欣然肯定"①。所以,我们必须承认和尊重文化和文明的多样性,并且要竭力维护这种多样性。这是全人类持续生存和发展的前提。习近平总书记反复强调:"'一花独放不是春,百花齐放春满园。'如果世界上只有一种花朵,就算这种花朵再美,那也是单调的。不论是中华文明,还是世界上存在的其他文明,都是人类文明创造的成果。""各种人类文明在价值上是平等的,都各有千秋,也各有不足。世界上不存在十全十美的文明,也不存在一无是处的文明,文明没有高低、优劣之分。"②

---

① 杜维明:《全球化与多样性》,载哈佛燕京学社:《全球化与文明对话》,江苏教育出版社2004年版,第85、87页。

② 《习近平谈治国理政》,外文出版社2014年版,第258—259页。

当然,强调文明的多样性和保存各自文化特性,决不意味着一种文明可以置身于世界文明发展的潮流之外,实行闭关自守的文化保守主义,更不意味着要搞唯我独尊、"只此一家,别无分店"。相反,"和而不同"的文化意蕴在于通过不同文明之间积极地开展交流和对话,达到相互沟通、相互理解、相互借鉴,彼此取长补短、共同发展,这才是真正的"和"。所以,用"和而不同"的方法去处理不同文明之间的关系,就是在承认和尊重文化多样性的基础上开展平等的对话。对话的目的不是想要说服对方,把自己的观念和看法强加给对方,而是互相了解,自我反思。通过对话,我们将学会最大限度地欣赏他者的独特性,学会最起码的相互尊重;通过对话,不同文明之间才能相互交流、借鉴,进而取长补短,达到共同发展。如果没有对话,多元文化之间可能会形成更多的排他性;没有对话,世界出现霸权的可能性会增加。可见,对话在多元文明并存的时代是非常重要的,就连亨廷顿也说:"我强调冲突的危险,正是要为文明对话创造条件,加强文明对话的重要性。"①历史证明,"只有交流互鉴,一种文明才能充满生命力。只要秉持包容精神,就不存在什么'文明冲突',就可以实现文明和谐"②。

总之,要避免文明冲突,实现文明的和平相处,必须承认和尊重不同民族、不同宗教和不同文化的多样性,在此基础上开展不同文明之间的对话活动,以实现各种文明的互相交流、互相借鉴、共同发展。这应当是当今人类处理文明和文化发展问题的最好选择。

2. 求同存异:在多样性中实现协调统一、和谐共生

文化的多样性虽然是人类共同体繁荣昌盛的必要条件,但如果没有文化的统一性,人类社会同样会陷入混乱、动荡、不安之中。以"和而不同"的原则处理不同文明的和平共处,还需要在尊重多样性的前提下,寻求团结、寻求统一,最终寻求一种多样性平等共存、和谐共生。正如《多元文化的星球》所指出的那样:"正像不协调的多样性引起混乱一样,没有差别的一致性不仅引起令人沮丧的

① 杜维明:《对话与创新》,广西师范大学出版社2005年版,第24页。
② 《习近平谈治国理政》,外文出版社2014年版,第259—260页。

厌烦,而且引起严重的不稳定……人类需要多样性,而且需要统一性。目前,各大文化是多样性的源泉,但还没有鼓励统一性。"①

的确,当今世界存在着文化和文明的多样性没有受到合理统一性的制约,所以人们仍然生活在一个混乱的世界中,这在文化上尤其如此。

极端民族主义或曰狭隘的民族中心主义、原教旨主义、文化相对主义只强调文化的多样性而拒斥统一性,这与文明的和谐发展格格不入;文化霸权主义虽然追求统一,但这种统一只是一种貌似的统一,实际上它只不过意味着"专同""同质化""绝对等同"而已。真正的统一不应当与"同质化""等同"混为一谈,统一性只有在整个系统的所有因素平等互利的整合中才能出现。这就表明,当代世界在文化与文明发展上存在的一个问题就是多样性与统一性的分裂、对峙,从而引发各式各样的摩擦、对抗、冲突乃至战争。所以,唯有使文化多样性与统一性之间达到平衡,或者说在多样性中实现统一性,才能有全球化时代多元文明的和平共处、和谐发展局面。对于这一点,西方的一些有识之士也看得很清楚,如解释学大师伽达默尔就说:"我所直面的人类的和谐一致,不是全球的一体化而是多样性中的统一(unity in diversity)。我们必须要学会欣赏和容忍多元性、多重性和文化的差异。任何一个单一国家的文化霸权,或者不能够受到挑战的权利,就如我们眼下恰好有的一个超级权力那样,这对人性来说是危险的。这会对人类的自由构成抵制……是多样性中的统一,而非一体化或文化霸权,这才是欧洲的遗产。这种多样性中的统一,总会要扩展到全世界,其中包括日本、中国、印度,也包括伊斯兰文化。每一种文化,每一地的人民,都有独特的东西奉献给人类的和谐一致和福祉。"②不过,伽达默尔在此把"多样性中的统一"说成是"欧洲的遗产",并没有反映事实的真相,这恰恰是中国传统文化的真精神。

世界不同文明、不同文化传统如何从多样性中走向统一性?这首先要有文化的交流和对话,在对话中取得某种"共识",这是一种由"不同"到某种意义上的相互"认同"的过程。这种"认同",不是一方消灭一方,也不是一方"同化"一

① [美]欧文·拉兹洛:《多种文化的星球——联合国教科文组织国际专家小组的报告》,社会科学文献出版社 2001 年版,第 231 页。

② 转引自赵旭东:《反思本土文化建构》,北京大学出版社 2003 年版,第 9—10 页。

方,而是在保存各自文化传统的前提下,在两种不同文化中寻找交汇点,并在此基础上推动双方文化的发展,这正是"和"的作用。[①] 所以,从多样性走向统一性的过程,就是"和而不同"的过程,就是"存异求同"的过程。尤有进者,此"同"也是相互的"认同"乃至"共同认同"。这种"相互认同""共同认同"是不同民族、种族、国家的人们组成"人类共同体"的纽带。没有这些"认同",人类将是一盘散沙、四分五裂、相互敌对。

人类为什么需要文化上的统一性?这是因为无论哪个国家都不可能在没有其他国家的情况下独自生存下去,甚至每个社区、每个人都得依赖别人。相互的依存就需要文化上的协调统一,或曰文化上的"共识"和"认同"。这在全球化时代表现得尤为明显。在全球化的背景下,每一个共同体或民族国家在经济资源、生态环境和领土安全上必须以其他共同体或国家的安全为自己存在的前提,人类已成为一个休戚与共的"人类命运共同体",而"人类命运共同体"的构建及其对之的认同必须建立在一种共识性的文化之上,这一点变得越来越重要,也越来越被人们认识。职此之故,东西方文化和文明之间的关系也发生着新的变化,出现了多元文化互相沟通交流、从对立冲突走向和谐融合的新趋势。如在价值观方面,一些原本属于西方或东方的价值观念,正在跨越政治文化的国界而日益为全世界所普遍认同、接受。例如,原本根植于西方文化的民主、自由、人权、法治等价值观念,已不再是西方的"专利"而被全人类所认同;而根植于中国儒家文化的仁爱、和谐、诚信、道德等价值观念,也逐渐被全世界的人们所认同、接受,乃至形成了"全人类共同价值",而"全人类共同价值"正是人类文化在多样性中实现统一的表现。为此,习近平总书记指出:"在各国前途命运紧密相连的今天,不同文明包容共存、交流互鉴,在推动人类社会现代化进程、繁荣世界文明百花园中具有不可替代的作用。在此,我愿提出全球文明倡议。

"——我们要共同倡导尊重世界文明多样性,坚持文明平等、互鉴、对话、包容,以文明交流超越文明隔阂、文明互鉴超越文明冲突、文明包容超越文明优越。

---

① 参见汤一介:《"和而不同"的价值资源》,载汤一介:《和而不同》,辽宁人民出版社 2001 年版,第 68 页。

"——我们要共同倡导弘扬全人类共同价值,和平、发展、公平、正义、民主、自由是各国人民的共同追求,要以宽广胸怀理解不同文明对价值内涵的认识,不将自己的价值观和模式强加于人,不搞意识形态对抗。

"——我们愿同国际社会一道,努力开创世界各国人文交流、文化交融、民心相通新局面,让世界文明百花园姹紫嫣红、生机盎然。"①

总之,对于全球这个大系统以及生息劳作在这个大系统中的人类来说,多样性和统一性是同样须臾不可或缺的两个面向。人类的共同未来不能是有多样化而没有协调,也不能是有统一而没有多样性,而应当是多样性与统一性的辩证统一。但寻求多样性与统一性的辩证统一的唯一方法就是遵循"和而不同"的文化原则。人们应当承认各个民族、各种文化在这个世界里都有一定的位置,人类社会的健康和谐发展将取决于多元文明和不同民族的和平共处、对话沟通、取长补短、共存共荣。所以,人类应该反对霸权主义,消除狭隘的民族主义,用"和而不同"的原则来指导各国处理自己与不同民族文化、文明之间的关系,真正做到"各美其美,美人之美,美美与共",如此,就能化解文明冲突,实现世界和平。这是儒家"和而不同"价值理念之于当代世界文明发展的意义所在。

---

① 习近平:《携手同行现代化之路——在中国共产党与世界政党高层对话会上的主旨讲话》,人民出版社 2023 年版,第 7—8 页。

第十一章　价值儒学

——儒学在当今社会发挥作用的独特优势

通过上述几部分较为详细的分析和阐述，人们可以很清楚地认识到儒家传统价值观对当今社会具有多方面的现实意义和重要价值。而儒家传统价值观以何种方式对当代社会发生作用？或者说儒学对接当代社会的有效途径是什么？这是需要我们认真思考和探究的问题。自20世纪八九十年代以来至今，儒学复兴运动再度高涨，儒学的不同形态也纷然而起，如政治儒学、心性儒学、制度儒学、生活儒学、公民儒学、人民儒学等等先后亮相。那么，当代儒学究竟以何种面目或方式存在于当今社会并发挥重要作用？

一、儒学的种种面向
——宗教儒学、政治儒学、生活儒学、制度儒学、人民儒学

关于儒学在当代的多种面向或形态，学界已有不少学者进行了梳理、概括和总结。李承贵教授曾把儒学的当代形态概括为宗教儒学、政治儒学、哲学儒学、伦理儒学、生活儒学五种类型，称它们反映了"时代实践对儒学价值的多元诉求"[1]，认为"这些形态虽然可以成为儒学开展的一种方向，但它们并不能周全地回应某些关于儒学性质的质疑，并不能稳妥地解释当今儒学发展中所遭遇的问题，尤其不能创造性地为儒学的开展确立一种充满活力的根基"，因此他提出一种"人文儒学"，并将之视为"儒学的本体形态"，是儒学的"根本内容""生长之

---

① 李承贵：《中国哲学与儒学》，凤凰出版社2011年版，第209—235页。

源""开掘之匙""学科化之果"和"应对挑战之法"①;崔罡等人在《新世纪大陆新儒家研究》一书中评介了"政治儒学""现象学儒学""生活儒学""经济儒学""制度儒学"等当代儒学的几种形态。总之,儒学在当代发展出了多种形态,但究竟何种形态更贴近现实,更能应对当今世界种种挑战,从而成为当代儒学发展的主流方向,这需要我们做一番深入的省察和厘清。我们不准备把上述提到的各种儒学形态一一进行考察,只重点检视和反思宗教儒学、政治儒学、生活儒学、制度儒学、人民儒学等儒学新形态。

(一)宗教儒学

"宗教儒学"是一个极为复杂的问题。"儒学"是否是宗教是一个长期争论的问题,众说纷纭。国外长期以来把儒学称为"儒教",比如德国著名社会学家马克斯·韦伯著有《儒教与道教》一书,称"儒教、印度教、佛教、基督教、伊斯兰教是五大世界性的宗教",并指出:"依照不带任何价值取向的方式进行理解,这种'世界宗教'不仅拥有大量的信徒而且将自身的伦理概念化,形成了吸引或制约信徒的生活准则系统。"②美国著名的"中国研究"专家约瑟夫·列文森在其名著《儒教中国及其现代命运》一书中也将儒学称作"儒教"。就国内来说,认为儒学是宗教的当属任继愈先生及其弟子李申最具代表性。任继愈在《具有中国民族形式的宗教——儒教》一文中说:"宗教之所以为宗教,有它的本质部分和外壳部分。外壳部分,是它的组织形式、信奉的对象、诵读的经典、宗教活动的仪式,等等";宗教的本质部分是"指它所信仰、追求的领域是人与神的关系或交涉"。据此他认为儒学具备了宗教的一般本质,如信仰"天"以及以"天人关系"("神人关系")为核心。它的外壳也有宗教的特征,如儒教信奉"天地君亲师",《四书》《五经》《十三经》是儒教共同诵读的经典,祭天、祭孔、祭祖是"儒教祭祀仪式",孔庙是儒教开展宗教活动的场所,"征忿、窒欲"以及吸收了佛教、道教中

---

① 李承贵:《中国哲学与儒学》,凤凰出版社 2011 年版,第 236—258 页。
② [德]马克斯·韦伯:《儒教与道教》,悦文译,陕西师范大学出版总社有限公司 2010 年版,第 1 页。

的一些宗教修养方法(如禁欲主义、静坐反省)是儒教修养的基本内容。①需要特别指出的是,任继愈先生对儒教持否定态度,认为"儒教带给我们民族的是灾难、是桎梏、是毒瘤","它是封建宗法专制主义的精神支柱,它是中国人民长期愚昧落后、思想僵化的总根源",因此"为了中华民族的生存,就要让儒教早日消亡"②。但他又强调儒家与儒教不是一回事,儒教兴起于宋朝,奉孔子为教主,"孔子对此不负任何责任"。牟钟鉴先生说,任继愈先生之所以认为儒学是宗教,其背后有一个预设:"儒教既然是宗教,宗教是人民的鸦片,因此才可以被否定","任先生认为儒学主要是阻碍现代化的,他是要把它清理掉的。把儒教这个帽子戴上去,便于清理。"③李申继承其师任继愈先生的观点,对儒教进行了系统的论证,相继出版了《中国儒教史》《中国儒教通论》等著作。他提出儒学是信仰上帝和神灵的;儒学是有彼岸世界的,"上帝和神灵的世界就是儒教的彼岸世界";儒学是有组织的,"政权组织同时也就是儒教的宗教组织";儒学是有祭祀仪式的④,因此说儒学是宗教。不仅如此,李申还把任继愈先生的"儒教说"极端化了,因为"任先生认为先秦儒学不是宗教,宋明以后儒家变成儒教",而李申认为"从三代以来就是儒教",这就"混淆了礼教与儒学,扩大了儒教的范围"。⑤他同其师任先生一样,认为儒教文化不适合现代社会的生活和社会制度,与现代社会不相适应,所以整体上是要衰亡的。

当今所谓的"宗教儒学"与上述不同。其实质是将儒学宗教化,企图建立一种"儒教"。这一意义上的儒教企图肇始于近代的康有为,而香港的汤恩佳和内地的蒋庆等人是其在当代的最主要代表。

康有为于1912年发表《中华救国论》一文,声称"今者保教中国之亟图,在整纪纲",以"尊孔救国"立论,倡导在各地设立孔教会。1913年7月,康氏又发表了《以孔教为国教配天议》一文,认为"今欲救人心,美风俗,惟有定国教而已,

①　参见任继愈主编:《儒教问题争论集》,宗教文化出版社2000年版,第173—175页。
②　任继愈主编:《儒教问题争论集》,宗教文化出版社2000年版,第21页。
③　牟钟鉴:《中国文化的当下精神》,中华书局2016年版,第120页。
④　参见任继愈主编:《儒教问题争论集》,宗教文化出版社2000年版,第333—349页。
⑤　牟钟鉴、干春松:《儒家思想与中国宗教的独特性》,《哲学分析》2016年第1期。

欲定国教惟有尊孔而已",建议将"信教自由"和"立孔教为国教"写入宪法,主张"复崇天坛""以孔子配上帝"①。同年8月,以梁启超、严复、陈焕章、夏曾佑、王式通等人为代表的孔教会成员联名上书北京政府,"请定孔教为国教",提出"立国之本,在乎道德。道德之准,定于宗教","而中国之道德,源本孔教","故中国当仍奉孔教为国教"②。康有为等人之所以提出建立孔教的主张,是受西方文化的影响。一方面,康有为看到西方国家信仰一神教,专奉教主,用宗教启发人的道德心,而中国的孔子并没有借助"神道"却能教化人心,从而受到万民敬仰,所以应该将之推崇为中国的教主,以供国人信仰;另一方面,康有为又看到西方国家实行"政教分离",受此启发,他主张中国也应效仿西方这种"治教分途",建立有别于行政系统的教会体系,专理文教事宜。在他看来,西方人以宗教弥补法律之不足,倘若尽弃宗教,则人"无所忌惮,肆其作恶而已",因此"欲重道德之俗,起敬畏之心,舍教何依焉!"③易言之,康有为认为西方文明国家的长处就是用宗教维系人心,但唯独中国是一个没有宗教的国家,由此导致国无所立、民无所依,进而天下大乱。因此,康有为主张中国要建立国教,而中国所建国教应是孔子之道。不难看出,康有为不仅提出要保国保种,而且还要保教,试图按西方的模式把儒家变成宗教。④ 不过,康有为认为孔教是人道教,比西方的神道教更优越。他说:"人之生世,不能无教。教有二:有人道教,有神道教。耶、佛、回诸教皆言神,惟孔子之教为人道教。"孔教的好处在于"道不远人,与时变通,为人道所不能外",并且"以人道而兼神道""无所不包"⑤。但不论怎样,康有为建立孔教之举最终未获成功。

进入20世纪90年代,汤恩佳出任香港孔教学院院长,从此开始了长期的"立孔教为国教"的活动。他坚信恢复孔教为国教对国家有利无害,因为它能争

① 中国社会科学院近代史研究所中华民国史组:《中华民国史资料丛稿特刊》第2辑,中华书局1974年版,第35页。

② 中国社会科学院近代史研究所中华民国史组:《中华民国史资料丛稿特刊》第2辑,中华书局1974年版,第33页。

③ 汤志钧编:《康有为政论集》,中华书局1981年版,第725页。

④ 参见牟钟鉴:《儒学价值的新探索》,齐鲁书社2001年版,第189—190页。

⑤ 汤志钧编:《康有为政论集》,中华书局1981年版,第1107、1110页。

取更多的大众,从而有利于维持社会的稳定、增强中华民族的凝聚力。因此,他每年向香港政府提交一份《关于请求将孔教、儒教正式恢复为中国人民宗教一事的提案》,并出资赞助修建孔庙和开展儒学研究活动;在宗教观上,他认为祖先崇拜、祭祀、孔庙、三纲五常等是儒教的表现形式。① 由于香港的孔教学院实际上是康有为的孔教学院在内地办不下去以后,其弟子慢慢转移到香港然后传下来的,因此,香港孔教会的思想观点和活动主旨是对康有为孔教主张的传承和弘扬。

在中国内地近年来提倡复兴儒教的主要代表人物是蒋庆。他在《关于重建中国儒教的构想》一文中对当代儒教的重建方案提出了系统的论述,认为中国从夏、商、周"三代"起就有儒教,但到春秋至秦汉时期,儒教便退出中国文化权力中心而被边缘化为儒家。随着汉武帝推行"罢黜百家,独尊儒术"政策,儒家又回到中国文化权力中心的位置,并再一次上升为儒教,一直到1911年辛亥革命将封建帝制推翻,儒教随之而崩解并下降为儒家。进入当代,中华文明受到西方文明的全面挑战,为了应对挑战,必须全面复兴儒教。为此,他设想出复兴儒教的两条路线,即"上行路线"和"下行路线"。所谓"上行路线"就是用古代圣王之教"儒化"当今中国的政治秩序,包括将"尧舜孔孟之道"作为国家的意识形态,建立"儒教宪政制度",如建立"议会三院制"和"太学监国制";实行新的科举制度与经典教育制度,从政者必须通过"四书""五经"的考试才能获得从政资格。所谓"下行路线"就是在民间社会建立宗教性的儒教社团法人,如成立"中国儒教会",以组织化的"儒教会"形式来从事重建儒教与复兴中华文明的伟大事业。为此,他又提出当下复兴儒教的十项具体内容,包括儒教的政治形态、社会形态、生命形态、教育形态、慈善形态、财产形态、教义形态、传播形态、聚会形态、组织形态。他旗帜鲜明地指出:"今天重建儒教的目的就是在新的历史条件下用儒教来解决中国的政治合法性问题、社会规范问题、生命信仰问题与情志慰藉问题。"②

蒋庆"重建儒教"的主张受到学界、政界的广泛关注和批评。教育部基础教

---

① 参见李承贵:《中国哲学与儒学》,凤凰出版社2011年版,第210页。
② 蒋庆:《关于重建中国儒教的构想》,载任重、刘明主编:《儒教重建——主张与回应》,中国政法大学出版社2012年版,第5页。

育司课程发展处于 2005 年发布的《关于"中小学设置儒学基础课程"流言的声明》中指出:"蒋庆在关于'复兴儒学'的一些文章中,对一系列重大问题,散布了许多与党的基本理论路线和国家方针政策背道而驰的错误观点,有的论调在学理上非常荒谬,在政治上十分危险。"①方克立先生说:"大陆新儒家的'儒化中国'与马克思主义的'指导地位'之间存在着不可调和的现实性矛盾",蒋庆等人"复兴儒学(教)"的目的在于"服务于他们改变中国社会的性质、改变中国发展道路的政治需要",这与我们"弘扬民族优秀文化、提高青少年文化素质和思想道德素质的目的是根本不同的"②。此言甚确!

依笔者之见,如果把儒学搞成宗教,就不符合以"人道为本"的儒学精神,就容易把它和神学混同。尤其是把儒学变成宗教,就会把它狭窄化,使儒学进不了学校,变成一个宗教团体内部的信仰,这样,儒学所具有的全民性的社会功能被窄化了。从实质上看,"儒教是在道德教化的意义上的称谓,不是我们今天'宗教'意义的称谓"③,所以,今天重建儒教的种种言行,既是对中国历史的误读,也没什么现实的根据。

(二)政治儒学

当今所谓的"政治儒学"并非像有些学者所认为的那样,"从'政治'角度研究、发展儒学",研究"儒家思想在政治方面有些什么特点? 又有什么样的缺陷?"④现代新儒家代表人物徐复观、牟宗三等都专门研究过儒家的政治思想,但并不是"政治儒学"的主张者。从严格的意义上讲,当代"政治儒学"是指用儒学介入当今政治生活,将儒学作为中国国家的指导思想和宪政原则,使儒学成为中国的"王官学",其代表人物就是蒋庆等人。蒋庆于 2003 出版《政治儒学》一书,遂使"政治儒学"为世人知晓,此后又相继出版了《生命信仰与王道政治》《广论

---

① 转引自任重、刘明主编:《儒教重建——主张与回应》,中国政法大学出版社 2012 年版,第 243 页。

② 任重、刘明主编:《儒教重建——主张与回应》,中国政法大学出版社 2012 年版,第 246、243 页。

③ 牟钟鉴:《中国文化的当下精神》,中华书局 2016 年版,第 146 页。

④ 李承贵:《中国哲学与儒学》,凤凰出版社 2011 年版,第 214 页。

政治儒学》等,均涉及"政治儒学"问题。蒋氏的政治儒学甫一问世就招致无数批评,从而也引起学界对政治儒学的重视与思考,遂使"政治儒学"问题成为当今中国复兴儒学不能回避的一个问题。

蒋庆从心性儒学和政治儒学二分的儒学史观出发,认为:"宋明儒学为心性儒学,公羊学为政治儒学。二者性质不同,治世方法各异。"①他进一步将心性儒学定义为"内圣之学",将政治儒学定义为"外王之学"。他从反思和批评当代新儒学入手,认为当代新儒学所关注的对象主要是"个人的存在、形上的本体和以生命心性为归依的抽象的历史文化",是典型的生命儒学或心性儒学,它存在着极端个人化、极端内在化、极端形上化、极端超越化等倾向,因此未能开出新外王,由此导致了一系列严重后果:使儒家的政治理想不能落实到当代中国的社会现实,不能建立起体现儒家理想的政治法律制度,未能继承儒学的全副精神,使当代中国人视儒学为当代中国政治上的无用之物。有鉴于此,他主张当代新儒学只有从"心性儒学"走向"政治儒学",才能解决当代中国所面临的政治问题,从而才能完成自己在当代的发展。在此基础上,他展开了他的政治儒学的详细论述和构画,主要内容如下:

首先,认为政治儒学主要源自《礼》与《春秋》,它开创于孔子,发微于公羊,广大于荀子,完成于两汉,复兴于清末,是儒学传统中的另一支显学。

其次,认为政治儒学具有如下特征:是较能体现儒学本义的经学、关注社会和现实的儒学、主张性恶的儒学、用制度批判人性与政治的儒学、关注当下历史的儒学、重视政治实践的儒学、标出儒家政治理想的儒学、能开出外王的儒学。②在2008年"孔子学术会堂"发表的演讲中,他又将"政治儒学"的基本特征概括为:"从外在天道的高度,自上而下地确立人类政治秩序的合法性的基础,以及客观地关注理想政治礼法制度的建构,即关注'王道三重合法性'的政治秩序建构(所谓'王政')与大一统的礼乐刑政制度的建构(所谓'王制')。"③

① 蒋庆:《公羊学引论》,辽宁教育出版社1995年版,"自序"。
② 参见蒋庆:《政治儒学——当代儒学的转向、特质与发展》(修订本),海峡出版发行集团2014年版,第19—37页。
③ 蒋庆:《广论政治儒学》,东方出版社2014年版,第44—45页。

413

再次,"政治儒学"之核心理念是重建"王道政治"的"三重合法性"。蒋庆提出中国政治的发展方向是王道而不是民主。"所谓王道政治,是指依王者之道所从事的政治,故王道是指古圣王之道。"①他借用《中庸》"王天下有三重"的说法,提出自己的"三重合法性"思想。在蒋庆看来,《中庸》所说的"本诸身,征诸庶民"指出了人心民意的合法性,"考诸三王而不缪""百世以俟圣人而不惑"表达的是历史文化的合法性,而"建诸天地而不悖,质诸鬼神而无疑"代表了超越神圣的合法性。这样,他的"三重合法性"就是指民意合法性、历史文化的合法性和超越神圣的合法性。后来,他又借用公羊家"参通天地人为王""王道通三"的说法,将这三重合法性与"天、地、人"三重维度相对应,即民意合法性是"人"的合法性,历史文化的合法性是"地"的合法性,超越神圣的合法性是"天"的合法性。此三者应保持必要的平衡,倘若某一重合法性独大,就会导致政治的偏颇与弊端。而当代西方民主政治最大的弊端就是"民意合法性一重独大",由此导致社会的极端平面化、平庸化、世俗化、人欲化。通过上述的精心论述和分析,蒋庆的最终目的是要彰明"只有王道政治才是三重合法性制衡共存的政治,因而它高于并优于民主政治,是可以作为人类政治理想来追求的政治"。以此立论为根据,他主张当代中国必须要实现"王道政治",而要达此目的,在"治道"上必须实行"议会制",而议会又必须采取"三院制",即"庶民院""国体院""通儒院",它们分别代表人心民意的合法性、历史文化的合法性、超越神圣的合法性。② 这就是蒋庆政治儒学的全貌。

最后,"政治儒学"把"儒教作为国教",而不是作为多元宗教中的一种,尤其是否定将之视为一种民间宗教来对待。蒋庆认为,"政治儒学"提出"儒教作为国教",并非是"把儒学变为宗教"或"把儒教变为国教",而是恢复中国古老"国教"传统而已;"政治儒学"必须实行"政教合一",即必须通过政治权力来实现儒家价值,必须通过"圣贤教化"来建立社会政治秩序。在他看来,在中国恢复"儒

---

① 蒋庆:《政治儒学——当代儒学的转向、特质与发展》(修订本),海峡出版发行集团2014年版,第154页。

② 参见蒋庆:《王道政治是当今中国政治的发展方向》,载《原道》第十辑,北京大学出版社2005年版。

教作为国教"不仅可以解决国家的文明归属问题与国民信仰共识问题,有利于克服当今中国的信仰危机与价值虚无状态,同时也可以复兴中国古老的文明传统。① 职此之故,我们就不难理解,蒋庆为什么既是"宗教儒学"的主要倡导者和典型代表,又是"政治儒学"的最大代表。

蒋庆的"政治儒学"主张受到中国自由派、民主派、新儒家、启蒙派、基督教信仰者、新左派等方面的批驳和诘难。他在回应各方的批判时,一再坚守他的"政治儒学"的基本主张,并进一步强调孔子是"政治的孔子",中国的政治是"孔子的政治",而"王道政治"才是"孔子的政治",因此中国今后政治重建必然要走"王道政治"的道路。② 蒋庆进而提出,"政治儒学"断然拒绝以自由民主作为中国政治的发展方向,而应建构一种有中国文化特质的礼法政治制度,这样的政治制度必然将"儒教作为国教",因为政治权力只有承担教化功能、实现道德价值,才能获得存在的理由。

依笔者之见,蒋庆的"政治儒学"主张将儒学划分为"心性儒学"和"政治儒学",这是没有错的,但他将"政治儒学"视为儒学之根本,认为孔子是"政治的孔子","政治儒学能体现儒学的本义"③,这有失偏颇,过分夸大了政治儒学的地位和作用;他要将"政治儒学"作为国家的"王官学",主张"在中国建立起源自天道性理的合法的政治秩序"④,这与当代中国的民主政治建设进程背道而驰;特别是他提出的在中国实行议会制,设立"通儒院""庶民院""国体院"三院,并主张"通儒院"由推举与委派产生,"庶民院"由普选与功能团体选举产生,"国体院"由世袭与指定产生。设想由儒教公推之大儒担任"通儒院"议长,由孔府衍圣公世袭"国体院"议长,议员则由衍圣公指定的历代圣贤后裔、历代君主后裔、社会贤达以及宗教界人士担任。这简直是奇谈怪论、大谬不然,与时代发展潮流

---

① 参见蒋庆:《政治的孔子和孔子的政治:回应近年来对"政治儒学"的批判》,载陈来、甘阳主编:《孔子与当代中国》,生活·读书·新知三联书店 2008 年版,第 324—325 页。

② 参见蒋庆:《政治的孔子和孔子的政治:回应近年来对"政治儒学"的批判》,载陈来、甘阳主编:《孔子与当代中国》,生活·读书·新知三联书店 2008 年版,第 321—327 页。

③ 蒋庆:《政治儒学——当代儒学的转向、特质与发展》(修订本),海峡出版发行集团 2014 年版,第 31 页。

④ 蒋庆:《政治儒学——当代儒学的转向、特质与发展》(修订本),海峡出版发行集团 2014 年版,第 39 页。

格格不入。著名学者葛兆光称蒋庆的"三重合法性"是"乌托邦的想象"或者是"被发明的传统",认为以蒋庆为代表的大陆新儒学的政治诉求是"异想天开"①。中国社会科学院的赵法生研究员则认为:"蒋庆的政治儒学,致力于儒学意识形态化和政教合一的国教化,将使儒学成为阻挠社会现代转型的力量,这对于儒学本身和中华文明的当代进步都将产生灾难性影响"②。

总之,蒋庆等人的"政治儒学"主张是不切实际的幻想,与他的重建"宗教儒学"主张一样注定要破产的。但挖掘和弘扬儒家思想中的优秀政治文化、政治哲学,对当代中国的政治建设和国家治理体系现代化仍有十分重要的意义。

(三)生活儒学

生活儒学也是当代儒学发展的一种新路向。所谓"生活儒学",简单地说,就是"主张儒学应关注生活、走向生活";展开说就是"从'生活'角度对儒家思想进行阅读并呈现、对儒家思想价值进行评估、揭示儒家思想的特点、实现儒家思想的价值,将'生活'作为儒家思想存活、开展的方向"③。这当中又可以区分为两类:一是根据"生活化"的要求对儒家思想进行挖掘、梳理和诠释,将"生活化"作为儒家思想价值落实的方式,这一向度的代表人物有余英时、霍韬晦、龚鹏程、李承贵等;二是将"生活"作为儒家思想存活、开展的方向,立足于"生活"建构儒学新体系,这一向度的代表人物是黄玉顺。

作为港台著名的新儒家代表人物之一,余英时对儒学有着深入的研究和透彻的理解,他认为儒学在历史上的最大贡献是为中国传统社会的政治和社会秩序提供了一个稳定的精神基础。儒学之所以能发挥如此巨大的作用和持久的影响力,根本原因在于其价值的普遍"建制化",但自辛亥革命以后,儒家的"建制"全面解体,儒家思想被迫从各中建制中撤退。在当代,儒家建制更不可能适应现代社会,所以儒家想通过建制化而全面支配个人的生活秩序的时代一去不复返

---

① 葛兆光:《异想天开——近年来大陆新儒家的政治诉求》,https://www.rujiazg.com/article.原载《思想》(台湾)第33期(2017年出版)。
② 赵法生:《政治儒学的歧途——以蒋庆为例》,《探索与争鸣》2016年第4期。
③ 李承贵:《中国哲学与儒学》,凤凰出版社2011年版,第227、231页。

了,儒家的现代出路在于"日常人生化",只有这样,儒家才有可能避开建制而重新产生精神价值方面的影响力。在余英时看来,儒家"日常人生化"将会带来一种关注重点的转移,即从先前儒者把希望寄托在"圣君贤相"转向注重普通老百姓如何在自己的日常生活中"成圣""成贤"。日常人生化的现代儒家只能在私领域直接实现其价值,它与公领域隔了一层。换言之,在当代,儒家在修身、齐家层次上仍然可以发挥重要作用,但对于治国、平天下而言,儒家只能以"背景文化"的地位投射间接的影响力。①

中国香港著名学者霍韬晦也认为,当前儒学离生活太远,儒学应该从贵族化走向草根化、从精英化走向大众化。当代新儒学如果要真正突破前人,有自己的建树,他们的工作便不能只进行学院式的研究,或者仅仅从事观念层面的建构,而是要走出学院,走向社会,走向生活,从对生命和时代存在的感受中发掘资源,如此才能有更大的生存空间,对历史文化才会有更大的贡献。②

中国台湾著名学者龚鹏程于 2009 年在中国大陆出版《生活的儒学》一书,其中有一篇题为《生活儒学的面向》,论及"生活儒学",首先肯定了当代新儒家的巨大成就,然后批评新儒家们所阐发的中国艺术精神、道德形上学、天人合一境界、既内在又超越的思想形态、无执自由的心灵等等都与我们现在每天过着的具体社会生活很难关联起来。易言之,当代新儒家仅以一种学术思想的方式而存在,"儒家义理遂于渐昌隆于上庠讲坛、学报专刊之际,越来越晦隔于匹夫匹妇"③,与百姓生活方式、伦理行为不甚相干,由此造成了儒家思想在当代社会中只是一种"游魂",无躯体可以附丽,无法在具体生活中落实与践履。由此,他倡导一种生活儒学。龚鹏程认为,儒学本来是上下贯通的,比如,孔子在谈论"仁"时,总是在视听言动合礼处论说的,但后世的儒家越来越强调"形而上谓之道"的部分,而忽略了视听言动衣食住行等"形而下谓之器"的部分。根本原因在于他们误读了《孟子》的"大体""小体""从其小体为小人"之说,以耳目形色为小体、以心性为大体,不断强调人应立其大体,从而使儒学越来越成为一种高谈心

---

① 参见余英时:《现代儒学的回顾与展望》,生活·读书·新知三联书店 2004 年版,第 255 页。
② 参见李承贵:《中国哲学与儒学》,凤凰出版社 2011 年版,第 228、230 页。
③ 龚鹏程:《生活的儒学》,浙江大学出版社 2009 年版,第 45 页。

性道理,而在生活上无从表现的学问。物极必反,明清以来社会上出现许多反对礼教、反对道学的言论,都是由于后世儒者未能关注生活、走向生活所致。因此,在当代儒学的进展中,"应将'生命的儒学',转向'生活的儒学'。扩大儒学的实践性,由道德实践而及生活实践、社会实践。……恢复古儒家治平之学,让儒家在社会生活中全面复活起来。"①

南京大学的李承贵教授也认为儒学的未来应该走"生活儒学"的路径。在他看来,走生活儒学的路子是古典儒学的一种内在要求,因为儒学主要属于生活类型的学问,它的风格也是极生活化的,它的最高追求是使理想生活化,使生活理想化。在一定意义上说,儒学就是使人们在生活中表现出一种精神、一种价值;从经验性要求看,儒学发展历史表明,"生活儒学"是儒学的必然走向;从现实的维度看,当今儒学渐渐被驱逐出人的思想世界,儒家的理想、观念、价值、主张已经找不到安身之地了,而"生活儒学"也许是改变儒学"魂"不附"体"("游魂")状况的唯一选择。实质上,人们倡导生活儒学,其旨趣正在于为遭遇困境的儒学提示一种可能开展的方向,倘若生活儒学得以推行,则儒学思想资源会获得更积极、更健康的更新,儒学生存和发展的空间就会得到空前的提升与拓展,儒学的价值才能得以真正的落实。由是而观,儒学生活化或生活儒学化,对儒学的发展而言,对充分利用儒学积极性价值而言,将会带来意外惊喜。②

上述生活儒学的主张者都强调儒学应关注生活、走向生活,将"生活化"作为儒家思想价值落实的方式。

与此不同,黄玉顺教授的"生活儒学"则是立足于"生活"建构儒学新体系,把生活儒学视为当代儒学存活和发展的方向,是儒学的一种现代理论形态。这一"生活儒学"在当今中国影响很大。毋宁说,当今所谓的"生活儒学"就是特指黄玉顺的"生活儒学"。黄玉顺教授自述从 2004 年提出"生活儒学",至今已经历时 16 年,共出版了 8 部论著(含专著与文集),建构了一个完整的思想系统。③

---

① 龚鹏程:《迈向生活儒学的重建》,载吴光主编:《当代新儒学探索》,上海古籍出版社 2003 年版,第 203 页。

② 参见李承贵:《生活儒学:当代儒学开展的基本方向》,《福建论坛·人文社会科学版》2004 年第 8 期。

③ 参见黄玉顺:《回望"生活儒学"》,《孔学堂》2018 年第 1 期。

毋庸讳言,黄玉顺的生活儒学理论比较费解,但他在《回望"生活儒学"》一文中对自己的生活儒学有一个十分清晰的绍述,有助于人们把握和了解其生活儒学之真义。

黄玉顺自称受海德格尔现象学,特别是受海氏之"存在论区分"的启发,发现无论是形而下者,还是形而上者,都是存在者,而不是存在。存在应当是形而下者和形而上者之"源",一切存在者都是由存在给出。他从原典儒学乃至更早的中国思想观念中发现了比形而上者和形而下者这样的存在者更本源的存在——生活,由此提出"存在即生活,生活即存在"这一基本命题。

简言之,生活儒学突破了古今中外哲学两千年来的"形上→形下"二级观念架构,从原典儒学的观念中发现了比形而上者和形而下者这样的存在者更本源的存在——生活观念,这就形成了三级观念架构:"生活存在→形而上存在者→形而下存在者"或"生活感悟→形而上学→形而下学"。在黄玉顺看来,这三级观念之间具有双重的"奠基"和"生成"关系。他详细阐述了三级观念的具体内容:"生活儒学的第一个观念层级是生活存在及其感悟。"所谓"生活感悟"是指生活情感与生活领悟,它是生活儒学的本源层级;生活儒学的第二个观念层级是形而上者的存在,即"变易本体论"。变易本体论所谓的"本体"不再是传统哲学的那种存在者化的实体,而是《周易》之所谓"易",亦即变易;生活儒学的第三个观念层级是形而下者的存在,即"中国正义论",它是一个包含七大理论环节之间奠基关系的理论结构,即"仁爱情感(仁)→利益冲突(利)→正义良知(知)→正义原则(义)→工具理性(智)→制度规范(礼)→社会和谐(乐)"的立体系统,核心是"仁→义→礼"。儒家的这种正义论并不是专门针对现代社会而言的,而是儒家伦理学及政治哲学的一套普遍原理,即可用以判定古今中外一切社会规范及其制度之正义性。生活儒学的思想系统除以上观念层级建构外,还有其他一些维度的建构:如生活儒学的诠释观、生活儒学的时间观、生活儒学的历史观、生活儒学的知识论、生活儒学的宗教观等。① 这样,黄玉顺就构建起"生活儒学"的完整思想系统,内容丰厚,逻辑严谨。正如有学者所说:他以"存在即生活,生

---

① 参见黄玉顺:《回望"生活儒学"》,《孔学堂》2018 年第 1 期。

活即存在"为基本命题,通过"破解""回归""建构"三大步骤和"生成""奠基""境界"三个方面,不仅完成了由"生活本源"到"形而上"再到"形而下"的"观念奠基",而且完成了由"形而下"到"形而上"再到"生活本源"的"境界提升",从而形成一个自我圆洽的理论体系。这个体系与传统"形而上学"的区别在于:传统"形而上学"因为"存在"的"遗忘"而是"无根"的;"生活儒学"因为奠基于"生活本源"而是"有根"的。①

不过,黄玉顺的"生活儒学"也受到了一些学者的批评和质疑。有学者认为,生活儒学将"爱"与"思"视为存在的本源,这是不妥的,因为"爱"与"思"在西方的宗教和哲学中才是存在的根本,但在儒学中尚属工具性价值。此外,"生活"与"存在"的关系,也有很大的讨论空间。黄玉顺认为"儒学"就是"生活儒学","生活儒学"就是"儒学",这就窄化了儒学的定义,从而拒斥其他类型的儒学研究。他据此作出判断说:"自从原创时期以后、秦汉以来,儒学已经长久地遗忘了生活本身",犹如西方哲学自古希腊以来遗忘了"存在"一样。这样的说法也并不妥当,因为儒学始终没有遗忘它自身对生活本身和生活世界的关切。我们可以说,儒学并没有遗忘生活,而是"我们遗忘了生活化的儒学"②。

总之,"生活儒学"从"生活"这个切入点展开儒学研究。但比较而言,余英时、霍韬晦、龚鹏程、李承贵等学者主要关注的是形而下层次,注重儒学在现实生活中的具体应用。这样的研究也是有价值的,但相对于高层次的研究来说,从学术性上还是稍有欠缺。而黄玉顺的生活儒学是把形而上和形而下结合起来,具有独到之处,颇见功底!但照上文所说,他的理论体系中存在着内在的理论困境和许多不妥之处,尤其是这一理论晦涩难懂,普通大众不容易理解和接受,难以贴近百姓的生活和现实,因而行之不远!我们反对现代儒者躲在高楼深院中做研究,这样会使儒学在现实层面上失去生命力。在笔者看来,当代儒学要发展或者复兴,必须重回生活,以喜闻乐见的形式熏染百姓,从而成为社会秩序的原理和人们生活方式的主要指南。

---

① 参见程志华:《存在即生活,生活即存在——"生活儒学"之形而上学的建构》,《河北大学学报》(哲学社会科学版)2018年第2期。

② 姚新中:《爱、思与存在——对生活儒学基本概念的商榷》,《社会科学家》2018年第1期。

（四）制度儒学

"制度儒学"作为当代新儒学的一个新面向,主要是由干春松教授提出并加以详细阐发的。他在2006年出版的《制度儒学》一书中开篇便指出:"'制度儒学'是一个总括性的概念,主要关注儒家思想和中国制度之间的关系及这种关系在近现代的变化,在某种程度上可以看作是与'心性儒学'相对的儒家的另一面。"①他强调"讨论中国制度和儒学的关系,并不是试图回复到古代的制度中去,或者照搬孔孟的一些制度设想",其根本的目的有两个:一种是历史性的指向,即弄清儒家是如何开始"儒家的制度化""制度的儒家化"、制度化儒家解体的必然性和无奈以及制度化儒家解体之后所有试图在现代社会架构内重建儒学和制度之间联结的种种努力之成败得失,借此为当代人思考儒家的"实践空间"提供必要的借鉴或教训;另一种则是当下的指向,即把那种在当前中国的儒学研究中,"明确以儒家为合法性依据的政治和文化设计"称为"制度儒学"②。也就是说,干春松的"制度儒学"既是指对历史上曾经存在过的"儒家制度化"和"制度儒家化"及其解体的研究,又是指当代欲以重建的一种"制度儒学",即"儒学应当而且必要参与到现代中国制度建构"③。

关于中国历史上的"儒家制度化"和"制度儒家化",干春松教授早在2003年出版的《制度化儒家及其解体》一书中对其进行了详论,他认为"制度化儒家"包括"儒家的制度化"和"制度的儒家化"两个层面,所谓"儒家的制度化"是通过孔子的圣人化、儒家文献的经学化和科举制度等一系列制度来保证儒家的独尊地位及其与权力之间的关系;所谓"制度的儒家化"是指儒家观念在社会制度和治理体系中的渗透与呈现,如体现儒家观念的国家意识形态、宗族制度等等。④ 他认为在传统中国社会中,儒家并不单纯是一种观念化的思想流派,它更多的是一种制度化的存在。儒家所有的努力有一个明确的指向,即对于政治实

---

① 干春松:《制度儒学》,上海出版社2006年版,第9页。
② 干春松:《制度儒学》,上海出版社2006年版,第12页。
③ 朱承:《制度化儒家:解体还是重建?》,《社会科学报》2012年11月29日。
④ 参见干春松:《制度化儒家及其解体》,中国人民大学出版社2003年版,第2页。

践的积极参与,为此,传统儒家一直试图在其价值理想和现实政治之间建立起一种固定的联系。历史地看,孔子和儒家一直是中国政治和社会秩序的价值导向。但到了近代,随着社会的激烈变革,儒家的内在价值和社会政治秩序的合法性之间的关系被割裂,尤其是五四新文化运动的健将们对儒家的猛烈攻击,导致制度化儒家的解体,使得现代新儒家们不断地向心性领域退却。正是由于"儒家文化及其制度体系在近代以来被很大程度地否弃",导致"现代的中国正经历着制度和价值脱节所造成的制度失效和价值混乱的痛苦,所以探讨制度儒学就是重建价值的必要一步"①。这样,"制度儒学"的另一指向——重建"制度儒学"就被凸显出来。正像有学者指出的那样:如果说在十年前的《制度化儒家及其解体》第一版里,"干春松教授对于晚清以来制度化儒家解体后的'制度儒学'之发展还充满犹疑的话,十年后的修订版则呈现了作者对'制度儒学'未来发展尤其是儒学应当而且必要参与到现代中国制度建构的乐观与信心"②。

但是,在当代中国,儒家制度或者制度儒学真能重新构建起来吗? 儒家是否可能作为基本原则参与到新一轮中国制度模式建构中去? 这正是许多人质疑的问题。对此,干春松在其新著《重回王道——儒家与世界秩序》一书中作了肯定的回答,并开始着手落实其所首倡的关于"制度儒学"的研究与建构工作。该书立足制度化儒家解体后的现实,为儒家面向世界秩序理论的开创提供了一个值得深思的理论起点;它彰显了作者的一种宏伟设想,即要把华夏王道政治理想推向世界,重新挺立了儒家的普遍主义面向。有学者评论道:《重归王道》一书体现了"王道虽旧,其命维新"的思路和取向,试图用"王道"这一儒家传统政治之核心理念回应现代性的挑战,让中国旧有的、地方性的特殊经验发挥一种全球性的普遍价值。③ 干春松自己也说过,他写这本书起因于对"天下体系"的思索。书中提出以"天意民心合一"的儒家传统来克服弥漫于当今世界的个人主义的短视行为,用"人类良知"和"道德律"超越当今以民族国家为基点的狭隘视野,

---

① 干春松:《制度儒学》,上海出版社 2006 年版,第 68 页。

② 朱承:《制度化儒家:解体还是重建?》,《社会科学报》2012 年 11 月 29 日第 8 版。

③ 参见朱承、吕中正:《制度化儒家、王道理想与儒学复兴之路——从干春松教授的新著谈起》,《博览群书》2013 年第 4 期。

用儒家"天下一家"之理念来重新定义人与人之间的关系,并借此消解霸权主义的野蛮行径。在干春松看来,要超越狭隘的个人利益、民族利益、国家利益,在全球利益的基础上谈论当今政治,儒家之"修身、齐家、治国、平天下"的路子是可以借鉴的。他从当今国际社会的新动向中看到了王道理念的踪影,并提出了"王道之始"七条:第一,重新梳理国家利益和全球利益的关系,反思及批判个人利益和国家利益至上的观念,引入全球利益的维度。第二,重新反思启蒙以来的人类发展模式,寻求环境、能源的可承受性原则,为人类的可持续发展提供可能。第三,落实在制度上,改造现在的政治、法律体系,逐步削弱民族国家的强制力量,建立以个人和全球利益为基准的政治、法律体系。第四,逐步削弱各个国家的武装力量,将各国的军费开支转向民生。建立一支维护世界秩序的全球性的军事力量,以对付破坏全球秩序的个人和团体。第五,建立以自主公民为主体的多样化的自我管理的社团和组织,来部分取代民族国家体系的职能。第六,改革联合国的体系,在现在的各国代表制下,首先要改变权力机制的运行方式,使联合国成为更有效能的制约力量。然后,在民族国家向自治团体过渡的过程中,逐步解散联合国,建立一个自主人类的管理机构,负责秩序的维护和安全保障。第七,通过协商建立一个议政机构,以确定人类生活的基本原则,负责修订、完善现有的制度体系,以应对不断变化的社会和经济形态。① 这七条设计的核心所在就是"全球利益",而全球利益的实现不仅要靠每个人"推己及人",也要靠顶层的制度设计。

从总体上看,干春松教授所主张的重建"制度儒家""重回王道"的新理想,既是从儒家立场对现实社会问题、世界秩序的一次批判,更是对道德和正义成为社会秩序评判标准的某种渴望。然而,对于仍然以民族国家为主体的现代世界政治体系而言,王道秩序的构想显然过于超前和理想化,尤其是他所提出的"王道之始"的七条设计,"无可避免地带有过于理想的色彩,忽视了现实国际政治具体的利益纷争和观念分歧"②。换言之,"王道政治"如何处理国家利益与王

---

① 参见干春松:《重回王道——儒家与世界秩序》,华东师范大学出版社 2012 年版,第 152—153 页。

② 朱承、吕中正:《制度化儒家、王道理想与儒学复兴之路——从干春松教授的新著谈起》,《博览群书》2013 年第 4 期。

道理想之间的关系呢？不惟如此，"王道政治"在当代还面临着一个巨大的困境，即"王"的合法性。"王"意味着秩序的主导者、制定者，但谁又能代表"王道政治"的"王"呢？它又如何避免极权主义和霸权主义呢？这是王道政治不得不考虑的现实问题。

尤值措意的是，"制度儒学"和"政治儒学"具有内在的一致性。它们都是从批判心性儒学之不足入手；都想将儒家学说同现实政治生活相结合，用儒学思想介入当今政治生活，把儒学作为中国国家的指导思想和宪政原则，使儒学对于现实政治的制度设计发挥重要影响乃至决定作用；都以重建"王道政治"为重心。但正如笔者前面所讲的那样，"政治儒学"不符合当代中国的国情，不具有现实性和可能性；同样，"制度儒学"在当代中国也不具有现实的可能性。

有学者说："对于当代儒者而言，多维的呈现并落实儒家理想而非单向度地拘泥于政治问题，可能是儒学复兴道路上所需要特别加以注意的地方。如果偏执于从制度设计层面来推进儒学的开展，对儒学乃至社会未必会带来完全积极的影响。"①诚哉是言！

（五）人民儒学

"人民儒学"是当代儒学的又一面向。相比于政治儒学、生活儒学、制度儒学，对"人民儒学"的阐发没有系统化的著作出现，但其代表人物反倒不少，其中最为重要的有任锋、彭永捷、姚中秋等人。这一儒学形态的出现实质上是对儒家深厚之民本思想现代发展的结果。

任锋认为，当下中国，儒学处于被边缘化的境地，这固然有其自身调理不适的原因，而外在之颠覆驱逐影响是其主要根源。尤其是五四新文化运动中的"全盘反传统"者，将故国传统与人民共业一刀两断，片面依据"庶人不议"而批评儒学否认民众的参政议政权，贻患无穷。与此不同，梁启超的《新民说》（1902）和邹容的《革命军》（1903）揭示出现代政治中人民的出场或曰人民的降

---

① 朱承、吕中正：《制度化儒家、王道理想与儒学复兴之路——从干春松教授的新著谈起》，《博览群书》2013 年第 4 期。

临蕴含着的秩序转换大义,把握到了现代立国事业的根本在于民众道德精神和政治主体身份的一种普遍觉醒。在任锋看来,儒家政治传统本身蕴含着一种强烈的公共精神,这一精神包含了与现代人民政治相通的管道,可以与现代人民立国事业接榫贯通。因此,在当代,如果能将儒学公共治理与人民政治相结合,就可以为人民主权论增添更为深远宽广的理念和经验视野。人民儒学视野下的现代立国之道,可以构思天理超越之公共性下对于人民公意的丰富填实,提防世俗主义民主论的独断我执,在政体和治理结构上处理好精英与民众等诸种人民要素之间的关系。倘若如此,便可对治克化现代性情境中原子个体的孤独无告、党阀政治的偏执冲突、民族主义的我族中心与人类宰制宇宙的荒凉踽行。缘此,任锋提出“人民儒学一方面是儒学传统面向现代立国事业开放,寻求自身的充分实现与调适升华,一方面是现代国民为自己的生活生命奠定稳固文明的传统基础,以求拓宽视野与提升境界”。面对当代中国政治秩序和文化秩序深刻转型之情势,人民儒学应“发扬自任以天下之重的公共精神,积极参与现代中国的秩序重建”①。

“人民儒学”论的另一代表人物彭永捷在《人民儒学发微:开掘儒学的三大传统》一文中首先指出:“人民儒学是儒家学说的一种当代形态,是当代政治儒学的一个分支。”它有三个特征:“人民儒学是对儒家民本政治传统的继承和发扬;人民儒学是对华夏政治道统的接续和承载;人民儒学是对儒生民代传统的承继和发展。”②他认为,儒家的政治传统是民本主义的政治传统,人民是一切政治权力的来源,人民决定着政权的兴亡,政治的目的就是为人民服务。以此为出发点,他提出“人民儒学”的基本主张,即继承儒家民本政治传统,坚守儒家学说的人民性,坚持以人民为政治的出发点和最终归宿,其根本任务就是探索“人民主权”的理论以及在实践中如何落实、保证人民与主权的真正合一。他进一步揭示了华夏政治道统的内在实质,指出华夏的政治道统是仁爱的道统、仁政的道统、王道的道统,人民儒学要接续和承载华夏政治道统,因此,人民儒学应把探索

---

① 任锋:《人民主权与儒学的公共精神》,《文化纵横》2012 年第 1 期。
② 彭永捷:《人民儒学发微:开掘儒学的三大传统》,《文化纵横》2012 年第 1 期。

保障和实现仁政之最佳实践方式作为自己的基本任务,用华夏的王道、仁政、仁爱等思想批判和匡正全世界一切不正义、反人权的言行,乃至驯服滥用的权力。

不仅如此,彭永捷还主张"人民儒学"应将儒家思想传统与当今社会有机结合,这样既能实现当代社会向儒家传统回归,又能使儒家在当代重新被"建制化"。为此他提出当代儒家介入社会的"上、中、下"三条路线。所谓"上行路线"就是通过儒术的方式参与社会的变革,推进政治体制朝着合乎人性、人民与道义的方向发展;"中行路线"就是通过加强儒学理论研究和儒林团体的建设,铸造一批承继道统、经邦济世的儒者队伍;"下行路线"就是深入民间社会,推行儒家伦理教化,重整民间社会,重建礼仪之邦。①

姚中秋(又名秋风)可谓是"人民儒学"论的最典型代表,他对"人民儒学"的内涵、面向、议题、方法给出了全面的界定。他说:"当此三千年未有之大变局时代,为参与进而主导中国的现代优良治理秩序之构建事业,对于这一问题之回答,需要一次'哥白尼式回转'(Copernican revolution)。'人民儒学'就是为了承担这一使命而提出的。"紧接着他对"人民儒学"之内涵作出明确界定:"人民儒学面对中国的现代治理秩序之构建的使命,透过对儒家思想、传统制度之现代诠释,确认共同体的最高权威在人民,以人民为本,传承、弘大儒家义理,尝试构造现代儒学体系,冀儒家以更为强大的力量进入并主导中国的现代国家秩序之构建过程②。就面向而言,人民儒学"面对人民"。姚中秋指出:"人民儒学"概念的提出是以两个基本判断为前提:"第一,儒学之根本关怀,不只是心性修养,更不是学院哲学之运思,而是完整的人间合理秩序之构造。第二,现代秩序之根本要素在人民,20世纪中国一切宪制之首要原则是人民主权。儒学欲探讨中国现代的合理秩序,不能不面向人民。"③正是基于这一判断,他断言:"人民儒学正是儒学遭遇现代大问题后之唯一合宜形态。"他一再申明现代国家秩序之本在人民主权,这就决定了这个时代的道学就是"人民儒学"。人民儒学希望推动儒学实现一次出发点的根本转向:从君王为本转向人民为本。在这个意义上,可以说

---

① 参见彭永捷:《人民儒学发微:开掘儒学的三大传统》,《文化纵横》2012年第1期。

② 姚中秋:《人民儒学刍议》,《文化纵横》2012年第1期。

③ 姚中秋:《人民儒学刍议》,《文化纵横》2012年第1期。

人民儒学是"对西人构造之人民主权原则及它所支持的一整套现代秩序进行'第二次思考'"。就议题而言，人民儒学的首要议题是以儒家义理诠释和发展一种能够保证人的尊严、幸福的政治神学；需要发展政治哲学，研究如何产生贤能型代表以及如何确保这些代表不至于滥用权力；需要发展儒家的法律理论，在坚持法律的人民性原则的同时，把天道、风俗带入法律领域，从而令法律真正服务于人民的生活，而不是凌驾于人民之上；需要发展儒家式社会保障理论以及政治的民族理论与重塑世界秩序的天下理论等等，足见其范围十分广泛。就方法而言，人民儒学需走经学之路。没有经学，整个观念、思想、知识就是轻浮善变的。当代中国的现代秩序之所以残缺不全、缺乏足够稳定性，存在大量失衡、扭曲、败坏，中国人之所以处于普遍的焦虑、紧张状态，其深层次的根源就是没有经学。因此，今日之中国要完成现代国家秩序之构建，中国人要给中国和人类想象更为美好的秩序，就需要在现代环境中恢复经学。只有人民儒学与新经学同时成长，儒学才能重回生活与社会现场。总之，在姚中秋看来，"人民儒学就是这个时代的道学、经学。人民儒学面向现代秩序之本——人民，并致力于以人民主权原则重构儒家的治理思想体系，把儒学带回到构建和维护现代国家秩序之问题场域中。人民儒学秉持构造现代秩序的意向，立基于儒学价值和学理，进入与人的生活、治理相关的所有重要领域，致力于发展一套以儒家核心价值为本的现代价值、思想和制度体系。"①不难看出，姚中秋对"人民儒学"的阐发颇为细致、具体，也很有见地。

在笔者看来，任锋、彭永捷、姚中秋等人所主张的"人民儒学"，其核心意旨是用儒家民本思想重构现代国家治理之秩序，将儒学公共治理与现代人民民主政治相结合，实现当代社会向儒家传统回归以及使儒家在当代重新建制化。在此过程中，同时又发展或创建一套以儒家核心价值为本的现代价值、思想和制度体系。这一追求有其合理的一面和积极的意义，它对促进我国政治制度和国家治理体系的完善，提升国家治理能力具有重要的作用，为当代儒学本身的发展开拓出了新领域。但它作为当代政治儒学的一个分支，意图将儒学作为当代中国

① 姚中秋：《人民儒学刍议》，《文化纵横》2012年第1期。

政治制度建构的指导思想或原则,并使儒家思想理念重新建制化,这在当代中国显然是行不通的。

除了上述五种当代儒学形态之外,近年来在当代中国还出现过其他类型的儒学新形态,如台湾地区学者林安梧提出的"公民儒学",南京大学李承贵主张的"人文儒学"等等,在此不一一赘述!

二、价值儒学
——儒学在当今社会发挥作用的优势所在

儒学在当代中国究竟以何种方式或途径介入社会并充分发挥其积极作用呢? 依笔者之见,儒学在当代中国发挥作用的最有效方式或途径就是对当今社会的发展和人们的实际生活提供文化价值观的指导和人生观的指引,笔者将之称作"价值儒学"。需要指出的是,这里所说的"价值儒学"并不是要建立一种不同于上述的"政治儒学""宗教儒学""制度儒学""生活儒学""人民儒学"等当代儒学形态的另一种儒学新形态,而是在一种比喻的意义上,特指儒学对当代中国社会发挥作用的主要内容和方式,就是提供价值观的指导和借鉴。正如杨国荣先生所说:"宽泛而言,儒学的历史作用主要不是在事实的层面揭示世界,而是在价值层面上引导和规范社会生活";"更具体地说,儒家之长似乎主要在于通过确立普遍的价值观念和价值原则,建构与之相应的伦常、政治制度,以担保社会的伦理秩序和政治秩序"[1];"从现代的角度来看,政治儒学、儒家宪政等试图基于儒学来治理今天的中国,这却是一种非历史的进路,显然难以行通","我们应该关注的,是儒学思想中一些深层面的观念,如哲学层面和价值导向意义上的观念,这种观念往往具有普遍意义",尤其是"儒学中一些深层面的观念,包括对人的理解,对社会秩序何以可能的条件的思考,等等",是"对今天依然具有意义的东西"[2]。陈来先生认为:"儒学对现代化的作用主要不是工具意义上的助推,

---

[1] 杨国荣:《再思儒学》,山东城市出版传媒集团 2019 年版,第 1 页。
[2] 李耐儒:《当代儒学对接现代社会的有效路径——杨国荣教授访谈录》,《探索与争鸣》2017年第 6 期。

而是坚持倡导与现代化市场经济相补充、相制约的伦理价值和世界观",儒学的价值理性可以"改善社会的伦理生活与精神生活","满足社会秩序、伦理、文化、心灵的需要",在"构建共同价值观、巩固国家的凝聚力"以及提供"生活规范、德行价值及文化归属感"方面,"起着其他文化要素所不能替代的作用"①。凡此种种,都属于价值观层面的作用。

具体而言,笔者提出儒学的当代社会作用主要是价值层面的导引和规范,或曰儒学在当今社会发挥作用的优势是价值儒学,是基于如是考虑:

(一)从比较视域看,宗教儒学、政治儒学在当今中国行不通,只有价值儒学最合宜、最可行

尽管我们在上面绍述了宗教儒学、政治儒学、生活儒学、制度儒学、人民儒学五种当代儒学形态,但从本质上讲,制度儒学、人民儒学都属于政治儒学的范畴。这样,当代新儒学从总体上可归结为"宗教儒学"和"政治儒学"两类。正如黄玉顺教授所言:"大陆新儒家的哲学主要有两个相互关联的热点,即宗教哲学(狭义'儒教')和政治哲学(广义'政治儒学'),我称之为'创教与干政'"②。就此而论,当代儒学想通过创立儒教和干预政治来发挥它的作用是不合时宜的,因而是不可行的。

从将儒学宗教化并定为国教来看,其一,是不可能的,因为在政教分离已经成为普遍原则的现代社会,国教方案面临难以克服的法理困境,因而它缺乏现实基础,如果这样做,无异于倒行逆施;其二,倘若果真能建立起儒教并将之立为国教,必将制造儒教与其他各大宗教的尖锐对立。曾几何时,康有为为了使儒教国教化而进行了不懈的艰苦努力,结果不但在民国初期的国会被两度否决,而且引起了全社会的反弹,各大宗教纷纷上街游行示威表达抗议,知识界也因此而更加坚定地认为儒家思想与现代社会无法兼容。正是康有为的国教主张以及试图借助于政治军事力量建立国教的行为,刺激了当时的知识界,陈独秀为此提出"孔教和共和乃绝对两不相容之物,存其一必废其一"③的决绝结论,五四新文化运

---

① 陈来:《儒学能为现代化提供适当的人文环境》,《北京日报》2018 年 7 月 9 日。
② 黄玉顺:《大陆新儒家政治哲学的现状与前景》,《衡水学院学报》2017 年第 2 期。
③ 陈独秀:《复辟与尊孔》,《新青年》第 3 卷第 1 号,1917 年 8 月。

动才喊出了"打倒孔家店"的口号。在某种意义上说,康有为的"国教运动"正是五四新文化运动健将们过激反传统的导火索。它不但使儒家丧失了近代以来所面临的一场复兴机遇,而且进一步将儒家推入了万劫难复深渊。殷鉴不远,历史的教训不容遗忘。①

就政治儒学而言,将儒学意识形态化同样在当代中国是行不通的。从历史上看,中国古代社会是君主制,儒学能够为这种制度提供一种形而上的正当性论证,君主在政治领域里通过"表彰六经"也能够获得正当性。但现代社会则是"庶民时代",政治秩序的正当性主要落实在民主的观念上,其合法性的论证主要来自理性,它不再需要任何一种形而上的理由。因此,政治儒家那种经学建国的思路在民主制的今天是不可能行得通的。② 何况从政治儒家之最主要代表人物蒋庆的基本政治主张来看,处处充满极端之见,其悖谬性令人惊叹。比如,他提出大陆现政权要有合法性就必须要确立儒教为国教;又比如,要改变来自西方的政治意识形态,代之以儒家的"王官学";又比如,他认为现代国家体制不合理,应当建立通儒院、庶民院和国体院。尤其是在他所提出的三院制构想中,在民意合法性之外又有天道合法性,并主张由通儒院代表天道合法性。问题在于,在儒家那里,"天"仅仅是一种形而上的存在,它并不单独具有自身特定的意志,天的意志恰恰是通过"民意"来显现的,此即《尚书·泰誓》所说的"天听自我民听,天视自我民视""民之所欲,天必从之"。在儒家看来,除了民心民意之外,天从未有过其他的代表和呈现形式,儒家历史上也从未承认过此外还有别的天意表现形式。但蒋庆先生竟然将天意与民意割裂开来,并在民意之外寻找另一个合法性代表,这只能表明蒋庆先生儒学知识的欠缺,而以这种儒学知识积累去设计治平天下政治架构,其荒谬性就在所难免了! 就像赵法生追问的那样:"试问蒋庆先生,如果多数民意和他设想的那几个大儒的意见发生了矛盾,谁才是天意的真正代表? 他岂不陷入了从儒家思想看来真正的两难困境? 让几个肉身的儒生代表至高无上的天意,这真是现代社会中最富有浪漫色彩的幻想!"③葛兆光

---

① 参见赵法生:《政治儒学的歧途——以蒋庆为例》,《探索与争鸣》2016年第4期。
② 参见唐文明:《迎接儒学复兴的新阶段》,《天涯》2016年第1期。
③ 赵法生:《政治儒学的歧途——以蒋庆为例》,《探索与争鸣》2016年第4期。

先生也说:"政治合法性如果不经由现存国民的意志表达,那么,有谁能证明那个既超越现世现存的人心民意,又赋予当下政权合法权力的'天地人',有永恒性、绝对性或神圣性呢? 除非你再次搞出'天授神权'的老办法来,把执政者说成是奉天承运的天子或圣人。"①可见,蒋庆的政治儒学是开历史倒车,它与中国社会的现代转型格格不入。

当然,儒学的宗教化乃至国教化(即"宗教儒学")和政治儒学在当代中国都是不可行的,都不符合当代社会发展的潮流,但儒家思想对当代社会仍具有"教化"的作用,儒家政治思想对当今中国的政治制度的改革和完善、对政治体制的建设仍具有重要的启示和借鉴意义,这一点是不容否定的。

就教化而言,正如本书前面所述,儒学能够提升人的道德素养和人格境界,能够解决个人的安身立命问题,安顿个体的心灵;它在伦理层面的一些观念,特别是家庭观念已经成为中国文化的核心观念,对于安顿人的生活、协调人际关系、维护社会秩序仍发挥重要作用;在社会层面,儒学塑造了民族精神,是中华民族凝聚力的最重要的源泉。凡此种种,都是儒家文化价值体系所具有的教化作用。当然宗教在本质上就是解决人的安身立命问题,安顿人的灵魂,并提升个人道德修养,对社会起到教化的作用。在这个意义上,儒学可以被称为儒教。但正如本书前面已经指出的那样,儒教之"教"是道德教化之教,不是宗教之教。冯友兰曾说:"每个人都要学哲学,正像西方人都要进教堂。"②这就彰明中国不是用宗教,而是用包括儒学在内的中国传统哲学解决人的终极关怀、人生意义和价值理想等问题。这足以说明儒学发挥作用的最恰当方式是道德教化和价值指引,此即笔者所谓的价值儒学所指。过去如此,现在更是如此。笔者赞同学者们的一种观点:"大陆思想界关于儒学复兴的学术讨论,政治气味太浓了。我以为这种思考方式本身就是很成问题的。儒教能给人的最好的东西是让人安身立命的终极关怀,本质上是超越政治的。心性问题不仅重要,而且最重要。"③崔大华

① 葛兆光:《异想天开——近年来大陆新儒家的政治诉求》,https://www.rujiazg.com/article.原载《思想》(台湾)第33期(2017年出版)。
② 冯友兰:《中国哲学简史》,北京大学出版社1996年版,第10页。
③ 唐文明:《迎接儒学复兴的新阶段》,《天涯》2016年第1期。

先生也说:"蜕去它在历史上被附着的有权力因素的那种国家意识形态性质,而以其固有的伦理道德思想特质、以其作为中国传统文化中之具有久远价值的基本精神来表现其功能时,人们发现,儒学还是珍贵的,仍在支持着、模塑着我们中华民族作为一种悠久历史的文化类型和独立的生活方式的存在。"①

就政治作用而言,我们当然要反对"政治儒学"将儒学意识形态化和建制化的主张和图谋,但不否定儒学对当代中国的政治活动具有一定的积极作用。本书前已述及,儒学在当今中国的政治作用主要表现在能够为培育和践行社会主义核心价值观、促进马克思主义中国化提供丰厚的智慧资源和智力支持。儒学绝不可能成为当代中国的意识形态或曰"王官学",但它可以成为我国意识形态的"支援意识",对当代中国意识形态的构建和完善起到重要的辅助和补充作用。尤其是儒家的一些政治价值观,如"贤能政治""民本主义""为政以德"等,对当代中国的政治制度建设或广义的国家治理能力和治理体系的现代化具有非常重要的作用。在我们看来,"人民儒学"正是看到了儒家"民本思想"和"仁政"思想对当代中国政治建设的积极意义,只不过他们想让儒家传统重新建制化,让儒学研究走经学化之路,这就走向了歧途。总之,儒家思想对当代中国的政治作用仍然是价值观方面的指导和借鉴,而绝不可能是用儒家式的政治制度代替或更化当今中国的民主政治制度。

综上所述,儒学不可能宗教化、国教化,也不可能制度化或建制化,这些都是不合时宜、倒行逆施的,只有价值儒学最具合理性和可行性。

(二)从理论特质看,儒学本质上是价值儒学

儒学当代社会作用的正确发挥必然有赖于对儒学本身的准确理解和合理诠释。儒学究竟是什么? 梁启超在《儒学哲学是什么》一文中提出:"儒家哲学,范围广博。概括说起来,其用功所在,可以《论语》'修己安人'一语括之。其学问最高目的,可以《庄子》'内圣外王'一语括之。"更重要的是,梁启超认为儒家是"将外王学纳入内圣之中",一切专注重如何养成健全的人格,"人格锻炼到精

---

① 崔大华:《儒学的现代命运》,人民出版社 2012 年版,"自序"第 2 页。

纯,便是内圣;人格扩大到普遍,便是外王。儒家千言万语,各种法门,都不外归结到这一点。"①正因如此,《大学》才提出"自天子以至于庶人,壹是皆以修身为本"。既然儒学以修身为本,追求内圣外王之道,并以内圣为外王之本,外王以内圣为前提,那么,儒学本质上就是价值儒学。

业师赵馥洁先生的一个重要学术观点就是"价值论是中国传统哲学的核心","中国传统哲学本质上是价值哲学"。他说:中国哲学"把致思的最终趋向确定在世界对人的意义上,归结到价值理想的追求上",比如传统哲学的本体论并非以认识宇宙的本质为根本目标,而是借"天道"以明"人道"②,"'必然'原理与'应然'原则融通,乃是中国传统哲学的重要特质"③。

如果说中国传统哲学本质上是价值哲学,那么说儒学是价值儒学也应当是成立的。当然有人会说,中国传统哲学不等同于儒家哲学,儒学也不等同于儒家哲学。但正如梁启超所言:"儒家哲学不算中国文化的全体,但是若把儒家抽去,中国没有多少东西了。中华民族之所以存在,是因为中国文化的存在;而中国文化离不开儒家。"④此其一。其二,儒学当然不能与儒家哲学画等号,儒家思想包括了哲学、伦理学、政治学、宗教学、文学、管理学乃至自然科学等众多学科的思想。但在这所有思想中,哲学乃其核心。正如黑格尔所说:一个民族如果没有哲学,"就像一座庙,其他方面都装饰得富丽堂皇,却没有至圣的神那样"⑤。同样,儒家思想(儒学)中没有了哲学,也就没有了灵魂。而儒家哲学是价值哲学,因而儒学必然是价值儒学。

儒学之所以是价值儒学,是因为儒学的特质是人文主义。所谓人文主义,用唐君毅先生的话来说,就是指"对人性、人伦、人道、人格、人之文化及其历史之存在与其价值,愿意全幅加以肯定尊重,不有意加以忽略,更决不加以抹煞曲解,以免人同于人以外、人以下之自然物等的思想"⑥。而张岱年先生则将人文主义

---

① 梁启超:《清代学术概论 儒家哲学》,天津古籍出版社 2003 年版,第 100—101 页。
② 赵馥洁:《中国传统哲学本质上是价值哲学》,《人文杂志》2010 年第 1 期。
③ 赵馥洁:《论中国哲学的特质》,《光明日报》2014 年 6 月 17 日。
④ 梁启超:《清代学术概论 儒家哲学》,天津古籍出版社 2003 年版,第 106 页。
⑤ [德]黑格尔:《逻辑学》,杨一之译,商务印书馆 1966 年版,第 1 页。
⑥ 唐君毅:《中国人文精神之发展》,广西师范大学出版社 2005 年版,第 2 页。

界定为："肯定现实人生的意义,要求享受人世的欢乐;提倡个性解放,要求个性自由;相信人力的伟大,称颂人性的完美和崇高;推重人的感性经验和理性思维,主张运用人的知识来造福人生。"①概而言之,人文主义就是以人为中心或出发点,而不以神或自然为中心;高扬人的主体性,肯定人生的意义和价值,崇尚人格尊严,追求个性自由和解放;等等。毫无疑问,人文主义是儒家思想体系的根本内容。儒家自孔子起,就对鬼神存而不论,也不关注自然,而是以人为中心。孔子思想之核心的"仁"就彰显了对人之关系及其本质的探索和揭明,所谓"仁者,人也";儒家充分肯定人的主体性、自主性,如孔子说"为仁由己,由人乎哉""我欲仁,斯仁至矣";儒家将仁、义视为人生价值的目标和理想,所谓"杀身成仁""舍生取义",号召人们以追求"三不朽"成就人生意义,显示了对人生意义与价值的肯定。儒家也特别崇尚人格独立和尊严,追求个性自由和解放,如孔子说:"三军可夺帅也,匹夫不可夺志也。"(《论语·子罕》)孟子说:"一箪食,一豆羹,得之则生,弗得则死。呼尔而与之,行道之人弗受;蹴尔而与之,乞人不屑也。"如此种种,不一而足,反映了儒家学说中有着丰富的人文主义思想。不仅如此,人文主义思想在儒家学说处于核心地位,属于儒家思想之根,其他如文学的、法律的、政治的、经济的、教育的思想都是"人文主义思想的延伸和实践"②。如果我们认同儒家思想是以人文主义为主旨,以社会教化为本,"以人为本",尊重人格,重视人的自由,那么我们就应该明白,儒学发生作用的方式是"人文的方式,即它对个人、社会、国家的作用,主要表现在精神层面和价值层面,而不是技术层面和制度层面",它可以"为个人、社会乃至国家提供精神的支援。例如,唤醒人的意识,肯定人的价值,高扬人的生命等"。③ 就此而论,儒学的人文主义特质决定了儒学本质上是价值儒学。

　　儒学之所以本质上是价值儒学,更根本的原因在于儒学的核心是心性儒学。儒学的人文主义特质也决定了儒学的核心是心性儒学。所谓心性儒学,是与政治儒学相对应,它主要涉及儒学有关精神世界的看法;政治儒学是以儒学在政治

---

① 张岱年:《中国文化与文化论争》,中国人民大学出版社 1990 年版,第 238 页。
② 李承贵:《人文儒学:儒学的本体形态》,《学术月刊》2009 年第 12 期。
③ 李承贵:《人文儒学:儒学的本体形态》,《学术月刊》2009 年第 12 期。

领域的展开形态为关注点。蒋庆认为,心性儒学的根本特征是"从内在心性的角度自下而上地与天合德,达到圣人境界,用以安顿人的精神生命,实现人生的终极意义与价值,解决人的心灵信仰问题"①。因此,心性儒学是一种生命儒学。在他看来,心性儒学只解决个体生命意义的安立,不解决社会政治制度的建构问题。职此之故,他提出当代儒学必须从"心性儒学"转向"政治儒学",因为"政治儒学"是儒家特有的"外王儒学""制度儒学""实践儒学"和"希望儒学"。一言以蔽之,蒋庆认为"儒学在其本性上就是'政治儒学'"②。蒋庆之所以把政治儒学视为儒学的核心,其根本的原因在于他认为政治儒学直接源于《礼》与《春秋》等经书,是经学,而心性儒学则源于曾子、子思与宋明儒学。由于《礼》是孔子所改作,《春秋》则是孔子所创作,故源于《礼》《春秋》的政治儒学最能体现孔子儒学的真精神。③ 他进一步指出,最能发挥《礼》与《春秋》精神的是春秋公羊学,"是故,以'春秋公羊学'为核心的'政治儒学'是孔子创立的中国儒学传统中源远流长的纯正儒学传统"④。由此可以看出蒋庆儒学观的基本理路:他将政治儒学与心性儒学割裂开来,并断言政治儒学是儒家正宗;继而宣称政治儒学的代表只有汉代公羊学,于是,公羊学就成了唯一纯正的儒学、孔子思想之唯一代表。更为重要的是,在蒋庆的这一观点中,显然是把"礼"而不是"仁"作为孔子思想的核心。这明显违背了孔子本人的思想实际。如此一来,必然"导致了仁与礼的割裂与对立,进而将儒学从以仁为本、仁礼并重、内外贯通的学问,异化为片面的外王之学,丧失了儒学的根本"⑤。

从客观事实来看,心性儒学才是儒家之核心。正如我们在前面所提到的,"内圣外王"是儒家一以贯之的根本宗旨和基本特质,儒学史上从来没有不讲心性的政治哲学,也从来没有不考虑政治秩序的心性儒学,先儒探究心性从来都是

① 蒋庆:《广论政治儒学》,东方出版社 2014 年版,第 46 页。
② 蒋庆:《政治儒学——当代儒学的转向、特质与发展》(修订本),海峡出版发行集团 2014 年版,第 13、18 页。
③ 参见蒋庆:《政治儒学——当代儒学的转向、特质与发展》(修订本),海峡出版发行集团 2014 年版,第 31 页。
④ 蒋庆:《广论政治儒学》,东方出版社 2014 年版,第 46 页。
⑤ 赵法生:《政治儒学的歧途——以蒋庆为例》,《探索与争鸣》2016 年第 4 期。

为了给政治秩序寻找人性的基础。同样,如果我们稍加考察就可看出,"仁"是孔子思想之核心。孔子对于儒学思想的最大贡献是从西周礼乐中提炼出"仁",并将之作为作为儒学思想体系的核心,从而为儒家的人格修养找到了内在的根基,开创了儒家的精神生命。就"仁"与"礼"的关系而言,孔子将"仁"看作是礼的内在基础和精神内核,故而孔子说:"人而不仁,如礼何? 人而不仁,如乐何?"孔子之所以要赋予礼以内在心性的根基,正是为了克服春秋末期礼仪虚文化的弊端,促使礼乐文明从衰败中重新兴起。当然,也有学者认为,从其原初形态看,儒学的内涵首先体现于"仁"和"礼",二者同时构成了儒学的核心观念。① 但笔者以为,"仁"作为一种普遍的价值原则,相较于作为一种现实社会之规范的"礼"来说更具有始源的意义,它引导和规制着"礼"。

总之,如果将儒学分为心性儒学和政治儒学的话,前者是儒学之核心。因之,儒学在本质上就是一种价值儒学,其作用主要是为个人、社会、国家提供精神层面和价值层面的指引和范导。

(三)从现实层面看,当今社会更需要儒学在价值层面的引导

儒学之当代社会作用的正确发挥既有赖于对儒学本身的准确把握,所谓"明体"才能"达用",还需要深入了解和把握当代社会发展变化的客观情势及其给当代人类带来的种种难题和危机,从中去考察和发现儒家思想对解决这些难题和危机到底有没有作用? 有哪些作用? 如此才能做到对儒家思想当代意义的精准把握。

关于当今世界之发展变化的趋势以及给当代人类带来的种种问题,本书在前面的章节中已有不少的论述。从中可以看到,从世界发展之大势来说,世界正面临着"百年未有之大变局",世界经济格局、国际权力格局、全球治理体系及治理规则、人类文明及交往模式等正在经历着大发展、大变化、大调整、大转折,深刻影响着人类历史发展方向和进程。尤其是随着全球化进程日益加剧,世界范围的商品大流通、贸易大繁荣、投资大便利、技术大发展、人员大流动、信息大传

---

① 参见杨国荣:《何为儒学? ——儒学的内核及其多重向度》,《文史哲》2018 年第 5 期。

播不断深入发展,深刻影响着当今世界的发展模式、交往模式、思维模式和治理模式。而在这世界大变局中,也潜藏着诸多危机和凶险,也势必会导致巨大的震荡和失序,引发一时的混乱和冲突。事实上,正是全球化的进程,给当今世界带来许多"全球问题",直接危及人类的生存;就中国来说,当今中国正处于历史上"千年未有之大变局",正从计划经济转向市场经济,从农业文明转向工业文明,从传统社会转向现代社会。在这一深刻转变中,既有经济、社会、文化、文明的巨大进步和繁荣,也有伦理、道德、价值、信仰等方面的问题和困境。总之,无论是整个世界还是中国自身,都面临着巨大的转型和变局,从而也出现了种种问题和挑战,需要加以解决。

　　那么,当代世界和中国究竟面临着哪些问题和危机呢? 儒学对解决这些问题能提供怎样的作用? 对此人们有不同的认识和看法。前已述及,习近平总书记对此有过非常深刻的总结和概括,他说:"当今世界,人类文明无论在物质还是精神方面都取得了巨大进步,特别是物质的极大丰富是古代世界完全不能想象的。同时,当代人类也面临着许多突出的难题,比如,贫富差距持续扩大,物欲追求奢华无度,个人主义恶性膨胀,社会诚信不断消减,伦理道德每况愈下,人与自然关系日趋紧张,等等。要解决这些难题,不仅需要运用人类今天发现和发展的智慧和力量,而且需要运用人类历史上积累和储存的智慧和力量。"紧接着,习近平总书记提出"包括儒家思想在内的中国优秀传统文化中蕴藏着解决当代人类面临的难题的重要启示",他列举了"道法自然、天人合一""天下为公、大同世界""自强不息、厚德载物""以民为本、安民富民""为政以德、政者正也""仁者爱人、以德立人""以诚待人、讲信修睦""求同存异、和而不同"等众多重要思想理念,认为这些思想理念"可以为人们认识和改造世界提供有益启迪,可以为治国理政提供有益启示,也可以为道德建设提供有益启发"①。

　　张立文先生将当今世界面临的问题和危机概括为五大病态和危机,即自然病态和生态危机、社会病态和社会危机、心理病态和精神危机、人际病态和道德危机、文明病态和价值危机,认为治疗和化解这五大病态和危机,建设当今自然

---

① 《习近平著作选读》第一卷,人民出版社 2023 年版,第 277—278 页。

健康、社会健康、心理健康、人际健康、文明健康的世界,保卫整个地球健康而不使其走向毁灭,这是全人类的职责。他认为"万物并育而不相害""君子和而不同""中和""乐道""己所不欲,勿施于人""泛爱众""兼相爱"等中华民族的哲学资源,为治疗化解人类所面临的这些严重病症提供了宝贵的智慧理念。① 在《正义与和合:当代危机的化解之道》一文中,张立文先生进一步提出"目前人类共同面临着人与社会的冲突和人与人的冲突,从而造成社会人文危机与道德危机",而造成这两大危机的"元根源"是人的"为己之私性的膨胀,物欲的横流,贪婪的无厌,以致丧失人之为人的最基本的人性与品质",而中国传统文化为化解当代社会冲突和危机提供了方向,那就是"积善成德""建设诚信""义无不合""舍生取义""正义社会"。②

从习近平总书记的重要论述以及张立文等学者的观点中,我们可以看出当代人类面临的主要问题有道德危机、精神危机、价值危机、社会危机、生态危机等,而以儒家思想为主干的中国传统文化能为解决这些问题和危机提供有益的借鉴、启示和方向指引。更为重要的是,我们从中也可以很清楚地看到,这些借鉴、启示和方向指引都是由以儒家文化为核心的中华优秀传统文化的一些思想理念、价值观念和人文精神所提供的。这就非常清楚地表明,儒家对当今社会的作用主要在于价值观的指引、思想理念的支撑和精神的滋养,即以价值儒学的形式发挥作用。

本书在探讨儒家价值观之于当代个人、社会、国家、世界的意义时,从不同层面不同程度地揭示出当代人类面临的根本问题是工具理性膨胀、价值理性迷失,由此引发了物质主义、消费主义、经济主义的流行与泛滥,将人们引向一味地追求物质享受和物欲满足,从而造成了"人被物役"的"物化生存困境",最终导致精神危机、道德危机、信仰危机、社会危机、生态危机等。缘此,笔者提出儒家价值观对解决这些问题具有独特的作用。这是本书的一条红线和核心观点。

---

① 参见张立文:《中国哲学的现代价值——当今世界的病态与治疗化解之道》,《中国人民大学学报》2005年第2期。

② 参见张立文:《正义与和合:当代危机的化解之道》,《人民论坛·学术前沿》2015年第14期。

　　从更宏阔的视野来看,儒家传统思想在亚洲"四小龙"迅速崛起以及东亚现代化的过程中发挥了积极作用,而这种积极作用也主要是伦理和价值观方面的。

　　总而言之,当今中国乃至整个世界面临的众多问题,包括经济、政治、文化、生态等问题以及民族、种族、宗教、文明之间的冲突等等,儒家思想对解决所有这些问题和冲突不可能提供现成的答案,它对解决这些问题和冲突的作用方式主要是价值观的指导和思想理念的支撑,或曰提供智慧资源和思想养料。对解决精神危机、道德危机、信仰危机自不待言,即使对政治活动和国家治理所具有的积极作用也是价值层面和精神层面的,比如用"民为邦本""以民为本""以百姓心为心"为现代化治理提供价值指引,而绝不是政治儒学所主张的将儒学制度化、建制化、意识形态化;对于克服生态危机来说,也是运用儒家之"仁爱万物""天人合一""民胞物与"等价值理念指导人们正确认识和对待人与自然的关系,实现人与自然和谐共生,建设现代生态文明。如此等等,不一而足。犹如陈来先生所说:"传统是重建价值观的重要资源"①,现代人仍需要在终极关怀、价值理想、人生意义、社会交往方面汲取儒家传统智慧,因此,对当今中国人来说,继承、弘扬儒家传统价值观仍然是十分必要和重要的。刘东说:"即使有一天全部的传统都被在现实层面碾得粉碎,这种对传统的价值理想也完全可以合法地传承下去,而决不会被任何文字上的论述证伪。"②此乃笔者提出"价值儒学"是儒学在当今社会发挥作用之优势所在的理由。

---

① 陈来:《儒家文化与民族复兴》,中华书局2020年版,第264页。
② 刘东:《近思与远虑》,浙江大学出版社2014年版,第33页。

第十二章　儒家价值观的创造性
转化和创新性发展

以上我们分析和论证了儒家对当代社会的作用主要是价值观的作用,彰明价值儒学是儒学对当今社会发挥作用的优势所在。但是发挥儒家价值观的指导作用,并不是简单地把儒家传统的价值观"一股脑儿都拿到今天来照套照用",而是要进行一番辩证分析,把那些积极的、合理的、有利于当今社会发展的价值观加以发扬和运用;即使是合理的、适用于当代社会的价值观也不能直接地照搬照用,还必须对之进行一番现代的转化和发展,经由"第二个结合",使之与当今社会相适应、相协调,如此才能作用于当今社会。也就是说,要发挥儒家价值观对当今社会的作用,还必须要遵循正确的方法、原则,采取合理可行的手段和途径。而习近平总书记提出的"两创"方针和"两个结合"尤其是"第二个结合"为正确发挥儒家价值观之当代作用提供了根本遵循。

所谓"两创"是指"创造性转化和创新性发展",它是习近平总书记针对如何弘扬中华优秀传统文化而提出的重大文化方针。这一方针是习近平总书记在主持十八届中央政治局第十二次集体学习时首次提出的,他说:"要继承和弘扬我国人民在长期实践中培育和形成的传统美德,坚持马克思主义道德观、坚持社会主义道德观,在去粗取精、去伪存真的基础上,坚持古为今用、推陈出新,努力实现中华传统美德的创造性转化、创新性发展,引导人们向往和追求讲道德、尊道德、守道德的生活。"①之后,在省部级主要领导干部学习贯彻十八届三中全会精神专题研讨班、十八届中央政治局第十三次集体学习、纪念孔子诞辰 2565 周年

---

① 《习近平谈治国理政》,外文出版社 2014 年版,第 160—161 页。

国际学术研讨会、文艺工作座谈会等一系列会议上的讲话中,习近平总书记都反复强调对待中华优秀传统文化要坚持"创造性转化、创新性发展",党的十九大正式将这一方针写入党的政治报告,党的二十大报告重申"坚持创造性转化、创新性发展"①。"两创"方针无疑是对毛泽东提出的"古为今用""推陈出新""百花齐放、百家争鸣""去其糟粕,取其精华""有扬弃的继承"等文化方针的继承和发展,它代表了中国共产党人对待优秀传统文化的基本立场和态度,也必将成为指导全国人民在新时代新形势下传承和弘扬中华优秀传统文化的基本指导思想和根本路径,更是我们在当前发挥儒家价值观作用所应遵循的基本方针和原则。

所谓"两个结合",是指"把马克思主义基本原理同中国具体实际相结合、同中华优秀传统文化相结合"。习近平总书记在庆祝中国共产党成立 100 周年的讲话中首次明确提出"两个结合"的重要论断。党的二十大报告指出:"中国共产党人深刻认识到,只有把马克思主义基本原理同中国具体实际相结合、同中华优秀传统文化相结合,坚持运用辩证唯物主义和历史唯物主义,才能正确回答时代和实践提出的重大问题,才能始终保持马克思主义的蓬勃生机和旺盛活力。"②在 2023 年 6 月 2 日召开的文化传承发展座谈会上,习近平总书记说:"在五千多年中华文明深厚基础上开辟和发展中国特色社会主义,把马克思主义基本原理同中国具体实际、同中华优秀传统文化相结合是必由之路。这是我们在探索中国特色社会主义道路中得出的规律性认识。我们一直强调把马克思主义基本原理同中国具体实际相结合,现在我们又明确提出'第二个结合'",这是第一次将"把马克思主义基本原理同中华优秀传统文化相结合"称为"第二个结合",并指出"第二个结合"是又一次的思想解放,让我们能够在更广阔的文化空间中,充分运用中华优秀传统文化的宝贵资源,探索面向未来的理论和制度创新;"第二个结合",是我们党对马克思主义中国化时代化历史经验的深刻总结,

① 习近平:《高举中国特色社会主义伟大旗帜 为全面建设社会主义现代化国家而团结奋斗——在中国共产党第二十次全国代表大会上的报告》,人民出版社 2022 年版,第 43 页。
② 习近平:《高举中国特色社会主义伟大旗帜 为全面建设社会主义现代化国家而团结奋斗——在中国共产党第二十次全国代表大会上的报告》,人民出版社 2022 年版,第 17 页。

是对中华文明发展规律的深刻把握,表明我们党对中国道路、理论、制度的认识达到了新高度,表明我们党的历史自信、文化自信达到了新高度,表明我们党在传承中华优秀传统文化中推进文化创新的自觉性达到了新高度。① "两个结合"思想是对毛泽东提出的"把马克思主义基本原理同中国具体实际相结合"思想的丰富与发展,是中国特色社会主义取得成功的最大法宝,开辟了中华文化繁荣发展的必由之路。尤其是"第二个结合",是我们在当前发挥儒家价值观作用所应遵循的基本原则。

一、儒家价值观的创造性转化和创新性发展的动因

要对儒家价值观进行创造性转化和创新性发展,首先要弄清楚何谓"传统价值观创造性转化和创新性发展"。有学者说:"今天我们广泛谈论传统价值观的创造性转化和创新性发展,但对创造性转化和创新性发展这两个概念研究不够,似乎也没有形成共识",因此"我们需要对传统价值观创造性转化和创新性发展的内涵加以界定和阐述"。②

一般而言,所谓创造性转化,就是要按照时代特点和要求对那些至今仍有借鉴价值的内涵和陈旧的表现形式加以改造,赋予其新的时代内涵和现代表达形式,激活其生命力。所谓创新性发展,就是要按照时代的新进步新发展,对中国优秀传统文化的内涵加以补充、拓展、完善,增强其影响力和感召力。③ 就传统价值观创造性转化和创新性发展的意蕴而言,江畅先生认为"传统价值观的创造性转化"是指对传统价值观进行一次革命性的变革,即对在传统社会中占主导地位的价值观——"皇权专制主义"价值观进行创造性转化和革命性变革,使之转变为中国当代价值观;而所谓"传统价值观的创新性发展"不是对传统社会中占主导地位之价值观的变革或转型,而是指对传统文化中所有学派之价值观

---

① 参见习近平:《在文化传承发展座谈会上的讲话》,人民出版社 2023 年版,第 5—9 页。

② 江畅:《对传统价值观创造性转化和创新性发展的若干问题思考》,《当代中国价值观研究》2016 年第 1 期。

③ 参见广播影视业务教育培训丛书编写组:《广播电视综合知识》,中国国际广播出版社 2018 年版,第 234 页。

中一切有价值的、合理的东西的修正、更新和补充,"因此,创新性发展不是革命性变革,而是改良性完善"①。在笔者看来,江畅先生所说的"创造性转化是一种革命性变革,而创新性发展是一种改良性完善",这种看法是正确的、深刻的,但他将传统价值观的创造性转化仅仅限定在对传统社会中占统治地位的价值观,即皇权专制主义价值观进行革命性变革,这种认识有失偏颇。实际上,创造性转化不仅仅针对传统社会的主导价值观,而应包括对传统社会中所有价值观及其各个方面的创造性转化。在这个意义上,笔者赞同商志晓先生的观点,他认为创造性转化是对中华传统文化的现代转型,其转化的对象包括理念上、内容上、表达上、形式上等各个层面,其实质是要求以"现实"为尺度、以服务于现实为旨归。与此不同,创新性发展重在对传统文化之提升与超越,要求从传统文化思想之基地出发,以解答现实问题为旨归,从传统文化中汲取思想养料。就二者区别而言,创造性转化追求"创造性",而创新性发展则是以"中华传统文化"为底色,追求内容和形式上的"发展";就二者的联系来看,它们"是一种由此及彼、相互衔接的承接关系,是前后相继、互为支撑的两个层次或两个阶段,各有意义、各有作为而又密切相关、不可割裂"②。商志晓先生的这种认识确当而全面,揭明了"两创"方针的深刻意蕴、不同面向和内在关联,也为我们提示出运用"两创"方针对待转化传统文化以及儒家价值观的基本路径、方法和旨趣所在。

那么,为什么要对儒家传统价值观进行创造性转化和创新性发展呢? 从直接的意义上,就是为了更加有效地发挥儒家价值观的当代意义。因为儒家传统价值观不能"一股脑儿都拿到今天来照套照用",它必须要经过创造性转化和创新性发展方能奏效。这是极易明白的道理,无须赘言。除此之外,对儒家传统价值观进行创造性转化和创新性发展的动因还有如下几个方面。

---

① 江畅:《对传统价值观创造性转化和创新性发展的若干问题思考》,《当代中国价值观研究》2016 年第 1 期。

② 商志晓:《中华传统文化创造性转化创新性发展的哲学审思》,《光明日报》2017 年 1 月 9 日。

（一）创造性转化和创新性发展是儒家价值观自身存续与发展的必然要求

就一般而言,创造性转化和创新性发展是任何文化传承延续的内在规律。任何一种文化传统或传统文化,只有不断地扬弃与更新,不断进行创造性转化和创新性发展,与时俱进,才能永葆青春与活力;否则就会变得过时、落伍,与时代发展相悖扭,进而遭到淘汰和抛弃。之所以要这样,乃是因为"传统文化在其形成和发展过程中,不可避免会受到当时人们的认识水平、时代条件、社会制度的局限性的制约和影响,因而也不可避免会存在陈旧过时或已成为糟粕性的东西。这就要求人们在学习、研究、应用传统文化时坚持古为今用、推陈出新,结合新的实践和时代要求进行正确取舍,而不能一股脑儿都拿到今天来照套照用。要坚持古为今用、以古鉴今,坚持有鉴别的对待、有扬弃的继承,而不能搞厚古薄今、以古非今,努力实现传统文化的创造性转化、创新性发展"①。唯有如此,一种文化传统和传统文化才能与现实社会相适应、相融通,进而得以留存和传承下去。对于儒家传统文化及其价值观而言,亦莫不如此。

毋庸讳言,儒家思想产生于古代农业社会,是与传统的封建宗法制度和皇权专制主义相适应的。尽管它包含着讲仁爱、重民本、守诚信、崇正义、尚和合、求大同等有利于个人道德修养、促进社会和谐稳定的积极成分,但同时也包含着君臣父子、男尊女卑、长幼有别、贵贱等差等思想观念,与当今时代发展和社会进步格格不入,尤其是其中的等级观念、专制主义、保守思想与现代的自由平等、民主法治、公平正义、改革开放等观念相冲突,这就需要我们厘清传统儒学中的精华与糟粕,并根据时代发展的要求对之进行变革和创新,使它与时代发展相契合。只有这样,它才能成为当今社会文化和价值观的有机组成部分而得以存留和发展下去;否则,它就会变成像约瑟夫·列文森所说的"作为博物馆的历史收藏物"。由是而观,文化传承与文化创新是内在统一的,传承是基础和前提,创新是方向和生命,两者不可偏废。

---

① 《习近平著作选读》第一卷,人民出版社2023年版,第281页。

（二）对儒家价值观进行创造性转化和创新性发展是当代中国建设主流价值观的需要

前已述及，当今中国正在建设以社会主义核心价值观为主导的主流价值观，而这种主流价值观的构建必然要从以儒家文化为主干的中国传统文化中汲取养料，从而使之更具有中国特色，更具有浓厚的文化根基和底蕴。习近平总书记指出："培育和弘扬社会主义核心价值观必须立足中华优秀传统文化。牢固的核心价值观，都有其固有的根本。抛弃传统、丢掉根本，就等于割断了自己的精神命脉。"①又说："中华文明绵延数千年，有其独特的价值体系。""今天，我们提倡和弘扬社会主义核心价值观，必须从中汲取丰富营养，否则就不会有生命力和影响力。"②这就彰明构建社会主义核心价值观必须深深扎根于中华民族博大精深的传统文化沃土，从中获取充分的滋养。不仅如此，习近平总书记还特别指出，中华优秀传统价值观中有许多值得转化和发展的内容，比如"民惟邦本""和而不同""天人合一""天行健，君子以自强不息""大道之行也，天下为公""天下兴亡，匹夫有责""以德治国、以文化人""君子喻于义""君子义以为质""君子坦荡荡""言必信，行必果""人而无信，不知其可也""仁者爱人""德不孤，必有邻""与人为善""己所不欲，勿施于人""出入相友，守望相助""老吾老以及人之老，幼吾幼以及人之幼""扶贫济困"等等，③显而易见，这些思想理念无不属于儒家的重要价值观念，这就充分说明了儒家价值观对当今社会主义核心价值观乃至整个中国主流价值观的建构具有十分重大的意义，离开对儒家优秀价值观的传承和弘扬，就不可能建构起符合时代发展需要和社会实情的主流价值观。但问题的关键在于，儒家乃至整个传统价值观念不可能被简单复制或直接照搬过来，它们只有经过一番创造性转化和创新性发展，最终才能转化为当代中国主流价值观的有益成分。因此说，对儒家价值观进行创造性和创新性发展，使之与当代中国主流价值观相对接相融合，这是时代赋予我们的迫切任务。唯有如此，我们

---

① 《习近平谈治国理政》，外文出版社 2014 年版，第 163—164 页。

② 《习近平谈治国理政》，外文出版社 2014 年版，第 170 页。

③ 参见《习近平谈治国理政》，外文出版社 2014 年版，第 170 页。

所建构的主流价值观才能更好地得到人们的普遍认同,进而真正成为我国民众的共同理想、信念和基本遵循。

(三)对儒家价值观进行创造性转化和创新性发展是延续中华文化血脉和实现"中国梦"的需要

我国唐朝政治家魏徵在《谏太宗十思疏》中说:"求木之长者,必固其根本;欲流之远者,必浚其泉源。"那么,对于中华民族来说,它的"根本"与"泉源"是什么呢? 对此,习近平总书记有过许多重要论述。2012 年 12 月 7 日至 11 日习近平总书记在广东考察工作时强调:"我们决不可抛弃中华民族的优秀文化传统,恰恰相反,我们要很好传承和弘扬,因为这是我们民族的'根'和'魂',丢了这个'根'和'魂',就没有根基了。"①在十九届中央政治局第三十九次集体学习时他再次指出:"中华优秀传统文化是中华文明的智慧结晶和精华所在,是中华民族的根和魂,是我们在世界文化激荡中站稳脚跟的根基"②;在二十届中央政治局第六次集体学习时,习近平总书记强调:"马克思主义中国化时代化这个重大命题本身就决定,我们决不能抛弃马克思主义这个魂脉,决不能抛弃中华优秀传统文化这个根脉。坚守好这个魂和根,是理论创新的基础和前提"③。从这些论述中可以看出,中华优秀传统文化是中华民族之根,而儒家文化又是中国传统文化的核心,由此可以说儒家思想是中华民族的"根本"与"泉源"。既然儒家思想是中华民族的"根本"与"泉源",那么,继承和弘扬儒家优秀文化价值观对于延续中华民族的文化血脉具有根本的意义。正是在这个意义上,习近平总书记反复强调:如果"抛弃传统、丢掉根本,就等于割断了自己的精神命脉",我们"只有坚持从历史走向未来,从延续民族文化血脉中开拓前进,我们才能做好今天的事业","不忘历史才能开辟未来,善于继承才能善于创新"。总书记的这些论述透显出传承以儒家文化为核心的中华优秀传统文化就是延续中华文化血

---

① 《习近平关于实现中华民族伟大复兴的中国梦论述摘编》,中央文献出版社 2013 年版,第 33 页。

② 《习近平在中共中央政治局第三十九次集体学习时强调》,《人民日报》2022 年 5 月 29 日。

③ 《习近平在中共中央政治局第六次集体学习时强调》,《人民日报》2023 年 7 月 2 日。

脉,因而是事关中华民族前途和命运的重大问题。

在当代,传承以儒家文化为核心的中华秀传统文化也事关"中华民族伟大复兴"的实现。实现中华民族伟大复兴是近代以来中国人最伟大的梦想。党的二十大报告提出,"以中国式现代化全面推进中华民族伟大复兴"①,而"中国式现代化是赓续古老文明的现代化,而不是消灭古老文明的现代化;是从中华大地长出来的现代化,不是照搬照抄其他国家的现代化;是文明更新的结果,不是文明断裂的产物"②。从这个意义上说,没有中华文化繁荣兴盛,就没有中华民族伟大复兴。而要实现当代中国文化的繁荣兴盛,就不可能离开对儒家优秀价值观的继承与弘扬,如果离开或者说抛弃儒家思想这一中华民族的"根"与"魂",中华文化的繁荣兴盛就成了无源之水、无本之木。可见,传承和弘扬儒家价值观对于实现"中国梦"具有不可替代的价值。

综上所述,传承中华优秀传统文化既是延续中华民族文化血脉之需要,又是实现"中国梦"的必然要求。但问题的关键是要科学合理地传承中华传统文化。习近平总书记说:"传承中华文化,绝不是简单复古,也不是盲目排外,而是古为今用、洋为中用,辩证取舍、推陈出新,摒弃消极因素,继承积极思想,'以古人之规矩,开自己之生面',实现中华文化的创造性转化和创新性发展。"③"对历史文化特别是先人传承下来的价值理念和道德规范,要坚持古为今用、推陈出新,有鉴别地加以对待,有扬弃地予以继承。"④这就彰明要传承中华优秀传统文化,必须要处理好继承和发展的关系,重点做好"创造性转化和创新性发展"。而人所共知,儒家价值观实际上就是中国传统社会的核心价值观,它才是真正的中华民族之"根"与"魂"。缘此,对中华优秀传统文化的创造性转化和创新性发展,一个重要方面就是对儒家文化特别是其中的优秀价值观进行创造性转化和创新性发展;反过来说,只有经过创造性转化和创新性发展,儒家价值观才能得以活化,进而与当代社会发展相适应,与主流价值观相融通,这样它对延续中华文化

---

①　习近平:《高举中国特色社会主义伟大旗帜　为全面建设社会主义现代化国家而团结奋斗——在中国共产党第二十次全国代表大会上的报告》,人民出版社 2022 年版,第 21 页。

②　习近平:《在文化传承发展座谈会上的讲话》,人民出版社 2023 年版,第 7 页。

③　习近平:《在文艺工作座谈会上的讲话》,人民出版社 2015 年版,第 26 页。

④　《习近平谈治国理政》,外文出版社 2014 年版,第 164 页。

血脉和实现"中国梦"的价值才能在当今时代真正地展现出来。

二、儒家价值观的创造性转化和创新性 发展的基本原则和主要方法

儒家价值观只有通过创造性转化和创新性发展,才能适应我们这个时代发展的需求,从而实现它的当代价值。但这只说明了对它进行转化和发展的必要性和重要性,而更为重要的是如何对之进行创造性转化和创新性发展?我们究竟需要对哪些价值观加以创造性转化和创新性发展?创造性转化和创新性发展应该遵循怎样的原则?应该采取什么样的方式、方法、手段呢?这是需要我们认真思考并加以解决的重要问题。

(一)儒家价值观创造性转化和创新性发展的逻辑前提

在对儒家价值观进行创造性转化和创新性发展时,有一个前提性问题需要思考,就是我们要知道儒家传统价值观中有哪些内容可以而且需要转化和发展?而要弄清楚这一点,就需要我们首先确立一种衡量和判断的标准,以此来甄别出儒家众多价值观中值得转化和发展的内容。那么,这种标准究竟是什么?按照马克思主义的观点,"理论在一个国家实现的程度,总是取决于理论满足这个国家的需要的程度。"①缘此,我们今天只能立足于当代中国社会发展乃至整个世界发展的现实需要来对儒家传统价值观进行甄别,分辨出它的优秀方面和消极因素,汲取优秀成分并加以转化和发展,摒弃那些不适应时代发展的消极因素,以此来推动中国特色社会主义建设事业的发展和文化的繁荣昌盛。"这应该成为衡量一切文化遗产和资源的基本坐标。偏离了它,我们就不能找到恰当的标准,从而有可能陷入相对主义的泥淖,要么'食古不化',要么'喝祖骂宗'。"②简言之,这个标准就是当代中国社会发展的现实需要。正如习近平总书记所说:

---

① 《马克思恩格斯选集》第 1 卷,人民出版社 2012 年版,第 1 页。
② 何中华:《在创造创新中彰显传统文化的时代价值》,《光明日报》2017 年 1 月 9 日。

"一个民族、一个国家的核心价值观必须同这个民族、这个国家的历史文化相契合,同这个民族、这个国家的人民正在进行的奋斗相结合,同这个民族、这个国家需要解决的时代问题相适应。"①这里提到的"同这个民族、这个国家的人民正在进行的奋斗相结合,同这个民族、这个国家需要解决的时代问题相适应"正是我们所说的标准。

当代中国社会发展的现实对传统价值观的转化和发展提出了哪些具体的需要呢?有学者认为主要有三个方面的需要,即当代中国主流价值观建设的理论需要,当代中国公众价值认同的心理需要和当代中国特色社会主义建设事业的实践需要。而中国特色社会主义建设事业又包括经济、政治、文化、社会、生态等各方面的建设以及党的建设。为适应社会主义建设的多面性或全面性之要求,传统价值观的许多内容需要而且可以创造性转化和创造性发展。② 事实上,本书在阐述儒家价值观之于当代个人、社会、国家、世界的意义时,都是从现实问题和现实需要出发的。因此在我们看来,当代社会发展对传统价值观之转化和发展所提出的需要远不止这三个方面,它包括了中国的、世界的许多方面。从大的方面来讲,对当代人类面临的精神危机、道德危机、信仰危机、社会危机、生态危机五大危机的克服和解决,尤其是党的二十大提出的以中国式现代化全面推进中华民族伟大复兴、推动构建人类命运共同体、创造人类文明新形态都对儒家传统价值观的创造性转化和创新性发展提出了新要求。儒家传统价值观只有在不断回应时代挑战并在解决全球性问题和危机的过程中,才能得到创新和发展,进而得以弘扬光大。

(二)儒家价值观创造性转化和创新性发展的基本原则

习近平总书记指出:"研究孔子和儒家思想要坚持历史唯物主义立场,坚持古为今用,去粗取精,去伪存真,因势利导,深化研究,使其在新的时代条件下发挥积极作用。"③"对历史文化特别是先人传承下来的价值理念和道德规范,要坚

① 《习近平谈治国理政》,外文出版社 2014 年版,第 171 页。
② 参见江畅:《对传统价值观创造性转化和创新性发展的若干问题思考》,《当代中国价值观研究》2016 年第 1 期。
③ 习近平:《研究孔子要坚持历史唯物主义立场》,《中国新闻网》2013 年 11 月 27 日,https://www.chinanews.com.cn/cul/2013/11-27。

持古为今用、推陈出新,有鉴别地加以对待,有扬弃地予以继承。"①他特别强调
"中国共产党人不是历史虚无主义者,也不是文化虚无主义者……应该科学对
待民族传统文化。"②总书记的这些论述给我们指明了创造性转化和创新性发展
儒家价值观的正确方向,以此为指导,我们认为对儒家价值观进行创造性转化和
创新性发展应当遵循以下基本原则:

1. 坚持以马克思主义为指导,以"第二个结合"为根本原则和方法

马克思主义是当代中国的意识形态,是中国特色社会主义建设的指导思想,
研究儒家传统价值观的创造性转化和创新性发展问题,必须正确认识和处理马
克思主义与儒家传统价值观的关系,尤其要正确处理以社会主义核心价值观为
代表的当代中国主流价值观与儒家传统价值观的关系。在这个问题上,我们要
警惕和反对一些错误的倾向:一是认为儒学价值观是传统社会的产物,为宗法制
度和专制社会服务,与马克思主义价值观截然对立,二者不能并立,只能存一废
一;二是误认为我们今天之所以大力弘扬和传承中国传统文化,就是要丢掉或否
定马克思主义,回到以孔子儒家价值观为核心的传统价值观。在一些人看来,马
克思主义已经过时,社会主义价值观已经失效,西方文化也已经衰落且不适用于
中国,目前只有用传统文化特别是传统儒家思想才能解决当代社会的问题,因此
他们主张复兴儒学,恢复孔教,试图将儒学政治化(政治儒学)。凡此种种,都是
一种极端偏激化的观点,他们枉顾当代中国社会发展的客观事实,我们要予以坚
决反对。我们今天倡导对儒家价值的创造性转化和创新性发展,目的是使当代
中国主流价值观的建设能植根于中国传统文化之沃土并从中汲取丰厚的滋养,
使传统文化更好地服务于马克思主义中国化进程。在这个问题上,我们不但要
坚持马克思主义的主导地位,还要把马克思主义基本原理与中华优秀传统文化
相结合。习近平总书记指出:"结合"的结果是互相成就,一方面,马克思主义把
先进的思想理论带到中国,以真理之光激活了中华文明的基因,引领中国走进现
代世界,推动了中华文明的生命更新和现代转型;另一方面,中华优秀传统文化

---

① 《习近平谈治国理政》,外文出版社 2014 年版,第 164 页。
② 《习近平著作选读》第一卷,人民出版社 2023 年版,第 282 页。

充实了马克思主义的文化生命,推动马克思主义不断实现中国化时代化的新飞跃。"第二个结合"让马克思主义成为中国的,中华优秀传统文化成为现代的,让经由"结合"而形成的新文化成为中国式现代化的文化形态。① 只有遵循这样的原则和方法,才能真正实现儒家价值观的创造性转化和创新性发展。

2. 坚持辩证否定的态度,处理好儒家价值观的传承与创新关系

所谓辩证否定,即是在肯定中有否定,在否定中有肯定,其实质就是"扬弃"。马克思主义认为,对待任何一种传统文化都应当采取辩证否定的态度。对待儒家传统价值观更应如此。但是在历史上和现实世界中,一些人对待传统文化包括儒家价值观往往是要么全盘肯定、完全照搬;要么是全盘否定、一概排斥。前者导致了复古主义,后者导致了虚无主义。在当代中国,复古主义者以为"以儒学为代表的中华传统文化都是好的,要求一切按古人的行为方式行事,主张死记硬背'四书''五经',成天穿汉服、行拱手跪拜礼,甚至提出全面'儒化中国'"②;虚无主义者则宣扬以儒学为代表的中华传统文化是过时的文化形态,它在今天不但已经失去了价值和意义,而且对中国的现代化进程起着负面的、阻碍的作用,因此必须全盘否定和彻底抛弃。这两种错误倾向带来了严重的社会危害,有鉴于此,以习近平同志为核心的党中央提出对待传统文化的"两创"原则。我们要遵循"两创"原则,坚持科学分析,辩证扬弃,坚决反对和抵制形形色色的复古主义和虚无主义,正确处理好传承与创新的关系。一方面要对传统文化怀有敬畏的心态,充分尊重和自觉传承传统文化。我们要十分清楚,当代中国是历史中国的延续和发展,当代中国思想文化也是中国传统思想文化的传承和升华,因此对历史上的中国及其文化,我们不能采取虚无主义态度。另一方面,我们对传统文化及其价值观也不能"一股脑儿都拿到今天来照套照用",而要根据现实需要进行创新和发展。只有经过创新和发展,传统文化及其价值观才能适应新时代,才具有生命力。因此我们要把传承与创新有机统一起来,传承是创新的前提和基础,"不忘本来才能开辟未来,善于继承才能更好创新",离开传承的创新

---

① 参见习近平:《在文化传承发展座谈会上的讲话》,人民出版社 2023 年版,第 6 页。
② 商志晓:《中华传统文化创造性转化创新性发展的哲学审思》,《光明日报》2017 年 1 月 9 日。

只能是背离老祖宗、走向歧途;创新是传承的方向和生命,只有创新才能更好地传承,离开创新的传承只能是故步自封! 可见,传承与创新是内在统一的,二者不可偏废!

3. 把承继精神与改造形式有机结合,反对形式主义和功利主义

有学者提出"对于传统文化的批判继承,我们应该采取'神似'而非'形似'的态度"①,这是一种深刻的见解,对我们如何传承和弘扬儒家价值观颇具借鉴和启示意义。所谓"采取'神似'而非'形似'的态度",实质是指重在继承和弘扬传统文化及其价值观的内在精神,而不要拘泥于其原有的具体形式。比如,中国传统社会提倡"二十四孝",今天的人们既不可能也不应该拘泥于模仿它所描述的具体情形去那样做,但"二十四孝"所体现出来的孝道精神却是值得当代人借鉴和继承的。如果完全拘泥于具体形式上的模仿,就难免走向"愚忠愚孝"之类的愚昧。实际上,"采取'神似'而非'形似'"的方法就是冯友兰先生所说的"抽象继承法"。

冯友兰先生在 20 世纪 50 年代末,针对当时在极"左"思潮影响下,以政治化的、教条化的马克思主义对待中国传统文化所造成的民族文化虚无主义问题而提出抽象继承法。1957 年 1 月 8 日的《光明日报》上发表了冯友兰的《中国哲学遗产底继承问题》一文,文章提出某些中国古代哲学命题包含有抽象意义和具体意义两个方面,具体意义受哲学家所处的具体社会情况直接影响,抽象意义对一切阶级都是有用的,因而是可以继承的。为了避免误解,他在 1957 年《哲学研究》第 5 期发表的《再论中国哲学遗产底继承问题》一文中,将"具体意义"和"抽象意义"改称为"特殊意义"和"一般意义"。不过后人还是普遍地采用"抽象继承法"这一说法。冯友兰的"抽象继承法"对当代如何继承和弘扬中国传统文化具有重要的借鉴意义,它实际上是让人们在实现传统文化创造性转化和创新性发展的过程中,要处理好文化的内容和形式的关系问题,要把传承传统文化的基本精神放在第一位,反对过分拘泥于形式。

一般来说,一种价值规范,尤其是道德规范,它的具体表现形态会随着民族

---

① 何中华:《在创造创新中彰显传统文化的时代价值》,《光明日报》2017 年 1 月 9 日。

的不同、时代的变化而呈现出多种多样的具体形式,但道德之为道德的那个"理"却是具有纵贯古今中外、超越时空限囿的穿透力。我们在对儒家价值观进行创造性转化和创新性发展时,就要善于把那些在旧价值观中所蕴含的具有"跨越时空、超越国度、富有永恒魅力、具有当代价值"的精神实质从旧形式中拯救出来,加以传承和发扬。比如说从"三纲五常"中拯救出正常的人伦之理,"三纲"是绝对的单向的服从,是一种封建的、专制的思想,一种僵化的形式,但"五伦"("五常")却蕴含着一种普遍的合理的社会人伦之理,这种人伦之理仍值得现代社会传承。所以,在这个问题上,我们要反对形式主义。形式主义过分拘泥于形式,强调形式大于内容,表现为对价值或道德规则,对仪式、典礼的极端重视,而忽视其意义和精神实质。

在当代,文化传承上的形式主义主要表现为功利主义。功利主义者打着弘扬传统文化的旗帜,却以赚钱营利为目的,为了达到赚钱的目的,他们就会迎合大众的口味,一味地从传统文化典籍中寻章摘句,断章取义,任意诠解,花样翻新,哗众取宠,而不注重对传统文化精神实质的挖掘和阐发。这势必导致对传统文化整体观念的肢解、本真精神的遮蔽、思想实质的曲解,由此引起人们对传统文化的反感,引发很多社会乱象。正如有学者概括的那样:"有的争夺名人故里,美其名曰旅游开发;有的影视剧、文学作品戏说历史,以吸引眼球;有的热衷举办高额收费的所谓'国学总裁班''国学少儿班',旨在敛财。所有这些,不是真的弘扬传统文化,只会败坏道德伦理和社会风气。"①因此,我们在对儒家价值观进行创造性转化和创新性发展时,一定要防止转化创新过程中的形式主义,坚决抵制功利主义倾向,坚持将承继精神与改造形式有机结合,让儒家优秀价值观得以真正的传承和弘扬,从而造福于人类、造福于世界。

(三)儒家价值观创造性转化和创新性发展的主要方法

关于传统文化转化与发展的具体方法,学者们有已不少的探讨和阐述,比如

---

① 李军:《坚持"创造性转化、创新性发展"方针　弘扬中华传统文化——认真学习习近平同志在纪念孔子诞辰 2565 周年国际学术研讨会上的重要讲话精神》,《光明日报》2014 年 10 月 10 日。

有论者提出有以下五种方法:一是赋予新义;二是改造形式;三是增补充实;四是拓宽延展;五是规范完善。① 实际上,从创造性转化和创新性发展的基本内涵来看,无论是转化还是发展,都可以从内容与形式两个方面进行。根据习近平总书记对"两创"的论述,借鉴学者们相关的研究成果,笔者将儒家价值观创造性转化和创新性发展的主要方法归纳如下:

1. 赋予新义

对儒家传统价值观中的某些价值观念或价值范畴,其文字语句的形式是可以传承的,但可赋予新的意义与内涵、新的理解。比如,作为儒家"八德"之首的"忠",在传统社会不仅被看作是个人的"修身之要",而且被定为"天下之纪纲""义理之所归"②,是社会道德的最高原则("天下至德,莫大乎忠")。作为"修身之要",它是一般性道德;作为"天下之纪纲",它是政治性道德。作为政治性道德的"忠"成为传统社会评价一个政治人物好坏的最高标准,"忠臣"名垂青史,"奸臣"遗臭万年。但在封建时代,政治性的"忠"逐渐演变为"忠君",具有了特殊的含义,即"君要臣死,臣不得不死",这就使得"忠君"具有浓重的人身依附色彩,变为一种"愚忠"。我们今天当然不讲"忠君",但不能不讲政治性"忠诚",只是要对"政治忠诚"赋予符合新时代要求的新内涵,即忠于党的集中领导、忠于人民、忠于组织、忠于国家、忠于社会主义建设事业。再比如儒家讲的"天下为公""天下为怀",中国古人所谓的"天下"是不同于"国"的一个更大群体,"国"是指诸侯的封地,"天下"就是指中国的全部领土。当然中国人所用的"天下"一词,从字面意思讲就是"天底下""普天之下",这种意义上的"天下",从地理意义上讲,是指中国与四方合一的世界,在今天可指"全世界"。正如赵汀阳说:"天下固然是中国古代的一个概念,却不是一个关于中国的特殊概念,它所指向的问题超越了中国,是一个关于世界的普遍问题。天下指的是一个具有世界性的世界。"③因此,儒家的"天下为公""天下为怀"在今天就可以赋予新的内涵,即以全人类利益为重,为全世

---

① 参见李军:《坚持"创造性转化、创新性发展"方针　弘扬中华传统文化——认真学习习近平同志在纪念孔子诞辰 2565 周年国际学术研讨会上的重要讲话精神》,《光明日报》2014 年 10 月 10 日。

② 陈桂蓉主编:《中国传统道德概论》,山东大学出版社 2000 年版,第 149 页。

③ 赵汀阳:《天下的当代性——世界秩序的实践与想象》,中信出版集团 2016 年版,第 1—2 页。

界负责,也即习近平总书记讲的"人类命运共同体"理念。

2. 创新形式

对儒家传统价值观中的某些价值观念或价值范畴,其基本精神实质保持不变,需要继承和发扬,但其表现形式需要更新和创新,发展出现代的表达形式。在这一点上,人们举的最多的例子就是"孝"。"孝"是中国传统文化以及儒学的非常重要的一种价值观念。古人讲:"百善孝为先。""孝"是基于人的血缘关系的一种自然情感、一种亲情之爱,即子女对父母的爱。孝最终成为儒家提倡的一种重要道德观念,而且是一种极为重要的道德品质,所谓"孝弟也者,其为仁之本与"(《论语·学而》),它是众德之根、诸善之源、立身之本、齐家之宝。就其内涵而言,"孝有三,大孝尊亲,其次弗辱,其下能养"(《礼记·祭义》);其精神实质就是"敬事父母",包括赡养、关爱、愉悦父母。但在传统社会里,孝道中逐渐产生出"不孝有三,无后为大""守孝三年"("丁忧三年")"父母在,不远游"乃至"父为子纲"等具有封建特色的思想观念,这些内容显然不适应于当今的社会生活。孝的精神实质是放之四海而皆准的,它不受时空的限制,具有普适价值。我们今天仍然要传承孝的精神和原则,构建和谐的家庭关系、人伦关系,但传统社会的孝敬父母的方式需要改造,尤其是其中具有封建色彩的内容要坚决剔除掉,要发展出与当代社会生活相适应的方式方法,比如"常回家看看"、带父母长辈去旅游、给父母长辈以心灵的慰藉等,最核心的是要真诚地关心、关怀父母长辈的所思所想、所虑所求,以最大限度地满足父母和长辈的物质和精神需求为着眼点,充分表达晚辈的孝敬之心,真正使"老有所养""老有所乐"。再比如"礼",它是"五常"之一、"四维"之首,在中国传统社会中起着非常重要的作用,以至于中华民族被称为"礼仪之邦"。古代中国正是通过礼来规范和约束人们的行为,形成良好的社会秩序。当今中国不是不需要"礼",反而是"'礼'在当代中国社会严重缺失。很多场合都缺乏必要的礼仪的庄重感,日常生活中人与人之间的相处缺乏必要的礼节。"①但是,传统社会的"礼"过于复杂繁

---

① 吴根友:《儒学对未来世界提供什么样的精神价值——兼与景海峰教授商榷》,《探索与争鸣》2018 年第 4 期。

缛,与现代社会生活有许多不适宜的地方。因此,当前我们一方面要在适当规范和简化的基础上,逐步恢复一些影响深远的传统礼仪制度,比如"开笔礼""成人礼"、传统婚礼、"祭礼",等等;另一方面,要有意识地创立一些新的礼仪制度和形式并积极推广施行,比如升降国旗仪式、就职宣誓仪式、烈士公祭仪式、大中小学开学和毕业典礼仪式,等等。通过这些礼仪礼节来塑造当代人的庄重感,增强他们对民族、国家、集体的认同感和归属感,进而达到凝聚人心的作用。

3. 拓展内涵

对儒家传统价值观中的某些价值观念或价值范畴,根据时代发展的需要和社会文明的新进展,对其进行新的诠释和阐发,挖掘其当代价值,拓展其内涵。比如,儒家有丰富而深厚的民本思想,诸如"民为邦本""得民心者得天下""民贵君轻""立君为民""富民、教民、乐民、恤民"等。但正如本书在前面指出的那样,儒家的"民本"思想与今天的"民主"思想并不是一回事。因为儒家提倡"民本"的目的是要在专制主义的社会里,用百姓的力量防止因君权的泛滥而导致社会统治的瓦解,因此它实际上仍然是为维护封建专制统治服务的,与当代的"人民当家作主"的社会主义民主制度有着本质区别。但通过对民本思想的诠释和挖掘,可以拓展其内涵,使之与当代中国民主制度、民主作风、民主价值相契合,从而转化为一套中国民主政治建设的制度和社会意识。比如从"民惟邦本"可以转化出民众是国家之本、应"以人民为中心";从"得民心者得天下"可以转化出民意是国家执政之基;从"乐民之乐者,民亦乐其乐;忧民之忧者,民亦忧其忧"可以转化出民情是施政之纲;从"养民""富民""爱民"可以转化出民生建设以及"民主""富强"的社会主义核心价值观。除此之外,我们通过对儒家"仁""天人合一"等价值观的诠释和挖掘,拓宽其内涵,比如将"仁"从"爱人"拓宽至"仁爱万物",将"天人合一"之本质含义解释为人与自然的统一,就可以转化和发展出生态伦理、生态思想,为解决当代生态危机提供智慧资源;通过对儒家"为政以德""政者正也"等价值观的诠释和挖掘,拓宽其内涵,可以为国家治理体系的改进和完善提供启示和鉴镜。凡此种种,不一而足。在当代"两创"中,此种方法是最常见、最有意义的方法。

4. 完善内容

对儒家传统价值观中的某些价值观念或价值范畴,可以借鉴和吸收其他文化的有益成分,补充其内涵;或根据时代的新要求,不断完善其内容。《礼记·学记》曰:"独学而无友,则孤陋而寡闻。"儒家的一些价值观由于自身的缺陷和不足,并不能适应当今社会发展的需要,需要吸取其他文化的积极因素。比如,儒家在政治价值观上主张"以德治国""德治仁政",当然也强调"德主刑辅""礼法并施"("礼法合治"),由此可看出传统政治文化中并不缺乏"法"的内容,但中国传统社会本质上是"人治"社会,重"人治"而轻"法治",并且法的实施是有差别和等级的,所谓"礼不下庶人,刑不上大夫"(《礼记·曲礼》),表明它缺乏法治精神。这种政治价值观与当今中国的治国理政思想并不完全适应。当代中国在国家治理上推行的是依法治国,要求"法律面前,人人平等",任何政党、国家机关以及社会组织、个人都必须在宪法和法律的范围内活动。但同时"坚持依法治国和以德治国相结合",强调"国家和社会治理需要法律和道德共同发挥作用","实现法律和道德相辅相成、法治和德治相得益彰"①。这就使得儒家的德治思想在今天有了用武之地。但儒家传统的治国思想要能在今天发挥作用,就要学习借鉴西方文明的法治思想,用现代文明的法治内涵补充和完善儒家传统的治国理念,使之适应现代社会的要求。再比如,在儒家文化中,特别强调个人道德,而没有发展出一套适合现代公共生活的准则体系,或如人们常说的,中国人重视私德,倡导仁义礼智信,但缺乏公德。相反,西方文化较为重视公德教育。因此,当代在对儒家价值观的传承发展中,就应该用西方文化中的公德观念来补充儒家传统道德之不足,把古代的个人道德修养和遵守当代社会的公德协调起来。党的二十大报告指出:"弘扬中华传统美德,加强家庭家教家风建设,加强和改进未成年人思想道德建设,推动明大德、守公德、严私德,提高人民道德水准和文明素养。"②总之,对传统文化的创造性转化和创新性发展,既要注重对

---

① 《中共中央关于全面推进依法治国若干重大问题的决定》,《光明日报》2014年10月29日第1版。

② 习近平:《高举中国特色社会主义伟大旗帜　为全面建设社会主义现代化国家而团结奋斗——在中国共产党第二十次全国代表大会上的报告》,人民出版社2022年版,第44页。

自身文化的传承与发展,所谓不忘本来才能开辟未来;还要处理好与外来文化的关系,以海纳百川、有容乃大的精神气度对待外来文化,在不断汲取世界其他文明的养分中实现创新发展。

无疑,在当代创造性转化和创新性发展儒学价值观的主要方法大概有如上几个方面。当然,绝不限于这几个方面,相信还有其他的方法,但荦荦大者,不外乎这几个方面。

参考文献

一、著作

《马克思恩格斯选集》(第1—4卷),人民出版社1995年版。

《马克思恩格斯文集》(第1—10卷),人民出版社2009年版。

《毛泽东选集》(全四卷),人民出版社1991年版。

《毛泽东文集》第三卷,人民出版社1996年版。

《毛泽东早期文稿》,湖南人民出版社1990年版。

《邓小平文选》第二卷,人民出版社1994年版。

《邓小平文选》第三卷,人民出版社1993年版。

《习近平谈治国理政》,外文出版社2014年版。

《习近平谈治国理政》(第二卷),外文出版社2017年版。

《习近平谈治国理政》(第三卷),外文出版社2020年版。

《习近平谈治国理政》(第四卷),外文出版社2022年版。

《习近平著作选读》(第一卷),人民出版社2023年版。

《习近平著作选读》(第二卷),人民出版社2023年版。

孙文:《三民主义》,北新书局1927年版。

《李大钊文集》,人民出版社1984年版。

王世顺、王翠叶译注:《尚书》,中华书局2012年版。

杨伯峻译注:《论语译注》(简体字本),中华书局2006年版。

杨伯峻译注:《孟子译注》,中华书局1960年版。

方勇、李波译注:《荀子》,中华书局2012年版。

杨天才、张善文译注:《周易》,中华书局2011年版。

郭丹、程小青、李彬源译注:《左传》(全三册),中华书局2016年版。

杨天宇译注:《礼记译注》(上下),上海古籍出版社2016年版。

张世亮、钟肇鹏、周桂钿译注:《春秋繁露》,中华书局2018年版。

张载:《张载集》,中华书局1978年版。

朱熹:《四书章句集注》,中华书局 2011 年版。

朱熹、吕祖谦:《近思录》,上海古籍出版社 2011 年版。

朱熹:《论语集注》,岳麓书社 2004 年版。

程颢、程颐:《二程集》,王孝鱼点校,中华书局 2004 年版。

周敦颐:《周敦颐集》,陈克明点校,中华书局 2009 年版。

陆九渊:《陆九渊集》,钟哲点校,中华书局 2008 年版。

王阳明:《王阳明全集》(全三册),上海古籍出版社 2012 年版。

黄宗羲:《明夷待访录》,段志强译注,中华书局 2011 年版。

黄宗羲:《明儒学案》(修订版·上下册),沈芝盈点校,中华书局 2008 年版。

王夫之:读通鉴论(全三册),舒士彦点校,中华书局 2013 年版。

王夫之:《思问录·俟解·黄书·噩梦》,中华书局 2009 年版。

王夫之:《张子正蒙》,上海古籍出版社 2000 年版。

顾炎武:《日知录校注》,陈垣校注,安徽大学出版社 2007 年版。

楼宇烈主撰:《荀子新注》,中华书局 2018 年版。

古继明:《王船山〈周易外传〉笺疏》,上海人民出版社 2016 年版。

苏舆:《春秋繁露义证》,中华书局 1992 年版。

李零:《丧家狗——我读〈论语〉》,山西人民出版社 2007 年版。

廖名春、邹新民校点:《晏子春秋》,辽宁教育出版社 1998 年版。

陈晓芬、徐儒宗译注:《论语·大学·中庸》,中华书局 2011 年版。

康有为:《大同书——传统外衣下的近世理想国》,李似珍评注,中州古籍出版社 1998 年版。

康有为:《春秋董氏学》(卷二),广西师范大学出版社 2016 年版。

康有为:《孟子微·礼运注》,中华书局 1987 年版。

康有为:《论语注》,中华书局 1984 年版。

梁启超:《清代学术概论·儒家哲学》,天津古籍出版社 2003 年版。

谭嗣同:《仁学》,吴海兰评注,华夏出版社 2002 年版。

蔡元培:《中国伦理学史》,江苏文艺出版社 2007 年版。

梁漱溟:《东西方文化及其哲学》,商务印书馆 1999 年版。

梁漱溟:《中国文化要义》,上海世纪出版集团 2003 年版。

冯友兰:《中国哲学史》(上下册),商务印书馆 2011 年版。

冯友兰:《中国哲学简史》,北京大学出版社 1985 年版。

张岱年:《中国哲学大纲》,中国社会科学出版社 1982 年版。

张岱年:《文化与哲学》,中国人民大学出版社 2006 年版。

张岱年、程宜山:《中国文化争论》,中国人民大学出版社 2006 年版。

费孝通:《费孝通论文化与文化自觉》,群言出版社 2007 年版。

汤一介:《新轴心时代与中国文化的建构》,江西人民出版社 2007 年版。

汤一介:《和而不同》,辽宁人民出版社 2001 年版。

方克立主编:《21 世纪中国哲学走向》,商务印书馆 2003 年版。

李泽厚:《论语今读》,天津社会科学院出版社 2007 年版。

李泽厚:《中国古代思想史论》,生活·读书·新知三联书店 2008 年版。

任继愈主编:《儒教争论集》,宗教文化出版社 2000 年版。

赵馥洁:《中国传统哲学价值论》(增订本),人民出版社 2009 年版。

赵馥洁:《价值的历程——中国传统价值观的历史演变》,中国社会科学出版社 2006 年版。

陈来:《仁学本体论》,生活·读书·新知三联书店 2014 年版。

陈来:《中华文明的核心价值观》,生活·读书·新知三联书店 2015 年版。

陈来:《孔子·孟子·荀子:先秦儒学讲稿》,生活·读书·新知三联书店 2017 年版。

陈来、甘阳主编:《孔子与当代中国》,生活·读书·新知三联书店 2008 年版。

陈来:《守望传统的价值》,中华书局 2018 年版。

陈来:《孔夫子与现代世界》,北京大学出版社 2011 年版。

陈来:《儒家文化与民族复兴》,中华书局 2020 年版。

郭齐勇:《中国儒学之精神》,复旦大学出版社 2009 年版。

郭齐勇:《儒学与现代化的新探讨》,商务印书馆 2015 年版。

郭齐勇:《现当代新儒家思潮研究》,人民出版社 2017 年版。

杨国荣:《再思儒学》,山东城市出版传媒集团 2019 年版。

牟钟鉴:《中国文化的当下精神》,中华书局 2016 年版。

牟钟鉴:《儒学价值的新探索》,齐鲁书社 2001 年版。

张立文:《和合学概论——21 世纪文化战略的构想》(上下),首都师范大学出版社 1996 年版。

张立文:《中国传统文化与人类命运共同体》,中国人民大学出版社 2018 年版。

黄琦等:《读懂全人类共同价值》,人民日报出版社 2022 年版。

陈学明等:《走向人类文明新形态》,天津人民出版社 2022 年版。

陈先达:《马克思主义和中国传统文化》,人民出版社 2015 年版。

杜维明、卢凤:《现代性与物欲的释放——杜维明先生访谈录》,中国人民大学出版社 2009 年版。

杜维明:《对话与创新》,广西师范大学出版社 2005 年版。

杜维明:《二十一世纪的儒学》,中华书局 2014 年版。

杜维明:《体知儒学——儒学当代价值的九次对话》,浙江大学出版社 2012 年版。

杜维明:《否极泰来——新轴心时代的儒家资源》,北京大学出版社 2016 年版。

杜维明:《灵根再植——八十年代儒学反思》,北京大学出版社 2016 年版。

哈佛燕京学社:《全球化与文明对话》,江苏教育出版社 2004 年版。

哈佛燕京学社:《儒家传统与启蒙心态》,江苏教育出版社 2005 年版。

余英时:《现代儒学的回顾与展望》,生活·读书·新知三联书店 2004 年版。

余英时:《儒家伦理与商人精神》,广西师范大学出版社 2004 年版。

余英时:《中国思想传统的现代诠释》,江苏人民出版社 2003 年版。

张君劢:《中西印哲学文集》(第 1—2 册),台北:学生书局 1981 年版。

唐君毅:《中国人文精神之发展》,广西师范大学出版社 2005 年版。

钱穆:《人生十论》(新校本),九州出版社 2012 年版。

钱穆:《中华文化十二讲》(新校本),九州出版社 2012 年版。

钱穆:《中国文化精神》(新校本),九州出版社 2012 年版。

牟宗三:《中国哲学十九讲》,上海世纪出版集团 2006 年版。

刘述先:《论儒家哲学的三个大时代》,贵州人民出版社 2009 年版。

刘述先:《理想与现实的纠结》,吉林出版集团有限责任公司 2011 年版。

刘述先:《儒家思想的转型与展望》,河北人民出版社 2010 年版。

张灏:《幽暗意识与民主传统》,新华出版社 2006 年版。

刘文英:《儒家文明——传统与传统的超越》,南开大学出版社 1999 年版。

姜广辉:《中国文化的根与魂——儒家经典与"意义世界"》,辽宁教育出版社 2014 年版。

陈前胜:《中国文化基因的起源——考古学的视角》,中国人民大学出版社 2021 年版。

李德顺:《价值论》(第 3 版),中国人民大学出版社 2020 年版。

葛兆光:《古代中国文化讲义》,人民文学出版社 2022 年版。

罗国杰主编:《马克思主义价值观研究》,人民出版社 2013 年版。

陈章龙、周莉:《价值观研究》,南京师范大学出版社 2004 年版。

马俊峰:《马克思主义价值理论研究》,北京师范大学出版社 2012 年版。

江畅:《中国传统价值观及其现代转换》(上下卷),社会科学文献出版社 2020 年版。

江畅:《论价值观与价值文化》,科学出版社 2014 年版。

江畅、戴茂堂、周海春等:《我国主流价值文化及其构建研究》(研究报告集),人民出版社 2013 年版。

戴茂堂:《中国传统价值观的基本结构与当代建构》,黑龙江教育出版社 2016 年版。

杨朝明:《从文化自知到文化自信》,济南出版社 2020 年版。

潘玮、玛雅主编:《聚焦当代中国价值观》,生活·读书·新知三联书店 2008 年版。

于铭松:《理想与现实——儒家价值观与东亚经济发展》,开明出版社 2000 年版。

杨国枢主编:《中国人的价值观——社会科学观点》,中国人民大学出版社 2013 年版。

沈清松主编:《中国人的价值观——人文学观点》,中国人民大学出版社 2013 年版。

韩震、章伟文:《中国的价值观》,中国社会科学出版社 2016 年版。

韩震:《社会主义核心价值观五讲》,人民出版社 2012 年版。

郭建宁主编:《社会主义核心价值观基本内容释义》,人民出版社 2014 年版。

商志晓等:《中华传统文化弘扬与现代化发展研究》,中国社会科学出版社 2021 年版。

吴向东:《重构现代性:当代社会主义价值观研究》(修订版),北京师范大学出版社 2009

年版。

宣兆凯总执笔:《中国社会价值观现状及其演变趋势》,人民出版社 2011 年版。

周瑾平:《社会主义核心价值观的政治伦理内涵》,湖南大学出版社 2016 年版。

童世骏等:《当代中国人精神生活研究》,经济科学出版社 2009 年版。

郑也夫:《后物欲时代的来临》,上海人民出版社 2007 年版。

周国平:《精神家园》,上海辞书出版社 2012 年版。

孙正聿:《人的精神家园》,江苏人民出版社 2014 年版。

庞立生:《当代精神生活的物化问题及其批判》,吉林人民出版社 2013 年版。

廖小琴、廖小明:《重构人的精神生活》,中央编译出版社 2015 年版。

刘建军:《守望信仰》,人民出版社 2013 年版。

王海滨:《人的精神结构及其现代批判——当代中国人的精神世界重构之思》,新华出版社 2015 年版。

欧阳康主编:《民族精神——精神家园的内核》,黑龙江教育出版社 2010 年版。

李宗桂等:《中华民族精神概论》,广东人民出版社 2007 年版。

杜汉生:《中国精神》,长江文艺出版社 1998 年版。

窦志力:《中国精神》,文心出版社 1996 年版。

《中国新闻周刊》:《中国精神重建》,文汇出版社 2005 年版。

钟茂森:《中国精神——四千五百年前的先祖如何教导后裔》,中国华侨出版社 2011 年版。

方朝晖:《为"三纲"正名》,华东师范大学出版社 2014 年版。

刘东:《近思与远虑》,浙江大学出版社 2014 年版。

刘东:《天边有一块乌云——儒学与存在主义》,江苏人民出版社 2018 年版。

刘东:《再造传统——带着警觉加入全球》,上海人民出版社 2014 年版。

彭富春:《论中国的智慧》,人民出版社 2010 年版。

周德丰、李承福:《仁义礼智——我们心中的道德法则》,江苏人民出版社 2017 年版。

李翔海:《内圣外王——儒家的境界》,江苏人民出版社 2017 年版。

沈敏荣:《仁的价值与时代精神——大变动时代的生存之道》,人民出版社 2012 年版。

邵龙宝:《全球化语境下的儒学价值观与现代践行》,同济大学出版社 2010 年版。

萧公权:《中国政治思想史》,商务印书馆 2017 年版。

杨向奎:《大一统与儒家思想》,北京出版社 2011 年版。

金耀基:《中国民本思想史》,法律出版社 2008 年版。

冯天瑜、谢贵安:《解构专制——明末清初"新民本"思想研究》,湖北人民出版社 2003 年版。

胡秋原:《古代中国文化与中国知识分子》,中华书局 2010 年版。

傅佩荣:《国学与人生》,东方出版社 2016 年版。

张再林:《中西哲学的歧异与会通》,人民出版社 2004 年版。

徐行言主编:《中西文化比较》,北京大学出版社 2004 年版。

徐远和:《儒学与东方文化》,人民出版社 1994 年版。

陈赟:《儒家思想与中国之道》,浙江大学出版社 2016 年版。

韩星:《走近孔子——孔子思想的体系、命运与价值》,福建教育出版社 2017 年版。

许纪霖:《中国,何以文明》,中信出版社 2014 年版。

许纪霖主编:《世俗时代与超越精神》,江苏人民出版社 2018 年版。

吴飞:《自杀作为中国问题》,生活·读书·新知三联书店 2007 年版。

甘阳:《通三统》,生活·读书·新知三联书店 2007 年版。

董爱玲:《儒学与马克思主义文化的会通与融合研究》,人民出版社 2017 年版。

张慰慈:《政治学大纲(外二种)》,安徽师范大学出版社 2017 年版。

郭明俊:《儒家价值的普世意义》,陕西人民出版社 2011 年版。

李静主编:《中国问题:来自知识界的声音》,中国工人出版社 2002 年版。

陈思和、杨扬编:《90 年代批评文选》,汉语大词典出版社 2001 年版。

孙国熙:《传统文化与文化软实力——以中国传统价值观中的新"六德"为例》,湖南大学出版社 2016 年版。

夏勇:《中国民权哲学》,生活·读书·新知三联书店 2004 年版。

吴光主编:《当代新儒学探索》,上海古籍出版社 2003 年版。

崔大华:《儒学的现代命运》,人民出版社 2012 年版。

万俊人:《道德之维——现代经济伦理导论》,广东人民出版社 2000 年版。

李承贵:《中国哲学与儒学》,凤凰出版社 2011 年版。

任重、刘明主编:《儒教重建——主张与回应》,中国政法大学出版社 2012 年版。

龚鹏程:《生活的儒学》,浙江大学出版社 2009 年版。

黄玉顺:《面向生活本身的儒学》,四川大学出版社 2006 年版。

黄玉顺:《爱与思——生活儒学的观念》(增补本),四川人民出版社 2017 年版。

黄玉顺:《从生活儒学到中国正义论》,中国社会科学出版社 2017 年版。

蒋庆:《公羊学引论》,辽宁教育出版社 1995 年版。

蒋庆:《政治儒学——当代儒学的转向、特质与发展》(修订本),福建教育出版社 2014 年版。

蒋庆:《广论政治儒学》,东方出版社 2014 年版。

蒋庆:《儒学的时代价值》,四川出版集团 2009 年版。

干春松:《制度儒学》,上海出版社 2006 年版。

干春松:《制度化儒家及其解体》(修订版),中国人民大学出版社 2012 年版。

干春松:《重回王道——儒家与世界秩序》,华东师范大学出版社 2012 年版。

秋风:《儒家式现代秩序》,广西师范大学出版社 2013 年版。

姚中秋:《为儒家鼓与呼》,福建教育出版社 2014 年版。

赵汀阳:《天下的当代性——世界秩序的实践与想象》,中信出版集团 2016 年版。

任剑涛：《当经成为经典——现代儒学的型变》，社会科学文献出版社 2018 年版。

崔罡等：《新世纪大陆新儒家研究》，安徽人民出版社 2012 年版。

［美］郝大伟、安乐哲：《孔子哲学思微》，蒋弋为、李志林译，江苏人民出版社 2012 年版。

［美］本杰明·史华兹：《中国古代的思想世界》，成钢译，刘东校，江苏人民出版社 2004 年版。

［美］艾恺：《最后的儒家——梁漱溟与中国现代化的两难》，王宗昱、冀建中译，江苏人民出版社 2004 年版。

［美］牟复礼：《中国思想之渊源》，王立刚译，北京大学出版社 2009 年版。

［美］狄百瑞：《儒家的困境》，黄水婴译，北京大学出版社 2009 年版。

［美］安乐哲：《儒家角色伦理学——一套特色伦理学词汇》，［美］孟巍隆译，田辰山等译校，山东人民出版社 2017 年版。

［澳］李瑞智、黎华伦：《儒学的复兴》，范道丰译，商务印书馆 2001 年版。

［德］孔汉思、库舍尔编：《全球伦理——世界宗教议会宣言》，何光沪译，四川人民出版社 1997 年版。

［德］弗兰克：《活出意义来》，赵可式、沈锦惠译，生活·读书·新知三联书店 1991 年版。

［德］罗哲海：《轴心时期的儒家伦理》，陈咏明、瞿德瑜译，大象出版社 2009 年版。

［德］卡尔·雅斯贝斯：《时代的精神状况》，王德峰译，上海世纪出版集团 2005 年版。

［美］汉娜·阿伦特：《人的境况》，黄寅丽译，上海世纪出版集团 2009 年版。

［美］爱德华·希尔斯：《论传统》，傅铿、吕乐译，上海世纪出版集团 2009 年版。

［加拿大］查尔斯·泰勒：《现代性的隐忧》，程炼译，南京大学出版社 2020 年版。

［英］安东尼·吉登斯：《现代性与自我认同》，赵旭东、方文译，生活·读书·新知三联书店 1998 年版。

［英］安东尼·吉登斯：《超越左与右：激进政治的未来》，李惠斌等译，社会科学文献出版社 2000 年版。

［德］黑格尔：《历史哲学》，王造时译，上海世纪出版集团 2001 年版。

［法］托克维尔：《论美国的民主》（上下卷），董国良译，商务印书馆 1988 年版。

［德］乌·贝克等：《全球化与政治》，王学东等译，中央编译出版社 2000 年版。

［加拿大］贝淡宁：《贤能政治——为什么尚贤制比选举民主制更适合中国》，吴万伟译，中信出版集团 2016 年版。

［美］阿尔蒙德、［美］鲍威尔：《比较政治学：体系、过程和政策》，曹沛霖等译，东方出版社 2007 年版。

［美］梅萨罗维克、［德］佩斯特尔：《人类处于转折点——给罗马俱乐部的第二个报告》，梅艳译，生活·读书·新知三联书店 1987 年版。

［美］顾丽雅：《孔子和中国之道》（修订版），高专诚译，大象出版社 2014 年版。

［美］大卫·雷·格里芬编：《后现代精神》，王成兵译，中央编译出版社 2005 年版。

［德］汉斯·萨克斯：《生态哲学》，文韬、佩云译，东方出版社 1991 年版。

[美]塞缪尔·亨廷顿:《文明的冲突与世界秩序的重建》,周琪等译,新华出版社 2002年版。

[德]哈拉尔德·米勒:《文明的共存——对塞缪尔·亨廷顿"文明冲突论"的批判》,郦红等译,新华出版社 2002 年版。

[德]赫尔穆特·施密特:《全球化与道德重建》,柴方国译,社会科学文献出版社 2001年版。

[美]欧文·拉兹洛:《多种文化的星球——联合国教科文组织国际专家小组的报告》,戴侃、辛未译,社会科学文献出版社 2001 年版。

[德]马克斯·韦伯:《儒教与道教》,悦文译,陕西师范大学出版总社有限公司 2010 年版。

[德]马克斯·韦伯:《新教伦理与资本主义精神》,彭强、黄晓京译,陕西师范大学出版社 2002 年版。

[美]约瑟夫·列文森:《儒教中国及其现代命运》,郑大华、任菁译,广西师范大学出版社 2009 年版。

[英]汤因比、[日]池田大作:《展望 21 世纪——汤因比池田大作对话录》,荀春生、朱继征、陈国梁译,国际文化出版公司 1999 年版。

[美]费正清:《中国:传统与变迁》,张沛、张源、顾思兼译,吉林出版集团有限责任公司 2008 年版。

[韩]吴锡渊:《韩国儒学的义理思想》,邢丽菊、赵甜甜译,复旦大学出版社 2014 年版。

联合国教科文组织编:《世界文化报告 2000:文化的多样性、冲突与多元共存》,关世杰等译,北京大学出版社 2002 年版。

二、论文

赵馥洁:《论汉儒对主导价值观的建构与强化》,《陕西师范大学学报》(哲学社会科学版)2011 年第 3 期。

赵馥洁:《中国传统哲学本质上是价值哲学》,《人文杂志》2010 年第 1 期。

赵馥洁:《论中国哲学的特质》,《光明日报》2014 年 6 月 17 日第 16 版。

姜广辉:《儒家经学中的十二大价值观念——中国经典文化价值观念的现代解读》,《哲学研究》2009 年第 7 期。

韩东屏:《价值观念本体论》,《中原文化研究》2015 年第 6 期。

蒙培元:《从仁的四个层面看普遍伦理的可能性》,《中国哲学史》2000 年第 4 期。

蔡德贵:《儒家"仁爱"思想的三个层次》,《江苏社会科学》2009 年第 3 期。

李承贵、张理峰:《"仁"的五种诠释》,《江南大学学报》(人文社会科学版)2008 年第 6 期。

李承贵:《生活儒学:当代儒学开展的基本方向》,《福建论坛》(人文社会科学版)2004 年第 8 期。

李承贵:《人文儒学:儒学的本体形态》,《学术月刊》2009 年第 12 期。

黄怀信:《〈论语〉中的"仁"与孔子仁学的内涵》,《齐鲁学刊》2007 年第 1 期。

夏海:《浅论儒家之义》,《光明日报》2017 年 4 月 1 日第 11 版。

路高学:《从"合多为一"到"化多为一"——先秦儒家"大一统"的逻辑进程》,《中南大学学报(社会科学版)》2018 年第 5 期。

曹峰:《孔子"正名"新考》,《文史哲》2009 年第 2 期。

徐鸿、解光宇:《先秦儒家"大一统"思想论》,《学术界》2015 年第 5 期。

沈荣森:《先秦儒家忠君思想浅探——兼论"三纲"之源》,《孔子研究》1990 年第 1 期。

吴光:《民惟邦本,本固邦宁》,《光明日报》2016 年 3 月 3 日第 6 版。

林红:《民本思想的历史逻辑及其现代价值》,《中国人民大学学报》2017 年第 3 期。

冯天瑜:《"民本"与"尊君"(论纲)》,《吉林大学社会科学学报》2013 年第 1 期。

许嘉璐:《"王道"的世界意义》,《光明日报》2011 年 5 月 23 日第 11 版。

徐洪兴:《"天下为怀"——明代名士们的爱国情怀》,《光明日报》2014 年 7 月 7 日第 16 版。

杜志清、田秀云:《对儒家理想人格的思考》,《河北师范大学学报(社会科学版)》1998 年第 4 期。

卫朝晖:《天下人格与天地人格》,《光明日报》2015 年 8 月 17 日第 16 版。

杨国荣:《儒家视阈中的人格理想》,《道德与文明》2012 年第 5 期。

杨国荣:《贤能政治:意义与限度》,《天津社会科学》2013 年第 2 期。

杨国荣:《何为儒学?——儒学的内核及其多重向度》,《文史哲》2018 年第 5 期。

席岫峰:《中国传统人格建构的理性特征》,《光明日报》2014 年 11 月 19 日第 15 版。

汤洪:《孔子人格修炼的三重境界》,《光明日报》2018 年 6 月 9 日第 11 版。

蒋国保:《儒家君子人格的当代意义——以孔孟"君子"说为论域》,《道德与文明》2016 年第 6 期。

蒋国保:《关于儒学当代意义的新思考——以异于时贤之论域的视角立说》,《学术界》2014 年第 11 期。

干春松:《多重维度中的儒家仁爱思想》,《中国社会科学》2019 年第 5 期。

张丽:《弘扬中华传统文化的真精神——访著名学者、孔子研究院院长杨朝明》,《人民政协报》2014 年 8 月 25 日第 12 版。

黄玉顺:《"以身为本"与"大同主义"——"家国天下"话语反思与"天下主义"观念批判》,《探索与争鸣》2016 年第 1 期。

黄玉顺:《回望"生活儒学"》,《孔学堂》2018 年第 1 期。

单纯:《儒家的"天人合一"与全球价值》,《孔子研究》2005 年第 6 期。

钱穆:《中国文化对人类未来可有的贡献》,《中国文化》1991 年第 4 期。

季羡林:《"天人合一"方能拯救人类》,《东方》1994 年创刊号。

方克立:《"天人合一"与中国古代的生态智慧》,《社会科学战线》2003 年第 4 期。

方克立：《关于马克思主义与儒家关系的三点看法》，《高校理论战线》2008年第11期。

方克立：《民族精神的界定与中华民族精神的内涵》，《哲学研究》1991年第5期。

张世英：《中国古代的"天人合一"思想》，《求是》2007年第7期。

陈来：《王阳明的万物一体思想》，《中共宁波市委党校学报》2019年第2期。

陈来：《儒学能为现代化提供适当的人文环境》，《北京日报》2018年7月9日第13版。

陈来：《民族感情和文化价值的水乳交融——再论爱国主义的基本特点》，《北京日报》2020年2月10日第11版。

陈来：《中华传统文化与核心价值观》，《光明日报》2014年8月11日第16版。

陈来：《关于"马克思主义与儒学"》，《光明日报》2012年4月9日第15版。

陈先达：《马克思主义和中国传统文化》，《光明日报》2015年7月3日第1版。

王蒙：《价值认知的关键在于人心》，章丽鋆、蒋正翔整理，《光明日报》2014年10月6日第7版。

汤一介：《传承文化命脉　推动文化创新——儒学与马克思主义在当代中国》《中国哲学史》2012年第4期。

李宪堂：《也论现代儒学价值》，《天府新论》2017年第1期。

王新生：《消费大众的精神空场与公共理性的重建——关于消费社会与大众文化的一个关联性考察》，《求是学刊》2007年第3期。

张顺清：《传统儒家君子观在当代的传承与实践》，《光明日报》2019年12月23日第15版。

陈谷嘉：《人、人性、人格——孔子人学思想初探》，《道德与文明》2017年第1期。

彭彦华：《君子人格的诠释及其现实价值》，《孔子研究》2019年第3期。

颜炳罡：《在田间地头撒下儒学的种子》，《光明日报》2018年9月29日第11版。

施琦婷：《"知耻"的担当更可贵》，《解放军报》2014年8月7日第6版。

吴根友：《儒学对未来世界提供什么样的精神价值——兼与景海峰教授商榷》，《探索与争鸣》2018年第4期。

漆思：《现代文化矛盾的哲学反思与文化自信》，《社会科学战线》2012年第5期。

罗彩：《"三纲五常"问题研究三十年及其前瞻》，《河北师范大学学报（哲学社会科学版）》2015年第4期。

牟钟鉴：《"三纲"与"五常"须分开并有所弃取》，《中华读书报》2017年11月15日第13版。

牟钟鉴：《共同体：人类命运　中国经验》，《光明日报》2015年12月14日第16版。

陈新汉：《社会主义核心价值体系——从价值哲学的角度看》，《哲学研究》2007年第11期。

欧阳康：《中华民族共有精神家园如何构建》，《光明日报》2012年2月28日第1版。

欧阳康：《精神家园的多维要素及其现代困惑》，《光明日报》2011年4月18日第15版。

何建华：《信仰的生存论根源及儒学的现代价值》，《伦理学研究》2009年第4期。

曹亚琴:《冲突与博弈:现代人心灵失衡的文化因素探微》,《求索》2012 年第 7 期。

钟青林、胡丰顺:《儒学的现代意义及其价值》,《武汉大学学报(人文科学版)》2006 年第 2 期。

肖群忠:《儒者的安身立命之道》,《哲学研究》2010 年第 2 期。

黎昕:《儒家思想:构建和谐社会的重要思想资源》,《东南学术》2008 年第 4 期。

王俊秀:《当前社会价值观变化特征调查》,《北京日报》2014 年 11 月 3 日第 22 版。

赵修义:《主体觉醒和个人权利意识的增长》,《华东师范大学学报》2003 年第 3 期。

吴家华、翟文忠:《中国社会转型中的价值矛盾与价值冲突》,《求实》2002 年第 2 期。

胡宇齐:《集体主义是深入中华民族血脉的价值观》,《北京日报》2020 年 3 月 13 日第 3 版。

贺雪峰:《乡村建设的重点是文化建设》,《广西大学学报(哲学社会科学版)》2017 年第 4 期。

贺雪峰:《农民价值观的类型及相互关系——对当前农村中国严重伦理危机的讨论》,《开放时代》2008 年第 3 期。

贺雪峰:《当代中国乡村的价值之变》,《文化纵横》2010 年第 3 期。

贺雪峰:《中国农民价值观的变迁及对乡村治理的影响——以辽宁大古村调查为例》,《学习与探索》2007 年第 5 期。

吴重庆:《从熟人社会到"无主体熟人社会"》,《读书》2011 年第 1 期。

吴重庆:《农村空心化背景下的儒学"下乡"》,《文化纵横》2012 年第 2 期。

陈柏峰:《去道德化的乡村世界》,《文化纵横》2010 年第 3 期。

杨华:《绝后的恐惧》,《文化纵横》2010 年第 3 期。

范东君:《农村空心化挑战及其化解之道》,《光明日报》2015 年 6 月 3 日第 13 版。

刘文:《中国乡土社会正在发生十大转变》,《北京日报》2018 年 9 月 3 日第 14 版。

刘晋祎:《乡村传统价值失序与现代价值体系建构》,《当代中国价值观研究》2018 年第 5 期。

谢遐龄:《重建意义世界:重建中国农村社会的核心》,《天津社会科学》2011 年第 1 期。

赵法生:《乡土儒学与乡土信仰重建》,《孔子研究》2018 年第 2 期。

李翔海:《孝:中国人的安身立命之道》,《学术月刊》2010 年第 4 期。

王希恩:《关于民族精神的几点分析》,《民族研究》2003 年第 4 期。

刘建军:《概括当今中国的"时代精神"》,《光明日报》2014 年 8 月 18 日第 11 版。

秦在东:《弘扬和培育民族精神》,《光明日报》2019 年 3 月 22 日第 6 版。

郭齐勇:《中华优秀传统文化是社会主义核心价值观的土壤与基础》,《光明日报》2014 年 4 月 2 日第 13 版。

郭齐勇、叶慧:《核心价值观要有中国元素与现实性——兼论纳入"仁爱"与"诚信"范畴之必要》,《光明日报》2012 年 3 月 24 日第 7 版。

郭齐勇:《儒学与马克思主义中国化及中国现代化》,《马克思主义与现实》2009 年第

6 期。

贝淡宁：《儒家价值观需要更多建树》，《中国科学报》2012 年 5 月 28 日第 5 版。

欧阳军喜、崔春雪：《中国传统文化与社会主义核心价值观的培育》，《山东社会科学》2013 年第 3 期。

任剑涛：《"红儒"与"原儒"：马克思主义与儒家的关系》，《江海学刊》2016 年第 2 期。

胡栋材：《近百年马克思主义与儒学关系问题及其反思》，《文化软实力研究》2018 年第 1 期。

赵逵夫：《论马克思主义同中国传统文化的融合》，《甘肃社会科学》2017 年第 2 期。

景海峰：《寻找儒学和马克思主义的对话路径》，《社会科学报》2015 年 7 月 16 日第 5 版。

马军海：《反思马克思主义与儒学的关系》，《理论与现代化》2014 年第 5 期。

戢斗勇：《新时代马克思主义中国化的儒学路径》，《贵州大学学报（社会科学版）》2018 年第 3 期。

何中华：《马克思主义与儒学的会通何以可能？》，《文史哲》2018 年第 2 期。

黄明英：《贤能民主——贤能政治与民主政治的融合》，《天府新论》2018 年第 4 期。

孙磊：《民主时代的贤能政治——儒家贤能政治传统的现代意义探寻》，《天府新论》2018 年第 4 期。

唐皇凤：《为新贤能政治正名与辩护》，《探索与争鸣》2016 年第 8 期。

白彤东：《主权在民，治权在贤：儒家之混合政体及其优越性》，《文史哲》2013 年第 3 期。

张星久：《儒家"民本"与现代民主——儒家思想的现代意义与局限》，《理论探讨》2010 年第 4 期。

徐倩：《贝淡宁的贤能政治思想探析》，《理论观察》2020 年第 1 期。

黄玉顺：《"贤能政治"将走向何方？——与贝淡宁教授商榷》，《文史哲》2017 年第 5 期。

刘京希：《构建现代政治生态必须祛魅贤能政治》，《探索与争鸣》2015 年第 5 期。

朱凤娟：《古代民本思想的当代价值探析》，《北京大学学报（哲学社会科学版）》2012 年第 1 期。

朱康有：《党员正心修身的必修课》，《学习时报》2019 年 9 月 29 日第 7 版。

汤建龙：《论共产党"心学"的内涵、理论特征和现实意义》，《马克思主义研究》2018 年第 2 期。

成华、王宏：《共产党人的"心学"》，《思想政治工作研究》2017 年第 7 期。

张立文：《人类命运共同体的建构》，《光明日报》2017 年 5 月 15 日第 15 版。

刘同舫：《将构建人类命运共同体思想落到实处》，《红旗文稿》2018 年第 21 期。

李德顺：《人类命运共同体理念的基础和意义》，《领导科学论坛》2017 年第 11 期。

汪信砚：《构建人类命运共同体的本真意涵》，《社会科学辑刊》2018 年第 6 期。

汪信砚：《人类中心主义与当代的生态环境问题——也为人类中心主义辩护》，《自然辩证法研究》1996 年第 12 期。

卢风、陈杨：《全球生态危机》，《绿色中国》2018 年第 3 期。

廖福霖:《生态危机》,《绿色中国》2018 年第 8 期。

田海平:《环境伦理的基本问题及其展现的哲学改变》,《天津社会科学》2009 年第 10 期。

任瑞敏:《生态危机根源:"欲望"唯物化的三个向度》,《学术交流》2015 年第 5 期。

杨志华、卢风:《消费主义批判》,《唐都学刊》2004 年第 6 期。

曹孟勤:《人与自然和谐共生的价值意蕴》,《光明日报》2019 年 2 月 25 日第 15 版。

涂可国:《用之有节》,《光明日报》2016 年 12 月 12 日第 16 版。

王逢振:《全球化和文化同一性》,《马克思主义与现实》1998 年第 6 期。

黄楠森:《"和而不同"与"和谐"概念》,《理论视野》2006 年第 5 期。

赵法生:《政治儒学的歧途——以蒋庆为例》,《探索与争鸣》2016 年第 4 期。

程志华:《存在即生活,生活即存在——"生活儒学"之形而上学的建构》,《河北大学学报(哲学社会科学版)》2018 年第 2 期。

姚新中:《爱、思与存在——对生活儒学基本概念的商榷》,《社会科学家》2018 年第 1 期。

任锋:《人民主权与儒学的公共精神》,《文化纵横》2012 年第 1 期。

彭永捷:《人民儒学发微:开掘儒学的三大传统》,《文化纵横》2012 年第 1 期。

姚中秋:《人民儒学刍议》,《文化纵横》2012 年第 1 期。

李耐儒:《当代儒学对接现代社会的有效路径——杨国荣教授访谈录》,《探索与争鸣》2017 年第 6 期。

唐文明:《迎接儒学复兴的新阶段》,《天涯》2016 年第 1 期。

张立文:《中国哲学的现代价值——当今世界的病态与治疗化解之道》,《中国人民大学学报》2005 年第 2 期。

张立文:《正义与和合:当代危机的化解之道》,《人民论坛·学术前沿》2015 年第 14 期。

江畅:《对传统价值观创造性转化和创新性发展的若干问题思考》,《当代中国价值观研究》2016 年第 1 期。

商志晓:《中华传统文化创造性转化创新性发展的哲学审思》,《光明日报》2017 年 1 月 9 日第 15 版。

何中华:《在创造创新中彰显传统文化的时代价值》,《光明日报》2017 年 1 月 9 日第 15 版。

后　记

　　本书是我主持的国家社会科学基金西部项目"儒家价值观及其当代意义研究"(15XZX007)的最终研究成果。本人从事价值哲学研究和探索已有二十余载,在攻读硕士研究生期间,有幸跟随赵馥洁先生学习价值哲学,从此对价值哲学以及中国传统价值观的研究产生浓厚兴趣并取得了一些初步成果。2007年,以"儒家价值观的普世意义研究"为题申报了陕西省社会科学基金项目并获准立项,该研究成果最终凝结成《儒家价值的普世意义》一书,并于2011年9月由陕西人民出版社出版。此后,本人又将研究的目光聚焦于对儒家价值观之当代价值的挖掘与阐释,并以此为主题申报了2015年度国家社会科学基金项目,有幸获准立项。经过几年的矻矻终日、孜孜不倦,课题顺利结项,遂成此拙著。

　　本书的研究和写作得到了许多亲朋好友、老师、同事的关心、支持和帮助。西北政法大学马克思主义学院李云教授在我申报国家社科基金项目时,不仅给我出谋划策、思路上的点拨,而且帮我收集整理资料、修改润色课题论证报告。西北大学马克思主义学院2020级博士研究生郭小雨参与撰写了本书第八章的第三个大问题和第九章的全部内容,在编辑出版的过程中帮助核对引文、校对书稿,本书是我们两个人合作的结晶。

　　本书的出版资金来源于西北政法大学科研处对国家社科基金的配套经费,在此对学校及科研处致以诚挚的感谢。

　　最后要诚挚感谢人民出版社的方国根主任,本书的出版凝结着他的辛劳,他认真负责的精神和高效务实的工作作风使本书得以顺利出版。

郭明俊

2022年9月30日

责任编辑:方国根

封面设计:汪　阳

图书在版编目(CIP)数据

儒家传统价值观的当代意义 / 郭明俊著. -- 北京 ：
人民出版社，2024.8. -- ISBN 978 - 7 - 01 - 026639 - 8

Ⅰ. B222.05

中国国家版本馆 CIP 数据核字第 2024G3M435 号

儒家传统价值观的当代意义
RUJIA CHUANTONG JIAZHIGUAN DE DANGDAI YIYI

郭明俊　著

人民出版社 出版发行
(100706　北京市东城区隆福寺街 99 号)

河北环京美印刷有限公司印刷　新华书店经销

2024 年 8 月第 1 版　2024 年 8 月北京第 1 次印刷
开本:710 毫米×1000 毫米 1/16　印张:30.25
字数:460 千字

ISBN 978 - 7 - 01 - 026639 - 8　定价:119.00 元

邮购地址 100706　北京市东城区隆福寺街 99 号
人民东方图书销售中心　电话 (010)65250042　65289539